香取群書集成

附録　第8号

第8巻

平成20年4月

香取神宮社務所
千葉県香取市

一、香取群書集成第八巻の発刊に寄せて

理事　禰宜　香田隆造

第七巻を平成十六年四月に刊行し、なるべく早い時期に第八巻を刊行する予定であったが、四年間の期間を費やしてしまった。

この間、史誌編纂委員会理事であった権宮司の大宮信篤氏が、平成十七年四月に故郷である四国の松山市中島の忽那島八幡宮の宮司として転任され、その後任として小職が理事となったが、諸事に取り紛れて、その任を疎かにしてしまった。

また、第三巻から出版制作を担当していた株式会社続群書類従完成会が、残念ながら店を閉じた事の影響も否めない。

しかしながら、東京神田の八木書店の八木壮一社長が、この事業の重要性を良く御理解され、出版制作を引き受けていただいたことは誠に有り難い事であった。

第八巻は、第七巻に続き、『大禰宜家日記』の残りの部分を整理し、刊行したわけであるが、石川晶康、川島孝一両委員の國學院大學史学科の同窓生で、続群書類従完成会で編輯を担当頂いた小川一義氏が今回編纂委員を御快諾頂き、校正から出版製本までの実務的かつ専門的編輯作業で御苦労を頂いた。

この第八巻をもって『大禰宜家日記』は一応の完結となる。

史誌編纂委員は次の構成である。

会　長	香取神宮宮司	髙橋　昭二
編纂委員	文学博士	村田　正志
		石川　晶康
		川島　孝一
		小川　一義
理　事	香取神宮責任役員	東　　昌
	同	香取　榮
	同	小森　哲
	同	長島　彪
	同	山本　一郎
	香取神宮禰宜	香田　隆造
主　事		

香取神宮権禰宜　伊藤　義雄
同　雪松　直

二、第八巻編纂の経緯

権禰宜主事　雪松　直

第七巻が完成し大前に献じて奉告申し上げたのは、平成十六年四月十四日、例祭の佳日であった。掌典職御使、神社本庁献幣使、佐原市長(当時)等を交え約三十名が参集し、刊行祝賀と編纂委員の労を称える会を催した。それから四年の歳月が流れたが、その間に『大禰宜家日記』最終巻の第八巻の編纂は、石川・川島両委員と途中委員に加わって頂いた小川氏により、献身的に作業が進められた。

この四年間に史誌編纂委員会は四回(十七年三月二十六日、十八年八月十九～二十日、十九年五月十九日、二十年二月二十五日)、当神宮社務所にて開催した。委員会には、旧大禰宜家香取一郎氏にも立会を頂き、日記原本と原稿との照合等も行われたほか、十五年に新蔵となった旧大宮司家文書の調査も行われた。

本巻も、特に解題については前二巻同様、江戸幕府の動きや社寺行政、また日記中の記事だけでは読みとれない事項を簡潔に纏められ、興味深い内容となっている。

三、編纂雑感

編纂委員　石川晶康

古文書・古記録の解読という作業は、納得がいくまで時間をかければ限りなく時間のかかる作業である。もちろん、解読できない部分をどこかで決着をつけることとなる。有り体にいってしまえば経験とカンで読んでいくこととなる。もちろん、原本そのもの、筆者自身の誤記もあろうから、そこも斟酌しなければならない。さらにやっかいなのは、流れに乗って読んでいく時に現れる、地名や人名である。香取に住む人にとっては日常の生活感覚で読める地名が、余所者にとってはやっかいなものとなる。また、たとえ文字は読めても、どこに句読点を打つか。打つ場所で文章そのものの意味が違ってくる。

このような作業は、おそらく、昔から営々と続けられてきたことであろう。本書の編集、刊行を担当していただいた続群書類従完成会は、江戸時代の大学者、塙保己一の「和学講談所」における「群書類従」という一大叢書の刊行の理念を近代につなぐ使命を果たすべく多くの古文書・古記録を刊行してきた。

いささか私事にわたるが、その続群書類従完成会の中心として、この間、四十年近くの間に百冊を超える古記録・古文書を世に出してきた小川一義氏は筆者の大学以来の畏友である。

しかし、真摯な学問の基礎となる史料の刊行といった事業は、営利事業としては成り立たず、経営の失敗も重なったのか、続群書類従完成会は昨年、出版界から退場してしまった。

そこで、大先輩でもある髙橋昭二宮司のご高配で小川氏も編纂委員に加わっていただくこととなった。実は、本冊を担当した川島孝一委員もまた大学時代からの友人で、「吾妻鏡研究会」という学生たちの研究会に属していた。そして、皆、藤井貞文先生の指導を仰いでいた。小川氏は藤井先生の命で続群書類従完成会へ、筆者は大学院の指導教授としてその後も教えを受けることとなった。そして能登の気多大社の旧大宮司家文書の整理刊行事業を小倉学先生から委託された藤井先生の命で、筆者は初めて古文書の編纂に携わることとなり、「気多神社文書」は続群書類従完成会から刊行された。

そして、小倉先生から『香取群書集成』の編纂にも参加せよとの命をうけて、豊田武・村田正志先生の指導を仰ぎながら、筆者と小川氏は『香取群書集成』の編纂に携わることとなったのである。

思えば、四十年近い歳月が経った。塙保己一には遠く及ばず、古文書学もまだまだ初心者の域を脱したに過ぎない我々にできることは、先人たちの残したものが、消え去ってしまうことがないように、何とか後世にこれを伝えるという作業を絶やさない姿勢を示すことであろうか。今更とはいえ、精進してこの事業を継続していきたいと願っている。

四、香取神宮御鎮座二千六百五十年

理事禰宜　香田隆造

平成二十年は、香取神宮の御鎮座二千六百五十年の記念すべき年であり、奇しくも六年に一度の勅使参向の年とも重なった。

香取神宮が御鎮座されてより今年二千六百五十年であるという根拠は、香取神宮所蔵文書の『大禰宜実長訴状写』の文中「当社者神武天皇御宇十八年戊寅、自立始宮柱以降、至于今年正和五　千九百五十九年也」である。

昭和三十三年、御鎮座二千六百年として盛大に祭典並びに奉祝事業が行われた。当時の様子は香取神宮崇敬会の会報に詳しく、その盛儀が偲ばれる。奉祝事業を完遂するために、特別に奉賛会が結ばれ、崇敬会を中心に約千五百万円の募財を集め、記念大祭の斎行、奉祝神幸祭を執行し、宮内庁式部職楽部による舞楽が奉納された。また、岸信介総理大臣が五月に参拝され、太刀を奉納されている。

本年御鎮座二千六百五十年を奉祝して、宝物館において「大宮司家、大禰宜家所蔵品特別展」を開催し、千葉県雅楽会が舞楽「振鉾左右」「蘭陵王」「納曾利」を奉納。また、『香取群書集成』第八巻発刊も奉祝事業のひとつとした。

香取神宮の境外末社のひとつに、旧大禰宜家邸内社「裂々神社」がある。大禰宜家の氏神とも言えるこの裂々神社の屋根が甚だしく破損しており、雨水の害が心配された事から、昨年末仮殿遷座祭後、香取神宮の経費を充てて修復工事を施し、去る三月十一日正遷座祭を斎行した。これも隠れた奉祝事業であろう。

五、旧拝殿、千葉県文化財に指定

権禰宜主事　雪松直

当神宮の旧拝殿が平成十九年三月十六日付にて、「千葉県指定有形文化財」（千有第三二一号）の指定を受けた。二度の大被害を修復しての指定は香取神宮にとってまた一つ喜ぶべき史実となった。

旧拝殿は、元禄十三年（一七〇〇）、徳川幕府によって現在の本殿、楼門（共に重文）と共に造営されたもの。間口五間、奥行三間の建物で、屋根は入母屋造りで現在は銅板葺き、正面に向拝一間が付く。昭和十五年（一九四〇）、本殿以下の大修営で現拝殿の造営に伴い、旧拝殿は曳屋によって南東方へ西向きに移設され、さらに昭和五十九年（一九八四）、背面杉の成長（後にこの杉により被災）に伴い約一・五m西方に移動し現在に至っているが、その際に向拝柱礎石より、「元禄十三年」の刻銘が発見されている。神宮はこれより数年前に、文化財の指定を受けるべく県に申請を行ったが、諸般の事情により放置された。その後、佐原市（当時）教育委員会に関係書類を整理提出して漸く平成七年六月一日「佐原市指定文化財」（佐指第六四号）の指定に漕ぎ着けたのである。しかし神宮の思惑は、本殿・楼門が重文である以上、県文以上の指定を望んでいた。

再度に亘る被害の一度目は、平成十四年十月一日夜半、東関東一帯に猛威をふるった台風二十一号の襲来により、旧拝殿背面の杉の大木が地上約十mのところで中折れし、これが屋根を直撃した。被害は屋根背面中央付近より北側に及んだ。

二度目は、平成十六年十二月五日午前七時三十分頃、御神木隣の樹齢数百年、根まわり四・四mある槇の大木がほぼ根元より突然倒れ、またも旧拝殿を直撃。前日来の台風並の強風が収まった直後であった。この被害は前回より深刻で、向拝を含めた屋根前部を破壊し、参拝者の前に無惨な姿をさらけ出す状態となった。前回の修復工事完了から僅か一年での被害に、香取神宮は元より市教育委員会、氏子崇敬者に大きな衝撃と落胆を与えたのである。

修復工事に当たっては、二度共に佐原市の文化財保存整備補助事業の認定を受け、工事指導を千葉県文化財保護審議会委員の濵島正士氏（現・文化財建造物保存技術協会理事長）、工事請負は下総町（現・成田市）の岩瀬建築有限会社が担当して行われた。

「不幸中の幸」と言うべきか、この再度の修復工事を機に旧拝殿の本格的調査も平行して進められた。その結果、建物全体に多くの造営当初の部材が残存、部材への墨書の発見、前述の向拝柱礎石の刻銘及び棟札の再確認など、文化財的価値の高さが認められたことから県に報告し、この度の指定となったのである。なお、本指定には修理に係わる四枚の棟札（享保七年在銘、宝暦十二年在銘、万延元年在銘、明治三十五年在銘）も含まれている。

六、今後の予定について

第八巻の発刊により、『大禰宜家日記』は一応の完結を見る。今後は、造営に関する文書の刊行を目指したい。今回の発刊が当初の予定より大幅に遅れた事をお詫び申し上げ、関係者各位のますますのご尽力と御協力を切にお願いする次第である。

香取群書集成第八巻附録

平成二十年四月十日印刷
平成二十年四月十四日発行

千葉県香取市
編輯者　髙橋昭二
発行責任者　香田隆造

香取群書集成

第八巻

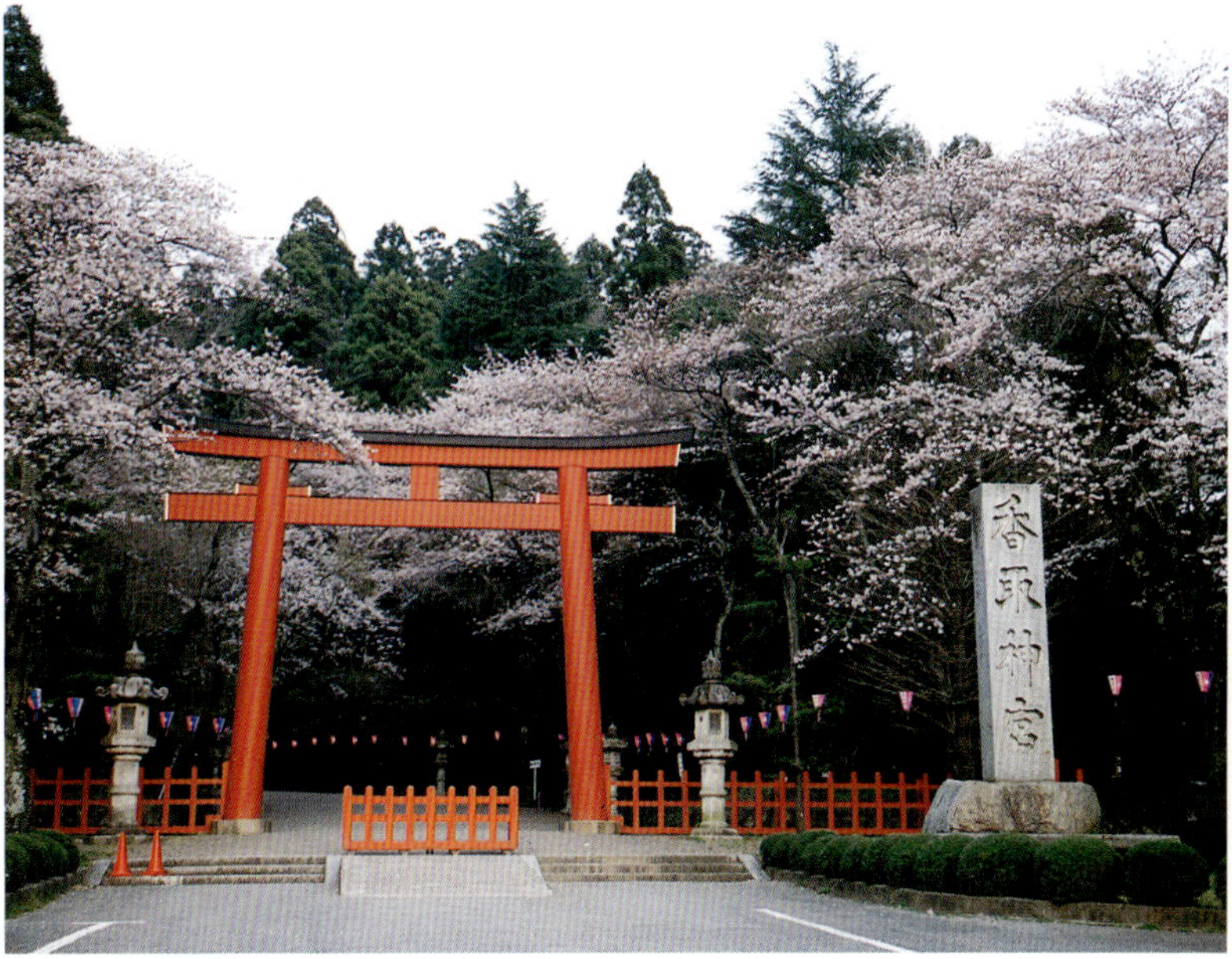

陽春の香取神宮朱鳥居

御鎮座二千六百五拾年記念大祭

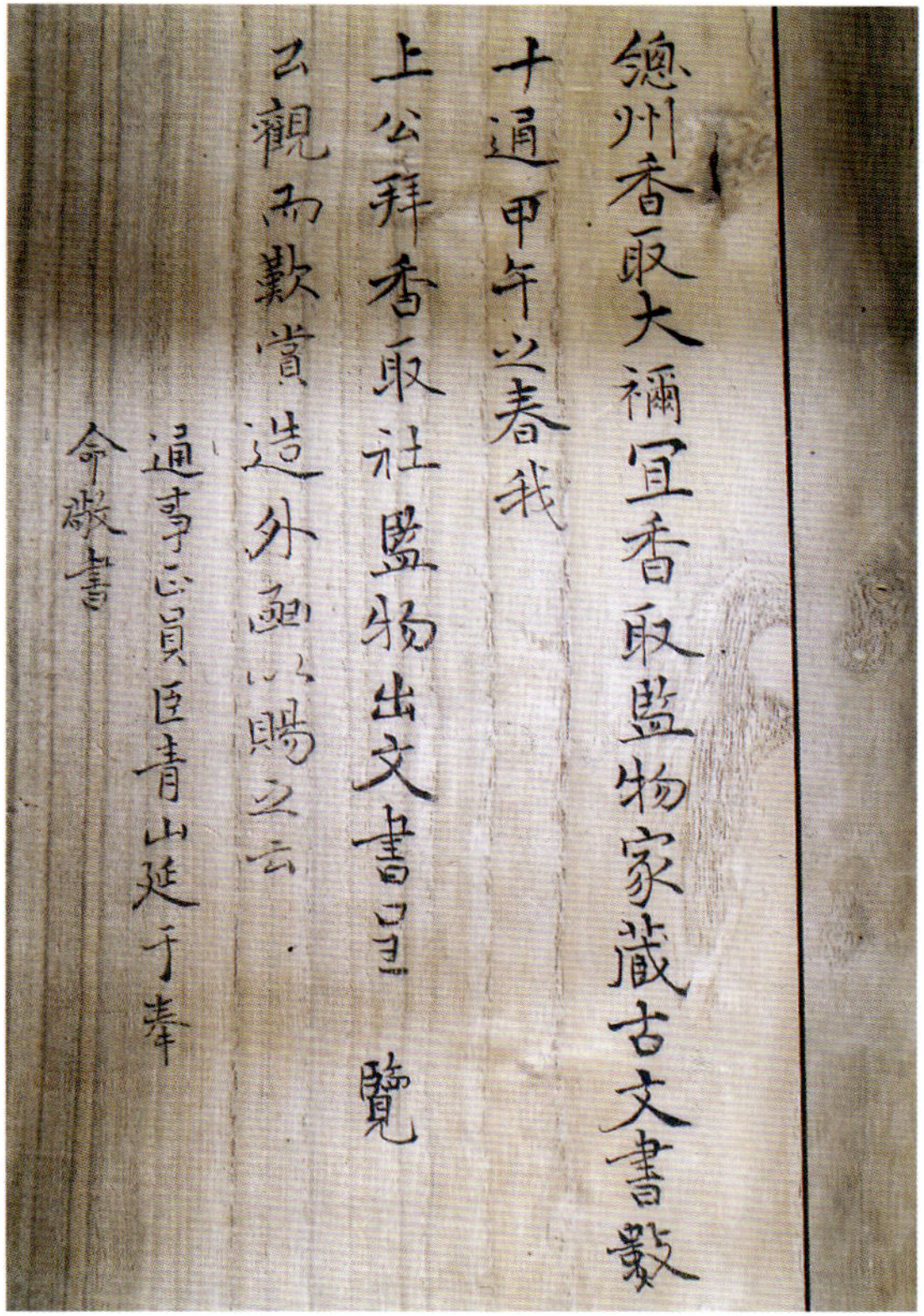

香取文書箱書（青山延于書　大禰宜家所蔵）

裂々神社 平成二十年三月修造

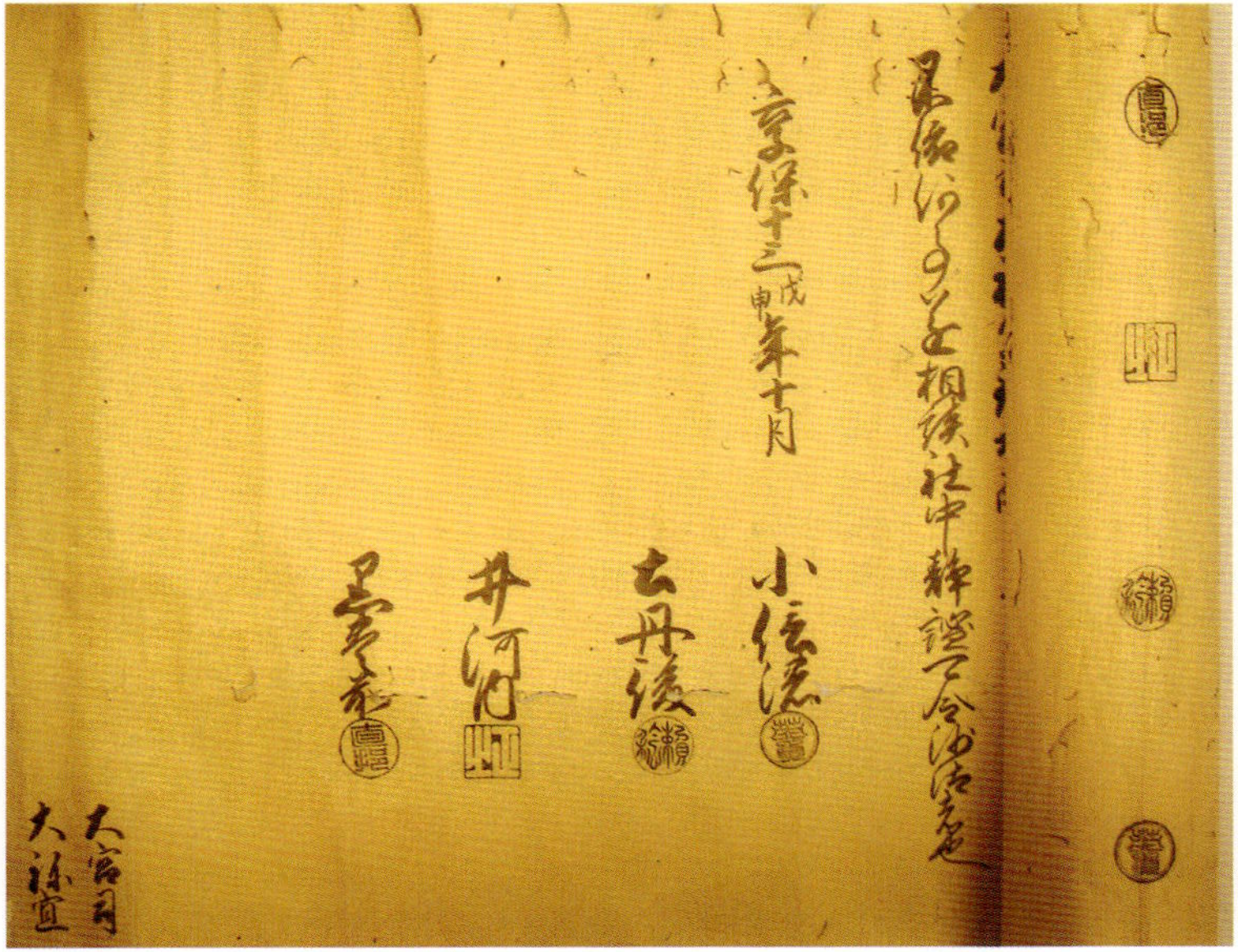

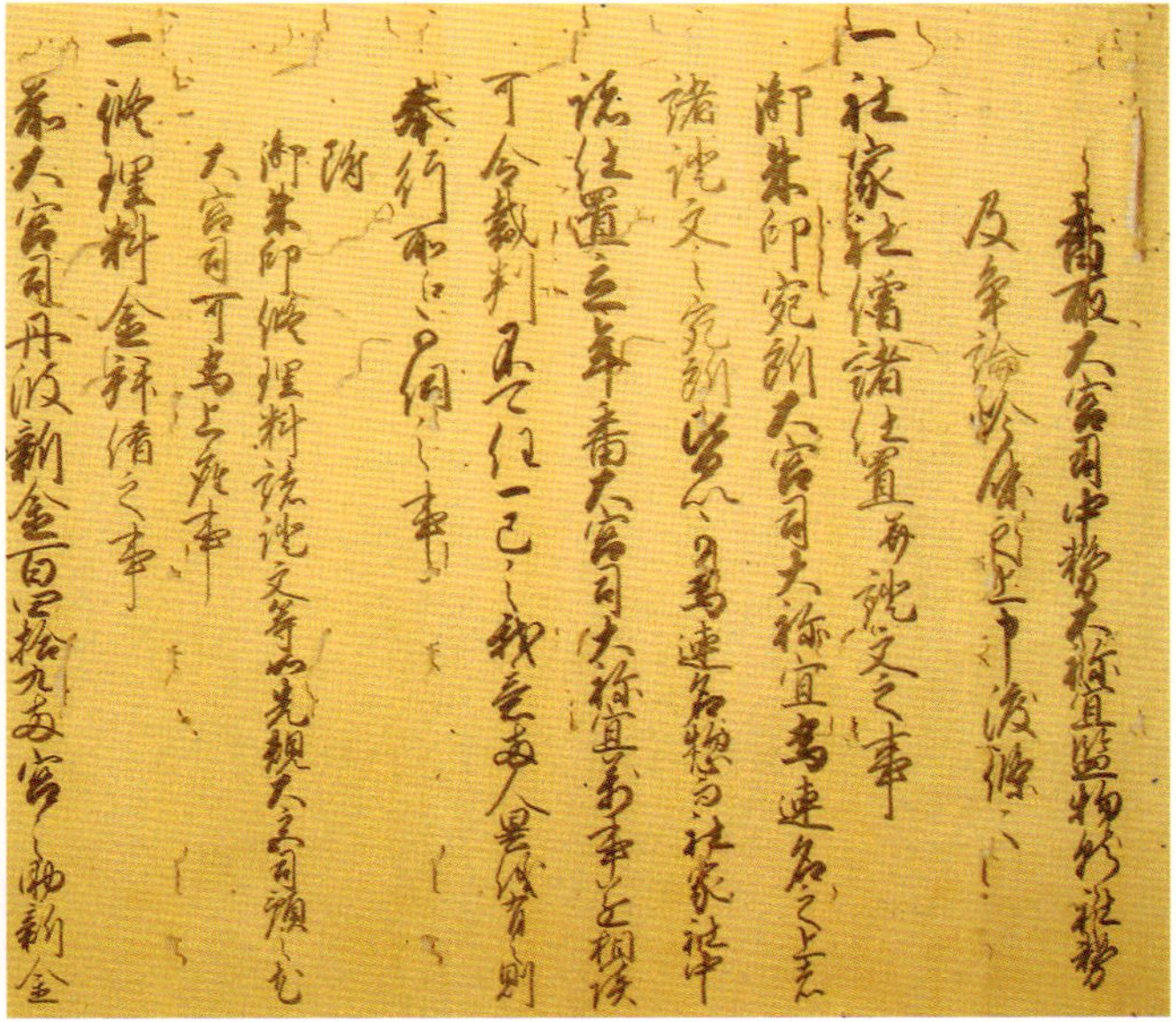

江戸幕府寺社奉行申渡書（巻頭・巻末）

序

『香取群書集成』第八巻の刊行を見ることになり、「大禰宜家日記」の完結巻となる。その「旧大禰宜家文書」には香取内海の海夫関係の資料があり、その中に古代、中世の香取社は、武神であるとともに、楫取の神・舟運の神として、香取内海に広い範囲の信仰圏をもち、また香取社領周辺の農業神であるとの記述が見られる。そして、近世初頭までに確認される中世香取社の神官数は、一三五職にも及ぶとあり、社務権をもった「六ヶ年の任期の大宮司」（神主）と、神事奉仕を第一とした大禰宜が神官の中心として位置し、その下に、六官、奉行、三奉行などが神官組織のおもなものであったことを知ることが出来る。

神事奉仕を第一とした「大禰宜家日記」の発刊は、この意味からしても、当時の祭事や世相を知る上で貴重な資料であり、特に元禄の御造営が今日の基礎ともなって居ることにより、その御造営の盛儀と共に、江戸時代が一般には「泰平」の世であったとしても、その時代の国家組織の中にあって、古来よりの祭祀を守り御社殿を維持し、一社を経営していくことがどれだけ苦難に満ちたものであったかを、本史料は詳細に記録として書きとめられて居る。その内容の一部を紹介すると、寛延三年四月に「小茶碗」ほどの氷降り、延享二年十月「香取神宮は武の大祖神・大将軍の御元祖由緒格別」とあり、仝四年八月に「神道は我国之大業也」と、仝五年七月には改元「寛延」となり、大禰宜宅の建造も甚だ見苦しとして更に改造と、寛延二年八月三日に、米不作「金壱両で七・八斗」の由などその地域に生活する人々の歴史を明らかにするだけでなく、大宮司や大禰宜が長期にわたり、江戸在府により幕府政治の実態や江戸における世相が詳しく、更には当時の大禰宜などの学問修行の在り方なども知ることが出来、「神社神道」についての信念の披瀝など貴重な情報が豊富に記載されて居り、この他は解題を参照いただければと存じます。

「大禰宜家日記」第一巻（『香取群書集成』第六巻）は、「大禰宜家日記」十七冊のうち、年表及び享保十四年迄の六冊分を、第二巻（第七巻）は享保十九年より延享元年までの五冊分、第三巻（第八巻）は延享二年より宝暦七年迄の五冊、及び香取大禰宜系図略を平成七年より二十年迄十三ヶ年の歳月を費やして完結することになった。

想起すると、昭和十八年第一巻を刊行した折には、小倉　学委員、第二巻には伊藤泰和委員が携わり、両委員とも平成十二年、十五年に他界、歳月の流れを感じずには居られない。

本巻は前巻につづき、旧大禰宜家香取一郎氏の御理解のもと、石川晶康委員と川島孝一委員による発刊で、両委員の労を多として敬意を表し、更に第三巻より第七巻まで「続群書類従完成会」によって発刊に関与されて来た小川一義氏が、第八巻にも引き続いて関わりをもち、第八巻の発刊については諸般の事情により「株式会社八木書店」に委託し刊行することになったのである。

本年は香取神宮御鎮座二千六百五拾年の佳歳に本巻の発刊を見ることとなり、誠に意義深く、前記石川、川島両委員、更に小川氏に対しては、重ねて深甚なる謝意を表しながら序とする次第である。

平成二十年四月御鎮座二千六百五拾年

大祭の日に

香取神宮宮司　髙　橋　昭　二

凡　例

一、本叢書は香取神宮に関する古来の史料・文献、下総における国学者の著作等を蒐集分類して逐次刊行し、香取神宮の歴史、先賢の業績を明らかにせんとするものである。

一、本叢書の編纂・刊行は香取神宮史誌編纂委員会がこれを担当し、本巻については主として石川晶康・川島孝一両委員が担当した。

一、今次刊行の第八巻は旧大禰宜家所蔵の近世の記録全十七冊を「大禰宜家日記」と題し、延享二年正月より宝暦七年十二月までの五冊分をその第三として刊行するものである。この記録の表題と概観については解題を参照されたい。

一、印行については出来得る限り原本に忠実であることを原則とした。字体は正字を基本としたが、適宜、原本に従い改めたものもある。

一、原本の中で常套句などを ⌇── といった線で省略し、表示した部分もそのままとした。「惣⌇──角⌇──」とあれば前後の記載から「惣検校・角案主」を指すことは明白であり、このような場合は一々の注記は省略した。

一、説明のための傍注は（　）内に示し、字句の校訂に関わるものは〔　〕で示した。原本の欠損部分等は□または［　　］等の記号により表示した。本史料は近世史料に一般的な傾向として、同一語句を音の通じる種々の漢字で表現するものや、筆者の特徴や書き癖によって今日の通常の表記とは相違する漢字を充てているものも多い。このような場合、特に（　）等で注記するまでもなく、その音から容易に判断できるものについては原本を生かしそのままとした。「留守」を「留主」とするような例である。

一、句読点は読解のために必要と思われる範囲で、適宜これを補った。並列点も同様の意味で便宜的に付したものである。

一、本文は二段組とし、上欄に当該頁中の主要な案件を表示した。尚、下段に該当するものは＊を付してある。「　」を付したものは原本にある標出及び書き込みである。

解題

【第一冊】

〔延享二年（一七四五）〕

前冊に続き、本冊も八代将軍徳川吉宗による、いわゆる享保改革の時期から始まるが、この年九月、吉宗は、将軍の地位をその子家重に譲った。九月朔日条に、大御所となった吉宗が西丸に移り、新将軍家重が本丸へ入ったこと、酒井雅楽頭忠恭が老中上座となったことなどが記録されている。これにともなって、吉宗を「大御所様」、家重を「上様」と呼ぶこと。家重に対して「将軍宣下後」には「公方様」と呼ぶようにとの幕府の指示や、十月九日条では、権勢を誇った老中松平乗邑の失脚の情報なども見えている。

十一月十日条によれば、大禰宜上総（実行）は老中上座となった酒井雅楽頭忠恭方に御礼に赴いている。大禰宜上総（実行）の叔父樋口梅有が酒井の近習を勤めていたこと、酒井が吉川源十郎に「神学」を学んだことなどが記されている。そして、十二月朔日には新将軍家重、大御所吉宗に対する祝賀の「御礼」のため大宮司とともに登城しており、その盛儀についても具体的に詳しく記録されている。

本冊もその主たる内容は、大禰宜香取実行（もと監物→当時は「上総」）による大宮司香取豊房（多宮）らとの寺社奉行所を舞台とする相論に関するものであるが、本記録は、単にそれに留まるものではなく、幕府要路の動向から当時の香取神宮に対する信仰、あるいは世相を伝える貴重な記載も随所に見受けられることに注目しておかなければならない。

享保の改革の最大の課題が財政難の克服にあったことはよく知られている所であろうが、その施策は必然的に年貢の増徴をともなった。老中松平乗邑のもとでその先頭に立ったのが勘定奉行の神尾春央で、この年、四月には神尾の検地にともなう年貢増徴に対して摂津・河内の農民が京都・江戸に越訴するという事態も生じている。神尾春央は百姓を

「胡麻」にたとえて、「胡麻の油と百姓は、絞れば絞るほど絞りとれるものなり」と言ったという逸話の持ち主である。そして、幕藩領主層の財政難と年貢増徴に対する百姓の困窮と反発といった当時の情況は香取神宮神官と神領の農民との間においても同様であったことは、本記録を読むための時代的な背景として認識しておかなければならない。

以下、本年の記事の主要な項目をあげておくこととする。

三月　大禰宜上総（実行）の息、喜五郎（実香）が元服、名を「監物」と改め、装束を始めて着して神前に進んでいる。大禰宜家で大規模な祝宴が催されている。

六月　津宮の鳥居は「元禄十三年」の御造営の時のもので、その建て替えが課題となっていた。そこで、津宮鳥居の新造工事を津宮・篠原・佐原の大工たちを呼び、入札で業者を決定することとしたが、かえって割高になるという見通しとなり、大工の源四郎に請負わせることとし、七月には「チョウナ（手斧）始」が行なわれている。大宮司・大禰宜も毎日現場に赴き、監督しているが、この工事には津宮村だけでなく、「篠原・佐原・大倉・小野・新市場・多田村」から多くの人びとが参加し、八月十五日の「棟上」に際しては、近村から「棟上ノ餅」が献上されることとなり、これに対する振る舞いの「神酒」が「十樽も廿樽」も必要とされるほどの規模だった。すでに、七月にも「上郷村」から「餅」が神前に進められているが、皮肉な事に、これが新たな問題を生じさせることとなった。

神前に献ぜられた、いわゆる神納物の分配は古くからの懸案であったが、享保十三年の幕府寺社奉行の裁許によって一応の決着がついていた（五五六頁参照）。すなわち、「不時之神納物」、臨時の神納物については、「金・銀・繫銭」は大宮司、「諸道具・魚・鳥」は大禰宜、「毎日の散銭」はその日の「當番之下社家」とされていた。そこで、神納の「餅」の扱いが問題となった。社内では決着がつかず、寺社奉行に判断を仰ぐ事となった（閏十二月二日条の大禰宜上総の寺社奉行宛の「口上覚」など）。その結果、十二月六日の大岡忠相宅での寺社奉行の内寄合では、餅は「魚・鳥」などの食物に準じて大禰宜方に属するものとされた。しかし、翌年正月以降、この問題は新たな局面をむかえることとなる。

〔延享三年（一七四六）〕

正月　大宮司香取多宮（豊房）は寺社奉行に神納物の取扱いについて伺いを出す。その要旨は、餅や米などは「享保十三年御裁許状」に示された神納物の中には見えない以上、これは別扱いとし、毎日の「散銭」等と同じく当日の当番の下社家の収入としたいと願い出たのである。大宮司多宮によれば、「御供米」は「三十石も四十石」もあり、「末々の社家」が神役を勤めるため必要な収入であるから、食物類は「上総方」、すなわち大禰宜が収納するとする前年の決定を撤回してほしいと願ったわけである。また、毎年八月始めの子の日の新飯の祭礼で献納される御供米などは恒例のものであり、従来通り、当番の社家の収入として認めてほしい旨も申し入れている。

餅とともに御供米も「魚・鳥」に準じて大禰宜方へということになったことと、恒例の祭礼に際しての献納物を「不時之神納物」とし、同様に大禰宜方に収納することに異議をとなえたわけである。

寺社奉行大岡越前守忠相からの指示によって大禰宜上総が出府。寺社奉行のもとで両者の見解が審議された結果、正月二十七日、山名因幡守宅での寺社奉行の寄合の席で、大岡越前守より、享保十三年の裁許に明示されていない神納物はすべて「修理料」に入れるようにとの決定が伝えられた。大宮司、大禰宜それぞれの主張はそれなりの根拠があり、結局は享保十三年の裁許の内容からはどちらとも決めかねるものであったため、「不時之神納物」について、「金・銀・繋銭」「諸道具・魚・鳥」「毎日の散銭」以外のものはすべて修理料に入れるという判断となったのであろう。この結果は、大禰宜・大宮司それぞれ納得のいかない部分があったのであろう。連名で再度、寺社奉行に申し入れたが、二月朔日、大岡宅で「何もかも修理料へ入候様に、わらび（蕨）一本にても入候様に」との指示が出されることとなった。

二月　二月以降、新将軍からの朱印状の下付に備え、手続きに関する大宮司多宮とのやりとりが進んでいる。

三月　幕府巡検使を迎えるにあたっての準備が進む。諸神塚の修復・楼門の板の取り替え・手水の道具・たらい等は「春慶塗」にするなどの細かい指示が出されている。

四月　増田左平治以下の巡検使を迎える。その手続き、装束等が詳細に記録されている。

四月二十五日　出府　大宮司多宮も出府、寺社奉行との間で御朱印改めについての準備が進められる。
五月　幕府の巡検使が社参。
十一月　もと大禰宜領のうち修理料に入れられている四十石分を大禰宜領に戻すよう寺社奉行に繰り返し交渉。寺社奉行は頑強に変更を認めず、修理料のままとすることを命ずる。

〔延享四年（一七四七）〕

三月　前年よりの懸案であった修理料四十石分を大禰宜領に戻す件につき、源太祝香取主計が社家惣代として再び寺社奉行に願い出ている。大岡方役人は、前年の願書に連印した社家は大禰宜方の社家のみで、大宮司方の社家の印がないため、大宮司とその支配下の社家も含めた願いが必要であると指摘。大宮司は末社も多く、現状でも修理料は不足していることから、さらに修理料が減少するとして同調せず。
この間、四月十六日には大火で江戸城二の丸が全焼しているが、その翌日も大岡方での聴取は行なわれている。そして、五月十八日に大岡忠相から最終的な判断が示された。すなわち四十石が修理料とされたのは「七十年以前出入」の結果であり、「先奉行判物を以申渡した」ものであり、これを覆そうとする「新規之願」は認められないとするものであった。
八月　この年の注目すべき記事としては、大禰宜上総による神官に対する神学の講義がある。その神学とは吉川神道であったこともていねいに説明されている。すなわち、大禰宜上総は「宝永年中」江戸で数年間、吉川従長に神学を学んだという。従長の父、吉川惟足は京の萩原兼従に吉田神道を学び、「吉川神道」を創始し、会津藩主保科正之などに重用され、「幕府神道方」に登用された人物で、その地位は吉川家が世襲することとなった。すなわち、大禰宜上総はその二代目従長の門下であった。
十一月　護摩堂が無住の状態となっていることから、「欠落」ではないかと本寺の惣持院に問い合わす。惣持院はおそらく「欠落」であろうと返答する。この件は、その後、大きな紛争へと発展する。
また、この頃から大禰宜上総は屋敷の建替えの準備に入っている。

【第二冊】

〔延享五年（一七四八）年〕

正月　この年、正月から大禰宜上総は屋敷の新造工事に着手している。その様子は絵図つきで詳細に記録されている。大禰宜屋敷の中心部にあたる「広間」は、約九十年前、「万治年中」に香取実富の時代に建てられたもので老朽化がすすんでいたという。普請を請負ったのは大工源四郎。杉・松・白檀などの用材が宮之助・分飯司・要害・丁子検杖・真福寺などの協力のもとに集められていった様子などが詳細に記されている。

四月　旱魃のため苗代が維持できず、飲み水さえ満足にえられない情況となったため、「雨乞御祈禱」すなわち祈雨の祭りが執行されることとなった。氏子の村々に廻状が発せられ、供物等が整えられ、十一日夜から十五日にかけて、全ての神官が参集して御祈禱が行なわれた。大禰宜上総実行の「祭文祝詞」も全文記録されている。十一日夜は実香、十二日昼は実行、十三日は実香が勤めたが、「十三日ノ夜ヨリ余程ノ大雨、十四日終日降」るとたちまちその効があらわれた。続く部分は、ことに印象深いのでここにその一部を引用しておこう。

「村々ヨリ氏子ハ勿論、大勢参詣也、十日廻状五通出、五・六里遠方へ知ル、雨不降時ハ御大社ノ御威光不宜、社家信仰無之事也…世情至極、御神慮ヲ致尊敬之由也」

と、五日間の御祈禱の半ばでその験があらわれ、人びとが神前に参集した。もしも雨が降らなかった場合を考えていたところ、早々とその効があらわれたのである。そして、

「依テ向後重キ御祈禱ハ容易ニ難執行事也、無印時ハ大社ノ御威光薄可成事也」

と率直な感慨が記され、さらに「神慮ノ感応ト申事ハ、至テ重ク堅キ事也」という大禰宜上総の言葉は印象深い。なに

よりも、この部分は、当時の信仰の実際が克明に記されているという意味から貴重なものであろう。

五月　朝鮮通信使が来日、江戸に入るというので、監物実香・城之助行高が「見物」のため香取から江戸に出ている。通信使は翌六月、将軍に謁見している。

十月　新将軍の就任にともなう御朱印の交付がようやく実施された。二十八日、寺社奉行稲葉丹後守宅で大岡以下の寺社奉行列座のなかで、「延享四年八月十一日」付けの将軍家重から大宮司・大禰宜宛の朱印状が渡された。同時に金剛宝寺、また鹿島大明神も朱印状を与えられている。

十一月　前年末に明らかになった護摩堂の欠落にかかわる問題が顕在化してくる。護摩堂に隣接する林平が護摩堂の本寺にあたる惣持院と結んでその後住について画策したのであろうか。すでに、八月に大禰宜上総から林平は「呵り」を受けていた。

十二月　林平は「御修理料」から「米五俵」を与えられていたが、大禰宜の指示に従わないため、その支給を留められようとしていた。

十二月五日、大禰宜上総は林平に対する米五俵の支給を留め、宮中役人にこれを預けるように命じた。そして、林平に対して、今後、大禰宜に無断で惣持院と交渉することを禁じ、その旨を誓約する口上書への捺印を求めた。しかし、林平はこれに応じず、十二月八日、家財道具を運び出し「欠落」してしまったのである。

大禰宜上総は使者を送り大宮司方にこれを報知した。これに対して、大宮司方からの返事は、

「林平本家之事故、源太祝へ家屋敷書付等譲リマして立退可申と存知候、御届申候ト申来リ、又今日参、本家へユッリマシテト申候へハ」

とのことであった。林平は家屋敷を本家である源太祝に譲り、自分は退去する旨を大宮司多宮に申し出たというのである。また、林平からの申し出をうけた源太祝主計もその旨を大禰宜方に伝えている。大宮司も同様に源太祝からの報告を受け、「本家」という確かな根拠があるならば一応は受けとっておくこともよかろうという返事をえた。ただし、そ

れは大宮司としての指図ではなく、大禰宜との協議が必要である旨の留保がつけられていたようである。そこで、大禰宜上総方と大宮司多宮方との使者によるやり取りが始まっていくことと成ったのである。以後、この林平一件は複雑な論争となり、結局は、寺社奉行のもとでの出入りとなっていくのである。

なお、この年には旗本でありながら寺社奉行に任じられていた大岡越前守忠相が四千石の加増をうけ、大名に列せられて奏者番を兼ねることとなった。長年の功に報いるための処置であろう。

〔寛延二年（一七四九）〕

この年の記事の多くは、寺社奉行大岡忠相のもとでの林平一件の吟味に関係するもので占められている。その複雑な内容の詳細については本文そのものを参照されたい。

この間、寺社奉行は一社内部の紛争は、両社務、すなわち大宮司・大禰宜のもとで解決するべきものであるという原則のもとに、内容に踏み込むことを避けようとした。しかし、事は、単に林平の欠落とその後の処理という枠をはるかに超え、大禰宜・大宮司の支配権の具体的な内容と社家の地位、神職の承継などに関わるものとなり、結局は寺社奉行による判断を待つこととなった。

二月　源太祝香取主計は大禰宜方に対し、源太祝屋敷は「私方ニてハ、代々知行ト申伝」えており「子孫へ永ク安堵スル」べきものと主張した。また、当時の源太祝は香取外記であるにもかかわらず、子の主計がまだ「部屋住み」の身でありながら「源太祝」を称して表に出てくることを認めない大禰宜に対し、自分も「任補懸」を経て、源太祝に任じているると反論している。この「任補懸」とは、社家の子などが、装束を着て始めて神前に進むことを指す語で、これをもって神職として祭祀に加わる資格が認められたとするのが主計の主張であった。父外記が現職の源太祝職にありながら、子の自分も源太祝の資格があるとする主張であり、以後、大禰宜上総は、複数の源太祝の存在を認める主計の主張を批判し、主計の神職としての資格そのものを認めないという立場をとることとなる。

二十七日には香取主計は大禰宜上総方へ、寺社奉行への出訴を通告し、大禰宜はこれを制止するが、翌日には出訴を通達するに至った。

三月　香取主計の訴えに対し、寺社奉行大岡忠相方の役人は、大宮司方に願い出るようにと指示し、これを取り上げない姿勢を示した。そこで、改めて、香取主計は大宮司に対し願書を提出した。

この大宮司宛の主計の願書は三月十六日条に引用されているので参照されたい。これを受けて、大宮司と大禰宜の間で交渉が行なわれたが、大宮司主導の解決そのものに大禰宜方が反発し、対立は深刻化するのみとなった。二十四日、大禰宜上総は寺社奉行大岡方に出向き役人と交渉したが、「ソツチニて吟味可致筋」であり「其元ニてスキニ吟味スル筋」であるとされた。この一件は一社内部の問題であり、大宮司・大禰宜はそのような支配のためにあるとの立場を明示したのである。しかし、大宮司が主導する交渉には進まず、大禰宜上総は寺社奉行に対し源太祝外記・主計の非を訴え、裁決を求めた。その基本的な主張は三月二十六日条に記載されている。

四月　二日には江戸の大禰宜上総の旅宿で大宮司多宮、香取主計が協議しているが、解決はつかず、十五日には大岡忠相自身から「一社中」のことであり、「地方ノ事」であるから、現地に帰って吟味せよと命ぜられている。一社内部の、具体的な土地支配や相続に関わることに寺社奉行が関与することはないという立場が改めて示されたわけである。以後、現地において関係者からの意見の聴取などが行なわれているが、本文の叙述からも明らかなように、大禰宜上総と源太祝主計の主張は激越なものとなっていくばかりであった。そして、現地での両社務による解決が行き詰まった結果、遂に、寺社奉行大岡忠相は「吟味シテ不遣ハ成間敷」、寺社奉行で吟味せざるをえないと判断するに至った。

六月　朔日、大禰宜・大宮司両者は寺社奉行大岡越前方に赴き、役人から「源太祝」父子を香取から呼び寄せるように命ぜられた。そして、七月八日には大岡忠相が自ら大禰宜上総・大宮司多宮、そして源太祝主計の吟味にあたったのである。

その後の大岡のもとでの審理の詳細は本文を参照されたいが、その手順や論点の整理の様子は興味深いものであり、寺社奉行での吟味の実際を知る貴重な史料である。
八月　十三日条にはこの年、関東地方に甚大な被害をもたらした台風の情況や、関東地方の凶作とそれにともなう米価の高騰などが記録されている。
九月　九月に入っても大岡方の吟味は続き、とりわけ、十六日の吟味は大禰宜上総・大宮司多宮・源太祝外記父子に対し詳細な質問が次々に発せられている。
十月に入ると、大岡方では提出された種々の証拠文書が精査され、吟味も最終段階に入ったが、裁決には至っていない。
十二月　大岡方より、年内の裁許は不可能であり、来春になろうとの見通しが示され、重ねて、「宮中町」と「宮下町」の区別などについての説明などが求められている。社領一千石の具体的な内容を分析し、さらに、関係者の身分が百姓なのかどうか、養子関係などを把握して、実態に即した論理的な裁決の準備の段階に至っているわけである。

【第三冊】

〔寛延三年（一七五〇）〕

正月　大宮司、大禰宜が交代で勤める幕府に対する年頭の挨拶は、「出入り」中ということで行なわれなかったが、二十六日には江戸に向かって出発している。
二月　大宮司多宮も出府しており、林平一件と源太祝をめぐる出入りの吟味が進んでいる。
三月　十六日には大禰宜上総・大宮司多宮・源太祝外記、主計父子、さらに林平も大岡方に出て審理が行なわれている。そこで、大禰宜・大宮司とその支配地に居住する社家の関係に吟味の内容が集中している。具体的には、大禰宜、源太祝、林平の相互の関係と、各々の支配権が具体的にどこまであるのかが審理されているのである。例えれば、ある旗本とその家臣、さらにその旗本の知行地の農民の関係に該当するような関係に寺社奉行の関心があったのであろう。

その吟味の動向を察してか、大宮司・源太祝から大禰宜に対して妥協案が示され、寺社奉行が勧める「内済」による決着が打診されているが、大禰宜上総はこれを拒絶している。

その後、吟味がすすむなかで、大岡方役人は、大禰宜・大宮司を旗本と同様に捉えていることが明確になってきたようである。本文中に、「支配頭ト云地頭ニ対し、去年中ゟ是迄相争、不埒」といった表現が見えるが、地頭・地頭御家人とはまさに旗本など幕府直臣を指す語句であるから、源太祝や林平は旗本領内に住む者と位置づけられているわけである。

四月　大岡方の審理は大詰めを迎えているが、裁決にはいたっていない。江戸では二十三日、「氷烈」で家屋の被害だけでなく「氷ニ打レ」死者もでたという。大きなものは「小茶碗」ほどあったと。霰による被害であろう。

五月　十二日には大岡方で最終的な吟味が行なわれている。特に、この時、提出された林平からの「願書」についての吟味の様子などは印象的である。抵抗する林平に対して大岡方の役人は、これ以上の抵抗は、この出入りを超えて「公儀ノ定タ御仕置き」の対象となるとし、厳しい態度を示している。

そして、二十七日、裁決が示された。五月二十七日の裁許の結論は、林平が「所払い」、源太祝父子は「押込」ということとなった。

その内容の概要をまとめておこう。

林平にたいする裁決は次のようなものである。

香取神宮社殿に隣接する「護摩堂」は火の用心のため、享保年中に一社の合意の上、林平の屋敷地内に移転した。その代わりに林平には代地一カ所（神領中の中峰の山）と「修理料」から毎年「米五俵」が与えられた。ところが、二年前、護摩堂が無住となったため、大禰宜上総から隣接する「護摩堂」の「火の元」などについて注意するように申し渡した。ところが、林平は大禰宜上総を無視して護摩堂の本寺にあたる惣持院に護摩堂後住の任命を願い出た。大禰宜上総は護摩堂の後住について林平が勝手に惣持院などと交渉することを禁じ、今後そのような行動をとらないことを口上書として捺印して差し出すように命じた。ところが、林平は、そのような口上書を提出しては本家にあたる源太祝に迷惑がかかると主張してこれを拒み、さらに追求すると「欠落」してしまった。吟味したところ、林平はその間の事情を次のように説明した。すなわち「これまで住んでいた屋敷は、そもそもは自家の先祖（本家）にあたる源太祝家のものと考えていた。ところが、近年は大禰宜から一般の百姓同様に召し使われており、ここで口上書に捺印してこれを認めてしまっては「本家（源太祝）」に迷惑がかかると思い立退いた（欠落した）というのである。すなわち、林平が立退けば「屋敷ハ本家（源太祝）へ相返る」と考えたというのである。これに対し、寺社奉行は吟味の上、林平屋敷の知行者は大禰宜であると認定し、林平の主張は退けられた。そして、大禰宜上総の命に対する違反と欠落という不届きな行動に対して「所払」（居住地からの追放）の刑を科すことと決定した。

林平はこの裁決内容を受け入れ捺印して寺社奉行に提出したのである。

さらに、源太祝父子（外記・主計）も連署して捺印し、さらに大宮司多宮・大禰宜上総も連署し奥印している。詳しくは本文を参照されたい。

次に、源太祝香取外記とその子主計に対しても申渡しが行なわれた。その内容は概略、次のとおりであった。

（源太祝父子に対する裁決）

源太祝の屋敷の扱いについて、吟味したところ、源太祝外記が「自分知行」とする証拠は一切ない。大禰宜上総の「知行」であることは明白である。その他の大禰宜上総の知行地に居住する下社家は、皆、大禰宜に対する年貢を免除され、その代わりに、一般の百姓と同じように諸役を勤めているのである。これは、大宮司多宮の「知行所」も同じである。ところが、この間、「自分屋敷」と主張し、その証拠も提出できなかっただけでなく、林平に対する取り計らいなどにも不届きなところが目立った。そこで、厳しい処罰を与えなければならないが、「心得違い」を認め反省しているので、この度は父子共に「押込め」とする。

この裁決を受け入れ源太祝父子が捺印し、奥には大宮司多宮・大禰宜上総が奥印して寺社奉行に提出しているのである。

六月　大禰宜・大宮司は香取に戻り、裁許の結果である源太祝父子、林平に対する「所払い」「押込め」を執行し、さらに、源太祝外記の婿にあたる押領使額賀藤蔵、林平の従弟額賀清右衛門、林平の叔父正判官尾形弾正、宮中村忠兵衛などに「差控え」「遠慮」などの謹慎処置を命じている。もっとも、清右衛門らへの処置は六日から十四日までの短期間で終わっている。また、源太祝父子に対する「押込め」は、大宮司・大禰宜から寺社奉行に赦免を願い出て、七月二十七日の寺社奉行の寄合でこれが認められている。

一方、六月以降は、それ以前から問題となっていた大戸社における神主山口正親・禰宜香取山城と大戸神宮寺との紛争、あるいは、これまた以前から懸案となっていた金剛宝寺をめぐる紛争の解決が進められていくこととなった。大戸神宮寺の融光が、隠居して後住を星光院としようとしたことに対して、大戸神主山口正親・同大禰宜香取山城がこれを妨げているとの訴えが「香取御両所」、すなわち大宮司・大禰宜に出されたのである。

七月　大戸神宮寺の訴えに対し、大戸神主・同大禰宜の返答書が提出され、吟味が始まった。幕府寺社奉行における厳密な審理と同様に、両者の様々な主張が絡み合った複雑な紛争を大禰宜上総は大宮司多宮と連絡しあいながら進めていった。

八月　九日には大戸社家、十八日には大戸神宮寺に対する綿密な吟味が行なわれ、その主張の要旨が「口書」として提出されている。

九月　大禰宜上総・大宮司多宮から大戸社神宮寺融光と神主・同大禰宜に対して仲介案が示されたが、社家側はその案に不満で、これを拒否し、改めて正式の吟味を求めたため、その後、長い時間を要することとなった。

なお、この年は人別調べが実施されており、七月二十一日条によれば、香取神宮領の人数は八百六十五人で、その内、社家は四十六人、僧が十七人であった。そして、これを支配する大宮司多宮家が三人、大禰宜上総家四人であった。

〔寛延四年（一七五一）〕

正月　従来から大禰宜上総が寺社奉行に願い出ていた、修理料の内の四十石を大禰宜方に取り戻すことを大岡方に願い出ている。しかし、従来から大岡方は既に多年にわたり修理料に入れられているものを旧に復すことは不可能であるとの姿勢を示していた。また、大宮司多宮もこれに反対していた。そこで、大禰宜上総としては、その四十石分を耕作する百姓に対する支配権の確立を求めていた。

二月　在府中の大禰宜上総が酒井雅楽頭忠恭邸の書院で催された囲碁の会に招かれている。幕府碁所の井上因碩が招かれて催されたもので、酒井との結びつきの強さを示唆する記事である。

五月　水戸徳川家より大宮司多宮に対し、大御所吉宗の病気平癒の御祈禱が依頼される。「公方様」、将軍家重からの「全快の祈禱」を命ぜられた水戸家が取り次いだものであった。

早速、三日間の御祈禱が行なわれることとなり、五月十七日、惣神官が参集して御祈禱が始まったのである。ところが、その日の御祈禱が終了すると、大宮司多宮は早速、御祈禱の札、「御祓」を江戸に送った。大禰宜上総は、大宮司・大禰宜が申し合わせて江戸に送るべきであるとして異議を唱えたが、大宮司は自分が依頼されたものであるとして取り合わなかった。要するに、大宮司が出し抜いた形となったのである。当然、大禰宜方は江戸の水戸藩邸に頑強に抗議し、寺社奉行にも訴えた。事が大御所の病気平癒の御祈禱と云うことだけに、水戸家も困窮した様子がこの間の記事からも読み取れるであろう。老中まで巻き込んだ問題となったようで、関係者の間の交渉は複雑であるが、六月に至ってようやく、大禰宜上総の主張する「御祓」献上の形が整ったのである。

六月二日、「御祓」を「水戸御屋敷」に持参してこれを披露し、翌三日、江戸城に入り将軍家に献上された。その実際の情況は克明に記録されており、貴重な資料となっている。水戸家からの「御初尾」の内容は「黄金弐枚」。いわゆる大判で二枚。この扱いも問題となり、当初は大宮司に与えられたが、最終的には大宮司・大禰宜両者が受取、その一部は社家にも分配されている。六月三日条には、この時の、大判の両替のレートなども記録されており、なかなか興味深い記載となっている。

なお、吉宗は、一旦は小康状態になったと伝えられたが、六月二十日には他界したとの情報が伝わっている。

さらに、この年、大岡越前守忠相もまた病を得て辞職、あたかも吉宗のあとを逐うように病没した。

十一月　十一月以降、記事の多くは、以前から懸案となっていた、大戸社の神主山口正親・大禰宜香取山城と大戸神宮寺融光との紛争の審理の経過についてのものとなる。この年は大宮司多宮がその中心となり、大禰宜上総と連絡しながら審理が進んでいる。

十一月二十三日条に双方の口書きが収載されているが、そこからも多くの論点が絡み合った複雑な案件であったことが窺われるが、最終的な裁許が下され、大戸社神主山口正親・大禰宜香取山城と大戸神宮寺融光の三者は、「香取　御両所」、すなわち大宮司・大禰宜宛にそれを受け入れている。

それによれば、数回の吟味の結果、「双方」とも証拠となる文書を提出することができなかったとした上で、大戸社の社僧に対し、無住となった寺院の後住の決定手続きとそれにともなう田地の取扱い方を「不埒」とし、六ケ条にわたって今後の取扱いについて指示している。十二月十一日条によれば、最終的に三者が捺印してこの一件は落着しているのである。

【第四冊】

〔宝暦二年（一七五二）〕

正月から三月にかけて、比較的平穏であった。

四月四日条には「諸神塚」に「火の番所」が置かれており、ここに金剛宝寺から店が出されており、通行の障害となっているためこれを撤去させたことが見えている。この頃には、酒を売る店も増え、これに対して「酒運上」が課されており、多くの参詣者があったことを示している。

七月　寺社奉行鳥居伊賀守忠孝からの呼び出しにより大宮司・大禰宜が出府。これは、大禰宜上総が懸案の修理料四十石の返還を願い出ていたためで、上総は鳥居に対して、その理由を一から説明せねばならなかったのである。

八月　鳥居を中心に寺社奉行による吟味が続いているが、その審理の焦点は修理料に入れられた四十石の農地を耕作する百姓の位置付けとなっていった。寺社奉行は市三郎・右門などの「御手洗百姓」の召還を大禰宜上総に命じ、直接の取り調べに乗り出したのである。

八月十一日、十三日の鳥居方での取り調べは厳しいもので、言を左右にすると見なした鳥居は、市三郎・右門に「手錠ヲ打」って身柄を拘束することを命じた。十六日には手錠をかけられたまま「白砂にて御役人吟味」という厳しい取り調べが続けられ、九月十八日には寺社奉行による裁許が大禰宜上総・大宮司多宮に言い渡された。御手洗百姓は大禰宜上総の支配下の百姓とみなされ、その処置は大禰宜上総に一任された。そして、このような些細なことから大宮司・大禰宜が対立し、訴訟にまで及ぶのは、日頃から両者が「和順」しようとしないためであるとし、今後は「和融」して訴訟などは差し控えることを強く命じたのである。

〔宝暦三年（一七五三）〕

二月　大宮司多宮・大禰宜上総が協議の上、ともに出府して寺社奉行に金剛宝寺の不法を訴え出た。金剛宝寺との紛争の内容は多岐にわたっているが、総じて、「両社務」、すなわち大宮司・大禰宜の支配を金剛宝寺が拒否したために生じたものであった。

二月二十四日、寺社奉行本多長門守忠英に対して提出した口上書によれば、主たる争点は金剛宝寺およびその支配下にある小寺院の住持の交代に関するものと、土地と百姓の支配に関わるものであった。

以後、双方から口上書が度々提出され、証拠となる証文類が大量に寺社奉行本多方に差し出されている。

三月に入って、金剛宝寺快範も寺社奉行本多方に呼び出され、綿密な証拠文書の審査が進み、寺社奉行の寄合や本多長門守宅で本多自らの審理も行なわれている。その中でも、三月二十七日・三月二十八日・四月十四日・五月三日条には、本多長門守の厳しい言葉が、そのまま書き留められている。「鹿島・香取」など「大宮司」が存在する大社においては寺院方の別当の地位は「甚カルイ」とし、金剛宝寺快範に対し「ツマラヌ事計云う」などの非難を浴びせている。

そして、七月十八日、寺社奉行寄合の席で本多より裁許が申し渡された。結論は、金剛宝寺快範の「申分難相立」とその主張は認められず、今後はすべて大宮司・大禰宜の指示に従うべきであるとするものであった。その裁許内容を受諾する旨を大宮司多宮・大禰宜上総・金剛宝寺快範が連判し、さらに金剛宝寺の本所弥勒寺も奥印を加える証文が寺社奉行宛に提出されて一件は落着したのである。また、裁許の中で、寺社奉行は前年の「御手洗百姓」の件の折りと同様、このような訴訟は「万事不和順」より起るとして、今後の「和融」を命じている。

しかし、社家方に対する両社務の支配が、この間の訴訟を通して確立していったのに対し、寺院方との関係はその後も安定することはなかった。

〔宝暦四年（一七五四）〕

二月　前年の寺社奉行の裁許にも関わらず、金剛宝寺は「五節句」等に際しての奉仕を怠ったままであった。前年より大宮司多宮は寺社奉行にこのことを訴えた。裁許の内容が個々の論点に対して明確な判断を示したものではなく、総論的なものであったことから生じた問題であった。金剛宝寺は大宮司多宮からの直接の申し入れに応じようとしなかった。そこで、大宮司多宮は改めて大禰宜と協議して寺社奉行に吟味を願い出ようと伝えてきたのである。しかし、明確な証拠を提示することができないために寺社奉行本多方の役人はこれを取り上げようとしなかった。

十二月　年末に至っても進展は見られなかった。寺社奉行の「和融」せよとの強い指示のもとでは「無易（益）」なことだというのが大禰宜上総の見解であった。

【第五冊】

〔宝暦五年（一七五五）〕

正月　大禰宜上総の嫡子監物実香が、名乗りを「和泉」と改めた。大禰宜上総は大宮司多宮に対して隠居したい旨を伝えたが、多宮はせめて、あと一、二年でも大禰宜職に留まってほしい旨を申し入れている。しかし、二十一日には大禰宜上総（香取実行）は寺社奉行に対し、隠居願いを提出し、嫡子和泉に大禰宜の跡職とすることを願い出た。

二月　大禰宜上総の隠居が認められ、家督は子の和泉に譲られた。四月には寺社奉行等に大禰宜職の継目の御礼を済まし、五月には香取で、和泉の家督相続の祝儀として惣神官を招いての祝宴が開かれている。大宮司方との深刻な主導権争いを超え、寺院方との紛争にも一定の成果を得たことで、両社務による支配権が充実して、漸く訪れたこの時期を待って、大禰宜職の継承を実現したわけである。そこで、本年の記載は、そのような職の継承と家督相続を、寺社奉行を通して進めていく手続きに関するものが中心となっている。

実行は三月十二日江戸を発ち、翌朝香取に帰ったが、それ以降の記事は「従是於在所日記」によっていることが明記されている。

一方、大禰宜和泉（実香）は五月には出府し、酒井雅楽頭忠恭方、水戸家などに出向いて父同様の親密な関係の維持をはかっている。

〔宝暦六年（一七五六）〕

香取に落ち着いた前大禰宜上総は、環境の整備と寺院方に対する施策に奔走している。その結果、このころの香取神宮とその周辺の情況を具体的に知ることのできる貴重な情報が記録されることとなった。

五月　この五月には前年の凶作の影響が香取にも現れた。前年の飢饉の様子だけでなく、米価の地域的な動向も記録されている。「松ノ皮」や「葛ノ根」まで食べても「餓死」者が夥しく、仙台方面より難民が大勢やって来たという。

「銚子」には米がなく「大勢」が「佐原」に米を求めてやってきたのである。六月には幕府は米商による米の買い占めを禁止しているが、そのような飢饉の地域における実態が記録されているのである。

九月・十月　しかし、両社務による支配の安定と環境の整備が進んだこともあって、神事なども充実し、八月の「新神事」の際の参詣人は「去年ノ十倍」にも及び、神宮を中心とする地域の商業的な活動も隆盛を極めたことが窺われるのである。

〔宝暦七年（一七五七）〕

大禰宜和泉の活動も本格化し、隠居した上総もこれを援助する態勢のもと、引き続き環境の整備などが進められている。この間、大宮司家では広間の建造が進められているが、大禰宜家では裂々殿の隣に「霊社」が建てられている。

三月～五月　数多くの社殿や社家の屋敷などを維持するための木材を確保しなければならず、その努力は並々ならぬものであることは、本冊のみならず、この記録の随所に、具体的に示されているが、本年も三月十五、十六日条から五月にかけての杉の植林に関する調整についての記載などは興味深いものである。

五月　この年五月、東国各地は水害に見舞われた。「二日ゟ出水」が始まり、「五・六十年」ぶりの大水で堤がすべて決壊し、「津宮村東ノ宮ゟ舟ニ乗ル、町中舟ニテ往来」という情況となった。植えたばかりの「早苗」も「皆腐」ってしまったという。「篠原村」の一本松から見渡すと、潮来・鹿島方面迄が「一面」の海のようだという記載がこの時の大規模な水害をよく表している。

改めて言うまでもなかろうが、本記録が単に香取神宮に関する詳細な記録という域を超えて、江戸時代の幕府訴訟や社会情勢、経済の実態を究明する上でも貴重なものであることを改めて実感する所である。未刊の文書、記録の調査を進めるとともに、本記録を様々な面から検討することが必要である。そして、それが、本格的な香取神宮史編纂の素地となることを改めて指摘しておきたい。

目次

「(原表紙)延享二乙丑年
同　三丙寅
同　四丁卯　」

延享二乙丑年

一、正月六日、大岡殿(忠相)ゟ御朱印有無之事、自分繼目御尋之事、
一、正月廿日、牪〻殿願、大宮司ハ享保十五戌年二月廿七日小出殿(英貞)ニ而被仰付、
一、二月十日、こもの(薦)長職取上事、
一、三月七日、實香襲(装、下同ジ)束着初之事、惣神官呼、
一、三月五日、襲束ノ事、八藤等之事、吉田書状事、
一、三月十日、關白様(一條兼香)ゟ年始御返簡ニ襲束ノ訳申來事、
一、七月廿四日、餅神納之事、
一、八月二日、御供米神納之事、
一、八月十一日、津宮鳥居建事、
一、九月朔日、御上(徳川吉宗)御隠居被　仰出事、
一、九月、御代替之御礼願、十一月十日被仰付、十二月朔日御礼勤ルヿ、
一、十月廿八日、左大臣様(一條道香)へ御見廻ニ出ルヿ、
一、閏十二月二日、不時神納物伺幷宝幢院引寺、同六日被仰付ヿ、
一、(閏脱)十二月十七日、物申祝右近(香取)家督居無之事、

延享三丙寅年

一、正月、不時神納物大宮司出訴出入、
一、二月朔日、御朱印御書替伺事、
一、二月廿七日、本多殿(正珍)御宅御内寄合、宝幢院引寺御裁許被仰付ヿ、
一、四月二日、惣持院無沙汰ニ出訴尋事、
一、四月十六日、御領御巡見御通訳、
一、五月十六日、御巡見御通之事、
一、五月十九日、御朱印写差上濟、
一、十月六日、江戸旅宿切組登ス、神田小川町、
一、十月十九日、胤信公石碑建事、

*妙塔院内に寶幢院の堂建つ
*妙塔院二寺兼帯を伺ふ
*江戸雪降る
舊冬江戸出足
*例年の通り祭禮勤むるを申來る
*大岡殿へ出づ

一、十月廿日、大祢宜旧地願、求馬(伊藤)・主計(香取)、

延享四丁卯年

一、三月八日、大祢宜旧地願、五月十八日求馬・主計出ル、不叶、
一、六月廿一日、宮林枯松調、大祢宜廣間普請ノ企事、
一、八月十五日より神代巻　御神慮之処講訳事、
一、八月廿七日、御朱印御掛井上遠江守(正長)殿ゟ何方ゟ請取候訳御尋ノ┐、
一、九月廿七日、勸(觀)音堂屋祢葺替之事、
一、十二月一日、祭礼ニ付、振舞減度相談ノ事、
一、十二月四日、秀屋長拜借願事、不叶、

延享二乙丑年正月

旧冬子十二月十九日出足、廿日江戸着、本石町三丁目大和屋治兵へ借座敷、十二月廿五日寺社御奉行所御四ヶ所へ出ル、御用番松平右近將監(武元)殿へ届ル、同日正月ノ御用番大岡越前守(忠相)殿へ届、尤御兩所共、例ノ献上物等書付出ス、御役人山本左右太――咄候ハ、

領分ノ内宝幢院七年以前燒失ニ付、妙塔院ノ寺内へ宝幢院ノ堂ヲ建、妙塔院二ヶ寺ヲ兼帯致候樣ニ仕度候、左樣之筋出來候事ニ候哉、御役人――ハ、本寺合点ニ候ヘハ出來候、又申候ハ大祢宜服忌ノ節、彼寺抔ニて古來ゟ百日ヲ暮來リ申候、左樣ノ爲ニ建置申候、近所へ寺引候事ハ難成候哉、それハ右服忌之事申立候ハ各別、乍去其寺地水帳ニも載候場所ニ候へハ、公儀へ(ニハ)不届不成候、則享保十一午年寺地出入、黑田(直邦)殿御裁許狀懸御目、御役人今迄之通ニて能可有之候哉抔被申候、上總――罷歸、とくと了簡仕見可申由申、引寺抔ト申訳不存候故、一通リ申上候、近來右寺入院ノ證文も懸御目、引寺ト申事も本寺得心スレハ成候、右之通忌中申立引候事ハ成候、とかく罷歸リ、とくと相談了簡可仕候、
一、正月元日、江戸朝ゟ曇ル、七ッ時ヨリ少く雪降ル、
二日、靑(晴)天、
三日、曇ル、於在所例年之通御祭礼勤ル由申來ル、
一、正月五日、大岡殿へ出ル、明日ノ御届申、御役人酒井源太、旧冬ノ書付差上ル、
來ル正月六日

獨御禮
献上
御祓
鳥目　壹貫文
西御丸様
右御同様ニ献上仕候、

大禰宜上總登城

一、正月六日、六ッ半前時登　城、孫大夫ニ献上物爲持納所迄召連ル、御祓鳥目、尤下社家足袋股立不取、下社家ニメ、

上様出御なし

上様（徳川吉宗）出御無之、　右大臣（將）様出御、四ッ過也、御礼例ノ通也、夫ゟ御老中廻リ、松平左近將監（乘邑）殿・本多中務大夫（忠良）殿・松平右京大夫（輝貞）殿・酒井雅樂頭（忠恭）殿・松平能登守（乘賢）殿、若御年寄水野壹岐守（忠定）殿・本多伊豫守（忠統）殿・板倉佐渡守（勝清）殿・戸田右近將監（氏房）殿、寺社御奉行所、御側衆加納遠江守（久通）殿・小笠原石見守（政登）殿、

*大岡越前守へ出づ

大岡越前守御役人酒井源太より大宮司と相談するやう仰渡さる

同日、大岡越前守殿ニて御役人酒井源太書付被持出、如此之義、大宮司と相談ニ而一兩日中ニ被差出候様ニと被仰渡候、其文、

誰御代官所
誰知行所
何國何郡何村
何神主誰
一、御朱印高有無之事
一、繼目御礼有無之事
一、年頭御礼何ヶ年目
献上物之品、
獨礼欤、惣御礼欤之訳、
右書付可差出候、

鹿嶋も同剋惣大行事出候、是江も右御書付御渡候、

*水戸様へ御禮に出づるも御目見なし

一、正月十三日、水戸様（徳川宗翰）へ御禮ニ出ル、寺社役濱嶋傳右衛門、　御目見無之、例之通二汁五菜ノ御料理・濃茶等出ル━━、

同日、岡崎日向へ礼ニ往、

一、正月十六日、大岡越前守殿へ出（行）ル、御役人山本左右太━━、明後十八日御内寄合へ罷出、年始御礼申上度奉願候、御役人いつも被致候哉、成程ト申候、明後五ッ時被出候様ニ、着帳致置可申候、

*一條兼香へ年始書状上る

正月十五日、京都一條關白（兼香）様へ年始書状上ル、

新春之御吉祥不可有盡期御座御同前ニ目出度申納候、又以兩（一條兼香・道香）　御殿様益御機嫌能可被遊御越歳、乍

*大宮司屋敷内の印社

御扇子料金子百疋献上

*享保年中大宮司は御修理料金拜領す

松平右近将監本多紀伊守山名因幡守大岡越前守御内寄合へ出づ

大岡越前守へ出づ

「奘々殿願」

大禰宜屋敷内の奘々殿修覆金願ふ

奘々殿大破に及ぶ

大禰宜職料は先年より御修理料に仰付らる

憚恐悦至極之御義ニ奉存候、右年始御祝詞各様迄
申上候ニ付、御扇子料金子百疋献上仕度候、尤
若御所様（一條道香）江も、右御同様ニ献上仕度差上申候、宜
様ニ御取計奉頼候、万喜期永春之時可申上候、恐
惶謹言、

正月十五日　香取上總 ―― 西市正江も半切別紙年玉遣、

村田西市正様（景春）　參人ゝ御中

一、正月十八日、松平右近将監殿・本多紀伊守殿（正珍）・山名
因幡守殿（豊就）・大岡越前守殿御内寄合、能春ト御申候、
一度ニ七・八人出ル、

一、正月廿日、大岡越前守殿へ出ル、御役人山本（左右太）――、

乍恐以口上書奉願候

下總國香取神宮大祢宜屋敷内ニ奘ゝ（サ）殿ト申当宮御
先祖之神を奉祭候小社御座候、仍之大祭礼ノ節ハ、
先右之神前ニ而神事始仕候、且正月矢的ノ御祭礼
も、此神前ニ而神官共御祈禱執行仕候、右奘ゝ殿
只今迄少ゝ破損ハ私一己之入用を以修覆仕候処、
段ゝ及大破候ニ付、御修理料金を以、此度修覆仕
候様ニ仕度奉願候、大祢宜職料先年ゟ御修理料ニ
被仰付相減申候故、自分之修覆難儀仕候、仍之奉
願候、大宮司屋敷内ニも印（ヲシテ）社と申、右同様之小社
御座候処、享保年中黒田豊前守様（直邦）江先大宮司中務
奉願、御修理料金之内三十九両貳分之一封拜領仕、
修覆仕候例も御座候、此度御修理料金内二十五両
拜領仕、右之社修覆仕度奉願上候、被仰付被下置
候者、難有仕合ニ奉存候、以上、

延享二乙丑年正月　下總國香取神宮大祢宜　香取上總印

寺社御奉行所　此願書御返シ無之候、

御役人被申候ハ可申聞候、明後日抔伺候様ニ、修理
料金如何程有之候哉、貳百両寄も可有御座候、又高
何程有之候哉、六・七十石も可有御座候、大祢宜御
役料入下社家抔ノ潰知行抔入申候、多クハ無御座候、
奘ゝ殿ノ社ハ、如何程有之候哉、先年ハ二間ニ三間
程有之候由承候、ちゝめ九尺ニ貳間程御座候、セま
く御座候而供物調進抔ニ手支仕候、立直ニ不仕候テ
ハ成不申候、殊外損シ申候、御役人―― 於在所多宮
へ相談被致候哉、相談ハ不仕候、享保年中前大宮司
中務、黒田豊前守様へ奉願候節も無沙汰ニ而、此度

*屋敷内の社は大宮司大禰宜両人方のみ

*大宮司方へは仰付らるるも大禰宜方へはならざるは迷惑

老中酒井雅樂頭へ出づ

大岡越前守へ出づ

*大岡越前守へ歸國の届大禰宜上總の願は新法屋敷内ゆゑ修理料遣すこと相成らず

*「享保十五戌二月廿七日小出殿御宅ニ而、三月廿日ノ処ニモ有、」

修覆被仰付候、此段私へも爲知候様ニト被仰渡候由ニ而爲知候、御役人夫ハ以書付も被仰渡候哉、左様之儀も不及承候、夫ハソウハ有間敷候、

正月廿二日、大岡殿へ伺ニ出ル、御役人｜｜廿六日伺候様ニ、廿七日ノ内寄合江御出シニて可有之候、

一、正月廿三日、御老中酒井雅樂頭殿（忠恭）江朝六ツ時前御對客ノ節出、目見｜｜、兼而御出入申｜｜、

一、正月廿六日、大岡殿へ伺ニ出ル、御役人明廿七日御内寄合へ出候様ニ被仰渡、

廿七日、大岡殿御宅御内寄合へ出ル、右近將監殿・因幡殿也、紀伊守殿ハ無御出座、願書續｜｜、大岡殿｜｜知行減候トハ、上總｜｜内證合力ノ分地四・五年以前奉願候、大祢宜御役料ノ内ニ而御座候、夫ハ無調法也、新法之願也、大宮司方ノモ新法也、屋敷ノ内ニ有之候ナ、成程左様ト申上ル、修理料ヲあたふたと遣候事ハ不成候由被仰渡、不成由被仰候、

〔二　月〕

二月廿九日、大岡殿（忠相）へ出ル、御役人｜｜一昨日ハ存候外成被仰渡難儀仕候、御役人訳も有之候ハヽ、追願被出候而可然候、外下社家ニハ其様成社無之哉、両人方計ニ而外ニ無之候、社家共來リ相勤候哉、成程惣神官出仕御祈禱執行仕候、大宮司方江ハ被仰付、私御願申上候ニハ不被仰付迷惑仕候、大宮司方被仰付候節、書付ニても無之哉、數年手前ニ而修覆致來候ハヽ、再願致候而も埒明申間敷候、

一、同日、先頃源太殿（酒井）御尋書御渡被成候、罷歸候而ハ遠國之事故、伺申度如此認候由ニて左右太（山本）へ出ス、それハ源太へ伺候様ニ、則御一覽、繼目御礼願之訳何方へ願、於御連席御帳ニ御記可被下之由、被仰渡候通認候様ニ、則御帳ニ御記被成候事也ト左右太被申候、相心得申候、

二月二日、大岡殿へ出ル、左右太出會、歸國ノ御届｜｜、扨此間ハ存候外、御願相濟不申難儀仕候、大宮司方ハ被仰付、重而又修覆も可奉願候、然ルニ私方ハ不被仰付迷惑仕候、大宮司方ハいつ頃ニて候哉、享保九年ノ頃ト覺申候、とくとは不奉覺候、何月ニて候哉、三月頃様ニ覺候、公儀ノ御帳ヲモ御覧可被成趣也、定而以書付可被仰渡候、罷歸大宮司へも相談仕承合、追而可奉願候、御役人此方ゟ尋候ニてハ

*継目御禮の事

大宮司中務押手社修理料金拝領

遠國ゆゑ下書出づ

*年頭御禮の事

大宮司多宮大禰宜上總連署書状

御朱印高の事

無之候、ソウ可被致候書付ニても無之候ハヽ、被仰付ハ有之間敷候、私方不被仰付候ハヽ、大宮司方返納仕候ヘハ、能御座候抔御咄申候、とかく罷歸承合、追而可申上候、

後ニ記、戌(享保十五年)二月廿九日大宮司中務江戸ゟ歸り、三月二日大宮司宅寄合、押手社修覆之儀、黒田豊前守(直邦)様へ奉願、御修理料金三十九兩貳分一封致拝領候、其文江も此段爲知候様ニト仰渡候由中務申、十五(享保)戌(年脱)二一月廿七日小出信濃守(英貞)殿御宅御内寄合ノ由、

其後數〻ノ願伺事ニて再願、及延引、

同日二月二日、酒井源太――、先達而被仰付候御書付ニ而御尋之儀、遠國之事故下書相認持參仕候、一通御覽被下候様ニと申出ス、一覽、然処此書付ニ何方へ願被仰付候と申事可書入候由被申、

又伺候ハ、私共兩人罷上り差上可申候哉、それニ不及候、左候ハヽ、名代ニ而ト申候へハ、それニも不及候、町便ニ拙者方迄被遣候様ニと被申候、尤歸國ノ御届申上候由――、奉書半切認、

下總國香取神宮

一、御朱印高之事

天正十九年ゟ高千石、大宮司・大祢宜連名ニ而頂戴仕候、

一、継目御礼之事

大宮司・大祢宜共ニ中絶仕候處、大宮司継目ニ付、大岡越前守様江奉願、元文五申年七月廿七日御礼被仰付候、大祢宜儀も大岡越前守様江奉願候処、大宮司同様ニ可相勤筋ニ候得者(ハ)、此度可被仰付候得共、継目程過候間、重而悴継目之節者、可被仰付之趣、公儀之御帳ニ御記置可被遊候間、其節可奉願之旨、寛保元酉年五月十八日本多紀伊守(正珍)様御内寄合於御連席被仰渡候、

一、年頭御禮之事

毎年兩人之内壹人宛罷上り、御礼申上候、尤獨礼ニ而御座候、

献上

御祓

鳥目壹貫文　是ハ惣神官ゟ、

右兩

上様御同様ニ献上仕候、以上、

下總國香取神宮
大祢宜

延享二乙丑年二月

香取上總印

大宮司　香取多宮

寺社御奉行所

右之通認伺致、印形ハ在所ゟ公儀江差上候ヲ記、

江戸出足

一、丑二月五日、江戸出足、同六日朝六ツ〔時脱〕前歸宅、

大宮司多宮へ書付見せる

同日、大宮司方へ使求馬(伊藤)、取次數馬(尾形)、大岡殿ゟケ(カ)様ノ書付御渡候、則遣見セル、御立合御相談可申候、

返事、御立合御相談可仕候、乍去私義五七日風氣ニ罷在候間、一兩日ハ御見廻も難成候、御書付一覽致候、とかく御立合御相談不仕ハ知レ申間敷候、

＊大宮司多宮の繼目御禮の件

二月八日、大宮司方へ使求馬、取〔次脱〕數馬、此間―公用之儀御勝手次第ニ近〻御立合可被成候、日限被仰遣候ハヽ、番頭江も申遣、寄セ可申候、此間私風氣ニ罷在候、明日從是御左右可申候、

多宮風氣聲立たず

二月九日、大宮司方ゟ使數馬、昨日ハ公用之儀被仰下候、私義、風氣ニ罷在候、其上声か立兼申候ニ付、御立合難成候、番頭御寄何分ニも御相談被成被下候ニト申來ル、

返事、御風氣、殊ニハ声立兼候ニ付、御立合難被成候由、乍去御公用之儀弁候ト致候も氣毒、御声立不申候ハヽ、御かなツキ(假名付)被成候テモ事濟可申候、拙者其元へ參候而御相談可申候哉、何分ニも思召之通、可被仰遣候、又從是も可得御意候、

又數馬來ル、声ヒシト立不申候へハ、とかく御立合難致候、何分ニも番頭御相談被成被下候樣ニ申來ル、

二月十日、番頭呼來ル、數馬も出ル、御請書認、於江戸兩度迄相伺、御役人衆御差圖ニて、然ラハ是ニ兩名兩印ニ而可差上旨被仰渡候、何も一覽、則前二日ノ処ニ記ス、則數馬持參、大宮司ニ見セ、多宮申越候ハ、前後ハ御尤ニて候得共、繼目御礼御願之訳、拙者不存候事故、拙者存寄、別紙ニ認遣申候由申來ル、上總―ハ、御書付被遣候へ共、定而能可有御座候得共、一覽不致候、先達而得御意候通、兩度迄相伺御差圖之安〔案〕紙ニ御座候、是ニ相違之儀も御座候ハヽ、各別、仍而文言ニ增減難致候、御差圖之通、兩印ニ而差上可然候、又數馬、大宮司へ右之段歸リ申聞ル、

大宮司返事、繼目御礼御願之訳不存候事故、兩名兩印ニ而難差上候、當月末方致出府候由也、先達而御願之訳風聞ニハ承候計ニ而御座候間ト申來ル、上總

*引地清二郎に薦長申付く

副祝出府さす相談

「薦長事、」

薦長役儀取上ぐ

*大宮司中務押手社修覆の譯

元の薦長釜の邊田四郎右衛門勤む

〻——拙者繼目御礼ノ訳被仰渡候節、委細得御意候、其節其元御出府之砌故、公儀ニ而御尋も御座候ハヽ、宜様ニ御礼被仰上被下候様ニと申進候、其元繼目御願之節も手前へハ、御沙汰無之事也、尤右案紙上ゟ之御差圖、然ルヲ自分若偽ヲ申上候テハ、自分か立不申候ト、色〻申遣候へ共、得心無之候、

同日、番頭相談ニ而右御請ニ、副祝(宇右衛門)ヲ為登可申と致相談、路用等之義、數馬歸リ多宮申聞候処、夫ハ無相違之由申事也、尤番頭相談、副祝ヲ為登候事も、委細ニ數馬ニ申遣、尤之由申、

一、同日、番頭へ上總〻——ハ、薦ノ長不行跡ノ由風聞也、色〻ノ沙汰有之事ノ由、大切ノ御祈禱清淨ヲ尽シ勤候ニ、穢候者神役如何也、役義取上候テハ如何、番頭共何も御尤ノ由申、番頭ニハ不咄候へハ、所〻ニて盗致、佐原抔ニても縄手ニ及、正月廿八日比、當所ノ者ニも見セ候由ノ風聞也、薦ノ長配當五十文也、取上ケ誰ソ役義勤候者へ遣候ハヽ、可然候、此段も數馬伺參候様ニト、番頭申聞ル、

大宮司返事、成程ノ由、元薦ノ長ハ釜ノへた(邊田)四郎右衛門勤ル、十年程以前相果候ニ付、神夫仲間ニて勤候処、三年程以前引地清二郎相願候ニ付、番頭相談ニ而申付ル、右五十文ノ配當ハ、四郎右衛門質地ニ入置候儘ニて有之候、清二郎所持不致候、右五十目大藏(尾形)・忠兵(寺嶋)へ両人質地ニ取所持之処、番頭相談ニて取上之申付候ハ分飯司申付ル、

一、二月十一日、大宮司方へ副祝往、江戸へ明日可罷越候、路金(銀)請取申度候、大宮司〻——ハ、夫ハ番頭ゟ遣候哉、宮中ゟ遣候哉、宮中ゟ頼ニて候哉否難申抔ト申、具變致候由ニ付、上總申候ハ、左候ハヽ、手前ゟ飛脚可遣候、副祝出府無用也、右相談ハ番頭也、右之訳聞候間、自分ゟ必無用と申聞ル、

一、二月十一日、大宮司方へ使求馬(伊藤)・伊助(小澤)両人遣ス、昨日御立合ニ候ハヽ、御咄可致と存候処、御出席無之故、今日以使得御意候、私も此度奨〻殿修覆之儀、公儀へ奉願候、尤享保年中黑田豊前守様へ中務殿押(手脱)社修覆御願被仰付候訳も例ニ申上候へハ、左候ハヽ、從公儀御書付を以、可被仰渡候と被仰候間、定而左様ニて可有御座候、享保何年と御尋ニ付、私もとくと覺不申候ニ付、享保九年ノ比ニても御座候哉、何月比ニて候哉、二・三月ノ比ト申上候、如何様公儀

の御帳御覧可被成趣ニて候、右書付等相尋申上候様ニ被仰候、乍御六ヶ敷、右書付委細之訳御留書御見分御見セ可被下候、
返事、數馬取次、奘ミ殿修覆被仰達候ニ付、中務代奉願御社修覆被仰付候節ノ御書付事被仰遣候、定而可有御座候へ共、殊外書物混雑(コンザツ)致候、急ニハ見分も間も可有御座候、昨日之義ニ付、私も快氣次第出府可致と存候、

*大宮司多宮出府

又求馬遣ス、御書付こんざつ(混雑)致候間、急ニハ御見分難被成之由、私も急ニ出府致候ニても無之候、其内御心懸御書写被成可被下候、
返事、追而致吟味可懸御目候、

*大岡殿役人酒井源太書狀三郎祝多門江戸へ差遣す

一、二月十三日、江戸へ三郎祝多門差遣ス、大岡越前守殿御役人(酒井)源太へ書狀遣ス、其文、

大禰宜上總書狀

一筆奉啓上候、各様益御勇健ニ可被遊御勤仕、珎重之御儀ニ奉存候、然者先頃被仰付候御書付之趣、歸郷仕大宮司江及相談候処、私繼目御礼御願之訳不奉存候事故、連名連印ニ而書付難差上候、尤當分不快ニ而罷在候間、快氣次第出府仕候而相伺可申候由申、得心不仕候、左候へハ延引ニ罷成候間、先頃奉伺候書面之通ニ相認、私一印ニ而差上ケ申候、恐惶謹言、

二月十三日　下總國香取神宮大祢宜 香取上總書判

越前守様御内 酒(井脱)源太様

御尋書ハ、前二月二日ノ処ニ記ス、兩名ニ認、一印ニ而差上ル、

一、二月十三日、大宮司多宮出府、使掃部、旧冬ノ奘(装)束之事、京都ゟ書狀到來致候、乍其事一昨日ノ義ニ付、參府致候、神前向賴之由申來ル、

一、二月十八日、江戸ゟ三郎祝(多門)歸ル、十四日晩方大岡殿屋敷江持參、十六日ニ旅宿へ返簡被遣候、其文、

御狀令拜見候、先頃申達候社領　御朱印高幷年頭御礼・自分繼目御礼等之儀、書付被差越令落手候、越前守江も可申聞候、且又香取多宮義、昨日書付差出相濟候、左様御心得可有之候、恐惶謹言、

二月十六日　酒井源太 名乗書判

香取上總殿

二月十九日、番頭呼、右公用相濟之由咄爲知(ル)、

〔三　月〕

一、三月朔日、大宮司方ゟ使數馬(尾形)、取次舍人(伊藤)、今朝歸宅致候由ー、

「實香装束着初」
上總實香悴装束初め
＊装束著用は思召次第

○一、三月五日、大宮司方江使求馬(伊藤)、取次數馬、明後七日日柄も能候ニ付、悴喜五郎ニ装束爲着可申と存候、爲御知申候、御悦可被下候、將又大岡越前守殿(忠相)ゟ被仰付候御書付之趣ハ、其元ハ如何被成候哉、私方ゟハ先頃之書付之通ニ相認差上相濟申候、其元様ハ如何被成候哉承度候、

＊重き社法の儀

返事、明後日御同名様装束着初之儀被仰遣、結構成義御同前目出度存候、且又越前守様ゟ之御書付を以、被仰遣候義被仰遣候、從是今日可得御意存候処、御使ニて候、私も書付差上相濟申候、其元様ノモ越前守様ニ而承申候、

「装束八藤等ノ訳」
＊使數馬伊織吉田家よりの書状持参す
＊吉田家家老書状

一、丑三月五日、大宮司方ゟ使數馬・伊織(小林)、取次求馬・伊助(小澤)、今朝御使ニて大岡様被仰出候義、其元様ノ御書上御状も、酒井源大(太)殿御見セ致一覧候、私方ゟも書上も相納相濟申候、扨又旧冬之儀、御免之訳も決着不仕候ニ付、御奉行所へ相伺候処、堂上方之儀ハ御裁判難被遊候間、堂上方江伺候様ニ被仰渡候、仍之旧冬以書状相伺候処、當正月中御返札到來ニ付、又御奉行所へ相伺申候、御奉行所御意ニハ、在所へ罷歸リ、上總へ申達否も有之候ハヽ、又京都へ伺候上ニ而申候様ニ被仰渡候、装束着用之義者、其元思召次第ニ可被成候、一通リ御返事承知仕度候、六人之装束之儀、是ハ從跡御沙汰可有之様ニ被存候、

返事、御口上之趣致承知候、ケ様之儀ハ御使ニてハ口上間違意味も相知レ不申候、重キ御社法之儀ニも候間、拙者其元へ罷越、委細承度存候へ共、此間四・五日持病氣ニ罷在候間、得難參候、其元様京都ゟノ御返札御持參被成、御見セ可被成候哉、難成候ハヽ御使ニて成共御見セ可被下候、拙者存寄ハ、段ヽ從跡可得御意候、其書状ハ何方ゟ之書状ニて候哉、はつと致候而難相知候、

又使數馬・伊織來ル、吉田家ゟ之書状ノ写持參ス、返事、長文故とくと一覧可致候由申使歸ス、其文、

香取社大祢宜香取監物上京候処、位階昇進之義相調不申、歸國後、其元へ申候ハ、從　關白様(一條兼香)上總と申名・日傘御免、猶又紫指貫幷八藤指貫着用仕候由、ケ様之儀、無位之者ニ御免被成下候義有之

*位階願は相成らず

紗狩衣は關白様より御免あり

*八藤指貫は公卿以上ならでは御着用なし

下社家香取内記も紫指貫御免ありと申す

官位願の儀は先例本所御執奏

哉、田舎之義、殊ニ御墨付も無之候得者、紛敷ニ付、江戸寺社御奉行本多紀伊守(正珍)殿迄被相伺候処、堂上方之儀御裁判難被成候間、京都迄被相伺候様ニと被申渡候由、且監物上京ニ付、下社家之内六人紗狩衣御免状相願申候間、前ゝ之通り、其元ゟ添状被差出候処、本所江一向相届不申、従　關白様右紗狩衣以來於社中爲着候様ニ御免有之候旨申候由、然共前ゝ従本所御免状を以、被爲着候ニ、今般新規ニ　關白様被仰渡候通、着用仕候而ハ、先例茂相違之儀、且御墨付等も無之候得者、無覺束ニ付、是又御奉行所迄被相伺候処、右同様之御挨拶ニ而有之候由、将又下社家香取内記と申者、當春一統上京候処ニ、是も紫差(指)貫御免有之由、然共同様御墨付等無之候、右之通ニ有之候而ハ社格も相改候ニ付、被相伺候由、委細之趣承、一ゝ御尤之儀存候、右之義者、當春監物上京之処、本所江ハ、何之儀も不申出、其中官位願之儀、　關白様江申出候旨相聞候ニ付、先例代ゝ本所御執　奏之事ニ候得者、其趣且御支配之訳　關白様幷御兩傳(久我通兄・葉室賴胤)　奏江自本所被仰立、段ゝ御吟味有之、代ゝ吉田家執　奏ニ無紛之処、無其儀旨　關白様を偽り不屆之至りニ思召候得共、以御有怒(恕)被免、其身位階願之儀者、不相成旨訖(屹)度被仰渡、本所江も彼者一代位階願候共、執奏被成間敷旨被仰聞、尤御兩傳奏ゟも同斷被仰聞候、如此之訳ニ而候得者、此度被尋ヶ條御免之儀、曾而以無之事と存候、夫故關白様江不及伺、御兩傳　奏江御尋も不申候、殊ニ八藤指貫者、重キ事ニ而、御堂上方さへ公卿以上ならては御着用無之候得者、決而御免無之儀ニ候間、左様ニ御心得可有之候、且又下社家六人願之儀ニ付、其元ゟ添状被差越候処、本所江不差出、却而右之仕形、旁以不屆之至りニ存候、此義追而可及沙汰候、ヶ様之首尾ニ而有之輩ニ、右躰之御免許可有之候哉、此段御推察可被成候、それ共否之儀も申候ハヽ、重而御申越可被成候、其節ハ關白様・御兩傳　奏江も相伺可申入候、以上、

(延享元年)十二月十八日　　鈴鹿將監

鈴鹿采女

鈴鹿筑前守

鈴鹿周防守

香取多宮殿

尚以、其地熊野權現之神主鈴木若狭守位階爲願上京ニ付、面談之上、右之訳申含候条、可爲演談存候、以上、

*八藤指貫は關白様よりの御免

吉田家よりの書状返進す

公儀八藤指貫著用は勝手次第

*押手社修覆金の件

*「實香裝束着」

*大禰宜上總悴喜五郎實香監物と改む

*監物紗狩衣紫指貫著す

六位官人四位の裝束を著用するは一日晴

三月五日、大宮司方ヘ使求馬・伊助、口上、先刻者、吉田家ゟ之書状ノ写被遣爲写候ニ付、只今致返進候、扨先刻自分八藤差貫(指、下同ジ)等、關白様ゟ拝領御免之儀、公儀ヘ御伺被成候処、着候共不着候共、其段ハ勝手次第、其趣御返事申候様ニ御申越候、　關白様ゟ無用と被仰渡候ハ、相止可申候、又寺社御奉行所ゟ無用と被仰渡候ハヽ、是以相止可申候、其外何方ゟ被申候共難相止候、止候時ハ、關白様ゟ御呵ニ逢可申候と、其段氣毒ニ存候ヘハ難相止候、且又六人裝束之儀、吉田ヘ相違之儀、其元ゟ被申遣候と存候、關白様御免ニ候ヘハ、六人江爲着申候、御免ト申ニてハ無之候、六位官人四位之嫂(裝)束、於京都も一日晴ニ着候由、拙者其元ヘ罷越、直ニ御咄申候、然ルニ相違之儀被仰遣候義と存候、此段得御意置候、たとへ如何様ニ罷成候共、有躰ニ可被成事と存候、御掛リノ御奉行所承度候、山名因幡守(豊就)殿御役人古畑

義右衞門、

返事、吉田之書状写御返シ請取申候、其元様御差貫之儀、　關白様ゟ御免故、關白様か天下ノ御奉行所ゟ御おさへならは各別、其外ハ何方ゟおさへ候共、難相止之由致承知候、六人裝束之儀、被仰越候通、去年九月二日私宅ヘ御出御咄被成候ニも、急度　關白様御免とは承不申候ヘ共、只今迄添簡吉田家ゟ免状取候事故、一通吉田家ヘ申遣候、

一、三月六日、大宮司方ヘ使求馬、先頃申入候押手社修覆金御拝領ノ訳ノ書付、御見出被成候ハヽ、御書付可被下候、

返事、二・三日中見分、從是差遣可申候、

△一、三月七日、悴喜五郎(實香)○、今日名改監物、權祢宜(香取式部)名付、元服分飯司(伊藤)舎人、烏帽子權祢宜(香取)式部、古例之通爲着レ裝束、紗狩衣・紫差貫着サセ、裝束着初ル、神前江參詣、同日朝、惣神官詔、料理一汁三菜振舞、晩ニ領分之者不殘召呼出來合、料理祝儀相調ル、權祢宜ヘ木綿一端、祝義(儀)――、母ゟ扇子來故和紙遣、舎人ヘ木綿壹端、祝儀ニ遣、右上總實行十五才ノ時ノ、何も例之通也、皆〻祝儀ニ來リ、賑ニ相祝也、監物

監物實香十五歳

實香十五才也、

*下社家七八人吉田家より狩衣免状受く

一、同五月十六日、實香元服○（ハ三月七日、）前髪拂也、

丑正月、京都　關白樣諸大夫中江差上候書付

大禰宜香取上總書状　八藤指貫著用の件

扣、

一、去年私義、八藤差貫等於神前御祈禱執行ノ節者、着用可仕候、江戸表ニ而ハ着用之儀可爲無用、殿（一條兼香）下樣ゟ拜領被仰付、御免之旨被仰渡候ニ付、大神事之節、於神前着用可仕候、右之段私同役大宮司方江及演說候御事、

下社家六人狩衣著用の件

一、去年當宮下社家六人狩衣着用之儀、殿下樣江奉願候処、從古來之神職神領所持、御祈禱相勤候者之儀、大神事之節、一日晴ニ狩衣着用之儀、不苦と被仰渡候段も、歸鄕之節私同役江申談、得心ニ有之候ハヽ、弥其通ニ着用可爲致候趣申聞候へハ、同役申候ハヽ、能事ニハ候へ共、若吉田家ゟ御察當も有之候節者、如何ニ有之間、追而了簡可致候由申候ニ付、此段者、右之通故、未着用不爲仕候、惣而下社家共、大勢有之之內、前〻ゟ神事之節、前日私共方江相願、一日晴ニ狩衣着用爲仕來候、去年被仰渡候通ニ申付候へハ、此上神事之度〻ニ、私共江相願不申共、着用仕候儀ニ成候已而之義ニ而、只今迄ニ差而相替候事無之候、前方下社家之內、七・八人吉田家江添簡之儀、私共江相願候ニ付差遣、狩衣免狀受候者共も御座候、去年十月中吉田家ゟ同役大宮司方江書狀到來之由、如何樣之義ニ而候哉、訳相知レ不申候、同役大宮司內存ハ、私官位不相叶候ニ付、殿下樣ゟ御免と僞ヲ申候義と相疑罷在候義ニ御座候故、右狩衣等之儀、無覺束存、伺候而爲着可申由抔申、去年十一月、江戶表寺社御奉行所へ如何樣ニ伺候哉、伺候処御取上ヶ無御座候由ニ付、吉田家へ右伺之書狀、江戶ゟ差遣候由ニ而御座候、仍而若吉田家江同役相違之儀申遣候事も難計奉存候ニ付、御手前樣迄、右之段得貴意置候御事ニ御座候、以上、

一日晴に狩衣著用は苦しからず

同役は狩衣著用に難澁

正月十五日　香取上總

村田西市正樣（景春）

*村田景春書状

關白樣諸大夫ゟ御返翰、

御狀致拜見候、改曆之吉賀不可有尽期候、兩公倍御機嫌能被成御越歲候、仍爲祝詞扇子料金百疋宛被指上之、則及言上候之処、被入念儀御喜色之

御事候、相心得宜申報旨被仰付如斯候、恐惶謹言、

正月廿八日　村田西市正　書判

香取上總殿

村田景春書狀

(村田景春)市正ゟ追書之返簡、

御追啓致拝見候、同役共江も御傳筆、猶宜得御意
候様ニと申候、且大藏殿(鳥居大路經寅)江之書狀兩通共相達候、

一、御兩段之一ッ書共、委細承知、御尤ニ存候、

*津宮鳥居木の件

一、前方下之御社家中之内へ、吉田家ゟ狩衣免狀申受
之由、委細之示聞之趣致承知候、右之曾增ニ候得
ハ、先被指扣候筋も可然候哉、前々ノ格式相立候
上ハ、了簡ニ難能存候事ニ御座候、猶貴様御賢之(察脱カ)
之上ニ而可然御取計可被成候、万端か様之筋難懸
筆紙候得ハ、右御報旁如此候条、以上、

正月廿八日　村田西市正

香取上總様

押手社願の書付差遣す

大禰宜上總悴の紫指貫著用を尋ぬ

一、三月廿日、大宮司使、押手社願書之儀、日記ニ有之
候趣、書付差遣申候、且又先日御子息様(香取實香)紫差貫(指、下同ジ)御着
之儀、其元様御同様ニ御免之儀ニ而候哉承度候、使
數馬、取(次)ﾄ求馬、
返事、印社書付被遣御世話忝存候、此上御書付を以

被仰付候哉、迚之義ニ御見當候ハヽ、御見セ可被下
候、差急候義ニてハ無之候、且又悴紫差貫着用之儀、
御尋ニて候、拙者ハ年寄申候故、おもに悴義、未永
申上奉願候義ニて候、御免ニて候、

*印社願の書付

*「押手社ノ訳」

大宮司方ゟ來ル印社之願之訳ノ書付、

爾社造立願、享保十五戌年正月黒田豊前守(直邦)様江差
上、同二月廿七日小出信濃守(英貞)様御内寄合於御列席、
願之通被仰付候、

〔五月〕

*大風雨にて出水

一、五月十五日、番頭呼申談ル、津宮鳥居木之事、旧冬
自分ハ御年礼ニ出府也、定而留主中ニ建候哉と思候
処、無其儀候、皆ハ知候哉、余リ延引ニて候、定而
訳可有之候、臺もセす久敷置候ハヽ、可朽候、此間ノ
大風雨ニて水出候由、左候ハヽ、出水ハ不淨也、夫ニ
染候も氣毒也、いつそ水ニ入置候共致度候、何も訳
不存候、御知ラセも無之候、左候ハヽ、右之通可被尋
候、定而訳可有之候、兼而物申(香取右近)──ハヽ、下直ニ建可
申と申候者有之候、乍去四月朔日迄ハ服中ニ候、服
明候ハヽ、ト申候由、舎人(伊藤)則右之段物申(香取)右近旧冬申事

之由申也、今日ハ服中故悴出、出席無之、右之節、
大宮司方へ何も參、相尋致相談候テハ如何ト申、尤
ノ由申、大宮司方へ往、右之段申候処、旧冬ゟ可建ト
存候処、押詰故迷惑ノ由、津宮ノ者申候故、余程御
物入も有之事故及延引候、出水ト申候而も、別ニ構
無之候、當時宜敷時農過候ハヽ、可及相談候、別ニ
訳も無之事由、大宮司年番故、

監物實香前髪取る

一、五月十六日、監物實香前髪取、祝儀ハ三月七日ニ祝
之也、

〔六月〕

津宮篠原佐原の大工の入札とす

一、六月十八日十八日、大宮司使數馬(尾形)、津宮鳥居儀、番
頭呼相談仕候而ハ如何可有候哉、尤之由、同六月廿
日、大宮司方へ番頭舍人(伊藤)も出ル、相談ニ來ル、廿五
日津宮・篠原・左原〔佐〕ノ大工等呼、入札ニ爲致候、相
談ニ極ル、

玉籬修覆入用の件

一、同六月廿日、大宮司方へ使求馬(伊藤)、九年以前神前玉籬
修覆入用、幣所(林左源太)方へ作料未遣候、四・五年以前、願
候事ニて候へキ御金も無之、外ノ幣所ニても無之候

幣所祝十死一生の大病

間、及延引候、此度正月ゟ相煩、大病十死一生位ノ
由、仍之右作料遣候ハヽ、可然候、
大宮司返事、御尤ニて候、宮之助・物申(香取右近)ニも爲知候
ハヽ、可然候、
則宮之助・物申呼、及相談候処、何も尤之由申之、
又右之段、大宮司へ申遣、
返事、私義ハ職分不被仰付候前故存不申候、伊織(小林)覺
居可申候得共、此間遠方へ使ニ遣候、歸候ハヽ、可承
候、舍人方ニ其節之手間・委細ノ書付有之候哉、尋
候処不見當、但其節木挽等へ拂候書付ハ有之候、作
料不遣訳、御修覆ノ訳ハ、何も存候事ニて候、

*江戸屋根屋惣勘定帳致す

又申遣候ハ、江戸屋祢ヤ抔ハ、惣勘定帳致候、此方
ニてハ今迄不爲致候、如仰候、是ハ不宜、爲致候か
能候、乍去十死一生之者へ被申付も成間敷候へ共、
一通ハ承可然候、
返事、宮之助立合、一兩も二兩も内拂ニ致候而ハ如
何可有御座候哉、
同日、宮之助・物申呼、大宮司方へ參候樣ニト申遣、
幣所━━ハ、扶持共三兩貳分有之候由、
六月廿一日、大宮司宅、宮之助・物申・舍人・數馬、
大宮司申候ハ、先内拂ニ貳兩も遣可然之由申、幣所

大宮司家來物忌次男長八追放
*「返田拂木金、」
*返田社御體損ず
津宮鳥居源四郎へ仰付らるるを願ふ
*「津宮鳥居、」
*津宮鳥居手斧始む
側高玉籬修覆申す
修覆方々に渉る
*津宮鳥居修覆

方へ御修理料金貳兩、内記(香取)ヲ呼相渡請取取置、
一、延享二年丑六月廿日、大宮司家來物忌次男長八、此夜花火ヲ屋敷内ニて多宮致ス所へ往、過言有リ、仍之追放致候由、此方へハ曾而無沙汰也、
一、六月廿四日、物申右近・國行事悴内記(香取左近)來リ――、津宮鳥居之儀、此間入札と御相談ニて候へ共、源四郎願候、前方源四郎ニ被仰付候事ニて候、入札ニ致候ハヽ、足代木・麻綱等、御入用儀ハ請方ノ者、利分ニ成候、源四郎ニ入細工ニ申付候へハ、跡ニて拂候ハヽ、半分ニハ拂可申候へハ、御爲ニ成候間、源四郎ニ申付候様ニ仕度候、挨拶、何分ニも無相違候、御爲ニ成候様か能候、相違無之候、大宮司へ右兩人參候処、大宮司も尤之由申候由ノ爲知有リ、
廿五日、番頭神前へ寄合、源四郎ニ申付候由、
又番頭申越候ハ、兼而願候側高之玉籬も御修覆、神前疊も表替仕度候段申越候、尤之由申遣、材木藏屋祢損シ見へ候、是も葺かへ可然之由、大宮司方へ右之段申遣候処、方々マタガリ、一度ニハ能有之間敷候由申來ル故、延引ノ由也、

〔七　月〕

一、七月五日、大宮司方ゟ使數馬(尾形)、返田玉籬ニ付、返田宮林ニ而拂木致修覆候、殘金四兩預リ居候、此度返田社御躰損候ニ付、拵申度旨相願候、何程入用ニ而出來可申候哉、つもらせ候上ニて渡シ可然候哉と相談ニ申越候、
返事、成程御尤ニて候、小ノ御躰ニて候へハ、前方爲致候事も有之候、木地ニて一ツ五百文位之様ニ覺候、大かいツモリ金子をも渡候ハヽ、可然之段申遣ス、
一、丑七月六日、大宮司使數馬、今日津宮鳥居源四郎チヨウナ(手斧)始致度と申候、又去年伐セ候かさ木ニ貳間ニ貳間程朽見へ候由申候、別ニ木爲伐候も氣毒ニ存候、如何可致候哉、數馬・舍人(伊藤)參、見分致候テハ如何可有候哉、
返事、如仰候、見候而可然候、少々不足致候而も用中度候、大木伐候事氣毒、
其後右鳥居木拵候へハ、余リ見苦敷も無之相用ル、毎日津宮ハ勿論、篠原・左原(佐)・大倉・小野・新市場

鳥居は元祿十三年に建直し四十六年になる

神前へ餅上る

*御裁許に餅のこと見えず

*享保十三年御裁許に諸道具魚鳥は大禰宜とあり

*餅類の納方

・多田村等人足出候様ニ頼遣、土取、古鳥居ヲ取、彼是人足大勢入ル、尤足代木訳山入、麻綱も銚子ニて誂拵ル、二筋ニて八両程ニて拵、長三十尋程、足代木百七・八十本、大小竹三百本余入ル、皆大工源四郎ニ申付、彼働ニて調ル、両代官毎日普請場へ行差圖致ス、右鳥居、元祿十三辰従公儀被遊候儘ニて、此度建直ス、四十六年ニ成ル、

一、丑七月廿四日、神前江上郷村ゟ餅上ル、當番此方へ無沙汰ニ納ル、仍之七月廿五日番組ヲ分飯司方へ呼、相尋候処訳不存、金銀・繋・鳥目・諸道具・散銭と計承、心得違候由申之、先年御裁許ノ節、委細ヲ申聞候処、左有間敷事、ナセ同不申候哉、去年（還神節）も餅ノ沙汰有之候へキ、一巳〔己〕之事ニ而無之、職ニ付候事、御裁許ニ致、相違之事故、不相濟候段申聞ル、

一、七月廿六日、大宮司方へ使求馬（伊藤）、一昨日廿四日神前江餅上リ候、昨日番組呼、相尋候処訳不存之由申、仍之今日番頭呼、相談可致と存候、就夫書付入候儀も可有之候、下書掛御目候、思召も御座候ハヽ、可被仰聞候、下書ト云ハ御裁許書之通也、向後急度可相守ト申文也、

返事、昨日番組御呼、御吟味之由、社法之事ニ御座候ハヽ、前廣ニ爲御知可被成候、殊ニ御裁許ニ餅之事ハ見へ不申候、仍之兎角之御挨拶ニ難及候、左候ハヽ、數馬ニも今日之寄合ニ出不申候様ニ可致之由也、

同日、又遣候ハヽ、其元御聞様悪敷候、昨日番組へ尋候ハヽ、餅上り候哉、不上候哉否、一通尋候上ニて御座候、吟味ト申候ニハ無之候、又享保年中ノ御裁許ノ通ノ下書趣ニて候、別ニ改候事ニハ無之候、仍而數馬をも今日御出シ可然候、吟味相談可致と存候事ニて候、

同日、番頭來リ、大宮司代官數馬も出ル、上總――ハ、享保十三年御裁許ニ諸道具・魚鳥ハ大祢宜ト有之候、尤其節伺候へハ、喰物ハ魚鳥ニ込居之由被仰渡候、金銀・繋・鳥目之処ニ餅共無之、毎日之散銭之下ニ餅共無之候、自分ハ右之通三年之出入手ニ懸ケ、今日迄金銀・繋・――（鳥目）・散銭之外ハ、此方へ相納候と少も無疑相心得居候、又此方へ不納ニ何方へ納申候哉、當番納候様ニと申、御書付何之書ニ有之候哉、散銭ノ下ニも納候と申御文言無之候へハ、餅類何方へ納可申候哉、彼是申談、數馬ニ申聞候ハ、

御裁許に餅の文言なし

罷歸リ多宮殿へ右之段イサイ（委細）ニ咄候樣ニ可致候、尤御裁許ニ餅と申御文言無之候間、此方へ納候事無用と御申候か、又魚鳥ニ喰物込候間、此方へ納候樣ニ致可然とか、何レニも御挨拶承度候、數馬多宮へ申候由ニて罷歸リ申候ハヽ、多宮申候ハヽ、急度御返事ニてハ無之候、享保年中ト申候而も廿年ニ及候事ニて候、夫以來御酒・御供、何方へ納候哉、番頭へ御尋可然候と也、

御酒御供の納方

仍之上總━━アノ通如何ニて候哉、先以去ゝ年大成餅三ツ・小樽二ツ上リ候、然も五・六日神前ニ差置覽可有之候、何も成程左樣、手前へ納申候、數馬申候ハ、面立候ハ左樣、少ゝ之儀ハヽ、上總夫ハ面立候、左樣ナレハ夫ニ從候、尤夫ノミナラス度ゝ何角納リ申候、帳面ニ記候、とかく數馬又參伺候樣ニト申候へハ、成程ト申、左候ハヽ、番頭衆御越御相談ニてハ如何ニて候、上總成程、それか可然候、早竟大宮司方へ納候金銀・ヿ（繫）之事ニてハ無之候、番頭ト此方トノ事ニて候、番頭も余所ノ事ニてハ無之候、強テ大宮司ｏ（不）構候事ニて候、番頭━━ハヽ、私共仲間ニても相談仕見可申候段申歸ル、

同日暮方、又番頭・數馬何も來ル、私共相談仕候而も、急ニハ了簡も出來不申と申候間、御裁許以來、數年之事心懸有之事也、左候ハヽ、明日ト申候へハヽ、明日ハ數馬鳥居御修覆場へ罷越候、明後日ト申、上總━━扨如此成候而ハ、先每日之散錢納分也、其外ノ物ハ當番〳〵預リ候樣ニと申候、今迄之通無沙汰ニ如成候段申聞ル、

*金銀繫鳥目は大宮司に散錢は當番と裁許あり

一、七月廿八日、番頭神前ニ而相談之由承候間、及暮方呼ニ遣、大宮司代官數馬も來ル、皆へ申聞候ハヽ、先數馬聞候樣ニ、金銀・繫・鳥目ハ大宮司、散錢ハ當番と御裁許有之候へハヽ、大宮司強テとやかく被致候儀共不思候、尤支配ニ致候事故、殊ニより是ハ社家か不屆、上總ニハカケハセヌト社家ヲ被呵候事トカ、又ハ是ハ社家、尤上總不宜候、社家ニハカケ間敷と被申候事とかの義ハ各別、扨諸道具・魚鳥ト申事、三年ニ分レ候事ハ、諸之有事也、右御裁許ノ節申上候、

*內院方統領と庭上方統領

*大禰宜內陣を司る

番頭にても相談す

內院方統領・庭上方統領ト、元祿年中褻（裝）束ノ願書ニ丹波致印形、公儀へ差上候、大祢宜內陣ヲ司リ、五ヶ度ノ神事一人ニ而相勤、神酒・御供物等、自身差上候、御膳部ヲ差上候、夫故少ノ神事ニも供物有之候へハ、內院祝詞致執行候、諸道具も內陣ニも候

*當番の社家に御下り頂戴するやう申す魚鳥は喰物に屬す
*二日は新の神事
*御下りは当番頂戴す
番頭等不得心にて印形せず
*大宮司當番へ納むるやう申す

故、右古來ゟ右之道理を以、諸道具・魚鳥相納之由、享保年中出入之節、右之道理イサイ申上候訳ノ有事也、殊ニ金銀ノ下、毎日之散錢ノ下ニも、餅共何共無之候、然ラハ此方へ不納、何方へ可納候哉、此方ハ其節伺候処、魚鳥者喰物ニ屬スルト、魚鳥ニ喰物込ルト被仰渡候、誰ソ申上候者有之候ハヽ、自分相手ニ成候、少〻就夫テハ存寄も又有之候、
さかり(盛)日ニハ此方ゟ人差出、此方へ受取物爲請取候、常ハソウハ不成候、常ハ大宮司方之通ニ、當番〳〵世話ニ被致候様ニ、ソウナケレハ此度ノ様ニ無沙汰ニ、當番へ被納候、
扨此間ノ書付ニ、何も印形可被致候哉、御裁許之通ニて候、尤不得心ニ候ハヽ、御無用、得心ニ候ハヽ、被致候様ニ、何も無言、印形不致候、
自分義ハ、右申候通、御裁許之通リト今迄心得居候、右之通申聞ル、
七月廿九日、宮之助始四日番呼、無念之段申、書付致候様ニ申聞ル、得心無之、上總申聞候ハ、皆ノ判ヲ力ニ致候事ニてハ無之、其内之事ニ可致候、可致と申候而もめたとハ不致候、

〔八月〕

八月朔日、郷長申付神前へ差出、今日御供ャ御酒抔ハ、上總――ハ、當番ノ社家ニて御下リ頂戴致候様ニと申聞ル、錄司代難有之由申、御供米四舛貳合上リ候、請取歸ル、
同日晩方、明二日新ノ神事也、二日番數馬(尾形)番頭也、郷長・惣検校・大神主ニ申候ハ、明日ノ赤飯・御酒等御下リ當番頂戴、其外神樂所所〻へも遣、頂戴爲致候様ニ被申付候由申候処、忝由申、
八月二日、當番數馬子主膳申候ハ、今日之御供米・神納物之義、大宮司ニ伺候へハ、大祢宜方へハ不遣ニ、當番ニ而請取候様ニ申付候由也、郷長へ右之通申、
同日、求馬(伊藤)ヲ大宮司方へ遣、取次數馬、神納物之義、其元御差留之由、弥左様ニて御座候哉、左様ニ候ハヽ、當番ゟ請取ヲ遣候様ニ可被仰付候、
返事、此方當番之事故手始ニ成候間、宮中江ハツカワスナト申付候、未相談も不極候故、當番へ納候様ニ申付候、別ニ書付ニハ及間敷候、
同日、大宮司ゟ使數馬・伊織(小林)兩人、昨日ゟ神前江加

神前へ札祓出づ

*神前の札祓に加番出づるは新法

番ヲ御出シ、札祓も御出候由、申おくれニも可成、此段得御意置候、

返事、此間寄合ニ而番頭へも申談候通リ、盛リ日ニハ、神納物請取ニ此方ゟ人出可申候、常ハ左様ニハ難成候、宮下江之通ニ番組ニ而致世話候様ニ、右之段數馬ニイサイ咄申候、御咄候様ニ申聞候、札祓之儀、神納物之ウツリニ望候者有之候ハヽ、遣候様ニ、切札差出申候、尤無左頂戴致度と申候者候共、決而遣間敷候、當番ゟ遣候様ニ此段急度申付差出候、

*新法古法と申すは勝手

大勢の參詣あり

同日、求馬ヲ大宮司方へ遣、弥御差留候由、左候ハヽ今日急候事ニて大勢參詣も有之、外聞も悪敷候間、思召之様ニ當番へ納候様ニ、尤手前へ請取候へハ、何ゝト請取、當番望候ハヽ可遣候、如其當番ゟも請取遣候様ニ被仰付可被下候、

返事、未相談もとくと決着不致候事故、其元様へ納候共、當番・加番へ納候共、請取ニ及申間敷候、其元様へ納候ニ極候ハヽ、爲出可申候、當番・加番爲致可然候、

*恆例の神納物當番加番受納す

同日、大宮司使數馬・伊織、數馬ニ承候へハ、郷長申候ハヽ、加番之由申候由、其元様ゟハ只神納物請取ニ御出被成候由ノ御返事、神前ヘ札祓御出シ被成候も、加番御出候も、御一存ニて新法ト存候、御裁許ニ違候様ニ存候、

返事、此方ゟ先剋得御意候通、先日番頭數馬へも申聞候通、申付差出候、加番ト申候哉、本番ト申候哉、未郷長ニも承不申候、札祓之儀も、先剋得御意候通ニ候、然共其元誅〔註〕ヲ付、新法ノ古法ノト御申候、何分ニも御勝手ニ可被成候、

同日、大宮司へ使求馬、其元御差留ニ候ハヽ、何程預リ候と申、請取遣候様ニ可被仰付候、無左候へハ、百ノ物ヲ一ツト可申哉、又百ノ物ヲ貳百預リ候ト可申哉、何方ニも有之事ニて候間、請取遣候様ニ可被仰付候、又此方へ納候ハヽ、先達而請取遣可申候、此方へ納候而も差出候節ハ、相違無之事ニて候、右之通ニ無之候へハ、當番へ難預候、

返事、先剋之御口上同様ニ有之、相替候事無之候、今日之儀ハ不時とも違、恆例之神納物ニ御座候、仍之番組之者共へも、私方ゟ伺候ニ付、去年迄當番・加番受納致候物故、受納致候様ニと申付ル、不時とも違、恆例之神納物之儀故、書付ニも及間敷候、

恆例の事ゆゑ當番へ取納むるやう仰付く

*神納物の相談

*散錢の外も當番納むべし

*向後神酒御供等相極る迄は當番へ納むる書付に印形求むるが何れも違背す

「此日ノ御供米後ニ大禰宜方へ納ル」

*不時の神納物につき口上覺

又使遣、只今ノ御返事致承知候、左候へハ不時ニてハ無之、恆例之事故、當番へ取納候樣ニと被仰付之由、左候ハヽ、其通ニ請取ヲ何ニ〳〵と、致遣候樣ニ被仰付可被下候、求馬(小澤)不快、伊助遣、
返事、御口上之趣致承知候、不時ニてハ無之、恆例之事ニて、既ニ去年迄當番へ取納申候由、殊ニ當年者手前番ニ而、取納候樣ニ申付候、此義ニ付、幾度御人被遣候而も、申進候儀無御座候、恆例之事ナレハ、別ニ請取遣申ニ及間敷哉之樣ニ存候、
又伊助遣、御口上之趣致承知候、此方ゟも人差出候へとも、取アイ・ツカミアイ候樣ニハ、出來不申候間、思召之通ニ可被成候、乍去神納物之儀、何〳〵ト相改、當番へ相渡候樣ニ可申付候、左樣御心得可被成候、
返事、人ヲ出候は古今無之、新法之儀、數馬へ御咄候樣ニ被仰候計、一應之御相談も無之候、仍之改テ請取候共難申付候、此義ハ重而從此方可得御意候、
同日、伊助神前へ遣、如此御使共也、神納物當番へ相納候樣ニ、大宮司被申付候と有之事故、品〻相改相斷歸候樣ニ、郷長・三郎祝(多門)兩人出置間、右兩人へ右之趣申聞ル、
　此日ノ御供米八斗九舛、餅二重、當番へ納候由、
　舍人(伊藤)儀も御鍵番ニ出候へ共不受、
一、丑八月六日、宮之助方へ番頭呼、何も神納物之相談、權祢宜(香取式部)幷郷長ハ同心不致歸ル、其外ハ向後當番江納可申候由ノ相談ニ極候由、尤書付ニても致、相極可申候由、後ニ聞ハ、連判ハ不致之由也、今迄散錢之外ノ品ヲモ當番へ納來候間ト其通リニ可致之由也、
一、八月七日、宮之助始四日番來ル、昨日番頭相談致候、私ゟ何も御答申上候樣ニ申候、向後神酒・御供等之樣成品ハ、重而御相談相極候迄ハ、當番江納可申候由ニ御座候趣申候間、左候ハヽ、其趣認書付へ致印形候樣ニ申聞候処、何も違背也、
八月八日、物申悴右近(香取)・國行事悴内記(香取)呼、一昨日ノ相談、神酒・餅相談極候迄ハ、當番預リ可申之由相談之由、左候ハヽ、其趣認候、則見セル、

　口上覺

不時之神納物之儀、金銀・〳――・諸道具〳――
・毎日之散錢〳――、享保十三申年御裁許ニ御座候、神納之神酒・餅等之品者、魚鳥ニ籠リ候段、

先達而中渡置候、此度四日番之義ニ付、此以後相(マヽ)
可相納哉否御尋ニ御座候、私共申上候者、右御裁
許之節、委細被仰聞置候由ニ御座候得共、年久敷
義故覺不申候、乍去右品之類只今迄、當番ニ而取
納申候間、此以後訳相立候迄者、當番〻〻江相納
可申候と奉存候、重而御尋被成候共相違無御座候、
以上、

*右近内記御家の御光輝ならざるゆゑ印形せずと申す

右近内記印形拒む

右右近・内記へ見セ、致印形候樣ニ申聞候処、致違
背候、尤何も相談之通ニ候間ト申候へ共、印形不致
候、頭違背候段申聞候、但シ又此以後此方へ可納と
成共、任存寄可申段申候へ共否不申候、

大祝副祝錄司代は私共計り難しと申す

同日、大祝(民部)・副祝(宇右衛門)・錄司代召呼、右近・内記ニ爲見
候書付爲見、印形之儀申聞候処、私共計ニ而難仕候、
皆ト相談可致候由ニ而印形不致候、

*「津宮鳥居祝儀」

釜の邊田大郎右衞門の歸參宥す

一、八月八日、釜のへた(邊田)ニ居候大郎右衞門、十年計以前
欠落致候、度〻願候ニ付歸參相宥ス、役人共願ニ出
ル、出入ノ願也、尤此上屋敷をも願候ハヽ、相應之
屋敷可遣候へ共、差而相願不申候、左(佐)原村ニ居勝手
能と聞候、かや手致候也、

*大宮司多宮津宮鳥居棟上につき相談

一、同日、大宮司方へ使求馬、先年釜のへたニ居候大郎

右衞門歸參ノ願、度〻致候、差宥可申と存候、爲御
知申候、
返事、此方ニ差障候義も無御座候、可被仰付候、
一、八月九日、右近・内記來ル、口上、昨日ノ書付違背
致候、心底ニ而無御座候、御家ノ御光記(輝、下同ジ)ニも成候書
付ナラハ可仕候、差而御家ノ御光記ニも成間敷候存
候、神納物義ハ臺へ而も載候樣成品ハ、目立候品ハ
差上ケ、其外之品ハ當番へ被下候樣ニ御願申候存寄
ニて候、右兩人ノ心ニて罷出候、
挨拶、昨日之書付延引之由、此間何も相談之由ニ聞
候間、一通申聞候、神納物之事ハ、當分挨拶ニ難及
候、不快故不逢、舍人取次、
一、八月十日、大宮司へ番頭呼、舍人替鄕長出ル、多宮
申越候ハ、來ル十五日津宮鳥居ノ棟上致度段願候、
其入用致相談候、先大工申口承候而、多クハ減シ、
少クハ增候樣ニ、又統(棟)梁源四郎土場ニ候へハ外聞ニ
も候間、一日晴ニ靑襧袴爲着可然之由、何も申候、
又近村ゟも棟上ノ餅上度と申候間、廻狀出候而ハ、
如何可有之候哉と申來ル、
挨拶、何も御尤ニ而御座候、其内近村廻狀出、餅上

*鳥居は以前より四尺程高くなる

*此度の建直しは元祿十三年より四十六年

*「寶幢院引寺之訳」

*妙塔院へ寶幢院合はす件

*寶幢院等は忌中の時の用事のため

「津宮鳥居之訳、」

*妙塔院前に百姓屋敷二軒あり

*寺兼帯の例

人足百四五十人來る

候様ニトノヿ、それハ如何可有御座候哉、近村人足大勢毎日出候事故、神酒ニても頂セ不申候ハ成間敷候、夫ニ致候而ハ何千人と申人ニ而可有之候間、十樽も廿樽も入可申候、左候へハ大相成事故、無沙汰ニ致候而ハ如何可有之候哉、それ共御相談宜様ニ可被成候段申遣、然レハ大宮司左候ハヽ、四・五ヵ村へ計廻状遣、神酒もとう与入可申候間、一樽取候様ニ致可然之段申候由、

一、八月十一日、大宮司ゟ使數馬、津宮鳥居ノ左右ノふち拵候ニ、助之丞・忠兵へ材木願候、仍而足代木ノ内遣可申と申聞候、左候へハ大工・木挽も入申候、大工ハ手前ニて可仕候、木挽ト願候、如何思召候哉、返事、御尤ニ存候、足代木被遣候儀、御尤ニ候へ共、端ふち度〻損可申候、重テノ例ニ成可被下候、只材木計被遣候而ハ、如何可有之候哉、則材木遣、具ハ分飯司方ノ帳ニ有之、右鳥居七月始ゟ取付、八月十日建、足代ヲ能致、足代へ立掛、笠木抔置、無造作ニ建ル、土取之人足村〻江廻状出シ、毎日百人、又ハ百四・五十人近在ゟ來ル、水ヲ替抔スル、鳥居ノ在所ハ本ノ通リ、本ノ石底ニ居へ有リ、夫へ建ル、但シ前ノより高サ四尺程高ク成、山取木七間ニ取、木ハ宮林ゟ伐出ス、今少長クテモ能覧、足代木ハ調ル、大小百七・八十、竹四百本程、元祿十三辰年、公儀之御修覆之節建、此度建直四十六年ニ成、

一、丑八月十三日、惣持院方へ清右衛門(額賀)差遣候ハ、前方妙塔院へ宝幢院合候ハヽ、相應ノ住持も可有之候、家來ノ一人モ遣候様ニ可成、宝幢院堂ヲ建立シテト申段ヲ、御相談申候処、左候而ハ寺一ヶ寺滅シ候間ト御挨拶ニて候、其段御尤ニて候、仍而宝幢院へん〳〵と致置候も氣毒ニ存候、畢竟彼寺共ハ忌中ノ時ノ用事ノ爲ニて候、先年ハ長吉寺・宝幢院ニても百ヶ日暮候処、何も遠方引込候而居候而も、人を以神用有之候間、左様之用事ニも不自由ニて候、仍之妙塔院前ニ百姓屋敷二軒有之候、此処へ普請をも致度候、當春於江戸御奉行所へ奉伺候処、弥取付候ハヽ、其節相願候様ニ被仰渡候、右之通御咄申候様ニと有之、私遣候旨申、

惣持院(精範)──ハ、先達テ兼帯之儀被仰聞候、門末相談仕候処、丁子村ニも其例有之、相願多田村ニも有之、其外所〻ニ有之候へハ、脇之例ニも罷成、寺も減候

間、其段申上候、清右衞門――ハ、先達而右之御挨拶故、其段ハ旦那も御尤ニ存候ニ付、別ニ百姓屋敷二ヶ所有之候間、是へ引候様ニ致度候、忌中之時遠方ニてハ不自由ニ御座候間と申候、乍去大相成事、急候事ニハ出來兼申候、惣持院――ハ、成程御尤ニて候、其内了簡をも仕、以參可申上候抔ト申候由、

八月廿五日、惣持院ゟ清右衞門方迄こまとう(護摩堂)使僧ニ遣ス、口上、宝幢院之義、公儀へ御願可被成候由、先日被仰聞候、公儀ニ而被仰付候而ハ致方無之候、門前も有之、貧地之義ニ御座候ヘハ、薪抔取、薪ノ爲ニも成候間、旧地へ御建被成候様ニ致度之段申來ル、

返事、普請之義ハ、急候事ニて無之候、乍去當春公儀ニて御役人中迄申候事故、先日得御意候、普請ハ急ニハ中ゝ出來不申候、

（前後）
一、八月廿一日、側高祝方ゟ今夜中神前之鏡幷金幣・金とうろう(燈籠)・繪馬ニ上候脇差四品、盗人ニ被取申候御屆申候由申來ル、

〔九　月〕

*惣持院六部相果つるを届く
*六部は武州川越の人
*「公方様御隠居被仰出、九月廿五日、」
*公方様右大将様に政務譲る
寶幢院門前は貧地
*上總悴監物とともに出府
側高祝より神前の四品盗まるるを申す
*老中酒井雅樂頭へ出づ
*大岡越前守山名因幡守本多紀伊守松平右近將監へ出づ

一、九月七日、惣持院ゟ使僧岳丈、分飯司所へ、此間六部左(佐)原道ニ而煩候間、手前へ引取致養生候処不相叶、今朝相果申候ニ付、取置申候御屆申候由也、右六部ハ、

　武州入間郡川越大久保村久左衞門弟求道、

一、丑九月朔日、諸大名へ被仰出候ハ、　右大將様(徳川家重)御年比ニ茂被成御座候ニ付、御政務御讓可被遊思召候、　公方様(徳川吉宗)西丸江御移、右大將様御本丸江御移、　大納言様(徳川家治)西丸被成御座候、酒井雅樂頭殿(忠恭)家柄ニ付、御上座被仰付、西尾隠岐守(忠直)殿五千石御加增ニ而、御老中被仰付、加納遠江守(久通)殿五千石御加增、西丸若年寄本多伊豫守(忠統)殿五千石御加增、

一、九月十九日、上總在所發足、悴監物召連出府、時十五歳、廿日江戸着、石町四丁目新道越後屋久右衞門店借座敷――、

一、九月廿三日、御老中酒井雅樂頭殿へ出ル、今度御上座被爲蒙仰恐悦奉存候、此度出府仕候ニ付――、

同日、大岡越前守(忠相)殿へ、山名因幡守(豐就)殿・本多紀伊守(正珍)殿・松平右近將監(武元)殿へ出ル、大岡殿ニ而御役人山本

慶長三年御禮錢の出入返答書差出づ

左右太━━御願之義━━罷上リ候、願書差上ル、其文━━、願書被見(披)候而、中絶久敷事ニて候、慶長三年之神主・大祢宜兩人ニ而御礼錢之儀ニ付、出入返答書差出、少計被見(披)被申候ハ、其元ノハ繼目之節濟テ居候、相濟可申候、伺カハネハナラス候、爲見可申候、明晩方伺候様ニ被申━━、

*御代替御禮繼目御禮は差圖により差扣ふ

同日、春中奉願候義、春中御尋御座候、當月御用番御帳御覽被下候様ニト申候、御役人━━其元ノハ新規也、上總━━ハ、大宮司方も新規ニて候、其文、半切ニ認、

*寛保元年繼目御禮は大宮司同様に勤むべし

「押手社訳」大宮司屋敷内印社についての書付

香取大宮司屋敷内印社(ヲシテ)修覆之儀、享保十五戌年正月黑田豐前守(直邦)様江奉願、同二月廿七日小出信濃守(英貞)様御内寄合於御連席、願之通被仰付候、以上、

*大禰宜上總繼目御禮は程過ぐゆゑ悴繼目御禮仰渡さる

御役人帳面見可申候由被申候、

大禰宜香取上總口上覺

乍恐奉願候口上覺

「御代替願」

*御代替御禮願ふ

香取神宮之儀者、天正年中御入國之節、御朱印大宮司・大祢宜兩人江御宛被成下候、仍之万端兩人同様ニ相勤來申候、年頭之御礼も毎年兩人□一同ニ罷出候處、土井大炊頭(利勝)様御差圖ニ而壹人ツ、隔年ニ罷出候、然處元和年中大祢宜藏(實應)人不届之儀有之、御追放ニ被仰付、承應年中迄三十年來、闕職仕候ニ付、諸御礼等中絶仕候、御年礼之儀者、私父讃岐本多弾正少弼(忠晴)様江奉願候処、古格御吟味之上、寶永三年願之通被仰付、翌年頭ゟ獨御礼相勤申候、

一、御代替御礼并自分繼目御礼之儀茂、右闕職之節ゟ中絶仕候間、寶永年中御年礼一同ニ奉願候処、先御年礼一段ニ奉願候様ニ御差圖ニ付、差扣申候、其後享保年中石川近江守(總茂)様江奉願候処、折を以奉願候様ニと被仰渡候、自分繼目御礼之義者、寛保元酉年奉願候処、御吟味之上、大宮司同様ニ可相勤筋ニ付、此度可被仰付候得共、私義繼目程過候之間、重而悴繼目之節可被仰付之趣、公儀御帳ニ御記置可被遊候間、其節可奉願之旨、同五月十八日本多紀伊守(正珍)様御内寄合於御連席被仰渡候、御代替御礼礼(衍)之儀者、今以中絶仕候ニ付、爲冥加先格之通、被爲仰付被下置候様ニ奉願候御事、

*元祿十三年十月御宮御修覆成就につき大宮司大禰宜御目見仰付らる

一、元祿十三辰年十月、御宮御修覆成就ニ付、大宮司・大祢宜一同ニ御目見被仰付候、尤御祓并扇子奉獻上候御事、且又元祿年中地震之節、并享保年中

西國虫付之節も、御祈禱兩人江被仰付、一同ニ於
御　城御祓奉獻上候御事、

御代替御禮大宮司中絶なく勤む

右、奉願候御代替御礼之儀、大宮司者無中絶相勤來
候、古來ゟ兩人同樣之義ニ御座候ニ付、今般

*松平左近將監らへ出づ

御代替之御義者、乍憚格別御目出度御義恐悅至極ニ
奉存候得者、弥以古格之通、同樣ニ御礼被仰付候樣
ニ奉願候、願之通被爲仰付被下置候者、冥加至極難
有仕合ニ奉存候、以上、

延享二丑年九月　　下總國香取神宮大祢宜　香取上總印

寺社　御奉行所

*上總大岡越前守へ出づ
*上總願ひならず

一、九月廿四日、大岡越前守殿へ出ル、御役人山本左右
太被申渡候ハ、先ゝ勤候例證據無之候得共、中絶ト
ハ相聞へ候、久敷中絶故御年寄衆江御伺可被成候由
被仰渡候、來ル廿七日伺候樣ニ被仰渡候、

上樣公方樣大御所樣の呼名
*老中松平左近將監の沙汰

△一、九月廿五日、　公方樣西丸江御移、御隱居被爲遊、
右大將樣御本丸江御移被爲遊、今日ゟ　上樣ト申
上候樣ニ、將軍宣下後　公方樣ト申上候樣ニ被仰付
候由、西丸樣ヲハ大御所樣ト申上候樣ニ被仰渡候由、
恐悅至極之御義也、今日廿五日・明六日・明後七日、
諸大名御祝儀申上候由、廿六日ニハ惣出仕之由、公
家衆も來十月末ノ比御下向之由也、
九月廿七日、寺社御奉行所松平右近將監殿・本多紀
伊守殿・山名因幡守殿・大岡越前守殿、御老中松平
(乘邑)左近將監殿へ出ル、此度御上之御祝恐悅至極ニ奉存
候、乍憚御悅申上候、大岡殿へ伺候処、御役人左右(山本)
太未知レ不申候、今日延、明日內寄合、明後日登城
被致候、明後廿九日晚方伺候樣ニ被仰渡候、
廿九日、大岡殿へ出ル、御役人――其元御願之儀、
四・五人筋目成ヲ伺候処、是迄勤來不申候へハ不成
候由也、其元も其內也、其元ノヲモ三十年闕職故ト、
隨分認差出候へ共、右之通申渡也、左樣心得被申候
樣ニ被申渡候間、段ゝ御苦勞ニ罷成難有奉存候、又
此間之書付御帳面御覽被下候哉、御役人宜敷候而不
見候、先達而被申渡候通ニ、先心得ラレ候樣ニと被
申候、
此度御　代替御用御掛リ御老中松平左近將監、仍而
諸事左近殿へ御伺之由沙汰也、

〔十　月〕

大岡越前守へ再び願に出づ

一、十月五日、大岡(忠相)殿へ再願ニ出ル、御役人――ハ、其元ノハ両度迄被伺候、三十年闕職ノ訳申候へハ、闕職以來之先格無之と有之候事、上總――ハ、被仰付候同前ニ難有――、此度ハ御苦労奉懸、被仰付候御同前難有奉存候、再御願申上度伺公仕候、御役人左(山本)右太先格御座候へハ、此度改御願申上候ニ及不申候抔申上候、願書差上ル、

闕職以來の先格なし

「御代替再願」大禰宜香取上總口上覺

乍恐奉願候口上覚

先達而奉願候香取神宮大祢宜義、　御代替ニ付御礼之義中絶仕候、仍之此度被爲仰付被下置候様ニ奉願候処、只今迄勤來リ不申候ニ付、不被仰付候段被仰渡候趣奉畏候、併大祢宜　御年礼中絶候処、奉願候得者被仰付候、且自分継目之御礼者、大宮司・大祢宜共ニ中絶仕候処、是又被仰付候、御代替御礼之義、一段ニ御座候処、此度不被仰付候得者、永々大祢宜職之御礼斷絶仕候、従先規万端大祢宜レ・大宮司同様之義ニ御座候、尤一社之仕置等申合、取計可申之旨被仰付候処、右御礼大宮司ハ相勤候處、大祢宜ハ相勤不申候而ハ、片落ニ相成候様ニ奉存候、社務之障ニ茂相成、難儀至極ニ奉存候、私一己之義者、格別之儀ニ御座候、大祢宜職分之儀ハ、永代一社ニ付候職ニ御座候処、永々職分之縦ニ相成候儀ニ御座候へハ、何卒此度被爲仰付候様ニ奉願候、右申上候通中絶仕候御礼、被仰付候例も有之、其上鹿嶋大宮司御代替之御礼中絶仕候処、奉願候ニ付、享保(正徳也、年久敷事、聞傳候故相違也、)年中被爲仰付相勤候ケ様之例も御座候へハ、何トそ奉願候通被仰付被下置候ハヽ、難有仕合ニ奉存候、

先規より大禰宜大宮司同様の儀

*鹿嶋大宮司御代替の御禮中絶するも享保年中相勤む

右之趣、一旦被仰渡候上、又候奉願候段、甚以恐入奉存候得共、社務之障ニも罷成候義ニ御座候間、右近例も御座候ニ付奉願候、願之通被爲仰付被下置候ハヽ、冥加至極難有仕合ニ奉存候、以上、

延享二年丑十月　　下總國香取神宮大祢宜　香取上總

寺社　御奉行所

*鹿嶋大宮司中絶の譯書付差出づるやう仰渡さる

右、御役人一覽扣候様ニ可申聞候、難成筋之由被仰聞候、暫ノ被出、被仰渡候ハ、難成義ニ候へ共、鹿嶋大宮司如何ノ中絶之訳、何比被仰付候訳、委細書付明日ニも差出候様ニと被仰渡候、上總――ハ、急ニハ出來兼可申候、鹿嶋へ不申遣候ハ、埓明申間敷

*香取は武の御祖神大將軍の御元祖
*東國の御鎭護由緒格別
上總鹿嶋大宮司と對談
塙中務は塙右衞門實子
*老中松平左近將監我意につき御役御免
*上總願に大岡殿出情
塙中務叔父大禰宜求馬修理料金引負につき在江戸
大岡越前守へ出づ
*大岡越前守御出情
公儀の御帳見ゆるに兩度相勤む
*鹿嶋旅宿へ罷越す

候、御役人公事合候事ニ而、此方ニ出テ居ル、早ク尋候様ニ可致候、奉畏之由申上ル、

同日、直ニ鹿嶋大宮司塙中務八丁堀ノ旅宿尋ル、則(塙)中務致對談、公儀ゟ被仰付候趣申述ル、中務申候ハ塙右衞門実子也、未生以前ノ事、殊ニ當時入用之儀ニ無之候間、聢ト覚不申候、幸明日在所へ飛脚遣候、其節ノ留書取寄候上ニ而、爲御知可申候由申候、左候ハヽ、明日御奉行所へ罷出、右之趣可申上候、御急候事ニ候間、隨分御急キ被仰遣候様ニ被成可被下候、右中務ハ叔父大祢宜求馬(萩生)、修理料金大宮司・惣太(大)行事始引負有之ニ付、訴人ニ付、久敷在江戸也、

一、十月六日、大岡殿江出ル、御役人┃━、昨日被仰聞候義、塙中務へ相尋候処、今日留書取ニ在所へ飛脚差遣申候、五・六日之内ニハ歸リ可申候、是も先年闕職仕候故、御礼中▒絶仕之由申、御役人公儀之御帳ヲ見候へハ、正德三巳年有昭(章)院様(德川家繼)・當大(德川吉宗) 御所様兩度相勤候、何カ御祈禱致候ニ付而、被仰付と有之候ト被申候、其元ノハソウシタヿ無之哉、上總┃━ハ、御祈禱ハ常住相勤申候事ニ而御座候、御役人左候ハヽ、左右次第可被屆候、右屆之段可申聞置候、

是ハ御役人迄懸御目候、當宮之義ハ、武ノ御祖神・大將軍ノ御元祖ニテ、伊勢兩宮ニ差續候御大社、別テ東國ノ御鎭護、御由緒格別之御義ニ御座候、

一、丑十月九日、御老中松平左近將監殿(乘邑)御役御免被仰出候、余リ權威我意之働、思召ニ不相叶候由ノ沙汰也、隱居被仰付、御子息和泉殿(乘佑)遠慮被仰付、當夏中御加增一万石被差上候由、旧地六万石被下置候由也、

上總願大岡殿甚御出情被成下、無據人數上總共五人御伺候処不成之由、上總義ハ、又候被仰上候処、中絶後ノ例無之、此目顏ツカム折柄抔ト、以之外御立腹之由、酒井殿(忠恭)抔御仲間故、御奉行所御呵ニ御逢候事、御聞被成候様ノ風聞也、左近殿御役御免無之ハ、上總願中〻叶間敷事也、乍去三度目ニ鹿嶋ノ例抔御僉儀也、至極御出情被成難有事也、

一、十月十三日、大岡殿ゟ達儀有之候間、罷越候様ニ被仰下、則出ル処、鹿嶋ノ訳未知候哉と呼尋候様ニ被仰付候由、御答、昨日も今朝も承候処、未飛脚不歸之由申候、左候ハヽ又〻罷越談見候様ニと被仰渡候、仍之則鹿嶋旅宿へ罷越処、今晝時飛脚致着候、とく

と見分、明朝御人被下候様ニト申事也、

*大禰宜上總書状

*鹿嶋大宮司代替御禮の件鹿嶋よりの書付は年號なし

十四日朝、人遣候処、あらく訳書付來候、仍之十四日書付認、御奉行所江持參差上候処、年号等無之候、訳ノ知候様ニと被仰渡候、仍之又十四日晩方鹿嶋宿へ參、イサイ申談ル、中務(塙)――ハ、其節ノ願書ハ不參候、左様之書付も私か家來ノ瀬兵へ不下候へハ、見分かたく候、それハ御暇不願候へハ難成候、在所ニ見分候者無之候、延宝八申年、常憲院様(徳川綱吉) 御代替、然ルニ先大宮司和泉(塙)出入ハ天和三年ゟ出入始リ、又ハ二年古書付有之候、然レハ右御代替之御礼勤來候ハヽ、勤間敷様無之、中務――ハ、 常憲院様・ 文昭院様(徳川家宣)御兩代不勤、 嚴有院(徳川家綱)様迄ハ相勤候と申事也、然共右之訳相違之様ニ聞へ候、仍而鹿嶋へ――ハ、其元江從上御尋可被遊候由被仰聞候へ共、別ニ如在有之間敷候へハ、拙者ニ承候様ニト被仰渡候、若此上御尋有之候ハヽ、其元へ御尋被下候様ニト可申上と存候、左様御心得可被成候、中務――ハ、私へ御尋御座候共、右之外申上様無之候、仍而中務申候通ヲ相認、十月十五日大岡殿へ差上候、其文、

*鹿嶋大宮司塙右衛門は當大宮司中務實父中務當年二十八歳

鹿嶋大宮司御代替之御礼中絶之処、奉願被仰付候訳

先〻大宮司和泉義、天和年中ゟ出入有之、出入半ハニ病死仕、貞享四年出入相濟職分被召上候、元祿六年和泉孫伊織歸職被仰付候、右闕職ニ付、御代替之御礼中絶仕候、其後伊織子大宮司右衛門義、森川出羽守様(重興)江奉願、 有章院様(徳川家繼)御代替之節、御礼被仰付候、其後 大御所様(徳川吉宗)御代替之節、石川近江守様(總茂)江奉願候処、先〻之儀、御尋之上被仰付候由ニ御座候、 常憲院様・ 文昭院様 御代替之節者、御礼相勤不申由、當大宮司中務方江承合之処、右申上候通ニ御座候、以上、

丑十月

下總國香取神宮
大祢宜
香取上總

寺社 御奉行所

右半切ニ而相認、無印ニ而差上ル、御役人御請取、來ル十九日晩方伺候様ニ被仰渡候、

鹿嶋大宮司塙右衛門ハ、當大宮司中務実父也、中務當年廿八才也、當春ゟ修理料勘定被仰付、引負有之御呵共也、叔父大祢宜求馬訴人ニ而出入也、右右衛

門代ゟ修理料勘定度〻有之、右右衞門義、十九年以前ニ不幸、四十八才ニて候、當大宮司中務其節十才計也、

一、十月十九日、大岡殿へ出ル、御役人未濟候、二・三日中伺候樣ニ被申候、

一、十月十六日、在所ニ而大宮司多宮方へ口上、使求馬(伊藤)、取〔次脱〕數馬(尾形)、此度御代替之御礼奉願候、未被仰付候、就夫其元ニてハ先年獻上ハ何之品ニて候哉、承度候段申遣、多宮―――ハ、自分も近日致出府候間、於江戸委細可得御意候由申來ル、求馬、數馬ニ咄候ハ、若御祓抔入用ニ御座候へハ、急ニハ出來兼候、是ハ拙者內證ニて候、然ラハ伺可申候、丹波代留書ニ青銅壹貫文ト計有之候、御祓抔之義ハ不相見候、手前も御代替ノ御礼ハ不手懸候事故不案內ニ候間、右之通江戸表へ可申遣旨、江戸へ申來ル、

一、十月廿三日、大岡殿へ伺ニ出ル、御役人未濟候、模樣ハいかふ宜也、難有仕合ニ奉存候由―――、未間可有之候、其內可申遣候、先伺ハ延引被致候樣ニト被申、

一、十月廿七日、御尋之儀有之由、御差紙―――、則大岡

*藏人以後三十年闕職

*與一郎丹波讃岐私迄四代御禮中絶

*與一郎養子甚平は大禰宜家へ移らず

*「一條左大臣公御下向、」

*一條關白兼香子道香江戸下向につき見廻りに出づ

丹波代留書に青銅壹貫文とあり

大岡殿へ出づ

殿へ出ル、御役人被申候ハ、大祢宜藏人以來何代御礼中絶候哉、尋候樣ニ被申候、上總―――藏人以後三十年闕職仕、与一郎・丹波・讃岐・私迄四代御礼中絶仕候、尤与一郎養子甚平と申者、養子ノ名付計仕候、大祢宜家へ引移リモ不仕候、左候ハ、四代ニて候哉、左樣ニて御座候、

一、十月廿八日、此度御代替ニ付、一條關白左大臣道香(兼香)公ノ御子左大臣兼香(道香)公、江戸へ御下向、芝天德寺御旅館故、御見廻ニ罷出ル、御肴代金子貳百疋致獻上、御馳走ハ脇坂淡路守(安興)殿五万石、取次脇坂ノ家來塩山平藏、目錄請取、　左大臣樣諸大夫中江御通被下候樣ニ申入ル処、御近習之由、早崎典膳出會、去年中於京都御殿御對顔之節、存罷在候由被申、諸大夫ハ白川淡路守・入江三河守(則明)等被レ下候、何も御用、又ハ御使ニ出候間、私ニ御挨拶申候樣ニト申罷出候、御道中御機嫌能御下向被爲遊恐悅―――、西市正(村田景春)ハ御留主之由、尤御用之義も有之候ハヽ、諸大夫共へ可申聞候、尤御出之段可申上候、又其內御越可被成候、諸大夫共下宿も有之候、夫へ御越候共、御滯府ハ何時迄と承候処、未知之由典膳(早崎)申、

一條道香へ出づ
*酒井殿神學を吉川家より授けらる
*今が大事の時賄賂仕る時と酒井殿笑ひ申す
*大岡越前守より御差紙
大禰宜上總一條兼香へ御見廻伺公申す
*「御代替之御礼被仰付、」
*松平主計頭御内寄合へ出づ

〔十一月〕

十一月十四日、御機嫌伺ニ出ル、此間持病差起リ、其以後伺公不仕候、段〻申上ル、明後十六日御歸京之由也、

一、十一月四日、大岡殿(忠相)ゟ九時參候樣ニ――、則出ル、御役人――兼而願之義、明後六日寄合相延候間、七日ニ内寄合江被差出可被申渡候間、當月ハ松平主計(武元)樣後ニ右近將監殿ト申、御月番ニ候間、明後日相伺候樣ニト被仰渡、尤樣子ハ殊外能候由被申、難有奉存候由申上ル、右ノ剋　一條左大臣樣(道香)右大岡殿御屋敷ノ前御通リ也、左右太(山本)――ハ、一條樣ハ此度左大臣ニ御成被成候哉抔被申ニ付、上總――當三月中左大臣ニ被爲成之由ニて候、關白樣(一條兼香)ハ前ノ左大臣樣ト可申上候、關白樣ノ御子息樣ニて御座候由、彼是御咄申、私も此間御見廻ニ伺公仕候抔御咄申、兼テ關白樣江御目見御下向ニ付、御見廻ニ出候御咄申候事故ノヿ也、

右願、左近將監殿(松平乘邑)御役御免後、酒井殿(忠恭)樋口方(梅有)へ御咄ニハ、上總願も本多中(務脱カ)抔致相談申付可遣抔――、其後十月末ノ比、酒井殿ヘ大岡殿兼テ少御沙汰有之候由、酒井殿定而上總抔カ事ニて可有之と被仰候、其後大岡殿ゟ酒井殿へ御書付御出シ、酒井殿御請取、御側衆ヲ以被仰上候時、香取ハ武ノ祖神・大將軍ノ元祖――其社務――一通リ被仰之由、酒井殿ハ吉川家ニ神學被成候事故也、右御伺中一日置、御伺上ハ相濟ト――、樋口梅有方へ十一月朔日比、酒井殿上總モ今カ大事ノ時賄賂ノ仕時也抔ト被笑御申ノ由、然レハ上ハ相濟候と聞へ候、

一、十一月六日、大岡殿へ伺ニ出ル、明七日松平主計樣御宅御内寄合江被出候樣ニ被仰渡、則罷越御差圖ノ由御屆申、

同日晩方、大岡殿ゟ御差紙、明七日御内寄合相延候間、被罷出儀延引可有之候、重而日限追而可申達候――、

十一月九日、大岡殿ゟ明十日御内寄合ニ付、松平主計頭樣御宅ヘ四ツ時前被相越候樣ニ、越前守被申付候――、

△一、十一月十日、主計頭殿御内寄合江出ル、松平主計頭殿・本多紀伊守殿(正珍)・大岡越前守殿・山名因幡守殿(豊就)御

御代替御禮仰付らる

大禰宜上總御禮に奉行所四ケ所廻る

老中酒井雅樂頭へ御禮に出づ

*諸事大宮司と同様申す

香取は日本大社大將軍の元祖武の祖神

*大禰宜香取上總口上覺

叔父樋口梅有は酒井雅樂頭近衆勤む

*大宮司同様青銅壹貫文獻上したく願ふ

四人、於御列席越前守殿被仰渡候ハ、先達而　御代替之御礼相願候例も有之候ニ付、願之通被仰付候、御礼之儀ハ、御序次第可被仰付候、上總申上候ハ、冥加至極難有仕合ニ奉存候、御奉行所御意ニ難有義ジヤゾヨト、

同日、御奉行所御四ヶ所江御礼ニ廻ル、口上、今日於御列席御代替之御礼、願之通被爲　仰付、冥加至極難有仕合ニ奉存候、

同日、酒井雅樂殿(忠恭)ハ御老中也、御礼ニ出ル、口上、今日　御代替之御礼願之通被爲仰付、冥加至極難有仕合ニ奉存候、

大岡殿ゟ酒井殿江御伺、酒井殿ゟ被仰上候時、前ニも記ナレ𪜈、香取ハ於ノ日本大社大將軍之元祖、武ノ祖神ト段〻御講訳被成被仰上候由也、酒井殿ハ吉川源十郎ニ神學被成候故也、

右ハ　御上江被仰上候節ノ事ノ由也、叔父樋口梅有雅樂頭殿近衆勤ル也、仍而右之訳傳承ル、御神慮ノ御德光迄、委細ニ達　御聞、神忠ト可申、誠感應難有事共也、

一、十一月十一日、被相達候義有之候間、今日早〻可被相越旨、越前守被申候、御差紙也──、則出ル、御役人江先以昨日者願之通被爲仰付、冥加至極難有仕合奉存候、先達而難成段被仰渡候上、ケ様ニ被仰付候義ハ、誠ニ殿様御情力[絶言語](悦ニハ無用ノ言)難有仕合ニ奉存候、幾重ニも宜様ニ被仰上被下候様ニ奉願上候、御役人一段ノ義ニて候、大宮司因幡様(山名豊就)へ鳥目壹貫文差上御礼申上候由、其元も其通能候、上總申上候ハ、申傳ニ一束一本候様ニ承知仕候、御役人多宮青銅致献上候ハヽ、諸事同様と申上候へハ、大宮司伺様か能候、一束一本献上仕候と申書付ニても有之間敷候、左候ヘハ同様か能候、仍而大宮司諸事同(衍)様ニ御礼申上度旨書付被差上候様ニと被申候、則御硯箱借用、書付差上候、御文半切紙、

乍恐口上覚

此度、(上ル)　御代替之御礼被爲仰付候、就夫大宮司是迄青銅壹貫文献上仕來り申候、(上ル)　御三所様江御同様ニ献上仕、　御礼申上度奉願候、尤時服二ッ、是迄拜領仕來申候、右大宮司同様ニ被爲仰付被下置候様ニ奉願候、以上、

*御禮大勢ゆゑ一同

御禮參るを帳面に記す

*御禮は來月朔日頃御役人山名因幡守へ參るやう申す

*神主の獻上物は青銅

大岡越前守へ昨日の書付持參す

御禮は獨禮座時服二ツ拜領

*多宮へ申すも無言は無禮

*御禮の件は上様御伺ひ仰付らるる事ゆゑ重き御願

下總國香取神宮
大祢宜
香取上總印

丑十一月

寺社　御奉行所

上包致、右之通相認差上候ヘハ、御役人成程、是ニて能候、今日御礼ニ被參候段帳面ニ記、此書付可懸御目候ト御役人被申候、上總今日御礼ニ罷上リ可申奉存候処、御差紙被下候、御役人早朝ニ御礼ニ不參候様ノ趣ニ被申候、尤御差紙早ク參候事也、御役人┣━此通ニ又認、明日被參候様ニ、因幡様江參候様ニ可致候、

一、十一月十二日、大岡殿へ出ル、昨日ノ書付致持參、御役人┣━ハ、今朝因幡様へ此方ゟ申遣候、御礼ハ獨礼座、献上大宮司同様、御暇檜之間、時服二ッ拜領、大宮司同様ノ訳申遣候、尤上總ヲ其元ヘ可差遣候旨申遣候、致承知候由申來候、仍而從是因幡様へ被參候様ニと被申候、上總┣━御礼ハ何比┣┣、御役人御代替之御礼ト將軍宣下ノ御礼ト交リ混雜致候間、月次ニ來月朔日比ニ而も可有之候哉ト之事ニて候由被申候、上總┣━先年ハ一人ツヽ、罷出、御目見仕候様ニ承及候、御役人夫ハ人數少ク候ヘハニて候、先度一タテ濟候、此度も百人余ニて候、大勢之事故一同ニ而可有之候、尤人數少ク候ヘハ、右之通之格ニ壹人ツヽ、獨礼ノ格ニ相立居候事也ト被申、

同日、因幡殿へ出ル、御役人古畑義右衛門、取次一昨日之御礼申上ル、扨書付差上候、書付ハ昨日大岡殿へ差上候通也、義右衛門（古畑）┣━相心得候、御礼ハ來月朔日比ニも可有之候、當月廿九日當相伺候様ニ被仰渡候、鳥目之献上、外ニも御座候哉、御役人大ニ有之候、大方神主之ハ青銅ニ而御座候と被申、

一、十一月十一日、大宮司多宮旅宿馬喰町四丁目裏店、罷越申談、自分義御代替之御礼中絶之処、此度奉願之処、昨日松平主計様御内寄合於御列席、願之通被仰付候、難有奉存之由申談之処、多宮何共不申候、無言也、少ハ祝言可申事也、無礼之至也、此度御礼御願之儀、今迄勤來候衆ハ、古ゟノ格、此度中絶トハ乍申新タニ候、殊外重キ御願大勢願人之內、拙者一人被仰付候、難有事也、尤御伺之上ノ事ト承ル、上様江委細御申上、其上ニ被仰出候事故、以之外重キ御願之由ニ承候、扨其元ニてハ因幡様へ御書付被

青銅獻上は一社一同の事ゆゑ大宮司同様と仰渡さる
*在所の塔屋根損じ雨漏る
*月番松平主計頭へ出づ
*大禰宜上總口上覺
*悴の御内寄合への列席願ふ
御役人獻上は先格の通りを申す
鳥目獻上は故實
御代替御禮願三百人程
*松平主計頭へ出づ
酒井殿へ同書差上げ相叶ふ

上之由、青銅壹貫文ト御書上之由、仍而一社一同之事故、諸事貴様同様ニ致候様ニと被仰渡候、先達而在所ニ而以使献上物之義承候処、追付御出府ニ候間、於江戸御相談可被成之由被仰付候間、御左右相待罷在候、尤御旅宿知不申候ニ付、拙者御尋も不致候、多宮無挨拶、扨獻上物鳥目ゟハ一束一本ノ方見場宜候、大社ノ御威光ニも候間、如何と申談候、多宮ーー、先〻ゟ鳥目差上候段、書上ケ申候間、難成候由申、他ノ社家青銅致献上候も有之候、御役人中此間被申候ハ、先格之通ノ献上ニ無之候テハ不成候様ニ被申候、上總ーー成候ハヽ、願見度候、尤青銅ニ候へハ風雨等ノ節も持候ニ能候、一束一本ハ用意も六ケ敷候、右之訳ニ候ハヽ、願候事も難成可有之候、其後聞候へハ、鳥目献上ノ事（コト）〔故〕、古実ニて候、重キ事ノ由也、下段成事之様ニ被思候得共、無左能事之由也、

此度御代替之御礼願、三百人程有之候由、其内無據訳有之計五人、大岡殿・左近殿へ御伺候由、其内ニ上總入ル也、不成、其後ハ上總一人左近殿へ被仰之由、不成、其後酒井殿へ同書御差上ケ相叶、

一、十一月十一日、多宮旅宿ニて咄候落、在所ノ塔屋祢損雨もり之由、御存ノ屋祢や候ハヽ、御才覚御下シ可被成候、急ニ修覆不致ハ成間敷候、多宮ーーハ、手前ニハ知人無之候、其元ニて御才覚御下リ被成候様ニト申事也、

一、十一月廿一日、松平主計殿後右近將監、御月番故出ル、御役人片岡佐左衞門書付懸御目候、其文、

乍恐口上覚

此度私悴召連出府仕候、御内寄合御列席御目通江召連罷出申度奉願候、以上、

下總國ーー
ーー
十一月　ーー上總半切、

寺社　御奉行所

御役人被申候ハ、此間御礼ノ御願も越前守様御掛故、アナタへ被申候而、月番江ト有之候ハヽ、此方へ被出候様ニ、此様成義も近〻無之候、左候ハヽ、左様可仕候、追而可申上候、

一、十一月廿五日、松平主計頭殿へ出、片岡佐左衞門ーー此間悴義申上候へ共、此節御取込御事多中、差急候義ニも無御座候、殊ニ此間　御礼願之通、被仰付

*名代高木孫大郎山名因幡守へ差上ぐ
*大岡越前守へ罷出づ
大禰宜上總悴監物御目見願ふ
*山名因幡守へ罷出づ
*明日の御禮に出づる社家
*「御代替御礼」
*大禰宜上總登城

候間も無御座候、仍之延引可仕と奉存候、御役人成程尤ニて候へ共、被申出候而も不苦候、越前様へ被仰上候哉、右ノ存寄ニ御座候故未申上候、左候ハヽ、一通被申、其上ニて爰元へ被出候ハヽ、可然候由申候間、則同日大岡殿へ御機嫌聞ヘ出ル故、御役人左右太へ――段〻、扨私悴監物ト申候、此間始テ出府仕候、十五才ニ罷成候、私病氣差合之節ハ、御奉行所へ差出申候爲ニ御座候間、御内寄合江召連、御目見爲仕申度奉存候、尤差急候儀ニてハ無御座候、御役人月番へ出候か能候、乍去御礼過可然候、中絶ノ御礼被仰付候、御礼ニ被出候か能候半、其節私名代ニも重而差上度と申、可然候由被申候間、成程御尤ニ奉存候、夫ゟ又主計頭殿(松平武元)へ出、片岡(佐左衛門)へ只今越前守様へ罷出、御役人中へ懸御目、此間之儀申上候処、御礼過之儀可然之由御申候間、延引仕度奉存候、左様思召可被下候、尤爰元様ヘ此間申上候段ハ、越前様ニてハ御役人中へ不申上候、尤右之段先御無沙汰被成被下候様ニと申上ル、御役人差略見可申候、それ共其元存寄之通ニて候、相心得候由被申候、

一、十一月廿九日、名代高木孫大郎、山名因幡守殿江御伺ニ差上ル、御役人古畑義右衛門被出、朔日ニ御礼被仰付候、献上物ハ聞合并も可有之候、明晦日八ッ時過剋限抔申渡候間、被參候様ニ――、

△一、十一月晦日、大岡殿へ罷出、御役人左右太――、昨日山名因幡守様へ伺候処、明日　御礼被仰付候由被仰渡候難有仕合ニ奉存候、今日剋限等被仰渡候間、伺公仕候様ニ被仰付候間、只今ゟ伺公仕候由申上候、御役人一段ニ候、山名様へ左候ハヽ、早ク被參候様ニと被仰聞、

同日、因幡守殿へ罷出候処、明日ノ御礼ニ出候人數五・六十人も詰居ル、八ッ半時ゟ夜ノ六ッ半時迄、何も相待、社家も香取大宮司多宮・高田神主右近・鎌倉神主主膳(大伴時芳)・三嶋神主伊織(矢田部)・上州一宮(貫前社)神主小幡民部・鷲宮神主大内隼人・駿州淺間神主兩人・宇津宮惣代等出ル、御役人義右衛門出、明日御礼被仰付候、明朝六ッ半前致登城候様ニ被仰渡候、献上物先年之通可致候、

〔十二月〕

●一、十二月朔日、登城、乗物、若党兩人麻上下、一人ハ

股立不取、御殿中迄召連、下社家故郷長悴丹治之道
具等持セ、先四ノ間ニ着、鳥目三貫文、

*大岡越前守へ御禮に出づ

公方様(徳川家重)・大御所様(徳川吉宗)・大納言様(徳川家治)御三所様江、貫物
ハ廿白、正月ノ通木札付名書付ル、御玄關ゟ丹治持
上ル、尤坊主衆兼テ頼世話也、丹治御座敷迄爲ルレ持、
御座敷ニ而一貫ハ自分ノ前ニ置、二貫ハ坊主衆可納
由ニて持行、又少過候而殘リ坊主請取、江間清傳也、

*大岡越前守へ伺に出づ

*御月番本多紀伊守へ出づ

夫ゟ帝韓(マヽ)鑑之間、御縁側、帝韓(鑑、下同ジ)ノ間敷居へたて着、
東ノ方也、内ニハ大名衆三十人余着、通ヲへたて後
ノ方ニハ旗本衆夥敷着座、南ノ方前御縁側ニハ出家
衆、又惣礼ノ社家、出家ハ柳ノ間ゟ帝韓ノ間へ通道

*本多紀伊守御内寄合へ御禮申す

之御廊下ニ着、帝韓ノ間ノ外縁ニハ京都邊ノ町年寄
ト哉覧、又ハ能役者ノ由着座、正面ハ手前抔着座也、
御礼ハ大勢故立御トノ事也、御奏者有リ、出御ノ時、

御禮は大勢ゆゑ立御ふ

帝韓ノ間ノ上ノ御唐紙明候ハ、酒井雅樂頭殿(忠恭)ノ由、
夫より御老中・若御年寄・寺社・御側御礼ニ廻ル、
御老中酒井雅樂頭殿・本多中務大夫(輔)殿(忠良)・松平能登守(乘賢)
殿・西尾隱岐守殿(忠直)・松平右京(大夫脱)殿(輝貞)・堀田相模守殿(正亮)、若
――本多伊豫守殿(忠統)・板倉佐渡守殿(勝清)・水野壹岐守殿(忠定)・

*山名因幡守へ伺に出づ

加納遠江守殿(久通)・堀田加賀守殿(正陳)・戸田右近將監殿(氏房)・堀
式部(少輔脱)殿(直舊)、寺社松平主計頭殿(武元)・本多紀伊守殿(正珍)・大岡越
前守殿(忠相)・山名因幡守殿(豐就)、

十二月二日、大岡殿江御礼ニ出ル、昨日者首尾能御
礼申上難有仕合ニ奉存候、改候而御礼申上ル、扨又
御内寄合江罷出御礼申上度候、御役人來ル五日ニ伺
候様ニ――、

十二月五日、大岡殿へ伺ニ出ル、御役人明日御内寄
合へ出候様ニ被仰付、本多紀伊守殿御月番御帳ニ付
候様ニ被仰聞、則本多殿へ出、御差圖之由申、御帳
ニ付、

十二月六日、本多殿御内寄合へ出ル、御奉行所御四
人御列席江出ル、中絶ノ御礼被爲仰付、難有仕合ニ
奉存候、御奉行所御仲間様へ中絶ノ御代替之御礼、
願之通被仰付候ニ付罷出候、御奉行所御意難有事ジ
ヤト被仰候、同日、大岡殿へ計罷出、今日御列席へ
被召出御礼申上難有奉存候段申上ル、

一、十二月八日、山名因幡守殿へ名代高木孫大郎差出、
古畑義右衞門――、明後十日伺候様ニ被仰渡、

十二月十日、山名殿へ伺ニ出ル、義右衞門(古畑)――相延
候、來ル十三日伺候様ニ被仰渡、同席ニ伺ニ出候人

上州一宮民部を相尋ぬ御暇の節長上下にて登城申合す

*時服拝領

*大禰宜上總は大岡越前守より頂く

「御暇時服拝領」

大禰宜上總登城

蘇鐵の間の御暇の出家社人九十三人

柳の間の御暇越前永平寺等二十七人

*大宮司多宮は大挾箱持たしむ

御暇社家は香取より

數大内隼人(鷲宮神主)・三嶋神主(矢田部伊織)歸リニ同道、上州一宮民部(小幡)旅宿小川町ヘ相尋ル、御暇ノ節、長上下ニ而登城可致申合スル、尤四人寛談(閑)也、
又十二日、大内隼人旅宿ヘ本郷傘谷ヘ三嶋・一宮・鎌倉(大伴時芳)等會合、弥長上下ニて御暇ニ可出由申合ル、其後多宮ゟも長上下ニてト申來ル、
十二月十三日、山名殿ヘ伺ニ出候処、明十四日御暇被下候、先格之通拜領物有之候、朝五ツ半前致登城候様ニ被仰渡、
●一、十二月十四日、登城、香取――、鎌倉――・三嶋――――・上州一宮――・武州鷲宮――・常陸高田――・伊勢惣代等社家廿人余リ檜ノ間ニ而御暇也、先蘇鐵ノ間ニ詰居、出家・社人九十三人ノ由、右其日御暇ノ惣人數也、柳ノ間ニも御暇ハ廿七人ノ由、越前永平寺等也、是ハ御老中御手渡也、檜ノ間ニ寺社御奉行所御三人幷御着座、東山名、中本多、西大岡、其前ノ御縁側ヘ皆出、御暇被仰渡▒、帳面ニ而順〻ニ、先出家、社家ハ香取ゟ也、右御縁側ニ余ル故、御奉行所御目通江ハ社家抔ハ不被出候、先ニ出ル者ノ景(影)ニ居候ヘとも同事也、夫ゟ先ノ御座敷ヘ通ル、御奉行所ノ前ヲ通ル也、縁側通リ也、
又御帳ノ順ニ三人ツヽ御呼出、御奉行所ノ前ヘ出テ廣蓋ヘ時服二ツヽ、載持來リ、御奉行所ノ前江置、其処ヘ行、御奉行所御手ニ而御取御出シ被成ルト、此方ゟも手ヲ出シ頂キ退ク、時服ヲ御持上ナサルト、此方ゟも手ヲ出シ取上ケ頂キ退ク也、上總ハ大岡殿ゟ也、長上下ニて▒膝ヲ付時、コロビタガリ向、御奉行所ノ方ヘ足出タガル、着可見也、足ノ脂(指)先袴ツマラヌ様ニ、ソノ処ニユウヲ付可歩也、
御奉行所ノ御前ヘズツト寄、少御礼申上、無間ヿ也、長キハ大勢御免當也、御ソバヘ參ルト、時服ノ上ヘ下ヲ御持御上ケ御出シ、此方モ其通リニ持上ケ頂キ退、御次ニ頼候坊主衆待居請取、則又召連候、丹治ソテ(蘇鐵)ツノ間ヘ出、直ニ請取、御玄關ヘ持出、御玄關ノ脇ニ高木孫大郎居請取、大葛籠持セ入ル、ソテツノ間ニて伴ノ僧抔風呂敷ニ包出も有り、多宮ハ大挾箱持セル由、右人數時服頂戴濟、直ニ御奉行所御着座ノ前ノ御縁側ヘ出、御礼申上ル、此時も出家先ヘ出ル故、此方共ハ人ノ後ロニて御礼申、御奉行所御目通リ江ハ不被出候、

右丹治召連股立不取、麻上下ニて、此日御玄關ニて
御徒目付、供ハ不成候由咎ル、孫大郎（高木）供ニハ無之、
神職之者ト申、何ニても不成候、孫大郎先格と申候
ヘハ、左候ハト申通リ上ル、蘇鐵ノ間ノ脇ニ詰居、
伴ノ僧ト一所ニ居、此日丹治坊主衆案内ニ而御殿中
拜見也、此日多宮ハ坊主衆頼候処、供之者間違、時
服下ケ候ニ、中ノ口ニて呼候而も家來不居之由、散
ゝ訳不宜、仕廻迄時服ソテツ（蘇鐵）ノ間ニ見ヘ候、長上下
ハ御玄關ノ脇ニてクヽリ（括）トキ上リ、又下ル時も御玄
關ノ脇ニ而クヽリ出ル也、御玄關前大ニ人數込事也、
同日、御老中・若御年寄・寺社御奉行所御礼ニ廻ル、
長上下ニ而クヽリノ儘ニて上リ、口上、今日御暇・
時服拜領仕、難有仕合ニ奉存候、御礼申上ル、時服
江ハ御ノ字不レ付ニ唱ル、右社家仲間申合、御老中方
ヘ刀ヲ持上ル、寺社御奉行所江ハ刀ヲ玄關ニて取リ、
家來ニ持セ上ル、是ハ上ヲ憚御支配故、
時服入ル葛籠ハ供ノ跡ゟ召連ル、上リ下リ共、尤葛
籠ニ香取上總ト張紙スル、或ハ長持多シ、大方ハ挾
箱也、是ニてハモメル、大挾箱ハ可然候、鎌倉神主（大伴時芳）
ト長持ニ張紙スル、

*酒井雅樂頭へ寒氣御見廻に出づ
*山名因幡守へ歸國御屆多宮供の者間違へ宜しからず
長上下は御玄關にて括り解き上る
老中若年寄寺社奉行へ御禮に廻る
時服に御の字付けず唱ふ
時服入る箱につき揉める
*大禰宜上總口上覺

一、十二月十五日、酒井雅樂頭殿へ寒氣ノ御見廻、寺社
御奉行所へ出ル、大岡殿ニ而御役人へ―、昨日ハ
首尾能御暇・時服拜領仕、難有奉存候、段ゝ申上ル、
左右太（山本）一段之儀ニて目出度候、歸國之御屆申上ル、
同日、山名因幡守殿へ出、古畑義右衞門―歸國之
御屆ニて候哉、取込候間被申越候樣ニ、則歸國ノ御
屆―、尤先達而ゟ段ゝ御世話ニニ（衍）罷成難有由申上
ル、御役人へ取次ヲ以右之段申、
一、十二月廿九日、酒井雅樂頭殿へ懸御目、御懇ニ被仰
聞、梅有（樋口）トハ度ゝ噂ヲ申抔ト、此度御代替之御礼申
上難有奉存候、御礼申上ル、結構ナ事、永ゝ家ノ後（光輝）
記ニ成ル事、結構成事也ト殊外御懇ニ被仰聞、前ニ
も記ス通、此度御礼ノ義、大岡殿・酒井殿江御伺候
由、雅樂頭殿　御上江被仰上候由也、

〔閏十二月〕

一、丑閏十二月二日、大岡越前守殿（忠相）へ出ル、寒氣ノ御機
嫌伺フ、御役人山本左右太―、御願申上度義御座
候由申、書付上ル、
乍恐奉願候口上覺

*大宮司方香春院町並へ引く

香取宮不時の神納物につき食類は鳥類に籠む

下社家當番限り預く

*享保十三年裁許狀など寫三品差上ぐ

*大岡越前守へ出づ

大禰宜領內寶幢院は先祖取立つ

大禰宜忌中の節は百日暮す

寶幢院七年以前燒失

町並近所への普請申したし

*立紙に改め兩通出づ

一、香取宮不時之神納物之儀、金銀・繫錢者大宮司、諸道具・魚鳥者大祢宜、毎日之散錢者當番之下社家可相納之趣、享保十三申年御裁許ニ而御座候、其砌御供・餅・酒等、從先〻大祢宜方江納來候段奉伺候得者、食類ハ魚鳥ニ籠候由被仰渡候、尤右之品神納之節ハ、當番之者大祢宜方へ只今迄相納申候、然處去ル七月中餅之神納有之候処、當番無沙汰ニ取納候ニ付、大宮司方江相談候処、魚鳥と計御文言ニ有之候ニ付、得心無之由申候、其後右品之神納有之候節ハ、下社家共當番限リニ預リ置候段申候、右之通大宮司不得心ニ付、難中付候、尤聊之儀ニ御座候得者、申上候段迷惑至極ニ奉存候へ共、向後𥑐論之端ニも相成可奉存候、仍之何分ニも御下知奉願候御事、

一、大祢宜領內ニ宝幢院と申小寺御座候、大祢宜先祖取立申候、尤知行へ少〻宛行置申候、右寺ハ大祢宜忌中之節ハ、彼寺ニ而百日之間暮申候爲ニ而御座候、仍之旦那も寺役も無御座候、然処七年以前不殘燒失仕候、右之寺地ハ邊土ニ而忌中之節、罷在候而も神用弁兼候ニ付、町並之近所江普請仕引申度奉存候、大宮司方ニも香春院と申寺、戸牧と申所ニ有之候、近年大宮司領之內町並へ引申候、右之宝幢院同樣之寺ニ而御座候、右之段奉伺候、以上、

丑閏十二月

下總國香取神官
大祢宜
香取上總印

寺社　御奉行所

右半切、奉書ニ認、御役人請取、是ハ寺テ無共、家ヲ造置候而ハ如何ニて候、夫ニてハ留主居入候哉、上總左樣ニてハ本寺・末寺ノ減候由可申候、住持無之哉、無之候、六・七年其分ニ罷在候ニ付申上候、同日、享保十三申年ノ御裁許ノ写幷宝幢院院〔衍〕・長吉寺出入御裁許狀写幷元文以來ノ神納請取帳面、以上三品差上ル、明後四日ノ晚方可被伺候、

〔閏脫〕十二月四日、大岡殿へ出ル、御役人願書一紙ニ而能無之候、品替候、立紙ニ兩通ニ致、出候樣ニと被申候、尤引地ハ何方ト場所書付候樣ニト被申候、明日直出候樣ニト被申候、

一、閏十二月五日、立紙ニ兩通ニ致シ出ル、御役人引度と申場所ハ宅ゟ何程有之候哉、一町程有之候、又今迄之処へハ五町程も有之候、御宮江ハ私宅ゟ一町程

*大禰宜上總口上覺

有之候、裏ハ直ニツ、キ申候、明日御内寄合へ出候様ニト被仰渡候、前ノ願書トハ少増減有リ、

大禰宜上總口上覺

乍恐奉願候口上覺

香取宮不時之神納物之儀、金銀・繋錢者大宮司、諸道具・魚鳥者大祢宜、毎日之散錢者當番之下社家可相納之趣、享保十三申年御裁許ニ而御座候、

*宮中村内に普請したく願ふ

其砌御供・餅・酒等、從先〻大祢宜方江納來候段奉伺候得者、食類ハ魚鳥ニ籠リ候由被仰渡候、尤右之品神納之節ハ、當番之者大祢宜方江只今迄相納申候、然処去ル七月中餅之神納有之候処、當番無沙汰ニ取納候ニ付、大宮司方江相談候処、魚鳥と計御文言ニ有之候ニ付、得心無之由申候、其後右品ノ神納有之候節ハ、下社家共當番限ニ預リ置候段申候、右之通大宮司不得心ニ付、難申付候、

「*神納物・引寺被仰付」

*大岡越前守御内寄合へ出づ

尤聊之儀ニ御座候得者、申上候段迷惑至極ニ奉存候へ共、向後旲論之端にも相成可申奉存候、仍之何分ニも御下知奉願候、以上、

神納物餅の御下知願ふ

正〔延〕享二乙丑年〔閏脫〕十二月　下總國――　香取上總印

寺社　御奉行所

乍恐奉伺候口上覺

香取大祢宜領内ニ宝幢院と申小寺有之候、大祢宜先祖取立申候、尤知行へ少〻宛行置申候、右寺ハ大祢宜忌中之節ハ、彼寺ニ而百日之間暮申候爲ニ而御座候、仍之旦那も寺役も無御座候、然処七年以前燒失仕候、右之寺地邊土ニ而忌中之節、罷在候而も神用弁兼候ニ付、大祢宜領宮中村之内江、普請仕引申度奉存候、大宮司方ニも香春院ト申寺、戸牧ト申所ニ有之候、近年大宮司領ノ内町並へ引申候、右之宝幢院同様之寺ニ而御座候、右之段奉伺候、以上、

延享二年丑閏十二月　下總國香――　香取上總印

寺社　御奉行所

一、〔閏脫〕十二月六日、大岡殿御宅御内寄合、御列席松平〔武元〕主計頭殿・本多紀伊守〔正珍〕殿・山名因幡守〔豊就〕殿出ル、願書續――、主計殿――ハ、今迄神納物納來候ナ、成程ト申上候、大岡殿――ハ、大宮司カ何ともイヲフカ、上總申上候ハ、如何可有御座候哉、諸道具・魚鳥ト計御文言、其外品御書付無之ト申候、大岡公魚鳥と有之候へバ抔ト被仰候へハ、外御奉行所成程納物之事

*公儀御帳に記す
神納物大禰宜方納むべしと仰付く
寶幢院堂は貳間四方程あり
今迄の所に普請することならず
*向後のため大宮司多宮へ申聞かす
*大禰宜上總證文
大岡越前守へ出づ

也、山名殿諸道具ト云ハ何ンジヤ、大刀・刀之事カ、上總まれに納候由申上候、まれニてもサ、大岡殿我カ方へ取レサ、大祢宜方へ納可申候と兩度迄被仰渡候、難有奉存候由申上候、宝幢院堂ハ何程有之候哉、貳間四方程もト申上候へハ、大岡殿それハアンジヤト被仰候、存之通ニ爲致、今迄之処へ又普請スルヿハナラヌゾ、夫ハ決而ナラヌゾヨ、書付ヲ爲致、

右兩様共申上候通ニ首尾能被仰付候、

御役人被出候間、兩様共被仰付、難有仕合ニ奉存候段御礼申上候、御役人御仲間様へ御礼ニ廻候様ニト被仰聞候、尤明日書付入候間被參候様ニ、上總――ハ、今日被仰付候趣御役人中ゟ成共、一通御書付被下候様ニ奉願候、それ共明日參候様ニと御申候、則同日四ヶ所ノ御奉行所へ御礼ニ廻ル、口上、今日御内寄合於御連席、願之通被爲仰付難有奉存候、

一、閏十二月七日、大岡殿へ出ル、御役人左右太――（山本）、昨日ハ願之通、早速被仰付難有奉存候、御手前様ニも奉掛御苦勞忝奉存候、此度者重〻御苦勞奉懸難有奉存候、御序之砌、何分ニも宜様ニ被仰上ヲ奉願候、御役人昨日ハ書付之事被申候、追付大宮司御年頭ニ

出府可被致候、左候ハヽ、此度伺出候処如此、於御列席被仰付候段可申聞候、夫ニて能候、上總申上候ハ、左候へハ成程能御座候、定而御上ノ公儀之御帳ニハ御記可被下候、御役人それハはや能記ス事也、尤引寺之事ハ、大宮司構無御座候事、神納物之義と前ニ申上候而書付ヲ願候事也、是ハ昨日之事也、

且又向後不埒無之ためニ、下社家共ゟ昨日被仰付候趣申聞ケ、書付取候様ニ仕候而ハ如何可有御座候哉、御兩人向後ノ爲ニ候間、多宮江も申聞、夫カ能候、それ共不聞ハ打捨置か能候、

公儀へ差上候書付如左、昨日於御列座被仰付候書付也、右一札ノ写ヲ被下候、

差上申一札之事

私職分、大祢宜領釜のへた（邊田）と申所ニ宝幢院ト申小寺、大祢宜先祖取立申候、尤大祢宜知行所之内少〻宛行置申候、右之寺ハ大祢宜忌中之節、彼寺江百日之間退罷在候爲ニ取立置申候処、七年以前不殘燒失仕候、右之場所ハ邊土ニ而忌中之節罷在神用弁兼候ニ付、大祢宜領宮中村之内江引移、此度普請仕度奉存候、尤大宮司方ニも香春院と申寺、

寳幢院宮中村への普請は勝手次第

*大禰宜上總父子江戸出足

*大宮司方へ使遣す

*神納物食物は大禰宜方へ相納むべし

享保十三年裁許狀寫など三通請取る

本多紀伊守へ出づ

御朱印御書替の觸承知す

來る三月より五月迄出府す

戸牧と申所ニ有之候処、近年大宮司領之內、町並へ引移申候例も御座候ニ付、右之段奉伺候処、昨日六日御內寄合御列席江被召出、私願之通宝幢院を宮中村之內江引移、普請勝手次第ニ可仕候、尤元地寺跡江者、自今以後寺地ハ勿論、小宮たりとも一切取立不申、畑ニ可仕旨被仰渡難有奉畏候、爲後證仍而如件、

延享二乙丑年閏十二月七日　香取神宮大祢宜　香取上總印

寺社　御奉行所

同日、先達而差上候享保十三申年御條目ノ写・宝幢院抔出入之節、御裁許狀ノ写一通・元文以來神納物帳、以上三品御返シ、請取、

同日、乍略義歸國之御届申上度奉存候、御役人心得候由被申候、

一、同日閏十二月七日、本多紀伊守殿へ出ル、豊泉(トヨスミ)小左衞門、御役人申上候ハ、

御朱印御書替之御觸出御座候様ニ承知仕候、尤來月ゟ五月迄ト承知仕候、私義、此節御當地詰合セ罷在候ニ付、御届ヶ申上罷歸、大宮司江も申聞、來三月ゟ五月迄之內、出府仕可申上候、小左衞門(豊泉)成程、其通ニて候、三月ゟ五月迄之內、勝手次第ニ被成候様ニと被申候、本多殿御役人青木吉左衞門・朝倉孫大夫・豊泉小左衞門、御朱印御書替御吟味本多紀伊守殿・秋元(凉朝)攝津守殿、

一、閏十二月十四日、江戸出足、悴監物實香十五才、一同歸國、道中白井ゟ雨天故、十五日朝五ッ時歸宅、

一、閏十二月十五日、大宮司方へ使遣求馬(伊藤)、取次主膳(尾形)、

神納物之儀、此度伺候処、先御奉行所御裁許之通、食物ハ魚鳥ニ籠候間、大祢宜方へ可相納候段、去ル六日御內寄合於御列席被仰付候、爲御知申候、重而不埒無之様ニ、從社家書付取可申段も相伺候処被仰付候、　御朱印御書替之御觸出有之由承候間、本多紀伊守殿へ相伺申候処、來ル三月ゟ五月迄ニ勝手次第ニ可罷出候段被仰聞候間罷歸、同役江も可申聞段申上罷歸候、爲御知申候、

返事、神納物之儀、御伺被成諸道具・魚鳥ニ食物ハ類シ候間、可相納段被仰付、重而不埒無之様ニ、社家ゟ書付御取候儀も御願被仰付候由被仰遣候へ共、早速之御挨拶ニ被及不申候、　御朱印御書替之儀も

御伺被成候由、私義も一兩日中ニ致出府候間、相伺可申候、

神納物の儀社家へ仰聞かされたく申す

一、閏十二月十六日、大宮司方へ使遣、取亅（次）數馬、昨日得御意候処、近〻御出府之由、然ハ昨日申遣候神納物之義、從公儀被仰付候趣、御領分之社家へ被仰聞被置可被下候、御留主中ニも書付可申付と存候、

正月元日の祭禮見習のため悴内陣へ召連れたく申す

●扨來ル正月元日見習之爲御祭礼ノ節、御内陣へ悴召連可申と存候、爲御知申候、

返事、私近〻出府ニ付、從公儀被仰渡候趣、下ノ社家へ申付置候様ニ被仰遣候へ共、如何様成被仰渡ニ御座候哉、急度難申付候、社法之儀ニ御座候ハヽ、思召次第ニ可被成候、扨又來ル正月元日御子息様御見習のため、御内陣へ御召連可被成候由被仰遣候へ共、權祢宜（香取式部）も御名代相勤候へ共、見習と申義承及不申候、恆例之儀ニ候へハ、見習ニも及間敷と存候、社法之儀ニ候ハヽ、御召連被成候共、不被成候共思召ニ可被成候、

正月元日祭禮見習として悴監物内陣へ召連る

後ニ記（延享三年）寅正月元日ノ夜、御祭礼之節、悴監物爲見習内陣へ召連ル、

*神納物の儀數馬方へ申置く

●同日、求馬、數馬方へ申談候ハヽ、去八月中神納物之儀、公儀へ被仰上候、八月中此方ゟも鄕長ヲ出候而、神納物改當番へ相預ヶ置申候、此方へ納候様ニ可致候旨、拙者ゟ其元へ申談置候様ニ被申候、重而從旦那可被申渡候へとも、近〻御出府之由御伺置候様ニ、右之段貴様へ申談置候様ニト被申候、

數馬挨拶、私一己ノ了簡ニて取納候ニも無之候間、伺候而納候間、又可伺之由申、

同日、又求馬遣、取亅（次）數馬、先剋得御意候ニ如何様之被仰渡ニ候哉、御領分ノ社家ヘ被仰付かたき由被仰遣候へとも、昨日得御意候通、先御奉行所之御裁許之通、食物ハ魚鳥ニ籠候間、大祢宜方へ可納之段被仰付候、訳ハ右之通ニ御座候、

*塔の修覆の件

一、江戸ニても得御意之通、塔ノ修覆之儀、殊外損もり候由、來正月中旬ニも屋祢や呼、修覆爲致可申候哉、木ノ伐時能節見立爲伐、不足之処ハ調候様ニも可致候哉、近〻御出府之由被仰遣候間申進候、番頭呼相談可申候、其元様御出府一兩日御延被成候而成共、御相談被成候而ハ如何可有之候哉、

大宮司返事、入御念候御使、神納物之義、諸道具・魚鳥ニ食物ハ準候間、相納候様ニ被仰付候段、昨日

大宮司出府延引しがたし

*物申右近の件

も被仰遣致承知候、印形之義ニ候ヘハ、下タノ社家ヘ急度難申付候、社法之儀ニ候ハヽ、思召ニ可被成候、塔之儀、被仰遣致承知候、二・三日も出府相延致相談候様ニ被仰遣候ヘ共、献上物先頃之御礼之節、御三所様御同様ニ献上仕候、仍之年始御礼献上之儀、伺可申と近〻出府と申進候、年始ゟ御社法重ク候間、二・三日出府相延、致相談候様ニと被仰遣候ハヽ、各別私一己ニ而延之義如何ニ御座候、年始御礼ニ若間違も候而ハ迷惑ニ存候、

*大禰宜上總御年番

一、閏十二月十七日、大宮司方ヘ使求馬・孫大郎(高木)、取丨(次)数馬、昨日公用重社用重キカ抔被仰遣候、左様被仰候而ハ御修覆御相談埒明不申事ニて候、其元様御私用ニて御出府候共、跡ニて何分ニも致世話候様ニと御挨拶ニ候ヘハ、神慮之儀故、如何様共世話致候事ニ御座候、

*上總年番ゆゑ右近呼び相尋ぬ

物申右近服明くるも継目の届なし

物申右近(香取)義、去ル八月服明、御神用等相勤候ヘ共、継目ノ願届も無之候、其元様ヘも右同様ニ届も無之候哉承度候、前物申祝主計(香取)子右近也、

右近は前物申祝主計子

*惣持院へ寳幢院引寺につき申す

返事、塔修覆之儀、被仰遣致承知候、私義ハ相違も無之候間、昨日も何分ニも思召次第と御挨拶申候、頼存候由也、

同日、求馬・孫大郎、取次数馬、御年礼献上物之儀、御伺可被成候由御尤ニて候、

右近義、私當職ニ而親主計隠居願之儀等訳能覺候、何之沙汰も無之候、社法之儀ニ候間、其分ニハ成申間敷候、召呼相尋候而ハ如何可有御座候哉、其元様ニても御召呼御尋可被成候、私も呼尋可申候、

大宮司返事、御年礼献上之儀致承知候、右近義被仰遣候、承知仕候、私義ハ近〻致出府候、相尋候間も無之候、其元様御年番ニも御座候間、召被呼(マヽ)御尋可被成候、

同日、求馬・孫大郎又遣、数馬丨近〻御出府ノ由、右近被召呼御尋被成候間も無之ニ付、私年番故相尋候様ニ被仰遣、成程召呼尋可申候、其元様御得心ニ候哉、御同心ニ候ハヽ、其訳も申聞、相尋候間可被仰聞候、

返事、何分ニも思召次第ニ御尋可被成候、

一、閏十二月十六日、惣持院ヘ使額賀清右衛門、宝幢院引寺之儀、此度申上候処、去ル六日御内寄合於御列席願之通被仰付候、御掛大岡越前守様ニて候、

「*物申右近家督訳」
*物申右近服明け家督継目届かざるを尋ぬ
三年以前に妙塔院と兼帯致したくと申すも得心せず
*右近親主計は座敷隠居
境内離れては寺衰微すと申す
寶幢院引寺代地仰遣す
大宮司方より返納は年内中と申す
側高社修覆の件
*六郎神主服の件

惣持院（精範）返事、宝幢院引寺之儀、委細承知、御尤ニ奉存候、

右訳ハ三年程以前ニも妙塔院ト兼帯ニ致度と及相談、惣持院寺号減候由申、得心不致候ニ付相止、又去ル八月十三日ニも、右之段申遣候也、後ニ記、寅（延享三年）正月十六日惣持院ゟ妙塔院使僧、分飯司方舎人（伊藤）取次、旧冬清（額賀）右衛門ニ宝幢院引寺之儀被仰遣候、境内ニはなれ申候テハ寺ヵ衰微可仕と存候、外ニ思召も御座候哉、爲御相談申上候と申來ル、

返事、宝幢院引寺之儀ニ付、代地之儀被仰遣候、相應ニ可致と存候、代地ハ寺跡計ニ被成候哉、外ニ被遣候哉抔ト申來ル、

一、閏十二月十七日、大宮司使數馬、返納之義、年内中ニ被成候ハヽ、可申置と存候、乍御世話頼入存候、尤支度も無之候、

側高社御修覆之儀、兼而御相談相極候事ニ候へ共、御留主中大工取かゝり申度段申候間、致相談申付候、殊ニ金子も相渡申候、此段得御意置候、

返事、返納之義被仰遣候、用意出來次第年内中返納可被致候、調不申候ハヽ、來春之事ニ成共可致候、

側高御修覆之儀被仰遣、御尤ニ存候、

一、閏十二月十七日、右近呼、分飯司・孫大郎を以相尋ル、去ル比服明神用相勤候へ共、如何相心得候哉、今以家督継目之願届も不致候哉、仍之今日大宮司江も度ヽ及相談候処、大宮司急ニ御年礼ニ致出府候間、手前年番ニも候間、相尋候様ニと頼候事、如何様之存寄ニ候哉、右近――ハ、只今迄心付も不仕候、親主計隠居節も御届も不申、座敷隠居候様ニ罷在候、前方御奉行所へ私罷出候節も、物申右近と相認罷出候間、無何私物申ニ罷成候と存罷在候、

又申聞候ハヽ、父息災之時ニハ、物申名代ニ神事祭礼相勤、公儀江も出候、

右近申候ハヽ、両人方へ物申職ニ御障リハ出來申間敷候、私隠居ニても被仰付候ニて可有之抔ト申候、仍而畢竟此方共ヲ蔑ニスルト云物也、右近委細御尤ニて候ト申事也、

一、閏十二月十七日、大宮司ゟ使數馬、取〔次脱〕舎人、六郎神主服有之候、閏月ヲ取候へハ、三朔ニ而明候、此段如何可仕候哉、

又返田祝修覆金之内、拝借致度と願候、右ハ返田社

側高社修覆につき大工增金願ふ

修覆殘金也、拂木等殘金、又側高修覆ニ付、大工增金願候、如何可致候哉、

返事、服忌之事、三朔ト云モ略ニて候、元來九十日ニて候、日ヲ數ヘ元九十日ト致候事故、閏ヲ入候而可然と存候、

返田祝願之儀、何ソ神用ヲ申立候ハヽ、尤ニて候へ共、無左只借用ト有之候而ハヽ、御無用ニ被成可然候、側高修覆ニ付、大工增候儀、此方へも願出候、是ハ損有之候由、左候ハヽ、願之通被仰付可然存候、

惣神官呼ぶも宮之助病氣ゆゑ不參
塔の屋根修覆につき相談す

一、閏十二月十九日、惣神官呼、宮之助御病氣不參、上總番頭へ申談候ハヽ、塔ノ屋祢修覆之儀、此間大宮司へ度々及相談候、近日御年礼ニ出府故、何分ニも取計修覆致度之由、世話頼之由ニ而有之候、彼是申談ル、何も尤之由、屋祢板木吉原村ニ可有之由、權祢宜申候、則致世話候樣ニ申談ル、宮林薄ク成候故、外ニ而木調候相談、

宮林薄くなる

*諸道具魚鳥は勿論食物類は大禰宜方相納む

番頭へ申聞候ハ、何も兼而存候、其外ハ未沙汰不致候、神納物之儀、此度公儀江相伺候処、食物類ハ先御奉行所御裁許之通、魚鳥ニ籠候ニ付、此上弥大祢宜方江取納候樣ニ、去ル六日御內寄合於御列席被仰付候、仍之此上不埒無之樣ニ書付ニ致、印形候樣ニ申聞ル、則書付如左、

神納物食物類は大禰宜方へ相納むるを書付印形求む

*惣神官連印覺

覺

香取神宮神納物之儀、金銀・繫錢者大宮司、諸道具・魚鳥者大祢宜、每日之散錢者當番之下社家可相納之趣、享保十三申年御裁許、其砌御供米・餅・神酒、從先々大祢宜方へ納來候段御伺候処、食物類ハ魚鳥ニ籠候段被仰渡候、然処去ル七月中餅之神納有之候処、當番無沙汰ニ取納候ニ付、右之趣、此度御公儀江御伺被成候処、食物類魚鳥ニ籠候ニ付、弥大祢宜方江取納可申段、去ル閏十二月六日　御內寄合於御列席、右之趣被爲仰付候段被仰聞承知仕候、仍之此上弥諸道具・魚鳥者勿論之儀、食物之類等、大祢宜方江可相納候段、右被仰聞候趣一々承知仕候、此上若右神納物無沙汰ニ當番取納候段被及御聞候者、何分ニも可被仰付候、其節違背仕間敷候、爲後證仍而如件、

延享二乙丑年閏十二月十九日

雉子判官印　（林左源太）幣所祝印　（迫）廻田檢杖印　神子別當印
（額賀兵部）行事祢宜印　（伊左衞門）五郎祝印　（尾形主殿）正判官印　田冷判官印

*物申祝ら口上覺

大長手數馬は大宮司代官ゆゑ伺ふを申す

大宮司領社家并に二日番組伺ふを申す

(尾形數馬)大長手○　(香取外記)源太祝印　(民部)大祝印、(錄司代印)前後　權次郎祝印
小長手印　分飯司印　權檢非違使印　佐原案主印
權祝印　(佐)左原祢宜印　小井土神主○　權之助印
(宇右衞門)副之祝印　中祝印　(多門)三郎祝印　大細工印　堀口神
主印　正檢非違使○　(香取內記)國行事印　鍛冶屋檢杖印
押領使印　木守判官印　(貝田帶刀)油井檢杖印　中幣神主印
擬祝○　物申祝　桶端判官○　酒司○　土器判官
印　六郎神主○　權祢宜印　秀屋長印　角案主○
次郎神主印　高倉目代印　宮之助印　修理檢校○
(安部大炊)六郎祝○　四郎神主印　田所印　鄉長印　文三郎
祝○　祢宜祝○　(彥左衞門)塙祝○　吉原檢杖○　大神主○
惣檢校○　大長手 數馬○

大宮司香取多宮殿
大祢宜香取上總殿

右何も無相違致印形、然処大長手數馬ハ大宮司代官
――ハ、大宮司ニ伺候而之儀ニ可仕旨申候、尤右案
紙写申聞度旨申候、則為写遣ス、大宮司領ニ居候社
家并二日番組可伺之由申候間、成程其通ニ致候様ニ
申聞ル、仍而皆々大宮司方へ行、歸候而數馬申候ハ、
大宮司――ハ、私も近々出府仕候間、一通相伺候而
之上之儀ニ可致候由申候、上總――成程御尤ニて候、
物申職右近悴半平出候間相尋候ハ、此間十六日神納
物有之候処、不為上差返候由尋候処、申分不相立候
ニ付、則此書付へ致印形候様ニ申聞ル、其文、

口上覺

神納物之儀、當番無沙汰ニ取納候ニ付、此度御伺
被成候処、食物類ハ魚鳥ニ籠候ニ付、向後弥大祢
宜方へ可相納之旨、去ル六日御內寄合於御列席被
為仰付候段、去ル十五日御歸宅、同日右之趣大宮
司殿へ被仰遣、右之段承候処、去ル十六日不時ノ
御供米、本社へ上リ候処、私共不為差上差返候段
と及御聞候、折角信心を以參詣、神納物をも差上
候処、右被仰付を承候ハヽ、早々相伺可申処、右
之仕方不届ニ被思召候ニ付、御尋ニ御座候、
右之通預御尋申披無御座、無調法至極ニ奉存候、
以上、

延享二乙丑年閏十二月十九日　鍛冶屋檢杖
押領司
木守判官
油井檢杖

大祢宜香取上總殿　　中幣神主

擬祝

物申祝主計孫半平

右致印形候様ニ番組者共一同ニ申聞ル処、權祢宜始番頭侘言申候、宥免之儀申候ニ付、左候ハヽ、用捨可致候、重テ不埒無之様ニ可致旨申聞ル、

惣神官神納物之儀ニ付、致印形候節、右近悴半平可致印形旨申候へ共、此間家督繼目之儀相咎、未物申職ニ無之ニ付、未右之訳不濟候間、印形不爲致候、

一、閏十二月廿日、大宮司御年礼ニ致出府、

▲一、閏十二月廿四日朝、惣神官江出來合ノ料理振舞、晩ニハ大社〔祢〕宜領内之者ヲ呼、右ハ此度　御代替之御礼中絶之処被仰付、首尾能相勤候祝義也、難有事也、

延享二乙丑年閏十二月　大祢宜上總實行五十四歳

嫡子監物實香十五歳

次男城之介行高十三歳

宝暦十二午年十二月十九日、酒井飛驒守〔忠香〕殿へ御年礼ノ届申上ル、御役人長谷川伴介、香取壹岐殿實香年番

若君様〔德川家基〕御廣目ニ付、獻上物伺処、先例御尋ニ付、江戸ヨリ飛脚、則享保十巳年正月献上物ノ訳書付遣、又延享二丑年大宮司多宮出府、寅正月勤ル、聞ニ遣、旧冬十二月廿三日、大岡越前守〔忠相〕殿御月番御礼届ル処、御差圖有之、正月ノ御月番山名因幡守〔豊就〕殿へ御届、献上物ノ事伺候処、　三御所様江差上候様ニ被仰付、山名ノ御役人小原、且大岡御役人山本左右太、右之通書付來ル、則右之趣江戸へ申遣、享保十巳日記ニ御兩〔德川吉宗・家重〕　上様へ献上ノ訳記有之、飛脚ノ者十二月廿一日來ル、則廿二日ニ差登ス、實行七十一齢、實香三十二齢、行高三十齢、

*香取實香德川家基への献上物伺ふ

*享保十年正月献上物の書付

*大岡越前守より差圖あり

番組者共一同詫言申す

*享保十年日記に御兩所様への献上の記あり

大宮司多宮出府

御代替御禮仰付くる祝儀

寶暦十二年十二月十九日酒井飛驒守へ御禮届申上ぐ

〔延享三年正月〕

*大禰宜上總書状
*御朱印御書替の件
大宮司多宮は舊冬出府

延享三丙寅年正月元日、青天〔晴、下同ジ〕、暮時少曇ル、二・三
日青天、御祭礼首尾能相勤ル、大宮司多宮旧冬御年
礼ニ出府、
三日、惣持院〔精範〕・金剛宝寺明日ノ御礼火ニ差合出來ニ
付、使僧を以テト分飯司方迄申來ル、
挨拶、從是も使者可遣旨申遣ス、

大宮司多宮書状

一、正月四日、大宮司江戸ゟ書状來ル、其文〱、然者
旧臘〔臘〕貴様ゟ御使を以被仰聞候、
御朱印御書替之儀、拙者も御掛リ本多紀伊守〔正珍〕様へ伺
申候、然処右御役人中被仰候ハ、去暮其元御伺之節
御召出之上、三月ゟ五月迄　御朱印御書替相伺候様
ニと被仰渡候哉、又ハ御觸出御聞及候上、御自分之
御心得之御伺ニ候哉、此段得と承届候様ニと、本多
紀伊守様御役人中ゟ被仰渡候ニ付、態〻以飛札得御
意候、委曲御報ニ可申承候、恐惶〱、
　　正月三日　　香取多宮書判
　　　香取上總様
外に御用人何れ江御逢被成候哉、且日限等も御尋
ニ候、尤御入用之由ニ付、態〻申入候、御細報待
入〱、

返翰〱、然者　御朱印御書替ニ付被仰付候、私義
旧冬閏十二月七日紀伊守〔本多正珍〕様江罷出、豊泉小左衛門殿
江懸御目候、來ル三月ゟ五月迄、　御朱印御書替御
觸出御座候由、風聞ニ承知仕候、私義、此節御當地
詰合罷在候ニ付、自分之心得ニと申上候処、成程其
通ニて候、三月ゟ五月迄之内、勝手次第ニ出候様ニ
と被仰聞候、右之通罷帰、貴様へ可得御意旨申上罷
帰候、右之段ハ旧冬拙者帰宅之節、早〻得御意候処、
如何之御義ニ而御座候哉、又〻被仰下候、御公邊之
御義故、千万無御心元奉存候、近〻御便之節ノ委細
被仰聞可〔衍〕可下候奉願候、御役人中御名・日限等、急
御用之由被仰下候、則右之通ニ御座候、恐〱、
　　正月四日　　香取上總書判
　　　香取多宮様

*御年禮名代伊藤求馬
*大禰宜上總年始書状

一、正月十日、江戸へ御年礼ニ名代ニ伊藤求馬遣ス、
一、京都一條關白〔兼香〕・左大臣様〔一條道香〕江年始御礼書状差上ル、
両〔一條兼香・道香〕　御殿様倍御機嫌能御越歳レ被爲遊、乍憚恐悦
至極之御儀〱、各様迄申上候ニ付、御扇子
料金子百疋献上〱、尤若御所様江も右御同様

大宮司多宮書状

參府を大禰宜上總へ求む

寶幢院引寺の件

寶幢院引寺普請

代地境内に離るは寺の不爲となる

――、宜様ニ御取計――、
正月十一日　村田西市正様(景春)　香取上總――

別紙、追啓――、去冬中ハ御下向之砌、於江府御機嫌伺ニ罷上リ、早崎典膳殿へ懸御目――、水戸様(徳川宗翰)御役人江も年始書状差遣、水戸ノ訳二月十一日ノ処ニ記、
酒井雅樂頭(忠恭)殿へも用人中迄書状遣、

一、正月十六日、惣持院ゟ使僧妙塔院(寛英)、取次舎人(伊藤)、旧冬宝幢院引寺之儀被仰遣候、境内ニはなれ申候而ハ、寺か衰微可仕と存候、外ニ思召も御座候哉、爲御相談申上候、
返事、宝幢院引寺之義ニ付、代地之儀被仰遣候、相應ニ可致存候、

一、正月十七日ヨリ宝幢院引寺、普請ニ取懸ル、山ニテ材木爲ル伐、十八・十九・廿一日荒木取スル、正月廿一日、惣持院使僧妙塔院、取次分飯司、代地之儀、相應ニ可申成被仰遣候得共、境内ニ離候而ハ、寺ノ不爲ニ可成と存候、御列席ニ而被仰付候而も、思召を以、何とそ境内不離候様ニ、御相談申上度候、住寺も無之候故、本寺役故住寺ニ替候而御願申上候、

返事、御口上致承知、出來兼可申候へ共、それ共又了簡をも致見可申候、
一、正月廿一日、江戸多宮方ゟ書状到來、然者昨十九日御差紙ニ付、大岡越前守(忠相)様江罷出候処、來ル廿四日御着被成候様ニ、貴様御參府可被成旨、拙者ゟ得御意候様ニ、御役人中被仰渡候、尤廿五日申合可罷出候段、御申ニ御座候、仍之態ゝ以飛札――、
正月廿日　香取上總様　香取多宮
再伸、右御承知被成候ハヽ、其趣御届可申上候間、御報待入申候、
返事、大岡――様御役人中ゟ來ル廿四日江戸着仕候様ニ被仰渡候由ニ付、右之段被仰下承知仕候、私義、此節持病氣差起、平臥之躰ニ罷在候へ共、押候而も出府可仕候、随分差急キ出府可仕候へ共、風雨之儀も難計道中ニ而、日限相延候儀も可有御座候、右之段宜――、
正月廿三日、發足、廿四日夜江戸着、神田雉子丁屋祢や六兵衞裏、
一、正月廿五日、大宮司方へ使孫大郎(高木)、昨夜着致候、八時ゟ御奉行所へ可出候、右之通御心得可被成候、又

大岡越前守へ出づ
*食物は當番の社家取納むるやう願ふ
神納夥しくあれば修理料へ入るべし
香取多宮伺書
*毎年八月初子丑日の新飯の祭禮
*年中九十餘度神事の内五ヶ度の祭禮に内陣開く大祭あり
*恆例神事ゆゑ從前通り當番社家の受納と致したし
困窮の下社家大勢難儀

此度御用之儀も如何様ノ趣ニて候哉、承度候、
大宮司返事、昨日申合候而出候ニ、及不申候由御申ニ付、拙者儀ハ明日御伺ニ可出と存候、
同日、大岡殿へ出ル、御役人左右太(山本)――ハ、多宮如此伺出候、此間御奉行所御仲間様御相談、上總ヲ呼尋候様ニ被仰候、夥敷神納之由、三十石も四十石も有ル様ニ聞ル、ソウ有ル事ナラハ、修理料へ入候様ニ致候か能候と被仰候ト被申候、則返答書致候様ニ――、

乍恐以書付奉伺上候

一、下總國香取神宮神納物、享保十三申年御裁許状ニ不時之神納物之事、金銀・繋銭者大宮司、諸道具・魚鳥ハ大祢宜、毎日之散銭者當番之社家、可相納旨被成下候ニ付、御文言之通受納仕、其外毎日御供米幷餅三寸神納有之候節者、御裁許御文言之外と奉存、享保年中以前ハ勿論、只今迄數年當番之下社家取納申候処、去ル閏極月大祢宜香取上總諸道具・魚鳥ニ食物ハ籠候段御願申上候処、願之通被仰付候ニ付、旧冬ゟ右之品〻上總方へ取納申候、仍之困窮之下社家大勢難義仕候、尤御供米等之品ハ、田舎之儀故夥敷御座候而、末〻之社家共ハ別テ日〻之助ニ仕、神役相勤申候処、向後上總方へ取納申候ハヽ、弥社家困窮仕、終ニハ御安全之御祈禱退轉可仕と、乍恐歎ヶ敷奉存候、何卒以御憐愍、右食物之類ハ、御裁許御文言之外ニ被成下、只今迄之通、當番之社家取納候様ニ被仰付被下置候ハヽ、大勢之社家永安堵仕、偏ニ御慈悲と難有奉存候、猶又當前計之義ニ而も御座候ニ付奉伺上候、

一、毎年八月始ノ子丑ノ日新掌(飯)之祭礼と申新穀之御供幷供米、近邊氏子村ハ勿論、惣社中ゟも献シ申候社例ニ御座候、尤右子之日之夜祭礼有之、翌丑ノ日供米等ハ相納リ申候、惣而年中九十余ヶ度神事之内五ヶ度之祭礼ニ而、別テ深秘も有之、内陣迄開キ申候大祭事ニ御座候処、是又上總右之神納物可取納旨候、此義ハ不時之神納物ニ無之、恆例之儀故、毎歳日柄も相極候神事献物ニ御座候間、前〻之通以來當番之社家受納致候様ニ仕度候、左様も無御座候而ハ、定例之社格違乱仕候ニ付奉伺上候、

*當番の者無沙汰に取納む

*去年八月新飯祭禮に御供米なし

香取上總返答書

*八月新飯の祭禮は恆例にて神納物は不時

*姓名知れざるゆゑ恆例の神納物云ひがたし

散錢は毎日なるも御供米は不時

*多宮大禰宜方へ相納れば御祈禱退轉すと聲大いに申す

*下社家配當所持し不足の儀なし

*諸道具等下社家へ相納め毎日の散錢と引替へたし

右之通ニ御座候間、社家大勢難儀仕候ニ付、乍恐
以書付奉伺上候、以上、

延享三丙寅年正月日　下總國香取神宮大宮司　香取多宮印

寺社　御奉行所

一、正月廿六日、大岡殿へ返答書致持參、御役人未歸宅
無之候、明廿七日内寄合へ可被出哉、又ハ延可申候
哉、晩方觸書出可申候、

就香取多宮奉伺候趣ニ御尋ニ付、乍恐以書付
申上候御事

一、香取神宮神納物之義、毎日御供米幷餅・酒等も神
納有之候節ハ、御裁許御文言之外と奉存候、享保
年中以前ハ勿論、只今迄數年當番下社家共取納申
候由、多宮申上候、相違ニ御座候、散錢ハ毎日有
之候得共、御供米等毎日ト申候ニてハ、曾而無之、
不時ニ而御座候、且御文言之外と申上候義難心得
奉存候、享保年中御吟味之上、神納物從來不埒ニ
付、御裁許有之候、尤三ッ手ニ被仰付候、其砌御
供・餅・酒等、從先ゝ大祢宜方へ納來候段、奉伺
候へハ、食類ハ魚鳥ニ籠候之由被仰渡候、然處當

番之者共無沙汰ニ取納候ニ付、去年中奉伺候、尤
其砌當番ゟ私方へ、相納候神納物帳面奉入御覽候、
御供米夥敷御座候由申上候、甚相違ニ御座候、去
年八月新飯ノ祭礼ニハ御供米、近年ニ無之、多神
納ニ而米八斗九舛有之候、當正月[illegible]元日御供米
三斗神納ニ御座候、一ヶ年之内元日・八月新飯、
此兩日之外ハ、毎月ノ朔日・十五日御供米壹舛、
或ハ貳舛上リ候節も御座候得共、不時ニ而相定候
事無御座候、

一、八月新飯之祭礼ハ恆例ニ而御座候、神納物ハ不時
ニ而御座候、其日近村之百姓共參詣仕、新米一合
・貳合計思ゝニ神納仕候、仍之姓名相知レ不申候、
然レハ恆例之神納物トハ不奉存候、

右之通ニ御座候処、多宮夥敷神納物ニ而下社家日
ゝ之助ニ仕、神役相勤候処、向後私方へ相納候而
ハ、終ニハ御祈禱退轉も可仕抔ト、高大ニ相違之
儀申上候、乍憚下社家共相應ニ配當所持仕、其上
毎日之散錢頂戴仕候へハ、不足之儀無御座候、乍
去弥左樣之儀ニ御座候ハヽ、諸道具・魚鳥・食類
不殘、當番之下社家へ相納、毎日之散錢、私方へ

新飯は恆例と多宮申す
*大禰宜一人内陣相勤め御膳獻じ祝詞執行す

山名因幡守御内寄合へ出づ
*大岡越前守へ出づ

神納米修理料へ入るやう仰付く
*兩人相談せず埒明かず

引替ニ相納候様ニ被仰付被下置候ハヽ、難有奉存候、多宮申上候儀共相違ニ奉存候、御吟味奉願候、御尋之上、猶又口上ニ可申上候、以上、

下總國香取神宮
大祢宜
香取上總印

延享三年寅正月

寺社 御奉行所

御役人多宮ハ新飯恆例ト申候、私申候ハ、近村之者大勢參詣、社家・百姓江も來候、思〻ニ來候、差定リ候事候、祭礼ハ恆例ニて候、御役人臨時トハ聞へル、大かい左候ハヽ、一ケ年ニ五・六俵ト聞へル、

同日、達儀有之候間、明廿七日四ツ時前、山名因幡(豐就)守殿御内寄合江可被罷出旨、越前守被申候、則御請――、

一、正月廿七日、山名因幡守殿御内寄合江多宮兩人出ル、大岡殿被仰候ハ、神納米之儀、多宮方ゟハ大分有之由申出候、上總ニ尋候へハ、ソウモナイ、先年ノ裁許ニも無之候、修理料ヘ入候様ニ御藏へ立合請拂致置候様ニと被仰候、多宮申候ハ、私ノ爲ニ仕候ニてハ無之候、下社家共、大岡殿不成候、御藏へ納候様ニと被仰渡候、

同日、大岡殿へ出、御役人左右太へ、今日於御列席、神納物御修理料へ入候様ニ被仰付候奉畏候、乍去三ツ手ニ御裁許之処、私方計、右之通被仰付迷惑仕候、尤其砌土岐丹後守様(頼稔)御役人野沢折右衛門へ伺候処、御役人其訳書付ニても證據有之候へハ能候得共、無左候而ハ急度不致候、扨又御供餅・酒・野菜等ハ如何可仕候哉、御役人米計ノ事ニて候、右之品左候ハヽ、只今迄私方へ納來候、私職一人内陣相勤、御膳獻祝詞執行仕候、手傳ノ社家内八人、内陣へ入申候、夫故常ノ少ノ供物ニも内院相勤申候、右御膳ノ御下リ頂戴仕候道理ニて、大祢宜方へ從古來納申候、御役人左候ハヽ、右書付明日伺候様ニ可致候、右之通之事、ヒレツ(卑劣)ノ事、早ク濟候様ニ可致候、

一、正月廿八日、大岡殿へ出ル、御役人――ハ、昨夕多宮も出候、何やらん申事也、仍而兩人致相談申出候様ニ申聞候、夕部ニも沙汰有之候哉、參筈也、只今迄無沙汰ニ御座候、とかく兩人致相談申出候様ニ無左候へハ埒明不申候、奉畏候、乍去相談仕候而も、埒明申間敷候、夫ハ其上之事也、先右之通也、御六ケ敷義申上迷惑仕候、昨日申上候趣ニて候、

大禰宜上總伺書

*大宮司多宮新飯神納は恆例と申す

多宮と相談し申出づべし

乍恐以書付奉伺候　半切也、

香取宮神獻之米之儀、向後御修理料ヘ入候様ニ被爲仰付奉畏候、其外御供餅・神酒・野菜等、只今迄大祢宜方ヘ相納申候、此以後如何可仕候哉奉伺候、

御役人一覽被返候、多宮ト相談ニて申出候様ニ可致候、一社之事、兩人致相談伺候様ニ可致候、仍之直ニ多宮旅〔宿脱〕馬喰町ヘ罷越談ル、とかく埒明不申候ニ付、又事か聊之儀、上ノ御賢察も如何と思、多宮任申旨ニ認ル、

大宮司多宮大禰宜上總連署伺書

新飯祭禮神獻米につき大宮司多宮恆例とし大禰宜上總は不時とす

乍恐以書付奉伺候

新飯之祭礼神獻之米之儀、恆例之神納物と多宮義ハ奉存候、上總義ハ不時之神納と奉存候、於御列席被仰付候間、此上ハ御修理料ヘ相納可申候哉奉伺候、

一、不時神納米、向後御修理料ヘ可相納旨被仰付奉畏候、乍然（シカシ）御供餅・神酒・野菜等、右同様ニ御修理料ヘ相納可申候哉、乍恐右之段奉伺候、以上、半切也、

寅正月　　大祢宜　香取上總印

大宮司　香取多宮印

寺社　御奉行所

*大岡越前守へ大宮司大禰宜出づ

*神納の帳面差上ぐ

右之通相認、明廿九日御奉行所ヘ可出申合ル、

同日八時、多宮方ゟ使仲口上、新飯神納ハ恆例ト存候、御供餅等之儀、御修理料ヘ入可申候哉と伺候ヘハ、其元ヘ御相談申、兩人ニ而伺候様ニ被仰渡候、爲申合――、上總御奉行所ヘ出跡故返事セス、其日多宮方ヘ行、

廿九日、多宮方ゟ右請書、致印形候様ニ申來ル、不快故今日難出候、夫共御出候ハヽ、押テモ可出候、多宮方ゟ左候ハヽ、明日出可申候、明日致印形申合ノため御左右可申候、

一、正月晦日、大岡殿ヘ兩人出、右連印ノ書付御役人請取、是ニて能候、上總――旧冬も差上候由申、未年以來七年ノ神納之帳面差上ル、御役人御覽被成候、多宮わらび（蕨）抔ハ私ハ不存之由申候、上總――ハ、上ル物ヲハおさヘラレモ致間敷候、又書付上ル、其文、半切、

*大禰宜上總口上

口上

大祢宜壹人於内〻陣御膳進獻仕、祝詞執行仕候職

故、右御膳部御下リ頂戴仕候訳ヲ以、食類従往古
納來リ申候、以上、
御役人一覧、上總〳〵一通ハ申上候、何分ニも被仰付ヲ奉願候、ケ様之儀御苦労奉懸候義、迷惑ニ奉存候、御役人兩人へ被仰聞候ハ、今吟味ニ懸リ被居候、明日七ツ比被伺候様ニと被申候、右帳面預候由被申、

本多紀伊守へ御機嫌伺ふ

一、同日晦日、本多紀伊守殿へ御機嫌伺、江助(木村)へ始テ〳〵、江助書付三枚持出、是ヲ借候間写候而、一兩日中可被返候、此趣ニ可被致候、写ハ御本書之通、大高之紙ニ認、又美濃紙ニも写二通写入候、差出二ツ認可被出候、尤三月ゟ五月迄之間ニト被申渡候、
且又正月四日上總・多宮方へノ返状差上候と見へ、今日多宮へ役人被返候、

〔二　月〕

「神納物濟、」大岡越前守へ大宮司大禰宜出づ

蕨一本も修理料へ入るべし

新飯の儀も修理料入る

一、寅二月朔日、大岡殿(忠相)へ兩人出ル、御役人左右太(山本)被出被仰渡候ハ、此間於列座申渡候通、何もかも修理料へ入候様ニ、わらひ(蕨)一本ニても入候様ニ、尤金銀・繋錢・諸道具・魚鳥・毎日之散錢ハ前之通ト被仰渡候、多宮新飯之儀ハト申候へハ、夫も何も入候様ニ
と被申、
則昨日上總差上候神納帳面、尤内陣相勤候書付御返シ被成候、御供米(マイ)・御供餅・神酒・野菜等、番ヲ付候様ニ、我等ハ聞候、多宮ハ其段不聞之由、尤去ル廿七日ニも御奉行所吟味致受拂シテ納候様ニト被仰渡候、
兩人歸國ノ御屆〳〵、

*本多紀伊守へ大宮司大禰宜出づ

一、夫ゟ本多紀伊守殿(正珍)へ兩人出ル、木村江助〳〵、昨日ノ書付致返進、江助(木村)此書付之趣、能呑込被申候哉と被申、則歸國御屆〳〵、借用ノ書付如左、

*口達覺書

「*御朱印御書替訳、」

*御朱印寫の認様

口達覺書

一、御代〻之　御朱印致所持候分、不殘御本書ニ写差添、持參可致候、写認様ハ、御本書之通、文字賦リ行、或者かなにて(仮名)有之所者、其通リ御本書ニ少も違無之、紙も八合ニ相認、上包并上書等も御本書同様相認、
御判之処ハ、其所ニ御判ト認、　御朱印之所者、
御朱印と認可申候、御判物・御朱印ニても疊候上に、　誰様御判物・　御朱印ニ小ク小札張候而、
下之方ニ誰御代官所、或者誰領分、或者知行所、

何國何郡何村何寺末、誰觸下何宗何寺与小札ニ張
可差出候、御一代之内、二・三度も　御朱印頂戴
有之候ハヽ、年号之順ニ一・二付ヶ致し、同年ノ
内ニ候ハヽ、月ノ順ニ是又▒一・二付ヶ可相認
候、尤　御本書ト写二箱ニ入可差出候、右出來候
ハヽ、手目錄相添、來ル三月ゟ五月迄之內、勝手
次第可有持參事、

覺　半切紙也、

御朱印頂戴之寺社之輩、不依寺社領之多少、境內
計之雖爲　御朱印、於令所持者、御朱印可被下間、
御領・私領ニ有之寺社領、御朱印ニ写を差添、來
寅三月ゟ五月迄之內、江戸江致持參、秋元攝津守(凉朝)
・本多紀伊守所江相達候樣ニ可觸之候、

丑閏十二月

右被仰出之趣、御代官幷領主ゟ可被相達候間、此旨
を相考、御府內ニ有之觸下江者、面〻ゟ可相觸之候、

手目錄下書　半切紙也、

誰御代官所、或誰領分、
何國何郡何村
何宗何寺

何國何郡何村何寺末
誰觸下　何宗何寺
高何拾石
權現樣(德川家康)　御朱印　年号月日
御朱印　年号月日
御朱印　年号月日

山林竹木諸役御免之訳
怠(台)德院樣(德川秀忠)　同斷
大猷院樣(德川家光)　同斷
嚴有院樣(德川家綱)　同斷
常憲院樣(德川綱吉)　同斷
文照(昭)院樣(德川家宣)　同斷
大御所樣(德川吉宗)　同斷
宿江戸何町誰店誰所

一、二月七日、江戸發足、八日朝歸宅、二月十日、多宮
歸宅ノ由使來ル、
一、二月十一日、惣社家召呼申聞候ハ、神納物之義、旧
冬公儀ニ而被仰付候ニ付、皆へ申談候、又此度被仰
付候間、可申談と呼候、先旧冬願候ハ、享保年中三

*大宮司大禰宜歸宅
手目錄下書
*惣社家呼び神納物の儀申聞す
*享保年中の御吟味

*立合吟味勘定を遂げ御修理料へ入るやう仰付く

*御供餅御酒野菜など蔵一本に至る迄御蔵へ入るべしと仰渡さる

*赤飯など當番頂くは無沙汰

年ノ間御吟味、其砌大祢宜ハ内陣相勤、御供・神酒・御膳部献シ、祝詞御祈禱執行、御下リ頂戴、諸道具と申も内陣へ納候訳を以、古來ゟ大祢宜方へ相納來候、段〻申上御吟味ニて候、被仰付候処、右食物類之儀、其砌伺候処、魚鳥ニ籠候段被仰渡候、右無沙汰ニ付、聊之儀申上候も迷惑ニ奉存候得共、向後呉論之端ニも可罷成と奉存候間、何分ニも御下知奉願候由申上候処、去ル極月六日於御列席〔聞脱〕―、被仰付候ニ付、其砌皆へも被仰付候趣申談候、然ハ又去月多宮方へ致出府候様ニ被仰付候ニ付、正月廿四日江戸着、廿五日御奉行所へ出イテ候処、此度多宮神納物之儀、田舎之事ニ而夥敷上リ、大祢宜方へ向後取納候テハ、御安全御祈禱退轉可仕、歎ケ敷と申出候、御奉行所御相談ニハ、今迄上總方へ納候といへとも、夥敷事ニ候ハヽ、御宮ノ御爲御修理料へ入候様ニ致可然候、夫共上總ヲ呼、一通御尋之上御相談之由、大勢之社家助力ニ成候由、殊ニ毎日之御供米ト有之候へハ、四・五十石も納候趣ニ相聞へ候、上總申上候ハ、御修理料へ入候様ニ被仰付候ハヽ、私ケ知行成共、違背無御座候、多宮方ゟ如此申出候、此返答―ト被仰付候、上總―ハ、御修理料ニ被仰付候へハ、返答書差上候ニも及申間敷候段申上候へハ、夫共―、明廿六日ト―、則差上ル、私ハ左様ニ夥敷義不承候、新飯ノ祭礼第一ニ而、去年致吟味候処、八斗九舛ノ御供米、正月元日三斗余、其外朔望一舛・貳舛たけの知候事ニて候、則廿七日御内寄合於御列席、多宮ハ沢山ト云イ、上總ハそれ程ニもナイト云、とかく修理料へ入候様ニ、立合吟味勘定を遂ケ候様ニ被仰付候、多宮―ハ、私方へ納申度と御願申上候ニてハ無之候、御奉行所誰ニも不成候、御藏へ納候様ニ被仰付候、其後御供餅・御酒・野菜等伺候処、多宮ト両人ニ而、此間列席ニ而申付候通、わらひ一本ニても御藏へ納候様ニと被仰渡候、去年新飯御供米之事、多宮ハ恆例ト申上候段伺候へ共、それも御藏へ入候様ニト被仰渡、申分不立候、尤先達而去年八月新飯八斗九舛・餅二重上リ候段申上候、御藏へ納候様ニ被仰渡候、赤飯抔ハ、其砌當番ニ而頂キ候様ニ申遣候間、無沙汰ニ致候、如何様上ノ御ツモリニハ大勢ノ助力ニ成候事ト有之候へハ、一日ニ壹俵ツヽも納候様ニ被思召候事と被察候、上總―

＊社家共仰付改むるゆゑ舊冬の書付返されたく申す

毎日の散錢金銀繋錢諸道具魚鳥の外呑喰物は御藏へと仰渡さる

＊水戸樣へ求馬差遣す

大宮司方へ社家呼ぶ

一、大宮司右之通申上候上ハ、相違も有之間敷被思召候事と被察候、來年モ去年ノ神納何程ト御尋有之間敷物ニも無之候、多宮夥敷と申上候上ハ、沢山ニ無之候而ハ訳如何也、今迄上總ニ申付、納來候而も夥敷事ニて候へハ御宮御修覆ノ爲ト被思召候而ノ事と被察候、右之訳故、自分ハ奉畏候由申上候、毎日ノ散錢・金銀・繋錢・諸道具・魚鳥之外、呑喰物ハ御藏ト被仰渡候、則大宮司(衍)大宮司伺書よませ皆ニ聞セル、

扨大宮司代官數馬(尾形)來ル故、大宮司方へ口上、神納物之儀、兩人方ゟ番出候様ニ、急度被仰渡候由承候、右之通可申成候哉、又ハ年番ニ而世話可致候哉、今年御年番故、其元ニて何分ニも御取計可被成候、

同日、大宮司方へ右社家呼、神納物之義、此度被仰付候趣爲申聞候由、又申候ハ、旧冬上總方へ印形致候、此方へ一通リ致沙汰候上ニ而致筈、享保年中ノ御裁許も有之候事故ト申由、分飯司出候へハ、多宮先剋之返事、神納物之義被仰遣候、番人出候テト被仰聞候、とかく御面談ノ上、御相談可申由也、

大祢宜方ニ而社家共、分飯司ニ申越候ハ、此度被仰付改候へハ、旧冬ノ書付ニ判形御返シ被下候様ニ申候、上總――ハ、自分もソウ思候得共、今朝考見候ニ、先頃御奉行所へ懸御目候存候故如何と、とかくモソット了簡致見可申候、其内番頭へ可及挨拶候、田所――ハ、左候ハ、其節外之者とも、一同ニ可被仰聞候由申候由、心得候由申聞ル、

正月十一日、

一、水戸様(徳川宗翰)江求馬(伊藤)差上ル訳、正月十三日水野庄藏方へ伺ニ參候処、御殿ニて對談、差圖ニて御殿へ行逢由、來ル十五日出候様ニ差圖、

正月十五日、五ツ半時、　水戸御殿へ上ル、一汁三菜御料理頂戴、御酒・金子貳百疋、是ハ其元へ被下置、遠方之処大儀ニ被思召、御礼申上歸ル、

正月十七日、求馬旅宿へ御使者レ御返礼ニ被下置、求馬罷出、留主取次之者、罷歸候ハ、可爲申聞候、寺社役人濱嶋傳右衛門・手代庄藏(水野)、

一、二月十二日、大宮司使數馬、取丿(次)求馬、昨日面談ト申進候へとも、御手洗ノ名主ニ申付、毎日之神納物請取取計候様ニ、尤給分をも遣候而申付候テハ、如何可有御座候哉、面立候日ニハ兩方ゟ人ヲ出候様ニもト、

神納物の儀御手洗の者へ申付く

返事、神納物之儀、御手洗之者へ申付候様ニ致可然候由、御年番之儀ニも御座候間、何分ニも御計被成候様ニと存候、

塔修覆の件

一、同日、大宮司方へ使求馬、取數馬〔次脱〕、旧冬御相談申候塔修覆之儀、弥急ニ取掛可然候、明日ニも番頭呼、風折木見立候様ニ致候而ハ如何可有之哉、屋祢やも

屋根屋市右衛門に申付く

左〔佐〕原ニ居候市右衛門度〻願ニ來候間、先此度ハ市右衞門ニ申付候テハ、如何可有之候哉、思召承度候、

大宮司返事、塔修覆之儀被仰遣候、被入御念候、旧冬も御相談、吉原村ニ而木調候段も、於江戸御相談承知仕候、又番頭御呼、風折木見立申候様ニ被仰遣候、屋祢や近所ニ居候市右衛門ニ可被仰付之由、御懸リ之儀故、何分ニも宜様ニ御計可被成候、番頭をも其元様へ御呼、何分ニも御相談可被成候、此方ニ少も相違無御座候、

*大岡忠相書状

一、同日、大宮司方ゟ使數馬、取〔次〕求馬——、神納物之義、先剋得御意候処、年番故何分ニも取計候様ニ被仰遣候申ても、公儀ニ而被仰付候事ニ候間、再應得御意候、御相違無御座候ハヽ、御手洗之者呼、可申付存候、

*香取上總請文

返事、神納物之儀、御手洗之者へ弥可被仰付之由、左様被成可然存候、此方ニ何之相違無御座候、入御念候、

同日、大宮司使數馬、神納物之儀、先剋得御意候処、御相違無御座候由被仰聞候申而も、御公用之義ニ御座候ヘハ、明日私宅へ御出被成間敷候哉、一己ニ而申付候も如何ニ存候、

返事、御口上之趣、致承知候、明日以參得御意候、

△一、二月十三日、大岡越前守殿ゟ御差紙、惣持院〔精範〕ゟ來候、西福寺持參、

達儀有之候間、來ル十七日可罷出候、以上、

寅二月十一日　越前御判

下總國香取大祢宜
香取上總

覺

大岡越前守様ゟ御差紙一通、慥ニ請取申候、以上、

寅二月十三日　香取上總判

惣持院此請取二月廿八日、此方へ取モトス、

右之訳大宮司方へ申遣候、取込出席難成候、何分ニも番頭御相談、尤塔屋祢修覆之儀も御相談被仰付被

番頭神納物につき相談に來る

下候様ニ頼存候由申遣、番頭風折木見立候様ニ可申付候哉と、大宮司方ゟ申來ル、成程尤之由申遣ス、

*屋根屋市右衛門に申付く

同日、番頭來ル、神納物當番ゟ札をも付遣候上ハ、御供等當（トウ）番頂戴致候様ニ致候ハヽ、可然之由大宮司申候由ニ付、相談ニ來ル、札ハ當番勤上ハ遣候様ニ、則神納御藏へ納候事故、御供等當番頂戴之事、如何ニて候、ソウハ成間敷存候、右之段申聞ル、

昨日、大宮司ゟ御手洗名主ニ可申付候由申來候、其名主御供等請拂致候様ニ、被捨も致間敷候、拂候而能候、半代物ハ御藏へ納候故、札ヲ請當番付遣候而可然候、

*「御巡見沙汰」

御朱印寫用意するやう大宮司へ申す

一、大宮司方へ使求馬、拙者儀、此度御用ニ而出府、御用相濟候ハヽ、　御朱印御書替ニ來月上旬比御出府も可被成候ハヽ、御待可申候哉、尤無申迄候へ共、御朱印ハ写等御用意被成可然存候、

且又惣持院公儀へ出候由、其元江ハ御届申候哉、承度候、

*大禰宜上總在所發足

返事、三月上リ候テ可然候ハヽ、御通達可被下候、私三月ゟ五月迄と被仰渡候、月さへ不替候へハ能候半、四月も祭礼過出府ト心懸申候、惣持院出府、私

差綺不申義故、此さへハ何ノ沙汰も無之候、

一、二月十四日、大宮司ゟ使、神納物之儀、とかく御面談ニ而無之候而ハ、事濟申間敷候、其間ハ當番へ預候様ニ昨日申付候、

屋祢や市右衛門ニ昨日、先達而被仰遣候間申付候、作料之儀ハ細工ニ掛リ候節、可致相談候、

返事、御口上趣致承知候、御尤ニ存候、入御念候、御修覆之儀も、何分ニも被仰付被下候様ニ頼存候、且又追付御巡見、御通之御沙汰ニ御座候、留主中左候ハヽ、万端御世話ニ被成被下、尤私家來共諸事御差圖、被仰付被下候様ニ頼存候、

大宮司使、御巡見留書も未見不申候へ共、神前へ出候様ニ覺候、御子息様御出被成候哉と申來リ候、

返事、私も先年江戸ニ罷在、覺不申候、悴義被仰遣候、未公儀向へ出シ不申候、与風無調法も御座候へハ氣毒、權祢宜（香取式部）名代ニ頼出可申と存候、何分ニも宜様ニ御差圖等頼存候由申遣、

一、二月十五日、在所發足、風雨、夜ニ入甚強、左〔佐〕原向須ニ而夜明ス、十六日白井村ニ止宿、十七日八時江戸着、神田雉子町屋祢や六兵衛店、則大岡殿へ孫大（高木）

上總持病差起る

郎名代ニ差上ル、十五日難風ニ逢持病差起、難罷出御断申上候、道中ニ而冷候故――、一通聞置候、御役人中被申、早ク濟候様ニ、明十八日本多紀伊守様御内寄合へ出候様ニ、難出候ハヽ、明朝五ッ時届候様ニ被出候ハヽ、夫ニ不及候、御役人酒井源太、十八日朝五ッ時、孫大郎出ス、隨分養生仕候得共、難出候段御届申上候、病氣と有之候へハ、無致方候、此方ニハ差障無之候、永逗留氣毒之由被申候、差紙致持參候様ニト被申候、自身差上可申と存、差上不申候、判物大切也、早〻昨日届ニ遣筈也、後刻致持參候様ニと被申、

同日、孫大郎御差紙致持參、慥ニ請取之由、左候ハヽ、隨分致養生、來ル廿七日内寄合へ出候様ニ被仰渡候、尤持病之事故、二・三日中快氣可仕候、左候ハヽ、罷上リ可申候由申上ル、

大岡越前守病ならば名代遣すやう申す

一、二月廿三日、大岡殿ゟ御差紙、被達儀有之候間、今晩八半時可被相越候、病氣未愼無之候ハヽ、名代之者可差遣候旨、越前守申候、以上、

上總病漸く快氣

御請――、奉畏候、私病氣漸快氣仕候、今日伺公可仕と支度仕罷在候、追付伺公可仕候、

同日出ル、酒井源太、此間者病氣故、御差延難有奉存候、殿様――、各様――、

*寶幢院引寺の件

扨此度惣持院義、宝幢院引寺之儀、奉伺之由申越候、仍而口上書差上申度旨申差上ル、御役人御覽、條目ト云ハ如何、則(スナハ)享保年中ノ御條目ノ写差出、惣持院不埒之儀と申上候、是ハ御手前様迄懸御目候と申出ス、半切ニて口上覺ト認、御役人是ハ此度之事ニハかゝわらす候由被申、上總――、惣而我儘仕候、惣持院義、神領ニ罷在、其上配當をも差遣候、万端私共支配仕候、旧冬引寺被仰付候砌、爲相知普請ニも可取懸旨申遣候処、委細承知、尤之由申越候、正月中替地之儀、致如何候哉と申越候、私返事仕候ハヽ、元寺内ニ而引地相應ニ可致之由及挨拶候、又申遣候ハヽ、御別席ニ而被仰付候而も、旧地へ建申度候旨申越候間、其段ハ於御列席被仰付相濟候ヘハ、難成候由及挨拶候、然レハ無沙汰ニ御奉行所へ罷出候、左候而ハ、私共神領中支配仕候詮無御座候、私方へ相願事濟不申候ハヽ、大宮司方へ相願可申義無沙汰ニ、御奉行所へ罷出候義、不届ニ奉存候、御役人惣持院ハ神領ニ居候哉、左様ニ而御座候、外ニ居候本寺ト思

*享保年中の御條目寫差出づ

*惣持院我儘仕る

*大禰宜方にて願ひ叶はざれば大宮司方への願ひなく奉行所へ罷出づるは不届

*「宝幢院之訳」

惣持院配當二貫文二十石

寶幢院寺内五反歩

繪圖と只今の地大いに違ふ

*惣持院神主方へ無沙汰にて奉行所へ罷出づるは不埒

寶幢院は大禰宜領内

惣持院は少寺領にて旦那なしと申す

候へハト被申候、配當ハ如何程、二貫文・廿石程御座候、則惣持院住職證文差出、宝幢院證文も写差差(衍)出、御役人宝幢院寺内ヲ繪圖ニ致、五反歩有之候、只今引地ト申候処ハ、貳百坪程御座候ト申候、平地ニて候哉、成程平地、何程有之候哉、間口廿一間余・ヨコ十八間程、或ハ十六間、又ハ八間、山ハ無之候哉、無之候、後ハ土手少し有之候、只今ノ地トハ大ニ違ト惣持院申候、百姓も二軒付有之候、上總申上候ハ、五反歩御座候哉、間ヲ打不申候へハ、相知レ不申候、則水帳・屋敷帳如此ニ候、十三間・十六間、後ハナタレニて候、是ハ松林ニて候、此松林ハ宝幢院所持仕候様ニ、左様無御座候へハ、薪無之候、引替之地面ヲ替候様ニと申事ニて候、御役人其段ハ先達テ被申候ハヽ、能可有之候、其段申聞候、前ハ切岸、後ナダレ、土地高ク御座候、百姓も有之由、私領分ツヽキニて、私領内ニて候、扨宝幢院ハ私領内ニ差置、田地くれ置申候、先年黒田豊前守(直邦)様ニても、私家來ニて候、髪有之候へハ、挾箱をも爲持候由申上候、又宛行ノ外、諸事私寺ニて差遣申候、私かけニて立候、惣持院――ハ、少ノ寺領ニて、旦那も無之候、山林ニて相立ト申候、私寺ニ而いか様ニも仕候、私かけニて立申候、法中之儀ハ各別、地方之儀ニ構候事、無御座候儀と奉存候、御役人惣持院――ハ、私出府之節迄ハ無左候、此間ハ普請急候由申候、上總申候ハ、旧冬ゟ取懸申候、仍而出來仕候、かや屋ニて候哉、成程ト申、何程ニ拵候哉、貳間ニ九尺、佛置候処、其外二間ニ六間半程ニ仕候、無左候へハ、忌中ノ節ト、夫ハ客殿・くり(庫裏)抔ト云様成事か、惣持院ハ他所ニ居候ト思候抔被申候、私共へ願出可申処、無沙汰ニ御奉行所へ罷出、不埒ニ奉存候、引寺之儀、此度建立仕候ニ、本寺構候事無之候、此段ハ幾重ニも御吟味奉願候、段々不届ニ奉存候、惣持院義、六年以前私共許容仕、入院爲仕候、彼是申上ル、

一、御條目ノ写
一、惣持院住職之證文
一、口上書二通ハ先ニ記ス、
一、宝幢院住職ノ書付一
一、惣持院逼塞ノ節、訳書左之通半切
一、享保十四酉年惣持院先住、私共許容不受入院仕

*大岡越前守へ出づ

*御役人惣持院へ普請相止むるやう申遣す

山本左右太へ御目に懸く

*香取上總口上覺

*寶幢院引寺の件

鹿嶋配當は御上よりの割附

*宮中村觀音堂塔前に普請出來す

候ニ付、奉伺候処、於御奉行所逼塞被仰付候、其節御免之儀、門末之者共、私共へ相願、私共兩人ゟ御奉行所へ奉願、御免被仰出候、仍之私共方江惣持院召呼、御免之段申渡候、以上、

二月　　香取上總

右書付共皆写也、差上候分御返シ不被成候、

御役人御覽、是ハ此度之事ニハかゝわらす候へともと申御請取、上總申上候ハ、ヶ様之格ニ而御座候、先剋ハ御差紙被下候、御役人晩方七ッ時分出候様ニ被申候、左右太殿へ懸御目度申、則被出候、惣持院事申上候、水帳・屋敷帳懸御目候、四ケ寺・こまと（護摩堂）う・長吉寺・妙塔院出入御裁許狀御覽候、宝幢院寺領も何年〳〵たまり候抔と申事也、成程其段ハ六年ノ間ノ分、十六・七兩程御座候、左樣成ヲ以、此度普請ニ全申候、中〻不足仕候、左右太申候ハ、本寺ハ他所ニ居候と思候へハ、上總（酒井）神領ノマツタ、中ニて御座候、配當をも遣申候、源太殿も被聞候処ニて、鹿嶋ハ配當御上ゟ御割附御座候由、私共ノハ　御朱印兩名ニ被成下候計、私共心を以、配當仕候、仍之古へ加增をも遣候、有之候、普請出來致候哉、成程出來仕候、旧冬ゟ取懸申候、左右太へ――ハ、源太殿へ書付差上候、御覽被下候様ニ申候、成程ト被申候、

同日七ッ時、大岡殿へ出ル、御役人源太、昨日惣持院來リ、殊外普請急キ、はたくさ致候由申來候、私願之通、旧地へ被仰付候訳ニ候へハ、打崩シ不申候へハ、不成候へハ、氣毒ニ候由申候、出入之中故普請出來候由、是ゟハ相止候様ニ可申遣候、奉畏候、上總――ハ、戸セらし抔ハ急ニハ出來不仕候、其様成事、普請今出入之内故、止候様ニと申事也、來ル廿七日御内寄合江可被出之由、廿六日ニ伺候様ニと被申候、

右之訳故、廿四日在所へ孫大郎普請止ニ差下ス、今朝差上候書付案、

乍恐口上覺

此度御差紙、惣持院方ゟ相達頂戴仕候、其節惣持院申越候者、宝幢院引寺之義、奉伺候段申越候、如何様之趣ニ御伺申上候哉、此段ハ旧冬於御列席被仰付候ニ付、普請ニも取掛可申段、惣持院方へ申聞候処、尤之由挨拶仕候、普請之儀、早速取懸リ、宮中村之内觀音堂塔之前地所宜、右之場所普

請出來仕候、只今迄之場所ハ邊土ニ而、他國ゟ之参詣無之、此度之所ハ御宮江之大通ニ御座候故、参詣も可有之、寺ノ爲ニも可相成義ニ奉存候、

*寶幢院住僧他行につき不在寶幢院替地の件

一、當正月、惣持院方ゟ宝幢院替地之儀、如何樣ニ致候哉之段申越候ニ付、寺地相應ニ可致趣相答、其後申越候ハ、只今迄之寺地引離候而ハ、不宜之段申越候ニ付、引寺之儀ハ先達而被仰付、相濟候上ハ、旧地江建候樣ニハ難成段申聞候、尤元寺内ニ而相應ニ引替可申之趣、及挨拶候、惣持院義、地面ニ付、存寄御座候ハヽ、旧冬引地被仰渡候趣申聞候処、一應所存可申聞候処、尤之旨相答、何之滯無御座候所、此節普請出來仕候を見懸、㝡初之返答之趣と吴變仕、御伺申上候段、重疊事ヲ工ミ候仕方、不埒ニ奉存候、且惣持院本寺之義ニ候得者、法中之儀ニ候ハヽ、何分ニも可申上義ニ御座候、引寺之儀ハ、場所相替候迄之儀、寺之縦ニ相成候儀無之、本寺之差綺候儀共、不奉存候罷在候、殊ニ右之通、助成ニ相成候儀も有之候ヘハ、猶以少も申分無之儀と奉存候、私方ゟハ大切之職役料之内ニ而、寺地・田地呉置、寺役も不申付、從古來重服之節、相暮候已而之儀ニ立置、外ニ旦那も無之、万端私蔭を以相立候寺ニ而御座候、

舊地へ建つこと成らず

*寶幢院八年以前に燒失

一、先宝幢院住僧不斷他行仕、數月寺ニ不罷在候ニ付、退院も可爲致奉存候得共、用捨仕、急度爲相守候樣ニと惣持院ヘ申聞候所、猶又他行仕候ニ付、八年以前出火仕、寺燒失仕候、其節私方ゟ防人差遣、漸佛計取出、則領内妙塔院方江私方ゟ預置候、先達而住僧不埒之段、申渡候訳も御座候ヘハ、早速惣持院方ゟ防人差出可申処、曾而無其儀打捨罷在候、私方ノ人足達引ニ候ヘハ、佛も燒失可仕候、右之通、住僧無法之行跡故、燒失仕候、惣持院同樣ニ乍罷在、曾而本寺之詮無之奉存候、畢竟邊土ニ差置候而ハ、右之通寛〔緩〕怠之仕方も早速難知、其上惡黨共集リ候儀も難計、第一忌中之節罷在候テモ、神用弁兼候場所ニ候故、大宮司方香春院引寺之例も御座候ニ付、旁以旧冬引寺之儀、奉伺候御事ニ御座候、

*寶幢院住僧無法の行跡

惣持院最初の返答と異變す

*大宮司方香春院引寺の例あり

*惣持院大禰宜支配仕る

一、惣持院義、神領ニ罷在、其上配當も差遣、万端私共支配仕候住職之儀、私共許容之上、入院爲仕候、尤其節證文取置申候処、一應之届も不仕、御奉行

一社支配のなか猥りに奉行所に出づるは社法の違乱
*山林御神用
*惣持院無沙汰に木賣拂申す
*畑大禰宜方より寄附仕る
香取上總口上覺
惣持院御條目違犯
惣持院後方の壺山と申す松林

所へ罷出候段、享保年中御條目を相背キ、不埒之至ニ奉存候、向後一社支配、大勢之者準之、猥リニ御奉行所へ罷出候而ハ、社法之違乱ニ罷成申候、兼而惣持院仕方、不埒之儀共御座候得共、此節ハ態差扣不申上候、

右之通、惣持院最初滞無御座候、旧冬於▒御列席被仰付、此節普請も出來仕候、猶又被仰渡被下置候通リ奉願上候、以上、

延享三年寅二月　下總國香取神宮 大祢宜香取上總印

寺社　御奉行所

右、惣持院不埒之儀共と申上候ニ付、是ハ御手前様迄懸御目由申上ル、

口上覺　奉書半切ニ認ル、

一、香取惣持院、此度宝幢院引地之儀ニ付、御奉行所江罷出候、私共へ一應も相届不申差越罷出候、右惣持院六年以前、私共許容之上入院爲仕、證文も取置候処、御條目を違犯仕、社法を乱申候、私共支配之詮無之儀ニ奉存候御事、

一、惣持院寺内ニ杉大木有之候処、拂木ニ仕候故、寺内新地田前ニ罷在候、且惣持院後ニ壺山と申松林有之候、尤惣持院へ附來候林ニ而御座候、併先住ゟ數代手を付不申候処、右大木不殘拂木ニ仕候、惣而神領中、山林御宮御造營等之節、御神用之爲ニ御座候ニ付、當所新福寺ト申候而、惣持院同様之寺ニ而、寺内大木有之候へ共、是等も只今迄猥リニ爲伐不申、寺修造等之用ニも候節ハ、私共江相願申候、然處惣持院義、右之通無沙汰ニ寺用ニも無之、我儘ニ賣拂申候、

一、惣持院脇住還之大通有之候処、惣持院寺内へ囲込、畑之内へ道筋引廻シ申候、尤畑ハ先〻大祢宜方ゟ惣持院へ寄附仕候段申傳、惣持院方ニも、右書付有之段、先住戒光申候、惣而神領中道・橋、不依何事、私共方ゟ支配仕候処、任我意ニ無沙汰ニ、右之通リ仕、不埒之至ニ奉存候、

右之通、大宮司申合遂吟味、隨時宜御伺可申上奉存罷在候、以上、

寅二月　香取上總無印

右兩通御請取也、御役人是ハ別段之由被申候、上總申上候ハ、我儘者ニ候段申上候、

一、二月廿六日、大岡殿へ伺ニ出ル、御役人酒井源太丁

普請相止むるやう仰付らる

*「延享三寅宝幢院引寺ノ願濟、」

*本多紀伊守御寄合にての吟味

香取上總口上覺

*惣持院我儘改まらず

*惣持院配當所持

*引地に廣狹あり

佛も大禰宜預り申す

一、明廿七日本多紀伊守殿御内寄合へ出候様ニ被仰渡――、此間普請相止候様ニ被仰付、則早速在所へ申遣候、旧冬被仰付候通、此上弥被仰付候様ニ幾重ニも奉願候、左様無御座候而ハ、私共義、大勢ノ支配之者共、如何様ノ僞ヲ仕候とツモラレ申候儀も難儀仕候、社務ノ障ニも罷成候、社職難相勤程ニ奉存候、何分ニも宜様ニ被仰上奉願候、御役人其段ハ此間も申上候、扨此間申上殘候と申、書付出ス、

乍恐口上覺

宝幢院住持定候節者、私方へ惣持院ゟ相願、又ハ惣持院差圖仕、住僧直ニ願出候節も有之候、右之節ハ僧撰候様ニ惣持院へ申遣、不苦人柄之旨申來候へハ、住持ニ申付候、尤證文毎度取置申候、且又無住之節ハ、私方ゟ番之者差遣、万端私方ニ而取計申候、領内之寺、何も右之通ニ仕來候、以上、

二月　　香取上總半切ニて宛無、無印、

御役人御覽、是ハ住職證文有之候ニ而知レ申候、是ニ不及候由被申被返候、御役人へ申候ハ、本寺ト申候へ共、壹錢合力も不仕候、皆私かけニて相立申候、八年以前出火ノ節、佛も私人足遣、私方へ預リ置申候段申、

△一、寅二月廿七日、本多紀伊守殿御宅後伯耆守殿御寄合、大岡越前守殿・山名因幡守殿(豊就)是ハ御不快御出席無之・松平(武元)主計頭殿後右近將監殿、惣持院清(精)範出ル、大岡殿被仰候ハ、此書付爲讀可申候哉、御仲間夫ニ不及候、大岡殿惣持院〱、先達而宝幢院引寺之儀、上總申出候、然ルニ我カさハリ候、忌中ノ節居ル爲ニ、領分内ニ取立置ト有ルフ也、我ハ領分内ニ居ハ、證文有ルハ、惣持院――ハ、享保十一年ニ上總領内ニ罷成候、大岡殿書付か有ルハ、上總――ハ、彼等我儘仕候間、其節申上候、改リ候ニてハ無御座候、大岡殿上總か知行我ニもくれ置ハ、上總――ハ、惣持院神領ニ罷在、配當所持仕候、大岡殿我も配當持テイルハ、惣持院配當所持仕候、大岡殿我ガかまふ事ニてハナキハ、惣持院申上候ハ、引地ニ廣挟(狭)御座候、大岡殿ナンジヤ、惣持院ヒロサセバサ御座候、大岡殿ヒロカラウガ、セマカラウガ我カかまふ事ニてハナキハ、普請も出來タト有ルフジヤ、寺斷絶ナラバ也、普請シテヤルハ、證文ガ有ルハ、我カサ、ワルフニてハナイ、紀伊守殿被仰渡ハ、強イテサ、ワレ

構ふことなしと大岡殿申す

ハ我大事ジヤヨ、大岡殿我カ願ハタ、ヌハ、我ガか
まふ事ニてハナイ、タテ〱、上總――、難有奉存
候、
夫ゟ御役人源太被出、難有由御礼申上ル、御仲間様
ヘ御礼ニ廻候様ニ被申、則廻ル、口上、今日引寺之
儀、於御列座被仰付難有奉存候、
同日、大岡殿ニ而山本左右太――、今日首尾能被仰
付難有奉存候、扨〻事ハ夫程之不奉存候ヘ共、普請
も出來仕候ニ崩（クツシ）候様ニ、万一成候様ニも御座候ヘハ、

*惣持院精範一札

如何様ノ僞ヲ申上候と、大勢支配之者ニツモラレ可
申と奉存、左候ヘハ、社役も難相勤奉存候、大ニ苦

上總大いに苦勞仕る

勞仕候、別テ難有奉存候由申上ル、先刻源太殿ヘ、
今日被仰渡候趣、迚之御義ニ御書付頂戴仕度段奉願
候処、右之趣御帳ニ、委細御記被置候由被仰候、
左右太申候ハ、明日源太ヘ申見候様ニ、今日御礼ニ
被參候段可申聞候、
先達而差上候写ヲ差上候、御奉行所證文有之
ハト被仰候間、此所ニ記ス、

寶幢院儀詮書状

此度宝幢院住職之儀、願之通拙僧ニ被仰付、難有
奉存候、宝幢院寺之義ハ、御先祖御開基寺内御領
分内、其上御知行之内、宝幢院下田五百五十目、
俵ニ〆七俵九舛被下置候事ニ候ヘハ、此上何事ニ
ても、御意違背仕間敷候、尤時〻之礼式、其外諸
事如先規、急度相勤可申候、且寺内之竹木之儀、
小木ニても、私ニ伐取申間敷候、御意次第ニ可仕
候、以上、
享保十七壬子年二月廿日　宝幢院 儀詮印
大祢宜様御内伊藤舍人殿

一札
當寺惣持院住職之義、拙僧を以門末之者共、御披
露申上候処、御許容被成下忝奉存候、此上拙僧隱
居仕候節ハ、寺相應之弟子見立、御許容之上、弟
子讓ニ可仕候、尤其節四ヶ寺江も可相届候、弟子
無之候ハヽ、於四ヶ寺門末之内ゟ撰、御兩所江御
披露申上、御許容之上、入院可爲仕候、且時〻之
礼式等、如先規急度相勤可申候、爲後證仍而如件、
寛保元年辛酉十一月　惣持院 精範印
大宮司香取多宮殿
大祢宜香取監物殿

御條目之写ハ、本末御奉行所之御名ノ処計ヲ認、中ヲ貫認、右何も写ヲ差上ル、此度用立申候間、此所ニ記ス、

*多宮出府成りがたし

同晦日、多宮方ノ返事來ル、支度出來不申候ニ付、急ニ出府難成候、兼而御役人へ來月祭礼過ニ出府可仕段、申上候由申來ル、

香取上總書狀

一、香取大宮司方へ書狀遣ス、其文、

然者先達而申合候　御朱印御書替之義、寂早所々ゟ罷出候由ニ御座候、然者此方近國之儀ニ候処、遲引候而も如何敷可有之哉と奉存候、拙者先日出府之節申合候通、來月朔日比ニ御出府被成候樣ニ被成、可然奉存候、御報次第致逗留、御待可申候、諸國ゟ段々夥敷罷出候へハ、近國之儀、はやく申上候而可然儀ニ存候、若貴樣來月中旬比ニも差懸リ、御出府之思召ニ御座候ハヽ、其段御斷申上候而、拙者儀ハ可致歸鄉候、兎角御報待入申候、諸國ゟ罷出候程、段々夥敷成候へハ、急ニハ相濟申間敷趣ニ承及申候、何ニもはやく申上候而可然奉存候、右可得御意、以飛脚如此御座候、且又先日得御意候惣持院出訴之義、今廿七日於御列座、弥旧冬之通、被仰付難有奉存候、御苦勞ニ被成候ニ付、御悅可被下候―――、

二月廿七日　香取多宮樣　香取上總　書判

*大岡越前守へ出で昨日の御禮申す

一、二月廿八日、大岡殿へ出ル、源太―――、昨日ノ御礼申上ル、昨日左右太へ咄候通咄、扨昨日も申上候通、

*昨日の儀書付には及ばず

昨日被渡候趣、御書付頂戴仕度奉存候、此段奉願候、御役人―――ハ、內寄帳ニ委細記申事故、夫ニ及申間敷候、乍去伺見可申候、明晩方伺候樣ニ被申候、何とそ迚之義ニ奉願候―――、

御朱印改諸國より罷出づ

二月廿九日、大岡殿へ出ル、御役人―――、昨日之儀申聞候処、越前守被申候ハ、口上ニ而申渡候間、書付ニ不及之由被申候、此方ノ內寄合帳ニ申渡候趣、

*內寄合帳に留あり

留有之候へハ、若障候者有之候而も、氣遣無之由被仰渡候、此段申渡候由、御意之段被申候、左樣心得候樣ニと被申候、上總―――ハ、段々難有奉存候、御手前樣御世話ニ罷成候段、御礼申上ル、源太―――ハ、二・三日中ニも被歸候哉、　御朱印御書替之儀被仰候間、在所へ申遣候、大宮司出府仕候へハ、御願申上候、若延引ニ及候ハヽ、罷歸可申候、左候ハヽ、歸國之節、御届可申上候、源太寂早夫ニ不及之由申、

御朱印改早く申上ぐるがよし

本所出火
築地門跡近所より出火
法恩寺焼く
*妙塔院寛英書状

○二月晦日、八ッ過〔時脱〕本所火事、余程也、南風強、夜五ッ時筑〔築〕地門跡近所ゟ出火、小網町邊浅草迄、本所ハ法恩寺等焼、大火也、夜中也、三月朔日ノ夜迄焼、堺町通油町邊焼、

〔三　月〕

本多紀伊守へ歸國の挨拶

一、三月五日、本多紀伊守（正珍）殿へ出ル、御役人木村江助出會、上總――私此節大岡越前守（忠相）様御用ニ而被爲召候処、御用相濟申候ニ付、　御朱印之儀申上度、大宮司方へ飛脚差遣候処、故障有之候由申來候ニ付、歸國仕候、來月下旬之比、出府も可仕趣ニ申越候ヲ、ソナハリハ仕間敷候哉、右之訳ニ而歸國仕候ニ付、一通申上、歸國可仕と奉存罷上リ候、御役人三月ゟ五月迄ニ而候へハ、能候ト被申候、左候ハヽ、追而可申上旨申――、

*御巡見の支度相談
*塔修覆につき市右衛門に申付く
大岡越前守へ歸國の御届

同日、大岡殿へ出、源太（酒井）――、　御朱印之儀、右之趣御咄申上ル、仍而近日罷歸可申奉存候、歸國ノ御届上ル、御役人可申聞候、

上總江戸出足

一、三月七日、江戸出足、終日北風雨、八日朝五ッ時歸宅――、

一、妙塔院（寛英）此度出入ニ惣持院（精範）ヘ内通致、彼是働由也、仍而呼呵ル、

口上覺

此度宝幢院引寺之儀ニ付、惣持院御公儀江御伺申上及出入候、御留主中と申、御修覆所火ノ元等も有之候処、拙僧義、御届も不仕、無沙汰ニ他行仕、寺ヲ明ヶ我儘之仕方、八年以前宝幢院住僧義、被仰付を不相用、他行仕出火、寺焼失仕候事ニ候得者、旁以出入中相愼、右様之儀有之間敷思召候、右之段預御尋、申披無御座候、以上、

延享三丙寅年三月十一日　妙塔院　寛英印

大祢宜様御内伊藤舍人殿

一、三月十一日、大宮司方ゟ使數馬（尾形）、先頃御頼被成候御巡見ノ仕度、天水桶三十拵させ、諸神塚見苦敷候ニ付、是等も相談之上、大工ニ申付候、又塔ノ修覆ノ義も屋祢や市右衛門ヘ申付候、足代致候ニ、とび（鳶）ノ者呼下シ候、是等も日用代未極候、返事、何角御世話、忝天水桶等御尤ニ存候、塔之儀、御年番之事故、右日用等御世話ニ可被成候申來候間、成程數馬・舍人（伊藤）申合、直段等相極候様ニ可致旨及挨

「御巡見支度、」大宮司多宮宅寄合

物持院につき相談

*壺山寺中につき尋ぬ

*多宮生るる以前ゆゑ存ぜず

*壺山寺内の木住持手を付くこと承らず

*「惣持院壺山寺内拂木新道之訳、」

拶候、

一、三月十九日、大宮司宅寄合、番頭出ル、上總――御巡見追付御越ニ可有之候、先神領堺迄、數馬・分飯司上下ニ而御案内ニ出候様ニ、副祝・田所子圖書、二ノ鳥居迄御迎ニ、狩衣ニ而出候様ニ、兩所(香取右近)ハ御拝迄カ、奉幣ハ大祝(民部)頭カセ、かハらけ(土器)ハ物申悴半平、銚子ハ國行事(香取左近)悴内記、ヒザ付五枚拵ル、相談手水道具、

上總――ハ、御相談申度事有之候、此度惣持院此方共へ無沙汰ニ及公訴候、尤壺山又ハ寺内ノ大木拂、此方へ一應も届も無之候、新福寺抔ハ寺用修覆ニ付、拂木致候節、此方へ願候、此方共支配致候詮無之候、公儀へ右之段申上候、多宮と相談仕、隨時宜御伺可申上と申上候、貴様御同心ニ候ハヽ、來ル廿二日召呼、證文ニても爲致度候と存候、多宮――ハ、今迄無沙汰ニ致付候哉抔申、上總番頭へ何も出席致可然候哉、社法之事故、出席も可然候、番頭御尤ト申候、内記(香取)申候ハ、宮中江ハ御相手故、宴元江ハ御沙汰不仕候哉、多宮無沙汰ノ由申、大宮司挨拶無之故、御ツモリ合御挨拶可被仰聞候、其元御同心無之候ハヽ、

拙者一人ニても重ノ爲相尋申度ト存候、尤一人ニて尋候而ハ、申分も埒明申間敷候、彼是申談ル、多宮――ハ、神納物之義ハ如何可致候哉、上總――ハ、先達而其元被仰遣候通、御手洗名主へ可被仰付候由、御尤ニ存候、請拂も致候事故、多宮――左候ハヽ、呼可申付候、御年番故、右之通可被仰付候、

一、三月廿日、大宮司方へ使求馬(伊藤)、昨日得御意候、惣持院方之儀、御挨拶承度候、先へ使をも遣候事故、前方ニ申合ノためト申遣ス、

返事、壺山寺中之儀、届付候哉、届候哉、先年勤候家來共相尋候而、從此可申進候、私ハ未生以前ノ義故存不申候、

又申遣候、御家來へ御尋可被成候由、御尤ニ存候、壺山寺内之木林ハ大木共、百年抔ト申事ハ有之間敷、拙者も五十年余承及候へ共、住持手ヲ付候事不承候、寺内も同事ニて候、昨日申殘候道抔も、新道ヲ付候事ニて候、近ク御挨拶承度候、明日も先へ使をも遣シ可申候、

大宮司返事、追而從此御挨拶可致候、

一、三月廿一日、大宮司使數馬、取次求馬、惣持院事、

惣持院の件

*大宮司立合なき書付の認様

社法の事は立合吟味致すが御條目

大宮司立合なければ無易

*大宮司不快ゆゑ日限申しがたし

*大宮司返事に番頭呆る

家來共承候へ共、聢ト知レ不申候、一應も二應も其元様ニ而御尋、其上ニ而不濟候ハヽ、御立合申、何分ニも御相談可申候、

返事、御立合候か、又ハ立合被成間敷候哉、何レニも御挨拶承度候、二度も三度も拙者尋候様ニハ難成候、又左様尋候にも無之候、一通尋候計ニて候、

同日、大宮司方ゟ使宮之助、近來違背之節も、私一人ニ而相尋候事ニて候、

返事、夫トハ違申候、御立合被成間敷候ハヽ、又了簡も可致候、

又大宮司方ゟ申遣候ハ、宮之助儀と同様ト存候、御掛合候事故、一應も二應も御尋之上、出席致間敷物ニも無之候、

返事、社法之事ハ、立合致吟味候様ニ御條目ニ被仰付候、宮之助例ニ寄候事ニてハ無之候、御立合無之候へハ、拙者壹人ニ而尋も無易成事ニて候間、相止可申候哉、拙者掛合候事ト被仰越候へ共、出入ハ相濟候へハ、掛合之事共不存候、御立合無之候ハヽ、咄候様ニも承見可申候哉、致了簡可申と申進候ハ、右之存寄ニて立合、遂吟味可申と有之、御文言故申進候、大宮司無挨拶、

同日、番頭呼、右段〻申聞ル、宮之助病氣不參、大宮司方へ何も參リ、一通社法之事故、咄見候様ニ、とかく立合申間敷候ハヽ、自分一人ニ而世話可致無之、可相止候哉、又ハ自分一人ニ而咄候様ニ承、挨拶次第ニ可致候、若一人ニ而右之通承候而、惣持院尤之由申、重テ左様之儀、致間敷と申書付ニても致候事も可有之候、左候ハヽ、一名ニ可致候哉、大宮司立合無之共、兩名ニ可致候哉、右之趣、今一應承くれ候様ニ頼候由申聞ル、

一、三月廿二日、番頭來リ、昨日被仰聞候惣持院義、今日も大宮司へ參リ、段〻御咄仕候処、立合可申之由御申候間ト申候間、則番頭留置使遣、求馬口上、此間得御意候、惣持院義、弥御相違も無之候ハヽ、來ル廿五日ニ其元へ可參候、尤使をも兩方ゟ可遣候段申遣、

大宮司返事、此間も得御意候通、先一應も其元ニて御尋可被成候、不快故日限之儀、難申遣旨申來ル、

番頭右之段聞、アキレ候、先刻社法之事、何か立合相談セヌトいふ事ナシト御申候、如何成事ニて候哉

抔申事也、
一、三月廿七日、大宮司方へ使求馬、取(次)数馬、先日惣持院義、二・三應も相尋見候様ニ被仰遣候、仍而明日ニも番頭立合相尋見可申候ト存候、誰か御名代被遣候様ニと存候、
返事、御口上趣致承知候、何分ニも御勝手次第ニ可被成候、名代之儀、無挨拶候間、使之者承候へハ、それハ云ニ不及由、多宮申候由、
又使遣御名代之儀申進候、可被遣候哉、
返事、前々番頭共立合候節ハ、数馬ヲ出付候へとも、ケ様之儀ニハ出候ニ及マスマイ哉候様ニ存候、使取付同人、
一、三月廿七日、惣持院へ使帯刀(貝田)、明廿八日談度義有之ニ付、上總宅へ被出候様ニ申遣、
惣持院返事、明廿八日御用と御座候、拙僧此間持病氣ニ罷在候、被參候へハ能候へ共難計候、明日以使僧可申談候、
三月廿八日、惣持院ゟ使僧、昨日得御意候通不快故、今日難參候、殊ニ長髪之由、
同日、使彦五郎、先刻御使僧、御不快ニ付、難御越成候由、左候ハヽ、明日ニも明後日ニも御越候様ニ、尤長髪不苦候、前日ニ返達被致候様ニト申遣、
返事、快氣次第參可申候、尤前日御左右可申上候、

〔四月〕

四月朔日、惣持院使僧(精範)、此間ハ御用之儀有之由被仰遣候、明日御差合無之候ハヽ、參可申候、
返事、左候ハヽ九時御越候様ニ申遣ス、
○四月二日、番頭立合、大祢宜宅、宮之助ハ不快不參、惣持院來ル、上總申談候ハ、一社之儀、先年御條目ニ年番ヲ立、両人相談之上、神領中致裁判候様ニ、両人異儀有之時ハ、御奉行所江申上候様ニ被仰付候、然ルニ其許先頃一應之届も無之、公訴ニ付、公儀へ申上候ハ、神領中私共へ申出候、無沙汰ニ出候而ハ、自余之者準之、向後及公訴候而ハ、私共支配之詮無之、神領相治リ不申訳、段々申上候、扨又寺内之大木、拂木ニ致候、寺用ニも無之、任我意候、左候而ハ、後住も及難儀候、何ソ寺へ珎事も有之間敷ニも無之候、他村之百姓、寺ニても名主へ相届候由、それとも違▒(イ)配當をも所持仕候、且又壺山ト申候ハ、

大宮司方へ立合を求むるも難澁

*「惣持院尋候訳、無届公訴・寺内幷壺山拂木新道之事、」

*惣持院へ公訴に及ぶ不届申す

惣持院病氣につき參向難澁

*寺内壺山拂木の不届申す

惣持院長髪

*壺山大木拂ふは我意

寺内脇畑に新道拵ふるは不届

*寺のためには上總世話致す

惣持院先住戒光六年以前不幸

木少々伐り道少々付直すは苦しからずと存ず

尤なる道理は自分も番頭共尤と申すべきこと

大木共百年ニも拂木ニ仕候ト申義、承及不申候処皆拂、任我意候、私共ヘ曾而無沙汰、其上寺内脇ノ畑有之候処ヲ、新道ヲ拵、古道をハ寺内ヘ囲入申候、此畑ハ先〻大祢宜寄附ノ畑、先住戒光ヘ尋候処、惣持院ニ書付有之由申候、右何も我儘ニ一應も相届不申、不届ニ奉存候段申上候、尤多宮ヘとくと相談仕、追而申上候義、可有御座候由、達御聞候間、今日申入、右之段申談候、依之大宮司共及相談候処、一應自分先相尋候様ニ申候、尤立合可承候ヘ共、右之通ニ付、社法之儀故、番頭爲立合申候、
惣持院申候ハ、先住戒光六年以前八月不幸仕候、八月三日ニ門末ノ者ヘ申置候ハ、年始・五節句等、礼式之儀申置候、尤寺内木之儀、少〻伐申候、道をも少〻付直申候処、御咎メも無之由申置候、仍之私も不苦ト存、右御尋候趣之儀仕候、上總申候ハ、夫ニてハ聢ト尤ト不被申候、尤成道理候ハヽ、自分も番頭共も尤ト可申候ヘ共、尤ト不被存候、殊ニ先住不宜致方ヲ證據ニ、強テ被申候も不出來之様ニ存候、尤急度證據・證跡ニても有之候ハヽ、ニて候ヘ共、惣持院｢――ハ、宜敷ト申ニてハ無之候、道抔ハ大勢人之往來も致候事故、御届不申カ無調法ニて候、先住少〻寺内之木伐候処、御咎も無之ト申置候故ト申候間、上總｢――それハ日比心安一所之事故、一本・二本伐候義、とやかく可申訳無之、又少之儀故不知候、戒光江も申談候ハ、他所トノ掛合、神領之寺ニて候ヘハ、寺ノ爲ニハ、若左様ノ節ハ、自分抔世話致、出情候事と申談候事ニて候、
惣持院｢――ハ、此度之儀、本寺役ニ候ヘハ、門末之者申候ニ付、御公儀ヘ申上候、申上様ニても相知レ申候、上總｢――ハ、如何様其節申候ハヽ、心安致候ニ、此方共ヘ熟談も有之筈、何も申候事ヲ盡シ、其上ニて其元ト自分兩人揃候而伺候様ニ致候ハヽ、訳能可有之候、然ニ無沙汰ニ公訴ニ被及候、其元申分立候時ハ、事ハ輕ク候ヘ共、支配をも致候自分、其分ニハ難居候、職分をも差上候様ニ、不願ニハ難成候、さりとは無情、法印ト噂ヲ申候ヘキ、其儀ハ、事濟申候、尤ヒレツ(卑劣)ニ申候、心底ニも無之候ヘ共、右之通達御聞事故、右之通申談候、了簡被致見候様ニ申聞歸ス、
同日、大宮司方ヘ使求馬(伊藤)、〔次脱〕取數馬(尾形)、先達而得御意候

惣持院御尋ね尤と存ず
*權禰宜式部神樂願ふ
大宮司多宮出府延引
*「樓門二階大便之事、」
*裏板張替ふべし
*晝夜賣人泊る
出府三月より五月迄のうち
*神前の不淨珍事
御巡見の支度
春慶塗

惣持院義、今日番頭立合、一通尋候處、惣持院申候
ハ、御尋御尤ニ存候由申候、右之段爲御知申候、
返事、入御念候、御使被仰遣候趣致承知候、
一、四月九日、大宮司ゟ使數馬、〔欠脱〕取求馬、御朱印御書替
之儀、出府段々及延引候、近々御相談仕、出府仕候
樣ニ仕可然候、写之儀も、此方ニて可致候哉、可被
仰遣候、
返事、御朱印ニ付、御出府之儀被仰遣候、御尤ニ存
候、写之儀ハ、写可被成候由、御尤ニ存候、
又使來ル、出府日限之儀、可被仰遣候、又写之儀も
立合可被成候哉、又寔元ニて可申付候哉、
返事、先頃御返翰故、本多紀伊守（正珍）樣御用人中へ、右
之段申上候処、三月ゟ五月迄之内ニ而候へハ、能候
由被仰渡候、左候ハ、四月末ノ頃ニも罷上リ、可申
候由申上歸候、乍去近國之儀、へん／＼とも成申間
敷候間、廿日頃ニも被成候而ハ、如何可有之候哉、
當月末と（先年也、）申上候故、未曾而支度も出來不申候、写之
儀、前方ノ通ニて可然存候、
一、四月十日、大宮司方へ使求馬、御巡見ニ付、此間湯
ツキ（次）・たらい（盥）致一覽候、能出來、さつとしゆんけい（春慶）
ニ成共、ぬり（塗）候ハ、可然哉、
昨日權祢宜（香取式部）、五月等神樂之儀願出候、定而其元へも
可申出候、支度儀被願申候、來月末ノ比ハ、江戸ゟ
歸候樣ニ出來候へハ能候、御歸無之候ハヽ、御名代
ニても御勤可被成候テ可然候、
又今朝、樓門にほひ（臭）候由ニ付、二階爲見候処、所々
ニ大便有之候由、たはこ（煙草）のすいから（吸殻）も有之候由、定
而此間町中ニ乞食共ノシワザト被存候、裏板張替不
申候ハヽ、難成可有之候、御年番之事ニ候間、番頭
御呼、御相談被成候而、御覽可被成候、惣而古と違、
町ニ神前こや（小屋）所々ニかけ、晝夜賣人とまり（泊）候故、所
々ニ大便も有之、殊外不淨、畢竟左樣之事故ニて候、
可有之候、
返事、手水道具之儀、御用ノため、ぬり候樣ニ被仰
遣、御尤ニ存候、權祢宜神樂之儀、御尤可被仰付候、
此方ニ相違無御座候、
神前不淨之儀、場所からにも御座候、私ハ始テ承候、
番頭呼相談致、直スハ成間敷候、
又求馬ニ申遣候ハ、小社ナラハ建立も可致候へ共、
それも難成候、弥事ト存候、此上御咎ノ程無心元候、

*道筋掃除申付く

*御忍ゆゑ大宮司大禰宜罷出でず

不淨の板取替ふ

乞食共寢伏す

「御領御巡見」

*大宮司大禰宜發足

御領御巡見

*本多紀伊守へ伺公申歸る

へん〳〵とハ難成候、早〻縁板抔取はなし候様ニ致候ハヽ、可然候由、則數馬抔致僉儀、東ノ方通ゟ四・五ケ所ニ牛ヵ人ノ通候上ニてハ無之由、東ノ角ノのしたて貫、二ツニ小用ラシクシメリ(濕)見ヘル、是ハ雨ノしたゝリノ由皆申、

同日、番頭寄合、右不淨ノ板取替、厚三寸五分ノ由、長ハ貳間程、東ノ方隨神ノ上也、のしたてト貫トハ大相故、ケヅリ候而も可置候由、

又人通候上ハ、乞食共祢ふし(寢伏)致候ト見ヘル、板ヲ能掃除致、板トゝトノ間ハキメスキ候処ヲハへらニてすり、上ヘ目板打候様ニ申付ル、五尺ニ貳間程取替ル、

一、四月十六日、御巡見、十五日、金井津村御泊リ之由ニ付、大宮司方へ申遣、掃除用意ノ処、又風聞、御領御巡見ノ由、仍之兩人神前へ出ニ及間敷相談也、本御巡見ニ無之由也、佐原村ヘ聞ニ遣、

四月十七日、御領御巡見ノ由、增田左平治御目見御勘定、御朱印所持、塩田助八郎平勘定、・小尾元次郎御徒目付、四ッ時社參也、十六日暮方、左(佐)原名主方へ侍使遣候処、若忍ニ被參候事も可有之候、左候ハヽ、社家衆抔、不出

候様ニ可致候由申來忍也、

道筋掃除能申付、新部下迄大宮司方ゟ伊織(小林)、此方ゟ主税(高木)、麻上下神領役人之由、御案内ニ罷出候由申、御大義之由挨拶也、宮中町ノ鳥居ノ上ヘ、田所子圖書(伊藤嘉豊)・副祝(宇右衛門)狩衣ニ而兩人出ル、大宮司・大祢宜御忍之由承候間、不罷出候、三ノ鳥居ノ間二行ニ樓門迄手桶置、樓門ノ内ニ手水所拵、中幣子爲遣ル水ツク手桶三十置、拜殿ニ、國行事左近(香取)狩衣ニ而詰居、拜殿階ノ二ツ・三ツ目迄敷馬・分飯司褻(裝)束ニ而出ル、大祝(民部)狩衣ニ而御幣、爲頭三方江土器・御酒、爲頭御歸リニ新道下迄伊織・主税送ル、御大義之由挨拶也、道

○筋砂盛、增田(左平治)御初尾廿疋、神前へ上ル、不時故大宮司方ヘ納ル、

一、寅四月廿一日、發足、大宮司も同日ニ出足、廿二日七ッ時、江戸神田雉子町屋祢や六兵へ裏宿、

一、四月廿五日、大宮司方ヘ使主計(香取)、御旅宿何方ニて候哉、其元ゟ御左右可被成候由、先達而被仰聞候間、未御奉行所へも不罷出候、

返事、今日參府候、御屆可罷出と存候、

四月廿六日、御奉行所へ出ル、本多紀伊守殿ニてハ、

*著帳の御届に出だすやう仰付らる

*御朱印一紙連名

大切の御朱印終日雨天ゆゑ出でず

*大禰宜上總不快ゆゑ名代香取主計本多紀伊守へ出づるも咎めらる

本多紀伊守へ大宮司大禰宜御朱印差出づ

此日御朱印御改ノ御寄合故、御玄關ニて御届ニ伺公ノ由申置歸ル、御掛リノ御役人、右御用ニて御取込、其外寺社御奉行所不殘出ル、大岡殿(忠相)ニてハ、御役人左右太(山本)へ〳〵、春中ハ御苦勞奉懸難有奉存候、御序ニ宜様ニト〳〵、山名因幡殿(豐就)ニてハ、春中御類燒御難儀之由申上ル、

同日、留主へ大宮司方ゟ使仲、明廿七日差出も出來申候間、御奉行所へ可罷出と存候、其元へ參、御同道可申哉、又御奉行所ニ而、得御意候様ニ可致候哉、

四月廿七日朝、大宮司方へ使遣、主計旅宿下谷ニ此節居ル、昨日ハ御使、今日御出可被成候由、御尤ニ存候、乍去大雨天、大切　御朱印〳〵、天氣上リ次第可然候、

返事、天氣上リ次第、明日も其通ト申來ル、終日雨天不出、

四月廿八日、大宮司手前へ來ル、御朱印写二通、一覽差出、二通へ致印形、是ハ手目錄也、

本多紀伊守殿へ兩人揃出ル、御役人木村江助被出、差出御差圖有之、直出候様ニ、御朱印上書にも大宮司・大祢宜ト計認候、是も兩人名認候様ニ御差圖候、

秋元攝津守(凉朝)様へ御届ニ出候様ニト被申候、又着帳ノ御届ニ毎日成共、隔日ニ成共出候様ニ、來月廿二日迄ハ着帳極候、伺ニ度〻出候様ニ被申渡、秋元殿へも出ル、明後晦日ニ多宮伺、來月二日ニ可出ト申合ル、右木村江助御朱印写ヲ一通見候計也、

廿九日、手目錄四通認來ル、則致印形二通ッ丶所持、

〔五　月〕

五月二日、上總本多殿(正珍)へ伺ニ出ル、御朱印御着帳ノ御伺ニ伺公候段、御玄關ニて申、明後四日五ッ時參見候様ニ被申、仍而申上候ハ、香取多宮一所ニ而候、取次之衆、左候ハ丶御朱印一所ニて候哉、如仰候、一紙連名ニて候由申、

同日、大宮司方へ使主計(香取)源太祝子(香取外記)、右之段申遣、貴様も明後日御出候ハ丶、可然之由申遣、尤之由申來ル、多宮も今日伺ニ出候へ共、御沙汰ナシノ由、

五月四日、本多紀伊守殿へ上總不快故、名代香取主計ヲ出ス、本多殿御門ニて咎ル故、御差圖之由申、御玄關へ上リ段〻申、御座敷へ通リ詰居ル、暫ノ裏門へ被參扣候様ニ被申候ニ付、尤御役人、上總不快

惣じて百七十五番のうち十一番

御朱印寫は美濃紙にて六通

多宮仕方宜しからず

四月上旬比より日本國より一度に集む

秋元攝津守へ御著帳濟す

御朱印手目錄

抔如何ト被尋候由、裏門ニ而多宮ト一所ニ居ル、多宮ハ始ゟ裏門ニ扣ル、十一番也、惣百七十五番迄之由、廿人ツヽ御座敷ヘ通ル、御役人三人揃手目錄差出ス、先ニ記ス、

御朱印写、美濃紙ニ而六通、

○來ル十九日六半時可參之由被仰渡、尤右之通書付御渡シ、右写手目錄御請取也、

右裏門ニて多宮主計方ヘ申候ハ、病氣ト有之候ヘハ出候ニ不及候、歸候様ニト達而申候ニ付、歸候由申候間、上總呵、又取テ返シ往候処、大勢待合候ヿ故、間ニ合候也、多宮仕方不宜也、御玄關ニて御帳ニ付、御役人も被逢、病氣をも被尋候処也、四月上旬ノ比ニハ、日本國ゟ一度ニ集リ込候由、怪我抔有之候由、仍而重而も有之事遲ク出候方不苦宜也、大方所々ゟ來ル者、五・六十日程掛ル由、

同日、秋元殿(凉朝)ヘ今日御着帳濟候由、御届ニ多宮・主計參ル、

手目錄之趣、半切大奉書、御朱印写も同紙也、

下總國香取郡香取郷
香取神宮
大宮司
香取多宮印

右同斷、
大祢宜
香取上總印

高千石

(德川家康)權現様　御判物　天正十九年十一月日
(德川秀忠)台德院様　御朱印　元和三年十一月十三日
(德川家光)大猷院様　御朱印　寛永十三年十一月九日
(德川家綱)嚴有院様　御朱印　寛文五年七月十一日
(德川綱吉)常憲院様　御朱印　貞享二年六月十一日
(德川吉宗)大御所様　御朱印　享保三年七月十一日

右之外

御朱印一通茂所持不仕候、以上、

江戸宿深川富川町山形屋仁左衞門店金兵衞
大宮司
香取多宮

江戸宿神田雉子町屋祢や六兵衞
大祢宜
香取上總

御渡候書付案、

來ル十九日六半時、紀伊(本多正珍)宅江可出、

右之裏ニ兩人之名ヲ記シ、十九日ニ持參可有之由被仰渡候、

右手(目脱)錄ニ一通差上候由、殘リ四通ハ於在所印形、四通

共ニ消ス也、
五月八日、多宮方ゟ使仲、此間従公儀御渡候御書付、可被遣由申來ル、則遣ス、來ル十九日六半時ト云文也、且又來ル十二・三日方ニも、御朱印ノ写御內覽願候而ハ、如何可有御座候哉、
返事、従公儀御沙汰無之候、如何致可然候哉、夫共思召次第ニ可被成候、御出可被成候ハヽ、御左右被成可被下候、
一、五月九日、在所惣神官・惣社僧ゟ爲見廻、惣代權祢(香取式部)宜出府、肴代貳百疋持參、兩所同様也、
一、五月十八日、本多殿へ伺ニ出ル、弥無間違、明朝六半時出候様ニ御玄關番申、秋元殿へも、明日御寄合江罷出候、御屆ヲ申、
△一、五月十九日、朝六半時出ル、九ッ半時濟、本多殿・秋元殿御連座、左右ニ吟味衆ヤ、三人ッヽ被着座、兩人御前へ出ル、　御朱印ハ箱ノふたニ載持出、文臺ニ載置、
大御所様御朱印ヲ上ニメ、御差圖也、御役人衆御奉行所ノ前へ持參、御覽、左右之衆写ヲ讀、写ハ始ニ御役人請取、大御所様ノヲ本多殿、御扣写ヲ脇ノ衆

*脇指にて罷出づることならず
權禰宜式部出府
*松平主計老中仰付らる
本多紀伊守方にて御朱印改
*權禰宜大々御神樂
御朱印改次第
*手目錄印形消す

被讀候、本多殿相違もナイ、勝手次第ニ在所へ歸候様ニ被仰渡、御役人木村江助へ御改、被仰付難有候由申、扨只今御前ニ而勝手次第ニ歸候様ニ被仰渡候、左候ハヽ、寂早歸國ノ御屆ニ伺公仕間敷候、成程ト被申候、此度ハ御世話ニ罷成候段御礼申、
御前へ出前、先年ハ脇差ヲ指、御前へ罷出候段、多宮木村江助へ伺候処、此度ハ不成候、取候様ニ被申候、御門ゟ取テ返シ、御礼御玄關ニて申上ル、今日　御朱印御改相濟、難有奉存之由申上ル、秋元殿ニても、右之通申御礼ニ出ル、
同日、大岡殿(忠相)へ御機嫌聞ニ出ル、御玄關迄、
一、十八日、松平主計殿(武元)、今度御老中被蒙仰候、御悅ニ御玄關迄伺公、右十五日被仰付候由、
一、五月廿一日、江戸發足、廿二日朝六ッ時歸宅、
一、五月廿四・五・六日、權祢宜大ゝ御樂、悴監物令執行也時十六才、

〔六　月〕

一、六月五日、大宮司方へ使求馬(伊藤)、取(次脱)數馬(尾形)、　御朱印御改ノ節、手目錄印形消可然候由申遣、則四通ノ印形

消ス、脇〻ノハ、手目録ニ無印形ト也、

御初尾百疋上る

同日、先頃御巡見江御祓進候処、御初尾百疋被上候由、尤小見川迄數馬子主膳(尾形)・求馬御見廻ニ參持參ス、御祓三合、兩名御初尾百疋被上候由、入目差引割付致候ハ、可然之由、數馬へ咄候様ニ申遣、大宮司ゟーハ、其方抔取計候様ニ申候由、

「御巡見之事、」

大宮司大禰宜は御朱印書替へ出府中

○一、延享三丙寅五月十六日、御巡見、多古村御止宿、十七日佐原村御伯(泊)リノ由、伊藤求馬・尾形主膳、佐原村迄機嫌伺ニ罷越、此節大宮司・大祢宜義ハ、御朱印御書替之義ニ付出府、明日香取へ御社參之儀奉願候由申入ル、夜ニ入又使、兩人遣承候処、明朝五時御參詣ニ相定候由、尤用人中先例ニ被尋候ニ付、宝永年中・享保年中御參詣之旨申候由、

御巡見參詣の例

松平新八郎殿

天野傳五郎殿

諏訪右近殿

町中掃除申付く

町中掃除等能申付ル、前ノ通尤女共・子共出不申様ニ申付ル、道・橋兼日ゟ拵ル、

御巡見御社參

*御初尾奉書に包み差上ぐ

五月十八日、右御巡見御社參也、新部下迄御案内ノタメ、麻上下ニ而清右衞門(額賀)・主税(高木)、宮下ゟ大炊(安部)・小(松本)右衞門、右四人御宮迄御案内、御歸候節、新道下迄送ル、兩度共御大儀ノ由被申候由、町中ニ麻上下ニ而、三郎兵(高木)へ・大藏(尾形)羽織袴ニ而、右京・与右衞門・藏之助御宮馬場ニ、宮下ゟ麻上下ニ而半藏・嘉大夫、御宮二ノ鳥居上より樓門迄、二行ニ天水桶三十置、二ノ鳥居上へ御案内ノため、副祝(宇右衞門)・田所(圖書)悴・惣檢校出ル、歸候節も、右之処迄送、樓門ノ内際、手水所ゆつき(湯次)・たらい(盥)堀口神主水ヲツグ、兩代官數馬・舍(伊藤)人拜殿階下ゟ二ツ目迄下ル、(歸候節も同所)拜殿ニ國行事(香取左近)詰居奉幣、大祝(民部)爲載銚子、正検非違使三方へかわらけ(土器)、御三人江三ツ、物申(香取右近)悴半平・行事祢宜兵部(額賀)・案主悴持參ス、御巡見社家へ御大儀ノ由御挨拶、惣神官ハ御供所・參籠所ノ間ニ詰下座、於拜殿用人衆へ、先例御祓差上候由申候へハ、差上可然之由被申候、左候ハ、晩程小見川村迄差上可申候由申、御伯(泊)リ小見川村、主膳・求馬罷越、御三所ノ御宿へ參、用人出會、遠方之処、御大儀之由先剋申上候、御祓持參、則御請、御初尾ハ日番諏訪右近殿ゟ差上申由被申聞候、尤旦那懸御目可申候得共、御用ニかゝり居申候、御初尾奉書ニ包、

*金剛寶寺堂鐘樓等修覆願ふも御金なし

○上書ニ御三人ノ名記サル、金子百疋也、錢ニノ壹貫百十貳文、祓入用貳百四十三文、差引殘八百六十四文、兩方ヘ半分ツヽ分ケ取ル、大祢宜方ニテハ役人共酒代ニ遣、

右訳書、別帳ニ認、尤分飯司方ニモ留書致ス、

右御巡見御初尾被差上ル、此祓大宮司・大祢宜兩名ニ而御三人江三合上ル、右入用差引殘、役人共酒呑スル、首尾能相濟、悦儀祝也、

〔八月〕

*觀音堂廻りの杉木拂ひに相咎む

新神事神納の強食は修理料名主へ申付く

一、八月二日、新神事、大宮司ゟ使數馬、(尾形)今日神納之強食、當番ニくれ候樣ニ可致候哉、置候ハヽ、惡敷成可申候、御相違も無之候ハヽ、其段可被仰遣候、返事、早速ノ了簡ニ不落候、先達而修理料名主ニ被仰付候通ニてハ、如何可有御座候哉、又使來ル、先達而申付候通致可然候由、左候ハヽ、名主ニ可申付候、御尤ニ存候由致返事、

〔九月〕

*御手洗新助糀室より出火

*御手洗の者護摩堂訴訟に來る

返田祝小神樂願出づ

一、九月十一日、大宮司ゟ數馬、(尾形)分飯司、(椎名大學)返田祝小神樂願出候、定而其元へも可出候、如何可申付候哉、返事、外ニてハ無之、被仰付可然存候、

一、同日、使來ル、金剛宝寺ゟ堂・鐘樓等、殊外損候段願出候、少〻ノ修覆ニても致下地ノ朽不申樣ニ致、段段申候——、乍去御金無之、如何御了簡ニて候哉、返事、如仰候、御金無之候へハ、不及了簡候、二・三年以前ニ、堂ノ廻リノ杉共、拂候由及御相談候、左樣之木ニても有之候へハ、能候へ共、只今早速難及了簡候、

延享元年ノ子ノ秋中哉覽、觀音堂ノ廻リニて杉四・五十本杉(マヽ)拂候、其節大宮司方へ此方へ無沙汰ニ拂木致候由ニ候間、相咎押へ候ハヽ、可然之由及相談之処、大宮司得心不致候間、自分一人ニても難咎、其分ニ打過候、

〔十月〕

一、寅十月三日、朝四ツ時御手洗新助糀室ゟ出火、少燃上ル、早速消ス、新助遠慮、在寺ニてもスルヤ、同六日、御手洗ノ者、こまどう(護摩堂)訴詔(訟)ニ來ル、舍人(伊藤)ヲ大宮司方へ遣、新助義、時分柄宜敷時ニも有之候、御相違も無之候ハヽ、差許可申候哉、數馬(尾形)取次、新助義、類燒も無之候間如仰候、宜敷時故、御免被成

可然候由申來ル、則右願人召呼差許ス、

江戸旅宿切組佐原より舟出づ

一、十月六日、江戸旅宿切組佐原ゟ出舟ス、

同七日、大工兩人源四郎遣、江戸小川町四軒町西側武士屋敷樋口梅有借地屋敷之内ヘ、九尺ニヒサシ(庇)南北三間、二階作、北ノ方ヘモ庇三尺下ケ西北押廻ス、

大禰宜胤信幷に佐恵比咩石碑建つ

一、寅十月十九日、胤信公幷佐恵比咩石碑建、其文、寛保三亥年日記ニ委細也、

*石碑は新福寺廟所に建つ

*「大祢宜旧地ノ訳」

香取内膳胤信墓

君姓大中臣、諱胤信、父諱胤雪、母前大宮司勝房姉、家世〻奉二祠於香取ノ神廟一、而胤雪爲二大祢宜一、君娶二飯田氏一、生二男實行及二女一、君爲レ人淳厚恭須、其與レ人交、愈久〆而愈〻所レ愛、性好二閑適一不レ慕二榮利一、享保四己亥年、父胤雪以二年老一辭レ職、君不レ欲レ承レ家、使三男實行嗣二其職一、遂退而棲二遲一室一、杜二絶世事一、唯以二月花一爲レ友、善二和歌一、每レ逢二良辰美景一、未三嘗不二吟一詠其性情一也、竟以レ是終レ身云、君以二寛文十庚戌年一生、以二寛保三年癸亥八月六日一卒、享年七十有四、号二清巖院一、私謚二胤彦神靈一、

銘曰、

簡而方充而光、鬱其藏、固其昌也、

寛保三年癸亥八月日　中村明遠撰

香取實行建

佐恵比咩墓

婢香取氏、諱加牟、父平左右衛門、婢年甫十八、爲二香取實行一所レ畜侍二其巾櫛一生二二男一、長實香、次行高、以二享保二十乙夘年正月十二日一因レ疾ニ而終、享年二十有八、号二圓光帯昭一、

享保二十乙卯年二月日　香取實香建

胤信公石碑、棹長三尺五寸余、角一尺三寸三分、中臺一枚、石二尺五寸四方、高一尺二寸、下臺三尺五寸四方、高一尺、

佐恵比咩神靈石碑、棹長三尺余、角一尺二寸、中臺一枚、石二尺三分四方、高一尺、下臺三尺四寸四方、高九寸、

津宮村石屋ニ申付、寅十月十八・十九兩日ニ取建也、石ハ伊豆ノ小松、堅キ也、右新福寺廟所ヘ建之、

一、十月廿日、田所悴(伊藤嘉豊)圖書、多宮心安故呼談候ハ、大祢

大禰宜知行四十石寛文十年御修理料仰付らる

本家へ返すべく願ひたく存ず

*元和年中大禰宜藏人追放につき知行御修理料に仰付らる

*大禰宜與一郎に知行御返さる

*神道古書藏人悴齋宮持去る

宮之助副祝當分忌中

*齋宮仰付け請けざるゆゑ御修理料へ仰渡さる

惣神官連印願書

宜知行之内廿六石八斗、塙祝・近藤大夫職料十三石貳斗、合四十石、寛文十年御修理料ニ被仰付候、是ハ内證合力分ニ而、本家へ可返筋也、我等當職、享保四亥年以來、度〻奉願候得共、年久敷義ニ而不相叶候、然ハ此度御代替之砌故、一通可願と存候、仍而大宮司致同心くれ候様ニ、右之訳イサイ申くれ候様ニト談ル、勿論惣社家へも、右之段可申と存候、

廿一日、圖書來リ、大宮司挨拶、同心シテモ不叶、不致共叶筋ナラハ可叶候、先其元ニ而御願御覽候様ニト申來ル、

十月廿一日、番頭呼、權祢宜(香取式部)・國行事(香取内記)・大祝(民部)・錄司代也、右之段談、近日相談仕、御挨拶可仕候由申歸ル、宮之助・副祝(宇右衞門)ハ當分忌中、仍而人を以右之訳申遣、是又申合御左右可申由也、物申職右近(香取)ハ、家督繼目之無沙汰故相咎ル、其後否無之故不申遣、

十月廿三日、右願書致連印、但大宮司領ニ居候社家ハ、大宮司ニ承候処、先其内可致了簡申印形不致、二日番組も右之通申不致、右願書之趣連印如左、

　　乍恐以書付奉願上候御事

香取神宮領高千石、大宮司・大祢宜兩人江御宛ニ而　御朱印被下置候ニ付、無二ニ申合、兩人同高ニ頂戴仕、其上惣神官・社僧等江配分仕、國家御安全之御祈禱相勤來リ候、然處元和年中、大祢宜藏人義、不屆有之、御追放被仰付、三十年來、大祢宜闕職仕候、尤知行不殘御修理料ニ被仰付候、其後承應年中、大宮司弟与一郎を以、大祢宜職相續被仰付、知行不殘御返シ被下置候、然処大祢宜家ニ傳候唯受一人之神道・古書共、右藏人御追放之節持去候而、悴齋宮方ニ所持仕候ニ付、相渡候様ニ申候得共、承引不仕候、仍之取扱を以、与一郎方へ齋宮妹ヲ娶、其上齋宮方ヘ大祢宜知行之内幷兼帶之社職料都合四十石、爲扶持方内證合力仕、右誰受一人之神道幷古書共、与一郎方へ傳來仕候、其後与一郎一子無之病死仕候節、又候右神書齋宮方へ引取申候、大祢宜職大助と申候者ニ被仰付候ニ付、神書相渡候様ニ、齋宮ヘ申候得共、承引不仕候、仍之大助幼年ニ付、宮之助召連、御奉行所へ奉願候得者、齋宮被召出、右神書等不殘相渡候様ニ被仰付候処、御請不申上候ニ付、御追放被仰付候、右合力之四十石、齋宮へ配當之様ニ被思召

大助は若年後見の者ゆゑ御返し憚り延引

大禰宜職料相減ずるも公用神務替らず難儀

大禰宜衰微すれば惣神官も難儀

候哉、御修理料ニ入置候様ニ被仰渡候、此節内證ニ而、浪人者江合力仕置候段、委細申上候ハヽ、天正年中御判物以來、大祢宜職役料高配當目錄暦（歴）然ニ御座候間、御修理料ニ被仰付間敷、御返シ可被下置候義之様ニ奉存候得共、大助ハ弱年後見之者、又候右之段奉願候儀、憚候様ニ奉存延引仕候、然共従古來兩社務同様之義ニ而、御公用・御神用、尤年中職役之儀、万端同様ニ相勤來候処、右之通大祢宜職料ハ相減候得共、年中之行事御公用・御神務等迄、少も古來ニ不相替相勤申候、仍之年々衰微ニ罷成、難儀仕候ニ付、先達而當大祢宜先規之通ニ奉願候処、年久敷義故、難被仰付之趣奉承知候処、此度私共奉願上候儀、恐多奉存候得共、大祢宜義ハ内陣向重キ御祈禱相勤候職ニ御座候得者、衰微仕候段、永々私共迄難儀至極ニ御座候ニ付、旁以難見捨奉存、此度一同ニ奉願上候、畢竟内證合力之儀ニ相違無御座候間、右之段何分ニも聞召被爲分、以御慈悲古證之儀共、御吟味被成下、先規之通頂戴仕候様ニ、被爲仰付被下置候ハヽ、冥加至極難有仕合ニ奉存候、委細之儀者、乍憚口上を以可奉申上候、以上、

延享三丙寅年十一月

大細工印　雉子判官印　堀口神主印　祢宜祝印
中幣神主印　吉原檢杖印　郷長印　高倉目代印
權祝印　惣檢校（尾形主殿）印　中祝（香取外記）印　孫大夫印　田冷判官印　正判官印　源太祝印　秀屋長印　分飯司印
次郎神主印　權次郎祝印　塙祝（彦左衞門）印　案主所印　五郎祝（伊左衞門）印　田所印　押領使印　廻田檢杖印　大神主印　左（佐）原祢宜印　錄司代印　物申祝印　鍛冶屋檢杖印　土器判官印　小長手（貝田帯刀）印　副祝印　權祢宜印
四郎神主印　油井檢杖印　權檢非違使印　大祝印
宮之助印　權之助印　三郎祝（多門）印　行事祢宜（額賀兵部）印　國行事印

寺社　御奉行所様

右、爲惣代分飯司悴伊藤求馬・源太祝悴香取主計兩人、御願ニ十月廿六日發足、二日番組三人願來、一同ニ致印形、

〔十一月〕

*返田祝大神樂執行願ふ

一、十一月三日、大宮司方ゟ使數馬（尾形）、取（次脱）舍人（伊藤）、返田祝（椎名大學）先

*大助丹波と申す

*大助本高にて仰付らる

大長手悴主膳明日の神樂に布衣著用したく願ふ

*藏人以來の系圖差出す

大岡越前守方にての吟味

*妙塔院移轉願ふ

大助與一郎甥

達テ神樂ノ願致、此間度々大神樂致執行度由願候、如何御相違有御座間敷候哉、返事、今迄致付候通可然候、夫共如何様ニ可致執行候哉、御尋被成候テハ如何、拙者も其内了簡致可見候、其内又前願候、常ノ神樂ニ願之由、大宮司ゟ申來ル、

一、十一月十七日、神樂執行、十六日大長手悴主膳(尾形)、明日ノ神樂ニ一日晴ニ、布衣着用致度由願來ル、舍人方ヘ無相違由申聞ル、

一、江戸ゟ求馬(伊藤)・主計(香取)方ゟ申來ル、去ル十一月十日大岡越前守(忠相)殿ヘ、右願ニ出ル由、同十一日ニも出候由、御役人左右太(山本)——、兩人段々訳申上ル、願書御留被成候、十五日ニ出候処、來ル十八日御内寄合ヘ可被出候、十七日ニ伺候様ニ被仰渡、段々申上候由、年久敷事、後見ノ者無調法也、其後有高を以、大祢宜職被仰付候事也、外ニてハ無之、神慮ヘ差上候事故、能ハサ念はらしニ十八日ニ出候が能候、十八日御寄合ヘ罷出候処、先御役人被出、与一郎爲ニハ大助ハ何ンジヤ、甥ニて御座候、其跡讃岐・上總ニて御座候、大助ハ御追放ニ成候哉、左様ニて無之候、大宮司被仰付、丹波ト申候、御追放ハ美作ニて候ナ、兩人申候ハ、与一郎死後間御座候ヘハ、大祢宜領皆御修理料ニ可被仰付候、左候ヘハ齋宮所持ト申候而も、大祢宜持分ニ候ヘハ、御修理料ニ入可申候、然ハ大助ハ本高ニて被仰付候、讃岐義ハ、當職被仰付候砌ゟ御年礼中絶ノ御願、數年仕被仰付候、當大祢宜上總當職被仰付以來三十年、右御願仕候、御役人七十年余ニ成候ヘ共、代ハ三代ニ成候、左候ハヽ、今爰ニ而藏人以來ノ系圖ヲ認、可被出候、急ニ不出來候ハヽ、歸候而明日持參可致候段被仰聞、御連席ヘ御出シ不被成御帳消歸候由、十一月十九日、出候処、來ル廿七日ニ可出候、御奉行所ハ秋元攝津守(涼朝)殿・山名因幡守(豊就)殿・大岡殿御三所也、

〔ココニ系圖アリ、便宜次頁ニ移ス。〕

右系圖書認、十一月十九日大岡越前守殿ヘ兩人持參差上ル、

一、十一月廿四日、妙塔院(寛英)兼々移轉願候ニ付、役人共ゟ惣持院ヘ使遣、帶刀(貝田)口上、此間妙塔院能寺有之由ニ而、移轉相願候、前方御口入も被成候事故、爲御知申候、

大祢宜幸房（兼大宮司）

- 元房（次男大宮司先祖）— 清次郎（大宮司）
  - 清次郎（大宮司嫡子）— 新之助（大宮司）— 美作（大宮司）實弟
  - 与一郎（次男）— 一子無御座候、
  - 傳之丞（三男）
    - 娘、讃岐妻、上總母、
    - 大助、後丹波、
  - 平大夫（四男）— 讃岐 — 上總
- 秀房（嫡子大祢宜）— 藏人（大祢宜）— 与一郎 — 大助 — 讃岐 — 上總

子齋宮娘、与一郎妻、

元和年中御追放、知行御改ノ上、御修理料ニ被仰付候、

承應年中、新規ニ被仰付、前々之通大祢宜知行不殘頂戴仕候、併家ノ神書藏人持退、悴齋宮所持仕候ニ付、与一郎方ゟ四拾石合力、内證を以神書取戻申候、与一郎病死、一子無之、仍而又候齋宮方へ右神書引取申候、

寛文十年与一郎跡職被仰付、与一郎跡引續知行頂戴仕候、此節神書不差返御咎ニ付、御追放ノ節、合力ノ四拾石御修理料ニ被仰付候、元祿年中大宮司美作職分被召放候ニ付、跡職丹波ニ被仰付候、

元祿年中大祢宜被仰付、丹波跡職引續知行頂戴仕候、

丁子村大應寺へ移轉願ふ

返事、此方へも丁子村大應寺へいてん(移轉)ノ義願出、妙塔院も願候、被仰付候由大慶仕候、

＊知行返すは加增と同意

同廿五日、役人共妙塔院呼、清(額賀)右衞門宅ニ而願之通申付ル、

寅十二月五日、求馬・主計、從江戸歸ル、

「大祢宜旧地四十石御列座被仰渡趣」
大岡越前守御内寄合に求馬主計出づ

十一月廿七日、於江戸大岡越前守殿御内寄合へ右兩人出ル、御奉行所ハ秋元攝津守殿・山名因幡守殿也、兩人方へ大岡殿被仰候ハ、香取大祢宜知行之事、よふ願フテ出タ、系圖へも出シテ見タ、年來久敷事不成候、承應ゟハ年久、ソチタチカ願之通ニシテハ御加增被下同然也、無故御加增不成候、立テ〳〵、

＊大禰宜は御内陣御祈禱執行の重き職役故なき御加增ならず
大岡越前守へ求馬主計出づ

同廿九日、大岡殿へ兩人出ル、御役人山本左右太、此間於御列座被仰渡候趣奉畏候、併先達テ申上候通、年〻衰微ニ罷成候ニ付、社家共一同ニ無據奉願候、

殘りの修理料三貫文都合四十石

御役人御尋、殘リノ修理料何程有之候、三貫文、外ニ潰社家領・惣檢校・角案主・兵衞大夫、合四十石余御座候と覺候由申上候、

＊御公儀樣の御宮
香取主計伊藤求馬連印願書

乍恐追書を以奉願候

香取宮大祢宜知行之儀ニ付、先達テ社家共一同連判を以奉願候処、去ル廿七日御列席へ被召出難有

仕合奉存候、併年久敷義、殊ニ大祢宜職被仰付候節、有高を以御請仕相勤來リ候義ニ候得者、只今ニ至リ奉願候通、知行御返シ被下置候テハ、御加增同意之儀ニ相成リ、難被仰付筋ニ御座候ニ付、御取上不被遊候段、被仰渡奉畏候、然共先達テ申上候通、大祢宜職料本知之通、頂戴仕候而も御神用万端繁多ニ御座候へハ、余分無之石高ニ御座候処、高減少ニ相成候故、年〻ニ困窮ニ罷成候、勿論大祢宜職役・年中行事ハ不及申上ニ、一ケ年五ケ度之大神事、大祢宜壹人ハ於御内陣御祈禱執行仕候職ニ而、重キ職役ニ付、年中調進之供物も夥敷、大宮司職役ゟも勤方繁多ニ御座候得者、年〻衰微仕候、此上大祢宜職行事退轉仕候躰ニも相成候而ハ、大切之御安全・長久之御祈禱、今日ニ至リ無怠慢奉執行候処、此以後、右申上候躰ニ至リ候而者、甚以恐入候儀、私躰一同ニ難儀ニ奉存候、乍恐御公儀樣之御宮ニ而御座候得者、大祢宜職分も永代之社職ニ御座候処、末代迄も高減少ニ御座候而ハ、職分ハ衰微仕候、早竟當職之者共、職分被仰付候砌、配當高減候段、不申上候ニ付、有高

*年久しき事ゆゑ相成らず
*一度仰付く事は幾度願ひてもならず
*強ひて願ふは上總等の爲にならず
大禰宜職料へ返付願ふ
*香取主計伊藤求馬連署覺
*大禰宜藏人追放
*大禰宜與一郎へ知行高返す

を以被仰付候筋ニ相成リ候、此段ハ當職之者共、無調法ニ御座候、併右一己之無調法を以、永代之社職段々罷成、職役及困窮候段、永々迄難儀至極ニ奉存候、只今之通知行減候而ハ、職役難取續奉存候、仍之又候奉願候ハ、大祢宜兼帯之兩職料十三石貳斗ハ、只今之通リ御修理料ヘ入置、相殘リ貳十六石八斗ハ大祢宜職料之内ニ而御座候ヘハ、此分御返シ被下置候得者、永々迄大祢宜職料無相違頂戴仕、職分再興仕、御祈禱執行仕候様ニ奉願候、右申上候通、永代迄一社ニ付候職分ニ而、一己之社職ニ而無御座候ヘハ、畢竟御宮御修理同意之御義ニ乍恐奉存候、先達而被仰渡も御座候得者、又候奉願候段、御咎も奉恐入候得共、右之通ニ付、猶又奉願上候、何分ニも聞召被爲分、御慈悲を以被爲仰付被下置候様ニ奉願上候、以上、

下總國香取神宮
社家惣代

延享三丙寅年十一月　伊藤求馬印

香取主計印

寺社御奉行所様

右追書、御役人一覧之上、大岡公ヘ懸御目、コウモいふなら可被謂候ヘ共、年久敷義故、不成候ト被仰渡候由、尤御役人一度被仰渡候事ハ、幾度願候而も不成候、仍之又大祢宜藏人御追放之節、知行御修理料ヘ入、社家・百姓共請拂ノ書付懸御目、如此之高ニて勤方繁多、衰微仕候段申上候ヘハ、又大岡公ヘ右書付懸御目被仰渡候ハ、昔ハコウモあらふか不成候、強テ願候ヘハ、ソチタチカ爲ニ不成候、上總爲ニも不成候、願ヲ止歸候様ニ被仰渡、御役人コナタ方これまて願候段、追付上總出府可致候間申ニ而可有之候、

江戸ニ而求馬・主計、公儀ヘ差上候書付之扣、

是ハ連判ニ添テ出ス、御奉行所ニ御留也、

覺　半切ニ認、

一、大祢宜藏人、右元和年中御追放被仰付、知行御取上ケ、不殘御修理料ヘ入申候、右之節大祢宜料、從御公儀様御改之上、帳面相極、今以所持仕候、

一、大祢宜与一郎、新規ニ大祢宜職被仰付候、則知行高不殘御返シ被下置候、然共家附之古書・神書共、藏人持退申候而、悴齋宮所持仕、近在ニ罷在候間、与一郎方ヘ差返候様ニ申聞候ヘ共、様々難澁申候

*香取主計伊藤求馬連署口上覺
大禰宜大助神書古書取戻したく申す

齋宮不屆につき追放四十石修理料へ仰付らる

與一郎より齋宮方へ内證合力仕る

*合力大禰宜知行と別段に齋宮配當と思召さる

ニ付、齋宮義も、元同家筋目之者之儀ニ候間、与一郎方へ齋宮妹ヲ娶リ、右之由緒を以齋宮方へ与一郎方ゟ四拾石内分合力仕、漸右神書・古書請取申候、寛文十年与一郎病死仕、相續之悴無之ニ付、又候齋宮方へ右神書・古書共不殘引取申候、

一、大祢宜大助、右之者与一郎甥ニ而、大祢宜職被仰付候ニ付、又〻齋宮方ニ有之候神書・古書取戻申度段申達候へ共、前〻之ことく難澁仕候間、御奉行所へ奉願候得者、神書・古書等不殘大助へ可相渡旨、齋宮被召出被仰付候処、齋宮御請不申上、不屆ニ付御追放被仰付候処、右内證合力四十石之儀者、御修理料へ可相入置之趣被仰付候、右之通内證合力之儀ニ御座候へ者、其節大祢宜方へ相返シ候筈之処、大助ハ十一才、後見之者ハ神書・古書請取候已而、専一ニ相懸候へハ、右内證合力之儀とも不奉願候、尤大祢宜与一郎ゟ齋宮方へ内證合力仕候砌、田畑地所證文を以相渡候処、明白ニ御座候、則大祢宜知行、従御公儀様御改之節、相極候帳面ニも、右之地所相載有之候、仍之大祢宜知行高之内ゟ内證分ケ仕候段、相違無御座候、以上、

寅
十一月　　伊藤求馬
　　　　　香取主計

右無判無宛、

口上覺　是も差上留ル、半切、

大祢宜藏人御追放後闕職ニ付、知行御改之上、御修理料へ入申候、仍之与一郎職分被仰付候節ハ、知行御修理料ゟ古來之通リ被下置候、与一郎死後跡職大助へ早速被仰付候故、与一郎跡其儘ニ而知行頂戴仕候得者、前〻之通リ知行被下置候趣ニ、別義無御座候、然上ハ齋宮へ合力之分ハ大助ゟ遣候、同意之義ニ御座候、此節闕職間も有之候ハヽ、知行御修理料へ入可申候、左候ハヽ、齋宮へ合力之四十石も、一同ニ入可申候、然時ハ齋宮何方ゟ四十石合力請可申哉、畢竟与一郎跡職、早速相立候故、引續齋宮も合力ヲ請罷在候、其後御追放之節、右合力之儀、不申上候ニ付、大祢宜知行トハ別段ニ而、齋宮へ配當ノ知行と被思召候儀と、乍恐奉存候、此節委細申上候ハヽ、　御代〻様御朱印之

*金剛寶寺より愛染堂疊修覆の儀申來る

大宮司は跡職仰付らるるに知行前々の通り

*五年以前愛染堂修覆請取未濟

齋宮合力分大禰宜知行内へ相込申す

大禰宜知行のうち御修理料分返されたく願ふ

*大聖院呼び請取の譯尋ぬ

表、大宮司・大祢宜連名ニ而被成下、同高ニ相定候処、配當目錄明白ニ御座候へハ、大祢宜料減少ニ相成候段、被爲聞召分、早速御返シ可被下置儀と乍恐奉存候、

一、大宮司闕職有之候節、跡職被仰付候上者、知行之儀ハ奉願候ニ不及、前ゝ之通リニ頂戴仕候義ニ御座候、大助へ大祢宜被仰付候節も、同様之義ニ御座候へハ、斎宮へ合力之分ハ、大祢宜知行之内ニ相込リ申候、此砌知行引高を以被仰付候と申義ニてハ、無御座奉存候、畢竟其節右之子細不申上候故、只今ニてハ相減シ難儀至極ニ奉存候、

一、大祢宜知行之儀、御修理料へ入候節之請拂、書付奉入御覽候通ニ御座候へハ、當時ニ至リ、段ゝ困窮ニ及候段、乍恐被爲聞召分、御吟味之上、古來之通リ知行御返シ被下置候ハヽ、難有仕合ニ奉存候、以上、

寅十一月　伊藤求馬

香取主計

無印宛ナシ、

〔十二月〕

一、寅十二月十日、大宮司方ゟ使數馬(尾形)、今日金剛宝寺ゟ使僧、愛染堂疊修覆義申來候、可申付候哉、

返事、思召次第ニ可被成候、此方相違無之候、

即刻此方ゟ使舍人(伊藤)、五年以前戌十月廿五日、愛染修覆之請取未濟候、其入用請取濟候テノ上、疊も願出候樣ニ被仰遣、可然候哉、寛保二戌十月廿五日、

大宮司返事、其時ノ使僧大聖院ニて候、彼レ召呼、御尋被成候而ハ、尤此度ノハ舍人・數馬吟味請取をも取候而ノ上、修覆申付候樣ニ致候而ハト申來ル、右請取不遣、此度モ又其通リニ成リ候テハ、不埒ニて候段申遣、

十二月十一日、大宮司方ゟ使數馬、取丨(次)求馬(伊藤)、愛染堂疊之儀、代物ヲ舍人・數馬立合相渡候樣ニ致候而ハ、如何可有御座候哉、

返事、昨日ノ請取ノ訳不相濟候、昨日被仰遣候通、大聖院呼相尋可申と存候、

則大聖院呼尋候処、成程其節隱居方へイサイ申遣候へ共、返事無之候、仍而金剛宝寺ニ尋候樣ニ申遣、

＊右近儀につき相談に來る五年以來無沙汰は不埒

＊右近久しく蟄居す

＊家督繼目は第一の儀

＊物申祝主計不幸後右近屆なく神前へ出勤

疊表調ふやう遣す

＊右近過言に及ぶ

則尋候処、入院之砌之事故、如何之訳ニて候哉、覺
不申候、とかく宜ト申候由、仍之五年以來無沙汰、
不埒ノ段申聞ル、大宮司方へ求馬遣、取〆(次)數馬、此
間ノ請取之事、大聖(セウ)院へ尋候処、其節イサイ申遣候
処、返事無之候、五年以來打捨置候段、無調法之段
申候、金剛宝寺へ尋候処、入院之砌故、訳不存候、
當住印形ニても能可有之哉抔申來候、
大宮司返事、イサイ致承知候、當住可致と申候由、
左候ハヽ、左様ニも思召ニ可被成候、
又大宮司へ申遣候ハヽ、求馬、取次數馬、請取之儀、
一通相尋候、疊之儀ハ思召次第ニ可被成候、
返事、左候ハヽ、代物ヲ先へ遣可申候哉、
又申遣、疊表高下有之候、本社拜殿向共違、麤相ニ
ても可然候、此方ニて被仰付可然候、
返事、御尤ニて候、此方ニて爲承可申付候、十二日
舎人ヲ呼ニ來ル、疊代物立合出候様ニト、此方ゟ申
遣候ハ、先疊表等調、此方ニて致候か能候、御供所
・參籠所疊致候様ニ致可然候段、舎人申付遣候、其
通ニ疊表調ニ遣候由、
○一、十二月十二日、大宮司方へ使舎人、取(次脱)數馬、右近(香取)義、

内記(香取)・民部度〻訴詔(訟)ニ參候、書付ニても爲致、相兌
候而ハ、如何可有之候哉、爲御相談申進候、
返事、社法ツクノ事故、證文ニても爲致御濟可被成
候由、御尤ニハ候へ共、久敷蟄居致居候、サヽイノ
義ニ御座候間、向後愼候様ニ口上一通ニ被仰候而ハ
如何と申來ル、
又遣、私ハ瑣(サ)細(イ)ノ義トハ不存候、家督繼目ノ義ハ、
第一之義と存候、書付不致候而ハ、ジヤレノ様ニ相
聞、能有御座間敷、又候得御意候、
返事、内記・民部面立候兩人願候事故、向後無調法
ノ無之様ニ、口上ニ而被仰付候而ハ、如何可有御座
哉と申來ル、
右訳ハ物申祝主計(香取)、去〻年子七月不幸、丑八月朔日
ゟ右近神前へ出勤、然ルニ、家督繼目一通リノ屆も無
之、仍之丑十二月十七日大宮司と右及相談候處、御
年礼出府前取込候間、其元ニて御僉儀被下候様ニ申
來ル、仍之分飯司方へ召呼、相尋候処、右近申候ハ、
物申職ニ御障リ候事ハ成間敷、只隱居ニても被仰付
候ニ而、可有之抔ト及過言候事、然ニ此度國行事悴
内記幷大祝民部度〻訴詔(訟)ニ付、右之通大宮司へ及相

*去年極月迄勘定致すは難しきこと

談候処、右之訳也、
同日、内記・民部來ルニ付、右之段申聞、右近江も、
其段申候様ニト申聞ル、
十二月十五日、民部方ヘ申聞ル、右近義、此間申候
通、書付ニて相濟候様ニト申聞ル、内記病氣不參、
十二月十七日、内記・大祝願ニ來ル、仍之同日大宮
司方へ使求馬、取（欠脱）數馬、此間右近義、御相談申候通、
右近方ヘ申聞候処、何分ニ茂と申、内記・大祝願出
候、社法重キ義と存候、重而ノ爲ニ候間、弥書付ニ
ても爲致相濟可申存候、爲御相談得御意候、
返事、御口上致承知候、尤家督繼目之儀、重キ儀ニ
候へ共面立候、内記・大祝願出候事故、物申も番頭
をも致候事故、無書付ニ口上ニ而御濟可然と存候、
仍之内記・大祝方へ難相濟由申聞歸ス、

右近儀口上にて濟ますべしと存ず

「神納物之訳」
神納物儀勘定致すやう仰付らる

○一、寅十二月十九日、大宮司方ゟ使數馬、取（欠）舎人、神
納物之儀、致勘定申上候様ニ被仰付候、如何可致候
哉、
返事、被仰付候通ニ、不致ハ成間敷候、去八月新飯
ノモ御供米被仰付候、
又使、去年八月ノ事被仰遣候、尤爲出間敷物ニも無
御座候得共、左様致候ヘハ、去年極月迄ノも、勘定
不致ハ成間敷候、然レハ六ヶ敷事ニテ御座候、やはり
御藏ヘ入候計勘定致させ候テハ、如何可有御座候哉、
返事、去年新飯ノハ、其元様度〻被仰上、其上書付
ニ迄被成御伺候ヘ共、不成と被仰渡候、恆例之神納
物と被仰上候へとも、不成と被仰渡候、私方ノハ被
仰付候通ニ致候、新飯トハ相違ニ存候、正月中被仰
渡候上ハ、又被仰付候通ニ致候、
又使來ル、去年新飯ノハ、御裁許前ニハ申上候、
返事、私覺候ハ、御裁許後、兩人連印ニ而伺候節、
恆例被仰上候へとも、去年御供米ノ事も被仰上候へ
とも、不成と被仰渡候、私ハ右之通覺候、御留書ヲ
御覧可被成候、

*月番秋元攝津守へ出づ

去年新飯御供米の件

一、十二月廿一日、江戸へ發足、廿二日江戸着、神田小
川町四軒町樋口梅有屋敷内旅宿へ着、
一、十二月廿六日、寺社御奉行所秋元攝津守（涼朝）殿御月番故
出——、大沢九郎左衞門——、來ル正月六日御年礼
御届申、正月ノ御月番へ届候様ニ被申、手札出ス、
來ル正月六日
下總國香取神宮
大祢宜

獨　　香取上總

御禮

獻上

御祓

鳥目　壹貫文

御三所樣江、

右御同樣ニ獻上仕候、以上、

大岡越前守山名因幡守へ出づ

夫ゟ大岡越前守(忠相)殿へ出〳〵、山名因幡守(豊就)殿出、御役人古畑義右衞門〳〵、正月ノ御月番故、右同樣ノ書付差出ス、正月五日伺候樣ニト〳〵、

老中酒井雅樂頭へ出づ

十二月廿七日、御老中酒井雅樂頭(忠恭)殿へ出ル、

同日、小出伊勢守(英智)殿へ出ル、此度御役義被爲蒙仰、乍憚〳〵、

大岡越前守へ出づ

廿八日、大岡越前守殿へ出、山本左右太〳〵、先頃支配之者共罷上リ、御苦勞奉掛難有奉存候、左右太(山本)〳〵、御同役樣方御相談も御座候へ共、年來久敷事故難成、又折も可有御座候、上總〳〵私一己之儀ニ候ハヽ、御願申上間敷候へとも、早竟御祈禱ノヲロ

御祈禱第一に相勤む

ソカニ成候事故、古來之通、第一ハ御祈禱ニて御座候、供物等、惣而万事古來之通ニ相勤申度、支配之

者共申候事ニ而、御願ニ上リ候へ共、年久敷事と被仰渡候へハ、御尤成御義ニ奉存候、私も弥たんのふ仕候、御苦勞奉懸候、御礼ニ伺公仕候、何分ニも御序之砌、難有奉存候段奉賴上候、彼是御咄〳〵、

延享三丙寅年十二月　香取大祢宜上總實行五十五歳

嫡子 監物實香十六歳

次男 城之助行高十四歳

*山名因幡守へ年始に出づ
刑部卿様一橋屋敷焼失
*關白一條兼香左大臣一條道香へ年始御禮
御祭禮悴監物勤む
月番山名因幡守へ名代孫太郎遣し手札差出づ
上總登城
*江戸發足歸宅
*神前材木藏損ず
*「神納物」
水戸様へ年始に出づ

〔延享四年正月〕

延享四丁卯年正月元日、青天(晴、下同ジ)、九時ヨリ少北風也、
元日ノ夜五時
大御所(徳川吉宗)様御三男刑部(一橋宗尹)様御屋敷一ッ橋ノ内出火、外ヘ
ハ不移、不殘燒失也、二日・三日青天、乍去風立騒
ゝ敷也、三日ノ夜大雨也、三日ノ晩方從在所獻上ノ
御祓持飛脚着、於在所例年之通御祭礼、監物相勤由
申來ル、
一、正月五日、御月番山名因幡守(豊就)殿へ孫大郎(高木)差上ル、名
代也、持病氣ー、旧冬差上候通ノ手札差出ス、
一、正月六日、朝六ッ少過登城、
御目見相濟後、御老中・若御年寄・寺社御奉行所勤
ル、御老中酒井雅樂頭(忠恭)殿・西尾隱岐守(忠尚)殿・堀田相模(正亮)
守・本多伯耆守(正珍)殿・松平右近將監(武元)殿・寺社ハ秋元攝(凉朝)
津守殿・小出伊勢守(英智)殿・大岡(忠相)ー・山名ー、
一、正月七日、水府(徳川宗翰)様へ年始ニ上ル、先達テ寺社役迄聞
合出ル、小書院ニテ御目見也、御料理二汁五菜、濃
茶等出ル、御年寄大田原傳内幷宇津宮弥三郎ヘ御礼
ニ廻ル、
一、正月十七日、山名因幡守殿へ出、月番明十八日御内
寄合へ罷出、御礼申上度候、御役人古畑義右衞門、
其元抔ハ隔年ニ被出候哉、成程左様、いつも其通リ
カ、成程、明日四ッ時出候様ニー、十八日出ル、
四・五人一同ニ御奉行所前へ出ル、能春ジヤ御申候、
御門ゟ又取テ返シ御礼申上、外御奉行所へハ不往候、
一、正月十一日、京都　關白(一條兼香)様幷左大臣(一條道香)様江年始御礼申
上ル、例年ノ通扇子料差上ル、書狀出ス、
一、正月廿六日、酒井雅樂頭殿へ兼テ申入目見御懇ノ御
言ー、御吸物・御酒等ー、

〔二　月〕

一、二月十日、江戸發足、十一日朝歸宅、
一、二月十三日、大宮司方へ使舍人(伊藤)、神前材木藏損候、
葺替不致成間敷候、御相違無之候ハヽ、可申付候、無
相違之由申來、則宮之助・物申祝(香取右近)呼及相談也、
同日、神納物之儀、當春之納リ、相拂代金其元へ納
候由、當年ハ手前年番故致世話暮ニ成、都合何程ト返候様ニ
其元へ可遣候間、御修理料名主可遣候間〇可被成旨、

*神納物儀勘定致し遣したく存ず
「神納物、」神納物につき尋ぬ
金剛寶寺修覆願ひに來る
*上總江戸へ登る
*「大祢宜旧地願、」
*社家連印願書出づ
*強ひて願へば職分取上ぐ

舍人ニ申付ル、數馬(尾形)ヘ申談ル、
多宮返事、追而可及御挨拶由申來ル、
一、二月十四日、大宮司使數馬、神納物之儀、追付返納も可有之候間、其節ノ義ニ可然候、旧冬金剛宝寺修覆之儀申來候、御返事ニ、イサイ可被仰遣候、
返事、神納物之儀、大小度〻之事、手前ニ而致世話暮ニ成、都合何程ト致勘定、其元ヘ可遣と存候、既ニ其元去年御世話被成候ヘ共、員數何程ト、未此方ヘハ爲御知も無之候、但又迚之事ニ、其元ニ而御世話可被成候哉、或ハ十錢・廿錢抔ト、時〻ニ其元ヘ納候而ハ、勘定も難致候、拙者致世話候甲斐も無之候、金剛宝寺修覆之儀ハ、旧冬及御挨拶候と覺申候、
二月十六日、大宮司使數馬、神納物之儀、返納之節、勘定等可致と存候而申進候、了簡違候様ニ被仰遣候、思召承度候、
返事、神納物去年ハ其元御年番ニ而御世話被成、當年ノハ拙者年番、仍之當年中ノハツ、メ、極月ニ成、其元ヘ遣候様ニ可致と存候、無左候ヘハ、年番致世話候甲斐も無之、又勘定も數〻ニてハ難成候間申進候、當正月之神納、其元ヘ御請取之由、

二月廿八日、大宮司使數馬、今日御出府之由、返納ノ義、御留主ニても舍人立合可致哉、神納物之事、返納之時、勘定可致と存候、當年分ノヲハ、舍人ニ渡可申候哉、金剛宝寺直ニ修覆願ニ來候、如何可致候哉、
返事、返納之事被仰遣、成程御尤ニ存候、舍人ニ可申置候、神納物之儀被仰下、御尤ニ存候、思召之通ニ可被成候、金剛宝寺修覆之儀、被仰遣候、御掛リノ義ニ御座候間、何分ニも思召ニ可被成候、御相談之儀も御座候ハヽ、何分ニも御相談可致候、
一、夘二月廿八日、上總江戸登、
廿九日六時、小川町四軒町ノ旅宿ヘ着、叔父樋口梅有借地ノ内ヲ又借、旧冬旅宿普請、武士屋敷也、

〔三　月〕

一、三月八日、大岡越前守(忠相)殿ヘ源太祝悴主計(香取)出ル、御役人(山本)左右太出會、旧冬も罷出候、御願ニ罷出候、御願ニ罷上リ候、則追書差上ル、尤旧冬ノ社家連印ノ願書添出ス、御役人旧冬も申候通、衰微ト申、強テ願候ハヽ、不(ハ)レ勤職分御取上、他者ニ可被仰付抔申候

香取宮社家惣代香取主計願書

*舊冬連印の外は大宮司方社家

*餘の社家は大宮司に遠慮して連印せず

大岡越前守へ主計出づ

*大宮司方社家書付くべし

再應の願ひ御相談との思召し

由、書付請取置申候、追書之段、旦那へ可申聞候、明晩方參候様ニ、則連印願書追書御請取也、其文、

乍恐以追書奉願上候御事

香取宮大祢宜職御役料之儀、旧冬連印を以奉願上候処、御列席江被召出難有奉存候、併年來久敷義ニ候得者、御取上不被遊候段、被仰渡奉畏候、然共當大祢宜廿九年以前、職分被仰付候以來、奉願上候得共、御取上無御座候ニ付、猶以及數年候、先達而被仰渡候趣も御座候処、又候奉申上候段、甚以恐入奉存候得共、何卒御慈悲を以、一通之御吟味被成下候者、難有仕合ニ奉存候、右之段乍恐一同奉願上候、以上、

下總國香取宮社家惣代

延享四丁卯年三月　　香取主計印

寺社　御奉行所様

一、三月九日、大岡殿へ主計出ル、御役人左右太被申渡候ハ、昨日之兩通、旦那へ申聞セ候、旧冬も申候通、年代久敷事ニ而難成筋ナレ𪜈、社家一同ニ願候事故、御仲間へ御相談被成、御列席へ被召出被仰渡候事也、いつとても同事難成事ナレ𪜈、再應願事故、又御仲間江御相談被成ル思召也、仍之御内寄合へ十八日ニ可被召出ナレ𪜈、十八日ハ、公事其外殊外御取込故、來ル廿七日ニ被召出也、廿六日ニ伺ニ可出、日柄も余程有之間、在所へ歸ル𪜈、勝手次第ニ可致候、又被尋候ハ、旧冬ノ連印ノ外ハ、社家何程殘候哉、主計申上候ハ、八・九人程ト申候へハ、夫ハ大宮司方ノ社家トやら申候、大宮司始、何茂へ申聞候哉、成程申聞候、大宮司ハ先御願申上候様ニト申候、余ノ社家共へも、不殘申聞候、御役人大宮司ハ同心セぬ筈也、余ノ社家ハ如何ノ印形セヌ、主計申上候ハ、如何心得申候哉、御役人被申候ハ、大宮司同心セヌ故、遠慮メセヌテ有うち、成程左様と申上候、右連印ノ社家ハ面立候哉、面立候、社家ハ、番頭始印形仕候、殘候ハ輕キ社家ニて御座候、

一、三月廿六日、大岡殿へ伺ニ主計出ル、御役人左右太、明日弥小出（英智）伊勢守様御内寄合へ出候様ニ被仰渡、朝四ッ時出候様ニ、且又大宮司領ニ居候印形不致候社家、書付候様ニト被申候、則書付、以上十一人也、内惣検校ハ連印ノ内ニて候、然ラハ夫江ハ丸ヲ御役人御付被成、御請取也、

大岡越前守不快ゆゑ出席せず

*大岡越前守一同ならば吟味すと仰す

酒井修理大夫寺社御見習仰付らる

*舊冬の連印取上げざれば反古同前「大祢宜旧地願」

秋元攝津守殿御宅御内寄合へ主計罷出づ

大宮司方社家同心せず

大宮司方社家同心せざる譯書付求む

一、三月廿七日、小出殿御内寄合へ主計出ル、大岡殿御不快ニ付、御出席無之ニ付、來月五日伺候様ニ被仰渡、

同日、主計大岡殿へ御機嫌伺ニ出ル、御役人左右太出逢、殿様―――、御役人當分之事ノ由、來ル五日ニ伺候様ニ、主計昨日書付上候社家名一人失念仕候、仍而認直持參仕候由ニて差上ル、則御請取也、

一、同日、酒井修理大夫（忠用）殿寺社御見習被仰付候ニ付、今日始テ御内寄合へ御出席也、若州城主也十二万石、秋（涼朝）元――・山名（豊就）――御出席、

〔四月〕

一、四月五日、主計（香取）伺ニ出ル、明六日四ツ時、秋元（涼朝）様へ出候様ニ被仰渡、

四月六日、秋元攝津守殿御宅御内寄合御連席へ主計罷出ル、大岡（忠相）殿被仰候ハ、大宮司ハ何ト云、主計先御願申上候様ニト申候、其外十人計ノ不同心ノ社家ハ何ト云、是ハ大宮司領ニ罷在候、大宮司ヲ兼マシテ同心不仕候、トンナヤツジヤ、トウイツテ同心セぬ、同心セぬ訳ヲ書付テ出セ、皆揃一同ナラハ吟味シテヤラウ、一同テナケレハ不成、主計小声ニ申候ヘハ、不聞（ト）御申、御呵也、殘候者も有之ニ、我一人ニ而惣代トハトウシタヿシヤ、度々右之訳被仰候故、乍憚連名之惣代ト奉存候テト申上ル、御前ヲ立、御役人左右太（山本）ニ逢、如何様ニ書付認差上可申候哉、奉伺候処、明日參候様ニ委細可申聞候、

一、四月七日、大岡殿へ出ル、御役人左右太、昨日被仰付候通、大宮司并大宮司領ニ居候社家存寄承届、書付出候様ニ被仰付候、明日ニも早ク下リ承届候様ニと被仰渡候、主計申上候ハ、支配之儀ニ有之、私申候而ハシカ〳〵挨拶も仕間敷、カノ様ニ奉存候由申上候ヘハ、それハ何レニも挨拶セヌト云ヿハ有間敷候、大宮司領ニ居候社家ハ、大宮司次第ニ而可有之候、成程左様、然ラハ大宮司一人也、旧冬ノ連印ハ御取上無之候ヘハ、反古同前也、追書ハコナタ一印也、追書ニ皆連印爲致候が能候、大宮司領ノ社家も同心ナラハ、印形させ候が能候、又不同心ニ候ハヽ、此訳を以同心不成書付させ候様ニ可致候、大宮司も何レニも挨拶セヌト云ヿハ有間敷候、其訳書付出候様ニ、主計左候ハヽ、早々明朝罷下リ被仰付候趣申

伊藤求馬持病氣

承届、追付伺公可仕候由申上ル、又御役人出候、求（伊藤）馬ハ如何ト被申候、持病氣ニ罷在候段申上ル、追書

*大禰宜領社家連印持參

ニ皆連印爲致、旧冬ノト引替候が能候、尤旧冬差上候連印、此度ノ追書御留、御返シ不被成候、

香取主計歸國

一、四月八日朝、主計歸國、四月十二日夜、求馬出府也、主計下リ大宮司方ヘ參候而、被仰渡候趣申述ル、大宮司━━ハ、此方ゟ公儀ヘ、人を以可申上候、又旧冬連印ノ社家ヘ印形ノ義申候処、無相違候処、大宮司連印無用と差留候ニ付、一兩日社家仲間相談可致候由ニ付、主計ハ一兩日延引、求馬出府、尤宮中領

大禰宜社家連印致す

ノ社家十八人ハ連印致遣ス、大宮司領ノ社家ハ大宮司ニ承、挨拶可致候由也、

大岡越前守へ求馬出づ

一、四月十三日、求馬大岡殿ヘ出ル、

伊藤求馬口上覺

口上覺

*香取主計江戸へ社家四十四人連印持參

去ル六日香取主計義、被召出被仰渡候趣奉承知、早速罷歸リ大宮司江申聞候処、大宮司方ゟ人を以可申上候由ニ御座候、且又連印之者共此度相改、

大宮司差留印形相揃はず

連印差上候様ニ可仕候處、大宮司方ゟ印形之儀、

*社家四十四人連印差出づ

差扣候様ニト申渡候ニ付、印形不殘相揃不申候、此上熟談可仕段何も申候、仍之主計義、一兩日出府延引仕候、以上、

四月十三日　　伊藤求馬

追書ニ大祢宜領ノ社家十八人ノ連印持參之、

一、十三日、求馬大岡殿ヘ出ル、御役人山本（左右太）出會、右之訳申上ル、御役人━━ハ、大宮司義ハ人を以可申と有之候事、又連印ノ者共ハ、大宮司差留候故、一兩日熟談スル、先達而早速可申上と主計申候ニ付、右ノ御届ニ其方參候ナ、成程左様ニ而御座候、今日者越前守評淀（定）ヘ出候、歸候ハヽ可申聞候、連印之者（モノ）共、相違も無御座候得共ト、求馬申上候ヘハ、旧冬連印致候上ハ、ソウアル筈也、此方も主計一人ノ印形ニ而差出候故、此十八人之連印ハ、此方ニ置候而も紛敷候、返候、追付主計致出府共、同道致可罷出候、

一、四月十三日夜、主計江戸着、追書ニ社家四十四人致連印持參ス、大宮司義ハ數年願候ヘ共、前大宮司致同心候事も不聞事也、大社之義、末社も多事ニ候ヘハ、有來候御修理料ニても事足リ不申候、右兩段を以同心不致候段、可申上之旨申候由、大宮司領ノ社家一人モ右同様ニ付、同心連印ニ洩候由申事也、

一、四月十四日、追書ニ四十四人連印ニ而差上ル、但此

*大岡殿へ配當帳石高帳寫差出づ

追書ハ前ノ文法也、併入筆ノ通ニ認ル、一同ヲ二所ニ入、社家ヲ除ク前ニ記ス、大岡殿ヘ求馬・主計出ル、

伊藤求馬香取主計連印口上覺

口上覺

去ル六日於御列座被仰渡候趣罷歸リ、大宮司ヘ爲申聞所存承候処、大宮司申聞候ハ、當大祢宜數年相願候得共、前大宮司同心仕候儀も不承、勿論大社之儀、大破之節ハ有來候御修理料ニ而も事足リ申間敷候ニ付、同心不致候段申上候樣ニと申聞候、且又大宮司領ニ罷在候社家共、大宮司右之通ニ御座候ニ付、連印ニ相洩申候御事ニ御座候、

*御宮御爲と存ずれば配當の者殘らず差上げ御奉公仕る

乍恐奉申上候、大宮司申条右之通ニ御座候、併御宮大破之節、造營之儀ハ御修理料料、只今之通ニ御座候而も難及儀ニ奉存候、小破之儀ハ兩

*大禰宜職難儀ゆゑ連印をもつて願ふ

社務始一社之者申談、何分ニも修理可仕儀ニ御座候、大祢宜一人之職料計御修理料ニ入候段難儀仕候、此段御賢察奉願上候、以上、

大禰宜一人職料計り御修理に入るは難儀

夘四月　　　　　　　下總國香取神宮　香取主計印

伊藤求馬印

*大岡殿へ求馬主計大宮司方出づ

大岡殿ヘ兩人出ル、御役人山本左右太、兩通之書付

御請取、配當帳・石高帳写差上ル、貫目ニてハ知兼候、石高ニて無之候ヘハト御申候、主計――ハ、先達而大宮司人ヲ以可申上旨申候ヘ共、私ヘ右之通挨拶仕候、社家共ヘ大宮司申候ハ、御宮御爲ニ不成候間ト申、連印差おさへ申候、仍而社家共熟談仕、大宮司方ヘ罷越、旧冬も連印ニ而相願候、本よりの御修理料ト申ニても無之、中比大祢宜本知内證分ノ義、不申上候故被仰付候、無調法故与風入候義ニ御座候、大祢宜職役料之儀ニ御座候、又御宮御爲ニ不成ト御座候事ハ、大祢宜壹人之職料を以、御修理等可仕筋ニ無御座候、御宮御爲ト御座候ヘハ、私共迄配當ノ者相應ニ不殘差上ケ、御奉公ニ可仕儀ニ御座候、大祢宜職之難儀ニ罷成候事故、何分ニも連印を以奉願候存寄ニ御座候段、大宮司ヘ申聞、何も連印仕奉願候段申上候、内分ニ罷成候儀と、又御爲つくと申義ハ、別段之樣ニ存候段、申談候抔ト申上候由、大宮司方ゟ人を以申上候と申候義、右之通主計ヘ申上候故、人を以不申上候由申上候、

一、四月十五日、求馬・主計大岡殿ヘ出ル、左右太――、大宮司方ゟも人出候、コナタ方被申候通リニ申候事

ニて候、配當帳両方ニ有之候哉、成程石高帳ハ大祢宜方ニ有之候、御役人スレハ、大祢宜方ニ而右両帳有之候ナ、成程ト申上候、大宮司ヲ召候事も可有之候、明日伺候様ニ、（安部）大炊ニ申聞候、來ル十七日伺候様ニ被仰渡候、

配當帳両方にあるも石高帳大禰宜方にあり

二の丸燒失

一、四月十六日、二ノ丸出火、不殘燒失也、

大宮司出府求む
配當帳石高帳の本帳取寄すやう仰付らる

一、四月十七日、求馬・主計大岡殿江出ル、御役人――ハ、昨日大宮司方ゟ出候大炊ニ、大宮司早〻致出府候様ニ申渡候、配當帳・石高帳ノ本帳取寄置候様ニ被仰付、尤四十石相除、殘如何程有之候哉、とくと書付差出候様ニ被仰付、

一、四月十八日、求馬帳面取ニ在所へ下ル、

同月廿一日晩、求馬在所ゟ江戸着、

*四十石除く跡に何もなし
配當帳など四品持參す

一、四月廿二日、大岡殿へ両人出ル、配當帳一冊幷石高帳二冊（貫目付ト、石付ト、）配當ニ付無二ニ申合ルト申、神主證文何も本帳・本書也、合四品也、右四品ノ書付等、是ハ大切之物ニ候間、先預リ居候様ニ、大宮司出候而ノ上ノヿ、從此方左右可致候由被仰渡候、仍而右四品持歸ル、

香取主計伊藤求馬連署覺

覺

一、廿石三斗　修理分

右ハ只今社家神事入用ニ仕候、

一、拾三石五斗　惣検校

一、六石　角案主

右ハ番代料幷祭當ノ節入用差出候、

一、四石七斗　兵衛大夫

右ハ番代料差出候、

卯四月　伊藤求馬

香取主計

右覺書も御返シ、大宮司へ尋候上之事ト被申、右之通書付持參ス、右書付訳御尋、四十石取候時、此上何を以致修覆候哉、両人申上候ハ、大祢宜一人之職料計を以仕候儀歎敷奉存候、与風仕候訳間違マシテ御修理料ニ入候、御役人夫ゟ前ハ又何を以致候哉、大宮司ガ其処ヲ以云フテ出タ、願之通四十石除ハ跡ニ何もナイ、両人御爲づくノ義ニ候へハ、各別之儀ニ御座候、配當所持之者一同之儀ニ御座候、大祢宜一人之御役料已而を以、間違マシテ――、御修理料ニ入候、仍之奉願候抔申上ル由、

〔五　月〕

*香取主計伊藤求馬連署口上覺

寛文十年無職浪人の齋宮に合力するは無調法ゆゑに御修理料仰付く

古書神書に四十石換ふ

*御修理料仰付らるる時大禰宜大助幼年

*一應の御吟味なく御修理料に仰付らる五十石七十石仰付らるれば有難し

一、五月九日、大岡殿（忠相）へ兩人（香取主計・伊藤求馬）御伺ニ出ル、御役人――ハ、此間度々大宮司も出候、在所書付取ニ遣、二・三日以前ニ差出候、六日ハ手ニ不合、御沙汰ニ不及、寛文十年被仰付候御判物也、齋宮ハ無職浪人者ニ致合力候、無調法故ニ其節ノ奉行か致吟味、御修理料ニ申付候ト見ヘル、仍之出來兼可申候、來ル十七日ニ伺候様ニ、十八日ニ被出候事も可有之候、兩人申候ハ、其節當職之者ハ幼年ニ而、後見之者ハ奉恐內證合力ノ義不申上候、御役人――ハ、成程大助ハ不被願筈也、古書・神書四十石ニかへ候事也、兩人申候ハ、內證合力ニて候間、願之通被仰付、改テ配當所持之者相應ニ差上候ハ、各別御修理料御爲つくと申候へハ、是ハ各別ニ而御座候、內證分ハ御返シ被下置、改マシテ由緒を以大祢宜一人ニ差上候様ニ、五十石も七十石も被仰付候へハ、是ハ難有奉存御請申上候、大祢宜一人之職料を以、御爲つくと申候儀、迷惑仕候ニ付、數年奉願候、御役人夫ハ成程、尤ニて候ト被申候、

一、五月十一日、大岡殿へ兩人出ル、書付持參、其文、

乍恐口上覺　半切

大祢宜職知行之儀ニ付、先達テ奉願上候通ニ御座候、且當社

御寄附之儀ハ、兩社務御宛ニ而　御朱印被成下、

別ニ從御公儀様　御割符ハ無御座候、兩人之心を以配分仕候職料ニ御座候、然處大祢宜家之神道無之候而ハ、內々陳〔陣〕ノ御神秘斷絶仕候、然者御祈禱相勤候詮も無之、本意ニ無御座候ニ付、知行合力仕、神書取戻申候、与一郎沒後、寛文十年齋宮御追放之節、知行之儀、從御公儀様御沙汰無之候得者、大祢宜家ニ引取候儀ニ御座候得共、其刻齋宮御追放被仰付候次第を以、知行ハ御修理料ニ仕置候様ニ被仰渡候、此時大祢宜大助幼年、後見之者も一旦被仰付候儀、又候申上候儀ヲ恐入、內證分之儀も不申上、等閑ニ相心得罷在候ニ付、一應之御吟味も不奉願、御修理料ニ成來候段、無調法至極ニ奉存候、右申上候通、知行之儀、御沙汰無之候得者、大祢宜家ニ引返シ候、則齋宮居住之屋敷并下屋敷等ハ大祢宜家ニ引取所持仕來候、是等之

*大宮司一人同心せず

加々爪直澄小笠原長頼召狀

*山名因幡守御内寄合へ出づ

*大岡越前守願ひ却下申渡す

*求馬主計大岡越前守へ出で配當帳寫など四品請取る

延寶七年兩社務番頭起請文在所にあり

趣乍恐御賢察奉願上候、以上、

夘五月　伊藤求馬

香取主計

宛（所脱）無、

又寛文十年齋宮召狀、神書宮之助（小笠原長頼）方ヘ相渡候様ニと申付候処、尓今不渡候由不届ニ候、來ル十八日神書持候而、山城宅ヘ可罷出候、若於不參者可爲曲事者也、

二月九日　山城御印

甲斐（加々爪直澄）御印

齋之助

右本書差上候、右両通御請取候、懸御目候由、御仲間様ヘ可懸御目候、來ル十七日伺候様ニ、十八日御御（衍）内寄合ヘ御出シ被成候、右書付置テイケ、御判物ノ御差紙預ル、御役人被申候ハ、ドウモサト被申候、

一、五月十七日、大岡殿ヘ両人出ル、御役人明十八日御寄合ヘ出候様ニ被仰渡、両人申候ハ、延宝七年ニ一社之儀、両社務始、番頭起請文被仰付候、其文言ノ中多分ニ付、取治候様ニ被仰付候、其写在所ニ有之候、御手前様迄取寄、懸御目申度候、御役人━━ハ、それハ四十石ニ寄申間敷候、大勢之者一同ニ塩（淵）底奉存奉願候、大宮司一人同心不仕候、御役人━━ハ、百俵余ノ事、それを以ソコ〳〵ノ繕等スルト有ルヿ也、

一、五月十八日、山名因幡守（豊就）殿御寄合ヘ出ル、求馬（伊藤）・主（香取）計、大岡殿被仰渡候ハ、大祢宜知行之儀、旧冬も願タ、又願フテ出タ、七十年成來タ、七十年以前出入ニ及テ、先奉行判物を以申渡タ、ナラヌ、重テ不可願、新規之願也、書付も返ス、是ハ追書ノ連印也、

同日、両人大岡殿御宅ヘ往、御役人ヘ永〻御苦勞奉掛難有奉存候由申上ル、前方差上候書付共、御返シ被下候様ニ申、御役人今日持セ被出候、明日參候様ニ被申、御役人━━ハ、大宮司をも御呼御尋被成候、御仲間へも去ル六日御相談被成候へ共、難成と被申候由ト被申候、

一、五月十九日、大岡殿ヘ両人出ル、配當帳ノ写幷石高帳ノ写・寛文十年御差紙ノ御判物・社家連印ノ願書、四品請取、直ニ歸國之御届申上歸ル、

五月廿五日、江戸發足、皆〻歸鄕、大宮司多宮四月廿二・三日比出府、五月十四日歸ル由、

〔六　月〕

一、六月十日、城之助行高十五才、元服、同十一月十五日行高前髪拂、

上總次男行高元服

一、六月十九日、大宮司使數馬(尾形)、取舍人(伊藤)〔次脱〕、兼而得御意候通、金剛宝寺修覆願候儀、如何可仕候哉、返事、先達而得御意候通、其元御掛之事ニ候間、何分ニも思召次第ニ可被成候、此方ニ相違之儀、無御座候、

「金剛――堂屋祢、」

一、廿一日、金剛宝寺ゟ使僧不斷所、兼而願候修覆ノ義、御相談も御座候ハヽ、宜様ニ頼候由申來ル、愛染堂も所〻もり(漏)候由申來ル、

一、六月廿一日、大宮司方番頭寄合之由ニて、舍人呼ニ來ル、乍序口上、拙者廣間損申候、先達而御咄申候、普請致度心懸ニて候、それニ付、宮林ノ中ニ有之候枯松、御用ニも立不申ヲ、代物ヲ以調申度候、御相違も無御座候哉、右之木廻ハ朽用ニ立申間敷候、中ノ眞ハ用ニも立可申候哉、御相違も無之候ハヽ、代物ハ皆ニツモラセ可申候、如何ニも思召候ハヽ、相止可申候、

「大祢宜廣間普請企、」
大禰宜家廣間損ず

大宮司返事、成程御尤ニ存候由、用ニ不立ハ無易ニて候、用ニ立候様成ヲ、木挽ニ見セ候様ニと舍人へ申越候、尤同刻番頭江も大宮司申談候処、何も無相違候由申候由、代物之儀ハ、番頭ニツモラセ候が能候由也、

一、同日、金剛宝寺門屋祢幷鐘樓・堂二ヶ所ヲ、佐原屋祢や市右衛門ニ、一切代金拾五兩ニて請取ニ相渡ス、飯米・人足何もかも也、

佐原屋根屋市右衛門へ代金渡す

〔七　月〕

一、七月六日、大宮司方ゟ使數馬(尾形)、口上、大倉村ゟ被相賴雨乞ノ祈禱、側高於神前致執行候、就夫神楽方ノ社家召連可申と存候、御道具も持參致候、右之段得御意置候、

大倉村より雨乞の祈禱願ふ

返事、御口上趣致承知候、

又晩方使來、明七日致執行候、一兩人社家共、布衣一日晴ニ爲着可申と存候、爲御知申候、

返事、入御念候――、

一、七月十二日、大宮司使數馬、神納物代勘定致候而、如何可有之候哉、

「神納物ノ義、」
神納物代勘定の相談

*御手洗百姓呼ぶ
當年分神納物大宮司方請取るべし

*居屋敷は下屋敷七間の内

去々年新飯の神納物につき大宮司と意見違ふ

*屋敷に居れば相應の勤致すべし

*御修理料四十石に山崎村などの者も年貢納む

返事、何分ニも思召ニ可被成候、則舎人(伊藤)呼ニ來ル、大宮司方ヘ參候処、當年ノ分ハ其元御年番ニ候間、請取候様ニ申候ニ付、舎人伺ニ來ル、挨拶、成程請取可申候、左候ハヽ、御修理料名主ヘ御渡シ、從名主此方ヘ請取可申候、無左候ヘハ、員數之程如何ニ候、大宮司成程と申候由、且又大切之御金ニ候間、封金ニ致印形可被成候哉、承參候様ニ申候由ニて舎人歸ル、上總申候ハ、入御念候事、成程御尤ト申候、定而去ヽ年ノ新飯ノモ、一封ニ可被成候方可然之由申遣候、多宮――ハ、兩人伺候前之事故、去ヽ年新飯ノハ外之様ニ申候、

又上總申遣候ハ、兩人伺候処、それとも入候様ニ被仰付候、御失念ニて候哉、又多宮――ハ、失念ハ不致候、重テノ新飯之義ヲ伺候と申候間、又上總――ハ、御了簡違ト存候ト申遣候、

多宮――ハ、此間ハ了簡不違候由申候由、仍而封金ノ沙汰ニ不及候、

當夘ノ神納物代名主御渡シ、名主手前ヘ持參ス、夘正月ゟ七月十一日迄金子壹兩三分ト錢貳貫四百十七文、御修理料名主源大郎ゟ請取、

一、夘夏中御手洗百姓呼、五郎祝伊左衛門ハ除ク、申聞候ハ、此度御修理料四十石、自分當職以來八度當春迄願、然共折柄悪敷、今度も不相叶候、此度公儀ヘ申上候ハ、齋宮居住ノ屋敷ハ御沙汰無之候ヘハ、今以大祢宜支配仕候下屋敷七間共ト段ヽ申上候、改テ云ニハ不及、我等も知候通ニ候ヘ共、此度公儀ヘ申上候ニ付、爲申聞候、我等か居候屋敷ハ下屋敷七間ノ内也、五郎祝伊左衛門江屋敷ハ帳面ニ夏成屋敷分ニ引と有之候ヘハ別也、塙祝カ屋敷ハ上ノ屋敷内也、尤帳面ニみふね山ナガレさくニて、屋敷分ニ引ト有之候ヘ共、其みふね山ナカレさくの內ニ居住ナレハ也、今居屋敷ハ上ノ屋敷ノ內也、然レハ惣而屋敷ニ居候上ハ、相應之勤可致事也、喜兵衛屋敷之訳尋候ヘハ、先年頂キ候由申之、右之段皆ヘ爲申聞候、是ハ昔多右衛門と申者居候屋敷ノ由也、四十石ハ知行所帳面ニ、是〲ニて四十石、此分御修理料ニ被仰付候、四十石ハ山崎村ノ者も、宮下村・原町者も所持ニて年貢納候、修理料ヘ年貢納候ヘハ、何方ニ居候而も、屋敷迄も修理料ニ而可有之筈無之候、

〔八　月〕

一、夘八月十五日ヨリ香取支配惣社家江神代巻ノ内當宮御神慮御出生御功作ノ処、愚講致可聞之由實行聞ケルヲ之、御神前番次ニ申通ル、其内大宮司領ニ居候社家十人程ハ不出、然共惣檢校父子ハ出ル、其外ハ皆出ル、上巻ノ内、

一書曰、伊〻――與伊〻――尊ニ共ニ生二大八洲國一、然後伊〻――曰、我所生之國唯有二朝霧一、而薫滿之哉、乃〻――級長〻――闇罔象迄、右一座下巻開始ヨリ吾將自レ此避去、則躬ニ被二瑞之八坂瓊ヲ而、長隱者右七座至九月廿七日合八座也、

夫神學ハ天兒屋根命主ル二神事一、宗源者也ト神代巻ニ被レ上、右兒屋根御子孫嫡〻相承ノ大職(織冠)官至二鎌(藤原)足一、庶(蘇我)我入鹿大臣位階強大ニノ奢ヲ恣ニ致、臣之道ヲ乱リ、帝位ヲ令レ輕也、依之大職(織冠)官朝庭(廷)ノ爲ニ是ヲ誅罸可レ被レ成、大義ヲ思召被立也、若致損ル時ハ、我子孫ハ根ヲ被ルテレ立有ント思召、然レハ前早ク其器量ヲ撰ミ、道ヲ殘置ント有テ、同性(姓)ノ内中納言伊比麻呂(大中臣意美麿)甥ニノ聟也、道ノ傳ヲ被レ傳、其後神明御附属ノ大道ヲ、悉ク御附属也、其後無二事故一入鹿ヲ御誅罸有レトモ、一度其器物ニ當ルヲ以、御附属被レハレ成、又御取戻無二可レ有樣一、其儘伊比麻呂ヘ傳被タレ置故ニ、伊比麻呂ヨリ吉田家ヘ相傳來ル、是吉田家ノ元祖也、從レ是吉田(萩原)兼從神海靈社迄、兒屋根命ヨリ五十三代之嫡傳也、依テ吉田之外ニ無二可レ傳樣一、末ノ世ニ至テハ、自分〻〻之管見ヲ以從レ何傳ト、正傳ヲ犯ス輩出來ル、故ニ　後奈良院・後陽成院之御時、吉田家ヘ被レ下論(綸)旨ニ、神道ハ我國之大業也、一流ニノ無二二流一、吉田一人之可トレ爲二進退一、

震(宸)翰被二染下一給也、天下ノ大道如二藝能一、二流無二可レ有樣一、去程ニ家ノ外ニ無傳事也、于時万治年中鎌倉山ニ遁世隱士吉川惟足、我國ノ道ニ年來志深而、吉田ノ萩原先生(兼從)年老令神退者、日本ノ道ハ可レ絶惜哉ト、或人物語ヲ聞、速ニ上京、日〻吉田ニ詣テ其志及至極也、詠和歌、

神乃みちしるへはかりにくれはとり　あやしと
　人の何とかふらむ

其志誠ニ神慮感應、着明而終見二(萩原)兼從先生一、經日

惣社家へ神代巻のうち香取御功作を講釋す

＊吉田家元祖

＊神道は我國の大業

＊一流にして二流なし吉田一人進退なすべし

＊遁世隱士吉川惟足

中納言伊比麻呂に道の傳を傳ふ

*「御朱印何方より頂戴ノ訳御掛ら御尋、」

*井上遠江守役人書状

*貞享享保の御朱印につき尋ぬ

他の道を學び修行するは神敵

萩原兼從神海靈社と號す

*大宮司方へ出府につき相談

先生曰、四十年來神代卷之講談斷絶ノ処、今度爲ニ
レ汝講シ可レ聞也、其後段〻我國ノ大業悉相傳也、
兼從先生及老年、嫡子幼雅(稚)ニ付、道ノ爲二斷絶一歎
キ反リ、傳授有レ可ト致、唯受一人之附属迄傳來
之処也、依之從二神代一我國之大業ノ神學、始而地
下ニ下ル事也、然ハ大切之道也、予從二宝永年中一
從長(吉川)ハ惟足(吉川)嫡子也、右爲門人數年學之処ノ神道也、
予於子孫、右道ヲ致尊信、別而職分義故可爲修學
者也、當時他之道ヲ學者、今日ノ行跡、不實ニ奸
佞ノ志有輩、粗有之者也、依之他ノ道ヲ學令修行
者、誠ニ可爲神敵者也、敬而勿レ怠ヿ、寛文年中、
右惟足 公儀ヘ被召出、其子孫以今爲天下之道者
勤仕者也、兼從ハ号二神海靈社一、天兒屋根命與利
五十三代、惟足ハ号二視吾(アレミ)堂靈社一五十四代、惟足
嫡子源十郎從長ハ号二圓龍靈社一五十五代也、
程經テ神海靈社任二遺言一、反傳授ニ惟足上京也、
於吉田神代卷講談竟宴也、寄國祝惟足、

神風になひかさらめやおしなへて　我すめミま
の國つ民草

〔九月〕

一、卯九月二日、大宮司方ゟ使、今日江戸旅宿ゟ如此申
來候、御覽ノ上、右書付御返シ被下候様ニと申來、
則返ス、貞享年中之儀ハ、當職ニ而無之ニ付、相知
不申候、其元ニ有之候哉、御僉儀可被成候、

下總國香取郡香取郷大宮司香取多宮・大祢宜香取
上總江被下候
御朱印、貞享之時分何方ゟ相渡頂戴仕候哉、享保
之時分も何方ゟ相渡頂戴仕候哉、右兩度之
御朱印何方ゟ相渡、誰方ゟ頂戴仕候与申義、印形
之書付認、多宮・上總兩人之內、井上遠江守(正長)江戸
屋敷江持參可差出候、

八月廿七日　井上遠江守内役人

大宮司方ノ留書ニ貞享三寅年八月十八日本多淡路守(忠周)
樣於御内寄合
御朱印致頂戴之由申來ル、
九月四日、大宮司方ヘ使求馬(伊藤)遣、下書認見申候、思
召御書加可被成候、出府之儀ハ、番頭之内差登セ可
然候、拙者儀不快ニ有之、出府難成候、御大社之儀

*貞享三年本多淡路守宅にて拝領

*享保四年津宮村にて代官より頂戴

三嶋神主御城にて御朱印頂戴

*金剛寶寺堂修覆願ふ

大宮司多宮大禰宜上總連印書状御朱印拝領の譯

ニも有之御用ノ筋相知候事、番頭遣候上ニて御用も有之候ハヽ、早速出府可致候、急御用之筋ニも無之候、爲御相談申進候、又申遣候ハヽ、悴義爲學文、來ル十日比ニ出府可爲致と存候、それニ遣候而も能候へ共、番頭之方可然候由申遣候へハ、大宮司申越候ハヽ、私義も内用有之、致出府候、左候ハヽ、於江戸監物殿へ申合出候様ニ可致候由申來候、又申遣候ハ、御内用ニて御出府ノ由、左候ハヽ、無上も事ニて候、監物罷出候ニも及不申候、則書付之下書相談極ル、又申來候ハ、　御朱印頂戴、寺社御奉行所ニて頂戴仕度段、願候而ハ如何、留書ニも前も願候由、返事、去年三嶋神主(矢田部伊織)ハ、於御城先年之通頂戴之儀、可奉願申候、然共願候而も、當社計左様ニ被仰付も有之間敷候、夥敷　御朱印ノ義、御上御憐愍ニて、此方へ被遣被下候事ニて候、拙者儀ハ、御上ゟ被下次第と存候、夫共貴様御願被成度候ハヽ、　御願御覽候様ニも可被成候哉、

書付案

下總國香取郷(郡)ノ香取郷香取神宮　御朱印頂戴仕候義、先年何方ゟ頂戴仕候哉御尋被遊候、則左之通

ニ御座候、

一、貞享三寅年八月十八日、本多淡路守様於御宅ニ、坂本内記(重治)様御立合ニ而頂戴仕候、

一、享保四亥年九月朔日、御代官坂川彦右衞門殿・八木源太左衞門殿檢見爲御用、當地邊御越之砌、御朱印御持參、近郷於津之宮村頂戴仕候、尤右爲御礼兩人出府仕候儀、被爲遊御免之旨被仰渡候、以上、

卯九月　　下總國香取神宮　大祢宜香取上總印

　　　　　大宮司香取多宮印

井上遠江守様

　御役人御衆中

九月六日、多宮方ゟ使、拙者儀、明日致出府候、此間之書付、被遣候様ニ申來ル、相認追付可遣候由及返事、則認差遣ス、尤宜様ニ頼存候由申遣ス、返事、書付請取申候、遠江守殿(井上正長)へ差上可申候、且又金剛宝寺堂ノ修覆願候、定而其元江も願可申候、明日出府仕候間、取込罷在候、何分ニも宜御相談頼存候由也、

一、九月廿三日、大宮司多宮從江戸歸候由、井上殿御役人長屋左五右衞門取次ノ由、前日ノ書付差上候、御

金剛寶寺堂屋根大破につき修覆願ふ

*「護摩堂欠落、」

堂愛染堂又見社神楽所損ずるも御金なし

*本寺惣持院も護摩堂相知らず

*「祭礼ノ節振舞等減ル度相談事、」

*社法の相談

役人｜｜ハ、其内申合、御渡可被成候、其節ハ此方ゟ又可申遣候由也、

一、九月廿五日、多宮使數馬(尾形)、金剛宝寺堂屋祢大破ニ付、修覆願出候、爲御相談以使申進候、如何可仕候哉、

返事、大破と有之候へハ、先以御金有之間敷候、所〻修覆所有之候、如何致可然哉、番頭御呼御相談被成、御覽ニ而ハ如何と申遣ス、

九月廿七日、多宮方へ番頭呼及相談候由、則屋祢やをも呼、屋祢中程迄新板、夫ゟ上へハ古板を以、三十三兩ニて可致候由、皆新板ナレハ四十兩余と申候、神前ノ風折、又ハ立枯木拂木ニ致、修覆致候樣ニ致候而ハト申來ル、

返事、堂幷愛染堂、又見ノ社も損候由、神楽所屋祢所〻損候由、左候へハ、大相成事御金無之、出來兼可申候、觀音堂之儀ハ、かやふき(茅葺)ニハ如何可有之候哉、又ハ所〻差板ニても致置、前方金剛宝寺所〻奉加致候、左樣ニも申付候テハ、如何可有之候哉、御ツモリ合、御覽可被成候、早速之了簡ニハ、第一御金無之、出來兼申候、又分飯司を以申越候ハ、番頭共致相談候処、三十三兩ニて、右之通相談致候由申來候、

返事、一通リハ御金無之候故、申進候、御了簡ノ通リニ被成、可然候由申遣、則其段屋祢やニ申付候由也、

〔十一月〕

一、十一月廿四日、護广(摩)堂欠落ノ由、則役人共ゟ惣持院へ使遣、高木孫大郎口上、こまとう(護摩堂)義、久敷見へ不申候、毎度他出候節ハ、役人共へ届ケ出候、無其儀候、若欠落ニても不致候哉、御存シ無之哉と申遣、惣持院使ニ逢、近キ比此方へハ見へ候、逢も不致候、少〻相尋見可申候、少〻御待被下候樣ニ致度候、

十一月廿六日、惣持院ゟ清右衞門(額賀)方へ使僧、口上ハ、こまとう事、門末中相尋候へ共、知レ不申候、多分欠落ト相見へ申候、寺をも見セ候由申來候、

十一月廿八日、大宮司方へ使遣求馬(伊藤)、此間久敷こまとう不相見候ニ付、本寺惣持院江も承候処、不相知候由、欠落ト相聞へ申候、右之段爲御知申候由、

一、十一月廿八日、大宮司方へ使求馬、社法相談之事、

一、大祭礼ノ節、奉行呼村振舞之事

*風雨の節の神事諸社家難儀

太田備中守より呑喰物澤山は宜しからずと仰付く

社家も困窮に及び餅酒は略す

*上總松木一本求む

*雷の下る木使はず

一、両所振舞之事
一、霜月四日ゟ廿日迄之事
一、御流ノ御酒三献之事
一、榊舞之事
一、霜月七日之事
一、御供鉢之事

右之通ニ計、書付口上ニて訳ヲ申越ス、先年太田備〔資晴〕中守殿御奉行所ノ節、惣検校・角案主祭帳公儀へ出候節、供物ハ各別、呑喰物ニ沢山如此入候事ハ不宜候、向後相止候様ニ、中務殿・自分出候節、御呵ニて候、仍之両人御尤之由相談仕、相減可申候由申上候、就夫正月七日神ノ御出ノ支度ノ餅・酒抔ハ相減申候、段々社家も及困窮候ニ付、右両振舞略、但奉行呼ノ鯉マナ板也、傍輩振舞ノ節、行候様ニ両振舞も、何ソ一品下地遣候様ニ、霜月二日・三日ハ今迄之通ニ、四日ゟ廿日迄両所ニてノ振舞相略、尤供物ハ前々之通、榊舞ニ立候事ハ、諸社家大切ノ狩衣褻〔装、下同ジ〕束、土足ニて霜解ヲ歩候而ハ、褻束ヨコレ難義之由、是ハ小机ヲ二ツ、榊葉ヲ載、両所へ奉幣廻候様ニ、神夫ニても落用人ニても持歩候様ニ、霜月七日側高ノ神事、少々細雨ナラハ、只今迄之通相勤、大風雨ノ節ハ、本社ニて相勤候様ニ、風雨ノ節ハ、諸社家至極難儀、御供御鉢拵供候様ニ、尤たんす致入候而持歩候様ニ、まこも〔眞薦〕ヲ略シ、然レハ取仕廻、諸事大ニ祭當致能、且清浄ニも可有之候、まこもニてハ甚不浄、御流ノ御酒ハ三献ニ極メ、祭振舞ノ節も三献、右之趣立合御相談被成候而ハ、如何可有之候哉、先番頭呼致相談、其上ニ其元へ可申進候哉、思召次第思召候程承度候、久敷心付申候ニ付、得御意候、大宮司返事、一ツ書致一覧候、榊舞之事ハ、古実〔故〕も有之様ニ承及候、御供鉢之事ハ、中務代ニも御相談有之様ニ承及候、社法之事故、早速ノ了簡ニ不及候由申來、

一、十一月晦日、大宮司方へ使遣、求馬、兼テ得御意候、拙者表ノ座敷普請ノ心懸ニて候、前方ノ松木ニ朽有之、不足ニて候、今一本有之候へハ、大概事濟候、里山ノ木ハ白ク、前ノ木ハ赤一同不致候ニ付、今一本伐物出、相求度候、奥宮ニ枯松有之候へ共、雷ノ下リ木ハ、不遣物物〔衍〕ノ由承候、原町源兵へ屋敷内ニ、松一本有之候、御相違も無之候ハヽ、番頭ニ見セ申

*神の御出の支度も相減ず社家困窮につき大祭禮の略儀相談す

餅酒は近年大いに減少

奉行呼の鯉

*皆略すことは成り難しと多宮申す

度候、又無用ニ致可然候ハヽ、相止可申候、
大宮司返事、源兵衞屋敷内ノ木ハ、私も訳不存候、番頭御呼被成御相談、其上私方へも相通候様ニ致度候、

〔十二月〕

一、十二月朔日、番頭呼談候ハ、惣而社家も困窮ニ候間、大祭礼略候儀、長久ニ相勤候様ニト存、昨日大宮司へ及相談之処、社法之事故、早速了簡ニ不及候由申來候、何も如何存候哉、了簡致相談候様ニ致、可然候由申聞ル、神ノ御出ノ節、餅・酒ハ、古ゟ近年及相談、大ニ減――、村振舞之事・奉行呼ノ事略シ、奉行呼ノ鯉ヲハ、傍輩振舞ノ節行候様ニ、兩所振舞何ゾ一品遣、十一月二日・三日ハ今迄之通リ、四日・五日・十七日・廿日供物ハ前之通振舞相略シ、御流御酒ハ三獻、榊舞ハ小机ヘ榊葉ヲ載、奉幣ノごとく神夫ニても、誰ニても落用勤候様ニ、霜月七日細雨位ナラハ側高ヘ行可勤、大風雨ナラハ本社ニて勤候様ニ、御供鉢ヲ御鉢ニメ、たんすへ入持歩備候様ニ、サスレハ祭(サイ)當、大ニ世話物入も減シ可申候、榊舞抔も霜解ノ節、惣社家庭上ヲ土足ニてハ、裵(装)束モヨゴレ、重キ神用ノ爲も有之候、第一享保年中、寺社御奉行所太田備中守(資晴)殿ニ而、惣検校・角案主祭入用帳面御覽ノ上、中務・自分御呵ニ逢申候、供物ハ各別、呑喰物ニ此様ニ大相ニ致スハ不宜候由、改候様ニ被仰聞候、仍之神ノ御出ノ支度も相減シ、此度も右之通ノ御沙汰有之ニ付、第一社家も段〻困窮故、此上長久ニ相勤リ候様ニ致度候、右之通ナレハ社家ノ爲ニハ、大ニ成候事也、番頭共差而無挨拶申候、御供ヲ入候ニ、まこも(眞薦)調候ニ大ニ物入、殊ニ仕上候ニ不淨也、前方祭礼中雨降、神座ヲカタシ、且又此度權祝祭リ、其身ハ忌中引地ノ内ニも、一兩人忌中有之、大難儀可爲、振舞等右之通減候ヘハ、大ニ爲ニ成可申候、其様ノ時ハ、供物も清淨ニ出來兼可申候、一通相談致見間敷候哉、前方自分護广(摩)堂地所替之事、中務ヘ及相談之処、存ノ外得心ニ而、早速相談出來、此度ハ出來兼候由咄候、
右之趣番頭多宮ヘ咄見候処、皆略候事も難成可有之候、料理等減候而抔申候由、榊舞抔も沓ハ成間敷候ヘハ、ヲブト(緒太)、哉覽ニても、はき候ハヽ、可然候抔、

大禰宜廣間普請に松一本不足

松御宮御用にも立ち難し

*神納物請取る

宮林薄し

*大宮司一ケ年給分二朱銭にして六百二十四文

*秀屋長拝借願

寛永年中木御改

神領中の竹木神慮の物

*秀屋長両親至極不勝手

惣而埓ノ明又挨拶之由也、
右之節兼テ各被聞候通、手前此廣間九十年余ニ成候、所〻損候ニ付、普請ノ心懸、前方ノ枯松ニ朽有之、少〻不足ニて候、他ノ木ニてハ取合無能候、今松一本有之候へハ、事足リ候、昨日大宮司方へ及相談之処、右記ス通リニ申來候、尤松ハ御宮御用ニも難立候、皆見分致、代付を以致くれ候様ニ申談ル、尤此座敷ハ、早竟役屋敷、神事・祭礼・御祈禱をも相勤、服忌をもいとひ(厭)候家ニて候、鎌倉ノ神主抔ハ、近年御造營ノ節、御材木御金ヲモ致拝領候由也、我等抔も願候ハヽ、木五三本ハ成間敷ニも無之候へ共、宮林ハ薄ク、古木ノ有ルヲ以、御威光古跡ノ訳モ立ツ故、又先〻ノ例ニも成候へハ、不宜存候故、決而かりそめニも、其志ハ無之候、原町源兵へ屋敷内ニ、松一本有之候、宮林トハ堺ノ堀有之候、今迄神木同前ニ手前ニ手ヲ不付候、是ハ寛永年中在〻所〻ノ木御改之節、寺〻迄も改有之帳ニ致候由、手前ニも其帳有之候、夫故手ヲ不付聞(ト)ヘ候、又神領中ノ竹木ハ誰か持ニ而も、皆神慮ノ物也、何も見立くれ候様ニ申談ル、則番頭見分、それより大宮司方へ往、右之趣咄候処、多宮申候ハ、御宮かざりニも成候間、無用ニ致可然ト申候由、番頭來リ申候、上總━━ハ、源兵衞カ裏ノ木ハ上ニ朽穴見へ、下ニも朽見へ候、左候へハ大木ニハ有之、人夫大ニカヽリ、朽抔有之候へハ、却テ致迷惑候間、余リ不好候、左候へハ能候由、無用ニ可致候由、及挨拶差止ル、

一、十二月五日、大宮司ゟ使數馬(尾形)、金剛宝寺門・鐘樓等屋祢修覆、兼テ申付候、殘金請取度由申、又神納物請取候、役料御手洗名主願候、如何程遣可然候哉、
返事、何分ニも御計可被成候、此方相違無之候、
六日、大宮司壹ケ年分給分貳朱遣候由、此錢六百廿四文、

一、十二月四日、番頭來ル、秀屋長拝借願、
十二月六日、番頭來ル、今日宮下へ參候処、先達而何も被願、上總方へも及相談伺候迄ニ有之候処、旧冬米貳俵願候、夫ニ而我等掛リハ相濟候ト御申候、番頭へ上總申候ハ、右之趣致承知候、左候へハ、早速ノ挨拶ニ難及候由申聞ル、右秀屋長兩親及八十、至極不勝手、今日ヲ暮兼候ニ付、拝借願相談相極、序

を以公儀へ願可遣之由、多宮申聞候処、此節相違之挨拶也、丸二年番組番頭米貳俵之事ニ可願哉、

秀屋長身上相立たず不便

十二月十二日、大宮司方へ使求馬、(伊藤)秀屋長拜借願之儀、其元ニて御取上も無御座と申、番頭此間一兩度來候、身上不相立之由申候、不便成儀ニて御座候、御了簡も有御座間敷候哉、

*公儀へ願へば事濟む

*職分立たざれば世話致すは道理

大宮司返事、此間番頭へ申候通、先達而拜借願候処、又去暮米貳俵願候、それテハ願替不ト可然思候へ共願出候、仍之此方掛リハ相濟候由、求馬ニ多宮直談、此趣申候様ニト也、尤配下ノ事、其分ニハ成間敷候へ共、訳ハ右之通ト申來ル、

秀屋長知行皆質物に入る

*内借御修理料の不埒となる

一、十二月十三日、大宮司方へ使求馬、秀屋長拜借願之儀、致僉儀見候処、彼者知行八俵程納候由、皆質物ニ入候由、仍之米ノ廿四・五俵も内借爲致、夫ニ而借金爲相濟、知行ノ内三俵程納候、田一ヶ所取上、御修理料へ入、年々返納致候様ノ筋ハ、如何可有之候哉、番頭へ右之趣御相談も被成候テハ、如何可有之候哉、

返事、御尤ニ存候、乍去享保年中、左様之儀御沙汰も御座候様ニ覺候、公儀へ不奉願共、社中ニ而計致苦カルマシキヤト申來ル、

又求馬ヲ遣、私掛リニも無之候得共、至極困窮、職分難勤候由、氣毒ニ存候ニ付、先一通及御相談、誰も公儀へ不願候而能ト申者も、有御座間敷と存候、御尤ニ存候由申遣、

返事、享保年中ノ御沙汰、承候故申進候、。右及相談之訳ハ、大宮司掛リニて、近々御年礼ニ出府、公儀へ願候へハ、事濟候事也、又春ニ成候テ、願候而も能候、兩人相談ニ而内借爲致候而急候事故、跡ニて公儀へ申上候テモ可然候、実ニ職分不立候由(香取)、ナレハ世話ニ可致道理也、五年以前物申祝右近、二・三俵ノ様ニ内々ニて申、廿俵借リ、年々ニ濟候、多宮心安候へハ如此也、不便成事也、

一、十二月十四日、番頭來リ、今日宮下へ被召候而、秀屋長願候儀、彼是被仰聞候、宮中相違無之候ハヽ、何分ニも相談致候様ニ申候由、仍而御内借仕候様ニ被仰付被下候様ニ申來候、上總――如此ノ上ハ、公儀へ不奉願、内借ト云ニハナラス、向後御修理料ノ不埒ニ成元也、不宜候、大勢之社家皆不勝手也、此上其通リニ成候而ハ、一社ノ乱ニ成候、近々多宮御

年礼ニ出府也、頼願候様ニ可致候、米ハ年内ニ渡候様致可然候、若万一公儀不濟候ハヽ、我等ト多宮兩人ニ而、御藏へ納候へハ事濟候、年内ニも春ニも、又ハ夏ニもとかく公儀へ願候様ニ可致候、右之通申遣、多宮尤之由申、則三十俵外ニ貳俵、是ハ旧冬ノ分也、多宮出府前取込故、手前ニ而願書認遣ス、

乍恐以書付奉願候

當宮下社家秀屋長ト申候者、數年不如意ニ御座候処、當年別而困窮仕候、仍之御修理料米ノ内三拾俵拜借爲仕、社職相續仕候様ニ仕度奉存候、當時神用等、差支無御座候、返納之儀ハ、秀屋長職料を以、來ル辰年ゟ丑ノ暮迄十年賦ニ、急度返納爲仕可申候、右之通被仰付被下候ハヽ、難有奉存候、以上、

延享四丁卯年十二月　下總國香取神宮　大祢宜　香取上總印　大宮司　香取多宮印

寺社御奉行所

右之通相認、多宮持參ス、尤被仰付候節、御礼ノ義、宜御取計可被下候由申遣、

*監物實香學文のため出府
*大宮司多宮御年禮に出府
公儀へ願ふやう申す
大宮司多宮大禰宜上總連印願書
御修理料米のうち三十石拜借願ふ

實香九月十日爲學文出府、十二月廿日歸郷、同日大宮司御年礼ニ出府也、

延享四丁卯年十二月　香取大祢宜上總實行　五十六歲
嫡子監物實香　十七歲
次男城之助行高　十五歲

（原表紙）
「延享戊辰年七月十八日改元寛延
寛延二己巳年」

延享五戊辰七月十八日、改元寛延、

一、辰正月十一日、京都一條關白（兼香）樣江萌黄差（指）貫奉願、一日晴御免之事、

一、辰正月十七日ヨリ大祢宜廣間普請取付事、木寄ハ旧冬也、

一、辰三月廿日、觀音堂屋祢葺替ノ事、

一、四月十日、雨乞御祈禱祭文之事、

一、四月廿四日、不時之神納物、帳面ニ記事、

一、六月十九日・八月廿日・同廿五日、御代官所ゟ神崎村名主方ゟ　御朱印御渡ニ付、高役金等事、

一、七月十日、前大宮司美作由房九十二才、浪人、於水戸病死ノ由、由房子左內、安方始孫之進、後道意、前宮之助職勤、宝暦四戊年六月、浪人ニ而江戸深川ニ而六十四才病死ノ由、

一、七月廿九日、釜ノへた（邊田）井淵ニ而杉二本伐ル、

一、十月廿一日、稲葉丹後守（正甫）殿ゟ被召、辰十月廿八日御朱印頂戴之事、

一、十月廿四日、大祢宜普請小屋出火之事、

一、十一月六日、愛染堂屋祢葺替之事、

一、十二月七日ゟ林平沙汰之事、及出入、

寛延二己巳年

一、正月廿一日、押領使自滅沙汰ノ事、

一、二月朔日、又十二日、篠原村十兵衛・藤右衛門村堺立度來申事、

一、巳二月廿五日・三月七日、大祢宜座敷廣間柱建初ル事、

一、二月廿七日、主計（香取）御奉行所へ願出候由届ニ來ル、三月十一日、大宮司へ願候樣ニ被仰渡、

一、三月十六日、大宮司宅寄合、押領使兵衛沙汰事、

一、三月十七日、源太祝（香取外記）沙汰事、

一、三月廿一日、上總出府、三月廿五日、多宮へ御差紙、

＜一、四月廿七日、鹿嶋大宮司（塙中務）・惣大行事（鹿嶋甚五左衛門）籠舎被仰付、五月十七日ノ処、

*御年禮大宮司
*稲葉丹後守寺社奉行仰付らる
*伊藤求馬江戸へ遣す
*一條攝政關白兩殿へ年始書状御扇子料差上ぐ
*萌黄指貫一日晴著用を村田西市正へ伺ふ
*「拜借願不叶」
*酒井雅樂頭表用人犬塚又内宛へ書状遣す
*舊冬大岡越前守へ秀屋長願も叶はず

一、五月九日、上總出府、源太祝事、
一、五月五日、實行妹三尾病死四十八才、
一、五月十八日、物申右近(香取)ニ付、大岡(忠相)殿ヘ書付上ル、
∧一、十一月廿五日、大宮司服中、御年礼不勤訳、十二月八日・同十日・同廿三日処ニモ載、
一、十二月八日、大戸別當江戸旅宿ヘ來、隱居願之事、
一、金剛宝寺大聖院沙汰之事、十一月十四日・同十二月廿二日・同廿五日・同廿八日、

(以下ハ線引ニテ抹消)

寛延三庚午年

一、正月廿五日、源太祝事ニて上總出府、三月十六日、源太祝事御吟味、○(一件御裁許)五月廿七日、源太祝、
一、三月廿四日・同廿六日、大戸神宮寺江戸旅宿ニ來ル、
一、六月廿三日、大戸神宮寺出訴、
一、七月廿日、人別公儀へ上ル、御差圖有之、認立、八月三日・同廿九日、人別▩帳納歸ル、

〔延享五年正月〕

延享五戊辰正月、寛延元年、七月十八日改元、

元日、靑(晴)天、長閑也、三日、細雨、御年礼ニハ旧冬大宮司出府也、寺社御奉行酒井修理大夫(忠用)殿若狭國主十二万石、大坂御城代被仰付、稲葉丹後守(正甫)殿御跡役十二万石、寺社被ニ仰付ニ由、從江戸五日ノ日付書狀ニ申來ル、
一、九日、伊藤求馬江戸へ遣、寺社御奉行所・水戸様(德川宗翰)へ年始差上ス、
一、京都一條様攝政様・關白様(一條兼香)ヘ年始書狀差上ル、御扇子料兩御殿様ヘ差上ル、
一、萌黄差貫(指)一日晴ニ私着用仕候義不苦候哉、奉伺候、村田西市正(景春)迄(衍)相伺、
右正月正月十一日ノ日付、
酒井雅樂頭(忠恭)殿江犬塚又内表用人宛ニて年始書狀遣、
一、正月十三日、大宮司ゟ使、私義昨日致歸宅候――、秀屋長願之儀、旧冬廿五日大岡越前守(忠相)殿ヘ申上候処、御吟味ハ有之候、御取上無之候、追而御咄可申候、
一、正月廿日、求馬(伊藤)江戸ゟ歸ル、寺社御奉行所年始相勤、水戸様相勤――、御料理拜領、御目錄貳百疋頂戴、翌日旅宿ヘ御使者被下置、稲葉丹後守殿御役人渡部忠兵ヘ・衣笠忠左衞門・森只右衞門、

多宮大岡越前守へ秀屋長拝借願ふ

*大宮司方より大般若につき相談

大宮司方より神崎明神神樂につき一日晴狩衣布衣著用を尋ぬ

*側高大般若二月朔日執行すべし

側高神主大般若につき尋ぬ

正月十日武射あり

*側高祝御禮に來る

側高山別當千壽院

*「萌黄差貫御免」

一、同日、旧冬秀屋長拝借願、多宮大岡殿ヘ申上候処、只不勝手ト計ニてハ不濟候、大勢ノ下社家も有之由、如此之訳ヲ可申候、御仲間様へも申候、訳ヲ書上候様ニ御申候間、罷帰相談仕可申上候由申帰ル、又來月末比ニも出府致候間、其節之事ニ致候共ト、右内記(香取)ヲ呼、右之段申、願書ノ印ヲ消シ返ス、右之段内記(多宮)參咄、書付も持參也、

一、正月廿五日、大宮司方ゟ使數馬(尾形)、來二月二日神崎明神ニ神樂致執行候、下ノ社家共被頼候、就夫一日晴ニ狩衣・布衣着用爲致度候、如何可致候哉、

返事、御勝手ニ可被仰付候、大宮(司脱)領ニ居候社家不殘參ル由、皆布衣・狩衣着候由也、

一、側高明神ノ神主來、正月廿七日、來ル朔日側高於神前大はんにや(般若)毎年爲讀申候、然処正月十日、右神前ニ武射有之、夫ニカイホカイト申事有之、神主致來候処、當正月ハ千壽院致候由、皆村中百姓出致候由、神主爲勤申間敷候由申候処、扱入今年ハ先爲勤候、其上村中連印致候ハヽ、向後武射ノ祭礼可相勤候趣ノ前書ニ而、側高山別當千壽院ト書付、皆〻致印形候由、此書付ヲ扱出、無ニ致候由、神主も連印致候由申候ニ付、一兩度伺ニ來候、大宮司申候ハ、印形無用と申候由、大宮司年番也、大般若ヲ今日來リ申候ハ、毎年ノ通可爲勤哉否伺ニ來ル、此間も來ル、

大宮司方ゟ使數馬、側高之儀、先達而御承知ト存候、大はんにやノ義、如何可申付候哉、爲御相談得御意候ト申來、

返事、早速了簡ニ難及候、とくと御了簡被成御覽可被成候、彼者共致來候事ハ改候上ハ、此方も其分ニ爲致候もおかしき物ニて候由及挨拶、廿二・三年以前側高拜殿建候、以來大はんにや二月朔日神前ニて致執行候由也、

〔二月〕

二月朔日、側高祝來ル、内〻ノ事扱ニて事濟候由、御礼ニ參ル由也、別當ト書ク村中連判ノ書付消シ、カイホカイ神符ハ千壽院、祝詞ハ祝ト云扱ノ由、正月十日武射ノ時ノ事也、二月朔日大はんにや(般若)、例年之通よませ候由也、

△一、辰正月十一日、京都關白様(一條兼香)へ毎年之通、年始書狀差(指)上ル、其砌諸大夫村田西市正(景春)へ相伺候ハ、萌黄之差

*大禰宜家廣間普請取掛る

村田西市正書状

大禰宜廣間普請を大宮司多宮へ咄す

*所々より用材寄進

大宮司押手社修覆望む

*元祿十三年大禰宜胤雪宅至極破損

*元祿十六年新規建直すも甚だ見苦し

貫着用之儀申上候、同正月廿六日之御返簡、二月十八日ニ相屆、其文、攝政殿御內村田西市正ト封紙。御認被遣、

一、萌黄差〔指〕貫之儀被仰越、一日晴ニ着用之儀者不苦候間、左様ニ御心得可被成候、

香取上總様　　　村田西市正

一、大祢宜廣間、与一郎實富万治年中建之由、九十年余ニ成、所々殊外損シ、勝手も不宜候ニ付、數年普請ノ心懸、仍而去夘六月大宮司方へ宮林ニ有之枯松伐物差出調度候段、尤普請ノ義咄、大宮司無相違番頭ニ見セ、直段等爲積可然段申、仍之番頭立合、夘六月廿一日也、只大宮司も押手社修覆ニ望之、仍而兩方へ三本ツヽ、代物ヲ付番頭積、夘七月ゟ右木挽、柱三十三本、一丈八尺、次ハ一丈四尺、六寸角、床板は〻〔幅〕三尺、敷居・鴨居三間・貳間半、ナケシ〔長押〕・差物等、其外ノ物も取ル、右松白身ヲ去、是迄松柱不用処、實行工夫ニ而可然ト致了簡、赤身ノ処計也、御手洗屋敷并溫井屋敷ニ而貳尺余ゟ五尺迄ノ松・杉百三・四十本、外山ニ而三十本程寒伐也、其外所々ニ而伐、椎・栗等伐、

辰正月十七日より普請ニ取掛ル、大工ハ當所ノ追野ニ居候源四郎、長拾間半ニ梁五・六間差圖、先ニ記、右普請、屋敷後ニ間地無之ニ付、不任心底也、右外ノ木ハ今年秋伐ノ積リ也、右ノ場所ニ而樫キ沢山伐ル、庭ニビヤクタン〔白檀〕六尺ノ大サノ木有之伐、天上〔井〕板ニ用、上段三間ノ床、ふち〔緣〕ハキワタノ木、大神主ニ貫、玄關ノ向、床ふちキワタ大坂長三郎屋敷ニて伐ル、宮之助も小松五・六本貫、分飯司も柱杉壹本、山崎藤右衞門ニ差物玄關貫、要害与右衞門処ニて高梁樫貫、丁子檢杖も能松寄進也、其外領分中ノ者竹寄進、嶋邊ノ者ハ萱寄進也、唐破風ノ木松七尺程ノ大キ木ナカヘノ方ノ山ニ有之ヲ新福寺ニ貫、破風ノ木、仍而中ヲツガスニ用ル也、

元祿十三辰七月、胤雪大祢宜宅へ移ル処、宅所々殊外損ル、臺所ハ六間ニ貳間半也、至極損故、元祿十六未年今ノ通ニ新規ニ建之、部屋・米藏・裏門、何も新規ニ建直、甚見苦敷事也、

〔ココニ圖アリ、便宜次頁ニ移ス。〕

右差圖ノ通、延享五戊辰年正月十七日ヨリ大祢宜廣間普請ニ取付処、

此差圖ノ通、寛延二己巳年[illegible]取付、同三月七日ニ建初、同十五日ヨリハヤネフキ初、廿日迄雨天故カヽル、●木寄○旧冬致、○卯六月ち又

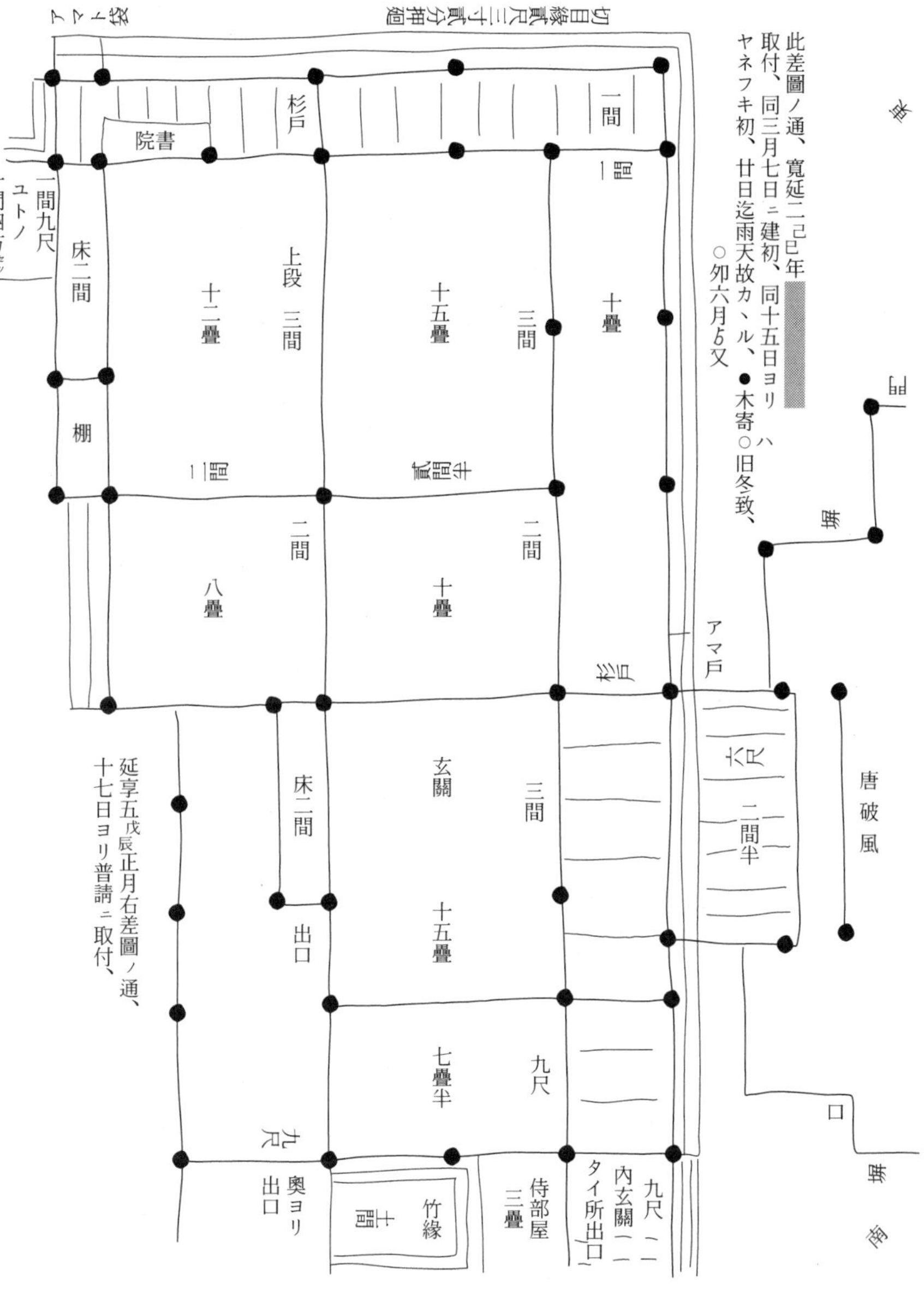

延享五戊辰正月右差圖ノ通、十七日ヨリ普請ニ取付、

上總召により出府

大工小屋出火

*神拜の節供物ありて不勝手

*「神樂日延」

*大々神樂佐原下宿講雨天のため十六日夜より始めたく相談

愛染堂隣の杉枯葉に火付く

類火なし

煙草の吸殻に因る

*金剛寶寺屋根殊外損ず

一、辰十月廿三日、寺社御奉行稲葉丹後守（正甫）殿より被召出
府、
御朱印頂戴也、廿四日夜江戸着、同廿六日夜従在所
主計（香取）出府、去ル廿四日ノ夜八時、大工小屋ゟ出火ノ
由申來ル、正月ゟ拵立柱抔ハ上ケヅリモ濟、唐破風
ノ道具、其外大概出來ノ処、五間ニ貳間半ノ小屋ニ
二階ゟヒシト積置、皆燒失ノ由申來ル、仍之早〻新
ニ木寄、致普請ニ可取掛申由申遣、右出火、小屋ノ
東ノ方ノ角ヨリ、藏之助土藏ヘ三・四尺程有之処ヨ
リ出火ノ由、右小屋ニ幷北六間ノ小屋、是ニハ五・
六間ノ天（幷）上道具共入置、少〻直隣故火付萱貫捨消ス、
古ノ廣間間（衍）三間程有リ、古ノ玄關も其間數、藏之助
土藏・幷〻殿間近ク、風ハ南少有ル由、然処何も無
別条火勢甚由、其節愛染堂ノ隣ノ杉枯葉ニ火付ニ付、
人ヲ爲登消候ニ見候ヘハ、愛染堂ノ屋祢後ニ火有之、
則消之、右愛染堂古ル屋祢也、不見付候ハヽ、輙可燒、
サスレハ神前江も可移処、類火少も無之、誠ニ　御
神慮御感應着明処也、絶言語難有義也、扨出火之儀
ハ常〻隨分申付候処、大工共小屋ニ而煙草ノ吸から（殼）
ゟト申事ニスル也、留主居之者無念故也、

〔ココニ圖アリ、便宜次々頁ニ移ス。〕

〔三　月〕

△一、三月五日、大宮司方ヘ使求馬（伊藤）、取〔欠脱〕數馬（尾形）、神樂ノ節、
兩所神拜ノ義、中殿ヘハ供物沢山備、セまく不勝手
ニも候間、上ノ御戸ノ前ニ而半疊爲敷相勤候ハヽ、如
何可有御座候哉、
返事、被入御念候、御使ニて候、今迄中殿拜ノ義、
成程コズミ（偏）能無御座候、大床可然、御尤之由申來ル、
大〻神樂左（佐）原下宿講、三月十四・五・六〔日脱〕ニ定ル処、
十四日・十五日雨天故相延、十六日ノ夜ヨリ始、尤
相談ノ上、

辰三月香取の社にまふてはなのさかりなるを

　　　　　　　　　　實行

人や見む咲にけらしな神かきの　にほふかとりの
花のさかりを
神もさそきよきこゝろの色ふかき　花のさかりの
春やめつくる

一、辰三月廿日、大宮司使數馬、取〔欠脱〕求馬、金剛宝寺屋祢
葺替、中ヨリ上ノ方古板用可申請負候処、殊外損難

「*神拜座、」

大聖院又見社屋根損ずるを願出づ

返田社拜殿箱棟に致したく願ふ

*御祈禱中殿にては散錢打付られて難儀

*兩社務朝暮共に中殿にて祈禱相勤む

又見社返田社の儀は番頭見分の上相談す

金剛寶寺堂古板用ひ難く足金申す

*旱魃甚しく御祈禱願ふ

屋根屋市右衞門請負金増すを願ふ

用、又ソコ〳〵ニ致置候時ハ、無間損申候ト申、屋祢や市右衞門度〻願出候、不取上差置候得共、達テ申候、如何可致候哉、御相談申候、

御返事、イサイ被仰聞可被下候、又大聖院・又見ノ社屋祢損候由願出候、又返田社拜殿谷箱棟ノ処、くれヲ置候、宮林ニ枯杉貳・三本有之候、此度ハ箱棟ニ致度段願候、是又如何思召候哉、

返事、屋祢や市右衞門願之儀、委細致承知候、御了簡不被成候ハヽ、成間敷候、何分ニも思召ニ御了簡可被成候、又又見社・返田社之儀被仰遣候、此義ハ先番頭見分致、其上ニ而御了簡御相談可然と存候、

一、三月廿一日、大宮司宅へ番頭寄相談也、

同廿三日、番頭見分也、金剛宝寺堂古板ヲ用、代金三十三両ニ而、屋祢や市右衞門請負候処、古板難用ニ付、足金十六両貳分ノ願也、同日、大宮司方ゟ大金之儀ニ候間、如何可致と相談申來ル、

上總返事、如仰候、大金ニて候、乍去シラウト（素人）ノ事ニて難相知候、何分ニも御掛リノ義、御相談被成候様ニ申遣、又見社屋祢の事も、何分ニもト申遣ス、

一、屋祢や市右衞門呼、申付候様ニ、尤先達而請負候上也、呵候而可申付候旨、多宮申付候由、右ハ堂之屋祢請負金増願候事也、

一、辰三月廿七日、大宮司方へ使舍人（伊藤）口上、此間神樂ノ節、御戸ノ前ニ而両所ハ御祈禱致候、此上右之処ニ而相勤可然候、中殿ニてハ拙者儀ハ、参詣之者ニ散錢打ツケラレ致難儀候、騒敷事も御座候也、□又見場不宜候ハヽ、只今迄之処ニ可致候、爲御相談得御意候也、是迄ハ両社務、朝暮共ニ中殿ニ而祈禱勤候、尤大祢宜正月元朝ノ勤ハ、從古來御戸ノ前ニて勤來ル也、

大宮司返事、此間神樂ノ節ハ、供物調進ニ付、御戸ノ前ニ而勤候、年久敷中殿ニ而勤來候間、只今迄之通可然存候、存寄之通ヲ得御意候、それ共思召次第ニ可被成候、四月十一日ヨリ雨乞祈禱、大床ニ而両社務勤ル也、

〔四　月〕

一、四月十日、大祢宜領役人共來リ、以之外旱魃、苗代もワレ、呑水井サヘ殊外少ク成候、御祈禱願候、則大宮司方へ及相談、無相違明日番頭神前ニ而、氏子

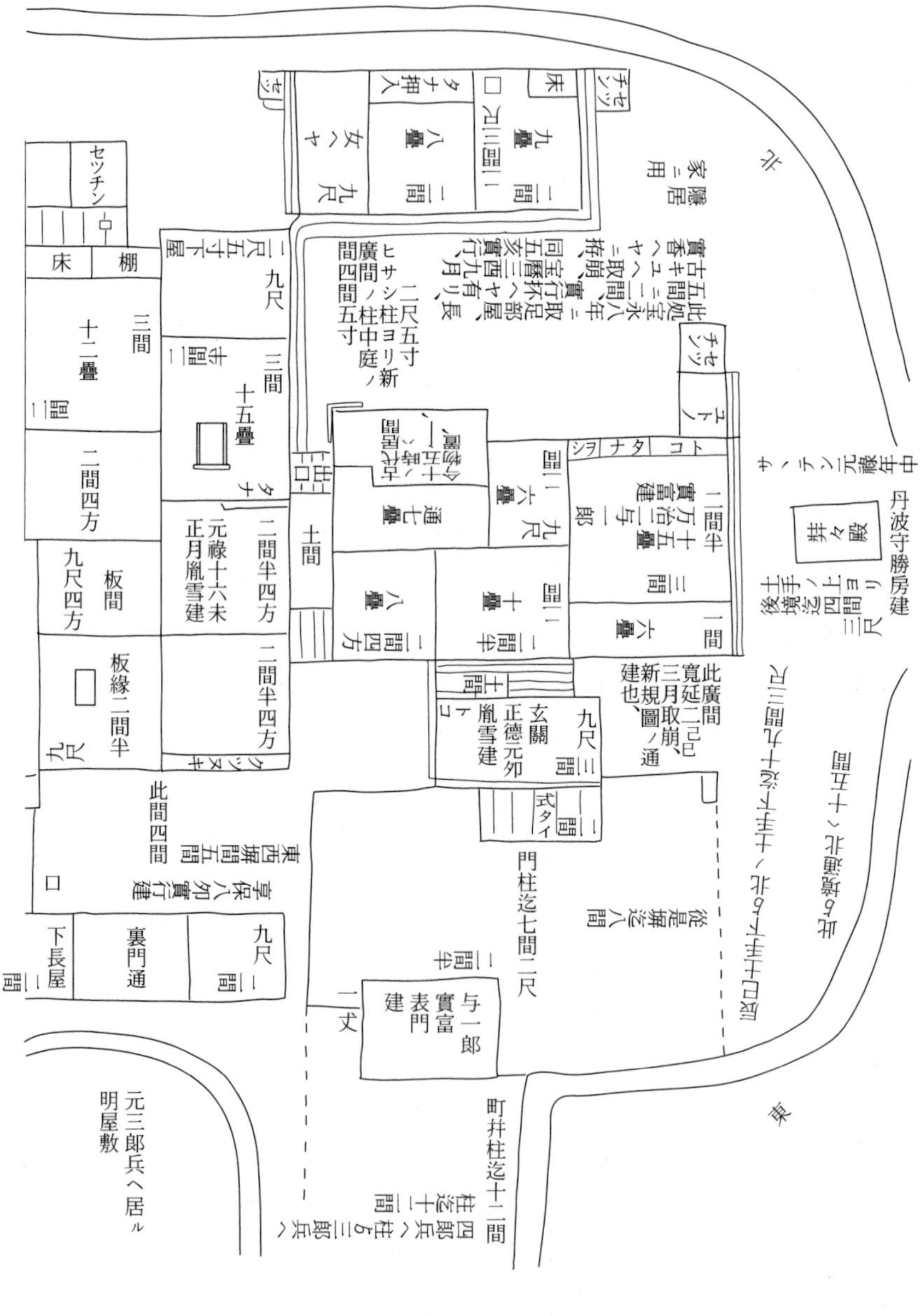
北
東
隠居家ニ用
九疊
八疊
女ヘヤ
タナ押入
床
チセツン
セツチン
床
棚
三間
十二疊
二間四方
九尺四方
板間
板縁二間半
此間四間
東西塀間五間
享保八卯實行建
九尺二間
裏門通
下長屋二間
十五疊
三間
二尺五寸下屋
二間半四方
元禄十六未正月胤雪建
二間半四方
此古キ處ヲ宝永二酉年ニ取崩、實行取實香ニユヘヤヘ、長屋部屋同三亥年九月行實ニ建
ヒサシ柱ヨリ新廣間ノ柱中庭ノ間四間五寸
十間
通七疊
八疊
二間四方
六疊
九尺
十疊
二間半
実富建与一郎
十五疊
二間半
三間
六疊
一間
丹波守勝房建
此廣間寛延二己巳三月取崩、新規圖ノ通建也、
玄關正徳元卯胤雪建
九尺三間
従是塀迄八間
門柱迄七間二尺
与一郎實富表門建
一丈
町井柱迄十二間
四郎兵ヘ柱迄十二間
元三郎兵ヘ居ル明屋敷

延享五戊辰年正月實行大祢宜家圖記之

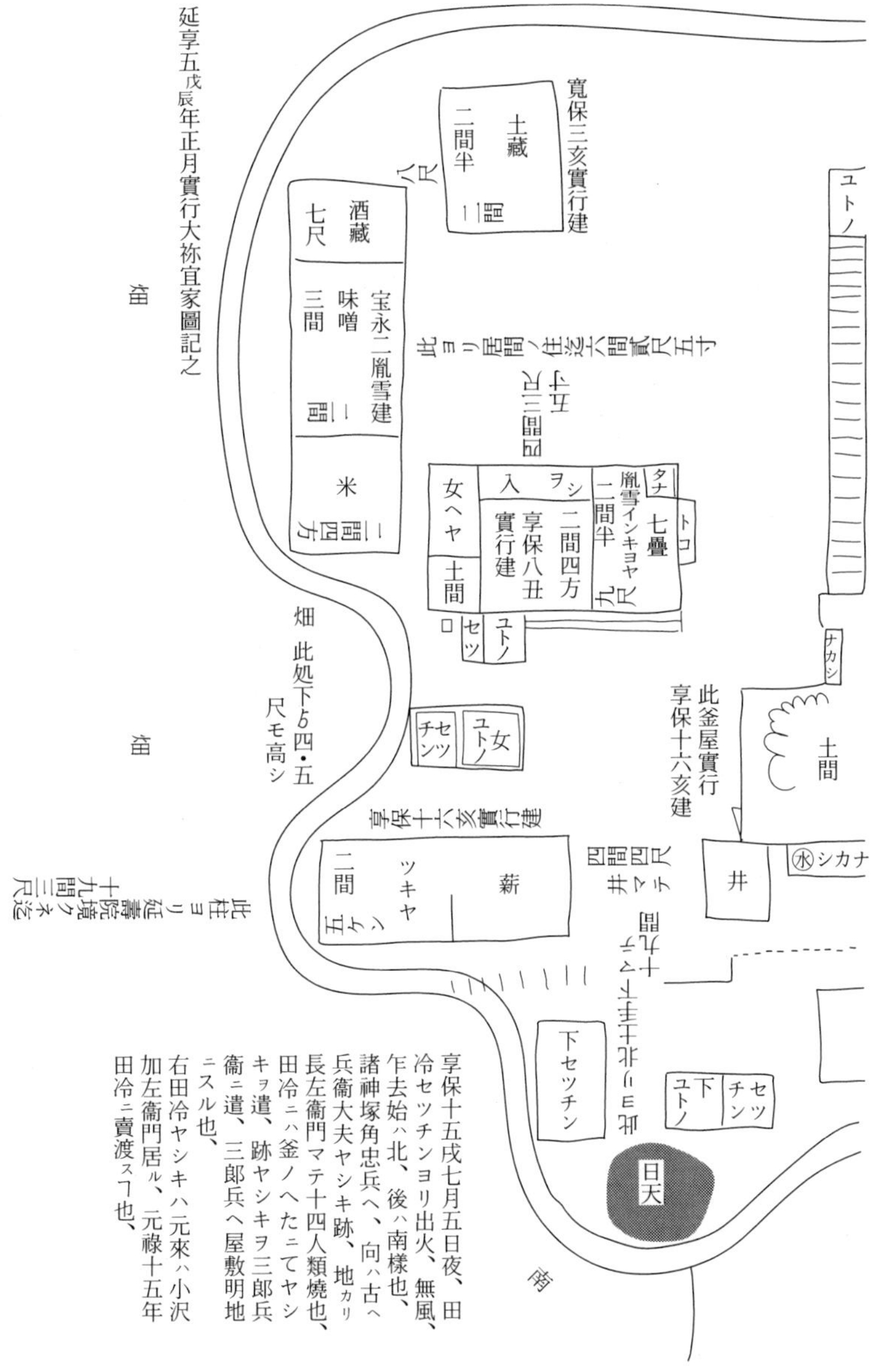

享保十五戌七月五日夜、田冷セッチンヨリ出火、無風、乍去始ハ北、後ハ南様也、諸神塚角忠兵へ、向ハ古ヘ兵衞大夫ヤシキ跡、地カリ長左衞門マテ十四人類焼也、田冷ニハ釜ノへたニてヤシキヲ遣、跡ヤシキヲ三郎兵衞ニ遣、三郎兵へ屋敷明地ニスル也、

右田冷ヤシキハ元來ハ小沢加左衞門居ル、元祿十五年田冷ニ賣渡スヿ也、

行事は八年以前稲虫御祈禱の通り

ノ村々へ廻状遣ス、十一日ノ夜より十五日迄也、行事ハ八年以前、此邊稲虫御祈禱ノ通也、供物高附御膳・大御供四拜、盛戸拜種々物、大小餅子何モ中殿へ備、

行事、先供物備、両社務ハ廻廊ヨリ中殿ノ口ヨリ上リ、大床ニテ執行、惣神官ハ拜殿ニ而先祝詞、夫ヨリ旋度、夫ヨリ又拜殿へ上リ、十二座祝詞、旋度後於拜殿祭文、祝詞源太祝(香取外記)子主計(香取)讀誦之、次奉幣、次右ノ通十二座也、次湯立也、

雨乞御祈禱祭文祝詞

祭文祝詞

掛毛畏幾香取神宮乃廣前仁申天曰佐久、尊神波天照大神乃御時被レ任ニ大將軍一、則武將乃大祖也、且大奈留有ニ御功作一而、有徳乃神明仁座須故仁、東國衛鎭仁天降志座志給布、神武天皇十八戊寅年、香取地之下津磐根仁宮柱大(太)敷立、高天原仁千木高知天ニ千有余年、于レ今猶盛仁被ニ崇敬一給也、

辞別天曰左久、今年此時東海大仁旱魃、天漸ク雖レ求ニ苗代水一於、日々水根絶也、水田種子・陸田種子皆共仁難レ稔古止及ニ此時一五穀者顯見蒼生可食而活之也、曰神語也、故仁神

官等戮レ力一レ心大旋度大祝詞乎奉レ誦、捧物者宇津乃幣飯仁波古秋乃垂穂八束握乃長田乃稲手以炊木、神酒波甕乃原満天海山乃種々乃物乎百机仁貯倍奉備之誠乎、竭天以ニ祢辞竟奉流、神慮乃大徳乎以蒙恩賴、洪水於令レ降給比、田物・畑物速仁快然之姿於顯志、万人飢渇之命於救給比、令レ成ニ安堵一給陪止、恐美恐美毛申壽、

延享五年戊辰四月十一日　香取大祢宜上總實行

敬書之

*大宮司多宮祝詞一覽したく申來る

右火急ニ認之、四月十二日ノ朝大宮司方へ以使申遣ス、重キ祈禱之儀ニ有之間、祭文祝詞誦可然候、御相違無之候ハヽ、可申付候、

大宮司返事、何分ニもと申來ル、右祝詞致一覽度ノ由申來ル、則下書遣ス、尤思召も候ハヽ、御加筆被成被下候様ニ申遣、大宮司方ニ而写返ス、隙取候テ一覽也、十一日夜実香勤、十二日実行書、十三日実香勤、十三日ノ夜ヨリ余程ノ大雨、十四日終日降ル、

*十三日より大雨降る

万人難有ト申、感應着明処ト諸人驚ク、苗代ハ水十分、然𪜈外ノ田ハ旧冬十二月十五日ノ夜、大雪降ル計ニて、三月十四・五日ニ少ノ雨降ル儘故、悉ク干

氏子は勿論大勢參詣

香取社の御祈禱は直なる感應あり

*御初尾不時の神納物と多宮心得

「御祈禱諸色入用金貳分ト壹貫百五十四文壹分ト百七十五文御供米三計〔斗〕五舛也、右御修理料ヨリ出遣、」

竹内村より御初尾神納物にあらず

ル、外ノ田ハ水ノ溜ル処モ有、又高田ハ不レ溜由、十四日實香、十五日實行勤ル、天氣能村〻ヨリ氏子ハ勿論、大勢參詣也、十日廻狀五通出、五・六里遠方ヘ知ル、雨不降時ハ御大社ノ御威光不宜、社家信仰無之事也、所〻ニテ雨乞有之由專ノ沙汰、祈禱雖有之、無其印処、當社ノ御祈禱、五ケ日ノ中日ニ、右ノ通終日ノ大雨、直(タヽチ)成感應、世上至極、御神慮ヲ致尊敬之由也、依テ向後重キ御祈禱ハ容易ニ難致執行事也、無印時ハ大社ノ御威光薄可成事也、中〻神慮ノ感應ト申事ハ、至テ重ク堅キ事也、其後十八日ニも余程降、廿一日ニも降ル、窪田ニハ水余ル由也、

一、十五日、御祈禱ノ節、竹内村ゟ此度御祈禱ニ付、乍少分御初尾持參致候、何方へ可納哉ト御供所ニ而承ル、兩代官詰居、數馬(尾形)致差圖、參籠所へ遣ス、依テ當番請取、其後數馬舍人(伊藤)ヘ申候ハ、伺候へハ神納物ニハ無之候間、修理料名主ニ可預樣無之候、通錢也ト申候、仍テ舍人右之返事數馬処ヘ遣ス、成程神納物ニハ無之候、此度御祈禱ニ付候テ也、御年番ニ候間、何分ニも御了簡次第ニ、御計可然候由申遣ス、

同日暮時、求馬(伊藤)ヲ大宮司宅ヘ遣ス、先剋之儀、致了簡見候ニ、心付候間、得御意候、此度御祈禱ニ付候テト有之候へハ、神納物ニ無之候、左候へハ祈禱勤候者へ、納物ニ可有之候、但シ此度ノ供物入用ニ可被成候哉、供物入用も兩町之者願候間、千石ゟ爲出候テ可然候哉、御修理料遣申度無之候、何レニも御了簡次第ニ可被成候、

返事、不時ノ神納物ト心得、手前ヘ納置候、供物之儀も、前方虫付祈禱も入用修理料ニて遣候、夫共御了簡次第ニ可致候由申來ル、

十六日、權祢宜(香取式部)呼、右之段尋候処、所〻ゟ來候、請取ヲ遣申候、鳥目貳貫文有之候、大宮司ヘ遣、十分一當番ヘ取候、上總申聞候ハ、左候ハヽ此方へ伺候而ノ上ニ、右之通致可然候、無念候由申、此度祈禱番頭寄合、相談ノ上廻狀遣候ニ付、近村〻ゟ右之通申來ル、此度祈禱ニ付テ、御祈禱料初尾ト申事也、然ラハ不時之神納物ニハ無之候、上總方ヘ被呼、右之段被尋候段、大宮司方ヘ參申候ハヽ、可然候、番頭仲間へも談可然候、十分一も取候へハ、五日番大宮司ト馴逢致候樣ニ申事ニも可有之候段申聞候、相心得候由申、

*戸羽村より初尾上る雨乞御祈禱御初尾の件

不時の神納物と上總申さず

廻状に御初尾持參とはなし

仲間番頭へ咄すがよし

*神納物大帳致すべし

同日、權祢宜大宮司方ヘ往、只今宮中ゟ被呼參候処、昨日村〻ゟ此度御祈禱ニ付、御初尾上ケ候、則請取ヲモ遣候由、然ルニ此方ヘ届も無之、大宮司方ヘ遣候儀、御尋候段申候、不時ノ神納トハ被申間敷、此方ゟ廻状ヲ遣、其廻状故ト先ノ者申、又ハ此度御祈禱ニ付候テト申來候由ニ候ヘハ、番頭相談ニて廻状遣候ニ付ト申候ヘハ、多宮申候ハ、廻状ニ御初尾致持參候様ニトハ無之候、然レハ不時ノ神納物也、御裁許ノ通故納候、竹内村ゟ來候貳百文ノヿナレハ、手前取テモ不取共ト被申候間、權祢宜申候ハ、皆之事ニて候由申候ヘハ、多宮竹内村ゟ計之事也、少ニても不時ノ神納物故、御裁許之通、納申候由ニ有之由也、左候ハヽ、重テノ爲ニ候間、仲間番頭ヘ一通リ咄置候か能候、相心得候由申候、但シ右之訳ニて、不時ノ神納と可申候哉、自分抔了簡ニ不及候ト申聞ル、

十五日、竹内村前ニ記――、又當番ヘ參候者ハ、使ニて御初尾來候ハ、請取ヲ好持歸候、尤此度御祈禱ニ付、又ハ御廻狀ニ付候テト申、御初尾持參也、其廻狀ハ番頭致相談出候事也、右之訳ニ候処、不時ノ神納物ト申、大宮司可納様無之也、

四月十九日、戸羽村ヨリ神前ヘ初尾十疋上ル、此度雨乞御祈禱ニ付差上候、御内陣ヘ納くれ候様ニ申由、當番ゟ大宮司ヘケ様〱ノ訳ヲ申、御差圖次第ニ可致候由、番組大長手數馬を以「十八日大倉村ヨリ御兩所ト申、御初尾百疋大祢宜方ヘ來ル、貳朱大宮司ヘ遣、御祓此方ヨリ六本、大宮司ゟ五本、大宮司ゟ使遣、奉書二枚折無名ノ祓也、」伺、大宮司申候ハヽ、此間も權祢宜納候間、納候様ニ申候由、則左候ハヽ、分飯司方へも相届、大宮司ヘ納候由也、

一、辰四月廿四日、大宮司方ヘ使求馬（伊藤）、取ー（次）數馬、去年中私方ニ而致世話候神納物致勘定候、其元ヘ進申度候、アレハ一年計ノ事ニ無之候ヘハ、請取ニても被遣候様ニ可被成候哉、其元ニて御世話被成候も、員數知レ不申候、未〔末〕ヘ永キ事ニて候間、爲御相談得御意候、

返事、請取ニハ及申間敷候、大帳ニても致、夫ヘ留候様ニ致候而ハ如何可有御座候哉と申來ル、又申遣、御口上致承知候、御尤ニ存候、御年番役ニ其大帳下書御認、御見セ被成候様ニ被成候テハ如何可有之候哉、

大宮司方ゟさらりと書付來ル、又申遣候ハ、御書付被遣、致一覧候、是ハ少前書テモ致候テハ、如何可有御座候哉、其内致了簡見可申候、

*「神納物ノ事、新飯ノ供米ヲ除、其外ハ大祢宜方ヘ正月廿七日迄納ル、」

返事、前書ニも及間敷候哉、御互ニ扣も有之候、寅年よりのヲ記、相印致可然候、それ共思召次第其内私も了簡致見可申候、

大宮司方より返田社修覆につき尋ぬ

一、辰四月廿五日、大宮司方ゟ使、先達而得御意候、返田社修覆之儀、如何可仕候哉、

返事、御掛リノ事ニ候ヘハ、思召次第ニ可被仰付候、

*御大法

不時の神納物につき延享三年の裁定

新飯節供米も修理料へ入ると仰付らる

一、同日、従此方存寄ノ下書、大宮司方ヘ遣ス、其文、不時之神納物之儀、延享三寅年金銀・繫・鳥(目)・諸道具・散銭之外ハ、御修理料ヘ入候様ニ被仰付候、右之節、去丑年八月新飯祭礼ノ節供米之儀、大宮司御役人中ヘ伺候処、それも修理料ヘ入候様ニ被仰付候ト、同席ニ而大祢宜義ハ致承知候、大宮司義ハ其段覺無之由申候、右之儀ハ、追而相伺可申候事、

*元文三年國行事と油井検杖番代との出入の起りは神前の散銭

一、何程、右ハ延享三寅年神納物也、内御修理料名主請拂致候、給分ニ金貳朱差遣、殘テ何程致合封置也、右ハ誰世話、

右書付見、多宮申越候ハ、御修理料ヘ入候様ニ被仰付、如此ト入候ハ、可然、扨又丑新飯供米之訳ハ、貫候様ニ申來ル、

又申遣、口上書ヲメ求馬ニ遣、丑八月供米ノ義、正月晦日兩名ニ而伺、又二月二日兩人出候処、被仰渡候上ニて、丑八月供米ノ義、其元御伺候処、それも入候様ニト被仰渡候と、拙者ハ覺候ヘ共、但承違候哉、今日被仰遣候通、以前之事、尤正月廿七日被仰付候以後ゟ相納可申道理ノ様ニハ無存候、併丑八月ゟ事起リ候事故、若左様ノ筋も御座候哉、左様之事ニハ定而御大法ノ可有御座候事、其元御覺之通ニ可有御座候ヘ共、若右之筋被仰付候事も候ヘハ、無念ニも成可申候、仍而右之通、致置可然候、左候而も互ニ差障候事も有之間敷様ニ被存候、

多宮返事、決着不致候間、早速御挨拶ニ難及候由申來ル、仍之先其分ニ致也、

元文三午年國行事(香取左近)ト油井検杖(貝田帯刀)番代出入、其起リゟ神前ノ散銭番組預リ、出入濟候上ニ而帯刀(貝田)願候ヘ共不相叶、國行事取候事も有之候ヘハ、右丑八月二日新飯ノ供米番組預置候由申、従此方も預置候訳也、

金剛寶寺堂屋根葺替仕舞ふ

一、辰四月廿六日、金剛宝寺ゟ使僧、今日堂屋祢葺替仕廻候ニ付、態ト、(衍)有之、一樽來ル、使僧不斷所、
返事、御修理料ニ而致候故、是ニハ不及候由申遣、
又祝ニ候間ト申來ル、とかく修理料ニて致候事故、
御無用と申返ス、

一、同日廿六日、大宮司方ゟ使數馬、今日堂屋祢出來、致見分くれ候様ニ屋祢や申候ニ付、可見候由申來ル、
返事、尤之由舍人出ス、屋祢や祝儀願候由也、

*十一月より正月迄の神納物の件

「神納物、」

一、大宮司使口上、昨日御大法ト被仰遣候丑年新飯ノ供米ノ義、私ハ寅ノ正月御伺候以後と覺候、丑年ノ分ヲ差出サセマシテ致勘定、無念之義共存マスマイ、其元様丑ノ十一月ヨリ正月迄神納物之儀ヲハ、如何被成候哉、此義ヲ以使得御意候、右ノ口上違ャ不濟、

「神納物ノ事、」

同日、大宮司方ヘ求馬遣ス、其元御伺候処、それも入候様ニ被仰付ト、拙者ハ承候様ニ存候ヘ共、但承違(チカイ)ニて候哉、返テ伺(レハ)不申無覺束存候、又私一人覺候ト申、難差出サセ可(ト)出申共、不被爲出候、一人ニて覺候計ニてハ、丑年供米當番預リ、又ハ預ヶ候と申訳也、然共昨日御相談申候ハ、其儀ニてハ無之候、被仰付候哉、不被仰付候哉之訳ヲ、追而伺候而ト申事也、
就夫十一月ゟ正月迄之神納物、拙者方ゟ可差出哉否ト被仰聞候、成程差出間敷ニも無之候、然共是ハ御存之通、於御連席被仰付候事故、各別之様ニ存候、とかく此度之御相談ハ出ス、爲出間敷御相談ニてハ無之候、覺不覺処ヲ相伺候而ト申事ニて候、
私方ノ去年神納物、先其元ヘ遣申度候、數馬方ゟ舍人方ヘ請取遣候ハヽ、早ゝ遣申度候、追而帳面出來候ハヽ、右請取引替可申候、

*大宮司丑八月新飯神納物差出すやう申す

大宮司返事、此方ニ少も相違無御座候、丑八月新飯神納物差出サセ可申候、又十一月ゟ正月迄之神納ハ、於御連席被仰付候ト有之候ヘハ、御挨拶ニ不及候、
同日、又求馬遣ス、被入御念候御口上ニ而御座候、追而從是可得御意候、

*屋根屋市右衞門への殘金不足す
*返田社修覆金も入用
*愛染堂屋根修覆を願ふ

一、四月廿八日、大宮司使屋祢や市右衞門、堂ノ殘金可請取ト申候、就夫金子不足之事も可有之候、返納可被成候哉、又返田修覆申付候ニも金子入申候、愛染堂屋祢修覆相願候、如何可申付候哉、
返事、返納之義、今日可致候、返田修覆、何分ニも可被仰付候思召ニ可被成候、愛染堂見分被仰付候ハ

*御代官所より神崎村名主へ書付あり
*泉本儀左衛門書状
*御領に民家なし
御手洗甚兵衛薪置處より夜前出火
*御朱印誰方より渡さるるを尋ぬ
朝鮮人參府につき見物に出府
監物實香學文のため逗留
又見社遷宮の相談
*井上遠江守へ申上げ相濟む
*金剛寶寺は神領の御朱印持たず

、可然候、其上ニて被仰付候様ニ、何分ニも思召次第ニ可被仰付候、返納之義、宮之助・録司代へも申遣候間、急ニハ難成――、舎人・數馬申合候様ニ――、

〔五　月〕

一、五月十六日、御手洗甚兵ヘ薪置処ゟ夜前出火ニ付、年番故大宮司方ゟ如何可申と相談也、時分柄之事故、又少ノ事、一日も遠慮被仰付可然候、夫共思召次第ニ何分ニもと申遣、則一日ノ遠慮ニて濟、

○一、五月七日、監物実香十八才、城之助行高十六才、此度朝鮮人江府ヘ來ルニ付、見物ニ出府、監物儀ハ直ニ學文ニ逗留也、

〔六　月〕

一、六月十七日、大宮司ゟ使數馬(尾形)、又見社葺替ニ付、外遷宮ノ義如何可致候哉、
返事、何分ニも思召次第ニ被成候様ニ申遣、
又來ル、内陣ノ脇ノ方ヘ遷宮致候而ハ如何可有之候哉、又御出仕も被成候哉と申來ル、
再應御使ニて候、何分ニも思召次第ニ被成可然と存候、足代等致、廿日比ゟ取掛候由也、

△一、六月十九日、神崎村名主方ヘ御代官所ゟ書付之由、大宮司方ゟ使數馬、追而御相談可申由、先日付御一覧候様ニ申來ル、其文、

香取村明神社領　御朱印之儀、御領・私領入會ニ候處、御領者民家無之、私領持添故、前々ゟ御朱印之儀、御領ニ而不取計候、然処享保年中相渡候御朱印ハ何方ゟ相渡候哉、勿論誰方ゟ相渡候と姓名書記差出候様ニ、此度御勘定所ゟ被仰渡候間、此差紙着次第、不限晝夜香取村江罷越、別當ニ對談、右之わけ委敷書付取之、此飛脚ニ可差越候、尤急御用之義ニ候間、延引有之間敷候、以上、

泉本儀左衛門
辰六月十八日　役所印
香取郡神崎神宿(本)
名主

大宮司方ヘ返事、去年九月中井上遠江守(正長)様ヘ委細右之訳申上相濟候、此方ノ事ニてハ有之間敷候、金剛宝寺ハ神領ノ御朱印所持無之、外ニ　御朱印所持ニて候、是ノ方ノ事ニて候哉、此方ハ寺社御奉行所ノ

御支配ニて候趣被仰聞可然候、
又申來ル、御尤ニて候、其段申聞候処、右村ノ名主、
左候ハヽ、其訳書付被下候様ニ願候、
返事、それニハ及間敷候、乍去達而願候ハヽ、只覺
書ニ御認被遣候而も能可有之候、
又聞ニ遣候処、其者金剛宝寺へ參候由、埒明不申候
ハヽ、又參御書付願可申候、無左候而ハ手持無之由
申候由、右神崎名主金剛宝寺ゟ歸リ、不埒明ト哉覽
申事ニて、書付望候由ニて、下書大宮司方ゟ、尤入
筆致様ニ申來ル、則存寄ノ下書認遣ス、

覺

下總國香取御神領　御朱印享保四亥年九月朔日御
代官坂川彦右衞門(光當)様・八木源太左衞門(春和)様検見爲御
用御越候砌、　御朱印御持參、近所於津宮村致頂
戴候、去年九月中、井上遠江守様より御尋ニ付、
右之趣委細書付差上相濟申候、以上、

下總國香取神宮
大宮司内　尾形數馬印レ無
六月十九日
大祢宜内　伊藤舎人印レ無

神崎村神宿名主衆中

*「八日番神納物不埒」
*神前へ鈴の尾放置を尋ぬ
*八龍神へ上ると副祝申す
神崎名主へ下書遣す
尾形數馬伊藤舎人連署覺書
御代官坂川彦右衞門八木源太左衞門罷越す
津宮村にて御朱印頂戴す
*神酒鳥目散錢も放置

〔七月〕

一、七月二日、副祝(宇右衞門)呼尋候ハ、去月廿八日神前へ鈴ノ尾
上リ候処、此方へ不納ソコラヘホカラカシ置候由、
如何ノ訳ニて候哉、先達而御裁許ノ趣申聞、殊前方
八日番不時ノ事有之、誤證文も致候而如何致、此度
左様ニ致候哉、左候而ハ當番不レ勤(ト)申物也、副祝ト
ハ、上ケくれ候様ニ申候間と申、八龍神ト哉覽へ
上候様ニ申候由、ツマラヌ申訳也、先ノ者ハ社法不
知候間、内陣へ納くれ候様ニ申、又ハ御下リ神酒・
餅抔ニて候ハヽ、頂キ候様ニ願主申候ハヽ、頂キ可
申候哉、社法ヲ可知様無之候、不相濟候ハヽ、伺候
而事ヲ可致候、公儀ノ御裁許ヲ違背、次ニハ自分ヲ
蔑ニ致ト申物也ト、無調法之由申候、九日番江も
申聞ル、十日番へも同斷、紛失致候物有之候而も、
其分ニ可致候哉、又見苦敷有付不申物有之候テモ、
當番ニて不致候ハヽ、不知分ニ可居候哉、大祝(民部)申訳
ニ分飯司迄來ル、三日副祝訴詔(訟、下同ジ)ニ分飯司所迄來ル、
四日ニモ番組皆訴詔ニ來ル、舎人(伊藤)へ申聞候ハ、神酒
又ハ鳥目・散錢もソコラヘホコラカシ可置候哉、早

井*の廻り苗木植うるやう心付く

竟自分ヲバカニシテノ事也、前方ノ事も有之候ニ彼是申遣、

次*郎兵衛田冷に松苗二百五十本植ゑさす

一、七月四日、大宮司方へ神納物、又ハ拂木何も致、帳面差置可然候段申遣、尤之由申來ル、下書致遣、イサイニ未可記、七月廿八日帳面二冊出來、致印形也、則イサイ帳面ニ┃━、

前大宮司美作病死

○一、七月十日、前大宮司美作浪人ニ而水戸ニ住、由房九十二才ニ而病死也、

泉*本儀左衛門覺書
寛延改元

△一、七月十八日、年号改元、諸大名惣登城之由、寛延元、「年号改元寛延」

「釜ノへた井[淵]ノ測木ノ事、」
釜の邊田井の曲松伐る

一、辰七月廿九日、釜ノへた(邊田)井ノ渕ニ而曲松五尺余有之ヲ伐ル、右玄關ノ破風木ニ用ル、外ニ三尺余ノ枯杉一本伐ル、從古要害与右衞門致支配、正月祭ヲモ致、門松ヲモ建ル由、仍而何ソ證據有之哉と尋候処、無之ト申、尤前方ゟ風折抔有之候へハ、取候由申之、

宮下氷室の井は大宮司支配
釜の邊田は大禰宜領分内

左候ハヽ、從古來致付候通ニ不違致候様ニ、尤此方領分内故、古來我ニ支配申付候也、宮下氷室ノ井ハ大宮司領分内故、大宮司致支配、釜ノへたハ此方領分内故、此方ニて致候訳也、尤此度伐候木ノ枝葉ハ、

大宮司中務は伐木を江戸へ遣す

我取候様ニ申付ル、用木計也、大宮司中務代十四・五年以前、氷室井ノ端榎木抔伐リ、槇ニ致江戸へ遣

候事也、井ノ廻リハ此上も苗木植候様ニ心付可申候段申聞ル、

其後与右衞門(要害)ニ松苗植候様ニ申付候処、不埒明ニ付、近所ニ居候次郎兵へ田冷ニ申付、松苗貳百五十本程廻へ植さセル、

〔八　月〕

覺

一、香取社家ニ付、觸出者何方ゟ觸來候哉之事

一、香取社家人別宗門屆之義者、何方江差出來候哉之事

一、香取明神領高役金相納候節者、直納ニ致來候哉、又者何方へ相頼納來候哉之事

一、香取明神領者、御料所之地續江入會候哉、私領之地續江入會候哉之事

右四ケ條、相尋書付取之差出候様ニ、　御朱印掛井上遠江守(正長)殿ゟ被申渡候、我等支配村内之義故、如此ニ候間、此趣明神社家へ相達、四ケ條書付取之、早〻可差越候、以上、

辰八月十八日　　泉本義(儀)左衞門印

*別當金剛寶寺直判無ければ取用ひ難し尾形數馬伊藤舎人連印覺書

香取郡神崎本宿
　　名主

覺

一、御觸之儀、万端寺社従御奉行所様被仰出候、
一、人別等之儀、是又寺社従御奉行所様被仰出相納申候、
一、當宮千石高役金之儀、訳御座候而、従往古差出候例無御座候、
一、御神領境近村多者、私領地續ニ御座候、尤御領も少ゝ御座候、以上、

辰八月廿日　　香取大宮司内 尾形數馬 印
　　　　　　　香取大祢宜内 伊藤舎人 印

神崎村本宿
　名主衆中

御代官泉本儀左衞門金剛寶寺へ尋ぬ泉本儀左衞門書状

右相談ノ上、右之通認差遣ス、此度右御代官　御朱印
御持參ト相聞ヘ候、仍而御代官所支配ニも被致度趣
ニ相聞ヘ候、御朱印ニ付候、御入用之事共、ル不相聞
尋候様ニ被思候、
一、辰八月廿五日、金剛宝寺方ヘ泉本義左衞門ゟ申來趣、
御朱印掛リ井上遠江守殿ゟ別紙箇条之通、香取明
神領ヘ相達書付取之、差出候様ニ被申渡候ニ付、

先達而社家中ヘ神崎本宿名主方ゟ申達書付取之、
遠江守殿(井上正長)ヘ差上候処、別當金剛宝寺直判之書付ニ
而無之候而者、難取用候由、依之又ゝ申遣、金剛
宝寺ゟ別紙ケ条之通リ印形書付取之、早ゝ差出候
様ニ被申渡候ニ付、飛脚を以申達候間、別紙之趣
を以、書付早ゝ此飛脚ニ可被遣候、以上、

辰八月廿四日　泉本儀左衞門 印

香取明神大別當
　金剛寶寺

覺

一、香取明神領ニ付、觸出者何方ゟ觸來候哉之事
一、香取明神領ニ付、人別宗門届之義者、何方ヘ差出來候哉之事
一、香取明神領高役金相納候節者、直納ニ致來候哉、又者何方ヘ相頼納來候哉之事
一、香取明神領ニ付、公邊向之義、何事ニよらす御料・私領ヘ、相頼相弁候哉之事
一、香取明神領ハ御料所之地續ヘ入會候哉、私領之地續ヘ入會候哉之事

*御朱印近々持參す金剛寶寺返答書案
神領大宮司大禰宜取計ひゆゑ金剛寶寺存ぜず
*拝殿ならば兩人狩衣他村ならば麻上下
*貞享享保年中御朱印津宮にて頂戴
*宮房林平呼び呵る
*無住氣を付くやう申付置く
宛所あるゆゑ金剛寶寺より返事致すやう大宮司多宮へ申遣す
*妙塔院道心病氣

右之通、一ヶ條切ニ御斷書付可被遣候、以上、

辰八月

金剛宝寺　返答ノ案、

以御飛脚被仰下候御書付之趣、拝見仕候處ニ、香取明神領之義ハ、大宮司・大祢宜方ニ而万事取計候間、右御書付兩社務方江申談候処ニ、名當・別當金剛宝寺と有之候間、拙院方ニ而御返答書差上候様ニと申候得共、拙者儀者、委ク不奉存候間、御書付之趣、兩社務方へ御尋可被下候、以上、

辰八月

右、廿五日上總義他出故、夜ニ入歸宅、右之訳承知也、尤大宮司方へ神領と有之候間、御相談申候と金剛宝寺ゟ申來候ニ付、上總方へ使來ル、分飯司他出之由申遣、度々使來、求馬(伊藤)大宮司方へ參及相談、宛所金剛故、金剛ゟ返事致候様ニ多宮申遣由也、

八月廿五日、夜ニ入歸ル故、上總則大宮司方へ使遣、今日ハ御使ニて候、イサイ致承知候、如何相濟候哉、宛所金剛――故、此方差綺候事有之間敷義と存候、㝡早大宮司使廻休候由ニて――、

八月廿六日、大宮司ゟ使數馬(尾形)、私も被仰遣候通及挨拶候――、

八月廿六日、大宮司方へ使遣、　御朱印定而近々持參可被致候、就夫若拝殿ニて御渡候事も難計候、左候へハ拝殿ウスヘリ(薄縁)十枚も拵候而ハ如何可有之候哉、兼而拵可然候哉、又拝殿ニて候ハヽ、兩人共狩衣ニて罷出、他村ニて頂戴ナラハ、麻上下可然候、神服ヲ在家ハ服忌候者も可有之候、左候ヘハ上下ニて可然候、爲申合申遣ス、

返事、忌服之義御尤、成程其通リ可然候、ウスヘリノ義ハ、貞享年中・享保年中ハ津宮ニて頂戴仕候、此度も多分他村ニ而可有之候、御金も無之候間、夫ニ及間敷候、

○一、八月廿七日、宮房林平呼呵ル、訳ハ八月廿五日ニ惣持院(高木)ゟ主税方へ使僧(護广堂)〇、林平無住ニて致迷惑候と願候、町ノ當リ人形之浪人・坊主ヲト申事也、隣家故無住、氣ヲ付候様ニ申付置候差越、此方へ無沙汰ニ願候訳呵、未訳記、

〔十月〕

一、十月、妙塔院道心病氣、在所へ遣、下ノ野尻邊ノ由、

道心淨心留守居申付く
*上總多宮出足
*稲葉丹後守へ出づ
上通乘輿願につき大宮司へ尋ぬ
*鹿嶋大宮司中務多宮來る
*金剛寶寺も來る
樋口梅有酒井殿へ相勤む
*在所普請小屋出火
稲葉丹後守役人書狀
*天井道具柱梁唐破風道具など燒失

仍而十月十七日外道心、淨心留主居申付ル、則同日惣持院へ右道心遣、妙塔院留主居病氣ニ付、在所へ參候、當分私留主居仕候ニ御申付候、爲御知申候由、惣持院（精範）――ハ、宮中ニ而被申付候へハ、此方ニかまい候事無之候、成程勤候様ニ申候由、

一、辰十月廿日、大宮司方へ使求馬（伊藤）、口上、此間江戸勝手之者ゟ貴様ト御相談申、此節上通乘輿（ヨ）願致候ハヽ可然候、大社之義、御威光ニも成候事ト申越候、先得御意置候、如何思召候哉、

返事、此方ニハ何之相違無御座候ト申來ル、

酒井雅樂頭（忠恭）殿御老中也、叔父樋口梅有酒井殿相勤候故、折柄能候間申越候、

一、大祢宜香取上總

右上總義、來ル廿五日迄ニ出府相居候様ニ可申遣者也、

辰十月廿一日　稲葉丹後守（正甫）役人

神田雉子町屋祢や六兵衛

封御判○

右御用ニ付、宿ゟ飛脚來、大宮司方へも金剛宝寺方へも宿〻ゟ來ル、

一、右辰廿二日朝來ル、廿三日出足也、多宮へも申合ル、何も同日出足、

同廿四日、暮六時江戸小川町四軒町旅宿へ着、

同廿五日、稲葉丹後守殿へ出ル、御役人森忠右衞門、其内從是可申入申候、同廿六日差紙、明廿七日五時出候様ニト也、同廿七日出ル処、明廿八日五ツ半時被出候様ニ、　御朱印御渡被成候由也、同日鹿嶋大宮司中務（塙）・香取多宮同道ニ而手前旅宿へ來、明日頂戴之申合、熨斗半上下ト申合、金剛宝寺も來ル、手前旅宿ゟ稲葉殿御屋敷ハ半町程有之也、

一、辰十月廿六日、從在所主計（香取）來ル、

十月廿四日ノ夜八ツ前、普請小屋ニ而、竹ノはね候音有之ニ付、見候処出火、東ノ角ゟ也、五間ニ貳間半ノ小屋、二階ゟ下迄ヒシト積、柱抔ハ上ケヅリ迄濟、ふせきかね天上（井、下同ジ）道具・柱梁・唐破風道具等大方出來処皆燒失、其小屋ノ隣ニ今一ツノ小屋、九尺ニ六間、天上道具・長物積、直北隣故余程屋祢へ火付貫捨、此ニ積候材木ハ少〻ハコゲ候計也、用立也、風ハ少ノ南也、神前へ火粉飛、古木朽目へ少火付、モミ消スニ人登セ見セ候へハ、愛染堂ノ裏屋祢ニ飛

火、モヘ付(燃)ヲ見付、早速モミ消、無類火、居宅無別条、漸座敷へ三間程ノ間、藏之助土藏ノ間三・四尺、犇く殿風下、何方ニも無隙、誠ニ御神慮感應難有義也、殊外ノ大勢之由也、右火事、大工共クワエキセ(銜煙管)ル致、又ハ火鉢抔小屋ニ置故、手あやまちと申事也、右出火ノ訳、多宮方へも咄ス、無類火故、遠慮ニ不及段も申談ル、大工共ハ致遠慮居ル由、十日程も過候ハヽ、差宥候様ニ申遣ス、柱ハ古松ヲ挽さき、樫ノ梁等木目能堀(彫)方抔も出來ノ処也、十月晦日ニ主計ヲ歸ス、留主中御手洗之者与兵ヘ・又次郎兩人除、引地之者共迄夜ノ加番致候様ニ可申付由申遣ス、右出火ニ付、在所ヘ申遣候ハ、早く木をも伐、普請ニ取付候様ニ申遣、宮林ニて調候松ハ大本古木ニて、殊外木目能有之候ヘキ、御手洗屋敷ニて、柱ハ杉・松、其外材木數十本伐、又新ニ企也、天上ノ長物ハ一ッノ小屋ニ積置殘シ也、

一、辰十月廿八日、稲葉丹後守殿御宅、寺社御奉行所御列座、青山因幡守(忠朝)殿・松平宮内少輔(忠恒)殿・大岡越前守(忠相)殿也、丹後守殿御前ニ三方ノ上　御朱印戴有之処へ、兩人ツヽト參、大宮司取、少シサリ御礼申退ク、尤

*御役人の指南あり
出火の譯は大工共の銜煙草か火鉢等の過失
*先に金剛寶寺出で頂く
*大禰宜も鹿嶋も金剛寶寺も寫遣す
*大宮司多宮大禰宜上總連印請取狀
天井の長物は一つの小屋に積置殘す
稲葉丹後守御宅へ出づ
大宮司御朱印頂戴す
*德川家重朱印狀寫

御奉行所ノ前へ出候節、縁側ニて少御ヂキヲ申立ッテ、右之通ツヽト御前ヘ參ル、其前御役人其処ヘ行、指南有リ、手廻シ早ク可致差圖有リ、夫ゟ別席へ退居、又御奉行所御前ヘ出、御礼申上ル、難有ト申上ル、重疊ト御挨拶也、此方ゟ先ヘ金剛宝寺出頂、此方跡ニ鹿嶋大宮司中務出頂、夫ゟ別席ニ而拜見致、鹿嶋ノをも拜見、惣席ヘ出、金剛宝寺ノモ拜見致、鹿嶋ノヲモ写、此方ノヲモ写遣ス、金剛宝寺ノヲモ写、御役人出、請取ヘ印形致、

差上申一札之事

一、香取大明神社領下總國〇(香取落ルカ、)郷之内、都合千石、延享四年八月十一日と有之候、御朱印壹通御渡被成下頂戴仕、慥請取難有仕合奉存候、爲後證仍而如件、

寛延元戊辰年十月廿八日　下總國香取大明神
大宮司　香取多宮印
同社　大祢宜　香取上總印

寺社
御奉行所

御朱印写

香取大明神領下總國香取郡。香取郷之内千石事、依當

*酒井雅樂頭へ御禮に出づ
*上總旅宿にて御朱印寫す
鹿嶋への朱印狀
*修理料の藏の緣板損ず
*津宮村丁子村より送神
*上總歸鄕
金剛寶寺への朱印狀
*金剛寶寺愛染堂修覆願ふ
老中御掛及び寺社奉行へ御禮に廻る

家先判之例。永不可有相違者、抽國家安泰之。懇祈、可
專祭礼・修造之狀如件、
延享四年八月十一日 (重家)
大宮司
大祢宜

御朱印鹿嶋ノ写
鹿嶋大明神社領常陸國鹿嶋郡之内。所々散在都合貳
千石事、幷社中面々居屋敷諸役等免除、依當家先
判例、永不可有相違者、可抽國家安全之悃(懇カ)祈之狀
如件、
延享四年八月十一日 (御)
大宮司

御朱印金剛宝寺ノ写
下總國香取郡水上鄕之内貳拾石事、依當家先判例、
金剛宝寺收納永不可有相違者也、
延享四年八月十一日
(御朱印)

同日、御礼ニ廻候樣ニト役人衆被申、堀田相模守殿(正亮)
御老中御掛、井上遠江守殿(正長)御掛、寺社御奉行所不殘
御礼ニ廻ル、口上八、稲葉丹後守樣ニ而今日　御朱
印頂戴仕――申上ル、
同日、酒井雅樂頭殿ヘ御礼ニ出ル、
同日、稲葉殿ニ而頂戴(テウ)後、上總旅宿江大宮司も寄、
御朱印写ス、夫ゟ兩人同道ニて御礼ニ廻ル也、

(以下月次整ハズ。)

一、閏十月廿二日、修理料ノ藏緣板損、相談ノ上、板調
之由、
同廿七日、津宮村・丁子村ゟ送神、諏訪ノ社ヘ兩代
官内院一人出、御酒備ヘ、宮籠ル由、
一、十一月朔日、朝江戸ゟ上總歸鄕、
一、十一月二日、金剛宝寺ゟ使僧不斷所、昨日御歸、
御朱印首尾能御頂戴、御同前ニ奉存候、然者兼々御
願申候愛染堂大破ニ候処、先頃ノ出火ノ節、飛火抔
有之、人足登リ裏板抔も取はなし候故、御祭礼ノ節
致難儀候、疊抔も少々雨もり――、御修覆被成下候
樣ニ奉願候由也、
返事、愛染堂義、被仰遣致承知候、火事ノ節も板一
・二枚損候由、兼々ゟ屋祢ハ損居候、
同日、惣持院ゟ使僧、此度　御朱印御頂戴珎重ニ存
候、以參可申上候ヘ共、且用有之候故、以使僧申上

*津宮村に網六組大倉村に網六組

大岡越前守御奏者仰付らる

*天正年中迄両村は神領

大岡越前守へ御祝に出づ

*大倉村網一張落されたく願ふ

小笠原石見守懇意

魚獵場願ふ

香取上總口上覺

香取は武の御祖神東國の鎭護

御祈禱御祭禮は一年に九十餘ケ度

香取か浦にて神供の魚取る

候、

〔閏十月〕

○辰閏十月朔日、大岡越前守殿(忠相)四千石御加增ニ而一万石ニ被仰付、殊ニ御奏者ニ被仰付候由、松平宮內殿(忠恒)若御年寄被仰付、酒井山城守殿(忠休)寺社御奉行ニ被仰付、同三日、御祝ニ出ル、大岡殿ハ本知二千石ノ由、町御奉行ノ節二千石御加增、寺社被仰付候節、二千石御加增、四千俵御役料ニて是迄御勤候処、此度右之通結構成御義也、

一、閏十月、小笠原石見守殿(政登)御側也、兼テ御懇意也、今年三千石御加增、津宮村・大倉村・篠原村御加增也、仍而魚獵場願、

口上覺　半切

下總國香取神宮ハ　經津主神ニ而被成御座──、神代ニ大將軍ニ被爲任、武ノ御祖神ニ而東國ノ鎭護ニ被成御座候、仍之御神領千石　御寄附被爲遊、御安全之御祈禱・御祭礼、一ヶ年ニ九十余ヶ度奉執行候、右ノ御祭礼ハ勿論、每朝ノ神供ニも魚鳥等相備申候、然者香取ヵ浦ト申所ニ而、往古ゟ右神供ノ魚取奉捧候処、三十年程以前ゟ所ノ百姓共御代官所へ相願、津宮村ニ而網六組、大倉村ニ而網六組、只今以網落仕候ニ付、右神供ノ魚才覺ニ難儀仕候、右之場所ニ今以當宮ノ一ノ鳥居相建、天正年中迄ハ、右之村〻神領ニ而御座候、然者此度右之村〻御知行所ニ御拜領被遊候由奉承知候、往古ゟ神獻ノ魚獵之場所ニ御座候得者、於大倉村神獻之爲魚獵之網一張落させ候樣ニ仕度奉存候、右之通被仰付、無差支神供相備申度奉存候、尤御武運長久之御祈禱執行仕、御祓奉進上度奉存候、右御領分之御義ニ御座候得者、御尊敬之上、御信心を以爲御寄進、右之段被仰付被下候樣ニ奉願候、以上、

閏十月　香取神宮大祢宜　香取上總無印

右之通願候へ共、不埒明候者也、

〔十一月〕

一、十一月朔日、大宮司方へ使遣、口上、此度　御朱印頂戴御同前ニ大悦──、且又先頃出火ノ節ハ御領分ノ者世話ニ罷成候由忝存候、其內懸御目御礼可申述

*圖書は代官の用にて登る
*上總は稲葉方へ罷出づ

愛染堂修覆の件

*御修理料田畑永く不作

「田所子圖書江戸無沙汰歸ル」、分飯司父子穢鎌谷にて田所悴圖書に逢ふも無沙汰

見廻り致せば大勢の手本ともなる

候、
返事、出火ノ節、早速取シツメ御同前致大慶候、御朱印ノ返事ハ無之、

一、十一月三日、大宮司使數馬(尾形)、先達而願出候愛染堂修覆之義、前〻大破之処、先頃ノ出火ノ節、飛火抔有之、人足登リふミ(踏)破リ、剰うら(裏)板はなし候故、御祭礼ノ節、雨もり(漏)致迷惑候由、仍之御修覆願候由申來ル、如何仕候哉、爲御相談、大宮司年番掛リ、
返事、愛染堂修覆之儀、金剛――願出候由、御口上之趣致承知候、近〻御修覆申付、可然存候、前〻堂門抔修覆致候通、其元ニて御世話被成可然候、

一、十一月三日、大宮司方ヘ使主計(香取)、分飯司父子穢故、當分分飯司役ヲ勤サセル、先頃出府ノ節、道中鎌谷ニて田所悴圖書ニ逢、其以後於江戸一向無沙汰ニ候、此度ハ　御朱印頂戴之義ニ候ヘハ、社家共も態〻見廻も可致候義と存候、幸私用ニて致出府候ヘハ、見廻も可致義と存候、不実之致方ニ御座候、大勢之手本ニも相成候ヘハ、私義ハ其分ニ難差置存候、其元樣江も無沙汰ニ候哉、爲御相談――、
返事、先頃出府之節、於鎌谷逢候処、何用ニて登候哉と尋候ヘハ、御代官用ノ由、其後去ル廿五日私ハ稲葉樣(正甫)ヘ罷出候、留主私宿ヘ來候由、宿ニて其元樣ノ御宿をも尋候処、不存申候由、然レハ御宿ヲ不存候故、御見廻不申義と存候、一通被仰聞、其分ニ被差置候テハ、如何可有之候哉、且社家共も態〻も見廻可申義ニ被思召候段、御尤ニ存候処、幸私用ニて出府之処、御見廻不申候段、宜無之候、何分其分ニ被差置可然候、

一、同日、大宮司方ヘ主計遣、御修理料田畑年〻砂押ニ罷成、永不作ニ相成候処御座候間、高も減シ、氣毒ニ存候ニ付、年來普請致候樣ニ申付置候処、今日御修理料名主其元樣ヘ相願候処、其元樣ニても御同心ニ無之事故、勝手次第ニ致候樣ニと被仰渡候由申候、弥左樣ニ候哉、其元樣御同心ニ無之上ハ、私も其分ニ捨置(ヲキ)可申候、此段一通得御意候、
返事、御口上之趣致承知候、何かさて御神慮之御爲ニ相成候義ニ候ヘハ、相違可有之いわれ無御座候、然共はつと致候、御相談も無御座候故、先刻名主方ヘ勝手次第ニと申聞候義ニ御座候、左樣御心得可下候、

番頭秀屋長拜借願に來る

一、十一月三日、番頭來ル、先達而秀屋長拜借願候儀ニ付伺公、兼〻ノ願不相叶候ヘハ、來當祭も相叶不申候ニ付、私共ヘ達而願候故、無是非奉願候、先剋大宮司殿ヘ右之趣奉願候処、御奉行所ゟ困窮之品ヲ申上候様ニ、旧冬被仰付候間、致了簡候様ニト被仰聞候、宮之助――ハ、當人ハ老衰仕、悴病身ニ御座候ヘハ、年〻ニ困窮致候由、此段被仰上御願被下候様ニ奉願候、

*本朝鎮守棟梁の譯

當人は老衰悴は病身ゆゑ困窮す

挨拶、宮下ヘ掛リ之事故、願候か可然候由申聞ル、

「本朝鎮守棟梁」

小笠原石見守家來參詣願ふ

往古より代參は拜殿

*大神宮は伊勢のみと咎める

鹿嶋にても輕參拜は歌仙の間通らず

小笠原石見守とは懇意

本朝鎮守と申す文言

一、十一月六日、大宮司方ヘ使主計、先頃小笠原石見守(政登)殿家來參詣致候由、中殿ニて拜致候由ノ沙汰承候、但左様ニてハ無之候哉、中殿ハ水府様(徳川宗翰)御拜被遊候、從往古代參抔ハ拜殿ニて――、鹿嶋宮抔ニても哥仙ノ間ヘハ、輕參詣ハ不通之由、此方も重キ者ハ各別、輕キハ不通様ニ、此上致度候、是ハ前方大宮司方ヘ佐倉ノ代參、正・五・九、中殿ニて拜致候故也、且私在府中、小笠原石見守殿西丸御側數年御懇意ニ候故、此度も得御意申候、其元様ゟ御祓被遣候由、其御祓ノ啓ニ、本朝鎮守棟梁ト御認被成候由、本朝鎮守ト申御文言有之様ニ承及候、其元様ノ御下文・官符之内ニ承及候、御写させ御見セ被下候様ニ致度候、左様之義ニ候ヘハ、私方ニても向後相認可申存候、東國ノ鎮守抔ト申ト違、本朝ノ鎮守棟梁ト申ハ、如何ノ様ニ存候、若脇合ゟ被咎候テモ、申訳ニ可致證據無之候而ハ、如何ニ存候ニ付、以使及御相談候、

°右之事前方ハ無之事、中務代より認候、祓ニ片書ニ認ル、尤正月ノ司召ニハ有之候ヘ共、是も聢ト致タル事共不存、手前ニて認候様ニ被存候、御下文抔之内有之候ヘハ、下社家迄も申付、片書ニ認候様ニ可致と存、右之段及相談候、先年大神宮ト認候事、人ニ被謂候事有之候、鹿嶋大宮司塙右衞門ニ尋候処、鹿嶋ニても、香取ニて大神宮ト認候故ト申事也、大神宮ト認候事、伊勢ニ限リ候事ト被咎候事有之也、仍而右之通及相談也、

大宮司返事、小笠原家來參詣之節、幣殿ニて拜致候由、及御聞候由、幣殿ニてハ無之、拜殿ニ而拜爲致候、其者當宮ハ
常憲院様(徳川綱吉)御修覆、古來之堀(彫)物等御用被成候由承候ニ付、拜見致度之由望候ニ付、拜以後案内致見セ候由、幣殿ニてハ無之、何方ニて御聞候哉承度候、且本朝

本朝棟梁鎮守の義は深祕もあり

何方より咎ありとも申譯を致す

大宮司方にて番頭寄合

愛染堂修覆市右衛門に申付く

*秀屋長打捨置くは氣毒

*御修理金なし

ノ鎮守棟梁ノ義被仰聞候、此義ハ深秘も有之様ニ承及申候、其元様ニてハ、當宮御縁記(起)等御講訳被成候御身カラニて候ヘハ、細ク申進候ニも及申間敷存候、私義ハ何方ゟ咎有之候共、申訳ケ可致存候、左様御心得可被下候、

同日、大宮司方ニ番頭寄合、主計も出ル、數馬先剋之御挨拶ハト尋候処、主計申候ハ、子共之様成事と被謂候、是ハ私内證ニて其元ヘ之御咄、返事ハ無之候、

同日、番頭寄合、大宮司━━ハ、兼テ各存候通、愛染堂先頃も金剛宝寺願候、上總も未歸候故、先差置候ヘハ、此間又願出候、上總ヘ及相談候ヘハ、相違無之候、尤前方修覆之通、此方ニて致世話可然之由申來ル、仍之前〻ノ通、又屋祢や市右衛門ニ相渡可申と存候、何も如何、番頭何も成程左様可然候、則市右衛門呼出尋候処、廿一両三分ニて請負可申候由、番頭三両引十八両三分ニて有來古板不用、新規ニ前之通致候様ニ申付ル、其趣上總江も申候様ニ、主計歸リ、右之段申、

返事、承知、弥左様被仰付可然存候、

同席ニて番頭秀屋長拜借願申、大宮司━━ハ、先達テ申聞候、大岡越前守(忠相)殿ヘ奉願候処、困窮ノ次第書付願候様ニ被仰出候、自分も先例錄司代・分飯司願候義をも申上候ヘハ、夫ハ宜無之候、人〻困窮ヲ申立、拜借致候テハ御神用ノ差支ニ相成、宜無之候段被仰渡候、仍之又願可申様無之候、定而各宮中ヘも相願候哉、宮之助━━ハ、成程願候ヘハ、此方ニ相違無之候、宮下ヘ願候様ニ被仰渡候、多宮━━、宮中ニても先達而御奉行所ニて被仰渡候趣、以使申遣候ヘハ、公儀之様子も被存候、御修理料金ノ無之ヲモ乍存、如何之了簡ニて無相違、宮下ヘ願候様ニ被申候哉、各も宮中ハ無相違候テ、自分一人秀屋長ヲツブ(潰)ス様ニ思テ可有之候、自分も無相違程ニ、番頭之事ナレハ、宮之助願候様ニ被致候テハ、如何可有之哉、上總も無相違申上ハ、添簡抔か相違も有之間敷候、元來宮中ノ掛ニ有之筈処、色〻ユスリ合候故、支配下ノ事、打捨差置候も氣毒故、先自分掛リ被成候也ト申事也、

一、十一月九日、大宮司使、屋祢や江戸ニて愛染堂屋祢板調度候、金子請取度由、御修理金無之候、他借ニ

御修理金なきゆゑ神納物の金を取集むるを尋ぬ
*「宮房林平訳、」
*御修理料より米五俵林平請取る
*役人共林平訴訟に來る
多宮妻は織田帯刀妹
「田所子圖書江戸無沙汰、」
田所悴圖書召呼び尋ぬ
*林平呼び呵る
國役金の事
*林平了簡せず異見申す
*源太祝方へ林平家屋敷讓る
神職相勤むる者は理智義あるべし
*林平源太祝より分く
圖書不埒の挨拶
*林平不埒の了簡

ても可致候哉、
返事、手付ニ可有之候間、神納物之金、彼是取集被遣候テハ如何可有之候哉、
又使來ル、仍而主計立合可渡候由、則屋祢や市右衞門ニ八兩壹分相渡ス、
一、十一月十日、大宮司用事有之由ニて出府、使來ル、
同十一月廿九日歸國、同十二月二日多宮妻江戸ゟ呼、織田帯刀五百石、妹之由也、
一、十一月十一日、田所悴圖書分飯司処へ召呼相尋ル、先頃出府之節、道中ニ而逢候処、又於江府ト申聞候、江戸無沙汰ニ歸候、此度者　御朱印頂戴之事、兼テ御代官所ゟ色〻尋有之、國役金抔ノ事も有之候、然ハ公儀ノ御尋ニ付、在所ヘ如何樣ノ神用有之間敷物ニ無之候、此度ハ兩人共各別ノ義ニ而出府、公用ヲ輕ンシ、私用ヲ重ンシ、然処曾而無沙汰ニ仕方不実ノ至リ也、神職相勤候者ハ理知義ヲ以可然候、殊ニ出府ニも、此方ヘ届も無之、不得其意候、一通申聞置也、圖書〜ハ、此度ハ服中故神用も有之間敷、御届も不申上候、江戸ニて急キ歸候故、御見廻も不申候、御宿も不存之由抔、一〻不埒ノ挨拶也、前方旅宿へも度〻來候、

〔十二月〕

一、辰十二月五日、御修理料ゟ米五俵林平爲請取、扨林平方ヘ、兼而之義不相濟候間、其間宮中役人主税方(髙木)ヘ預候樣ニ申付ル、林平其通リニ致ス、
十二月六日ノ夜、役人共林平訴詔(訟、下同ジ)ニ來ル、林平我儘者也、我等江戸ゟ歸候而卅五・六日ノ間、一度も訴詔不致候段申聞ル、
十二月七日、役人共林平訴詔ニ來ル、仍而差許ス、乍去爲重ノ口上書致候樣ニ申聞ル、則林平ニ申聞ル、書付承引不致違背ノ由、同夜林平呼、大ニ呵、
十二月八日朝、林平呼、段〻訳申聞ル、書付ニ印形さへ致候ヘハ相濟事也、不了簡也、㕛見をも申、委細申聞ル、林平申候ハ、源太祝(香取外記)方ヘ家屋敷相讓、私ハ立退申候由申候間、夫ハ不成候、源太祝請取候由申候哉、成程ト申候間、被請取候筈無之候、源太祝ゟ分候といへとも、百年余ニも成、段〻訳も有之事、強テ尋候ヘハ、源太祝其段伺候而ト申候、然レハ請取候と申ニてハ無之候、甚不埒ノ了簡也、乍去普(譜)代之

*屋敷替林平へ申聞かすも違背

儀故、書付違背不致候ハヽ、差許可申候、尤先達テノ不埒ハ相許シ候、書付ニ付違背、此段も印形さへ致候ハヽ、我も隙明也ト、彼是申聞候へ共、承引不致候、立退候事ハヽ、おれか人也、難成候由申、左候ハヽ、おれヲ相手ニメ公事ノ望と聞ヘル、成程當分ハ宜敷也、春ニ成候而ノ事ニ可致候、何方へも出候様ニ可致候、右五俵ノ米も我扶持方無之候而ハヽ、公事も難成候、我ニくれ候程ニ腹ヲ養テ公事致様ニ申聞ル、

林平口上覺

口上覺

*林平立退くと騒ぐ
林平惣持院へ難儀を願ふ

護广〔摩〕堂住持義、去年中欠落仕候ニ付、私義隣家之事故、火ノ元等諸事心ヲ付候様ニ被仰付置候処、去ル比住持之義、本寺惣持院江私難儀仕候段相願候由ニ而、惣持院ゟ以使僧右之段申上候ニ付、私被召呼無住ニ候間、心ヲ付候様ニ被仰付、右類之世話致候様ニとは不被仰付候、尤右之段御役人中へ一應も届ケ不申差越、惣持院江度ゝ相願、不埒ニ被思召候、常ゝ私志不宜、我儘仕候段、隣家故難儀ニ候ハヽ、屋敷替致候様ニ御呵之処、御訴詔仕候ニ付御免、只今迄之通ニ被仰付難有奉存候、

向後右類之不埒成義仕間敷旨被仰付、難有奉畏候、以上、

寛延元辰年十二月　　林平

伊藤舎人殿

同日八日、大宮司方へ使孫大郎〔高木〕・伊助〔小澤〕両人遣、口上、林平義不埒有之、呵ノ爲ニ屋敷替致候様ニ申聞候処、訴詔致候間差許申候、重テノ爲ニ口上書申付候処、違背致候、御修理料ゟ出候米も、右之通呵之爲ニ、先日御修理料名主へ預置候様ニ申遣候処、數馬〔尾形〕御留主之事ト申候間相延、林平ニ爲請取、事濟迄此方役人共へ預候様ニ申聞候、林平方へ右米も遣候処、請不申、立退可申抔さわき申候、先右之段爲御知申候、

大宮司返事、林平義被仰遣候、イサイ致承知候、昨日此方江も相届候、届之趣致承知候、併先年御神用替地之訳ノ訳も御座候様承及候、自今御相談も御座候御儀と存候、

*林平欠落

十二月八日、大宮司方へ使孫大郎、林平義、今夜諸道具皆取運欠落致候、先爲御知申候、追而得御相談可申候、

返事、先年御用地之書付判物被下候、林平本家之事

林平源太祝へ家屋敷書付など譲り立退く
*林平家屋敷請取ならず
林平潰ると申す
*主計に代官役申付く
*林平我儘に出奔致す
*神領中の者我儘致せば相濟まず
*林平跡へ弟立てたく存ず
*下さるる米は屋敷に付く
*空家にては火元心もとなし

故、源太祝へ家屋敷書付等譲リマシテ立退可申と存候、御届申候ト申來リ、又今日參、本家へユツリマシテト申候ヘハ、請取不申間、所持仕立退申候由申候、只今被仰遣候御口上トハ、間違マシタ様ニ存候、
又使遣、今朝申進候通、林平へイサイ申聞候処、ツ(潰)ブレマスル抔ト申候間、中〻ツブシハセヌ、ドコへモ不參居候様ニ申聞候、今晩不居様ニ沙汰故見セ候処、道具も無之、欠落致候、尚又御相談可仕候、
返事、被入御念候、御使、重テ可被及御相談之旨被仰聞致承知候、
(前後)十二月八日、主計主税(香取)処へ來リ申候ハ、林平事、立退候ニ付、本家ノ事故、御判物・家屋敷相譲退申度由申候、如何可仕候哉と伺候、親外記ハ病氣故、名代ニト申候、
挨拶、立退様ニトハ不申付候、源太祝相構候事無之候、構間敷由申聞ル、
同日、主計來ル、宮下へ參申上候、右之通伺候処、一通聞置、本家ト云慥成證跡有之候ハヽ、差圖ニてハ無之、請取置可申候、其内宮中ゟも御相談も可有之候、如何可仕候哉、

上總此方ゟ林平押出ニてハ無之候、請取ノ請取間敷抔云ハ、我ガツブス也、かたん(荷擔)人と相聞ル、不成也、
孫大郎使ニ宮下へ往、數馬咄候由、主計來リ被呵候間、私かまい不申候由申候由也、
同日、多宮方へ三郎兵衞(高木)遣ス、分飯司父子忌中故、主計ニ代官役申付ル故取上ケ、三郎兵衞ニ申付ル、
右之段大宮司方へ届ニ遣ス、
十二月九日、大宮司方へ使孫大郎、林平義、暇をも取不申、我儘ニ出奔致候ニ付尋出、御相談ノ上、急度申付候様ニ致候而ハ、如何可有御座候、神領中之者、左様ニ我儘致候而ハ相濟不申候、思召之段、被仰聞可被下候、且又跡之儀、火ノ元も無心元存候間、林平第(弟)共兩人御座候内、一人跡ヲ立候様ニ可致と存候、是(コレ)又思召被仰聞可被下候、
返事、入御念候、御使、林平義被仰遣、是ハ屋敷等も有之、御修理料ゟ被下米も有之候へハ、早速ノ御挨拶ニ難及候、
又使遣、同人早速御了簡ニ不及と被仰聞候、アレハ私領分内ニ御座候、被下候米ハ屋敷ニ付候、如何思召候哉、又明家(空)ニてハ火ノ元無心元存候、取ほらさ

セルモ氣毒ニ存候、いかゝ致たるものニて候哉、
返事、又御使、致承知候、先刻ハ被下米も有之間、
早速御挨拶ニハ難(ト)及申進候、明〔空〕家ニ有之、火ノ元も
無心元思召之由、何分ニも思召次第ニ可被成候、
又使孫太郎、勝手次第ニと被仰遣、御尤ニ存候、左
様御座候ハヽ、兄弟共ノ内ニて一人申付、跡ヲ立候
様ニ可仕と存候、爲御知申候、將又林平義、尋出御
相談ノ上、僉儀をも可仕候哉、又追而ノ事ニ可仕候
哉、左様ノ我儘者、千石中ノ手本ニも罷成候、先刻
御挨拶無御座候故、又候得御意候、
返事、第〔弟〕兩人之内一人、林平跡御立可被成候由、左
候ハ、當分留主居ニ被仰付可然候、林平事被仰下候、
成程居所相知候ハヽ、被召歸、とくと御吟味被成可然
候、先年中務、其元書付を以相渡候様ニ承候、夫故
從御修理料被下米も有之候ヘハ、弥御吟味も被成可
存候、
一、十二月九日、林平弟丈助・勘八呼申付候ハヽ、兩人相
談ニ而壹人林平跡立候様ニ可致候、家ノシモリ等可
致候、田畑等有之、米も有之候、先祖ゟノ跡立候様
ニ可致候、尤百姓致候ニ、田畑今迄之通ニて不足ニ

候ハヽ、増可申付候、役人方ヘ申様ニ、林平不埒之
段申聞ル、難有由申、
一、源太祝外記〔香取〕呼、十二月九日也、林平義、出奔聞付候
ハヽ、可知セ事也、尤林平ヲ呼可申ヲ、其上此方ヘ
も可候ヘ共、承引不仕候段可申筈也、昨日ハ名代ニ
主計遣候、宮下江も兩度迄往候由、家屋敷讓立退可
申由申候、如何可仕候哉と伺、始ハ我〻構候事無之
ト申聞候、其後又來候、宮下ニ而本家ト申證據・證
跡有之候ハヽ、請取候様ニト御申、如何可仕ト申、
此方ゟ拂ハ不致、家ニ居候様ニ申付候処、家屋敷請
取ソトハ何ノ事ソ、我カ押出ト申物也、腰押ト推量
セラルヽト申聞ル、結句讓リ、又ハ請取レト申候ハ
ヽ、甚呵リ聞も穢敷事ト、本家ノ事ナラハ、大ニ呵
ヘキニ、右之通伺候ト何事ソ、我押出スト申もの也、
おれハトコヘモ不成、此方ノ人也ト申聞ル、大宮司
方ヘ兩度迄往候訳不濟、おれか右之通ニいふニ宮下
ヘ二度迄往筈ナシ、昨日主計ひたとアルキ候事不濟
也、了簡〆見候様ニ申聞ル、宮房屋敷ハ我か屋敷ニ
てハ無之、此方領分内也、林平道具我所ヘ運候由ノ
沙汰也、ナセ其様成事致候哉、外記申

*源太祝外記呼ぶ
*本家の證據證跡あらば請取るやう申す千石中の手本ともなる
*押出は腰押と推量す
*源太祝は林平本家
*大宮司方へ二度迄往く筈もなし
林平弟丈助勘八兩人を呼ぶ
*宮房屋敷我が屋敷にあらず
田畑不足ならば加増す

*留守居林平兄弟へ申付くも違背す
*跡家潰すべし
*林平へ下さる米御修理料へ返すべし
*當職以前の事ゆゑ致し方存ぜずと多宮申す
弌助勘八両人違背す
*御修理料よりの米は事濟むまで入置く
林平は長大夫やうなる者
*源太祝外記呼ぶも來らず
*外記謀叛致しても悴主計は恩を知る筈

ハ、私も呵吴見申候、家屋敷請取ッﾄﾊ不申候、左候ハ、譲候と申候間、おれが強テ尋候へハ、伺候而ﾄ申候由ニ𪜈有共いわせす、呵付可申ヲ、度〻伺マワリ候義、心底不濟也、此処ヲ了簡シテ見候様ニ、今日弌助・勘八両人之內、跡立候様ニ申付候、未レ移候、其間番をも申付候、我随分晝夜見廻リ、心付候様ニ申付ル、右家屋敷請取ﾄ申サハ呵リ可申ニ伺マワリ候義、心底不濟候、此処ヲ了簡メ見候様ニ申聞ル、

○一、弌助・勘八両人共違背致ス、兄不居候へハ、私共跡ヲ立可申様無之ﾄ申事也、仍之役人共始皆〻一両日ノ間、晝夜共様〻致吴見候由、承引不致候、仍之勘八ハ手前ニ召遣候へ共、身ヲ引セル、弌助ハ行事祢宜(額賀)兵部へ召遣候処、是又暇ヲ遣ス、

一、十二月十日、大宮司方へ使孫大郎、林平義ハ、其元様ニ而前方長大夫様成者ニて御座候、林平屋敷ニ付、御修理料ゟ出候米ノ義ハ、如何致候而能可有御座候哉、思召被仰聞可被下候、留主居之儀、兄弟両人へ申付候へ共、是等も致違背候、然レハ火ノ元無心元存候間、近〻疊まセ置可申と存候、

○多宮返事、林平義被仰越候、留主等之儀、兄弟共へ被仰付候処、是等も致違背候由致承知候、跡家之儀も、御ツブシ(潰)可被成候由致承知候、先達而從御修理料林平へ被下米之儀、當分事相濟候迄、御修理料へ御返シ被成候テ、能可有御座と存候、先年御用地差上候節、御両人之書付をも被下候様ニ承候、定而其節番頭御聞セ候上之儀と存候、此度も御寄一通リ御聞セ候而、能可有御座候ﾄ存候、手前ニてハ當職以前之事ニて、とくと致候義不存候、一通リ存當候義、御聞被成度之由故、右之通申上候、此上留等をも見候而御相談ニ及可申候、

同日、又使孫大郎、大宮司方へ遣ス、只今御懇ノ御口上致承知候、御修理料ゟノ米之義、事濟候迄、御修理料へ入置候様ニ被仰遣、私も左様ニ存候、左様可申付候、番頭呼出聞之儀致承知候、

一、十二月十日、源太祝外記呼、不快ﾄ申不來、悴主計呼、申聞候ハ、我ハ監物も同前ニ子共ノ時分ゟ致候処、左候へハ、たとへ外記致謀叛候共、我ハ恩ヲ爲知候様ノ志有之筈、おれか心を以養子ニも遣候、一昨日外記名代ニ家屋敷、林平譲立退可申段申、如何

*荷擔人の張本と思はるるは迷惑
大宮司へ往くは心底濟まさざるなり

*主計部屋住み

*神前向名代無用と仰付くは大宮司方參向の咎や尋ぬ
源太祝屋敷は知行内と祖母申す
大禰宜知行の滿中

源太祝は大禰宜分家
今は宛行なし
*源太祝屋敷は知行内の證據なし

可致候哉と伺候、我構之事ニてハ無之ト申聞候、夫ゟ大宮司方江も兩度參リ、又此方へも來ル、其樣之事ヲ林平申候ハ、、イハセモハテス呵可申処、立退ト申付ハ不致候事也、夫ヲ讓渡ナソト云ヿヲ可聞筈無之、大ニ呵可申処也、無左度〻伺届ニ大宮司迄往候ハ、心底不濟也、

主計――ハ、兩印ノ書付之事ヲ、宮下へも伺候、持退候テハ、入水抔も致候而ハ如何と存伺候抔ト申、上總心得違候而も、おれかかまハぬ事ト申候ハ、、無用ニ致筈也、心入不濟也、

扨又、源太祝屋敷ハ、源太祝知行内と存候哉、又ハ此方領分内ト存候哉、外記ニ可尋と思候、主計申ハ、祖母――候ハ、知行内ノ樣ニ申候、夫モ急度證據も無御座候、おれハ大祢宜知行ノ滿中ニて候、主計左樣御座候ハ、、左樣ニ而可有御座候、右之段ヲ外記存寄ヲ書付見セ候樣ニ可致候、其処（ソコ）ニ迄〔互〕（タガイカ）ノ違ィ有リ、我カ方ニてハ知行内ト心得、此方ニてハ此方領分内と思居候、尤大祢宜分家、此家ノ三家大祢宜絶間之節ハ、其分（ワカ）レ候節ハ相續ノ爲ニて、知行職分をも遣候事ニて、兄弟ノ事ニて可有之候得共、今ハ何も宛行無之、夫ニ勤ルハ此方トソツチト思、場ニ違ィ有リ抔申聞ル、

主計――ハ、かたん人〔荷擔〕之長本〔張〕ト思召候由迷惑仕候、宮下へ致相談、林平家火ノ元無心元候間、林平家たゝミ置セ可申候、明日抔にも可申付候、外記屋敷ノ内へ置候樣ニ可致候由可申聞候、

同日、外記方へ丹治鄕長子使ニ遣、一昨日ノ仕方主計不濟候間、其方名代ニ神前向へ出候事差留申候、主計ハ部屋住之事故、其方ハかまい無之候、主計畏候由申候、

十二月十一日、主計來、神前向名代ニ無用と被仰付候儀ハ、宮下樣へ伺ニ參候義ヲ御咎ニて御座候哉、丹治ニ申來ル、別ニ又御咎ニて候も御座候哉、迷惑仕候、

上總可讓ト聞ヤ否ヤ、呵付可申ヲ、心得違ニて伺候共、我か構事ニてハ無之と、おれが申候ハ、、夫迄ニて捨置可申ヲ、度〻宮下江も此方へも來候訳不濟ト云ヿ也、

同日、主計主税〔高木〕方へ來リ、外記ハ不快ニ罷在候、昨日源太祝屋敷ハ知行カ否ヤ、書付出候樣ニ被仰付候、

林平家を源太祝屋敷内重置く
*源太祝呼ぶも來らず
*心得違との書付差出づるやう申遣す
大禰宜次男を立置くは絶家の節の相續のためなり
*書付の儀御免を願ふ
*源太祝名代を主計申す
兩方の存寄せ違へば末々の災ともなる
*大禰宜上總許さず
*上總江戸へ發足
主計實父寺嶋忠兵衞
*寺社奉行月番稲葉丹後守へ出づ
*酒井山城守大岡越前守へ御屆書出づ

知行内と申證據も無之、相知レ不申と申來候、
一、十二月十二日、林平家疊ム、源太祝屋敷内ヘ重置候樣ニ申付ル、兩度使藏之助（内山）・帶刀（貝田）也、源太祝違背致、雨天故延引、十五日・十六日林平家疊、ヤハリ其屋敷江重置、
一、十二月十六日、源太祝方ヘ分飯司子求馬（伊藤）遣、外記不快ト申不來候ニ付、先達テ申通屋敷ハ、源太祝屋敷ト祖母申傳候由、先達而申通、大祢宜次男立置ハ、大祢宜絶間ノ節、爲相續也、然共時代遠ク成候故、今ヲ以ハ血筋絶候故、要害北内源太祝ヿ也、抔ゟ相續出來兼候、屋敷ハ知行内ト心得候ヘハ、大祢宜ゟ何も合力無之候ヘハ、勤候訳無之候、大祢宜ハ大祢宜領内之屋敷ト思居候、大ニ兩方ノ存寄違有之候ヘハ、末ゝ災ノ事ニも成候、然レハ此上信實ニ致歸服、勤候樣ニ致可然候段申遣、
源太祝外記――ハ、只今迄之通ニ、御訴詔致候由也、
又十二月十七日、寺嶋忠兵ヘ遣主計実父也、昨日求馬ニ申遣候訳、挨拶無之、又ゝ右之趣申遣、申傳候計ニ而證據無之候ハヽ、此上信実ニ可勤候や否、
外記林平義、私共ツブシ（潰）候樣ニ被思召候段、人ヲツブシ候テハ、相立不申候抔ト申越候、
十二月十八日、源太祝方ヘ病氣ノ由ニ而、呼ニ遣候而も不來候間、使求馬、昨日ハ忠兵衞（寺嶋）方ヘ、此上信実ニ成可相勤由申候、成程ソウコソ可有之事也、夫ナレハおれも心カクワラット晴ル、左有ルヿナラハ、只今迄心得違ト云趣ノ書付ヲ致差出候樣ニ可致候由申遣、
外記申候ハ、書付之義ハ御免被成被下候樣ニ御願申くれ候樣ニト申、
一、十二月十九日、主計來リ、源太祝名代ニ私神前向御差留被仰付候、外記病氣ニ御座〔候脱〕得者、難義之由申來ル、
挨拶、不成候、惣而病氣〱ト申、若不快之節ハ、人ヲ賴可差出候、我前方三・四年江戸奉公致候節ハナントシタ、外ノ社家モ不快之時可有之候、
一、辰十二月廿日、上總御年礼ニ發足、廿二日江戸神田小河町四軒旅宿ヘ着、
同十二月廿五日、寺社御奉行所御月番稻葉丹後守（正甫）殿ヘ御屆ニ出ル、御差圖ニて正月御用番靑山因幡守（忠朝）殿ヘ御屆、酒井山城守（忠休）殿・大岡越前守（忠相）殿ヘ御見廻ニ出

ル、御届書御兩所ヘ出ス、

來ル正月六日、

獨
御禮　下總國香取宮大祢宜　香取上總

獻上

一、御祓

一、鳥目　壹貫文

御三所樣江、

右御同樣ニ献上仕候、以上、

正月五日ニモ同樣書付出、

一、辰十二月廿七日、酒井雅樂頭殿(忠恭)御老中、御自身被成候能見物致、夜中迄料理出ル、

寛延元戊辰年十二月　大祢宜上總實行五十七歳
嫡子 監物實香十八歳
次男 城之介行高十六歳

老中酒井雅樂頭にて能見物

*押領使兵衛書置寫出づ
*大宮司銚子實父方へ參る
青山因幡守へ年禮
登城御年禮
水戸樣へ御年禮
*大宮司書置寫見たく申す
*金剛寶寺より無住申す
一條關白諸大夫へ書狀差登らす
江戸發足
「兵衛自滅、」
押領使兵衛舊冬頓死
弟久右衛門穢にて宮中へ出入ならず

〔寛延二年正月〕

寛延二己巳年正月元日・二日・三日、青(晴)天、白日長閑也、

一、正月五日、御月番青山因幡守(忠朝)殿へ明六日ノ御屆、名代高木孫太郎ヲ以申上ル、持病氣故其段申上ル、常ノ年礼ヲ差出ス、

一、正月六日、朝六ッ過登城、四ッ過ノ比、　御礼濟、夫ヨリ御老中・若御年寄・寺社――、

一、正月七日、朝五ッ時水戸樣(德川宗翰)へ上ル、例年ノ通於小書院御目見、二汁五菜ノ御料理・御吸物・御酒・濃茶等被下、御年寄衆・寺社御役人――廻ル、

同日、京都一條關白樣(兼香)諸大夫中迄、例年ノ通年始ノ書状差登ス、文言等旧記ノ通、

一、正月十六日、江戸發足、十七日歸宅、

一、正月廿一日、大宮司方へ使遣求馬(伊藤)、丹治口上、旧冬押領使兵衛頓死致候由、其後書置有之由ニ而兵衛弟久右衛門幷清右衛門(額賀)出ス、御年礼出府之砌、殊ニ久右衛門も穢ニて、宮中へ出入不成由ニ付、其分ニ差置致出府候、尤書置ハ久右衛門本書所持之由、写ヲ差出候、此義ハ其分ニ被差置間敷候、近ヽ御立合之儀申遣候処、銚子実父方へ參、留主ノ由、

正月廿四日、大宮司方ゟ使數馬(尾形)、私儀も今朝歸候、先右之段爲御知申候、

返事、兵衛相果候義、頓死ノ由、旧冬致披露候、私旧冬出府之砌、書置有之由ニ而写ヲ差遣申候、此義被捨置間敷候、番頭をも召呼、御立合御相談被成候而可然候、左候ハヽ、日限可被仰聞候、則使求馬ヲ添遣、

大宮司返事、如何樣ノ趣ニ而御座候哉、不苦候ハヽ、右之写爲御見被下候樣ニ、私もとくと了簡も仕、何レニも御相談等ニ及可申候、則右写差遣ス、

一、巳正月廿四日、惣持院ゟ使僧、弟子ノ由、此間金剛宝寺ゟ寺ノ無住ニ御座候、追付夏經も始り候、住持居(スヘ)候ハヽ、可然之由申來候、皆無住ニて御座候、半分も居候樣ニ致申度候、

挨拶、寺之無住之儀、被申越候、兼ヽ相尋候へ共、未相應之者無之候、兼而從是可得御意存居候、こま(護摩堂)とう住持之義、是ハ早ク居へ申度候、其元御弟子之

内抔ニハ、當分有御座間敷候哉、早ク居ヘ申度候、
ちと御世話被成候様ニと存候、

大禰宜宅へ諸役人出づ
*吟味も尋ねも致すべし

一、正月廿五日、大祢宜宅へ大宮司始、番頭立合、清右衛門・久右衛門・丁子検杖・藤兵衛父子押領使、兵衛養子、藤藏実父、・源太祝(香取外記)娘ハ藤藏妻、・御手洗ノ者・宮中役人共出候処、多宮出付、不申者ハ如何と申ニ付、其事ヲ手掛候者故、吟味ニ出候由申候へ共、社法之事抔申候間、宮中役人無用ト申付ル、

大宮司と別間にて兵衛書置につき相談

先大宮司ト別間ニて、兵衛書置候趣及相談、多宮──ハ、不存候事故、今日も出席致間敷かト存候へ共、一通御相談可承ト申候、上總──ハ、去年頓死ト致披露、其後間有之、久右衛門儀穢、宮中へ出入難成、

*押領使兵衛書置

書置ノ写計ヲ遣候、清右衛門致持参、右写先差返シ候、出府ノ砌、殊ニ重キ事、早速ニ其元へも申進、取廣候事ハ不及了簡候、写ニてハ有之、謀書ノ程も知レ不申、如何様ノ訳カ拵事ニても候哉、一通リモ不尋、取廣候事不成、如此ノ重キ事、其元へ御知セ候へハ、寂早重ク成候、か様ノ重キ事、早速取廣及沙汰候義、拙者氣質ニ無之候へハ、ケ様之事ハ、向後共御用捨ニ預リ可申候、多宮──ハ、是ハ仕置ニ

*兵衛酒犯より起る

不致成間敷抔申候間、上總申候ハ、畢竟書置有之故ニて候、拙者書置ノ譯ヲ致見候、内談ニ候間、可懸御目候、
多宮申候ハ、いや先吟味致可然候、上總──ハ、吟味も尋も可致候、書置ニ依テノ沙汰ニ候へハ、書置ノ上ニてノ道理ニ候へハ、訳ヲ御覧尋候上ニて筋ニ依テ、又書置有之故事起リ候、其書置ノ文言ニ付候テノ事、書置ノ上ヲ見了簡致候ゟ外無之、用候共、又ハ反古ニも可致候、則讀聞スル、其文、
寛延元戊辰年十一月廿八日押領使兵衛自滅仕書置、私共差上候ニ付、御吟味ノ趣如左、

書置之一通

一、○申置候ハ、此度私少〻酒ニゑい(酔)向、あいてもこと〳〵くよい(酔)候、火ろんをも致候段、酒さめて後承り、さて〳〵きのとくたる義ニ存候、左様ニ候而も、娵・子共ニハ少も何事も不申候、
右、事ノ起リハ、全ク兵衛酒犯ゟ起り候段、明白ニ候、
○然者、娵・子共、丁子迄參候而、様〻のなき悪名をも申候ハヽ、藤兵衛方へ咄候哉、此者共申義、もつ

ともニ哉被存候哉、
右養父兵衞江ハ不申聞、丁子ノ実父藤兵衞方ヘ悪名ヲ申候義と相聞ヘ候得共、既ニ推量ノ文談ニ而、慥ニ悪名ヲ申候と申義、不相聞候ヘ者、難取用文言、推量一通也、

悪名の文言用ひがたし

*養子藤蔵部屋住み

○藤蔵ヲもとく申間敷由ニ候間、たひ〳〵以久右衞門わ（詫）ひ事仕候へ共、とやかく申しやういん（承引）無御座候、左様ニ候而ハ、ゆいセつふれ可申候、

養子養父の習ひ

右養父・養子ノ習ひニ候ヘハ、養父ノ心ニ不應者ハ、実父方ヘ差戻し候事ニ候、其上悪名ヲ申候養子ニて候ハヽ、兵衞弟久右衞門を以、度〻詫候而、何ソ養子ヲ可呼戻事可有之哉、養子藤蔵ニ不限、家督ヲ可讓者ヲ見請、養父ノ心ニ可應者ニ可致、相續候事、世上一同之事ニ而候、然ヲ養父ノ方より養子ノ方江詫ヲ申、是非藤蔵ならてハ、遺跡ヲ可繼者無之様ニ存候段、筋目前後正氣ノ沙汰ニ無之候、

養子養父の心に應ずべし

*兵衞正氣の沙汰なし

○とかく私に候も成候義、かね〳〵より夫婦にくし（憎）ミ、いろ〳〵有事なき事申、此度けヲふひてくわたい（懈怠）のきつヲ申へく候、左様御座候而ハ、私シ此處ニ一日も立かね申候、
右夫婦にくしミ候筋ヲ以、其親として其所ニ一日も不被罷在候段、是又正氣ノ沙汰ニ無之候、くわたいの疵ト可申候と有之候ハヽ、是又推量ノ沙汰ニて候、第一未兵衞隠居も不致、當時當職之身分、養子藤蔵ハ未社役江も不相加、部屋住ノ者ニ而候ヘハ、其部屋住之者ヲ當職ノ者、家督をも可讓存候ハヽ、父子ノ間柄を以、養父ノ自由ニ相成候、養子之事ニ而候ヘハ、養父ヲにくしミ候養子ニ候ハヽ、養父より何分ニも養子ヲ急度申付候か、又ハ実父方江可差戻事ニて候、其上未當職ヲ相勤候、兵衞何ソ養子ノ仕方悪敷候とて、此処ニ一日も立兼候と申義ハ無之事ニ候、尤兵衞隠居ニ而も致、藤蔵より役界（厄介、下同ジ）受候筋目ニ而も候ハヽ、与風存違ニ而、右躰之儀も可有之事ニ而候、左様之筋ニ而ハ無之、養父兵衞ニ役界ヲ請候、悴ノ藤蔵夫婦ニて候、是全ク兵衞正氣之沙汰ニ無之候、
○左様候ても、何方ヘ可參方も無之候、世中もはつか（恥）しき儀ニ候へ共、身ノかくこ（覚悟）も可仕候、あとの義、何分ニも能敷様ニ賴入事迄、

*久右衛門清右衛門連署請文

養子の仕方悪し

*久右衛門は書付に得心致さず

兵衛は全くの酒亂にて自滅す

久右衛門も兄兵衛養子藤藏と不和

*大禰宜上總は本書出づるやう申す

兵衛酒亂にて書置殘し自滅と決す

兵衛書判

（額賀）清右衛門様

久右衛門殿

右養子ノ仕方悪敷トテ、養父ノ身として自滅可致訳無之、一命ヲ捨候程ニ候ハヽ、養子ノ身分不任心候ハヽ、其訳ヲ立可申事也、全ク自滅ニ不及事也、左程一命ヲ捨候程ノ次第ニ候ハヽ、いかゝノ訳ニ而藤藏ヲ、度々久右衛門を以詫候テ呼戻し候事ハ有之間敷候、然ハ藤藏方ヘ相詫候筋有之ハコソ、當時久右衛門モ兵衛一同ニ相詫候事ト相見ヘ候、養父一命ヲ捨候程ノ不埒成養子ニ候ハヽ、兵衛同弟久右衛門モ相詫候而、養子呼戻し申間敷事ニ候、然レハ兵衛ハ全ク酒乱ニ而自滅致候と相決候、久右衛門も兄兵衛ト養子藤藏不和ニ而自滅ニ及候程ニ存詰候事ハ、兵衛正氣ノ沙汰ニ候ハヽ、久右衛門義も心付候ハヽ、兵衛自滅ニ可及事無之候、又不埒成藤藏ニ候ハヽ、兄弟ノ久右衛門ニ候ヘハ、何レニも兵衛難儀ニ不及様ニ可取計事ニ候、久右衛門も詫迄致、其分ニ致候儀ニ候ヘハ、書置ノ趣兵衛正氣ニ而相認候訳ニハ無之、酒乱ノ上書置殘し、及自滅候事と相決候、

右兵衛書置之趣、御吟味被仰聞、一々承知仕候、成程常々大酒仕、不埒ニ御座候得者、正氣之沙汰ニ無之、全ク酒乱ニ而自滅仕候義と、私共得心仕候、仍之此上私共申分、少も無御座候、仍而印形仕差上ケ申候、重而相違之儀、申上間敷候、以上、

寛延二己巳年正月　清右衛門

久右衛門

右書付、清右衛門ハ得心、尤ニ存候由申、久右衛門義ハ殘念ノ由申、得心不致候、其内了簡仕、清右衛門迄挨拶可致候由申歸ル、

巳三月十七日、右一件久右衛門扱ニ掛リ事相濟、其処ニイサイ訳有之、

右尋對決ノ訳、兩人幷番頭出、丁子村藤兵衛父子・清右衛門・久右衛門・御手洗者・宮中役人共、大宮司申ニ付、宮中役人無用ニ致ス、

上總久右衛門方ヘ書置候本書出候様ニ申聞ル、則出、求馬ヨム、其書置兩人前ヘ取寄見候処、書判ラシキ様ニ見ヘル、シカトシタル書判ニてもナシ、印形ナレハ判鑑有之候、兵衛手跡、覺候者有之候哉、久右衛門ハ手跡之由申、多宮も手跡ニて可有候申、上總

兵衛は養子藤蔵の不孝は咄さず

*御手洗甚之丞と酔ひて喧嘩より起る

*正氣と久右衛門申す

*藤蔵は社役も勤めざる者

藤蔵夫婦に殺され解死人取りたく久右衛門申す

*相手甚之丞へ尋ぬ

久右衛門ゐつめに逢ふと申す

死人に口なし兵衛を殺さんとしても證據なし

物申悴ノ右近(香取)・悴半平出ル、尋候ハ、兵衛ハ番下ノ事、右近や其方抔方へ、常〻養子藤蔵不孝ノ筋ニても不咄候哉、如此重キ〻ハ、右近出候而能可有之候、半平不快之由申、上總〻〻ハ、常中不快ニ候哉、何ニも出不申候、申談候事無之哉、何も不承候、久右衛門方へ上總〻〻ハ、我ハ是ヲ出、願ハ如何ノ存念ニ而候哉、久右衛門〻〻ハ、藤蔵夫婦ニ被殺タルト存候、解死人取度と申、上總〻〻及自滅ニ程ノ事ニて、久右衛門ヲ以、藤蔵ヲ呼戻し申度と詫候事、ツマラヌ事也、久右衛門夫ハ全ニ而御座候、呼戻し度ト有之ハ、藤蔵ハ能者ト聞ヘル、其藤蔵ハ歸居候ハ、又致不孝候ハヽ、我弟ノ身トして、其分ニ可致筈無之候、内證ニ而取計可申、又内證ニ而不濟候ハヽ、此方へ願出可申事也、久右衛門〻〻ハ、ゐつめに逢申候、夫も不濟候、夫程ノ事ナラハ、ナセ先達テ不願出哉、兵衛果候而も、程過候而書置も出候、其分ニ致居ル筈無無(衍)之、今ニ成リヱツメニ逢候ト申候へ共、死人ニ無口、藤蔵刀ヲ抜テ兵衛ヲ殺サントト申候而も、證據無之、如何様ニもイワレ候事ニて候、只書置候書面ニ而吟味スル、右之通リノ訳ニ候ハヽ、ナゼ其分ニ致居候哉、此方へ願出候筈也、先書置候始が、御手洗甚之丞ト酒ニ酔、喧嘩ゟ起リ候、酒犯ニ而自滅ニ極候、久右衛門〻〻ハ、正氣ニて候、正氣ナラハ我モナセ自滅致させ候、親ゟ子ノ方へ、弟ヲ以詫言致筈無之、兵衛ハ當職親也、藤蔵ハ社役も不勤者也、如何様ニも養子ヲ押出共、如何様ニも可申付事也、それニ詫言スル筈無之候、其上自滅之節ハ、藤蔵とくニもとり、一所ニ居候ハ、書置ノ文言トハ相違也、

相手甚之丞尋候処、打れ鼻血抔沢山ニ出候由、其節藤(甚)之丞〻〻ハ、大ニうたれ血ヲ出、皆〻半死位ニナンダイ申候事也、杖ヲ以打候由、御手洗之者、近所之事故、常ニ出入、藤蔵常ニ不孝ケ間敷事、強勢成仕方等無之哉、有躰ニ申候様ニ尋候処、皆〻申候ハ、私共差而出入不仕候故、何も存不申候、源太祝名代ニ悴主計(香取)出ル、申候ハ、脇差も貫候故、娵私方へにけ來リ申候、外記娘也、主計○(妻)妹也、上總多宮方へ只今ノ譯書見セ可申候哉、成程ト申、則求馬讀之聞スル、清右衛門ハ得心致、御尤ニ存候由、久右衛門儀ハ、御吟味受申間敷候、御恨被成間

敷ト申、申聞候ハ、皆酒乱にて自滅ト決候、其書置之文談、一ツトシテ辻妻ノ合候事無之候、皆酒犯也、毎日致大酒候ヘハ、二日も三日も不斷、ナマ(生)醉ニて酒呑ハ居ルコ也、大宮司申候ハ、書置候始ニ、自分からナマヨイ(生醉)ト書出候、然レハ酒犯ニ決候、得心シタカ能イ、上總━━得心ニ無之ハ、必印形不入物也、不得心之処、押テハいらぬ物也、上總番頭ヘ何も了簡致候様ニ申候ヘハ、何も久右衞門方ヘ酒犯ニ候間、致了簡候様ニ申聞候、大宮司申候ハ、右酒乱ニ候書置ノ文言、シカト無之候、皆酒犯ニて認候と聞ヘ候、致印形濟候様ニト申、久右衞門殘念ニ存候由申候、上總━━ハ、此方共了簡得心セネハ、此方共了簡ニハ不及候、公儀ヘ差出候ゟ外無之候、中〻おれらか了簡ニ不及候、此間中多宮殿ト御相談申、此書付之釈(譯)抔も御相談申候事也、久右衞門━━ハ、其内御挨拶可申候、清右衞門殿迄可申也、仍而歸ス、御手洗ノ者ゟ何も不知、印形取可申候由申候処、大宮司是も久右衞門得心不致候ニ付、追而ノ事ト申候ニ付、先其分ニ致歸ス、皆〻退散、

一、正月廿七日、大宮司方ヘ使遣、求馬主計義、不埒ニ御座候ニ付、神前向源太祝名代ヲ勤候義、爲呵差留申候、爲御知申候、

返事、源太祝名代義ヲ被仰遣候、悴之義ニ候ヘハ、余ノ名代トハ相違マシヨウ義と存候、如何様ノ不埒ニ御座候哉、社法ニ掛リ候ハヽ、先達而一通リ爲御知可有御座候義と存候、御使ニ而今日始テ承候、御使之段ハ致承知候、

〔二月〕

一、寛延二己巳年二月朔日、篠原村十兵衞・藤右衞門兩人、分飯司処來リ、今度從地頭村中檢地致、繪圖差出候様ニ被申付候、追野城之邊立合檢地堺立申度候、二・三日中ニ致度ト申來ル、大宮司方ヘ參リ、挨拶承リ、歸リニ寄候様ニ申聞ル、宮中ニて挨拶、今年年番、仍而年番ゟ相談も有之事ニて候、仍而求馬(伊藤)ニ伊助(小澤)添申越候ハ、惣而村堺ト申ハヤかましき事ニて候、ワルクスレハ出入ニ成、タカリ申候、僅計ノ処ヲハ除テ繪所等被致候テ可然候、此方立合ト申ハ兩人相談ノ上、番頭寄致相談、中〻おつかうニて候、

*「主計神前差留」
書置の文談辻妻合ふことなし
*主計不埒源太祝名代勤むるを差留む
*悴ゆゑ餘の名代とは相違

*「追野城堺之事、篠原村二月十二日ニモ來ル」
*地頭より檢地繪圖差出すやう申付らる

*村堺は惡くすれば出入になる

*子孫へ永く安堵したく存ず

*主計は源太祝にあらず

*丁子村大祝病氣見廻に往く立合場所へ出づれば物云ひとなる

*神前へ病と稱し不參

*任補懸も主計仕る

*「主計任補掛源太祝ト申事、」分飯司方へ主計來る

*他村へ往きながら神前御番欲くは不埒

其方抔ハ、外ニてハ無之、氏子ノ第一ニて候、与風出入ニも成候へハ、其元方も御神慮ヲ相手ニ被致樣成事、此方ヘも右之訳故、迷惑氣毒ニ存候、なべすべなりニも今迄事濟候間、其通リニ被致間敷候哉、△△彼是申遣ス、右兩人御尤之由申、先罷歸相談仕、追而又可申上候、私共立合申候テ、御氣ニ入候樣ニ可致と存候テト申候、求馬━━ハ、左樣ニ御座候而も、大勢之事ニて候へハ、其内与風言(モノ)申候へハ、止事ヱラレヌ樣ニ成候物ニて御座候、五寸一尺ノ事ハ、其分ノ事ニ候へとも、立合其場所ヘ出候而ハ、必ものいゝニ成候もの抔ト申談候由也、兩人歸ル、△△神慮ノ地之義故、其元ニても如在も有之間敷候、被立候共何分ニも宜樣ニ抔申遣ス、

二月二日、使求馬、右之段大宮司方ヘ爲知候ヘハ能、御挨拶之由申來ル、

一、二月九日、主計(香取)分飯司方ヘ來ル、口上、旧冬林平義ニ付、宮下樣ヘ伺候ニ付テ、御神前向御差留、永ィ間之義迷惑仕候、凡テ左樣致ス義と相心得候、宮下樣ヘ相伺候、私屋敷義、御知行ノマツ只中ト被仰聞候、其御知行マツタヽ中ニ住居スルニ付テ、御召遣被成候ト被仰聞候、私方ニてハ、代〻知行ト申傳、

相心得マシテ罷在候、訳ヲ立マシテ子孫ヘ永ク安堵スル樣ニ致度候、私身分一己ノ義ニ御座候ハヽ、御兩所樣御相談ニて、如何樣ニ被仰付マスル共、御恨ニ存間敷候ト存候、宮下樣御帳面等も御座候かヲ伺可申候、

挨拶、我ハ東西不見ヘ迷フタナ、我如何ノ親外記(香取)ヲ差置、彼是ト殊外旧冬ゟ致世話候哉、部屋住ニ而、未源太祝ニてハ無之候ニ、スイサン慮外也、正月モ外記事、社參ニも出、又ハ丁子村大祝(民部)病氣見廻ニ往候由、大祝呼尋候処、右之通申、然ニ神前ノ番、病氣と申不參欠キ、此方ゟ呼ニ遣候ニも、病氣と申、度〻呼候而も不來候、皆我仕方ト相聞ヘ候、外記兩人共ニ來リ、右之申訳可致候、

主計━━ハ、私義も任補懸ヲモ仕、公邊江も源太祝主計ト書付出候間、源太祝ト相心得罷在候ト申、又申聞候ハ、大祝病氣見廻ニ參候程ナラハ、先此方ヘ年始ニ來可申筈也、右申訳致候樣ニ申聞ル、又任補懸致候故、源太祝ト相心得候由、誰ニ被申付源太祝ニ成候哉、右之通外記他村迄乍往病氣と申立我名代不勤候故、神前御番欠候とは不埒也、

主計申ハ、親ニも承候処、髪月代も不致候ニ付、年礼難出候、持病ニ痔有之候ト申間、旧冬ゟ持病ナラハ、其様ニ長ク戸出も不成様ニハ有之間敷候、不埒ノ申方也、

又申聞候ハ、東西不見程迷候、マツクラ也、訴詔(訟)ニても可致トハセす、不埒之事申來候、兼而神道をも爲聞、志をも正フセンタメ、重キ傳來致、其迷ニてハ無易也、兼〻相傳候切紙等ハ勿論、聞書等迄封候而致印形、返シ預候様ニ可致候、尤誓約致候、神慮ヘ誓、御酒ヲ呑候事也、

主計申ハ、成程畏候由申之、右ハ求馬ヲ使ニメ問答也、

一、巳二月十一日、大宮司使數馬(尾形)、愛染堂修覆ノ義、先達而イサイ御聞可被成と存候、

神納物前方ノ帳ニ載申候ハヽ、可然候、且又拝借返納、近〻可被成候哉、左候ハヽ日限可被仰聞候、

返事、何も致承知候、神納物、成程差急候事ニも無之候、御勝手次第ニ左様可被成候、御尤ニ存候、返納之義、私方去年出火後、江戸へも兩度罷越、只今普請取懸、大ニ入用多致難儀候、仍而私ノハ暮迄延ニ致度候、私方返納延ニ致候ハヽ、皆ノモ相延可申候、左候ヘハ御宮ノ御手支ニ可成氣毒ニ存候、此処ハ其元御了簡被成可被下候、

一、二月十二日、篠原村縫右衛門・十兵衛來、村繪圖致候ニ、堺不極候而ハ致方無之候間、御立合願候、前方御挨拶結構ニ被仰候間、村方致相談見候ヘ共、右之訳故、又〻參候、去ル二月朔日ニも來ル、御立合御相談ニ御隙懸リ候ハヽ、たとへ春から秋迄御懸リ候共、其段ハ不苦候、

返事、數百年其分ニ成來候事、大概ニ被致候而可然候、先日も申候ヘ共、達而被申候事、又急候事ニも無之、秋迄被申候事ニ候ヘ者、一分立候而も不成候間、其内相談致見可申候、

彼者申候ハ、地頭へ申候ハヽ、神領堺六ケ敷候由申候へハ、其段ハ神領ノ者となれあひ(馴合)致候様ニ、此方ハ不存分之由被申候、

一、二月十二日、大宮司使數馬、取次求馬、此間主計參、旧冬林平事ニ付、御神前向御差留致迷惑候由、主計方ゟハ旧冬御差留之砌、届マシテ御座候、其元様テハ江戸ゟ御下以後、御しらセニて始テ承候、御差留

*返納延に致せば皆も相延び御宮の手支へになる
持病に痔あり
*「篠原堺、」
*篠原村縫右衞門十兵衞兩人堺御立合を願ふ
兼て神道をも聞かす
*神領堺難しければ神領の者と馴合ひ致す
*「主計事、」
*御神前向差留むるは迷惑
返納は入用多く難儀

去々年より取付致す*

主計屋敷は源太祝知行と心得

去十月二十四焼失*

隣りの小屋火災遁る*

大禰宜新造廣間は去年の日記に載す*

源太祝屋敷につき主計御吟味を願ふ

大禰宜上總相煩ひ不快*

「大禰宜廣間普請建初、三月七日より」

大禰宜廣間取崩す

萬治二年大禰宜與一郎實富建つ

もナキ前ニ御しらセ被成能義と存候、如何之思召ニ候哉、承度候、

主計屋敷之儀、其元様御知行内之由被仰候、主計ハ源太祝知行ト相心得、御吟味ヲ願候ト申出候、外ノ義ニも無御座候、仍而御掛合ノ義ニ御座候間、未主計方へ挨拶モ不仕候、イサイ御返事可被下候、御返事ニ依テ主計へ挨拶可致候、

返事、主計義、神前差留候義、御しらセヲソナワリマシタト御咎被仰遣候、私義も此間ハらち(埒)ハ無御座候、万端前後仕候、先日も得御意候通、左様之儀ハ、御用捨御免ヲ願マスル、

将又源太祝屋敷之義、主計御吟味願之由被仰遣候、此義ハ使を以テハ埒明申間敷候、拙者も此間持病頭痛差發不快ニ而罷在候、其内快氣仕候ハヽ、其元様へ參候而懸御目、御熟談申度存候、私方ハ古家ヲ一兩日中ニ取崩候訳ニ御座候間、殊外取込罷在候、其内快氣次第、以參右之御申訳旁可得御意候、

一、巳二月十五日、大祢宜廣間取崩、是ハ万治二年大祢宜与一郎實富建之、四間ニ七間半、後ノ下ノ方ニ三尺下家有リ、去辰日記ニ圖記、九十一年程ニ成ル昔造リ、悉ク損ニ付、此度及建立、去ミ年夘夏中ゟ木寄致取付、去正月ゟ普請懸、天上(井)道具柱ハ上ケ(削)ツリ迄極、玄關唐破風ノ道具・式臺等大方出來寄処、去十月廿四日夜八時、細工小屋ゟ出火、皆燒失也、乍去隣ノ小屋ニ五・六間ノ長物積置、是ハ遁ル、上總義ハ御朱印頂戴ニ十月廿三日發足、留主中也、仍而早速木伐セ、普請ニ取付、燒候程ハ宮林ノ古松故、殊外木目見事也、此度御手洗屋敷ニ而杉ヲ伐セ、假ニ用ル、其外材木所ミゟ取集メ、大祢宜新造廣間差圖、去年ノ日記ニ載、巳ノ三月七日ゟ柱建初ル、雨天故隙取、同十六日棟上ノ祝儀調ル、三月十五日より屋祢葺初ル、三月廿日葺仕廻、雨天故隙取、廿一日ゟ屋祢苅也、

一、二月十六日、大宮司使數馬、私方へ御出可被下と被仰遣候、私義も此間以之外相煩、不快ニ罷在候、御出被下候而も、得不被懸御目候、イサイ求馬方へ被仰含可被下候、主計も段ミ相願申候へ共、此間も得御意候通、求馬ニイサイ被仰含可被下候、主計へ挨拶可致候、

返事不快ヲ申、——、此間被仰遣候義、差急キ急成事ニも、曾

*主計儀につき古書など見分す
*書付澤山あり不快ゆゑ見分は殊の外難し
上總不時の寒さゆゑ相勝れず難儀
*屋敷は源太祝知行内と主計申し宮中は知行内と申さる古書なども相尋ね僉議せねばならず
口上にては事濟まず
「主計公儀へ願可申届來ル、」

而無之ト存候、其内御快氣ヲ承候而、以參得御意度候、口上、使ニてハ口上ニハ間違も有之候、殊ニイ(委)サイ(細)得御意られす候、其内懸御目、イサイ御咄可致候、

一、二月十八日、大宮司使數馬――、此間之儀、差急候儀ニも無御座候由被仰聞候、主計義、數度相願申候、其元様思召も不承候へハ、主計方へ挨拶も難成候、イサイ御返事ニ可被仰下候、主計方ヘアイサツ(挨拶)可仕候、

返事、私義不時ノ寒サ故か、今日抔ハ別テ相勝不申致難儀候、且又此間ノ義、其元様御領分内ニも大勢社家居申候、一人・二人ノ事ニてハ無御座、其元・私方ノ外ノ社家ニも、事ニ依候而ハかゝり可申事ト存候、左候ヘハ、輕キ事とも不存候、仍而古書抔ニても相尋、古來之訳等をも、僉儀仕不申候ハヽ、成申間敷候、尤急成事ニてハ曾而無之候、其内快氣仕候ハヽ、以參イサイ可得御意候、右之訳ニ御座候間、中〻口上抔ニてハ、事濟申間敷と存候、其内快氣仕候ハヽ、前日ニ御案内申、以參可得御意候、

一、二月廿一日、大宮司使數馬、取(次)求馬、主計義、日〻ニ願出候、古書をも御見分被成マシテ、御面談可被成被仰遣候、寂早御見分被成マシテ可有御座候、日〻ニ主計願出候間、先思召ヲ一通リ被仰聞可被下候、思召ヲ不承ニハ挨拶も難致候、

返事、度〻御使ニて候、私義、未相勝不申致難儀候、然ハ古書見分ノ義、被仰遣候、不快故殊ニ差急候義ニも無御座と存、未取懸も不致候、御存之通、書付共沢山ニ御座候ヘハ、ちよトハ不被見分候、不快故、殊外氣六ケ敷致難儀候、乍去近〻申付マシテ成共、致僉儀見可申候、從是其内可得御意候、

一、二月廿二日、大宮司方へ番頭呼、分飯司悴求馬も出ル、大宮司申候ハ、主計日〻ニ去ル九日ゟ願出候ハ、屋敷之事、主計ハ源太祝知行内ト云、宮中ニてハ宮中知行内と被申候由、仍而三・四度使遣候処、不快故快氣致候ハヽ、面談ニ御相談ト申來候、皆ト相談可致と存候而、呼ニ遣候、此上ハモヨリノ事故、宮中へ願候様ニ可申渡と存候、其外カレコレ申候由、此間中使之筋也、自分ハ輕キ事ニ思候、上總ハ重ク取候抔申候、社家共無挨拶候、御苦労抔ト計申候由、

一、二月廿七日、主計來ル、求馬ヲ以申候ハ、先達テ段

御奉行所へ申上ぐると主計申す

主計へ一兩日待つやう申す

*源太祝外記へ尋ぬるも不快を申來らず

主計御奉行所へ罷出づるを申來る

*幾度參るやう仰下すも外記參らず

主計は支配を蔑にする不屆者

*主計出府を申屆く

〻申上候義、宮下様ヘ度〻御願申上候ヘハ、御相役之義、御遠慮ニ被思召候ト被仰候、幾重ニも御願申上度存候故、御奉行所ヘ可申上と存候、御屆申上候、挨拶、兩人相談ノ上、何レニも可申付事也、仍而御奉行所ヘ出候事、先差扣候様ニ可致候、

主計申候ハ、旧冬より之義、私も致方無之候、御屆一通之義ノ由申候、

申聞候ヘハ、旧冬トいへとも、當月九日ゟ出候、此方兩人相談ノ上ニテ申付候御事ヲモ、違背ソウアル事ナラハ、一兩日待候様ニ用有之由申聞ル、無挨拶歸ル由、

同日、使求馬、大宮司方ヘ遣、只今主計來リ、兼而之儀、宮下様ヘ申上候処、御相役ノ事故、御遠慮ニ被思召候由ニ御座候、仍之御奉行所ヘ罷出候、御屆申上候由申來候、

私申聞候ハ、此方兩人相談ノ上ニ而申付候事ニ候、仍而差扣候様ニ申付候、支配ヲ蔑ニ致、甚不屆者ニ有之候、先右之段、爲御知申候、

返事、主計出府之御屆ニ參候由被仰聞、殊ニ支配ヲモ蔑ニ致、甚不屆ノ由被仰遣候、此義ハ先達而番頭寄セ及相談候、其節求馬出候、定而御聞可被成候、主計義、此方ヘ度〻相願申候、支配ヲ蔑ニ致候ト被仰遣候義、如何ニ御座候、とくと御挨拶ニ難及候、

同日、大宮司方ゟ使數馬、主計義、此間番頭寄了簡承候処、とれも了簡不申候、宮中モヨリノ事故、宮中ヘ願候様ニ可申と致相談候へとも、其儀も挨拶無御座候、主計呼、右之訳申聞候、主計申候ハ、旧冬領分ノ眞只中ト有之候事故、難申上候由申候ト計申候、

返事、御口上趣、致承知候、

一、二月廿七日、源太祝外記方へ、藏之助ヲ以尋候事有之ニ付、參候様ニ申遣処、不快ノ由不來、三度使遣、籠ニて成共參候様ニ申遣ス、從是求馬方迄御返事可申上由、則主計來ル、源太祝職ノ義、私へ申付候間、御尋可被下候、

挨拶、我ニハ不尋、明日外記ニ參様ニ申付ル、幾度被仰下候而も、不被參候由申歸ル、我ニハ不尋、外記ニアハネハナラヌト申聞ル、

一、二月廿八日、主計今日致出府候、御屆申上候ト申來ル、

*大岡越前守へ主計出づ
大宮司方へ主計義につき尋ぬ
小割帳寫さるるやう大宮司へ求む
*久右衛門の事は未だ沙汰なし
居屋敷の書付は見えず
小割帳源太祝知行高は大禰宜方にもある筈
小割帳は大禰宜方にはなし
源太祝計りの御書付を求む

○同日、求馬・主税(高木)両使ヲ源太祝外記方ヘ遣ス、昨今主計おれを相手取致公事候由、公訴ニ江戸ヘ登候由相届申候、我も得心ニ候哉と申遣ス、
外記申越候ハ、成程得心ニて候由申、又明日參候様ニ被仰下候へ共、病氣難罷出候、

〔三　月〕

一、三月八日、大宮司方ヘ使求馬(伊藤)、主計(香取)義、御奉行所ヘ罷出候節、其許ゟ添簡被遣候哉、如何様之趣ニ被仰遣候哉、承度候、且又其元ニ小割帳ニ源太祝配當知行高御写させ、乍御世話被遣可被下候、其外源太祝屋敷ノ書付御座候ハヽ、被仰聞可被下候、
返事、添簡之儀、主計願候得共、其元御掛合之事故、不遣候、書付之義、主計も願候へ共、居屋敷ノ書付見ヘ不申候、小割帳ノ源太祝知行高ノ書付ハ、其元ニも可有御座候、懸御目ニ候ニ及申間敷存候、
又遣、小割帳此方ニ無之候、中務殿御代ニ、太田備中守(資晴)様ニ而、度〻一覽致候へ共、覺不申候間、源太祝所計御書付被遣、御見セ可被下候、
返事、此方ゟ写進可申候、

一、三月十日、大宮司ゟ使數馬(尾形)、口上、主計義、大岡越前守(忠相)様へ出候へハ、御役人中大宮司方ヘ相願候候(衍)様ニ被仰渡候、昨日も出候、今日も願候、主計申口計ニてハ如何ニ存候、先達而も得御意候通、思召ヲ被仰聞候共、御立合御相談被成候共、御公邊ヘ罷出候義ニ候ヘハ、延〻ニも成間敷候、近〻御立合被成候共、何レニモ御返事可被仰聞候、
返事、私義、又此間持病氣けんぬん致、シキリニ頭痛致難義候、近日快候ハヽ、從是御案内ヲ致、成程御相談可致候、御役人山本左右太、
一、三月十一日、大宮司方ヘ使求馬、此間小割帳ノ写之儀、写させ御見セ可被成候由被仰下候、乍御世話被仰付可被下候、且又久右衛門事、未沙汰無之候、藤藏も昨日忌明之由、前方も得御意候、近日以參御相談可被致候、先爲御了簡得御意申候、
主計事、從御奉行所其元様ヘ相願候様ニ被仰渡候由、御吟味被成候様ニと申訳ニ候哉、定而願書・古證等御吟味被成候事ニて御座候哉、親外記(香取)罷出候哉、主計ハ部屋住ニて候、私旧冬ゟ外記ヲ呼申候へ共、大病之由申不參候、本主ノ義ニ候ヘハ、出内ノ事ニ存

上總近日不快

候、とかく万端近日私不快、押候而も以參得御意度
候、

返事、小割帳ノ写、急御用ニ候ハ丶、今日ニも爲写
遣可申候、又ハ近日御立合被成候ハ丶、其節御覽被
成候共、源太祝此方へも病氣と申、主計計出申候、
久右衞門事、此方へも昨日藤藏忌明之由申來候、何
も近日御立合可被成候由被仰遣候、其節御相談可申
候、

*上總大宮司方へ罷越す

源太祝は大宮司方へも病氣と稱し主計のみ出づ

久右衞門事は近日御立合ひ相談したく申す

*大宮司先づ久右衞門に尋ぬべしと申す

源太祝知行高

*「主計願書ニ返答書ノ事」

同日、又使遣、考合申度候間、近比乍御六ケ敷、今
日中ニ被仰付、御写させ被遣可被下候、則写來ル、
其文、

源太祝分

一、七百五十文（神宮地）　一、六百文（大久保）　一、四百五十文（同所）　一、三
百八十文　一、五百文（同所）　一、百三十文（同所）　一、百十文（ひきしうしろ）
一、百十文（同所）　一、百八十文（別當しらし）　一、三十文（同所）　一、百文（ひきしうしろ）
一、廿五文（とまき）

已上三貫三百五十五文（六）

一、三月十五日、大宮司方へ明十六日其元へ參、御相談
可申候、御差合も無候ハ丶、ト申遣、

大禰宜家廣間普請柱建初む

△一、巳三月七日、廣間普請柱建初、同十五日ゟ屋祢葺初、
大取込前二月十五日ノ所ニ記、毎日〳〵大工・萱手
も大勢人歩(夫)等大相成事也、少〻ツ丶ノ雨天故、屋祢
抔隙取也、

○一、三月十六日、上總大宮司方へ罷越、番頭も立合、上
總申候ハ、押領使兵衞義、久右衞門未沙汰挨拶無之
候、兩使遣、挨拶、可承候哉、多宮申候ハ、今一應
久右衞門ニ可尋旨申、上總――藤藏忌中明候間、呼
尋可申由申候へハ、大宮司先久右衞門ニ可尋候由申
候、夫共ト申、藤藏呼、留主ノ由、左候ハ丶、明日立
合、久右衞門呼、今一應吟味可致候由申、
多宮――ハ、主計義、度〻相願候、先達テより段〻
得御意候通、則主計御奉行所へ出候処、大宮司へ願、
吟味受候樣ニ被仰渡候由、則願書爲讀、返答書致候
樣ニト大宮司申事也、上總――写ヲ請取致了簡、從
是御挨拶可申候、但其元江ハ書付ニて成共、吟味之義、
被仰付候哉と尋候処、無左候、拙者儀ハ相手向ト被
思召候哉、御沙汰無之候、主計方證據等僉儀可致候
ト申間、拙者ヲ相手取、致公事候上ハ、證據有之哉
と御尋候ハ丶、慥成證據有之候へハ、夫ニ而相濟候
ト申候へハ、とかく返答書ノ上ト申候間、左候ハ丶、

*林平歸參を願ふ
源太祝香取主計願書
*大禰宜ゆゑなく召遣す
主計先祖屋敷の件
*親外記病身
*居屋敷は大禰宜知行内
舊冬大禰宜代地幷に五俵の米家屋敷を取上げらる
詫言仕るも大禰宜承引せず
分家の儀主計見捨がたし
不届につき御神役差留めらる
*宮之助などと同樣相勤めたし
御神役差留めらるるば配當頂戴も詮なし

御了簡次第ト申談候、返答書之事、致了簡、追而御挨拶可申候由申歸ル、其外彼是申談ル、

主計願書

乍恐以口上書奉願候御事

一、私先祖居屋敷之内ニ、先年分地爲仕差置候、當時村平ト申者之居屋敷、享保年中御兩所始、社家相談を以、過半護〔摩〕堂屋敷ニ申付、爲代地御修理料之内、中峯ト申所ニ而山一ケ所、幷毎年米五俵ツヽ、林平受納仕來候処、大祢宜樣ゟ旧冬聊之義申立、右代地幷ニ五俵ト先祖ゟ住居仕候家屋敷迄被取上、厄介大勢御座候故難儀仕、内〻ニ而數度侘言仕候得共、御承引無御座候、仍之私義、分家之義難見捨奉存候ニ付留置、御兩所へ伺候処、大祢宜樣ゟ林平荷擔仕、大宮司へ申聞、重〻不屆ニ有之由ニ而、御神役差留申候、私義任補懸〔切〕仕候、以來御公用・御神用万端相勤候へハ、大節之御安全・御長久之御祈禱、差留可申義共不奉存候、尤於社法不埒之義御座候ハヽ、大宮司樣御相談之上、如何樣ニも可被仰付義と奉存候、林平義ニ付、大宮司樣へ伺候を以、御神役被差留候而ハ、配當頂戴仕候詮も無御座、此上如何樣ノ難題可申も難計、難儀至極ニ奉存候、仍之御吟味之上、林平歸參仕候樣ニ奉願候、

一、享保年中、當大祢宜樣ゟ何之訳も不申聞、大祢宜樣へ召遣可申段被仰越候ニ付、古來ゟ被召仕候義無之ト申候得共、御承引無御座、諸事百姓同樣ニ押而召仕候得共、困窮之社家、殊親外記病身ニ付、其節御公儀樣へ奉願候義難仕、前大宮司中務樣へ逐一ニ申上候得者、時節を以可奉願旨申候ニ付、無是非罷在候、然処旧冬私居屋敷大祢宜樣御知行ニ有之候故、召仕候段申候得共、私義ハ古來ゟ知行と申傳被召仕候儀無御座候、且又源太祝職役十七年之大祭、幷正月十一日調進之供物差上ケ、御當番相勤候義ニ御座候得者、大祢宜樣召仕可申義共不奉存候、私ニ不限、宮之助・物申祝・國行事等、其外數多私同樣之屋敷と奉存候、仍之帳面等御吟味之上、以後宮之助・物申祝・國行事等同樣ニ相勤候樣ニ、偏ニ奉願候、委細之義ハ御尋之上、口上を以可奉申上候、以上、

寛延二己巳年三月　　源太祝 香取主計 印

「藤蔵戸閉、」大宮司宅寄合

*源太祝儀は大宮司方にて仰付くやう申す

大禰宜上總大いに呵る

*返答書なくば吟味ならずと多宮申す

油井検校帯刀も縁者

藤蔵へ閉門申付く

大宮司様

一、三月十七日、大宮司宅寄合、久右衞門呼尋候処、扱
人出候間、夫ニ掛リ可申由申候間、扨〻おとなしき
とほむる、尤丁子検杖トハ、近親類之事、互ニ用捨
致可申候事、検杖悴藤二郎井藤蔵・清右衞門等呼、（額賀）
段〻不孝致候哉ノ筋相尋、其上久右衞門扱ニ掛リ可
申候段申聞候処、藤二郎扱ニ掛リ申間敷旨申候間、
上總大ニ呵、正月ゟイクバク心遣致候処、我等方ニ
申分、何も無之事、難有トハ不申、何之事哉、よし
〳〵夫ナラハ、久右衞門ト一所ニおれハ成、其分ニ
難差置候、書置ノ住も仕直可申候、明日ニも久右衞
門出府可致抔申、呵、清右衞門⼁――ハ、藤蔵儀も和
談仕候而ハ、親ヲ殺候筋ニ可成哉と遠慮仕候、夫已
而ニ而御座候、不埒千万外へ出、とれかれ和談スル
ヒ何レニも挨拶可致と大呵申付ル、扱ハ油井検杖帯（貝田）
刀、是も縁者也、暫過無調法仕候、和談仕候由申、
左候ハヽ、兼而ノ書付ニ久右衞門印形可致候由、明日
ト申事也、大宮司ト相談ノ上、藤蔵閉門（トシメ）申付候、兩
方ゟ數馬・求馬遣、戸閉爲致事濟也、
一、三月廿日、大宮司ゟ使、此間源太祝義、御了簡可被
成候由御申候、如何被成候哉、延〻ニも罷成間敷、
寂早御了簡出來申候哉、御了簡ニ付、私も了簡可仕
候、
返事、追付從是可得御意候、
同日廿日、大宮司方へ使求馬、源太祝義、其元へ御
吟味被仰付候由、私方へハ何ノ御沙汰も無之候間、
伺可申と存候、左様御心得可被成候、
返事、致承知候、御尤ニ存候、ともかくも思召次第
ニ可被成候、
一、三月十七日、多宮上總方へ申候ハ、返答書致遣候様（落）
ニトノ⼃也、無左候へハ、吟味不成候由申、上總成
程、相心得候、先源太祝方證據・證跡御吟味被成候
ハヽ、可然候段申候処、とかく返答書無之候へハ、不
成候由申、上總申候ハヽ、たとへハ其元ト數馬、何ソ
事有之、私へ吟味致候致（衍）候様ニ被仰付候時、先數馬
方ヲとくと致吟味、其上ニ而其元へ御相談申筋ニ存
候、多宮いわせもはてす、いふ事ヲ不聞、其事有之
と申事、胸ニコタへ申候、上總いやたとへて申候へ
ハト申事ニて候ト申候而も得心無之、數馬ト拙者方
ニハ何も事無之抔、イカツニ殊外赤面、言バニ角ヲ立

*上總出府中も造作出精すべし
主計所々へ觸廻る
*普請數十年の願望
*首尾よく立たざれは職分立退く覺悟
*後悔一つもなし
廣間普請屋根葺仕舞
上總江戸へ發足
普請取亂る
*大岡越前守へ出づ

申、上總左候ハヽ、其内致了簡、返答書何レニも御挨拶可申候、
○主計其砌、所〻觸廻リ、相手ヲからくり、上總十二ヶ條、又ハ十八ヶ條咎有之抔ト觸廻候風聞、所〻觸、新福寺・惣持院(精範)抔へも參候風聞故、惣持院へ以使、主計義、此度出入ニ付、其元へ參、色〻御咄申候由、すゝめハ不致候哉と申遣候処、惣持院申候ハ、前方出入ノ節、江戸ニ而御使ニ參候節、始テ逢候、其後逢不申候由、新福寺へも右之段申遣候処、旦那之事故、前見廻ニ一度參候計ニて之由申來ル、前方普請出火ニ付、唐破風ノ道具抔燒失ニ付、其砌上總ハ在江戸、留主中役人共致相談、隱居持分ノ山ニ破風木ニ成候松木七尺計大サ、主計往、右松木貰候由、然レハ此度けんへい(權柄)ニ寺内ノ松木伐取、其外正月ノ礼式ノ事ニ、主計使ニ往候事抔誅(註)ヲ付、主計ト一身可及公訴、專沙汰ニ付、右之通使ヲ以聞候事也、
一、○巳三月十九日、廣間普請、屋祢葺仕廻、同廿一日ニ上總江戸へ發足也、
普請取乱、形不付、中場ニ出府ノ時ハ、人口も有之、旁以難成也、出足ノ節、家來共呼申聞候ハ、自分江戸ゟ飛脚下シ候迄ハ、隨分出精造作可爲致候、飛脚下シ候ハヽ、自ラ普請相止可申候、自分不居共、皆ハ此職ニ付候者故、辻堂ノ樣ニシテモ被置間敷候間、皆打寄、御神慮江も御奉公ニ、相應ニ造作をも致候樣ニ、可心懸候ト申聞ル、

○主計申分、若立ッ時ハさらりと御裁許ニても、何ノ面目を以歸職可成哉、○旧冬無心懸も林平事起リ候間、前〻も与風事起リ、三・四年ツヽ掛リ候、災起レハ、災ヲ次ヿナレハ、今度數十年ノ願望ニ而、漸普請ニ企処、如此妨出來タルヿト、二・三日甚勞考、神之御柱ヲ見立ト云道理ヲ悟、急度心理ヲ居(ス)へ、此一件首尾能申分、不立時ハ職分速ニ差上ケ立退覺語(悟)ニ、急度極メ、心理ヲ安ンシタルヿ也、仍之從夫ハ如金鐵之丈夫ノ心理ニ成、度〻大宮司方、其外彼是數多ノ事ニ一事仕方無間違、後悔一ッも無之事共也、始終誠ニ首尾能相濟シ事共也、
一、三月廿二日、江戸神田小川町四軒町旅宿へ着、
一、三月廿四日、大岡越前守殿へ出ル、御役人(山本)左右太、
當月七日主計大岡殿へ出、山本左右太へ申由、
先日主計出候由被申候、就夫申上候事御座候而、伺

大宮司申譯の書付
返答は成るまじき相談
*物申祝右近につき御役人呵る
主計養父は隠居にてはなし香取にて吟味すべき筋
*大宮司方への差紙遣す
大禰宜方にては手に餘る
大禰宜吟味願ふ
*大禰宜上總書状
源太祝外記養子定む書付
*返答書なければ吟味成りがたし
大宮司返答書を大禰宜に求むるは不埒

公ノ段申、則主計罷歸、大宮司ヘ相願候由、御役人添簡も持參無之ニ付抔被申候、則書付差出ス、大宮司返答書致候様ニト申訳ノ書付也、御役人返答ハ成間敷相談也、主計義、部屋住ニて押テ源太祝ト申候、御役人養父ハ何程隠居ニて無之哉、四十五・六才ニも可罷成候、隠居ニて無之候、夫ゟ訳書差出、御役人是ハソツチニて吟味可致筋也、爲ノ其ノ支配也、人ヲ頼筈無之也、支配ノ事故ト被申候間、家來ニて御座候、夫共社家ヲ兼候、其元ニてスキニ吟味スル筋ニて可有之候、上總━━中〻私共手ニ余リ候、御苦勞奉掛候義、迷惑仕候得共、御吟味奉願候、邪人共四・五人有之、色〻之事申、殊外騷動仕候、御役人ソツチニて吟味スルカ能方ニて可有之候、明晩方伺候様ニ被仰渡候、尤證據帳面・書付等致持參候得共、不被見候、享保年中源太祝外記養子定候節ノ書付計懸ル御目也、

三月廿五日、出ル、御役人昨日ノ書付爲見候処、先達而主計出候へ共、支配立置候間、吟味可受也、其上添簡も無之ニ付、不取上候、然者大宮司ヘ願候処、其元ニ返答書致候様ニ申候由、不埒也、主計方致吟味、如此ノ趣也、如何ト可及相談候処也、大宮司呼候、則差紙遣候、其元相手ニて無之間、其元ゟ相届候様ニと被申候、

物申祝悴右近（香取）義ニ付、書付掛御目候処、御役人一覽之上、如此之事ヲ其分ニ打置、其元も呵ニ逢候事也ト御呵也、追付大宮司可參候、咎可申付と存候、得心無之候ハヽ、伺程ニと申候ハヽト被申候、書付ハ御役人計、一覽ノ上御返シ也、未〔末〕ニ記、

三月廿六日、大宮司方ヘノ御差紙、孫大夫左京幷郷長悴丹治兩人、在所ヘ爲持遣ス、

右書付ノ扣、

乍恐以書付申上候御事

私領分内ニ罷在候而、家來相兼候下社家源太祝香取外記悴主計儀、先達而及公訴候之処、大宮司江相願、吟味相受候様ニ被仰渡候由、仍之私方ヘ返答書相認、差遣候様ニと大宮司申聞候、私申候ハ、主計義、差越及公訴候段不埒御座候、併既ニ出訴仕、右之通被仰渡候義ニ候ハヽ、主計方證據等御吟味可有之候、其上御相談を以、相決可申候段申候得共、返答書無之候而ハヽ、吟味難成由申候、然

*林平家屋敷を源太祝へ讓たく申す
大禰宜申付得心せず公訴に及ぶ
主計への吟味願ふ
大禰宜香取上總申狀
*主計本家ならば林平不埒を呵るべし
*林平欠落つ
*林平へ異見申聞かす者共皆源太祝へ相集まる
大禰宜領百姓林平不埒につき呵る

共私方江ハ従御奉行所御沙汰も無之候ヘハ、相伺候様ニ可致と申聞候、尤大宮司方ヘ私返答書可差出筋無御座候、仍之別紙明細書付を以申上候、私家來兼候ものニ御座候ヘハ、何分ニも私申付を相受、不得心ニ候ハヽ、可及公訴候處、我儘之次第ニ御座候、大勢之者共、此例ニ準シ、不埒ニ相成候而ハ、職役相勤リ不申難儀仕候、右主計被召出、御吟味被成下候様ニ奉願候、以上、

寛延二己巳年三月　下總國香取神宮大祢宜　香取上總印

寺社御奉行所

拙者知行内ニ、家來相兼候下社家香取主計御直訴申上候ニ付、右訳書、

一、下總國香取宮大祢宜領分内ニ、家來百姓五十余人罷在候、其内輕キ社家ヲ持候者十七人、普〔譜〕代之者共ニ而、神前公用等ニ召遣申候、大宮司領ニ而も同時ニ御座候、

一、大祢宜領百姓林平と申者、不埒ニ付、去ル辰十二月呵申候処、訴詔〔訟〕仕候ニ付差免シ、其節爲向後口上書申付候処違背仕、我儘ニ可立退之由申候間、重ヽ不埒之申条ニ候、其段難成由申聞候、然處拙者領内ニ罷在候源太祝外記悴主計、私方ヘ申出候ハ、本家之義ニ御座候間、家屋敷私ヘ相讓リ立退可申段、林平申候、如何可仕候哉、相伺候段申候、私申聞候ハ、本家ト申候而も、其分レ候節ゟハ、百年余ニも及候、今更本家ヲ申立、此方ゟハ不申付義を相進メ、爲立退候哉、家屋敷請取度存念之伺、不得其意候、差構候事無用之段申付候処、主計大宮司方江伺候処、慥成證跡等有之候ハヽ、可請取候、併差圖ニ而ハ無之段申候由、又私方ヘ罷越、屋敷請取度趣申候間、申付ヲ相背、強テ構候者腰押ニ相聞ヘ候、本家ニ候ハヽ、林平不埒之段、相制シ呵可申処ニ、却テ右伺候内存不相濟候段申聞候之処、如何心得候哉、其夜林平欠落仕候、林平家財ハ早速源太祝方江取運、其上林平ヘ内ヽ異見申聞候者共、皆源太祝方ヘ相集リ候段、源太祝ヘ相尋候処、挨拶不仕候、

一、林平屋敷ハ源太祝ゟ相分リ、大祢宜差構候義ニ無之段申觸候由、兼ヽ折を以林平屋敷ヲ相奪度存念、旧冬能折柄故、事ヲ謀リ候義と相察申候ニ付、源太祝居屋敷之義ハ、大祢宜領内と相心得候哉、又

居屋敷は源太祝配當内と申す
*主計領内屋敷を奪ひ取らんとす
大宮司大禰宜領内の家來神用公用に兩人が召仕ふ
*大禰宜家來離れ公訴に及ぶは以ての外の所行
*主計法外の我儘申す
*源太祝隱居願許さず
天正年中大禰宜實勝庶子二人
*任補掛とは下社家倅始て白張著すを申す
只今血筋斷絶するも大禰宜家門と申す
*源太祝召呼ぶも不參
源太祝養子に家來忠兵衞倅主計を申付く

ハ源太祝配當地内と存候哉と相尋候処、源太祝配當内と相心得罷在候之由申候、證據相尋候処、祖母ゟ申傳、代〻より左樣ニ相心得候由申候、惣而大宮司・大祢宜領内ニ家來ニ而、社役ヲ持差置、神用・公用之節、兩人共ニ同樣ニ召仕申候、仍之屋敷・年貢等差許來候処、源太祝ニ限リ、自分配當内ニ而可有之樣無之段申聞候、

一、御朱印之義、大宮司・大祢宜江御宛頂戴仕候、御割符も無之、天正年中兩人之心を以、支配之者共江配當仕候、尤其砌加增をも遣候由、然上ハ私共兩人江、違背仕候義有之間敷義、尤領内ニ家來ヲ兼候者共ハ、、猶以之儀ニ奉存候、

一、天正年中、先〻大祢宜実勝庶子兩人、壹人ハ要害与右衞門、一人ハ北ノ内源太祝先祖善兵衞と申候、右兩人大祢宜領分内ニ取立申候、尤只今ニ而年久敷義故、血脉ハ斷絶仕候得共、大祢宜家門と申、只今以古例ニ而正月元日・八月新飯神事之節、大祢宜相伴爲仕、外ノ家來ゟハ格別ニ召仕來リ申候、十五年以前、私家來忠兵衞ト申者、悴主計源太祝養子ニ申付、尤從幼年私蠶食ニ仕、神學等指南仕、旧冬迄膝本ニ召遣申候処、邪心ニ罷成、私領内屋敷奪取度内存と被察候、此度万一利運不仕、屋敷被取上候ハ、、大祢宜家來ヲ離レ、社役一向ニ罷成、他村へ罷越、神役可相勤抔申觸、自分居屋敷之竹木等皆伐拂、私ヲ相手取及公訴候条、以之外之義ニ御座候、

一、主計義、養父ヲ差越、右林平義取計候ニ付、養父源太祝差出候樣ニ申付候処、主計申候ハ、任補掛仕候間、私義源太祝と存候、源太祝職ニ付候義ニ候ハ、、私へ御尋候樣ニ、親源太祝申候由、法外之我儘申候間、然ラハ去年源太祝隱居願候得共、差許不申候処、何方ゟ隱居家督被許候哉と尋申候処、挨拶不仕候、但右任補掛ト申義ハ、下社家之悴共、始テ白張爲着候義ヲ申候、

一、主計段〻不埒ニ付、養父源太祝名代神前向罷出候義、差留申候処、養父大病ト申立、名代ニ出候者無之ニ付、神前番欠候由申來候間、源太祝度〻召呼候ニも、大病と申不參仕、他村ニ罷在候、社家(民部)大祝方江ハ罷越候ニ付、大祝召呼尋候処、相違無之候、謀計之仕方之段相尋候処、是又挨拶不仕候、

*悴公訴の義源太祝も得心

*申付違背すれば職役相勤がたし

*「伊織追放、長大夫閉門、」寛永年中五人組人數書

*大宮司領小林伊織不埒につき大宮司追放申付く

*鏡命婦職松本長大夫不埒につき神領立退く

享保年中長大夫源太祝宅へ亂入狼藉

主計公訴に及ぶを相届く

差扣ふるやう申付くも發足す

尤領分内之社家共、御當地へ罷出候節、供ニも召連申候、大宮司も同様ニ而御座候、殊ニ主計義ハ、部屋住之義故、大宮司ヘ為知候ニも不及候へ共、此砌之義と奉存、神前向名代ニ罷出候義、差留候段為相知申候、

一、源太祝居屋敷配當内ニ無之、證據ハ天正年中配當之節、社家知行記候小割帳面ニも、屋敷所相載リ不申候、

一、寛永年中大祢宜領内五人組之人數書ニも、源太祝相載リ申候、万治年中源太祝善兵衛兄弟出入仕、御奉行所江差上候願書ニも大祢宜知行之者之段書上ケ申候、人別帳面ニも源太祝大祢宜領ニ相載リ申候、享保年中大祢宜領五人組之帳面等ニも源太祝相載リ申候、

享保年中大宮司領ニ罷在候長大夫弟、源太祝宅へ乱入狼籍〔藉〕仕候節も、私方へ相願事相濟申候、

一、主計義、去月廿七日兼而之儀、及公訴候由、私方へ相届候ニ付、私申聞候ハ、御條目之趣も有之候間、差扣候様ニ申付候処、一應之吟味も受不申、翌廿八日發足仕候、是又私共ヲ蔑ニ仕、且御條目ヲ違犯仕候、尤源太祝度〻召呼候ニも病氣と申、旧冬ゟ一度も不參候故、以使公訴之義相尋候処、得心ニ而悴差登セ候由申越候、私領内家來兼候社家共十六人、其外之者共迄茂皆準之、私申付違背仕、如此不埒之仕方相募リ候而ハ、私職役難相勤、迷惑至極奉存候、

一、去ル午年大宮司領ニ罷在候西光内小林伊織義、不埒有之、大宮司追放申付候、神職大宮司方ヘ取上、其後歸參申付候、又未年大宮司領ニ罷在候鏡命婦職所持仕候松本長大夫ト申候者、不埒有之、大宮司閉門申付候処、違背仕、神領立退申候、右之通、近例も御座候ニ付御届申上、仕置も仕度奉存候得共、宥免仕見合罷在候処、先頃及公訴候段、邪曲之仕方ニ奉存候、右之通、私ニ對シ及違背僞ヲ構、私知行内屋敷奪取度趣之存念ニ相聞へ、不屆ニ奉存候、依之向後為靜謐、急度申付度奉存候、以上、

寛延二己巳年三月
下總國香取神宮
大祢宜香取上總印

御奉行所ハ不認ニ差上ル、

林平口上覺
大禰宜上總伺書*
物申祝主計子年に病死*
悴右近繼目願ひなく御祭禮に罷出づ*
部屋住でも物申祝と奉行所へ罷出づれば物申祝と存ず*
詫言もなく過言相觸る*
寅年十二月右近訴訟に及ぶ*
書付致さざれば宜しからず*

口上覺

護广〔摩〕堂住持義、去年中欠落仕候ニ付、私義隣家之事故、火ノ元等諸事心ヲ付候樣ニ被仰付置候処、去ル比住持之義、本寺惣持院ヘ私難儀仕候段相願候由ニ而、惣持院ゟ以使僧、右之段申上候ニ付、私被召呼、無住ニ候間、心ヲ付候樣ニ被仰付、右類ノ世話致候樣ニとは不被仰付候、尤右之段、御役人中江一應も屆ヶ不申差越、惣持院ヘ度〻相願、不埒ニ被思召候、常〻私志不宜、我儘仕候段、隣家故難儀ニ候ハヽ、屋敷替致候樣ニ御呵之処、御訴詔〔訟〕仕候ニ付御免、只今迄之通ニ被仰付、難有奉存候、向後右類之不埒成義仕間敷旨、被仰付難有奉畏候、以上、

寛延元辰年十二月　　林平

伊藤舍人殿

先紙ヲツギ
右口上書、林平ヘ申付候処、違背仕候ニ付、如何心得候哉相尋候処、本家源太祝爲ニ不宜候ニ付、難成之由申、承引不仕候、

右之書付、三通一覽ノ上、御役人御請取也、

物申右近伺書、御役人一覽之上、右ニ記ス通被申被返候、其文、

乍恐奉伺候御事、三月廿五日也、（寛延二年十二月十七日證文爲致、其上遠慮申付、此日免許也、）

香取宮下社家隱居仕候節ハ、私共兩人方ヘ相願、其悴家督相續申付、神役何も相勤來リ候、然処下社家內番頭物申祝主計、去ル子年病死仕候、悴右近繼目之願屆も不仕、神前向御祈禱・御祭礼之節罷出候ニ付、大宮司ヘ相談仕候処、私義年番ニも候間、一通リ相尋候樣ニ申候ニ付、右近ヘ相尋候処、部屋住ノ節ゟ神役相勤來リ候故、御屆ニ及間敷存候段申候、是迄ハ親名代ニ相勤候、親病死候得者、繼目之願可有之事と申聞候得ハ、部屋住之節、物申祝右近と御奉行所江も相認罷出候ヘ者、私義物申祝と存候由、是又名代之由申聞候ヘ共、侘言も不仕、却而過言等申觸候由ニ御座候、其後寅年十二月如何存候哉、番頭大祝幷國行事〔香取〕悴內記を以、右近訴詔〔訟〕仕候ニ付、向後社家古之例ニも罷成候間、書付爲仕差免シ可申段、大宮司ヘ及相談候処、些細（ササイ）之義ニ候間、及其儀間敷と申候間、私申候ハヽ、些細之儀ニ無之存候、書付ニても不爲致

*大宮司留守ゆゑ差紙請取らず

繼目も濟まさず悴名代に差出づるは不埒

*船中にて差紙見せしも筆墨なし

物申祝表立つ職分

*大岡越前守へ出づ

大宮司多宮へ再三相談に及ぶも同心せず

*此度の儀につき在所大騒動

大岡越前守差紙

*支配申付置く上は神社にて致す事

大宮司發足し留守

候而ハ聢と無之、以後ノ爲不宜存候由申候、右書付之儀、得心不仕候間、其分ニ而打過罷在候、其後者訴詔〔訟〕も不仕、御祭礼等ニハ悴半平差出、自分ハ五年以來罷出不申候、未自分繼目も濟不申候処、悴名代ニ差出候義、是又我儘ニ奉存候、右不埒之至ニ奉存候、其分ニ打捨差置候而ハ、自余之下社家共例ニも罷成、万端仕置之品も相立不申義ニ奉存候、物申祝義ハ番頭と申、下社家内ニも表立候職分ニ御座候処、如此不埒成義、其分ニ難差置、咎申付度奉存候ニ付、大宮司多宮方江再三及相談候得共、不同心ニ御座候ニ付奉伺候、以上、

寛延二巳年三月　　下總國香取神宮 大祢宜香取上總印

寺社御奉行所

五月十八日立紙ニ認、差上ル、

一、尋義有之間、早〻可罷出者也、

己〔巳〕三月廿五日、越前御判

下總國 香取大宮司

上包之紙ニも、至極細字ニ名ヲ書被遣ヿ也、

右御差紙在所へ飛脚ヲ以遣丹治・左京、処、大宮司義、廿六日在所發足、留主之由、乍去數馬方へ可請取哉と

申候処、留主不被請取候由、則取テ返シ登、右ハ三月廿六日江戸出足、夜中大風雨、廿七日晝前在所へ着候処、留主ニ付、右兩人取テ返シ木下シ川岸ニて、廿八日ノ朝船中ニて、多宮へ御差紙爲見候処、筆墨無之、大森問屋ニて相渡請取取〔衍〕、兩人ハ多宮ゟ先へ江戸へ歸ル、右木下シ川岸舟ニ、主計義も多宮ト同船也、一同出府ノ由也、

一、三月廿九日、大岡越前守殿へ出、御役人へ右之段申、大宮司請取差出、大宮司義、源太祝悴主計、此度召連致出府候、使ノ兩人木下シニて逢、御差紙相渡候段申、此度之儀、多宮彼是世話仕候、在所ハ大騒動仕候、御吟味奉願候、若又私非分之儀も御座候ハヽ、何分ニ被仰付候共奉畏候、向後靜謐仕候樣ニ奉願候、主計義、御願書ハ御返シ被遊候哉、成程返シ候、扣ハ有之候、大宮司方へ差出候ハヽ、ヶ樣之文言ニて御座候、則差出、御役人一覽之上、大かい此樣成筋之由被申候、御吟味奉願候由申候へハ、其元兩人へ支配申付置候上ハ、ソツチニて可致事也、多宮義ハ相尋候事有之候、先差扣逗留候樣ニ被申候、

主計儀大宮司大禰宜兩人にて相談吟味致すやう仰渡さる

*上總旅宿へ多宮主計來る

大宮司旅宿馬喰町へ罷出づ

源太祝屋敷を大禰宜自分領内と云ひ源太祝自分屋敷と申す

*尤なる證據あらば誤り申すべし

右近久しく物申職相勤めず

〔四月〕

一、四月朔日、大宮司方ゟ使雅樂(安部)、口上、昨日大岡越前(忠相)守様へ罷出候処、主計(香取)義、兩人相談致吟味候様ニと被仰渡候、在所ニ而吟味可然候哉、又此方ニ而可致吟味候哉と申來ル、

返事、御口上趣致承知候、後刻拙者其元へ參、御相談可申候、

同日九ッ時、大宮司旅宿馬喰町へ罷越、大宮司方ゟ主計ᑕ(呼)ニ遣、小田原町邊爲聞候処、不居候由、尤多宮――ハ、主計も出府致タソウニて候由申、此方飛脚木下川岸舟ニて見懸、大森迄一所ニ來ルヿヲ不濟申事也、上總――ハ、外之事ゟ先元ニて候間、源太祝屋敷ハ拙者領分内、然ルヲ源太祝自分屋敷と申候、其證據尋候ニて、能可有之候、多宮申ハ、旅宿不知之由、多宮方ニて相尋、明二日證據ノ書付等持、上總旅宿へ四ッ半時參候様ニ通達可致、尤多宮も其剋可參申合也、

且又物申職右近(香取)事、久敷御祭礼等不相勤、立合相談ニも不出、我儘ノ至也、急度咎可申付存候、如何思召候哉、ᑕ(但)伺可申哉、

多宮――ハ、此節主計事有之ニ、伺候而も能可有之候哉、相談致可候共、書付取候共、咎申付候共、御相談ニてト申、上總――ハ、とかく咎不申付ハ成間敷、アノ様成事故、此度主計抔ノ事も出來候、

一、四月二日、大宮司上總旅宿へ來ル、主計も呼寄ル、多宮――ハ、前方文二郎迄ハ大宮司ゟ官途状も遣候、又丹波迄ハ正月ノ相伴も、大宮司方へ出候由、上總――ハ、今以其通リカト尋候得ハ、多宮丹波迄ト申候、主計方へ多宮申ハ、上總殿へ御相談申、吟味致候様ニ昨日被仰付候、源大(太)祝屋敷ハ自分知行内トナ、成程ト申候、上總申ハ、屋敷か元也、大祢宜屋敷ニ候処、源大(太)祝屋敷と申證據出候様ニ、尤證據無之ハ無之ト申書付可致候、此上御尋候共、相違無之ト申書付ニて事濟候、尤成證據有之候へハ、自分誤可申候、主計申ハ、無之候ト申候、左候ハ、無之ト申書付可致候、多宮――ハ、兩方ノ證據ヲ被出候而ト申候間、上總――ハ、主計方ヲ其許吟味被仰付候、拙者ハ御相談申也、如此主計方ニ證據有之候、支配ヲモ致拙者故、了簡致見候様ニ被申聞候訳ニて、能可

先づは主計方の證據御吟味すべし

錄司代田所案主三名連印一札

源太祝清五郎堺横七尺五寸の地

*番頭立合にて相談すべし

*右近過言もあり隱居致させやうと伺ふ

*林平事が本と申す

右二通證據となしがたし

吟味大いに相違すと主計申す

有之候間、先主計方ノ證據御吟味可然候、主計方證據尤ニ候ハヽ、拙者誤可申候、主計(カスヘ)爲證據出ス、其文、

一札

一、源太祝清五郎堺横七尺五寸之処、今度諸社家相談を以、永ゝ馬道ニ宛申処実正也、自今以後兩人屋敷ニ道普請之節、七尺五寸之外構井申間敷候、爲後日如件、

元祿四年未六月　安〔案〕主印

田　所印

錄司代印

右写ヲ差出ス、

又

源太祝尋儀有之間、江戸へ可差遣旨と少ノ御文ノ御差紙出ス、

年号ナシ四月｜　井河内御判

大宮司

右二通、源太祝屋敷自分知行内ト申證據ニハ難立由申聞候、主計申候ハ、林平事ゟ起リ候間、御吟味ト申候、大ニ相違之事申候間、其段申聞候、林平事ニ、我構候事無之候、只我ハ屋敷之事也、屋敷ノ證據無之哉否、書付致候様ニ可致候、去年林平事、一ゝ申聞ル、尤多宮挨拶ノ段も一ゝ申聞ル、我ハ道をも學、有躰ニ不申哉、色ゝ相違之事申候間、場所ニて其様成事可申候、

多宮｜——ハ、屋敷ノ證據無之ハ、無之段ノ書付取可申候哉ヲ、明日伺候上ニてト申候、上總｜——ハ、夫ニ不及、今日其元へ被仰付候間、自分屋敷ト存候、證據ハ無之候、重而御尋候共、無相違ト申書付ニて相濟申候、多宮とかく明日八ツ時出伺、七ツ時爰元へ可參候、主計も其剋參候様ニ申付ル、

右近事、其分ニ難成候、職分取上候テ、半年も一年も訴詔〔訟〕ニて相免候へハ、支配仕置立候抔咄、多宮｜——ハ、在所ニて番頭立合、相談被成候而可然候、上總｜——ハ、過言も申候由、隱居いたさせ候ゟ外有之間敷抔申候由、伺候而可然候、大宮司｜——ハ、一社ノ事ニて候へハ、御相談可然候、

始多宮も主計も申候ハ、林平事か本ニて候、主計｜——ハ、私潰申候と御ツモリニ預、迷惑仕候ト申候、上總｜——、こまとう(護摩堂)欠落ニ付、隣家ノ事故、火ノ元

*立退けとは云はず向後のため口上書申付く

本家ゆゑ源太祝へ家屋敷相譲り立退くと申す

*田地作らず御恩なし

本家たる證據あらば請取るべし

*修理料よりの五俵事濟む迄御藏へ入置く

等心付候様ニ申付置候処、惣持院へ度〻參、致難儀候間、浪人・坊主・人形抔拵候者、願候ト申使僧來ル故、林平呼差越、惣持院へ願、ナセ此方ゟ申付置候処、無沙汰ニ、右之通ノ仕方ト呵候、乍去普〔譜〕代之者訴詔〔訟〕致ニ付差許、爲向後口上書申付候、是ハ差而林平障ニ成候事無之候処、及違背候、召呼尋候処、我等尋候ハ、源太祝可請取申候哉、林平伺候テト申本家ノ事故、源太祝へ家屋敷相讓立退候由申候間、候、夫ニ立退可申候トハ、重〻不埒也、其段難成申聞候処、我家屋敷讓立退度ト申候、如何と申來候ニ付、我構候事無之、無用ニ致候様ニ申付候処、多宮殿へも參伺候処、本家ト云慥成證據有之候ハヽ、可請取、差圖ニてハ無之ト被申候由、又來、請取趣申候間、先達而構候事、無用と申渡候処、又〻我來リ申候間、荷擔ト申聞候、急度荷擔之段可申聞ト申付候、未林平立退も、欠落も不致、多宮殿へも往、彼是致ニ、右之通請取可申抔ト、度〻かけまハリ候、おれか無用と申候ハヽ、構候事ニても、上總カ差圖ノ由申候へハ、上總ニ咎ヲユヅルカ能ィ、主計――ハ、書付致候様ニ被仰付、無左立退シハバラヲ切共ト御

呵ノ由申候間、上總――ハ、我道をも聞候者カ、相違已而申筈無之候、其節我連座シテ聞候哉、不聞候ハ夫ニイラザル人ノ事ヲ、我情出可申道理無之、立退トハイワス、隣家ニて心付候事難儀、又致違背ニ候ハヽ、御手洗与兵衞隣屋敷ヲ遣候程ニ、アレへ可移トハ申聞候、主計申候ハ、度〻細工をも致、又根木抔も御用と有之、差上候へ共、代物も不被下候抔ト林平申候、御田地ハ不作、何ニても御恩無之ト申候、上總――ハ、此方ニハ大ニ恩致置候、我構候事無之候、今日ハ我屋敷・我配當地内ノ由、其證據出候様ニ、右様之事ハ、場所ニ而僉儀可有之候、

大宮司――ハ、御修理料ゟ五俵被下米も御相談ニて、御取上ヶ可被成筈、上總――ハ、其節則此主計を以御相談申候処、何分ニも御勝手次第と被申越候、御留主之節申候処、數馬(尾形)御留主ト申候間、其元江戸ゟ御歸候節、右之通及御相談、林平ニ請取セ、呵ノ爲ニ此方役人へ預置候、呵ノ爲ト申事も申進候、多宮――、事濟候迄ハ御藏へ入置可然ト申進候、自分も尤ニ存、則修理料名主ニ預置候、林平違背不致候へハ、何之事ハ無之事也、

*大岡越前守へ出づ

*證據吟味すべし

田所錄司代召呼ぶも承引せず

*右三人は神事の節差圖仕る役人

*地方の事に構ふことなし

源太祝外記當職ゆゑ吟味尤に存ず

*吟味なくして在所へ歸れば何れも迷惑

錄司代案主困窮ゆゑ江戸に召呼ぶは不便

一、四月三日、多宮來リ伺候処、吟味ノ中場ニても無之候ト御役人御申候、馬道ノ書付懸御目候処、證據由申候ハヽ、在所ニて致吟味來候哉、僉儀も不仕候由申上候、左候ハヽ、差圖ニてハ無之候、其様成も下ッテ成共、呼テ成共、可致吟味候、上總ト致相談候テト被仰渡候、仍之罷下リ可申候、其元ニても御下リ被成候哉、上總――ハヽ、自分ハ年寄之儀、御願候而も難下候、田所・錄司代等召呼カ能候ト申候へ共、承引不致候、貴様御下リハ御大儀也、彼等ハ輕キ者ニテワランズ懸ニて致出府候、召呼可然之由申候、とかく致了簡可申之由申歸ル、人ノ事ニ大成御世話、御大儀之由申談ル、

四月四日、多宮(香取)方へ手紙遣ス、

然者源太祝外記事、當職之事故、被召呼御吟味被成候而可然存候、爲御相談――、返事、源太祝外記事、當職之儀故、吟味可然之由、御尤ニ存候、錄司代・案主・田所義も御座候得者、拙者可罷下奉存候、外記ハ當人之事ニ候へ共、御存知之通、錄司代・案主等困窮之儀、江戸表迄呼申候事も不便ニ御座候、依之罷下リ申度奉存候、御相談ト被仰越候段得貴意候、

一、四月五日、大岡殿へ出ル、御役人山本(左右太)――、多宮義、在所へ罷下リ、吟味可仕ト申候、此間主計方ゟ書付差出候ニ付、御役人成程其段此間申候、旦那へも申聞候、下ッテ成共、呼テ成共、證據ト申候ハヽ、訳ノ立程吟味致候様ニと申候、大祢宜知行内ニ候ハヽ、大祢宜方ゟ役人出可申候と申候、

上總申上候ハ、證據ニ難立奉存候、御朱印兩人御宛、仍之天正以來兩人役人罷出、或ハ倒者・喧嘩口論等取計、何事ニても兩人家來取計申候、右三人之者ハ、神事ノ節次第等差圖仕候役人ニて、只今地方之事抔ニかまい候事無之候、定而自分〱ノ勝手ニ成候事故、内證ニて仕候事ニて候哉、只今迄存不申候、未生以前ノ事、御役人百年ニ成候事ニても無不知事抔被申候、右三人何事ニても、左様之事ニ世話致來リ不申、ナラハ其通ノ吟味、何レニモ決候様、形付ネハ無吟味テ、在所へ歸候而、べんくわんと致候而ハ、何レも迷惑仕候、多宮へも一社中之事、歸候而成共、吟味致共ト、上總――ハ、とかく私相手取申候事故、御吟味奉願度奉存候、いや先ソッチニ

*多宮罷下るを上總申す

大禰宜を相手とするゆゑ吟味願ふ

*大岡越前守一社中の事地方の事ゆゑ罷歸り吟味致すやう申す

*公儀の沙汰となれば一段と重くなる

*罷下り吟味致すも在所にては相濟まず

*明年にも隱居を心懸く

大宮司方在所にて吟味を主計へ申す

*江戸發足

大岡越前守へ出づ

てスマヌ事ナラハ、此方ニて、多宮ヘも在所ニて濟候ハヽ、濟候様ニもト申候、上總〳〵支配ノ事ニ候ハヽ、御願申上候而も、私共吟味仕度候、然共私ヲ相手取、申候事故奉願候、在所ヘ罷歸候ト多宮申候、べんくわんと仕候事と申上候ヘハ、いや此方旦那ノ耳ニも立候事故、ソウモ成間敷候、彼是御咄申歸ル、除〔途〕中ニて多宮ニ逢、是も大岡殿ヘ出候由、歸リニ可寄候由申、則多宮來ル、御届申上、七日・八日ノ頃歸國可致と存候、其元も御下リ候様成筋ニ被申候由申候間、いや左様ニて無之候、此方ハ相手向ニて候、其元御出府相待申候、差而手間取候事有之間敷候、安〔案〕主・錄司代ハ知間敷、田所計ニて候、一日御尋候ハヽ、相濟可申候、

一、四月六日、主計來ル、大宮司方ニて在所ニて致吟味候間、下リ候様ニ御申候、近〻罷歸候、御届申上候、勝手次第ト申聞ル、

○一、四月十五日、大岡殿ヘ出ル、御役人〳〵其元ハ不歸候哉〳〵、多宮義御届申上、致歸國候由申候、私義ハ相手とられ申候、多宮義被仰付、吟味も仕候願も多宮方ヘ願出候、殊ニ私用も有之由申候テ罷下リ候、御役人〳〵ハ、多宮方ヘ申合、下リ候様ニ申候由被申候、成程其日ニ逢申候ヘ共、左様ノ事ハ不申候、越前守も一社中ノ事、地方ノ事故、罷歸致吟味候様ニ被申候、公儀ニ而〳〵吟味ト云筋ニ無之、爲其其元兩人ニて候、ソツチニて難濟候事候ハヽ、其処ハ此方ニて及沙汰候事、公儀ノ沙汰ナレハ、一段重ク候、吟味ヲシテ見もセすニハ不濟候、上總〳〵、左候ハヽ、罷下リ、吟味可仕候ヘ共、アノ方ニてハ中〻相濟不申候、尤伺申候而、咎をも申付候様ニ可仕候、御役人も追放ニスルモ伺ニ不及候、皆所ノ支配、觸頭ソウシタヿニて候、但シ其元惡敷事有之候哉、上總中〻左様之事ニて無之、私も明年ニも隱居をも可仕心懸申候故、随分万事相愼申候、御役人、其様ニよわくテハ謂分立間敷候、罷歸吟味致候様ニト被仰聞、御請申歸ル、

一、四月十八日、江戸發足、十九日朝歸宅、

同日十九日、大宮司方ヘ使遣、今朝歸候〳〵、扨考合候事有之候間、大細工并かや手職ノ配當高小割帳御写させ被遣可被下候、

兼而之儀、一兩日中從是御左右申、御立合御相談可

申候、
返事、御尤ニて候、
同日、大宮司使、江戸ニて得御意候通、御役人中5社中ノ事故、立合致吟味候様ニ被仰付、私義罷帰候、御帰をも待候へ共、余リ延引被成候故、此間番頭立合セ三奉行申口承候間、今明日中ニ出府可申処、又候番頭立合、吟味宜可有御座候、日限之儀、何時ニ可致候哉、其元様江立合可申入候哉、又私宅――、大細工・かや手職之配當被仰遣、追付爲写遣可申候、
返事、源太祝立合吟味之儀被仰越候、私道中5不快故、二・三日中、従是以使可得御意候、
同日、大宮司使、小割帳写來ル、かや手職ノ事、貫目帳ニハ五百文ト相見へ、外ノ帳ニハ不見候、

大細工
一、百五拾文（わぬき入）　一、三百七拾文（ごたく）　一、貳百貳拾文（同所）　一、四百五十文（大門）　一、百五十文畑（天神）（マヽ）　一、百文（のふとさく）　一、五十文貳枚（のふとうしろ）
已上壹貫五百文

一、四月廿四日、大宮司方へ使遣、兼而之儀、御立合御相談申度候、差合有之候ハヽ、明後日ニ成共ト申遣、年番之事故、此方へ御越被成候様、普請も未出來不申候、古ルノ玄關ニ而成共ト存候、
返事、私も風氣ニ罷在候、従是見合、以使御挨拶可申候、
大宮司使、不快ニ候へ共、へん〳〵と致候も、如何ニ存候、押候而も明日可参候由申來ル、玄關ニてハ番頭ト一ツ間、如何ニ候、此方へ御越候様ニハト申來ル、數馬（伊藤）求馬方へ咄候由、左候ハヽ、新宅未出來不申候へ共、修（シツライ）候様ニも可致候、先年ハ参籠所ニて、度ヽ寄合候節、番頭も一ツ間、其後宮下ニても同間ノ事も有之候へキ、
又來、御新宅御修ィ御六ヶ敷事、やはり御玄關ニ而能御座候、
返事、入御念候、何レニも可致候、
源太祝幷主計、明廿五日立合候間、主計召連可参旨申遣、
挨拶、旧冬5不快故、難罷出候、主計義ハ相心得申候、
又遣、不快ニ候ハヽ、籠ニて成共、出候様ニ可致候、
挨拶、罷出候而も言（モノ）ヲ一言申事ナリマセヌ、万事悴ニ御尋可被下候、又遣、其様ニ我儘無宜、籠ニて成

*大宮司不快ながら明日参るを申す
*先年は参籠所にて度々寄合
大宮司方より小割帳寫來る
小割帳寫
*主計召連るを申す
*不快ならば籠にて参るべし
普請未だ出來せず

*縫殿出でずば相濟みがたし
「源太祝主計吟味、」
大禰宜宅寄合に大宮司番頭三奉行出づ
清五郎源太祝連印一札
*主計儀につき吟味の箇條書
*主計公訴に及ぶ件
*「公儀へ差上候トハテニハ少増減有リ、末記、」
縫殿年八十二歳にて耳遠し
*大宮司へ相談するも勝手次第と申す
*大宮司へ咎塗る不届
案主田所録司代地方の儀構ふはなし

共、出テ候様ニ申遣、
○一、四月廿五日、大祢宜宅寄合、大宮司始、番頭・三奉行出、又領分ノ役人共、次ノ間ニ詰ル、大祢宜江戸留主中ニ三奉行致吟味書付出ル、則写見セル、其文、

一札之事

一、我々屋敷之堺堀横七尺五寸之処、今度諸社家御相談を以、永々馬道ニ宛申候処実正也、向後於此道両方ゟ壹寸もセはめ申間敷候、爲後日仍而如件、

元祿四未年六月日　源太祝印
清五郎印

三奉行衆

上總録司代ヘ尋候処、年若之節故、覺不申候、田所縫殿儀ハ風氣、殊ニ年八十二才、耳遠ク座敷ニ居兼候由申間、左候ハヽ、ナセ隱居不致候哉、神用も公用も不勤候、我儘ノ至リ申聞候、右之儀尋候処、元來有之堺堀歩道有之処、御両所御相談ニ而、馬道ニ致候由、尤新規ニ道開候と申ニてハ無之候ト、田所子圖書親申候由也、惣而案主・田所・録司代地方之義ニ、曾而構候事無之ニ、此道ニ限、如此之訳不相濟候、両所相談ト有之か、又両人家來ニても載候かニても無之、右之段尋候処、不埒明候、仍而親縫殿不出候而ハ難相濟候、惣而其方ハ去年ノ御朱印頂戴之節出府、道中ニて逢候、無沙汰ニ歸國也、出府之届〔儀〕も不致、自分宿不知抔、前々宿ヘ度々來候ハヽ、泉本義左衞門ゟ國役金抔之事申來候、御朱印頂戴之事、如何様ノ神用も難計、仕方不相濟候段、色々申聞ル、大宮司――ハ、先日御歸國待候ヘ共、余延引故、番頭・三奉行呼、相尋候抔申候、大宮司方ヘ申候ハ、主計義、一通リ可尋候由申、則吟味ノ前書ヨマスル、ケ條讀スル、

一、源太祝屋敷之義ニ付、主計義、去ル二月廿七日及公訴候由相届候ニ付、両人相談之上、何レニも申付候事也、御條目之趣も有之候間、差扣候様ニ申付候処、一應ノ吟味も不受、翌廿八日致發足候、支配ヲ蔑ニ致、且御條目を違犯致候段可申披候、
主計申候ハ、大宮司様ヘ申候処、勝手次第と御申候ニ付と申候、夫ハ大宮司殿ヘ咎ぬり候哉、不届也、手前も支配之事故、ナセ申付不受候哉、主計御前ハ相手向之様ニ存候間ト申候、上總相手向差扣候様ニ申聞候ハヽ、支配ニ掛リ候、主計――ハ、余リへん〳〵

主計難澁
養父源太祝差越す件
任補掛仕るゆゑ源太祝と存ず
*大禰宜領分ならば大禰宜役人取計ふべきもその儀なきが證據
*古來の道を馬道に宛つ
公儀へ源太祝と申す
*右書付は源太祝知行内の證據相立ちがたし
家督繼目に無法立つ
源太祝屋敷の件

と致候間ト申間、去ル二月九日願出、大宮司殿ゟ十二日ニ相談ノ使、廿日比迄四度ノ使也、其節不快也、ワツカ十日計ノ事、差急候事ニ無之、ナセ差扣不申候哉、是口書也、申披無之哉、主計難澁、

一、私義、養父源太祝を差越、度〻罷出、彼是申候ニ付、養父差出候樣ニ被仰付候処、私申上候ハ、任補掛仕候間、私義源太祝と存候、源太祝職ニ付候義候ハヽ、私へ御尋候樣ニと申上候、法外之我儘申候間、然ラハ去年源太祝隱居願候へ共、差許不申候処、何方ゟ隱居家督被許候哉と尋候処、挨拶無之候、則大宮司方へ差出候願書ニも、源太祝香取主計と相認候、右之仕方、養父ヲ掠、家督繼目之願も不致、支配ヲ蔑ニ致候段、御尋ニ御座候、

主計――ハ、公儀へ源太祝と申上候故ト申候間、上總申候ハ、夫ハ名代ニ出候、求馬抔も同事也、印形等親ノ印形ニ而出候ハ、右申披無之哉、是又難澁也、

主計――ハ、惣テ家督繼目、皆圖書抔も同樣ニて候、急度致タルコ無之候、上總――ハ、然レハ我一社ニ而家督繼目無法ヲ立候哉、主計無挨拶、

一、源太祝屋敷之儀、代〻源太祝知行内ト申傳、相心得罷在候由、此段源太祝配當知行内と申證據、御尋ニ御座候、

元禄四年六月源太祝・清五郎堺堀之処、馬道ニ宛候由之案主・田所・録司代連印之書付所持仕候、大祢宜領分内ニ候ハヽ、大祢宜方之役人取計可申處、無其儀候段證據ト存候、

右御吟味之処、元來堺堀ニ而、從古來步道有之候処を、馬道ニ宛候已而ニ而、新規ニ開候道ニも無之候由、且神領往還之道ニ候ハヽ、大宮司・大祢宜立合致見分候申合、又ハ兩人家來致連印候申合ニ而候得共、無其儀候、旣こまとう（護摩堂）替地申付候節、大宮司・大祢宜遂見分、地引・繩張等申付候、神領道・橋、惣而喧嘩口論・倒者等之節、大祢宜・大宮司兩人家來立合取計來リ、終ニ右案主・田所・録司代、地方ニ付候義取計候、例式曾而無之候、仍而右之書付、大祢宜領分内ヲ、源太祝知行内と申證據ニ難相立候、譬大宮司・大祢宜立合、相談ノ上、相極候神領往還之道之儀ニ付、書付所持候共、大祢宜領内ニてハ無之ト申、慥成書付ニ無之候得者、難相立候、殊更地方取計不來、右三人之書付義、弥難取用候、こまとう

右書付は例式相違

*右書付分地の證據立ちがたし

*護摩堂替地山并に米家屋敷の件

樋口次郎右衛門他連印書狀

屋敷半分田ともに清五郎に相返す

*本家ゆゑ源太祝に家屋敷相讓り立退くと申す件

替地も大祢宜雖領内、替地差出候事故、大宮司・大祢宜立合相極候事、明白ニて候、如此之例も有之候処、右差出候書付ハ、例式相違之書付、殊ニ以大祢宜領分之外と申義、不相見候、然者證據ニ難取用候、右之段可申披候、

主計難澁申、右書付證據と存ル由申、

一、源太祝居屋敷之内ニ、先年分地為仕差置候、當時林平と申者と申出候、右林平屋敷、源太祝屋敷内と申證據可申披候、

主計万治四年扱手形出ス、

手形之事、

一、源太祝・清五郎出入ニ付、御うらはん（裏判）御召狀ニ付、清五郎頂戴申候処、我々江戸迄参、堀口町米本清右衛門殿・小網町樋口次郎右衛門殿頼扱、御奉行所ニ而もらい申、清五郎目安親之ゆいけん（遺言）のごとく、右取候屋敷半分、田共ニ清五郎ニ相返し申処実正也、但屋敷之儀者永代、田之義者、清五郎一代ニ定メ相渡申候、右之金子之儀も出申候上者、以來少も出入無之候、為後日仍而如件、

源太祝印

物　申印

万治四年丑卯月十八日　七兵衛印

堀口町（米本）清右衛門印

小網町久右衛門店（樋口）次郎右衛門印

清五郎殿

右書付見、源太祝屋敷分地ノ処無之候、殊ニ取候而ト有之候、分地ノ證據ニ難立候由申聞ル、

主計無理ニ難澁申、

一、護广（摩）堂替地山幷米五俵、先祖ゟ住居仕候家屋敷迄被取上と申出候、

林平欠落致候処、被取上候とは大成偽ニて候、其上内々ニ而數度侘言仕候得共、承引無之ニ付、私留置抔と申出候、是又欠落致候上ニ而、數度侘言と申事、不都合以之外相違、偽ニて候、右之段可申披候、

主計申ハ、御前之思召ノ通ニて、私得心難仕候、とかく難澁、

一、林平致荷擔候と申事、林平欠落不致前、家屋敷本家之事故、源太祝ニ相讓リ立退可申段申候、如何可仕と大祢宜方ヘ伺候ニ付、本家ト申候而も、其分レ候節ゟハ、百年余ニも可及候、今更本家ヲ申立、此方ゟ不申付義ヲ相進メ、為立退候哉、家屋敷請取度存

差構ふ事無用と申すも相用ひず
*享保年中源太祝不埒あり
主計荷擔に相聞ゆ
*御奉行所にて林平其外の事取上げず
主計名代として神前向出づるを差留むる件
*林平召し御吟味致すやう主計申す
神前向欠くるは謀計の致しかた
*林平は大禰宜家來百姓地頭なり
往古より召遣ふにも相勤めざる件

念之伺、不得其意候、差構候事、無用之段申付候処、不相用、大宮司方江伺、又大祢宜方へ伺候ニ付、申付を相背、強テ構候者荷擔ニ相聞へ候、本家ニ候ハヽ、林平不埒之段、相制シ可申処ニ、却而右伺之内存、不相濟候段申聞候、尤林平家財源太祝方へ取運候段、且分家之義、難見捨、留置抔申出候、旁以荷擔ニ相聞へ候、右之段可申披候、

主計得心無之由申、難澁也、

一、源太祝爲名代主計神前向出候義、差留候義ハ、右之通不埒ニ付候故也、源太祝義、旧冬ゟ病氣と申立、神前向江も不罷出、大祢宜方へ旧冬ゟ召呼候ニも不罷出、名代無之、神前向番欠キ候由、尤御祈禱差留可申義共、不奉存候抔いかめしく申出候、然共源太祝他村ニ罷在候、大祝方へハ乍罷越、神前向欠候段謀計之致方ニ相聞へ候、此段相尋候、

主計義、私存寄ニ致、相違之由申、挨拶無之候、

一、源太祝享保年中ゟ大祢宜方へ被召遣候由申出候、領内ニ罷在家來之義ニ候へハ、往古ゟ召遣候、不相勤證據有之候哉、相尋候、

右享保年中ゟ被召遣候儀、大宮司中務方へ先年願候処、時節を以願候様ニ、中務申渡之由、書付を以願候哉と尋候処、無其儀候、然者無證據也、數年之事故、其以後不相願筈無之、尤公儀江も可奉願事也、年來其分ニ可罷在様無之候、享保年中源太祝不埒有之、大祢宜方へ證文差出候ニ付、右證文之申訳ニ拵事哉と相聞へ候、右之段相尋候、

主計是得心ニ無之間、挨拶難成候由申候、

右吟味ノ節、大宮司申候ハ、御奉行所ニて林平事、其外之事申上候処、御取上無之、源太祝屋敷之事ヲ致吟味候様ニ被仰候間、先屋敷之事、吟味可然候、上總――ハ、成程、追付屋敷之事、吟味可致候へ共、先始ニて候ト申候、

主計――ハ、林平事、始ニて候ト申、林平被召御吟味被下候様ニ申候、上總欠落致者、呼候事可有之哉、主計宮下様へも御届、宮之助・物申へも届候、上總――ハ、誰ニ届候而も、おれか家來、百姓地頭也、おれか方ヲ無沙汰不〔ハ〕レ見欠落也、主計――ハ、私潰候と被思召候哉、上總我荷擔いたし候ト相聞へ候、いや御兩所御判物所持致候、紛失も無覺束伺候、いやそれも、おれか構候事無用と申候ハヽ、判ヲ失テモ

萬治二年宮房清五郎并に源太祝兄弟出入

*寺社奉行井上正利他連名差紙

香取清五郎言上状

*源太祝返答書

*扶持分の田畑

*三百目の内半分は母相果つる時相返さる

*清五郎不孝致し衣食も相叶はず

我か咎ニハナラヌハ、おれが申付候ト可申候、
万治二年、宮房清五郎并源太祝兄弟出入之節、訴詔〔訟〕返答〇上總方ニ有之候ヲ見セル、其節公儀へ差上候扣也、御裏判ノ写也、則公儀ノ御帳ニ留リ可有之候、兩通共ニ香取大祢宜知行所之者ト有之候、其文、

乍恐謹而言上

一、下總國香取大祢宜知行所之者、源太祝セかれ〔倅〕ニ而御座候、兄善兵衞と申者ニ、親之家屋敷・田地貳貫九百五十目之処、善兵衞ニくれられ申候、殘テ四百目之田地、宮房と申屋敷壹間そし〔庶子〕分ニ仕、我等召つれ源太祝隱居仕候、正保五年十二月ニ、町中年寄立合加判仕申候、右之四百目之まつり御役つくへ出し相勤申候、

一、親源太祝、去年五月十六日ニ相果申候ニ付而、右之四百目之そし分ノ処ヲ善兵衞取可申と申候間、右之加判之年寄共へ、其段申候へハ、則大祢宜へ申入候之所ニ、大祢宜ゟ右親任候ことくニ被申付候様ニ、善兵衞我儘仕、我等をおしつふし可申と申候、彼善兵衞被召出被仰付被下候者、難有奉存候、以上、

いノ三月〔萬治二年〕　下總香取　清五郎

御奉行所様

如此目安差上候間、致返答書、來ル廿七日前ニ阿〔板倉重郷〕波守所迄可罷出候、但兄弟之儀ニ候間、埒明義ニ候ハヽ、其他ニ而可相濟者也、

亥〔萬治二年〕三月九日　阿波　出雲〔松平勝隆〕　河内〔井上正利〕

乍恐返答書を以申上候事

一、下總國香取大祢宜知行所之源太祝と申者ニ而御座候、然ニ拙者親十七年以前隱居仕候時分、爲扶持分三百目之田壹反・同畑壹枚、庶子分ニハ四百目之田壹反、宮房と申屋敷壹間取、隱居仕候、右四百目之田庶子分之定ニ而候間、我等祭礼之時分、御供出させ申候、右扶持方ノ三百目之内、半分ハ母相果候時分、親拙者方へ相返し申候、其後我等親申候ハヽ、清五郎不孝いたし、我等衣食ニも相叶

大禰宜下々異見申す
*外記舊冬より幾度呼びても參らず
*新福寺へも書付致す
*惣持院も一味相談
*田所悴圖書へ尋ぬ
*正判官主殿呼ぶ
*大宮司へ堺堀馬道の書付寫さすやう求む
口書寫さす例なし
*護摩堂替地米は御修理料名主へ預置く

不申候間、我等ニ扶持を仕候様ニと親申候間、親ヲ不孝致徒者ニ候間、屋敷を追拂可申と申候得者、大祢宜下〻年寄共、我等方へ㒵見申候間、其時分屋敷半分、此方へ取返し爲以來と申、右之年寄共加判仕、證文双方へ請取申候処ニ、永代親ニくれられ申之由、大キ成僞申上候、屋敷之儀も、尤拙者知行、其内ニてハ無御座候得共、大祢宜殿支配之屋敷ニて候と、我等先祖へ被下候、又當大祢宜殿ゟ我等ニ被下候へハ、拙者屋敷ニ而御座候御事、

此ノ先ハ不爲見、無入用故也、

主計━━ハ、出作ニても致候哉抔申、又家敷(屋脱)も拙者知行ト切、其内ニてハ無御座候ト申訳か、是ハ宮房屋敷之事ニ相聞ヘ候、上總━━ハ、其時清五郎分レ候ニ、拙者先祖ヘ被下候ト有之、又當大祢宜ト有之候ハ、主計写度ト申、又口書も写、明細書仕度と申間、皆我カ云タ乛共也、外ニてハ無之事也、判も不致、口書爲写候例無之也、公儀ニて判致候さへ、爲写不被成候、主計申分一ッも不立候へ共、難澁計致申聞候へハ、得ト本心ニ歸リ、了簡可致候、明後廿七日立合候、得心ナラハ印形可致候、無左ハ不得心故判不成、書付可致候段申聞ル、

主計義、右万治ノ書付見候而、親ニ可申聞之由申候間、呵、先達而源太祝職ニ付候事ハ、私へ御尋ト申、

外記ハ旧冬ゟ呼ニ遣候得共不參也、大宮司方へ申談候ハ、外記義、旧冬ゟ幾度呼候而も不參、

主計方へ尋候ハ、新福寺へも我同心ニて、何カ願有之由、書付致候由、主計不存之由申也、又惣持院も一味相談ノ由、沙汰有之候、是又不存之由、

田所(縫殿)悴圖書へ尋候ハ、主計義、其方方へ毎日參候由、人をも見セニ遣、自分も見候、此方ヲ潰トテ、公事スル主計故ヨセザル筈也、

圖書左様之事、曾而無之、又正判官主殿(尾形)呼、我も主計ト申合候、沙汰願書之由、有躰可申候、虚說ノ由申事也、廿七日ト申合、番頭皆〻多宮も退散也、

四月廿五日、大宮司へ使、先剋三奉行ゟ其元へ、堺堀馬道ニ付(書付)御取候由、写被遣御見セ候様ニ申遣、且又こまとう(護摩堂)替地米之儀、旧冬被仰遣候故、先御修理料名主ニ預置候、修理料役人立合、林平へ相渡、御修理料表ハ相濟申候故、此方へ請取可申候、左様御心得可被成候、

林平へ下す御修理料米の件

返事、三奉行書付之義、近日御立合ノ節ニ可致候、
林平へ前ゝゟ御修理料ゟ被下米之義、委細被仰下致
承知候、ともかくも思召次第ニ可被成候、
同日、右五俵請取、名主拂候由ニて、代金貳兩ト錢
七百文余持參、
一、四月廿七日、大宮司不快ニ付延引、去ル四月十七日
上總在江戸、留主中大宮司一人ニ而三奉行ゟ取候吟
味書写來ル、其文、

錄司代田所案主連印口上覺
*香取社家連印口上覺

口上覺

此度源太祝香取主計屋敷地所出入ニ付、元祿四未年
六月、私共連印ノ證文、主計知行之爲證據差出候ニ
付、元祿年中諸社家相談ノ節も、如何成證據書付を
以、右之證文相認候哉、大宮司・大祢宜も立合相談
有之候哉、御尋被成候、
此段元祿年中大宮司香取美作・大祢宜香取藏人幷
諸社家相談仕、農業道切開申候節、兩社務ゟ證文
相渡候様被申付、案紙御差圖之上、私共方ゟ相渡
シ、別ニ證據書付等も所持不仕候へ共、右之通兩
社務任差圖、證文相渡、勿論源太祝方ゟも證文請
取申候、將又大祢宜方知行道普請等有之候節、立

兩社務證文相渡す
道普請に立合ひなし

合候事も有之哉と御尋被成候へ共、終ニ立合候義
無之候、右之通重而御尋被成候共、相違無之候、
以上、

寛延二巳年四月

案　主印
田　所印
錄司代印

大宮司殿

口上覺

一、今度源太祝屋敷地所願ニ付、元祿四未年三奉行各
印之證文、香取主計差出候ニ付、右證文判人錄司
代・田所・案主江御尋被成候趣、且三奉行申上候
通、私共立合逐一ニ致承知候、以上、

寛延二巳年四月

(額賀兵部)
行事祢宜大祢宜ニ伺候上と申無印、
錄司代印
副　祝印
(民部)
大　祝印
(香取內記)
國行事印
(香取右近)
物申祝印
(香取式部)
權祢宜印

宮之助印

居屋敷の内分地と主計申す三奉行口上の趣と相違を申す

右三奉行書付、元祿年中堺堀之処ヲ、馬道(ウマ)ニ宛と有之候、然ニ切開抔ト認、又ハ大祢宜方道普請ニ、三奉行立合不申抔文義ハ、主計願書ニ居屋敷ノ内分地ト書出候趣ノ文法也、三奉行へ尋候処、彼者共申口トハ、口書ノ趣ハ相違也、主計ハ居屋敷ノ内ヲ分地と申出候、二屋敷ニ無之、一ッ屋敷ヲ新規ニ切開キ候、元ハ一ッ屋敷ノ由申、然ハ万治年中ノ訴状返答ニ、屋敷之儀も拙者知行、其内ニてハ無御座候へ共、大祢宜殿ゟ拙者先祖へ被下――有ル文言ヲ主計見候而、是ハ宮房屋敷之事ト申候、手前ノ屋敷之事ニてハ無之ト申候、然レハ居屋敷ノ内ヲ分地ト申出相違也、一ッ屋敷と云カト思へハ、二屋敷ト云イ、右万治ノ書付ヲ見候而ハ、居屋敷ノ筈ニ成故不埒也、

*大禰宜宅立合に番頭三奉行出づ

大宮司より萬治年中の書付求む

元文二年牧野越中守へ中務方より差出づ

*細吟味致すべし

御手洗百姓請文

一、四月廿七日、大宮司方ゟ一昨日御見セ候万治年中之書付、御見セ被下候様ニ申來ル、則爲写遣、

元文二巳年、牧野越中守殿(貞通)へ中務方ゟ差出候処、中務死去ニ付、此書付國行事方へ御返シニ付、大宮司方遣候由写置候由、右ハ不斷所堺論ニ付テ也、

一、今度大祢宜殿出入ニ付、金剛宝寺へ拙者共出入仕

間敷由、去年中大祢宜殿ゟ被申付證文差出候、向後ケ様之儀有之候節ハ、御届申上、御差圖を受可申候、爲後日如此ニ候、以上、

元文二丁巳年正月

御手洗　治兵へ印　与兵へ印
市郎右衞門印　彦左衞門印
勘兵へ印　又二郎印
市三郎印　甚五郎印

小林玄蕃殿

右中務ハ三月死去也、

右此度御手洗百姓共ゟ書付取候由、訳ハ大祢宜方へ被召遣候義之由、百姓屋敷大祢宜知行内ヲ取上度趣ニ相聞へ候、仍之元文年中右ノ書付、此処ニ記、

〔五月〕

一、五月朔日、大祢宜宅立合、番頭・三奉行出ス、大宮司方へ上總――拙者留主中、三奉行へ御吟味ニ候、細吟味可致候、大宮司ともかくも三奉行へ、上總申聞ハ、兩社家差圖、案紙遣ト申事、覺書(香取)ニても有之候哉、口上已而ニてハ不相濟候、圖書申候ハ、證據無之候、大宮司申候ハ、夫ニ證據可有之様無之候、

上總――ハ、たとへハ源太祝知行内之処、切開共如何様ニも口上ニてハ可申候、其外大祢宜方普請之節、立合之事有之候哉、圖書無之候、主計（香取）ハ大祢宜領内ニ候ハヽ、大祢宜方ノ役人可立合、無左三奉行立合候上ハヽ、源太祝知行ト申候、乍去大宮司知行か、又ハ御修理料ノ知行か、夫ニても無之居候故、源太祝知行と三奉行立合候故、マワリ遠キ道理ナレモ、先夫ニ致候テ、左候ハヽ、三奉行立合候故、林平方ハヽ林平知行ト可申候哉、又無左源太祝屋敷一ツニメ新規ニ境ヲ切開候ニメ見ル時ハヽ、此間ノ書付ニ、大祢宜殿ゟ拙者先祖ニ被下、又當大祢宜殿ゟト有之候、終ニ構付不申、三奉行地方之事ニ兩所カ差圖ト有之候而も、證據も無之候、番頭も不構筈也、御朱印連名故、兩代官諸事、出候テ申付候事也、諸社家相談致ト申事ハ無之、又去年中神前天水桶、火事ノ為挑燈抔拵候事、仲間相談入用も、社家ゟ出候ト、此様ノ事ハ社家相談共可申也、是ハ御奉行所へ申上候事故、細ク吟味スルヿ也、圖書任申通ニ書付印形為致候、

口上覺

元禄四未年六月、源太祝清五郎堺堀横七尺五寸之処、馬道ニ宛候節、案主・田所・錄司代連印之書付之義、其節之訳御尋ニ御座候、案主義ハヽ、未生以前訳不存、錄司代義ハヽ、年若候節ニ而、是又訳覺不申候、田所（縫殿）義ハヽ、年罷寄候由ニ而、悴圖書を以申越候趣、右兩人屋敷堺堀ニ候処、宛見候ヘハヽ、横七尺五寸有之候、道ヲ馬道ニ宛申候由、尤諸社家相談ニ而、右之通仕候、且其節兩社務ゟ御差圖有之、一札相渡候、別ニ證據者無御座候得共、右之通覺罷在候、以上、

右之外、御神領道普請等、私共立合相構候事、曾而無御座候、以上、

寛延二己巳年五月朔日　(安)(田)(錄)印

案主　印
田所　印
錄司代　印
（額賀兵部）行事祢宜　印
（宇右衞門）副祝　印
（民部）大祝　印
（香取左近）國行事　印

大禰宜領内ならば大禰宜方役人立合ふべし
*案主は生るる以前
*錄司代若く譯覺えず
*田所年罷寄り悴圖書をもって申越す
*御神領道普請など立合ふことなし
兩所差圖あるも證據なし
御朱印連名ゆゑ諸社家相談と云ふことなし
諸社家連印口上覺

*田所不快につき出でず

*主計儀につき一社の騒動となる

三奉行出づるは大禰宜領分にあらずの證據

*物申職名代右近悴半平出づ

*林平弟弌助勘八兩人召呼ぶ

*外にて心替り兄と一所の由申す

御吟味受けざる書付致すべし

*御手洗者共は大禰宜領分内

物申祝（香取右近）印
權祢宜（香取式部）印
宮之助印

先達テ大宮司方ニ而、多宮一人ニ而、皆ゟ取候書付ハ不入候間、可返と申、番頭も御返シ、ケ様ニと申、其日不返持歸ル、三奉行大祢宜方ノ普請ニ立合不（衍）不申候由、外ノ普請ニハ三奉行立合候哉、ツマラヌヿ也、主計大祢宜領分中ナラハ、大祢宜方ノ役人可出、三奉行出候ハヽ、大祢宜領分中ニ無之ト證據ニ主計申候、差支申候、多宮申候ハヽ、夫ハ差當リ申候、大宮司方ノ用ニ無之故、左様認候、成程御尤之由申候、

此日も源太祝外記（香取）病氣ノ由申、不參也、

主計方へ如何得心ニて候ハヽ、吟味受候様ニ、上總申聞候処、御前ノ思召ノ通ニ御尋ニ候間、私不被申上候、左候ハヽ、吟味不受候哉、御吟味受間敷ト申ニてハ無之候、左候ハヽ、尋書ニ一〻挨拶可致候、吟味書ニ一ッ書〳〵ノ処ニ、其儀ハ、ケ様ノ訳ト可申之由申聞候へ共、とかく得心無之候由、左候ハヽ、不得心ニ付、御吟味受不申之由ノ書付致候様ニ申付候へ共、難仕之由申候、再應右之段申聞候へとも、得心不致候、

田所今日も不快不出候、圖書此間挨拶無之候、主計義、春中ゟ毎日寄セ候而、惣而世話ヤキ候者有之候へハ、一社ノ騒動ニ成候、其方七年以前手前忌中ノ節、新福寺寺内ノ木伐拂候節、相咎候節、其方淸（額賀）右衞門方へ來リ、今日宮下ヘツヽタテ可申抔申候由風聞ニ候、此度ノヿモ慰ニ世話ヤキ候も不知、世間ニても相談コソスルヤ、毎日主計其方へ往候由、沙汰有之候、此方ヲ相手取潰可申、及公訴候者ヲ寄候筈無之候、圖書何シニ左様ノ義ハ無御座候、三度參候、二度ハ圓應寺居合候、一度ハ某持參也、

物申職名代右近悴半平（香取）出候、旧冬欠落ニ付、林平弟弌助・勘八兩人召呼、跡立候様ニ、田地不足ニ候ハヽ、可申付候段申付候処、難有ト申、外へ出候テ心替、兄ト一所ニて候由申候、仍而皆ニ𡧃見をも一兩日爲申候へ共、承引不致候、申付ヲ違背、然ルニ右弌助半平方ニ差置候由、此方違背ノ者差置候筈無之候、半平――ハ、家來半度致候ニ付、當分ノ雇抔ト申候、ツマラヌ事ト申聞ル、

上總大宮司方へ申候ハ、先頃拙者留主中、御手洗ノ

*大宮司多宮立腹

*書入致すやうなれば切腹致す

去年中より夜番仰付くるも致さず

修理料の百姓大禰宜領分と相決せず

修理料年貢納むれば屋敷迄も修理料

*大宮司多宮主計に大荷擔

*物申職右近の件

當用のための吟味書

*どれも隱居願致さず

者共ゟ其元書付御取候由、アレハ此方領分内ニて候、召呼承候処、私共無筆ノ者共故、御文談如何様ノ事ニて候哉、不相知候由申候、何ッ無調法ニても致候哉、其元御領分中ノ者、私左様ニ致候ハヽ、其元其分ニ可被差置候哉、

多宮――ハ、去年中ゟ夜番被仰付候由致付不申番之由、又近年人先等ニ御遣候由、成程領分ノ者故、往古ゟ召遣申候、多宮――ハ、修理料ノ百姓共、其元御領分共、不相決候由申候間、上總――修理料ノ年貢納候者、屋敷迄も修理料ト申事ナラハ、他村ノ者も年貢納申候、尤神領ニも所ゝゟ納候、此段ハ以後ノ騒動ニも可成候間、兩人ニ而伺可申候、番頭何も聞之、修理料ノ百姓屋敷ニ成共、手前ノニ成候共ト申、多宮ともかくもと申、

多宮――ハ、今ノ連印ノ書付ハ、享保年中御條目ノ通、私方へ預リ可申候、上總――ハ、證文ナラハ、其元へ預リ可然候、是ハ當用ノ為ノ吟味書也、左候ハヽ、本書其元へ預リ写ニ其元預ト云、印形ノ請取被遣候ハヽ、可然候、多宮請取ハ遣付不申候、上總――自分ハ相手ニ被取候事故申候、成程ケック(結句)其元先達テ吟味被仰付候間、其元ゟ被差上候方可然候、左候ハヽ、明日写させ可進候、上總番頭へ申候ハヽ、何も書付之趣、無相違様ニ可被覺候、多宮立腹、若拙者書入ニても可致哉と、御ツモリニて候哉、左様ノ多宮ニてハ無之、左様ノ事ニ候ハヽ、拙者切腹可致候、其元ノ腹借リ候而、切申間敷候、左様ノまや者ニてハ無之候、上總――立合致相談候事故、覺居候様ニ為念ニ申事也、夫ナラハ今為写可遣候、則申付ル、先達而多宮一人ニてノハ用ニ不立、番頭へ多宮可返申、不返持歸ル、退時ニ口上違フ也、多宮始ゟ主計ニ大荷擔ニ相見ル也、

番頭立、大宮司へ内談、

上總――ハ、物申職右近(香取)事、度ゝ得御意候通、一月モ二月モ職分取上、訴詔(訟)ニて許候様ニ致候ハヽ、支配詮立可申候、其砌右近職分ニ構事成間敷、隱居致させ候ニて可有之抔申、過言申候、

多宮申候ハ、些細(ササイ)之事、叺一ッ計ノ事ニて候、上總――其叺計ノ事ニて無之、被咎候ハヽ、訴詔(訟)をも可致候処也、

多宮――ハ、皆とれも隱居願不致候、隱居家督、聢

*惣持院江戸にて初て主計と逢ふ
大宮司より返書
違背の者召連らるるは不埒
*上總江戸發足
*大宮司も出足
*大禰宜不快
右近儀内濟仕りたく存ず
源太祝公訴につき新福寺へ御意求む
*大禰宜上總願書

ト致候事無之候、上總―權祢宜抔、祖父求馬(伊藤)抔も願隱居、將監も―、多宮公儀ハ不願ハ成間敷、惣社家ヲ寄、重テハコウセイト申付候樣ニ致候物か、相談致、此方ゟ申付候樣ニ致候ハヽ、可然候抔申、其内了簡致見可申由上總申、多宮ハ些細ト云イ、上總重キ事ト思也、

一、五月朔日、出府ノ日限、來ル九日ニ申合ル、

一、五月二日、大宮司方ヘ手紙遣、

返事、積合從是返事、可致申來ル、其文、

然者其節御相談申候通、右近義、相伺不申ハ成間敷哉共存候、貴樣御同心可被成候哉、承度存候、且拙者江違背之者召遣候由、是又不埒ニ存候―、

返事、右近義、御伺可被成哉共思召候段、昨日も得御意候通ニ候ヘハ、内々ニて相濟候事ニ候ハヽ、此節之義、内濟ニ仕度事と存候、

一、五月四日、丹治・藏之助(内山)、新福寺ヘ使、口上、此度源太祝(香取外記・主計)父子逆心企及公訴候、就夫其元をも相進メ、其元ニも御願も有之樣ニ、專致沙汰候、虚実承度、以使得御意候、サタニハ大宮司方ニて何か書付ニ致印形候由也、

返事、世間沙汰ニ付、御尋ニ候、且中之義故致出入候事も御座候ヘ共、一向訳不存候、

一、同日、惣持院ヘ使、丹治口上、此度私家來源太祝父子逆心ヲ企、及公訴候、其元ヲモ御進メ申候樣ニ、世間ニて專致沙汰候、若御聞候事も御座候哉、承度候、

返事、主計ト申者、前方江戸ニて御使ニ參、始テ存候、其以後曾而逢不申候、たとへ進メ申テモ、めたト得心可致樣無之候、御氣遣被下間敷候由申來ル、

一、源太祝方ヘ使藏之助、おれらハ來ル九日出府也、主計召連十日ニも出府可致候、外記持病ノ由、籠ニて成共ト申聞ル、

一、五月九日、上總江戸發足、同十日七ッ時小川町四軒町旅宿ニ着、大宮司も同日出足、

一、五月十二日、大宮司方江手紙〇(遣)、御奉行所ヘ一所ニ罷出候ハヽ、可然候、私義不快―、明日抔ハ難罷出候、明後十四日比出候テハ、就夫在所ニて致吟味候訳、書付差上候樣ニ致候而可然候―、思召候ハヽ、御加入―、其文、

　乍恐以口上書奉願候

先達而源太祝義、吟味仕候樣ニ被仰付候ニ付、在

在所にて吟味相受けず
＊「藤藏戸閉許、」
＊押領使養子藤藏戸閉許す
＊明日出府につき取込む
「三尾病死、」
實行妹朝比奈加平治妻三尾死去
＊數馬舍人兩人往き閉門開く
＊大岡越前守へ出づ
＊在所吟味仕るも源太祝悴主計相受申さず生死は無私の事

所へ罷歸、私共兩人幷番頭共立合、吟味仕候処、
一向吟味相受不申候、依之恐至極ニ奉存候へ共、
源太祝被爲召出、御吟味奉願候、以上、
大宮司返事、御奉行所へ罷出候義、別紙ノ書付を以、
御一所ニ御出可被成候由、御尤ニ奉存候、拙者義、
着午御届、昨日罷出候処、御用次第可被仰下之由ニ
御座候、依之暫差扣可申候、尤別紙御書付之趣も、
得ト積合可申候、左樣御心得可被下候、
一、五月八日、江戸ゟ飛脚來ル、朝比奈加平治〔妻脱〕三尾實行
妹、長病ノ処、五月五日晝時死去也、四十八歳也、
内膳胤信娘也、青木縫殿頭殿叔父加平治、其子庄藏、
後加平治へ嫁ス、其子生（コ）、加平治青木氏へ勤仕也、
芝新堀青木氏ノ屋敷ニ而卒、右三尾、十三才ノ時、
實行江戸へ召連、又十四才ノ時歸國、十八才ノ時、
朝比奈方へ嫁ス、夫加平治五十才ニ而病死也、仍之
又香取へ下リ、十年居リ、又出府、子加平治方ニ居
ル、今年四月八日實行尋逢〔復〕候処、此度本腹難成由申、
実行生死ハ無私事、快氣次第在所へ下リ候樣ニ申聞
ル、甚悦彼是申談ル、臨終ノ節、随分慥、病苦も無
之、皆へ暇乞致正フ有之由、召遣ノ女、高木主税娘
付置、今ノ加平治迄三代也、
「日付前後、」
一、五月八日、押領使養子藤藏義、養父自殺ニ付、戸閉
申付候処、番組之者・親類ノ者共訴詔〔訟〕ニ出ル、五十
二日ノ由、大宮司方へ使舍人〔伊藤〕、出府前ニも有之、公
邊隙取候事、難計差許可然候、爲御相談得御意候、
返事、御尤ニ存候、先達而御咄申、書付申付候ハ、
可然候、
又遣、明日出府取込、又違背も致間敷候、追之事ニ
も致可然候、
返事、左候ハヽ、其通可然之由申、則番頭へ差許申候
由申聞ル、又大宮司へ使遣、則願之通申付候段申遣、
數馬〔尾形〕・舍人兩人往、閉門（トシメ）開ク、実父丁子村検杖番組
一人添礼ニ來ル、実父へ申聞候ハ、以之外重キヿ、
万一重ク成候而ハ、其方も只ハ不濟、自分も大ニ心
遣致候事也、彼是申聞ル、難有由申、
一、五月十五日、大岡越前守〔忠相〕殿へ出ル、山本左右太――、
此間多宮出候、申付度候へ共、兩支配之事故難致、
於在所不相濟之由申候、上總――私共番頭迄立合、
吟味仕候処、源太祝悴主計相受不申剋、書付差上ル、
多宮方へ申合、出府仕、猶又一昨日相談仕候処、疾

物申職右近につき書付御目に懸く
*他の御奉行所にては在所の譯存ぜず
繼目祝儀に米差出づ
御手洗百姓の件
*願書両名にて差出づべし
*大岡越前守へ出づ
百姓神用に召遣ひ屋敷年貢差出し申さず

ト積合可申之由申候間、一名ニ而差上候、御役人御覧、前ニ記、是ニ両印ナレハ能候、判も無之ニ、両名能無之候、両判ニて差出候物か、無左一人一名一判ニて――、左候ハ、今一應相談仕見可申候、

○扨外ニ物申職右近事、書付懸御目候、御役人是ハ日外、自分見候而、旦那ヘハ未爲見候、夫ニ先達テ抔文言能無之候、貫候而可出候、是ハ遅キ事ニて候、多宮方へ及相談候処、繼目願定之事も無之様ニ承候、此上社家共寄セ申渡候而ハ如何ト申候、些細成事と申候間、些細之事ニてハ無之候、是ハ祝儀ニ米ヲ差出候、たとへハ扇子一本ニても祝儀差出、繼目得心ニて相濟候事と申聞候へ共、同心不仕候由申、又御手洗百姓之事、書付御覧、是ハ四十石修理料ヘ入候へハ、其筈之事ニてハ無之哉、上總――ハ、内分ノ四十石ノ帳面ヲ以、此通リ入候様ニ被仰付候、六人之百姓屋敷入候へハ、高も増申候、大宮司百姓も修理料ヘ年貢出、私方寺院、又ハ他村ノ者共迄年貢納メ申候、屋敷ハ外ニて候、御役人屋敷年貢可出候、神領惣而百姓共神用ニ召遣候故、屋敷年貢爲差出不申候、

右二品御月番ニハ無御座候へ共、右近繼目も不相濟、此度主計、私ニ源太祝ニ押テ罷成候ハ、是ヲ例ニ仕、如此出入ニ罷成候、又源太祝屋敷ニ付候テ、此砌右之百姓屋敷取上度申候、此度ノ事ニ付候故、御吟味奉願候、在所之儀、数年訳御存被遊候故、何トソ奉願候、靜謐ニ仕度奉存候、他ノ御奉行所様ニてハ、在所之訳、曾而御存不被遊候事故、奉願上候、御役人右之書付共認、直被出候様ニ、又此二通も別段ノ様ニ有之候へ共、先出シ見可被申候、両通ハ末十八日ノ処ニ記、

一、同日夜、大宮司方へ手紙遣ス、拙者儀、今日罷出候処、此間懸御目候、下書之趣并於在所立合相尋候趣、書付差出候処、立合相尋候ハヽ、両名ニ而差出可然ト御座候事ニて候、貴様御同心ニ候ハヽ、両名ニ而御差出可然ト存候、右爲御相談――、留主ノ由、返事不來、

一、五月十六日、大岡殿へ出ル、昨日多宮方へ手紙ニて申遣候処、留主ノ由、只今迄相待候得共、沙汰無之ニ付、一名ニ而書付差上申度候、御役人申候ハ、挨拶聞出候が能候、手紙ヲ置去リニ致、出候ト被申間

立合吟味なれば連名にて出づべし

同心せぬ譯の書付出づべし

*思召し相違あるゆゑ連印しがたし

「*鹿嶋大宮司惣大」――籠舍」

*鹿嶋大宮司塙中務惣大行事鹿嶋左衞門名代弟甚五左衞門籠舍仰付らる

大禰宜大宮司雙方書付讀む

敷ニも無之候、如此ノ訳ニてト申、添書ヲ致、差出候様ニ可致候、立合致吟味候ハヽ、連名ニ而可出事也、上總――ハ、此間も相談仕候ヘハ、御届申上候ヘハ、差扣候様ニ被仰渡候、吟味不受訳ノ書付、積合可申と申候、夫故埒明申間敷ト奉存候ト申候ヘハ、差扣トハ不申候、上總も不見候、此ノ訳ニて同心セヌト云訳ヲ、別紙ニ書添致可差出候、御尤奉存候、今一應相談仕可申上候、

一、同日、多宮方ヘ使遣、昨日ノ御返事相待候ヘ共、御沙汰無之候、御同心哉否、御返簡ニ可被仰聞候、於御奉行所も御同心か否、委細承候而申上候様ニ被仰渡候、

返事、明日御旅宿ヘ參、委細懸御目可申候、

一、五月十七日、大宮司來リ申候ハ、私も昨日其元ゟ後ニ御奉行所ヘ罷出候処、上總書出候、了簡違候ハヽ、此訳ニて連印難成由可申候、相互ニ書付ヲ見セ、致相談候様ニと被申候、上總先達而在所ニ而吟味ノ節、度〻御存之通ニて候ヘ共、又一通ヨマセ聞ル、多宮も公儀ヘ書上候書付、自分ヨム、其趣ハ元祿四年ノ三奉行ノ書付潰候も如何ニ奉存候、兩人共領分ニ家來ヲ兼候社家有之候ヘハ、上總ニ一身之様ニ御賢察も如何ニ奉存候、地所之儀ハ、何ニ被仰付候而も相違無御座候ト申上候、尋書ニ連印ハ遠慮可致候、三奉行書付之訳も有之候ヘハト申候間、上總然ラハ右之訳故、連印難被成候哉、いや左様ニても無之候、主計神前向被差留候義、御相談も無之候、こまとう(護摩堂)屋敷替地も、中務立合修理料ゟ米も出候事故、上總申候ハヽ、左候ハヽ右兩品貫候而認、御同心可被成候哉、いやそれも合点不被致候、尋書も御相談も無之候間抔申候、左候ハヽ、いつそニたかひ候間ト申候ヘハ、左様ニて候、左候ハヽ、思召ニ違候間ト申候ヘハ、成程左様ニて候、仍而連印難致候、左様御心得可被成候、万治年中其元ゟ写被遣候書付も、御役人ヘ懸御目候ヘハ、是ラハ追而ノ事と被申候、

○去ル四月廿七日、鹿嶋大宮司塙中務・惣大行事(塙)鹿嶋左衞門病氣名代弟甚五左衞門籠舍ニ被仰付、中務ハ上リ座敷、(鹿嶋)甚五左衞門ハ上リ屋ノ由也、左衞門ハ病氣宿預之由也、訳ハ御宮悉ク損、御修覆之儀ニ付、大祢宜萩生求馬中務叔父也、訴出、御修理料金之儀、享保九年ノ比、中務父塙右衞門勘定被仰付候節、五千兩有之由、年

御修理料金一圓返納埒明かず

下社家も四五人宿預かり

「勸化ノ例無之、社格ニ不宜ト了簡御請不申上候由、以ノ外不了簡也、」

*差出づる書付吟味

大岡越前守へ出づ

元祿四年の書付の件

*三奉行番頭連印の本書多宮持參

久敷以前ゟ鹿嶋神領町人等拝借爲致候処、一圓返納不埒明、自分〳〵も大ニ引負有之、六・七年以來出入有之候、下社家も四・五人宿預、尤修理料金、先達而ゟ急度取立被仰付候処、一圓不埒明、御宮ヲハ大破ニ及ハセ由、御修理料金ヲ以、御修覆被仰付候処、取立不埒明ニ付、御請不申、仍之右之通被仰付候由、尤勸化致、修覆候様ニ被仰付候由、兩人御請不申由、求馬(荻生)ハ御請申候由也、

其砌大岡殿ニて左右太(山本)被咄候ハ、一人ニて千・二千、或ハ七・八百兩抔之由被申候、中務ハ三十才計、左衞門ハ五十二才也、翌午年三月、惣大行事左衞門鹿嶋願歸り病死ノ由、籠舎ハ午ノ八月御免、甚五左衞門ハ出籠後、三十日計過病死由、塙中務ハ新市場村ニ浪人、母ト一所ニ住、

一、五月十八日、大岡殿へ出ル、御役人此間之儀、多宮へ對談仕候、口上覺ト半切ニて認、多宮へ對談仕、連印之義、相談仕候処、元祿四年ノ書付三奉行也、有之ニ付、致連印候へハ、右書付消申候ニ付、難成候由申候間、左候ハ、右ケ條ヲ抜キ、別ニ可致候間、連印可被致候哉と承候へハ、夫ニてハ無之、然ラハ何故ニて候哉と――、主計神前向差留候義、無相談ニ候と申、左候ハ、夫も抜キ可申候段申談候へ共、兎角存寄有之候間、立合吟味ハ致候へ共、致連印候へハ、皆相濟申候間、難致之由申候、以上、

五月　　　香取上總

只口上ニて申上ルヿ也、則御請取也、

差上候書付共、

一、主計吟味不受書付一通　一、尋書一通　一、物申職右近事一通　一、御手洗百姓大宮司方へ印形取候訳ノ書付一通　一、六年以前人別帳　一、五人組ノ帳　〆數六ツ

右御請取也、

万治二年源太祝清五郎訴狀返答差出ス、是ハ反古也、上總申候ハ、御上ノ御帳ニ相載不申候哉、御役人其ノ比ノハ無之、寛永年中大祢宜領五人組ノ書付ヲ見候而、是も不埒明候、享保年中源太祝外記證文差出、是ハ屋敷之事ニてハ無之候、家來ニて候、今以勤ルや、旧冬迄相勤申候、先年大祢宜鹿(庶)子ヲ取立申候、要害与右衞門、是ハ誰、私家來ニて候、是ハ外記證文ニ与右衞門同様ト申事有之故、林平書付も御覽、五月朔日三奉行・番頭連印ノ書付、本書ハ多宮持參

*願書文法宜しからず

*大禰宜香取上總申狀

田舍にては歩道に馬通さず

*主計公訴に及ぶは不届

仕候、大祢宜方ノ知行内ニ候ハヽ、大祢宜方役人立合可申、無左故證據ニ申候、六ケ敷誅〔註〕ヲ付候義ニ而御座候、源太祝清五郎三奉行取替ノ書付御覽、御役人堀ヲ埋候哉、いや左様ニてハ無之、両方土手形有之候、歩道ニ有之候処ヲ、馬道ニ宛、新規ニ開候ニてハ無之、田舍ニ而歩道ノ処ハ、馬ヲ通シ不申候、左右損候ニ付、然ルヲ馬道ニ宛候由ノ訳ニて候、御役人其元願書ハ先達而差上置候、返シハセスヤ、いや御留被成候、左候ハヽ、夫ヲ引合、其上旦那ヘ可申聞候、明晩方參候様ニ――、

大禰宜香取上總口上書

*主計養父を掠む件

乍恐以口上書奉願上候（此文書抹消）

先達而源太祝義、吟味仕候様ニ被仰付候ニ付、在所ヘ罷歸、私共両人并番頭共立合吟味仕候処、一向吟味相受不申候、依之恐至極ニ奉存候ヘ共、源太祝被召出、御吟味奉願上候、右之趣大宮司一同ニ可申上申談候ヘ共、存寄之義も有之候由ニ付、

大宮司一同連印せず

連印不仕候、何分御吟味被成下候者、難有仕合ニ奉存候、以上、

*源太祝屋敷の件

寛延二巳年五月　　下總國――
大祢宜香取上總印

寺社　御奉行所

右願書、文法不宜候、大宮司存寄抔ト有之候、了簡區々ニ而、私共方ニ而不相濟趣ニて能候、認直候様ニ御役人被仰聞、仍之認直出ル、先ニ記、

大宮司・大祢宜并番頭立合、源太祝悴主計ニ相尋申候趣、左之通ニ御座候、

一、源太祝屋敷之儀ニ付、主計義、去ル二月廿七日及公訴候之由、相屆候ニ付、両人相談之上、何レニも申付候事、御條目之趣も有之候間、差扣候様ニ申付候処、一應之吟味も不相受、翌廿八日發足致候、支配ヲ蔑ニ致、御條目ヲ違犯致候段、不屆ニ候、此段可申披候事、

一、主計義、養父源太祝を差越、度〻罷出、彼是申候ニ付、養父差出候様ニ申付候処、任補懸仕候間、私義、源太祝ト存候間、源太祝ニ付候義ニ候ハヽ、私ヘ御尋候様ニと法外之我儘申候間、然ラハ去年源太祝隠居家督願候ヘ共、差許不申候処、何方ゟ被差許候哉と相尋候処、挨拶無之候、右養父を掠、支配ヲ蔑ニ致候段、相尋候事、

一、源太祝屋敷之儀、代〻源太祝配當知行ノ内と心得罷在候由、此段源太祝配當内ト申證據ハ、元祿四

*源太祝屋敷は大禰宜領分内の件

*護摩堂屋敷代地山幷に米五俵家屋敷取上ぐると申す件

*欠落つ林平へ荷擔の件
元祿四年の書付證據とならず

*本家と申しても分れて百年餘となる

書付は例式相違

年六月源太祝・清五郎堺堀之処、馬道ニ宛候之由、案主・田所・録司代連印之書付所持仕候、大祢宜領分内ニ候ハヽ、大祢宜方役人取計可申処、無其儀も段證據ト存候由、然共吟味致候処、元來堺堀ニ而古來ゟ歩道有之候処ヲ、馬道ニ宛候已而ニ而、新規ニ開道ニてハ無之候、且神領往還之道ニ候ハヽ、兩人立合可相定之事、既護广〔摩、下同ジ〕堂替地申付候節、兩人遂見分、地引・繩張等申付候、神領道橋、惣而喧嘩口論・倒者等之節、兩人家來立合取計來リ、終ニ右三人之者地方ニ付候義ニ出、取計候義、且而無之候、依而右書付、源太祝知行内と申證據ニ難相立候、譬ハ兩人立合相談之上相極候、往還之道之義ニ付候書付、所持候欤、大祢宜領内ニ而無之と申書付ニ無之候ヘハ、難相立候、殊ニ地方取計不來、右三人之書付之義、弥難取用候、護广堂替地も、大祢宜雖領内、替地差出候事故、兩人立合相極候事、明白ニて候、如此之例も有之候処、右之書付ハ例式相違之書付、殊以大祢宜領分外と申儀、不相見候、然者證據ニ難取用候、右之段可申披候事、

一、源太祝屋敷之内ニ先年分地爲仕差置候、當時林平と申者と申出候、林平屋敷ハ別屋敷ニ而、兩屋敷共ニ大祢宜領分内之古證等有之候処、如何之存寄ニ候哉、證據相尋候事、

一、護广堂屋敷代地山幷米五俵、先祖ゟ住居仕候家屋敷迄、被取上候と申出候、林平欠落致候処、被取上候とは大成僞ニて候、其上内ゝニ而數度侘言仕候へ共、承引無之ニ付、私留置候抔ト申出候、是又欠落致候上ニ而、侘言と申事、不都合以之外相違ニ而候、右之段相尋候事、

一、林平江致荷擔候と申事、林平欠落不致前、家屋敷本家之事故、源太祝へ相讓リ立退可申段申候、如何可仕と大祢宜方へ伺候ニ付、本家と申候而も、其分レ候節ゟハ百年余ニも可及候、今更本家ヲ申立、此方ゟ不申付義ヲ相進メ、爲立退候哉、家屋敷請取度存念之伺、不得其意候、差構候事無用之段申付候処不相用、大宮司方ヘ伺、又大祢宜方ヘ伺候ニ付、申付ヲ相背キ、強テ構候ハヽ、荷擔ニ相聞候、本家ニ候ハヽ、林平不埒之段相制シ、呵可申処、却而右伺候内存不相濟候段申聞候、殊ニ林

物申職繼目不屆の伺書
源太祝名代の件
源太祝病氣と稱し罷出でず神前向番欠く
大禰宜上總願書
大禰宜領百姓御修理料田地所持
源太祝大禰宜方にて召遣さるる件
百姓屋敷御修理料へ入る
寛文十年大禰宜知行内御修理料に仰付らる

平家財、源太祝方へ取運候段、且分家之義、難見捨留置抔申出候、旁以荷擔ニ相聞へ候、右之段相尋候事、

一、源太祝爲名代主計義、神前向差留候儀ハ、右之通不埒ニ付候故也、源太祝義、旧冬ゟ病氣と申立、神前向へも不罷出、大祢宜方へ召呼候ニも不罷出、名代無之、神前向番欠候之由、尤御祈禱差留可申義共、不奉存抔、いかめしく申出候、然共源太祝他村ニ罷在、大祝(民部)方江乍罷越、神前向欠候段、謀計之致方ニ相聞へ候、此段相尋候事、

一、源太祝義、享保年中ゟ大祢宜方へ被召遣候由申出候、領内ニ罷在家來之儀ニ候へハ、古來ゟ召遣候、享保年中ニ改ㇼ可申樣無之候、但享保以前不相勤證據有之候哉、右享保年中ゟ被召遣候儀、大宮司中務方へ先年願候処、時節を以願候樣ニ中務申渡候由書付を以、願候哉と尋候処、無其義候、然者無證據也、數年之事、年來其分ニ不願可罷遣樣無之候事、

右之條〻相尋候処、吟味之趣難請之由、一向挨拶等不仕候、以上、

寛延二己巳年五月　下總國香取神宮 大祢宜香取上總印

寺社御奉行所

○物申職右近義、繼目不屆ノ伺書ハ、當三月廿五日ニ差上候、案文直シ、今日差上ル、右之処ニ記ス故、此処ニ不記、寛延三(マヽ)年十二月十七日物申右近ニ證文爲致、遠慮申付致免許者也、

乍恐奉願候

大祢宜本屋敷之廻りなだれニ、百姓六人古來ゟ差置、大祢宜役用ニ召遣申候、尤御修理料之田地所持仕候、然處當三月中、大宮司方へ右百姓共召呼、書付申付候由ニ付、相尋候処、大祢宜方へ被召遣候趣之儀ニ候得共、私共無筆之者共、委細之文言等ハ不存候之由、嚴ク被仰聞候故、印形差出候由申候、仍之大宮司方へ承候へハ、拙者留主中、右百姓共ゟ如何樣之儀ニ而、書付被申付候哉と申達候処、大宮司申候ハ、右六人之百姓屋敷御修理料へ入候樣ニ存候、御修理料四十石被仰付候節ノ御書付有之候、召遣候義、有之間敷存候由申候、是ハ寛文十年大祢宜知行内、御修理料ニ被仰付候節、四十石内分之帳面を以、此通リ御修理料ニ被仰付

四十石の田地は他村百姓も年貢収納致す

*大岡越前守へ出づ

百姓人別差出づるも大宮司得心せず

*兩人のなか能くなきゆゑ一社治まらず

大宮司權威をもつて爪印致さす

*御朱印頂戴し配當仕る

*源太祝配當の小割帳寫出づ

候義ニ而、右四十石之田地ハ神領百姓ハ勿論、他村ノ百姓も持添、年貢収納致候、御修理料田地持候と申、屋敷迄も入可申様無之候、左候へハ高も相増候、尤右百姓人別等も、古來ゟ大祢宜領内一同ニ差出申候段、大宮司へ申聞候へ共、得心不仕候、仍之向後ノ旲論にも可罷成候間、兩人ニ而可奉伺と申談候へ共、私勝手ニ仕候様ニ申候、此度大祢宜領内之屋敷、源太祝奪取度申出候折柄故、右六人之百姓屋敷も、此砌取上度度(衍)存念ニ相聞へ申候、去ル午年人別御改之節も、右百姓共大宮司方へ致印形候様ニ申付候処、古來ゟ大祢宜方へ差出候由申、承引不仕候ニ付、權威を以爪印爲仕候由、動も仕候へハ、事六ケ敷申候、其分ニ差置候而ハ、向後旲論之端ニも可罷成、迷惑至極ニ奉存候、仍之御吟味之上、何分ニも被仰付被下置候様ニ奉願候、以上、

寛延二己巳年五月　下總國香取神宮　大祢宜香取上總　印

寺社　御奉行所

御役人被尋候ハ、是ハ修理料ニ成候ハヽ、其筈之事ニてハ無之哉、上總左様ニてハ無之候、左候へハ高も相増候、他村之者共迄持添仕候屋敷ハ外ニて候、

右四通御役人御請取也、

一、五月十九日、大岡殿へ出ル、御役人此間ノ書付得ト見合、其内吟味可有之候、尋書、ア、シタ事テハイカス、多宮も先剋見へ候、上總老功ニて御座候而、私へ無相談一存ニ而致候間、連印難仕ト申候、其元抔兩人ノ中、能無之故、一社不治候、マレニ同心スレハ濟候事也ト被申、上總――ハ、番頭立合、其席ニ而尋書も認候、左様旲變仕候而ハ難勤候、左候ハヽ吟味ニも立合不申か能候、随分彼是申候、三役人之書付ノ有之候、大祢宜方ノ知行内ニ候ハヽ、大祢宜方ノ役人出可申候と主計ハ申候へ者、押テ被申付も不致ト申候、上總――只道一通ニて候、新規ニ開候ニても無之候、アノ書付ニてハ、何方ノ知行内ト申事ノ爲ニハ難成候、ツマラヌ事ニ奉存候、天正廿年ノ神主證文出、千石御朱印頂戴ノ節、私共心を以配當仕候、則其節ノ書付ニて候、一通御覽、御返シ候、源太祝配當小割帳ノ写差出、御請取、其内從是ト被申、

源太祝配當

*大岡越前守より文言認直すやう仰付く

ゝニ而、私共方ニ而相濟不申候ニ付ト云文言認直、明日可差出候、

五月廿二日、大岡殿ヘ出ル、

乍恐以口上書奉願上候

*大禰宜上總願書

*本帳は大宮司方所持

*源太祝屋敷は北内と申す

先達而源太祝義、吟味仕候様ニ被仰付候ニ付、在所ヘ罷歸、私共兩人幷番頭共立合、吟味仕候処、一向吟味相受不申候、仍之右之訳、大宮司も一同ニ可申上候処、案主・錄司代・田所堺堀之書付、又ハ主計義、源太祝名代ニ神前向相勤候義、私方ゟ差留候、此等之趣共、了簡區ゝニ而、私共方ニ而相濟不申候、畢竟源太祝義、先ゝゟ大祢宜領内之屋敷呉置候ニ付、家來ニ召連來リ申候、仍之大祢宜領分之人別ニ相戴申候処、明白ニ御座候、此度源太祝自分屋敷ニ罷成候得者、家來相離レ申候、其外家來ニ而社役相勤候者共十余人、是等も右同様ニ罷成候、左候ヘハ一社大乱ニ罷成候、大宮司領も同事ニ御座候得者、此趣相募申候而ハ、兩社務難相立奉存候、右之訳ニ御座候間、恐至極ニ奉存候得共、源太祝父子被召出、於御奉行所御吟味被成下置候者、難有仕合ニ奉存候、以上、

*源太祝父子召出御吟味願ふ

(神宮地)一、七百五十文　(大久保)一、六百文　(同所)一、四百五十文　(同所)一、三百八十文　(同所)一、五百文　(同所)一、百三十文　(ひきしうろ)一、百十文　(同所)一、百十文　(別當さく)一、百八十文　(同所)一、三十文　(ひきしうろ)一、百文　(とまき)一、十五文

已上三貫三百五十五文

右本帳ハ、大宮司方ニ所持仕候、源太祝當時居住仕候屋敷ハ、北内と申所ニ而、右帳面ニ相見ヘ不申候、半切ニ認、差上ル、

*大禰宜上總認書

*行事禰宜家來額賀兵部申付く

一、下社家行事祢宜ト申候社家、私代ゝ兼帶仕來候処、神役繁多ニ御座候ニ付、十五年以前私家來額賀兵部ト申者ニ、右社職申付爲相勤申候、居屋敷之儀ハ、私領内ニ而以前ゟ遣シ候屋敷ニ住居仕候、家來兼候下社家共ハ、右之通之訳ニ而御座候、何も私領内ニ而、屋敷呉置候事ニ御座候、尤屋敷年貢差免置申候、依之下社家職相勤候而も、家來ヲ相離レ不申候、源太祝茂、右同列之者ニ御座候、大宮司方も同様ニ御座候、以上、

*下社家相勤むるも家來相離れず

*源太祝自分屋敷とせば家來相離る

巳五月　　香取上總無印

無宛

*大宮司大禰宜了簡區々ゆゑ相濟まず

一、五月廿一日、大岡殿ゟ達儀呼ニ來ル、則出ル処、願書大宮司一同ニ可申上候ヘ共、如此ノ訳ニて了簡區

大岡越前守へ出づ

*大宮司多宮大禰宜上總連印達書

*大宮司内安部雅樂大禰宜内高木孫大郎兩名添簡遣す

御役人源太祝外記召呼ぶやう仰付く

源太祝外記出府

寛延二己巳年五月　下總國香取神宮 大祢宜香取上總印

寺社御奉行所

右願書御請取、明晩方伺候様ニ被申、

一、五月廿三日、大岡殿へ出ル、御役人此間之願書、旦那へ見セ候処、吟味シテ不遣ハ成間敷と被申候、主計ハ參居候、源太祝召呼候様ニ、其元父子共ニト申上候、尤任補懸致候へ共、未隱居共片付不申候間、呼候様ニ被申付候、仍而近日多宮・其元同剋（コク）ニ呼可申渡候、廿七日か來月六日當リ被差出候様ニ、くり合可申候、難有由申、

五月廿九日（小）、大岡殿へ伺ニ出ル、御役人留主ノ由ニて歸ル、

〔六月〕

一、六月朔日、朝六ッ時過、大岡殿（忠相）ゟ四ッ時伺公致候様ニ被仰遣、則出ル、多宮も出ル、御役人――ハ、源太祝・外記（香取）兩人ゟ呼候様ニ被仰付、道之程廿二里、半分舟路抔――、多宮ハ、主計（香取）へ申付候ハ、ト申、私共兩人へ被仰付候事故、此方ゟ可申遣候、又上總――ハ、旧冬ゟ度〻召呼候ニも、病氣と申不參之由、

御役人加籠（駕）ニて成共ト被申候、多宮――ハ、終ニ不罷出候間、急ニハト申候へハ、御役人兩人へ被申付候由被申候、來ル六日ニ殊ニ寄、差出候事も可有之候間ニ、逢候様ニト被申候、多宮へ申合ル、年番之事故、案紙認、追付判取ニ可遣候――、

御奉行所御用之儀有之間、早〻出府可致候、若不快ニ候者駕籠ニ而可罷出候、來ル四日ノ晩、兩人迄出府之段相届候様ニ、無間違急度可仕候、此旨大岡越前守様被仰渡候ニ付、申達候者也、

巳六月朔日　大祢宜印（此印五日ニ外記持參ス、）

大宮司印

源太祝

外記

大宮司内阿部（安）雅樂・大祢宜内高木孫大郎兩名ニ而添簡遣、飛脚等ノ訳申遣、六月四日飛脚歸ル、

六月五日、朝四時、大岡殿へ上總不快ニ付、高木孫大郎名代、外記出府出府可仕候、何時ト申事ハ不申來候、御届申候、

御役人致出府候ハヽ、早〻届候様ニ、尤兩人へ申渡候間申合、兩人一同ニ可届、

同日、九ツ時、外記出府、届ニ來ル、仍而多宮方へ

申合ル、多宮寂早御届ニ出候由、孫大郎(高木)ヲ以申上ル、御役人上總不快ニ候ハヽ、明日ハ差出間敷、其内可相尋段、多宮へも申談候、此段上總へ可申候、

一、六月八日、寺社御奉行所御四ケ所・酒井雅樂頭(忠恭)殿へ暑氣御見廻ニ出ル、大岡殿ニて左右太(山本)━━、源太祝義出府仕候、私旧冬ゟ召呼候ニ、不參候処、御威光ニ而候、主計義、此度申分不相立候ハヽ、あた(仇)致候由申ふらし、大勢之者相進候由、不届ニ奉存候、御役人此間旦那も不快、今日出勤ニて候、

一、六月十七日、大岡殿へ伺ニ出ル、御役人明日可被差出候旨被申候、酒井山城守(忠休)殿へ出候様ニ、御月番御内寄合、尤多宮も伺候様ニ申渡候、源太祝も父子出シ候、上總申上候ハ、奉畏候、源太祝旅宿申上候哉、多宮方ゟト被申候、朝五半時出候様ニ、暑ノ節故早キト━━、

一、六月十八日、酒井殿へ何も出ル処、席へ御役人、源太(祝脱)被出、今日ハ被差出間敷候、宅ニ而被相尋候ツモリニて候、屋敷へ參リ、左右太へ右之段可被申候、則何も參候処、左右太一兩日中可被相尋候、多宮義、母病氣ニ付御暇願、晩方參候様ニト也、

寺社御奉行所酒井雅樂頭へ暑氣見舞に出づ
主計申分相立たずは仇致す由申觸るは不屆
大岡越前守も不快
*大岡屋敷は櫻田
酒井山城守御月番御内寄合へ出づるやう仰付く
*大宮司多宮參府
*在所去る二十九日夜大風雨
*新嶋川出水
*毎日北風雨降る
*關東大不作
*酒井山城守若年寄仰付らる
多宮母病氣につき暇願ふ

一、六月廿一日、大岡殿へ伺ニ出ル、御役人━━多宮実母病氣ニ付、歸國願候、來月始ニ出府可致候段━━、爲知不申哉、上總不存候、無埓もト被申候、其元被居候間、吟味可致之由被申候、近日中ニ可被相尋候ト被申候、

一、六月廿九日、伺ニ大岡殿へ出ル処、日比谷御門ノ内ニ而、途中ニ而御役人左右太ニ逢咄、屋敷へ往ニ不及候、近尋可有之候、大岡殿屋敷ハ櫻田也、

〔七 月〕

一、七月四日、大宮司方ゟ使、一昨日參府之由、悴監物方ゟ書狀届ル、在所邊去ル廿九日夜大風雨、辰巳風宮林ニ而も松・杉多根かへり、田畑江も大風障、別テ畑物損ル由也、

六月廿九日ノ風雨故、在所邊新嶋川通出水ノ由、江戸も七月ニ成、毎日北風ニ而雨降、七夕抔ハ綿入ヲ着、五十八才不覺寒サ也、此年關東大不作也、

七月七日、酒井山城守(忠休)殿若御年寄被仰付、

七月七日、大宮司ゟ使、大岡殿(忠相)ゟ御差紙、兩名明八日八時外記(香取)・主計(香取)召連、各可被相越候旨━━、

「源太祝御吟味始」大岡越前守方にて吟味

任補懸は装束著する事

配當帳求む

*御裁許場にて御役人吟味林平世話するは源太祝分家ゆゑ多宮申す

*舊冬より林平年貢未進あり

*欸落ち百姓相尋ぬるやう申さるるは迷惑

*多宮林平行方相知る

*林平年貢護摩堂へ寄附

一、七月八日、大岡殿ヘ多宮・源太祝父子出ル、大岡殿御直ニ、外記ナセ主計ヲ出候哉、外記病身故、左候ハ、隱居セよ、公儀向親類ニても、自身ノ事ニハ不成事也、主計申上候ハ、私任補懸仕候故ト申、何ノ事、御役人装束着候事之由、何ニても法カソウテハナイ、不屆也、追テノ事、多宮ニ吟味セイト云タナレハ了簡違ナラヌト云、配當帳出セ、上總申上候ハ、今日ハ持參不仕候、左候ハヽ、明日持參セヨ、大岡殿ナセマタ林平事ニ世話スル、多宮申上候ハ、源太祝分家ニて候、林平護广〔摩〕堂替地ニ付、米五俵ト主計も申候、中峯ノ山取上候故、立退候、上總申上候ハ、不埒有之、私呵申候処、訴詔〔訟〕仕候ニ付、差許候節、爲後向〔向後〕書付仕候樣ニ申付候処、違背仕立退可申段申候間、重〻不埒難成段申聞候、然処本家之由申、主計家屋敷請取度段申出候、私方へ家屋敷請取度伺、又大宮司方へも伺、大宮司も慥成證據有之候ハヽ、可請取、差圖ニてハ無之由、主計へ申聞候、仍之私差構候事無之処、かたん（荷擔）ニ相聞候由、主計ヘ申聞候、多宮被取上候故ト申候間、爲差事無御座候ニ、取上可申樣無御座候、大岡殿林平居処知候哉、上總相知レ不申候由申上ル、呼候樣ニ被仰聞候、配當ニて知候ハト御申候、立候樣ニ被仰聞候、

落、大岡殿林平ハ誰百姓、上總申上候ハ、大祢宜領内ニ而私百姓ニ而候、源太祝ハ私家來ヲ兼候、大岡殿社家ナラハ家來ニてハト御申候、夫ゟ御前立、御役人明日四時出候樣ニ、林平兩人方ゟ呼ニ遣可申候、上總林平事、私ハ存不申候、明日伺候樣ニ、四人共ト被申候、

一、七月九日、朝四ツ時四人出ル、八時前ゟ御裁許場ニ而御役人吟味也、先上總申ハ、昨日林平召呼候樣ニ被仰付候、旧冬林平年貢未進有之候、私方名主取立候ニ尋候へ共、行衞相知レ不申候、私申付違背仕候、私百姓欠落仕候者、私相尋候と申候も、何共迷惑ニ奉存候、殊ニ居処、曾而不存候、多宮義ハ相知候樣ニ申候、多宮ヘ被仰付被下候樣ニト申候へハ、左候ハ、あれらニ聞、多宮呼ニ遣候樣ニ、多宮日限何時比ト申上候へハ、十三・四日之比着候ハヽ、屆候樣ニ被申候、其節多宮、林平年貢ハこまとう（護摩堂）へ寄附ナレハ、其元可構筈無之候、上總──ハ、先年黑田豐前守（直邦）殿御掛ニて、急度大祢宜知行合力ニ相極候、無

*大禰宜召遣ふ譯

源太祝屋敷配當に知行内と申出づ

*少計の知行にて神用公用相勤めがたし

*大宮司方皆恩免遣す

*領内の社家面々自分屋敷になれば職分勤めがたく大亂となる

*三奉行堺堀の書付の件

屋敷年貢差許す恩免に屋敷遣す

*書付屋敷のことなし

住ニ候ヘハ、此方ヘ取納候事也、御役人外記・主計ヘ御尋候ハ、大祢宜方ゟ人別帳ニ誰〻ト有之候、此内ニ載候ハ、然ハ此内ニ社家も見ヘ候、同様ニて候、我是ノ三役人堺堀ノ書付致所持候故申出候哉、源太祝屋敷ハ、配當ニ而知行内ト申出候、知行ニ付候屋敷と、此之堺堀ノ書付を以、右之通申、此同列之者ハ、此書付無之ニ付、申事不成か、外ノ社家ノ屋敷ハ、如何心得候哉、主計申候ハ、どれ〳〵も自分知行内ト心得罷在候、上總——ハ、左様罷成候ヘハ、一社ノ大乱ニ罷成候、源太祝屋敷、自分ノ知行内ニ成候ヘハ、外ノ者共、皆同様ニ違背仕、私共職役不相勤候、大宮司方も同様ニて候、主計——ハ、外ノ者ハ恩免ヲ所持仕候、御役人それハ何程ツヽ、米五斗ツヽ、上總——ハ、領内ニ罷在候家來兼候社家、恩免ヲ遣候も有之、不遣候も有之候、どれ〳〵と御申候ニ付、人別帳ニ而先此分飯司無之候、大細工ハ是ハ有之候、正判官無之候、香取与右衞門是も無之候、高木主税・鄉長等ハ有之候、人別帳ヲ御覽候而之御尋也、則屋敷年貢差許恩免ニ、屋敷ヲ遣申候、主計——ハ、百姓同前ニ召仕申候、御役人百姓ナレハ恩免なくとも、何方ニても遣申候、其被遣候ト申候ハトノ様ニ遣候哉、上總申上候ハ、御當地抔ヘ召連、供ニ召連、又御祈禱・御祭礼ノ節、神前ヘ召連、神用・公用等ニ召遣申候、又常手前ニて召遣候ハ、是ハ渡者ヲ召抱遣申候、毎日召遣候ニてハ無之、右之通之訳ニて御座候、私共小身者ニ而、少計ノ知行ニて候ヘハ、左様召遣不申候而ハ、神用・公用難相勤候、大宮司方ニも社家大勢有之候、同様ニて候、多宮——ハ、私方ハ皆恩免遣申候、上總申候ハ、先頃相尋候処、所持無之も有之様ニ聞候、多宮百姓ニハ少〻所持無之も有之候、上總——領内ニ罷在候社家面〻、自分屋敷ニ成候ヘハ、私共職分難相勤、大乱ニ成候、多宮方ヘ其元領分同事ニて候、御役人被申候ハ、多宮ハソレガスキニて可有之候、多宮無言、御役人此三奉行堺堀ノ書付ハ、堀カト御尋、多宮——ハ、堀形ニ而堀ト申候ニても無之、元來道有之候、歩道抔ニ仕候、兩方ヲクネニて結切有之処ヲ、馬道ニ宛候由、新規ニ開候ニてハ無之候、御役人多宮アノ通云フハ、此書付ハ道ノ書付也、道ヲセバメ間敷ト云フ也、屋敷之事ニてハ無之候、是

主計慶長三年田地合力の書付出づ

源太祝代々修理と申すは承り及ばず

御役人書付投げ返す

*働きあるゆゑ刀許す

他村の者迄官途仕る

萬治二年源太祝兄弟出入

*源太祝養子申付く

*恩に潰すと申すは大なる不届

*外記主計へ了簡勧む

*林平を呼ぶべし

源太祝享保年中の證文

ハ役ニたゝぬ也、外ニ證據無之哉、主計無之由申上候、又主計書付出、前書ニ心さしとしてト慶長三年哉覽、大宮司秀房修理▒之助ト宛也、田地合力ノ書付也、上總申候ハ、源太祝代〻ニ修理ト申候ハ、承及不申候、九十二年程以前、兄弟出入ノ節茂、源太祝善兵衞ト申候、代〻善兵衞と承傳申候、御役人是ハドコノ書付哉覽、反古也、主計持傳候由申候、ナゲ返シ被成候、多宮――ハ、先年ハ大宮司方ゟ合力も仕、外記親代迄、大宮司方ゟ官途抔も仕候、上總――ハ、他村之者迄只今以、私共方ニて官途仕候、多宮――ハ、万治二年源太祝兄弟出入ノ節、大宮司裁許仕候、上總――ハ、其節乍兩度扱ニて相濟申候、扱人之書付有之候、則万治四年大祢宜知行所之者源太祝――、多宮方ヘ在所ニて写シ遣候、夫ヲ多宮差上候ヲ、御役人御讀被成候、上總――ハ、其節兄弟散〻不和及出入候、本家ト申候ヘ共、其段ニてハ無之候、御役人主計ハ何年程以前養子ニ往候哉、上總――源太祝養子仕候節、源太祝享保年中ノ證文懸御目、屋敷ヲ呉置、家來ニ召遣候、御役人御ヨミ、香取与右衞門ナミニト文言、是ハ誰、私家來、先年取立申候、源太祝同樣之者ニて候、御役人是如ト先規有之候、爲後證ト有之候、主計――ハ、外記義、無筆ニ而御座候、上總――ハ、無筆（ヒツ）ニてハ無之候、主計享保年中ゟ押テ被召遣申候、上總往古ゟニて候、此證文消候、爲ニ享保年中ト申候、御役人たとへ昨日ゟニても百姓ナレハ遣内之事也、此人別ノ内、誰か子ニて候哉、此忠兵衞ト申者ノ子、御役人惣領也、上總惣領ニて御座候、輕キ者ニ御座候ヘ共、働有之候故、私刀ヲ許召遣候、其緣ニ依テ源太祝養子ニ申付候、悴ノ節ゟ旧冬迄、私膝本ニ差置、如レ子ノ重キ神學、大切之事共指南仕候処、其恩ニ私ヲ潰申度ト申、大不届者ニ而御座候、此度之儀、其分ニてハ大乱ニ罷成、相治リ不申候、私義、不埒有之候ハ、、何分ニ被仰付候共、其分ニ難仕奉存候、御吟味之上、急度被仰付奉願候、

御役人外記・主計方ヘ了簡シタガヨイ、訳立候ハ、、重キ事ニ可成候ト被申候、林平ヲ呼、屋敷之事抔可尋候、

前ニ可記、御役人たとへハ、疊ノへりヲ堺道ニシテ、一方ハ源太祝屋敷、一方ハ林平、此林平社役ヲ持候

大禰宜領ならば大禰宜方役人立合ふ申方不屈
*野帳
物申も享保年中迄大禰宜方へ人別差出づ
*大禰宜百四十石の寄帳

兩支配屋敷如何す
*小割帳など差出づ

大宮司方より社家配當小割帳水帳差出づ
*輕き社家は百姓仕る
*多宮方より屋敷帳の本帳出づ
*外記主計申分相立たず

哉、不持候、上總領内之百姓ニて候、三役人ノ者立合、馬道ニシタヲ以、源太祝知行、大祢宜領ナラハ、大祢宜方ノ役人可立合ト云フ申方不屈也、配當帳へ誰か屋敷ト銘〻ニ張紙ヲシテ、上總差出ス、多宮申候ハ、此物申ト申候も享保年中迄ハ、大祢宜方ヘ人別出候、只今ハ不出候、ケ様之訳ニて候、上總訳有之候、御役人訳有之、當分ハ出間敷候訳有之ト云ハ其筈也、ソレハ先入用ニ無之候ト被申候、多宮――ハ、國行事ヲ兩支配ノ屋敷トハ、如何シテ張紙被致候哉、上總番頭ニて、其通心得候故、多宮ケ様之事ニて、向後ノ吴論ニ罷成候、御役人ソレハ又其ノ時之事ニ可致候、今入用之事ニて無之候、ソウマセ〈〈ニてハ、一方ッヽ片付候か能候、主計ハ部屋住ニ而源太祝ト申候哉、主計任補掛仕候、スレハ外記カ有之、隱居ニ而無之、上總申候ハ、孫も有之候、是も裝束着候ハヽ、源太祝三人ニ罷成可申候、大宮司方ち社家配當小割帳差出、水帳も出ス、北ノ内ト云処ニ、二屋敷有リ、何レカ源太祝屋敷哉、先ノ片下リト申屋敷、前ノハ林平罷在候、多宮――ハ、前ノカ源太祝、先ノカ林平ト存候、外屋敷ト脇書、此屋敷松平武左居ト云ハ、上總――ハ、其節浪人者居候事、ソウニて候、此帳ニドレ〈〈ガ誰カ持分ニ候哉、上總――ハ、是ハ野帳ト哉覽申ニて、神領千石ノ高ヲ上ケ、此後配當仕候由ニ承申候、其後甚右衛門ト申者、宮房屋敷ニ罷在候、則大祢宜百四十石ノ寄帳ト申ニ、ミやほう（宮房）甚右衛門ト有之候ヲ差上ル、御役人今其者不居候ヘハ、是ハト被申候、今林平屋敷也、則旦那ヘ見セ候由ニて、小割帳・配當帳・水帳ノ内屋敷帳、源太祝享保年中ノ書付・林平書付幷違背欠落ノ時ノ書付共、御持入候、其上小割帳ハ多宮江御返シ也、大祢宜差上候ハ、配當帳ノ写・源太祝養子ノ時ノ書付・林平欠落ノ時書付・祭礼ニ不出節ノ書付等御留也、落、右之節、北ノ内屋敷、何間ニ何間ト有之候哉、御尋之時、何レノ屋敷ト知レ可申候、多宮申候ハ、裏ニ山有之候、夫ヲ懸候而ハ、大相ニて候抔申候、御役人山有之候ハヽ、何間ト申候而もト被申候、多宮――ハ、社家ト申候而も、輕キ社家皆百姓ヲ仕候、多宮方ち屋敷帳ノ本帳差上ル、右八ッ前ち七ッ過迄、御吟味ノ処、外記・主計申分、一ッも不相立、多宮

舊冬極月八日夜林平缺落つ

*大宮司多宮より林平到著の知らせあり

*本多兵庫頭寺社御奉行仰付らる

任補懸致せば源太祝三人となる

*北大風小石川邊水付く

*正平橋など諸橋押流さる

*所々死人あり

*在所常陸上總も大風雨

も隨分助言申候へ共、不相立也、
林平義、旧冬極月八日夜不見之由、人ヲ遣見セ候処、欠落仕候故、乍夜中多宮方へ爲相知候、翌日ゟ御宮近所火ノ元無心元、林平家疊まセ置可申相談仕候時ニ、多宮夜中左様ノ事不承、上總申候ハ、幾度ト申事ナク、相談仕候事、左様ニ相違ニ有之候而ハ、一度〳〵ニ手形書付ハナリマセス、私共御役義、相勤リ不申候、御役人前ニて申之、尤拙者不埒之義有之候ハヽ、急度可被申候、拙者承引不致候ハヽ、御奉行所へ申上候か能候、
（以下九行抹消記事）
前落
△△△多宮申候ハ、任補懸仕候へハ、内陳〔陣〕ヲ勤候、無左候へハ不成候、任補懸致候へハ、源太祝ト申候様ニ申候、上總｜只今ニても弥任補懸仕候へハ、源太祝三人ニ成候、御役人｜ハ、上總申通、源太祝三人ニ成候、多宮むす子ソナタノ通ノ裝束ヲ着、大宮司職ヲ勤候而も、家督ニ無之候へハ、大宮司トハ不申候、左スレハ大宮司二人ニ成候、ツマラヌヿ也、江戸ニても親ノ名代、子何ニても親ノ勤候通ニ勤、然共部屋住ニて家督ニて無之候、

右ノ訳九月十五日ノ処ニ記之、
一、七月十七日、大岡殿へ出ル、御役人｜此間ハ御吟味被成下難有奉存候、御役人林平も參府候届、多宮此間届候、私ハ不存候由申候へハ、ナセ不爲知候哉、アテ無埒ト被申候、
同日、八時過多宮方ゟ使、林平十三日ニ致着候、致彼是爲御知も不申候、右御役人ニ被呵候故ト被察候、
一、七月廿三日、本多兵庫頭殿（忠英）後長門守殿ト改、寺社御奉行被仰付、廿五日ニ御悦ニ出ル、御役人林加助・金沢伊織、

〔八　月〕

八月十日、大岡殿（忠相）へ出ル、御役人近日吟味可掛候由、一日〳〵ト延引由被申候、
○一、八月十三日、北大風、小石川邊下谷筋水付、朝五ツ時ゟ雨強、正平橋・和泉橋・新橋等ノ川筋、違橋・淺草橋等押流、其内ニハ橋ノ中ヲ切流候も有之、水通も流、所〻人死も有之由、行德往來ノ舟、其砌ハ絕、在所邊・常陸・上總も大風雨、所〻ニ人死有之由、在所ニても峯崩レ、ナガツヘ坂崩、參詣ノ者兩

*香取は度々修覆仕る

翌年に至り江戸より米田舎へ下る
上方作毛宜し

米金壹兩に七八斗

大岡越前守へ出づ
*大祭禮當番

*祭禮十月二十八日より霜月中旬迄

御宮は破損なし

*大岡越前守へ御禮に出づ
*上總三十一年職分相勤む
*領分の者一人も閉門申付けず

人被打、一人死堀(掘)出ス由、新ノ神事ノ日也、悴監物側高ノ神事ニ往帰リ大難儀、小山ノ橋ノ邊一面ニ水、丁子村大祝(民部)宅ヘ寄、家來ヲ大勢呼、右小山ノ川ヲ川越由、所々ニて立木倒レ根かへり、此年大不作、水邊ハ出水、仍而翌年ニ至リ、江戸ゟ八木、此筋田舎ヘ下ル、上方ハ作毛宜由、尤所々水損も有之由、惣而關東大不作、然共上方作毛能故、翌年ニ至リテも八木金壹兩ニ七・八斗ノ由也、

一、八月廿八日、大岡殿ヘ伺ニ出ル、御役人護持院沙汰片付候ニ付、追付御沙汰可有之候、此間大風雨御破損も無御座候哉、いや無之候、在所邊ノ沙汰御咄申、御役人此方御加增ノ知行所、下總相馬郡穂ノ上四・五尺水付候、処ニより一丈余も付候、上總――大風雨ニ候ヘ共、在所御宮御破損等も無之由申來候、御宮ハ(徳川家康)權現様御造營屋祢檜皮、元祿十三年(徳川綱吉)常憲院様御代御造替被爲遊候、丁(度)ト五十年ニ成候、鹿嶋抔ハト御申候、此節御修覆ニ付籠舎也、上總武州三瀧ノ神社、當宮同時ニ御造替ノ処、是ハ廿四・五年も以前黒田豊前守(直邦)様ヘ御修覆願ニ出候、御役人此度も願出候、奉加願候、ソツチノハ不損之由、ソレハナセ処ニより候哉、上總――度々修覆仕候、本社・中殿・拜殿・樓門・廻廊・参籠所・御供所・神樂所・水屋・末社・堂塔、大相成事ニて御座候、御屋祢(栩)とちふき(葺)ニ候ヘ共、相手ニ御座候ニ付、コケラ(柿)屋祢ニ仕候、段々修覆仕候故、當分ハ修覆も無御座候、五十年來只今迄、一度も御修覆不奉願候、第一私共御當地相詰候義、迷惑仕候御儀ニ御座候、追付大祭礼御座候、是ハ其當番ノ者、一ヶ年ニ三人ツヽ、正月相定リ候、大相成祭礼ニ御座候処、其當番之者此間不幸仕、穢ニ罷成候故、難相勤抔申來候、御役人夫ハ余ノ者相勤ルて有ラウ、いつか祭礼、十月廿八日ゟ霜月中旬迄ニて御座候、右之神事等も御座候、兩人共永々留主ニ仕、難儀ニ奉存候、何トソ近々御沙汰奉願候、右之段等咄帰ル、

〔九月〕

一、九月九日、大岡殿(忠相)ヘ御礼ニ出ル、御役人其元ノモ追付取掛リ候由――、上總御咄申候ハ、私義も今年三十一年職分相勤申候、其間領分之者一人ニても閉門ニても不申付、随分相愼、今少之義ニ奉存候内、ケ

隱居仕りたくも悴若年ゆゑ延引

主計身の程知らず

*大岡越前守方にて吟味

社家共御神慮存ぜず邪心にて騒動

多宮も年若く氣強し

神道儒道佛道何れも本が確かなければ役立たぬ

*大禰宜より田地の僉議と林平申す

*去年は年貢未進

*大禰宜方名主他村の者へ申付く

様之儀出來、御苦勞奉掛、迷惑ニ奉存候、とうゟ隱居仕度奉存候得共、悴若年故、一年〳〵ト延引仕候、御役人イクツニて候、十九才ニ罷成候、シカ〳〵御當地江も差出不申候、御役人見習候が能候、主計義ハ、私百姓ニ而輕キ者ニ御座候、御役人身ノ程ヲ不知、職ヲ大事ニヲモワヌ、上總——御尤ニ奉存候、惣而社家共御神慮ノ訳も不存、只邪心ニて何ソ騒動——ヲ、樂ニ存候様成心底ニ而御座候、仍而私四・五年以來、神道ヲ申聞セマスレ共不相好、無埒も事計相好候、多宮も年若ニ氣強ニ御座候、此度御威光を以マシテ急度一社靜謐仕可申、難有奉存候、御役人其元抔ユルキ故、謂合セテ、急度スレハ治ル、上總——上ヨリハ和融〳〵ト被仰付候へ共、中〻左様不參、難儀仕候、御役人神道ニても儒道・佛道ニても、何ニても其本カシカトナケレハ役ニたゝぬ、御尤ニ奉存候、

鹿嶋之儀ハ、如何と承候、殊外重キ事ノ様ニ承知仕候、御役人神主（塙中務）・大行事（鹿嶋甚五左衞門）抔籠ヘ入居候、一人ニ而千兩・貳千兩、外ノ者も八十兩計遣込候、本多伯耆守（正珍）様ニ而毎年返納被仰付候而も、一圓返納不致、夫計

ニても申分無之候、歸職之程難計候、上總氣毒成御儀ニ奉存候——、

一、九月十五日、大岡殿ゟ明十六日四ッ時香取外記父子、其外召呼候者召連、各可被相越旨、越前守、兩人ノ宛、御請例之通、

九月十六日、大岡殿ヘ出ル、多宮・外記（香取）父子・林平出ル、御役人吟味也、上總方ゟ元文年中林平四月祭礼ノ供ニ不出節ノ書付、前ニも記、又万治二年幷四年源太祝善兵衞幷清五郎ノ訴詔〔訟〕狀・返答書ノ扣二通、前ニも記、以上三通差出ス、御留也、又旧冬極月八日林平口上書違背ノ案御出シ、御役人林平此書付ニナセ判セぬ哉、隣家故火ノ元等心ヲ付候様ニ申付候由、左右可有筈也、林平申候ハ、大祢宜方ゟ左様ノ申付ハ無之候、護广（摩、下同ジ）堂欠落仕候、田地ノ僉儀御座候、御役人ソレモ大事ノ事也、其年貢ハ濟候哉、こまと（護摩堂）うへハ納皆納、請取取申候、上總——ハ、去〻年分ハ相濟可申候、去年ハ未進御座候、當年ハ如何致候哉、旧冬林平欠落仕候間、私方ノ名主、他村之者へ申付候由、御役人護广致執行候哉、執行不仕候、當分無住ニて代地替リニ五俵ッヽト云ハ、修理料費也、

護摩堂潰すべし
*林平立退くの譯
*林平親は前清右衞門弟黑田豐前守の御吟味林平立退くの譯
護摩堂無住にて難儀を惣持院申す
*缺落大宮司多宮方へ相知らす
*林平方へ地頭の申付
*家屋敷本家ゆゑ源太祝へ讓り立退くと申すは我儘

護广も執行セヌニ、夫ハツブシテ（潰）シモウタカヨイ、
多宮其代リニ護广堂ノ跡、宮林ニ仕立テ、二反歩程
廣キ場所ニて候、住持ハ如何スル、多宮――ハ、惣
持院方ニ而致、吟味スト申候ヘハ、御役人上總カ合
点セズハ成間敷ハ、成程左樣ニ而御座候、上總――
ハ、私方ヘ願出申付候、配當ニ八百文ト有之候ヘ共、
地所見ヘ不申候、是ハ黑田豐前守（直邦）樣御勤役之節、數
度御吟味ニ而御座候、私合力計ニ而相立申候、何程ト
御申候間、米七俵程ニて御座候、御役人惣持院ゟ使
僧ハ何ト、上總申ハ、護广堂無住ニて致難義候由、
度〻林平願ニ參候、其砌私領分ニ人形抔マワシ候、
浪人・坊主、是ヲ居度（スヘ）ト願候由、御役人使僧ノ名何
ト申候哉、失念仕候、（後ニ聞候処、探玄也、御役人吉原村權左衞門子ノ由、八月廿五日使僧、）
林平ヘ此書付ニ致印形候而も差障候事無之候、ナセ
ヌ、〔セ脫〕誰ソ差圖スル者ニても有之哉、林平無御座候、
惣持院方ゟハ上總方ヘ可申事也、林平申候ハ、田地
ノ事計被申付、火ノ元等心付候樣ニハ不申付候、惣
持院ヘ私細工ニ、かや手仕候、參候節、隣故火ノ元
氣ヲ付候樣ニト被賴申候、御役人スレハ火ノ元等之
事、不申付故、此書付ニ印形不成候と申事カ、成程
ト申候、又ナセ立退候哉、誰ソ申者有之哉、立退ト
被仰候間、立退申候、上總――ハ、相違候事申上候、
此書付ニ致印形候事、我式之者、耻ヒケニ成候事ニ
も無之、判致候ヘハ、おれも隙明候由、能了簡致候
樣ニと申聞、夫ゟ淸右衞門（額賀）ヲ以、是ハ私方ノ家來、
林平親ハ前淸右衞門弟ニ而、只今ノ淸右衞門ハ從弟
ニ而御座候、是ヲ以、訳承候樣ニ旲見をも申候樣ニ
申付候処、彼者參、我カヒケニ成候事も無之候間、
致印形候樣ニ申聞候処、源太祝不爲ニ成候由申候間、
左候ハヽ、無書付ニも御侘申、可見候由申候得共、得
心不仕候由申候、然レハ其夜欠落仕候間、多宮方ヘ
も、右之段爲相知、私方ゟ番人ヲ付申候、何も無之、
猫計居候由、御役人家財何も無カ、左樣ニて候、其
砌雨天故四・五日過、右家御宮近ク火ノ元無心許、
疊まセ置申候、上總――林平方ヘ地頭之申付候事ナ
レハ違背可致樣無之候、則大藏（尾形）を以申付候、致印形、
難儀ニ成候事有之候ハヽ、其上ニて何方ヘ願出候共
可致事也、御役人立退候ハ、誰か云イ付候哉、直ニ
立退ト被仰候、ソウ有ルナラハ、訴詔〔訟〕ニてもシソウ
成ル物也、上總――ハ、我家屋敷本家故、源太祝ヘ

地頭を蔑にす
*江戸にても子共親と同様に勤む
*主計悴十四五歳
*任補懸仕れば源太祝三人になる
*任補懸仕らずば内陣入ることならず
*大宮司悴同じ装束にて同じ勤めすれば大宮司と申すや恩免持てば相勤む
大禰宜随一の臣家分飯司

譲、立退可申段申候へ共、重〻我儘致候、ワレハおれか人也、我儘ニ爲立退候事、不成候由呵申候、御役人前方四月祭礼ノ節、供ニ不出時、書付も致候、上總方へ可願筈也、上總左様ニて御座候、地頭ヲ蔑ニ仕候、御役人是ハ主計(香取)抔か世話ヲセヌカ、世話スル者有ルト聞ヘル、林平屋敷ハ何程有之候、護广堂へやり残リガ、上總――廻リハ藪ニて御座候、五・六間四方も可有之候、御役人三役人堺堀ノ書付ハ、是ハ道ヲセバメマイト云通ノ證據ニハ成候、屋敷之事ニハ不成候、一方ハ林平・護广堂也、然レハ一方ハ林平也、夫ヲ自分屋敷ト云時ハ、林平も其通リ也、上總如仰之林平も屋敷ニ付、

御朱印ニても所持仕候ハヽ、左様申候而も能御座候、主計申候ハヽ、恩免ヲ持不申候、恩免持候者ハ、相勤申候、御役人不持者も有之候ハヽ、上總――ハ私職之随一ノ臣家分飯司恩免所持不仕候、ソレハ毎日勤候哉、一日ニハ幾度も罷越、ケ様ニ御當地へ罷出候へハ、留主ノ間ヲまかセ差置申候、夫ナレハ持不ニハレ持よらす候、夫ナレハ皆同様ニ不勤様ニ成ル、上總左様ニ罷成候へハ、私共小身者、一日も職役相勤リ不申、職分差上候より外無之奉存候、スレハ御役人此堺堀ノ書付、不持者ハ申出候事不成候哉、主計ハ源太祝ト云テ出ル、主計任補懸仕候、何も一社左様ニ而御座候、御役人江戸ニても子共親ト同様ニ勤候、然共何ソト云時ハ親勤候間ハナラヌ、常ハ親ニ代リ、番其外も何も親勤候通リニ勤ル、不埒成事也、上總――ハ、主計悴十四・五才ニも可罷成候、只今スホ(蘇芳)ウハカマ(袴)着候、明日ニも任補懸仕候へハ、源太祝三人ニ成候ト奉存候、多宮申候ハヽ、於在所内陣へ入候ニも、任補懸不仕候へハ入候事不成候、皆社家共どれ〱も左様ニ而任補懸仕、其職相勤申候、御役人ソレハ無埒事、上總申通、主計子ニ任補懸スレハ、源太祝三人ニ成、たとへ大宮司悴同装束ヲ着、同シ様ニ可勤候、然レハ子共をも大宮司、多宮をも大宮司と可申哉、ツマラヌ事、多宮無言也、主計一社ニてハ皆任補懸仕候へハ、其職ヲ勤候、御役人皆ソウナラハ、其方ヲ以糺サネハナラヌ、此類之事カ外ニも出候、不埒成事也、

万治二ト四年ノ源太祝・清五郎訴詔(訟)返答書御役人御ヨミ、又主計大宮司方江ノ願書御覧、此宮之助・物

宮之助物申國行事番頭にて屋敷は兩支配

寺院などの屋敷兩支配

大宮司領大禰宜領に分かつ

物申はゆゑあり大禰宜人別には入らず

*今日臨時の評定

大宮司大禰宜領の譯

*信州の者出づ

*物申由緒あり

大禰宜領分ではなし

神領内及び他村居住の番頭は兩支配の屋敷

*宮之助物申國行事寺院兩支配の屋敷

申・國行事同様ニト云フハ如何、上總申ハ、右之者ハ番頭ニて兩支配ノ屋敷ニ而御座候、其外案主・錄司代抔七・八人も有之、其外寺院共、兩支配ノ屋敷ニ而御座候、大宮司領ノ屋敷・大祢宜領ノ屋敷ト分リ申候而御座候、主計申候ハ、前方物申も大祢宜人別ニ入申候、上總――ハ、アレハ訳有之候故、其後ノニハ貫候而不入候、御役人訳有之、不入候ヘハ夫ニ而能候、訳有貫ナレハよし、配當ニても無之、職ニ付候屋敷ニも無之、左候ハ、配當地之内ヘ越候か能候、上總――ハ、左様ナルモ御座候、權祝ト申候ハ、自分畑ヘ家作仕罷在候、ケ様ノ訳ニ御座候ヘハ、構候事無之候、大宮司・大祢宜領内ト申候ハ、先ツ神代以來、古書・御下文等ニ、大祢宜知行所領抔ト、天子・將軍家ゟ被下置候神領村〻、天正年中權現様（徳川家康）皆御取上被遊、居村千石　御寄附被遊候ニ付、右上代ハ家來ニ下社職ヲ申付候、申付來候引付を以、大祢宜領・大宮司領ニ家來差置申候、其外神領之内、又ハ他村ニ罷在候番頭共始、是等ハ兩支配ノ屋敷ニ而御座候、段〻訳ノ御座候御事ニ而御座候、御役人宮之助・物申・國行事同様ニト申候、此屋敷ハ水帳ニ有之哉、多宮申候ハ、成程有之候、則多宮水帳ヲ開キ、此大長手居候ト申屋敷、當時私家來ニ而御座候、是カ宮之助屋敷ニ而御座候、上總――ハ、相違仕候、是ハ乍不存、千石ニ極リ不申前ノ野帳と申ニ而御座候由ニ承候、仍而是ハ名前付候而も、只今ハ其屋敷ニ不居候、御役人是もアテニハ不成候、江戸母居抔ト有之候ヲ御覽、ドウモ是ハト被申候、上總屋敷も畝歩ヘ高ヲ上ケ申候、今日ハ臨時ノ評掟〔定〕、留主申聞セネハナラヌ、林平申候ハ、屋敷ハ源太祝屋敷ニ御座候由申上ル、林平方相違有之候、先歸候様ニ――、

一、九月廿三日、伺ニ出ル、御役人多宮以之外相煩候由、多宮口書ハ不取、外記父子・林平口書取可濟候、今日も八ツ〔時脱〕ゟ信州之者出候、明日ニも二・三日ノ内可申遣候、物申ハ人別ニ無之候、如何、上總是ハ前方由緒有之、一兩度人別ニ入候ヘ共、番頭ニも有之、先ゟも願ニ付、除キ申候、其元領分内ニてハ無之哉、成程左様、領分ニてハ無之哉、領分ニてハ無之候、此御念ヲ入御尋成候ハ、領分ニて無之故、除ト申訳也、上總――ハ、宮之助・物申・國行事等七・八人、

他村の社家武領に屋敷あり大宮司領大禰宜領分く

其外寺院、是等両支配ノ屋敷、其外ノ社家ハ他村ニ武領ノ屋敷ニ罷在候、其外大宮司領ト大祢宜ト分リ罷在候、御役人ソレカ貫候ヘハ、皆其様ニナルナ、成程、皆夫ニ準シマスル、

立退くに挨拶も仕らず

此間ハ林平不届申上候、私申候故、立退候由申上候、差許ト申候、何ノ事モナキ、書付ニさへ印形違背仕候、私立退ケ抔ト申候ハヽ、中〻挨拶も仕事ニてハ無御座候、屋敷も源太祝屋敷ト申上候、領分ヲ奪度工謀計ニ而御座候、御役人主計カ実父ハ百姓ナ、成程私百姓ニ而御座候、忠兵衞ト申候、是ハ社役ハナキカ、何も無御座候、林平義、不埒者ニ而弟両人御座候、是等カかけニ而、漸相立申候、弟一人ハ私召遣、一人ハ私家來召遣候、林平欠落仕候ニ付、両人ノ内ニ而一人跡立候様ニ申付候処、難有ト申、翌日ニ成違背仕候、傍輩共様〻哭見仕候ヘ共、承引不仕候、

主計實父は百姓忠兵衞

林平欠落ち跡に弟一人立つやう申付く

酒井左衞門尉老中仰付らる京都所司代牧野備後守死去

一、九月廿八日、酒井左衞門(忠寄)殿御老中被仰付候、京都諸司代牧野備後守(貞通)殿死去ノ由、

〔十　月〕

一、十月九日、伺ニ出ル、御取込之由、其内可被仰遣候由也、

一、十月廿日、大岡殿(忠相)へ出ル、御役人左右太(山本)、同役勘藏(小林)ハ退役、源太(酒井)ハ親類不幸引込、大ニ鬧敷、明日出羽ノ出入ヲ吟味、夫過テノ事、上總在所火ノ元等も氣遣敷――、御役人其元両人共留主永キ事、旦那も早ク濟度旨申候、

*大宮司方小割帳に權之助分飯司考合あり

一、十月廿一日、大宮司方小割帳ニ權之助・分飯司考合候義有之間、書貫被遣被下候様ニ申遣処、今日書付來ル、其訳、

　分飯司

一、三百文(みふね山)　てさく(なかへ分)　一、百三十文(同所)　原丁　二郎左衞門

一、貳百五十文(こくうそう分)　宮下分まち　内記　一、四百文(同所)　原丁　縫殿

右衞門　一、四百五十文(あふき田)　宮下分まち　五郎兵へ　一、四百(天神)文、てさく

　已上壹貫九百五十文(三ヵ)、此〆致勘定見候ヘハ、廿文余ルカ、

　同人

一、三百五十文(大久保)　山崎　善右衞門　一、三百文(同所)　神主内　てさく　一、貳百五十文(同所)　物申　一、百十文(同所)　かまのへた

甚右衞門　一、八十文(同所)　まち　新藏　一、百三十文畑(うみのくほ)

*公儀御醫師意安に主計罷在り

*秋元攝津守御役人津田より主計儀につき手紙來る

*大宮司方より小割帳の書付來る

大岡越前守へ出づ

*多宮父方叔母去る六日不幸近々御沙汰願ふ

主計二三年覺悟申す

おして
ゆうかい分右馬助
已上壹貫貳百仁〔貳〕十文
權之助
ゆのき下 一、四百五十文　甚說房　同所 一、三百文　大藏　ミす 一、
ミた 六百文　手作　つへとり 一、四百文　山崎 善右衛門　五た 一、
く 三百文　大藏　同所 一、三百七十文　原丁 次郎左衛門
同所 一、四百廿文　まち 清右衛門　ひきしうしろ 一、百廿文畑　北内分
原丁 源左衛門　おいのうしろ 一、三百文　同 次郎左衛門　一、
百五十文　ミたらし 又二郎
已上三貫四百十文
同人
あふき田 一、六百五十文　宝幢院　大久保 一、貳百五十文　原丁 平
右衛門　同所 一、四百文　同 弥二郎
已上壹貫三百文

一、十月廿九日、大岡殿へ伺ニ出ル、御役人其内沙汰可有之候、上總――ハ、去年當月　御朱印頂戴ニ出府仕候、留主中在所ニ出火有之候、左樣之儀、彼是殊外氣遣敷奉存候、何トソ近〻御沙汰奉願候、此間在所之者主計〔香取〕ニ逢候処、兼テ覺語〔悟〕ノ前、二年・三年懸候共抔申候由、御役人主計ハ前方江戸ニ出居候事も有之候哉、成程私差出候、公儀ノ御醫師意安ノ処ニ罷在候、儒者ニてハ無之哉、成程駿河臺ニ居候津田要助と申候、儒者ニ學文仕候、彼仁只今ハ秋元攝津〔涼朝〕守樣ニ相勤申候、去年迄秋元殿寺社御奉行御勤、其節津田御役人勤候、左右太――ハ、津田〔要助〕ゟ主計事、手紙ニ而申越候、未返事も不致抔被咄候、

〔十一月〕

一、十一月七日、大宮司方ゟ小割帳ノ内書付來ル、兼テ申遣、
中幣神主
おきた 一、貳百五十文　てさく
あかふま 一、百五十文　北内 甚右衛門　しんとうおき 一、三百七十文　山崎 縫
殿助　つくとり 一、百文　中はたけ 山崎 善右衛門
已上八百七十文

一、十一月十日、大岡殿〔忠相〕へ伺ニ出ル、御役人――多宮父方叔母去ル六日不幸ノ由、七日程忌候ヘハ能候由申候、上總何トソ御吟味ト申上候、御役人隨分無油斷候由、

「大宮司御年礼相談」来る正月御年禮につき多宮相談に來る

*大岡殿御役人へ年内の御沙汰願ふ

*「御年礼訳」

*輕き服厭はば度々御禮欠申す

中務服中の節黒田豊前守より上總相勤むるやう仰付らる

公儀向御構なく相勤むべしと存ず

*輕き服厭ふは相見えず

一、十一月廿四日、大宮司手前旅宿へ來ル、叔母服中、來ル正月御年礼、多宮年番如何可致候哉、上總――ハ、先年拙者母服中ニハ、前大宮司美作母服中ニ不相勤候由承候間、松平相模守(近禎)殿江伺候処御吟味、神田神主・根津權現ノ神主、何も服中ニ而御祓・玉串等御祈禱も致候由被申候、公儀ニ而ハ、服ノ御構無之候へ共、右之訳ニ候ハヽ、病氣ニ致相欠候樣ニ被仰渡候、其後中務殿御袋ノ節、折節拙者御當地ニ相詰候ニ付、飛脚を以申來候、則黒田豊前守(直邦)殿へ伺候處、御吟味ノ処、御役人被申候ハ、相模守(松平近禎)樣ニてハ御念入過候と申物ニて候、中務服中ニ候ハヽ、拙者相勤候樣ニ被仰付候、右之訳度〻手懸存罷在候、此度其元ノハ、大叔母ノ訳ニ立可申候哉、於一社ハ成程如何樣ニも、公儀向御構無之間、御勤可然候、尤父母ノ服、從古いとひ(厭)、其外ハいとひ候覺無之候、叔母・甥・姪・兄弟・從弟夫ヲいとひ候ハヽ、度〻御年礼欠ケ可申候、欠候而ハ能無之候、多宮――ハ、爲念ニ候間、伺可申候、上總――ハ、御伺ニも及申間敷存候得共、爲御念と有之候ハヽ、御勝手、それ共御了簡被成、御覽可被成候、

一、十一月廿九日、寒氣御見廻、寺社御奉行所へ出ル、大岡殿ニて御役人へ年内ノ御沙汰奉願候段〻申、二・三日中くり合候而ト被申候、山本左右太家老ニ被申付、悴用人ニ被申付候由祝儀申、

〔十二月〕

一、十二月朔日、大宮司方へ使、丹治口上、此間御年礼ノ義、御咄ニて候、御伺被成候哉、私も相考見候へハ、父母ハ例も有之候、其外ノ輕キ服ハ、例も無御座候、輕キ服ヲいとひ(厭)候ハヽ、此上度〻御礼欠可申と氣毒ニ存候、仍而御伺ニも及間敷、カノ樣ニ存候、とくと御了簡被成、御覽可被成候、爲御相談――、留主ノ由、

十二月四日、大宮司使小平太口上、御年礼ノ義、青山因幡守(忠朝)樣へ此間伺候、昨日伺候樣ニ被仰渡候、昨日も御沙汰無之候、先日父母之外ノ輕キ服ハいとひ不申候由被仰聞候、在所ゟ留をも致寄見候処、輕キ服ハいとひ候事も相見へ不申候、其元ニ而御勤被下候樣ニと申來ル、

返事、御口上致承知候、父母之外、輕キ服いとひ候

*大戸別當退き後住契約相濟むを申す

大禰宜上總へ御勤願ふ

此度のが永々の例となる

「御年礼訳、」

大宮司多宮御年禮を大禰宜上總へ願ふ

*大岡越前守より源太祝父子林平召連れ出づるやう仰渡さる

輕き服繁多になる

例不承候、輕キ服いとひ候テハ、度〻御礼欠ケ可申、氣毒ニ存候、輕キ服いとひ候例有之由被仰聞候へ共、私ハ覺不申候、其内懸御目可得御意候、

同日、大宮司使小平太、社例ニ付候義ニ御座候間、裝束等着用抔御祓等取扱も致候義、余リ無勿体存候、輕キ服いとひ候而御礼欠候義とも不存候、其元ニ而御勤可被下候、

返事、只今迄父母外、輕キ服いとひ候例覺不申候、妻ノ忌抔ハ各別ニ而候、此度ノカ永〻ノ例ニ成候間、其許御勤被成候か可然存候、

一、十二月七日、大岡殿(忠相)へ伺ニ出ル、御役人被申候ハ、明日ニ致積リ也、晩ニ觸ヲ可出由――、

一、十二月八日、大宮司使小平太、御年礼ノ義、伺をも差出申候へ共、未御沙汰無御座候、服中ニて勤候も承不申候間、其元御勤被下候樣ニト申來ル、

返事、先達而ハ進候通、重キ御服ニ候ハヽ、不被仰遣候共、例も有之事故相勤可申候へ共、此度ノハ例も無之、輕キ事ニ御座候、御互ノ義ニ御座候、輕キ服ハ從弟・甥・姪、繁多ニ候へハ、拙者服ニ成候事も難計、左候へハ御礼欠申候、此度ノカ例ニ成候、其元御勤被成候而可然候、

一、同日、大戸別當旅宿へ來ル、拙僧病身ニ付退キ、後住も門末ノ内所村ゟ契約仕、本寺表も相濟申候処、神主兩人申候ハ、弟子讓ニ致來候処、無左辻物等立合改可申と申、右之段ハ先格無之事故難成候、仍之埒明不申、迷惑仕候、御兩所御在府ノ由ニ付、右之段先御内意承度致出府候、尤香取江も罷越候、大宮司へも可罷越と存候、右御屆ニ參候、上總申聞候ハ、定而兩社家共、右之通申事ニ候ハヽ、何ソ訳可有之(ハ)候、我〻も公用ニて出府、追付御暇被下候か、無左用向相濟か、何レニも追付歸國可致候、右之訳故、神主共へ相尋候事も難成候、右之段聞置候、乍去他所ニても無之事故、兩人ノ者いやト申候而も、弟子ニも僧ノ事故、立合候樣ニ結句致候ハヽ、可然事ニ被思候、神宮寺――ハ、致付不申事ニ候へハ、私左樣ノ例、始之事故難致候由申候、

一、十二月九日、大宮司使、今日大岡樣へ伺ニ出候処、明日四ツ時源太祝(外記・主計)父子・林平召連、兩人共出候樣ニ被仰付候、

返事、承知――、三人ノ者ハ其元へ被仰付候事故、

大岡方御役人來春迄相延ぶるを申す

人別帳に恩免持つ者張紙致すやう仰付く

*大禰宜方宮中町

*大宮司方宮下町

分飯司大禰宜家の長臣にて恩免持たず

毎日用事あり神用公用相達す

*宮中町高米百九十俵程

百姓なれば恩免なくとも召遣ふ事

人別享保年中始て仰付らるる

*出入あるにて御年禮ならず宮之助も百姓所持

*先年より父母の服に限り御禮相勤めず

其元ゟ可被仰付候、
十二月十日、大岡殿へ出ル、御役人年内押詰候、來春迄相延可申候段被申候、此人別帳ニ恩免持候者ハ張紙致候而、重テ可差出候、尤扣可有之被申候、多宮方ニも恩免無之カ有之候由、ソレ𪜈其通ニ張紙致可出候、恩免不持者ハ、どれ〳〵ト被申候間、上總――先頃も申上候通、第一分飯司、私家ノ長臣ニて候、恩免持不申候、ソレハ如何様ニ勤候哉、毎日も用事有之候へハ召呼、又ハアノ方ゟも參リ、神用・公用相達申候、不斷召遣候ハ、是ハ渡者ヲ抱召遣申候、然レハ恩免不持者も遣候哉、多宮方もソウカ、成程左様ニ而御座候、百姓ナレハ恩免ナク𪜈遣内之事也、主計(香取)申候ハ、人別ト申候も、享保年中始テ被仰付、不案内故、帳面ニ載可申候、御役人御呵、昨日ゟ成共ト御申候、上總――ハ、大祢宜領ハ〻〻、大宮司領ハ〳〵、又宮之助も百姓所持仕、其外寺院金剛宝寺百姓、大聖院・惣持院抔、たとへハ金剛宝寺百姓ゟハ金剛宝寺方へ取、私共兩人方へ差出申候、御役人多宮方へ夫ハ兩名ナ、成程ソレモ重テ致持參候様ニ、源太祝壹人ニ而、大宮司方も皆同様ニ

成ル、是ハ宮中村ト云ハ、何程之高ニて候哉、多宮申候ハ、夫ハ知レ不申候、小名ニて候、香取村ト認差出申候、御役人左候ハ、香取村千石、人別何人ト認出候哉、成程左様ニ而御座候、夫ナラハ多宮方ト上總方トハ分リ有之候哉、成程、上總間ニ坂一ッ有之、私方ハ鳥居ゟ下、宮中町ト申候、多宮方ハ宮下町ト申候、多宮――ハ、宮中町ハ表宿ニて候、私ノ方ハ裏町ニ而御座候、其外ハ社家共入込申候、御役人宮中村ニ而此人別之高ニ而、俵數何程納候哉、上總――ハ、百九拾俵程納、恩免ハ其外ニ而御座候、外ニ畑方御座候、多宮方ニも源太祝方ニも外ニ證據ノ書付有之候ハヽ、持參可致候、

○御年礼、御役人被申候ハ、出入有之間ハ、御礼不成候、たとへ支配之事ニても、何ニてもト被申候、上總――御年礼ノ義、此間度〻多宮相談仕候、多宮相勤候様ニ申候処、服中故ト申候、私相勤候も安キ義ニ御座候へ共、先年ゟ父母之服(厭)ニ限リ御礼相勤不申候、其外ノ服ハ、只今迄いとひ來候例無御座候、輕キ服ヲいとひ候時ハ、從弟・甥・孫・兄弟、沢山ノ事ニ御座候へハ、此度私相勤候時ハ、向後例ニ成、たと

輕き服は大勢の事ゆゑ御禮欠く
大宮司美作母の服につき御禮欠く
*「金剛大聖院入院、廿五日処ニ記、」
神田根津神主服中に相勤む
*大聖院後住挨拶なく入院するゆゑ承知せず
來る正月二十四五日出府致すやう仰付らる
*惣検校塙祝祭料の件
「御年礼被仰渡訳、」
御年禮大宮司多宮服大禰宜上總出入ゆゑならず
*塙祝祭料酒桶一ッ拵ふ件

へ今年私申上ルニ仕候而も、其内ニモ大勢ノ事ニ候へハ、つゐ服ニ成候へハ、御礼欠ヶ申候、又私向後ノ例ヲ始候も迷惑仕候、六十年程以前、大宮司美作母ノ服中、御礼欠キ候由、仍之三十年程以前、私松平(近禎)對馬守様へ奉伺候処、神田・根津神主抔御吟味御座候処、何も服中相勤候由被仰聞候、古來ゟ父母ノ服ニ限リ申候、御役人公儀御構無之、紅葉山御參詣抔云フ時ハ、夫ハ御きよト云テ改候、常ハ不構候、忌中ハ不成候、多宮━━ハ、服ニて忌之、裝束着穢レ申候、上總━━ハ、夫ハ裝束不用候へハ能候、多宮━━私共ハ砂狩衣着申候抔申、御役人何ニても先出入中ハ不成候由被申候、御役人大岡殿退出後被仰渡候ハ伺候処、(外記・主計)來ル正月廿日過廿四・五日方出府候様ニ可致候、源太祝父子も其段被仰渡、林平も召連様ニ源太祝へ被仰渡候、

御年礼ノ義も、多宮ハ服、上總出入中故、御礼不成候、今日も御仲間様御沙汰有之候由、御申候由被申候、則歸國ノ御届申上ル、

御年礼之儀、多宮右被仰渡無之前、相詰候席ニ而申候ハ、(忠朝)青山殿へ伺候処、御年礼帳年〻ノヲ御出シ、享保年中、先年服ニ而不相勤訳も書付有之候由ニ候、尤多宮服中ニ而不相勤、大祢宜相頼勤候由、申上候由ノ咄也、

一、十二月十五日、江戸出足、十六日朝六時歸郷、

一、巳十一月十四日、金剛宝寺ゟ使僧不斷所、大聖院後住、相應之者御座候間申付候、御歸ノ時分宜御披露ト、

一、十二月廿二日、大宮司方へ使遣、兩人留主中、金剛宝寺ゟ大聖院無住相應之住持有之ニ付、大聖院ニ申付候ト申事、其後入院致候、此方共挨拶も不承申付候、伺可申処、無其儀候、仍之入院受申間敷存候、音信・扇子箱・茶碗返シ可申と存候、爲御相談申進候、其元如何思召候哉、

又來年惣検校・塙祝祭料ノ事、古例之通、從御修理料請取可然候、

大宮司返事、何分ニも思召次第御尤ト申來ル、

大聖院事、入院ノ茶碗・扇子箱兩使ヲ以返シ可申候、無御相違候ハ、、廿四・五日比ニ可致候、

又塙祝御祭ニ付、酒桶一ッ拵申度候、前ノハ損申候、風折木ノ内申請度候、

番頭三奉行呼ぶ

*出入中は御禮ならずと仰渡さる

*板の鯉につき三奉行へ尋ぬ

番頭三奉行大長手呼ぶ

「御年礼訳、」

*今年不作ゆゑ秀屋長祭難儀

*來年惣檢校塙祝兩祭御修理料に當る

輕き服ゆゑ相勤むるやう多宮へ申す

*先年惣檢校角案主祭入用帳御吟味に呑喰ひ大分なる

紅葉山參詣は各別

*諸觸國役金につき尋ねあり

返事、何も御尤之由申來ル、惣檢校祭當、此方ニても酒桶一ッ拵申度候、請取申度候、

一、十二月廿三日、番頭・三奉行大祢宜方へ呼、同日、大宮司方ゟ使遣、今日社家御寄候由、昨日ノ惣檢校酒桶之儀、兩祭入用も請取候様ニ御相談可然候、返事、御口上趣御尤〳〵、番頭・三奉行・大長手(尾形數馬)宮下代官呼、上總申聞候ハ、大長手方へ〳〵、御年礼ノ義、今年欠ケ候、於江戸多宮殿へ度〻致相談候、從古父母ノ服計、いとひ(厭)來候由也、其外ノ服ハ構(カマイ)無之候、多宮殿自分ヲ御頼、此度自分勤候テハ、向後ノ永ィ例ニ成候、ソウ成候ヘハ、從弟其外ノ服度〻有之候へハ、御礼度〻欠ケ可申候、仍之自分ハ父母之外、輕キ服ハ相勤可申、仍之多宮殿へ御勤候か能候ト申候、御伺ニも及間敷段申候へ共被伺候、若御すゝめ、夫ニて御罰ヲ請候共、自分へ掛リ可申候、大岡殿ニ而其段申上候ヘハ、常ノ服ノ構無之候、紅葉山御參詣御きよノ節ハ各別、如何樣在所ゟ登候間ニも、輕キ服ハ有之間敷ニも無之候ト、御役人も被申候、御祈禱も旧冬登候事故不致、御祓ハ二日ニ飛脚を以差遣候、是ハ手懸申間敷と存候ヘハ成候、重テ共ニ自分ハ相勤可申と存候、悴江も咄置候事也、然処此度大岡殿ニ而出入中ハ御礼難成候由被仰渡候、多宮服抔被申候、とかく出入中ハ不成候由ニて候、番頭何も申聞ル、

○將又大祭礼ニ奉行呼ニ、板ノ鯉出候事、三奉行ニ尋ル、四・五年以前番頭江も、多宮殿へも及相談候ハ、大祭礼供物ハ增候共、外ノ村振舞始、皆相止候ハ、可然申候、社家何も困窮大成費、其節多宮殿江中候ハ、今迄致來リ候事故、止候ト申モト、シカ〳〵挨拶も無之候、今年不作、秀屋長祭難儀之由、來年ハ惣檢校・塙祝兩祭御修理料ニ當リ候、若不作抔ニ候ヘハ、一年ノ物成ニてハ不足、仍之伺候様ニ可致ト思候へ共、少存寄有及延引候、尤先年太田備中守(資晴)殿御勤役ノ節、惣檢校・角案主祭入用帳御吟味ノ節、呑喰(ノミクイ)物ニ大分ニ掛リ候、相止候樣ニ、中務殿自分へ被仰聞候、中務ニも御尤ノ由申上、中合減候様ニ可仕被申上候、

又申聞候ハ、去年十月　御朱印頂戴出府、此節御代官所ゟ度〻尋有之、諸觸何方ゟ抔、國役金直納か、何方抔六ヶ敷尋、支配ニも致度趣、然処先年ハ津宮

御奉行所御連座にて頂戴するは香取鹿嶋のみ

村百姓家ニ而頂戴候処、　御奉行所御連座ニ而、頂戴
ハ一社ノ御威光外ニ無之、鹿嶋・此方(香取)計也、難有事
也、其節先達而も申通、殊外心遣致ス、其砌圖書道
中ニ而逢候処、江戸ニ而無沙汰ニ歸ル、先達而申候通、
他ノ用共違、大切ノ御用ニて急ニ出府、扨又番頭ゟ
書状を以も、見廻も無之無沙汰、兩人首尾能頂戴仕

*不實の體あらば公儀へ申上ぐるもあり

候而も、只江戸歸リ見廻一通リニ、面〻心〻ニ來リ、
シカ〳〵祝儀ヲ申にも無之、余ノ義と違

御朱印頂戴の祝儀もなし

御朱印之儀、皆〻打揃能ト相祝、盃ニても出シ、祝
儀可相整処無其儀、

今春より家來相手に出入

*大聖院入院見廻に來る

且又今春中、此節迄ノ出入ニ而江戸相詰、別テ自分
ハ家來ニ相手とられ、申分不相立時ハ、其分ニハ不
被居候、其砌普請ニ廣間取掛リ、造作之儀、家來ニ
申付候ハ、、不首尾ナラハ相濟候節、飛脚可遣候、左
候ハ、、相止候様ニ、夫迄ハ造作可爲致候、右之通、

*大聖院入院の先格相違ゆゑ音物返す

若不首尾ニ候ハ、、其上ハ皆〻職ニ付候者故、御宮
ノ申サハ役所也、辻堂ノ致ニ被致間敷候、打寄神宮ニ
候間、造作麁相ニも致候様ニト申置候、自分ハ重キ

何れ虚事も出來す

了簡ニて候、何も如何思候哉、一度爲見廻、書状も
不遣候、此様成事ニてハ何レ虚事出來候物也、然上

ハ此方も此以後、無礼等其外宜訳も有之間敷候、兼
テ左様心得ラレ候様ニ、右不実ノ心底ニてハ、此方
サヘ尤ニ不思候、マシテ御祈禱・御祭礼相勤候ニ
御神慮御尤ニハ被思召間敷候、右之段申聞置候余リ、
不実ニ候間、躰ニゟ公儀ヘ申上候事も可有之と思候
ニ付、右之段申聞候、番頭・三奉行無言也、
○落、多宮殿ハ、人ノ事ニて身ニ不懸事ナレ𪜈、永在
府、多宮方ヘハ如何有之候哉、定而是江も自分同事ニ
可有之候、
○前ニも記、去ル十一月十四日金剛宝寺ゟ使僧不斷所、
大聖院後住相應之者御座候間、後住申付候、御歸之
時分、宜御披露ト申事也、
同月廿日、大聖院入院、見廻ニ來ル由、不斷所同道
之由、
一、巳十二月廿五日、大聖院・金剛宝寺ヘ使、大宮司ゟ
加大夫、此方ゟ藏之助(内山)兩使、先大聖院ヘ口上、入院
ノ先格相違ニ付、音物返ス、金剛宝寺ヘハ、先比大
聖院住持之儀、御知ラセ一通リニて、此方共挨拶も
不被聞被申付候、先格違候ニ付、大聖院ヘ入院ノ音
物返シ申候、

大聖院先住覺頓

神前向祭禮及び觀音堂難儀

*金剛寶寺より大聖院御祭禮勤仕を傳ふ
兩人相談の事ゆゑ一人にて挨拶致しがたし

大宮司多宮へ大聖院の件傳ふ

寺院證文見當らず
*大宮司領恩免なしの件

十二月廿六日、金剛宝寺使僧不斷所、口上、昨日御使ニて候、大聖院入院ノ義被仰遣候、先住覺頓（カクトン）法印ゟ六供ノ義ハ、此方ゟ人柄ヲ見立、兩代官衆迄披露致候由申傳候、昨日之御使者ノ通ニてハ、正月朔日ゟ神前向御祭礼相勤候儀も、八日ゟ觀音堂相勤（サセ）義も致難儀候、少ミ間違有之候共、只今ノ通ニ御濟被下候ハヽ、忝存候、

返事、昨日以使申入候義ニ付、御使僧、其段ハ兩人相談ノ上ニ而遣候義ニ候へハ、一人立候而否ノ義、挨拶難致候、

兩代官衆ゟマテトモ無之、入院音物も納候間、相濟候義と存居候、

同日、大宮司方へ使求馬（伊藤）、只今金剛宝寺ゟ使僧來候、定而其元江も可參候、私挨拶ハ、兩人相談ノ上ニて申遣候事故、一人立候而否之挨拶——、爲御知申候、不斷所先年之證文ハ御座候由存罷在候、大聖院證文有之候哉承度候、

返事、御同樣ニ致挨拶候、

一、十二月廿八日、大宮司方へ使、寺院證文御見當無御座候由、此方ニ不斷所證文ノ写有之候、則写差遣申

候、其外ノモ御座候樣ニ承候、御せんさく（穿鑿）御覽可被成候、且又先頃於御奉行所被仰付候趣ニ付、此書付之通、下社家知行小割帳面、度ミ乍御六ケ敷御見セ可被下候、

返事、不斷所證文御見セ、此方ノハ混乱致申候、せんさく致見可申候、此間も見申候処、見當不申候、小割帳正月中爲写、差遣可申候、

一、十二月廿八日、金剛宝寺ゟ使僧不斷所、大聖院義、御祭礼江ハ勤仕爲仕マス樣ニ存候、左樣御心得可被成候、御斷申上候、

取次求馬、申聞セ候由申、挨拶不致也、

寛延二己巳年十二月　香取大祢宜上總實行　（花押）
五十八歳
嫡子　監物實香　十九歳
次男　城之助行高　十七才

上總江戸ゟ歸、大宮司代官數馬（尾形）方へ大宮司領恩免無之者、其方ト惣檢校、其外誰ミ恩免無之と聞候、弥

宮中領ほどには恩免持つ者なし

左様ニ候哉と聞候処、成程ト申來候、右ハ多宮御奉行所ニて恩免御役人尋ノ節、不持者ハ無之と申候間、其節上總申候ハ、ソウハ不承候、無之者も有之候由承候ト申候ヘハ、百姓抔ニハト申、仍之相違爲申間敷爲ニ、右之段申遣ス、中務代ニ取上、宮中領程ハ恩免持候者無之沙汰也、

（原表紙）
「寛延三庚午

寛延四辛未十一月改元宝暦」

寛延三庚午年

一、正月廿五日、源太祝事ニテ上總出府、三月十六日、御吟味、五月廿七日、御裁許、

一、三月廿四日・同廿六日、大戸神宮寺江戸旅宿ヘ隠居願ニ來ル事、

一、六月廿三日、大戸神宮寺出訴、

一、七月廿日、人別帳公儀へ上ル、御差紙有之、認直、八月三日・同廿九日、人別帳納ル、

一、八月廿三日処、鹿嶋大宮司（塙中務）・惣大行事（鹿嶋甚五右衞門）御追放之事、

一、九月三日、大戸別當出入裁許、

一、九月廿八日、大戸神主（山口正親）・祢宜（香取山城）訴状、相手神宮寺、大宮司掛リ、

一、十一月廿七日、物申右近（香取）事、申付相濟、

一、十一月廿七日、金剛宝寺・大聖院事、

寛延四辛未年　十一月年号改元寶暦、

一、未二月三日、大岡越前守（忠相）殿へ本屋敷御手洗百姓共一件、上總願出ル、翌年申九月鳥居伊賀守（忠孝）殿ヘ被召御裁許、幷長吉寺山木願、

一、五月九日、金剛宝寺使僧大聖院事、

一、五月十四日、幷六月廿三日、忠兵ヘ事、

一、未五月十六日、大御所様（徳川吉宗）御祈禱被仰付一件、六月三日、登城、御祓獻上、同五日、登城、時服拜領、御祈禱料拜領、

一、六月廿日、大御所様薨御、六月廿七日、御機嫌伺、多宮・監物出府事、

一、六月廿三日、忠兵へ立退訳之事、

一、八月二日、一條前攝政准后兼香公薨御、

一、十月末、大岡越前守殿寺社御役御免之事、

一、十月十七日幷十二月七日、酒運上申付ル事、

一、十一月廿二日、實香疱瘡煩事、

一、十一月、年号改元宝暦、

一、十二月十一日、大戸出入裁許、大宮司掛リ、

〔寛延三年正月〕

御祭禮

寛延三庚午年正月元日、未明ヨリ大雪也、御祭礼拝殿ニテ勤ル、

餘寒強し

二日・三日、雖青〔晴〕天雪、後余寒強、七日ニハ庭上ニテ祭礼勤ル、

御年禮缺く

御年礼欠ル、訳ハ旧冬ノ日記ニ有之、大宮司年番ノ処、叔母服中故雖伺、第一出入中ハ御礼不成候由被仰渡、

*延寶九年惣持院乗精證文寫を遣す

小割帳僉議したく存す

*小割帳來る

不斷所證文見當らず

一、正月十七日、大宮司方ヘ使、何時御出府候哉、拙者儀、廿二日比ト心懸申候、被仰付候、宮之介等寺院ノ人別帳御持参可被成候、又不断所證文御見當候哉、其外寺院證文も有之筈、且御約束申候、拙者知行内ノ社家、小割帳ノ義、出府前僉儀ヲモ致申度候――、

返事、廿二・三日比出府可致候、人別帳之義、持参可致候、不断所證文未見當不申候、小割帳之義、其内従是写進可申候、大宮司方ニ有之、小割帳宝暦三年ニ皆写來ル、

大聖院後住難儀を金剛寶寺申す

一、正月十八日、金剛宝寺ゟ使僧不断所、大聖院後住義、旧冬ゟ無余日之間、差置申候、當人迷惑致候、私も難儀ニ存候、少ゝ間違候共、私申付候通、被成可被下候ハヽ、忝存候、此分之儀、御苦労掛候義、何共氣毒ニ存候、私以參可申上候ヘ共、近ゝ御出府之由御取込と存、以使僧申上候、

返事、御使僧ニて候、御口上趣、致承知候、旧冬も申進候通、未多宮ヘ申談も不致候、

一、正月十八日、大宮司方ヘ使求馬〔伊藤〕、此間不断所證文御見當リ無之候由、其外金剛宝寺・惣持院抔ノモ、可有御座候、則延宝九年惣持院乗精證文ヲ手前ニ写有之ヲ、爲写遣ス、ケ様之證文ト一所ニ、可有御座候事と存候、且又小割帳之義申遣ス、

返事、不断所證文、未見當リ不申候、惣持院證文、是等も御座候哉、以之外混雑致候事故、急候事ニハ成兼可申候、小割帳爲写來ル、尤かや手職・押領使・木守・孫大夫・郷長、右五人ハ小割帳ニ無之候由申來ル、

大宮

一、五十文（なかぬま）　一、百文（かなくぼ）　已上百五十文

迫田検校

一、貳百五十文（大さか）　一、四百文（いゝた）　一、四十文畑（こんけんさく）　一、廿文（はさま）

已上七百十文

油井検杖

一、貳百文(あかふま)　一、三百五十文(おきた)　一、百五十文畑(つへとり)　已上七
百文

土器判官

一、四百五十文(そふれかへり)　一、三百文(むかひぬま)(九十五)　一、三百文畑(定かくさく)　一、十五文(同)
一、三十文(同)　已上壹貫百文

同人

一、四百文(大久保)　一、五百五十文(山崎下)　一、貳百文畑(おふじのたい)　一、貳百文(ミふね山)
已上壹貫三百五十文

田冷

一、四百五十文(はさま)　一、三百▒文(神宮池)　一、三百文(はま入)　一、貳百五(五たく)
十文　一、貳百五十文(五たく)　一、三百五十文畑(こんけんさく)　已上壹
貫九百文

三郎祝

一、貳百文(ゆのき)　一、三百文(つゝミ下)　一、三百五十文(てうほう崎)　一、百文(神宮池)　一、(お
四十文畑(いのたい)　一、七十文(同所)　一、八十文(同所)　一、七十文(同所)　已
上壹貫貳百文〔十脱〕

かいとり

一、三百五十文(大久保)　一、貳百七十文(同所)　一、三百文(塙下)　一、百文(なかぬま)

已上壹貫廿文

こもの長〔鷹〕

一、四十文(はさま)　一、十文(同所)此畑寛延三年尋候処、近キ比迄畑ニ候処、今ハ山ニ成切開、山ニてハ無之候、右手前ニて尋ル也、

*大聖院儀につき内濟願ふ

一、正月廿一日、金剛宝寺使僧不斷所、大聖院義、近ゝ御出府之由、何とそ御内濟被下候ハヽ、忝存候、返事、神用取込、未大宮司と申談も不致候、明日發足、猶以取込――、

一、正月廿一日、番頭分飯司処へ、旧冬見廻も不致候由呵候、訴詔〔訟〕ニ來ル、先ハ自分ノ事故、迷惑之由申聞ル、訳ハ源太祝(香取外記)出入ニ付、一ケ年在府、去ゝ年　御朱印ニ出府、一度も見廻ニ書状も不遣、不実ノ段咎メ申候故也、

*大宮司多宮不快

一、正月廿一日、大宮司ゟ使、昨日ゟ以之外不快、其段被仰上可被下候、尤以使者右之段、可申上候へ共ト申來ル、公儀江ノ事也、返事、心得候由申遣ス、

*行徳止宿

一、正月廿二日・三日、大風雨故、發足延引、廿五日ニ發足、廿六日、道中大雨、行徳ニ止宿、廿七日晴天、晝時江戸小川町旅宿へ着、神田橋通貳町程北ノ方、

*大禰宜上總道中不快

一、正月廿八日、大岡越前守殿へ(忠相)高木孫大郎差上ル、口上、上總義、昨日到着仕候、道中余寒ニ中リ、不快

大宮司多宮も不快
*人別帳差出づ
水戸様へ高木孫大郎差上ぐ
*人別帳に恩免なき分張紙致す
高木孫大郎水戸様へ出づ
昨今不作にて諸事儉約
大岡越前守へ出づ
寺社奉行へ殘らず出づ
*大宮司多宮外記主計林平出で吟味受く

ニ罷在候、尤當分ノ義ニ而御座候、先御届申上候、近日罷上リ可申候、御役人、随分保養――、快氣次第可被出候、大宮司も不快之由、此間申來候、是も快氣次第致出府候様ニ申遣候と――、

一、正月廿九日、水戸様（徳川宗翰）へ孫大郎（高木）差上ル、水野庄藏申候ハ、今日者、殿御留主、諸役人も引申候、明朔日朝四ッ時可被參候、始ニて候ハヽ、拙者案内可申候、

〔二　月〕

二月朔日、孫大郎（高木）　水戸様（徳川宗翰）へ出ル、例之通御座敷へ通リ、温飩・御吸物・酒・御肴幷目錄百疋頂戴、去今不作ニ付、諸事儉約ニ付、前トハ相違之由――、

一、二月十二日、大岡殿（忠相）へ出ル、御役人取次ニて大宮司・外記（香取）も未來候、病氣之訳尋候筈ニ有之候、其元一人ニても不相濟、其内從是可申遣由也、

一、二月九日前後、寺社御奉行所不殘出ル、大岡殿ニ而御役人左右太（山本）――、多宮出府伺候処、未先扣候様ニと被申、

一、二月廿日、大岡殿へ出ル、御役人留主ノ由、申置歸ル、大宮司十五日到着ノ由、外記ハ十三日着ノ由傳聞、

一、二月廿五日、同ニ出ル、御役人、此間多宮も出候、人別帳差出申候、其元ノモアノ通ニ致、張紙候様ニ被申、則宮下領ノ人別帳御見セ、宮下ト云カ、多宮方ナト被申、其外宮之助等人別帳、大宮司・大祢宜兩宛所ノ帳も御見セ、手前ゟ差上候、人別帳御渡、張紙致差出候様ニ被仰付、

一、二月廿六日、大岡殿へ出ル、昨日ノ人別帳ニ恩免無之分計無之ト張紙致、有之ニハ不張持參、御役人取込之由取次ニて上ル、

〔三　月〕

一、三月三日、御奉行所へ廻ル、大岡殿（忠相）ニて御役人――、兩方ゟ出候人別帳も被見候、門跡方下向取込、夫過沙汰可有之候、

三月十一日、同ニ出ル、御取込之由取次ニて、（マヽ）

一、三月十五日、大宮司使、今日大岡殿へ出候処、明朝四時、申合出候様ニ被仰渡候、尤外記等召連候様ニ被仰渡候、

三月十六日、多宮幷外記（香取）・主計（香取）・林平出ル、先御役

*屋敷は大禰宜方

恩免あるなしも同様に召遣ふ

*主計願ひ前大宮司中務聞捨てざる筈

*林平儀尋に及ばず

宮之助物申寺院は古來より兩支配

享保年中より百姓同様に召遣ふ

*大戸神主末社

人、多宮・上總兩人御呼被申候ハ、各ヘ尋候上ニて、外記等ニ可尋候、人別帳、多宮方宮下領ト有之、上總方、兩方ヲ被出、尤宮之助・物申等帳面幷寺院幷大戸帳面も被出御尋ニ付、多宮━━ハ、領分ニ罷在候社家・百姓、恩免有之候も無之も、同様ニ召遣申候、江戸江も供ニも召連、神用・公用ニ召遣申候、屋敷年貢ハ、惣而爲出不申候、又多宮━━ハ、無筆ノ者も有之、江戸等へ供ニ召連かたき者ハ、相應ニ在所ニて遣申候、御役人、左候ヘハ、上總方ト同様也、少も替候事無之候、大宮司領ニも、恩免無之社家有之候、上總申候ハ、皆同様ニ而候、又宮之助・物申等・寺院等、是ハ兩宛所ニて、古來ゟ兩支配ニ而御座候、彼是御尋ノ上ニて、外記父子御呼御尋也、大宮司方も大祢宜方も致吟味候処同様也、恩免有之も無之も、同様ニ召遣候由也、夫ニ其方一人、別格ニ有之候ト申ハ、證據有之候哉、差出可申候、堺堀之書付ハ、アレハ屋敷之事ニハ不成候、主計申候ハ、元ゟ被遣不申、享保年中ゟ百姓同様ニ召遣申候、ひどく被遣申候、上總━━ハ、古來ゟ召遣候、惣普請等ニも召遣申候、御役人、夫ハ一年ニ一度も、毎日も同様也、自分屋敷ノ内ヲ分候ト申ハト御尋、主計代々申傳候、左候ハ、證據出候様ニ、其屋敷ハ大祢宜之也、たとへハ何ッ不届ニ付、追放等ニ申付候、其跡屋敷ハ、大祢宜方へ返ルハ、又由緒ノ者を以、跡役可申付候ハ、主計、享保年中ゟ被召遣申候、御役人、主計願書御讀、中務方へ願候由、上總申候ハ、相違ニて御座候、中務も聞捨ニハ不仕筈、願出候ハヽ、何レニも訳立可申候事ニて候、御役人、林平義ハ、アレハ致欠落候ヘハ、尋ニハ不及、其分之事也、林平屋敷之儀ハ、古キ書付ニて知レ候、職ニ付候屋敷と主計申候時、上總申候ハ、此御庭、私庭ト申上候様成事ニて候、御役人、主計願書御覽、宮之助・物申同様ノ屋敷と申上候、上總、是ハ兩支配、則帳面も別紙ニ相載申候、御役人、外記方江不相立候、口書申付候、相待候様ニ被申被立候、

其後又帳面持被出、人別各ハト被申候、多宮申上候ハ、私共ハ記上ケ不申候、御役人、支配計ニて候ナト被申候、此大戸神主・大祢宜ト有之候ハ、上總━━、是ハ末社大戸社ノ下社家ニて候、是ハ末社ニて候ナト被申候、今日ハ取込、口書不出來候、明後十

*内濟成らるるを申す

大宮司多宮御吟味延引願ふ

*自分家と云ふも神慮の役所

「大宮司扱來ル」

屋敷差戻し配當地内引移りたく主計申す

八日四ッ時参候様ニ被仰渡候、

一、三月十八日、出ル、外記・主計出居ル、御役人被出被申候ハ、今朝香取多宮來リ、今日之御吟味二・三日御延被下候様ニ、上總へ出入ニ付、相談仕度事有之候と申候、其上ニて多宮方より可申出候、ソウ心得候様ニト被申候、畏候由御請申、外記抔方へも、右之通被仰聞、

同日、大宮司方ゟ使仲口上、定而今日御奉行所へ御出可被成存候、今日以参御相談申度事有之て、参候得共、御他出程難計候、明日四時――、返事、承知可致在宿候、

一、三月十九日、大宮司來リ申分、一昨日主計手前へ來リ申候ハ、御奉行所へ出、心得違之義申上候、屋敷之儀、大祢宜領内ニ御座候ハ、差戻シ、私義ハ私配當地内へ引移可申候、右之段奉願候処、御役人、此方へ申事ニてハ無之、大宮司方へ願候様ニ被仰渡候ト申願來候、依之昨日罷出、右之段申上、今日之御吟味御延被下候様ニ、上總へ一應相談仕度之段申上候処、御役人、一應も二應も再應も相談致見候様ニ抔ト申事も有之、申おろしと申事も有之候、旲見をも申可見候、旦那被聞候而も、ワルキ𪜈申間敷候ト御申候、仍之右御相談可申と存罷越候、永キ事ニも候間、御不詳被成候而も、内濟被成候而ハ、如何と存候、

上總――ハ、外記方へ忠兵衞ヲ以、去ミ年不申出前、随分事ヲ尽シ、段ミ申聞候卸(ヌキ)レ甲降参致候様ニ、色ミ申聞候、拙者も家來之者共へも、盃ヲ指、暇乞致出府候、普請も致懸リ申候、若無首尾致候ハヽ、早ミ飛脚を以可申越候、夫迄致普請候様ニ、我等不歸候ハヽ、自分家ト乍云、神慮ノ役所也、辻堂ノ様ニハ被致間敷、我等ハ此家ニ付候者故、相應ニ造作をも致候様ニ申聞致出府候、貴様江も一言申、立退可申了簡極致出府候、貴様御領分も同様之事ニて候、如何様心懸候者も可有之、推量致候、多宮――ハ、私方も同様、油斷ハ成不申候、此度急度事濟候へハ、貴様ノ御爲ニもト存候、多宮同様之事ニて候、上總――ハ、早速御挨拶可致候へ共、貴様態ミ御越被仰聞候事故、早速ニハ無礼ニも御座候間、明日四時貴様へ、拙者参リ御挨拶可申候、

又上總――ハ、一人ソウナリ候へハ、皆同様ニて候、

*内濟得心しがたし

多宮出府後金剛寶寺無沙汰

*大岡越前守へ出づ

四ヶ寺千石の高に入る

*主計心違ひの儀申す

事緩く致せば災ひ必ず出來す

*御上計ふ不届

大宮司多宮旅宿へ大禰宜上總罷越す

相談内濟向後の手本となる

多宮━━ハ、ソウナレハ百姓屋敷も同様之事ニて候、夫ナレハ大成世話ニて候、上總夫ナレハ、中〻拙者抔御役義ハ勤リ不申候、速ニ差上候ゟ外無之候、

○扨金剛宝寺ゟ沙汰無之哉、多宮御出府後無沙汰ニて候、上總━━ハ、イツソ不爲知ナレハニて候へ共、爲知候而挨拶も不聞、大聖院入院爲致候ハ、ツマラス候、多宮成程ト申候、先年人別も、四ヶ寺へ差出候ヲ、大(太)田備中守殿(資晴)へ中務殿ト御相談申相願、四ヶ寺ノ方貫、千石中ノ高ニ入申候、惣持院抔ノ様ニ、此方許容ヲ受候而、入院爲致候筈ニて候、向後其様ニ可致と申書付ニても、爲致候テ濟候ハヽ、可然候ト申候へハ、多宮無言也、御了簡被成、御覽可被成候ト申候へハ、成程ト申候事ヲ悠(ユル)ク致候へハ、必災出來候事ニて候、とかく右之通、明日以參御挨拶可申候、

三月廿日、不快ニ付、改テ申、不參、

一、三月廿一日、大宮司旅宿馬喰町二丁目、上總罷越申候ハ、此間之義、先以下社家・寺院迄も相進メ、徒黨ノ長(張)本ニ而御座候、宜趣ニも候ハヽ、皆〻起立可申候、又不宜筋ニ成、相談内濟抔ト申事、向後ノ手本ニ成

候、主ニ暇くれ候筋、治乱ノ大本ニ御座候間、内濟ト申事、得心難致候ト及挨拶、幼少ゟきよふニも有之ニ付、手習・学文も、一社ノ爲ト存、信実ニ不便ニ存、神学傳來も致候、其厚恩ヲ致、忘却候、たとへ他村之者ニても、右之訳ニ候へハ、此方ヲ相手取出候事、時宜も可有之事ニて候、大宮司━━ハ、御尤之由申候、夫ゟ直ニ大岡殿へ出ル処、多宮も無程出ル、同席ニ而御役人ヘ上總申候ハ、此間主計、多宮方へ願ニ參申候ハ、心違之義申上候、大祢宜領ニ候ハヽ、相戻シ、自分配當地へ引移可申趣申候由ニ付、多宮相談仕候、今日多宮方へ旅宿へ私罷越申候ハ、社家・寺院共迄相進メ候長(張)本ニて候趣宜候ハヽ、皆〻起立可申候趣、宜無之ト申願相談抔申候、治乱ノ大本ニ御座候間、内濟ト申事、得心難仕趣、多宮方ヘ申聞候、御役人被申候ハ、如何様ニ仕置可被申付も不知処、先ヲ思上ヲ計申候事、不届也、○是ハ咎ニも可成と思、公儀へ申上候事ヲ手前ニて段ヲ付候事、上ヲ計不届ト申趣也、

其段呼可申聞候由、多宮へ被仰聞候、多宮━━ハ、私も上總同様ニ而御座候、御役人、何分ニ茂と申事

*治亂の大本ゆゑ仰付らるるを願ふ

土器判官子孫行方知れず

上總領內へ差戻し配當地へ引移るを主計願ふ

*「大戸神宮寺願」

*「源太祝口書」

*大岡越前守方での口上

古來より主を相手取る事承らず

ナレハ、マダモノ事也、左候ハヽ明後日皆參候樣ニ、明日觸ヲ出シ可申候由被申渡候、今迄其分ニ致候処ヲ、アレ一人申出候、不屆也ト被申候、

○同日、多宮旅宿ニて咄候ハヽ、土器判官子孫ハ、

　爲執行兩年奉公爲致候処、此度行方不知之段咄、

一、三月廿三日、大岡殿へ伺ニ出ル、今日差合、明日多宮方へも通達可致候、外記方へも可申遣候、昨日外記・主計も出ル、享保年中ゟ遣候ト申カラ事起ル、上總領內ニ御座候ハヽ、差戻シ、私配當地へ引移、居住仕候樣ニ奉願候、大宮司も致吟味候処、寸分不違同樣也、其方一人、ソウシタナラハ可悦候ヘ共、ソウスレハ皆其通ニ成ル、仍而難成候、夫ニシテモ去年中ゟ今迄ノ不屆有之候、如何樣ニ可被仰付候も不知、不了簡也、何トソ上總方へも御口添ヲモ被成、被下候樣ニ願候、今ニ成候而ハ不成候、多宮、去年ニも了簡可有事也、主計申候ハヽ、左樣ニて御座候、今ニ成候而ハデキヌ事也、上總聞事ニてハ無之候ト申聞候、上總申候ハヽ、言語道斷ニ而御座候、大勢すゝめ長本〔張〕ニて候、私ヲ潰シ可申抔、色々過言仕候、皆古來ゟ主ヲ相手取候事、承及不申候、向後治乱ノ大本ニ御座候間、急度被仰付ヲ奉願候由、此間多宮へも申談候、幼少ゟ私蠶ニ仕、コぎよふニも御座候間、一社ノ爲ト奉存、私深切ニ学文抔指南仕候、其厚恩ヲモ亡〔忘〕却仕候、不屆ニ奉存候、律義ニ御座候ハヽ、まだもの事ニ御座候、大勢〔セイ〕ノ者ヲすゝめ過言ヲ申、言語道斷ニ而御座候、

一、三月廿四日、多宮・上總・外記・主計等出候処、今日も御用之由、明廿五日八〔ツ脱〕時參候樣ニ、口書書置可申候由被申候、

同日、多宮方へ咄候ハヽ、大戸神宮寺願ニ來候、去年中參、願書モ持參無之、物語之樣ニ申候、此間も其通リ今年ハ多宮年番ノ由申、然ハ昨日も來リ、貴樣へ願候処、去年社家方ゟも屆有之候、仍而上總懸リ之由御申候由申候、明日多宮會合致候由申候へハ、左候ハヽ、御相談ノ上、御懸リ承歸度と申候、參候ハヽ自分懸リ候樣ニ可申聞候、尤書付を以願候樣ニ可申付候段咄候処、尤之由多宮申候、

一、三月廿五日、多宮・上總・外記・主計、大岡殿へ出ル、御役人御裁許席ニて、外記・主計口書ノ案御ヨミ被聞セ、源太祝屋敷ハ大祢宜知行內ノ由申候、私

元祿年中の書付

屋敷に關らざる書付

*大岡越前守へ大禰宜上總外記主計三人出づ

支配頭と云ふ地頭

地頭へ對し相争ふは不埒

配當地尋ぬ

*屋敷年貢差許す

共申上候ハヽ、源太祝配當内ニ而候、元祿年中、堺堀ノ処、案主・録司代・田所三奉行、向後馬道ニ定候由ノ、急度爲致書付ノ有之ハヽ、大祢宜知行内ニ候ハヽ、大祢宜方役人出、取計可申段申候得共、屋敷ニかゝハリ候書付ニてハ無之、向後道セバめ間敷ト云書付也、大祢宜方知行内之人別、大宮司方知行内ノ人別等同様ニ而、恩免有之も無之も同様ニ、古來ゟ屋敷年貢も惣而差許召遣候由、右屋敷大祢宜知行内ニ候ハヽ、屋敷差出、自分配當内ヘ引移申度段申出候、大祢宜享保年中ゟ新法ニ、百姓同様ニ被召遣候段申出候、大勢之内其方一人、是迄召遣候處ヲ、別段ニ成度段、却而其方新法成義申出候、支配頭ト云地頭ニ對し、去年中ゟ是迄相争、不埒之仕方不届ニ有之候、段々御吟味之処、誤入申候、有増右之趣、余程長キヿ也、御讀仕廻、是ニ相違有之候ハヽ、申候様ニ相寄候ハヽ、中候様ニト被申、其時主計――、此間奉願候通、御慈悲ニ奉願候、配當地ハドコ〳〵ニ有之候哉、多宮申候ハヽ、入ましり有之候、上總――ハ、遠方ニ御座候、遠方ニても、アレガ願候、上總申上候ハヽ、以之外之事ニて候、左様之筋ニ罷成候ヘハ、

大宮司方も私方も、皆同様ニ罷成候、大乱ニ罷成候、治乱ノ大本ニて御座候、御役人、多宮了簡も可有之事也、此間之事ハヽ、自分ハ其趣ニハ聞カナンダ、此通多宮・上總無相違候哉、兩人成程御尤ニ奉存候、旦那ヘ見セ可申候、待候様ニト被申、右ハ源太祝(香取外記)口書也、夫ゟ清書隙取候、外ニ又書候事も有之候、明日今時分参候様ニ、外記・主計も其通心得候様ニ、旦那被尋候事も可有之候、

一、三月廿六日、大岡殿ヘ出ル、三人も出ル、御役人外記・主計口書ニ、午ニ五十二才、午ニ三十一才、主計昨日ノ通也、申分一ツも不立候、口書ノ内支配頭ト云地頭江對シ、去年中ゟ此迄相争、不届ニ被思召候、誤入申候、此上如何様ニ被仰付候共、違背仕間敷候ト仕廻ノ文言也、兩人致印形、外記・主計也、口書ノ内、三奉行書付ハ一寸も、永々セばめ間敷ト云ヿ也、屋敷ノ事ニ付候事無之候、又大祢宜知行ノ屋敷ニ候ハヽ、差返シ、私配當地ヘ家作仕度候、御慈悲を以被仰付被下候様ニ奉願候、屋敷年貢ハ惣而差許、恩免少々遣候も有之、不遣も数々有之候ヘ共、所持不致者も致候者も、同様ニ是迄召遣候、大勢之類例(ルイレイ)

主計願ひ不埒
*惣持院護摩堂住持願ふ
護摩堂跡に浪人坊主徘徊
*「大戸神宮寺訳」
*大戸神宮寺願當地にてはなしがたし
在所より書付來る

ニ成候、猶以右之願、不埒ニ被思召候趣共也、
御役人、林平義ハ、此間ニ尋可申候、アレハ上總如
何、護广(摩、下同ジ)堂欠落ニ付、隣家故火ノ元心付候様ニ申付
候処、後住本寺へ願候ト申事トナ、成程、其(ソノ)節人形
廻申候、浪人・坊主徘徊仕候、此者苦ルシカルマシ
キト、林平度々相願候由、本寺惣持院ゟ使僧來候、
仍之此方ゟ申付置候義ヲ差越、不埒ニ候と申、呵申
候、御役人、ソコテ書付セヨト云フタ、成程、違背
仕候、親類清右(額賀)衞門を以申遣候、書付無ニモ、御侘
致可見申候而も、本家源太祝不爲ニ成候ト申、得心
不仕、欠落仕候、其屋敷事ハ、先年御裏判ノ扣、書
付ニ慥カ、大祢宜知行之者ト哉覽有之候へキ、成程、
左様ニ而御座候、源太祝屋敷ヲ分候と申出候、主計
申候ハ、左様ニ申傳候、上總申候ハ、別屋敷ニ而、
去年入御覽候帳面ニも、ミやほう(宮房)甚右衞門ト有之候、
御役人、何やらニもミやほう〳〵と有之候へキ、
成程、只今以左様申候、夫ゟ次ニ扣居ル、御役人、
明後日抔、林平口書可爲致候、此方ゟ可申遣候、
　在所ゟ書付來ル、惣持院使僧ノ訳
辰八月廿五日、上總他出、留主年番高木主税方へ惣
持院使僧探玄(タンゲン)、吉原村權左衞門子ノ由、口上ハ林平
參願申候ハ、只今鬧敷時分ニ成候間、護广堂▒▒▒
▒▒▒▒▒見廻候義、氣毒ニ御座候間、宮中ニ居候
デク堀坊主、護广堂住持ニ被成候而も苦敷も有御座
間敷候、被仰付候而も可然候、右之趣、林平願ニ御
座候、使僧咄之由、惣持院方丈ニ而も、此方江乍ニレ
遊參候様ニト被申候、只今私參候節、デクホリ坊主
庫理(裏)ニ相見ヘ申候ト申候、右留主故返事も不致候、
一、三月廿六日、大戸神宮寺旅宿へ使遣、孫大郎(高木)、此間
於御奉行所、三日共多宮江及相談候、此方ニてノ沙
汰ニハ難致候、於在所手前ニ有之候、古書をも見候
テ、其上差急候事無之、急ノ事ニも候ハ、伺候而も
取懸候事も可有之候へ共無左、第一此方御用不相濟
候間、於御當地ハ難成候由申遣、歸候様ニ申遣、
三月廿八日、右神宮寺來ル、大戸兩人被召呼、家内
吟味奉願候段申候間、此間も申遣候通、此分御用不
濟内ハ難成、殊ニ相濟候而も、在所ニ而無之候へハ、
不成候趣段々申聞ル、
又申聞候ハ、昨日も多宮ト相談致候処、自分懸リニ
ト大宮司申候間、ともかくもと申候、去年書付を以

在所の大戸古書吟味致す

*在所祖母相煩ふゆゑ主計暇願ふ

*小茶碗ほどの氷降る

*氷に打たれ死者あり

上總安堵す

大岡越前守より差紙來る

申候へハ、則自分懸リニ成候事、此以後以書付申出候様ニ申聞ル、此方用事濟候而も、在所ニ大戸ノ古書等も有之、夫をも致吟味、其上ニて大戸兩人、其外社家をも呼、不(ニハ)レ尋成間敷抔申聞ル、

一、三月廿九日、大宮司方ゟ使仲、私義在所ノ町ヲ中立、御暇願候処被仰付候、明日抔歸鄉可致と存候、爲御知申候〳〵、

〔四月〕

一、四月朔日、伺ニ出ル、其内ト〳〵、

一、四月十日、伺ニ出ル、御役人、明晩方觸ヲ出可申候、十二日ニ林平尋可申候、多宮も今日當リ可登候ニキアイ有ソウ也、兩人共不居候テハト願候、上總私方江も爲相知罷下リ申候、源太祝(香取外記)ハ濟候、林平ハ、多宮不居共能候、先日ハ御吟味難有奉存候、寂早コナタ氣遣無之候、如仰候、安堵仕候、善惡ノ手本ニ罷成候義、御役人不届成ヤツニて候、

一、四月十一日、大岡(忠相)殿ゟ御差紙、明朝四時過達候義〳〵〳〵、可被相越旨〳〵、

十二日、出ル、主計(香取)・林平出ル、懸御役人齒痛吟味

難成候ニ付歸候様ニ、二・三日中可申遣、酒井源太被出被申渡候、

一、四月十五日、主計來リ、在所祖母相煩候ニ付、御暇願、明日罷下リ候御屆〳〵、外記(香取)義ハ、持病氣故不罷下候、來ル廿二日無遲滯屆候様ニ被仰渡候、尤多宮方へも屆候由、多宮も十一日着候由彼者申、

廿二日、主計着屆ニ來ル、

○四月廿三日、晝八時過、戌亥方ヨリ時雨、雷ハ少、風雨強、氷烈事、諸人不及聞候由、護持院原通リ本庄筋へ別テ強、氷ノ大サ四十目間ニ小茶碗程ノ有之候由、本所ハ所〻ニて、小家沢山ニ倒レ、所〻ニて五十人程も家倒レ抔ニて、人死有之沙汰、家ノ外へ出候へハ、氷ニ打レ死候者も有之由、屋祢ノ瓦モ所〻ニて損候由、氷音夥敷事也、葛西ノ方へ返ル由、芝邊抔ハ、只風雨強計ノ由也、

一、四月廿五日、伺ニ出ル、多宮申合、廿七日九時出候様ニ被仰渡、同日、大宮司方ゟ使、今朝伺ニ出候処、明後廿七日申合出候様ニ、尤主計・林平召連出候様ニ〳〵、

一、四月廿七日、大岡殿御役人ゟ今日九時、各一件可有

御越旨申達候処、俄外御用出來、御用難計、今日者相延候、此段――、

〔五月〕

一、五月七日、同ニ出ル、明後九日夕方――、

一、五月十一日、同ニ出ル、明朝四時ト被申候、多宮江外ノ者共へも通達――、則通達、

一、五月十二日、多宮・外記(香取)・主計(香取)・林平、皆出ル、御役人吟味也、林平方ヘ我惣持院ヘイツテ、こまとう(護摩堂)後住願フタト云ヿシヤナ、林平願書上ル、御役人讀仕廻ノ時、上總――ハ、以之外ノ相違之儀申上候、御吟味奉願候、色々之事ヲ認ル、或ハ惣持院江咄ニ仕、願ハ不仕候、被召呼御吟味奉願候、或ハ私屋敷ハ、代々源太祝屋敷ト存罷在候、大祢宜被遣付不申処、享保年中四月祭礼ノ節、供ニ不出由、閉門ニ而も成候而ハ、難儀ニ奉存候間、書付仕候、去々年も新規ニ勤付不申処、夜番勤候様ニ被申付候ニ付、訴詔(訟、下同ジ)仕候へ共、埒明不申候間、相勤候米五俵ト山被取上候間、難相立立退申候、主税(高木)方へ訴詔仕候へ共承引無之、シハバラ切ル共抔ト申、呵申候ト色々ノ事、書付差上ルヿ也、上總――彼申分ニてハ長文ニ御座候、出來不申事ニて候ト申候へハ、御役人、外記・主計カ相談ナセヌカ、此手跡ハ見タ様フナ、主計認ハセヌカ、主計認ハ不仕候、曾而私へハ爲相知不申候、御推察ニ預、迷惑ニ奉存候、御役人、宿ハ別カ、上總、同宿ニ罷在候、夫ナラハ、ナゼ㒵見ニても不致候哉、主計林平ヲ呵候ハ、我おれニ一言モ不爲知、アノ様成事申上候、御推量ニ預候も致迷惑候、御役人被笑候、是ハ誰ニ爲書候哉、林平町ニて爲書候、我カ書候哉、私咄仕候而爲書候、書候者ノ名何ト云、僉儀(議、下同ジ)スレハ、知レル――ト、二度迄御尋、林平無言也、御役人、我不届也、籠ヘ遣、僉儀スレハシレルゾヨ、定テ今日ハ段々心得違仕、不届申上候、御免被下、如本米五俵・山をも、前之通上總申付候様ニ被仰付被下候ハヽ、難有共可有之と思候処、マダ理屈ヲ云、始ノ心也、不届也、上ぬり(塗)也、此書付旦那ヘ見セ候ハヽ、以之外重キ事ニ可成候、地頭ノ主(シウ)ノト云ヘ不降(クダラ)、又事ヲ云時ハ、公儀ノ定タ御仕置有ルカワイヽヿ也、其様ニ事申ユキテハ不成乱、急度(キツ)セネハ不成、林平申候ハ、惣(ソウ)持院ヘ願ハ不仕候、御

大岡殿御役人吟味

*林平町にて書かす

林平願書上る

*林平申状不届なり

夜番勤むるやう申付く

訴訟埒明かず米五俵と山取上ぐ

主税方へ訴訟するも承引なし

役人、惣持院（精範）呼尋ニも不及候、咄ニシタトナ、度々願フタ故、使僧を以デクホリ坊主、上總私領分ニ其砌罷在候、人形遣候、浪人・坊主こまとう（護摩堂）後住ニク（苦）ルシカルマジキ、林平難儀ノ由、度々願候由ニ而、探玄ト申者使僧ニ遣シ申候、御役人、大祢宜ニイ、付られタハ、隣家故火ノ元等氣ヲ付候様ニ、林平田地ノ事計ニて候、上總、大藏（尾形）ヲ以本社近所ニ御座候故、心ヲ付候様ニ申付候、然ルヲ不埒仕候ニ付、呵申候、然レハ、私方役人を以訴詔仕候、不被申候者、訴詔スル筈無之候、ソコテ差許マスル時、書付申付候節、違背仕候間、左様有之間敷事、差障候事無之ト奉存、先ソノ清右衛門（額賀）弟林平親、只今ノハ従弟清右衛門ヲ以訳尋候様ニ、又呉見をも申様ニ申付候処、源太祝（香取外記）不爲ニ成候由申、得心不仕候付、左候ハ、無書付ニも御侘申可見申聞候へ共、得心不仕之由申候、林平申候ハ、無爲トハ不申候、御役人、何ト云フタ、先祖江ノイ、ワケ無御座候由申候、上總、出府ノ砌ニも念ヲ入、又候清右衛門ニ相尋候、御役人、上總方へ同シ事ニてゴザルハト御申候、上總━━彼者共邪心を以、ケ様ニ一社騷動、私共難儀仕候、右書付ニ致印形候へハ、何ノ事無之候事ニ而御座候、御役人印形スレハ、屋敷ニサワル故ナ、林平ソウテアラウナ、

○落、林平立退ト申節、上總━━極月八日夜、人不居之由沙汰ニ付、人遣見セ候処、猫計居之由、乍夜中大宮司方へも爲相知候、林平へ御呵ニ逢候共、正直ヲ申上候様ニ可致候ト申聞ル、御役人、欠落之立退ト申候も同事也、地頭申付ナレハ、追放ニ申付候ハ、ヨハイヿニてハナシ、今日比（此）日ハ心得違仕候ト誤リ、本ノ通ニ被仰付被下候様ニト可申処不届也、カハイヽヿ也ト、度々御役人御申候ニ付、多宮━━ハ、林平心得違ニ而申上候、其願書御見捨ニ被成被下候様ニ、林平ハ甚輕キ者ニ御座候、願書御下ケ被下候様ニ申上、林平方江も御願申上様ニト多宮申、御役人難成候、多宮度々申上候ニ付、林平も二（マヽ）

香取宮近所ニ有來候護广（摩、下同ジ）堂、爲火用心一社相談之上、享保年中其方屋敷之内江引移、其方江者爲代地神領中峯ニ而山一ヶ所、修理料之内毎年米五俵宛渡來候、然處、去々年護摩堂之住持無住ニ付、其方隣家之事故、火之元等諸事心を付候様ニ大祢

*印形致せば何の事なし

*極月八日林平立退く

大禰宜申付隣家の火の元田地の事林平申す

大禰宜上總呵る

*欠落も立退も同事

*林平心得違ひにより願書見捨つるやう大宮司多宮申す

*林平請文

邪心をもって一社騷動し難儀

護摩堂本寺惣持院へ後住催促申すは不埒

林平印形難澁す

是迄自分屋敷と相心得

*源太祝香取外記主計連印御請證文屋敷大禰宜知行に紛れなし

*外記屋敷大禰宜上總知行に紛れなし

缺落不埒につき所拂申付く

*大禰宜知行内召遣すは大宮司も同様

宜上總申渡置候処、護广堂之本寺惣持院へ参リ、上總不申付候後住之催促を申候由、此段不埒之旨上總叱リ、重而右躰之義、不致候様ニ申渡、口上書ニ致印形候様ニ申付候処、致印形候而ハ、本家源太祝爲ニ不成由ニ而令難澁候故、猶又叱リ候へハ、致欠落候、此度段々令吟味処、代々居候屋敷、先祖源太祝家分之者ニ而、是迄自分屋敷と相心得居候処、近年大祢宜より手前百姓同意ニ召仕、ケ様ニハ有之間敷儀、諸事大祢宜申付候通、印形等致し候而ハ、本家之爲にも悪敷儀と存、印形違▩背致候へハ、猶又叱リ候ニ付、所詮立退候ハヽ、屋敷ハ本家へ相返リ可申と存候処、此度吟味之上、大祢宜知行ニ無紛段承知之、全心得違ニ而大祢宜申付及吴儀誤入候、此以後何事ニよらす申付、少も致違背間敷旨申候へ共、大祢宜不申付義を本寺江申達、其上印形申付候而も、自分百姓同意ニ申付次第、致印形候而ハ本家之爲ニ不成由を申令違背、剰致欠落候段、重々不届ニ付、所拂申付候、重而所江立歸候ハヽ、急度可申付候、
右之通、今日青山因幡守(忠朝)様於御内寄合御連席被仰渡之奉畏候、爲後證御請證文、仍如件、

寛延三庚午年五月廿七日　林平印

寺社御奉行所

右林平江被仰渡候趣、私共一同ニ奉承知候、以上、

源太祝　香取外記印
同人倅　香取主計印

右林平江被渡候趣、私共一同ニ奉承知候、依之奥印仕差上申候、以上、

大宮司　香取多宮印
大祢宜　香取上總印

申渡之覺

下總國香取明神下社家
源太祝　香取外記
同人倅　同　主計

外記屋敷之義令吟味処、自分知行と申證據一切無之、大祢宜上總知行ニ無紛、外ニも下社家共、上總知行内ニ居候而、何茂従先規屋敷年貢差免し、其代リニ百姓家來同意ニ、諸役申付召遣候、此義上總一人ニ限らす、大宮司多宮知行所とても同様

*御禮に大岡越前守へ出づ
自分配當地へ引越すと申すは新規
吟味にて心得違ひ致す
父子共に押込申付く
*御奉行所押切の御判
「*午ノ十二月十七日、右近事、」
「*大宮司相談證文爲致、遠慮申付濟、」

之事ニ候処、自分屋敷と申傳候由、證據茂無之義を以、支配頭へ對し及難澁候段不屆ニ候、其上此度上總知行ニ極リ候上者、屋敷差戻し、自分配當地へ引越度旨願候義、上總方江諸役相勤間敷所存ニ候、古來ゟ同列竝合有之処、新規之願、是以難成事ニ候、且先祖家分之由、林平義ニ付而も取計不宜、彼是以急度可相咎処、吟味之上全心得違致、誤入候由申之ニ付、此度ハ令用捨、父子共ニ押込申付候、於在所急度相愼可罷在候、此以後不埒之義有之候ハヽ、急度可申付候、

右之通、今日青山因幡守様於御内寄合御列席被仰渡之奉畏、難有仕合ニ奉存候、爲後證御請證文、仍如件、

寛延三庚午年五月廿七日

源太祝　香取外記印
同人悴　香取主計印

寺社
御奉行所

右香取外記・同主計江被仰渡候趣、私共一同ニ奉承知候、依之奥印仕差上申候、以上、

大宮司　香取多宮印

大祢宜　香取上總印

一、五月廿八日、大岡殿へ出ル、御役人江昨日ハ結構ニ被仰付、永ヽ靜謐ノ大本難有仕合ニ奉存候、幾重ニも御礼被仰上奉願候、御役人、多宮方も能候、仰之通多宮も同様之御事ニ而御座候、則去年差上候、

一、人別帳一冊　一、五人組帳一冊　一、源太祝享保年中證文一枚　一、林平口上書一枚　一、万治二年・同四年ノ源太祝・清五郎訴狀返答ノ扣二通　一、配當帳ノ写一帳　〆物數七ツ御返シ、則右之通請取ニ致印形差上ル、

○昨日被仰渡候二通、御奉行所押切ノ御判被成被下候、尤紙繼目ニ御判被成被下、本書願候処、写ニ押切ノ印有之候、是ニ而能候由被申候、尤源太祝等、先達而ノ口書奉願候、アレハ不成候、封候而此方ニ差置候、右遣候ニ而能候由御申候、

○同日、去年差上候物申職右近（香取）事・御手洗百姓之事、何トソ此度多宮も在府仕候節、何レニも一通御尋ノ上、被仰渡ヲ奉願候、御役人、是ハ旦那江も一度見セ候処、別段之事也、二様三様ハナラス、先去年中主計願出候ニ付、各ゟ申出候、昨日迄ニ而其一段相

濟候、是ハ別段也、隱居家督之事もとくと致相談、重而改候而出候樣ニ、任補懸致候ト申候而も、家督ニハナラス、改出候樣ニ、御手洗も宮中村か、成程、大祢宜本屋敷ノナダレニ居候、御役人百姓抔ノ事ヲ奉行所へ云フ筈無之候、ソツチニて何レニも可成事也、今迄之事ニ付候事ニハ無之、別段也、改出候樣ニ可致候、左樣御座候而ハ、何トも難治奉存候へ共、伺書・願書御返シ候、上總――ハ、先達而も度〻多宮江も申談候へ共、埒明不申ニ付申上候、

扨又、主計實父忠兵衞、私百姓、主計ト一身同心仕候、仍之相應之咎可申付ト奉存候、御役人、夫ハ其元百姓、如何樣ニも可被致ト御申候、上總、不届者ニ而御座候、旧冬ゟ又質地仕候ニ付、願出候者有之候、ケ樣之事ハ如何樣ニ可被申付候哉、御役人、又質ト申候ハ、御法度候事事(衍)也、外之者請ニ立候へハ、奉行所ニてハ取上ケ無之候、名主請ナレハ、名主共ニ不立候、名主・組頭請ニ不(レハ)レ立不取上、

又樣〻之事有之候、末社大戸明神ノ社家兩人ト別當出入有之候、旧冬別當隱居ニ付、三・四代弟子讓之処、此度ハ弟子無之、他ノ僧へゆすり候由、仍之弟子ユヅリナレハ不構候へ共、他ノ僧へユツリ候ハヽ、立會、水帳・什物等可相渡と社家ゟ申、別當ハ爲立合候例無之ト申出入、此節迄別當兩度出府仕候へ共、私共御用不相濟候内故、差歸シ申候、私懸リニも御座候、

又社僧金剛宝寺末寺後住之儀、去年私共兩人御當地留主中、私共江爲知、一通ニて入院爲致候、社僧之義、先例も有之候処、仍之旧冬罷歸、兩使を以此方共挨拶茂不承入院爲致、入院見廻ニ來候、不請之由申聞候、神前向神役迄相勤させ申候、御役人大勢ナレハ、色〻之事有内之事ト被申候、

一、同日五月廿八日、大岡殿ゟ御差紙、尋儀有之候間、明朝五半時可被相越候――、

廿九日、大岡殿へ出ル、御役人、五年以前大祢宜旧地願候節、求馬(伊藤)・主計社家惣代ニ出候節願書ニ添、大祢宜四・五代ノ系圖認、差上候ヲ御持出、委細御尋候、仍之如何樣之御用ニ候哉ト伺候処、香取ヲ名乘候、其訳ヲ尋候樣ニと被申候、右繪圖ニ從中惟房ト認、脇ニ大宮司兼帶ト書、此惟房ハ　(源)賴朝公御代ノ節ノ大祢宜、御役人、兼帶ト有之候、三百年余長

*立合の例なしと社家申す

*「大聖院入院之事」

*社僧金剛寶寺末寺入院の件

多宮へ相談するも埒明かず

「又質地之事」

舊冬より又質地仕る

又質は御法度

*香取名乘る譯尋ぬ

大戸明神社家と別當出入あり

別當弟子なく他僧へ讓る

*押込は逼塞より重し
大宮司大禰宜神慮の子孫
*内用あるゆゑ下りがたしと多宮申す
押込日數五十日と申す
多宮以前と違ふべし
*御役人多宮叱る
百姓などの事公儀へ申すべからず

房・幸房ト申候が大宮司兼帯仕候、尤其前ニも兼ン帯有之候、兩家共只今ハ夫故、同血筋ニ而御座候、只今迄他氏ニて相續不仕候間ニ有之候へ共、中〻相續不仕候、私共儀ハ神慮ノ子孫ニ而御座候、前〻大宮司中務養子内匠ト申候、御當地山王神主從弟ノ由、家督之節、御屋敷様御懸、追付被仰付候節、とん(頓)死仕候抔御咄申、求馬・主計、惟房ヲ大宮司兼帯トハ相違也、

同日、兼テ奉伺候兩品之儀、又御伺申上候、御役人被申候ハ、此度押込被仰付候間、早〻下リ候而可申付候、多宮ハ少内用有之由申候、申合候而押込可申付候、其日ゟ五十日ト日數ヲ取可申候、仍而四十六・七日比ニ、此方へ兩人之内壹人登リ、願候様ニト御申候、上總――ハ、左候ハヽ、多宮年番ニも御座候間、罷登リ可申候、

兩品之事ハ、何も一所ニ不成候、改候而可申出候、下リ候而相談致可見候、前トハ多宮も違可申候、此度ノ事も腰押ノ様ニ推量也、ワシへ云方モ㝡前トハ違ト被申候、夫ニても不濟候ハヽ、來月ハ月番申出候様ニ、又百姓抔ノ事ハ、公儀へ申候事ニも有之間

敷候、爲其其元兩人支配ニて候ハヽ、押込ト云ハ逼塞ゟ重キ也、

此度被仰渡候写、多宮も願候処、可被遣之由也、

一、五月卄日、大宮司方へ使孫大郎(高木)口上、貴様何時御歸候哉、昨日早〻歸リ、押込可申付之由被仰渡候、拙者ハ明後日歸國可致候、御免御願ニも、其元御年番故、御登リ可有之ト申上候、

返事、内用有之候故、急ニハ難下候由申來ル、

同日、不快故、名代孫大郎を以伺、多宮義、内用有之難下(シ)由申候、私罷歸候而も、一人ニてハ永キ間之事、虚事ノ程も難計、多宮歸國相待可申付候哉奉伺、御役人御叱、公儀ノ咎人ヲ兩人ゟ一人ッヽ人付歸候筈、手離ニセスト、多宮ハ内用、上總ハ不快抔ト申、旦那へ申聞候ハヽ、以之外ニ可有之候、其段多宮へ申挨拶聞、明日伺候様ニ御役人被申渡、孫大郎途中ニて大宮司ニ逢、右之段咄候処、多宮申候ハヽ、今直ニ出候間ト申候由、夫ゟ孫大郎無間又差出ス、御役人多宮ヲ呵候、仍而明日歸國之由申候、孫大郎――、上總も明日歸國ト申上ル、

〔六　月〕

江戸發足

一、六月二日、江戸發足、同三日朝六時歸宅、

源太祝方へ相愼むやう申付く

一、六月五日ノ朝歸宅ノ由、大宮司使口上、源太祝（香取外記）ヘ被仰付候趣相談、

同日、年番故舍人（伊藤）大宮司方ヘ遣、則數馬（尾形）兩人罷越、源太祝方ヘ被仰付候通、急度相愼候樣ニ爲申聞ル、此日ゟ日數ヲ取候、

藤藏彈正清右衞門忠兵衞不埒

忠兵衞へ遠慮申付く

一、六月六日、大宮司方ヘ使求馬（伊藤）、源太祝・林平義ニ付、藤藏（額賀）押領使、妻ハ外記娘也、・彈正（尾形）正判官、林平叔父也、・清（額賀）右衞門・忠兵ヘ不埒ニ付、忠兵衞ハ遠慮、其外差扣可申付ト、右之段爲御知申候、返事、致承知候由申來ル、

藤藏清右衞門彈正差扣申付く

同日六日、藤藏・清右衞門林平従弟・彈正差扣申付、忠兵衞遠慮申付候、尤口上書―、

押領使額賀藤藏口上覺

＊源太祝は聟ゆゑ一身同心あるべし

口上覺

去年中、源太祝外記（香取）父子御地頭を相手取及公訴候処、申分不相立、此度御咎被仰付候、然者私義出入中源太祝方ヘ出入も相止、尤儀〔義〕絶をも可仕候処、無其義一應之御屆も不仕、是迄一圓無沙汰ニ罷在候ハヽ、私義、源太祝聟之義故、一身同心ニ可有之ト預御尋申披無御座、迷惑ニ奉存候、仍之差扣罷在候樣ニ被仰付奉畏候、以上、

寛延三庚午年六月六日　押領使 額賀藤藏印

宮中御屋敷御内

分飯司殿

＊尾形彈正額賀清右衞門連印口上覺

口上覺

宮房林平義、去辰年護广〔摩〕堂無住ニ付、被仰付置候義不埒ニ付、御叱之上、以書付を御濟可被成被仰付候処、▒印形致違背、其上御領分之屋敷源太祝屋敷之由申之、源太祝外記父子と一身致同心、欠落仕候、仍之源太祝父子逆心を企、去巳三月中、及公訴候処、御吟味之上、此度林平所拂被仰付候、私共親類之義ニ御座候得者、欠落之砌、急度相呵呉見をも仕、夫ニても承引不仕候ハヽ、儀〔義〕絶をも可仕候処無其義、一應ノ御屆も不申上、是迄一圓無沙汰ニ罷在候段、一身相談も仕候樣ニ預御察、無調法申披無御座候、仍之差扣罷在候樣ニ被仰付奉畏候、以上、

寛延三庚午年六月六日　林平従弟かや手 額賀清右衞門印

林平叔父正判官
尾形彈正 印

宮中御屋敷御内
分飯司殿

口上覺

去辰年十二月林平欠落、源太祝幷悴主計〔香取〕、去巳年三月及公訴候処、御吟味之上、此度御咎被仰付相濟候、右主計義、私實子之義故、辰極月主計逆心相企候趣申觸候ニ付、私被召呼訳御尋候様ニ被仰付候、其後源太祝段〻不届之仕方ニ付、卸甲降參仕候様ニ、其上㒵見をも申候様之思召ニ而、私御使ニ被仰付候、其以後、主計逆心之企有之候処ニ、私宅へ出入為仕、一身同心之沙汰有之候故、御尋ニ御座候処、私申上候ハヽ、社法之義ハ訳不存、出入為仕候義ハ、私病身ニ而、彼者薬服用仕候故と御答申上不相改、其後主計及公訴候節も、迷惑仕候段、一通之時宜も可有之候段御尋、地頭を相手取、公事致候儀ニ有之候へハ、早速儀〔義〕絶をも可致候処無其儀、剰公事入用金をも差出候由、次男江戸江も差遣候風說、一身同心ニ相聞江候、段〻仕方不届ニ思召、私義、去年五月中ゟ御屋敷江出入御差留候処、此度右出入相済候迄、一應之御訴詔〔訟〕も不致、主從之礼式を致忘却、重〻不届之段、預御尋無調法至極ニ奉存候、仍之享保年中帶刀御免之処、此度御取上、且只今迄御恩免被下置候処、是又御取上候段被仰聞、右仕方不届ニ付、急度可被仰付候得共、御宥免を以、此度遠慮仕罷在候様ニ被仰付、難有奉畏候、以上、

寛延三庚午年六月六日　宮中村
忠兵衛 印

宮中御屋敷御内
分飯司殿

一、六月十四日、大宮司方へ使遣、此間申進候淸右衞門・彈正・藤蔵差扣候義、日數もへ候間、差許可申と存候、為御知申候、

返事、被入御念候、何分ニもと――、則右三人差許、

一、六月十六日、金剛宝寺ゟ使僧不斷所、兼テ大聖院義、其者も難儀、私も氣毒ニ存候、何トゾ內濟被成可被下候、

返事、此間公用濟罷歸、未同役相談も不致候、其内相談可致候、

一、同日、大宮司使、去ル五日五段田ニ而御手洗五郎祝〔伊左衞門〕棄〔唾棄〕打致候、遠慮ニても不申付ハ成間敷候と存候――、

*享保年中の帯刀御免取上ぐ忠兵衞口上覺

主計忠兵衞實子

*淸右衞門彈正藤蔵三人差許す

*大聖院難儀

義絶致すべきも其儀なし

*御手洗五郎祝唾棄致す

*大戸神宮寺願書持參

*大宮司多宮實父銚子芝崎神主

返事、左様之事ハヽ、急度被仰付候而御尤ニ存候、
又使來ル、名主・組頭立合セ、舍人・數馬立合可申付候哉、爲御相談、
返事、五郎祝社家之事ニも候ヘハ、名主立合ニも及申間敷候、數馬・舍人呵、其上ニ而御咎被仰付可然存候、則舍人、大宮司方ヘ往、遠慮申付ル、

大戸神主禰宜出訴願ふ

一、六月十七日、大戸神主（山口正親）・祢宜（香取山城）來ル、分飯司を以申候ハヽ、大戸神宮寺義ニ付、出訴願ニ來ル、

*願書書直すやう大戸神宮寺へ申付く

挨拶、去年中ゟ神宮寺願事有之、我等掛リニ申聞候、各ゟ申出候ハヽ、當年ハ大宮司年番故、宮下ヘ出候様ニ申聞ル、

大禰宜上總書狀

一、六月廿二日、大宮司方ヘ手紙遣ス、
御手洗百姓共義、与兵衛・又二郎相除キ、其外拙者領分内ニ御座候処、去年中思召御座候様ニ被仰聞候、弥思召寄も御座候哉、承度奉存候、右以參可得御意候ヘ共、私義服中――、其元ヘ難參候ニ付、如此――、
香取多宮様　同上總

*大戸神宮寺願書

内客之由、此方ゟ御返事可致由也、
同日、大宮司使數馬口上、先刻御手帋ニ御座候、無據用事取懸、殊ニ御手紙之趣之義も、訳ヲ不存候故、其内御面談ニ御咄をも承可申上候、
返事、御口上之趣致承知候、
一、六月廿三日、大戸神宮寺、兼而ノ願書持參請取、則大宮司方ヘ案紙写遣、大宮司實父銚子芝崎神主方往、留主ノ由、
六月廿五日、大戸ヘ使遣、三郎祝多門、神宮寺方ヘ一昨日ノ願書ニ年号落候、宛所も無、紙も麁紙ニ有之候、何方迄出候も、不知候ヘハ能紙ニ認候様ニト申遣、神宮寺相心得之由、
同日、神主正親（山口）・祢宜山城（香取）方ヘハ、來ル廿八日神宮寺願ニ付、達儀有之候間、參候様ニ申遣、是茂相心得候由申來ル、
一、六月廿六日、大宮司方ヘ使遣、神宮寺願書、年号落候ニ付、認直出候様ニ申遣、神主共呼、返答可申付と存候、
返事、宜様ニと申來ル、
一、六月廿七日、大戸神宮寺願書持參、先達而ノヲ返ス、
乍恐以書付御訴詔（訟）申上候
一、去年極月・同當三月中、御訴申上候通、拙僧義（儀）病

後住星光院仕りたく內談す

身ニ付、隱居後住之義、所村星光院ニ仕度旨、正親・山城・惣旦中江內談致候処、何れも無㒵儀候故、本寺江相願候処、無相違被仰付候、其節御兩所御役人江御斷申上候通、隱居相催候処、正親・山城方ゟ後住入院候ハヽ、別當什寶等相改可申候旨、不意ニ申來候、從往古左之例無之候故、兎角相談仕、御上江御訴可申旨申遣候処、參會相談仕事、遠慮之由を申、剩本寺江入院を押へ尓今延引仕迷惑致候、依之右兩人御召出御吟味被遊、先〻之通、後住相續仕候樣ニ被仰付被下候者、難有奉存候、委細御尋之上、口上ニ可申上候、以上、

別當什寶改むる例なし

後住相續願ふ

寛延三年午六月廿三日　　大戸村（融光）神宮寺印

香取御兩所

大戸正親山城へ願書相渡す

六月廿八日、大戸正親・山城來ル、則右願書相渡シ、返答書致、來月五日・六日比差出候樣ニ申渡ス、尤其上ニ而致相談、吟味日限等、從此方可申遣旨申聞ル、

一、六月廿九日、大宮司ゟ使、五郎祝義、達而相願候ニ付、可差許哉、爲御相談ト申來ル、返事、遠慮被仰付候ヘハ、夫ニ致候ヘハ、日數少ク御座候、今少被差置候而も能候半哉と、夫共思召次第ニ可被成候、

〔七月〕

七月五日、大宮司使、五郎祝（伊佐衞門）義、達而相願候、差免可申候哉、爲御相談と――、尤之由及返事、則舍人（伊藤）立合、去月十六日申付候事也、

*大戸神主返答書持參

一、七月五日、大戸神主（山口正親）・大祢宜（香取山城）返答書持參、其內致相談吟味可致候、此方ゟ可申遣旨申聞ル、

*山口正親香取山城連印返答書

乍恐以返答書奉願上候事

*神宮寺隱居企も病身ならず

*什物改三代前より相來る五郎祝の件

一、神宮寺病身ニ付、隱居企候与申上候ヘ共、曾而病身ニ無御座候、寺住荒シ、住職勤兼、若隱居催、我儘ニ後住相極候而、私共江一應之屆も無御座、移リ替リ可仕と相計、社法を破リ、其上私共江も內談ニ而、隱居幷後住相極候と僞リ申上候段、不屆至極ニ奉存候、神宮寺什物相改候先例無御座旨申上候得共、三代以前迄相改來リ申候、其節ノ住僧不埒仕、逐電致候故、內記（山口）・丹後（香取）殊外致世話ニ什物相改、帳面認相渡置候、先例モ御座候、其以後ハ弟子讓ニ御座候故、其分ニ差置申候、此度

*御水帳社納願ふ

*西光寺永々無住田地質に賣置く

後住入院差扣ふるやう申すも承引せず

*北之坊無住につき田地物成神宮寺引取る

*社領物成勘定願ふ

御水帳寛文年中出入につき差出づ

神宮寺水帳差出ださず

ハ他院ゟ移替リ仕、殊ニ支配下之寺之義ニ御座候得者、相改間敷謂レ無御座候様ニ奉存候、勿論先年預置候大切之御水帳、紛失仕候者、支配之難儀ニ罷成候間、可相改ト申達候処ニ、神宮寺得心不仕候、仍之右之趣、御伺之上相計可申与奉存、後住之入院可差扣旨申候、殊更押テ入院可爲致与相計候由承及候間、本寺迄申達而、神宮寺方ゟ相談ニ而御伺仕度旨申來候へ共、先達而私共ゟ御伺可仕と申候間、相談請不申候処ニ、遮而御兩所江戸御旅宿江兩度迄出訴仕、御公用を不恐、私共を差越、我儘至極奉存候、右之趣、私共願書相認、去ル廿日ニ差上可申と奉存候処ニ、兩人不圖不快ニ罷成、延引仕候、無程快氣仕候間、廿六日ニ願書持參仕候処ニ、先達而廿三日ニ神宮寺方ゟ願書差上候由、承知仕候故、罷歸申候御事、

一、御水帳之義ハ、往古社納仕置候処ニ、寛文年中出入ニ付、御奉行所へ差上候、大切之御水帳旅宿ニ而火災等難計、早速差下シ神宮寺ニ預置候、歸國仕可致社納与、數度申候得共、神宮寺我儘申、差出不申候、又候出訴も恐多奉存、無是非罷在候、此以後紛失仕候者、支配之難儀ニ罷成候間、御水帳往古之通、社納ニ奉願候御事、

一、西光寺永〻無住ニ仕、毎年田地物成、神宮寺江引取、剰田地質地ニ賣置、寺修覆不仕候故、殊外零落仕、六年以前取崩シ、神宮寺薪ニ仕候、右賣殘候田地米貳俵付候処、旦那共方へ引取、右代金ニ而質地段〻請返候様ニ、此度西光寺へ隱居仕、其上北之坊之田德引取可申と相計候段、不屆之至ニ奉存候御事、

一、北之坊と申寺、數度無住ニ仕、田地物成神宮寺引取、只今も無住ニ罷在候、去ル八月大風雨ニ客殿地形崩落、及大破罷在候へ共、右田德神宮寺引取候故、普請難成不埒ニ罷在候、

右二ヶ寺社領物成、御吟味之上、勘定仕候様ニ奉願上候御事、

一、節句祝物割合出錢、享保十五戌之年迄差出候得共、其以後當年迄、毎年割合帳面遣候へ共、我儘仕差出不申候、御吟味之上、勘定奉願上候御事、

右申上候通、近年寺院之住僧共逐電仕、又ハ退院仕候者、數多御座候、畢竟、私共を蔑ニ仕、右躰

御水帳紛失仕り社納願ふ

*人別近々取る

*千石の内に何百人と居る

*「忠兵へ遠慮許事、」

*忠兵衞遠慮差許す

*大禰宜宅にて吟味

之不埒仕候、末〻ニ而如何様之義出來仕、大切之御水帳紛失仕候者、支配之難儀ニ罷成候間、御水帳ハ社納ニ奉願上候、右御吟味之上、支配相立候様ニ被爲仰付被下候者、難有奉存候、以上、

寛延三年午七月　大戸社神主　山口正親印

同大祢宜　香取山城印

香取　御兩所

一、七月五日、大宮司方へ使求馬(伊藤)、今日大戸正親(山口)・山城(香取)返答書致持參候、爲写懸御目候、來ル九日當リ、初吟味致候而ハ如何可有之候哉、御差合も無之候ハヽ、番頭江も大戸江も呼ニ遣可申候、尤御年番之事故、貴宅へ可參候、

返事、御尤ニ存候、乍去御懸合候事故、其元へ被召呼御吟味可然候、

又右返事ニ申遣候ハ、御尤、乍去御年番ノヿ故、初對決ハ御宅、其後ハ此方ニて吟味可致と存候ニ、先刻も申進候、其通可然候、併何分ニも御相談ニ可致候、

一、七月六日、大宮司方へ使求馬、先頃爲御知申候忠兵衞遠慮之儀、日數も立候ニ付、差許可申と存候、爲

御知申候、且又來ル九日御差合も無御座候由、弥御立合可被成候、貴宅ニて成共、手前宅ニて成共、思召次第ニ可致候、

又人別も近〻取候ハヽ、可然候、前方御咄申候惣持院・金剛宝寺・新福寺、四ヶ寺・三ヶ寺へ差出候ヲ貫、此方人數ニ入申候へ共、大戸抔ノハ觀福寺・惣持院、又ハ御領御代官・私領へ差出候も有之候、是ハ千石ノ高ノ内ニ、何百人と申人數書入候筈ニ存候、御相談申、其通ニ致候ハヽ、可然候、如何思召候哉、㝡早所〻出遲ク可有之候哉、

一、同日、忠兵へ遠慮差許申聞候ハ伺候処、存分ニ致候様ニ被仰渡候、併本主共、公儀ゟ被仰付候ニ隨ひ候事、

同日、大宮司返事、忠兵へ義、被入御念被仰遣致承知候、來ル九日大戸ノ者御呼、初吟味可被成之由、御尤ニ存候、其元江以參委細可得御意候、人別之義も、九日ニ懸御目可得御意候、

一、七月九日、大戸神宮寺・神主正親・祢宜山城來ル、大宮司幷番頭、大祢宜宅立合、先多宮へ上總申候ハヽ、大戸ノ者へ、人別之義申渡候様ニ申候処、其元ゟト

申候間、前〻ノ通可差出候、盆後ニと申聞ル、番頭
も其通リ心得候様ニ申聞ル、前方惣持院・金剛宝寺
・新福寺等四ヶ寺・三ヶ寺へ人別差出ス、仍之先年
太田備中守（資晴）殿御勤役之節申上候ハヽ、千石高ノ内ノ人
數、何百人と記差上候、然ルニ其内ノ人別、他へ出
候訳有御座間敷申上候処、御尤ニ被思召、下總國ノ

下總國觸頭彌勒寺宗寧寺

觸頭弥勒寺・同觸頭宗寧寺ニ被仰聞、先ノ人數ヲ貫、
此方ノ人數ニ致候、其節右之外ノモ、其通リニ成候

「大戸人別他へ出候訳」

ト覺候処、無左大戸神宮寺ハヽ、本寺惣持院へ出候由、
其外ノ寺ハ観福寺へ出候由、其惣持院ゟも観福寺ハ

*寛文年中迄は水帳社納

勿論、人數此方へ書出無之候、千石ノ内ノ人數ニ候
へハ、左右有間敷筈、多宮｜ハ、此方ゟ公儀へ千
石高ノ内、何百人ト書上候処、他へ可出筈無之候、
正親・山城㝡早差出候、急ニハ出來可申候、上總申

人數書出すやう申す

候ハ、出來候ハヽ、此方へ人數書出候様ニ、不出來
候ハヽ、其段爲申聞、重テハ此方へ出候様ニ、御領
・私領へも其段名主へ申候様ニ申聞ル、

大戸出入吟味神宮寺弟子なし

大戸出入訴詔（訟）返答ヨマスル、上總尋候ハヽ、神宮寺弟
子ハ無之哉、無御座候、弟子讓リノ寺ニ候ハヽ、兼
テ心懸可有候事ニ候、何代弟子讓ニ候哉、私迄五代
弟子讓ニ御座候、左候ハヽ、弟子讓リナラハ其通、他
ノ僧ナラハ其通、コレ〳〵ハケ様隠居之聞書付出候
様ニ、三代以前逐電致候由、仍而内記・丹後什宝等
致世話候由、左候ハヽ、其節ノ帳面等ノ扣、何ツ其節
ノ訳可有之候、致吟味見候様ニ、其逐電ノ弟子ハ無
之哉、正親申候ハヽ、只今ノ隠居、其弟子ニて御座候、
隠居上方ヂウセンノ内ニて候、内記・丹後改致世話
候由、左候ハヽ帳面等も可有之候、什物等帳面ニも
可致候、神宮寺｜ハ、什物ハ本寺へ差出候、夫ニ
訳も可有之哉、本寺へ躰ニゟ尋候事も可有之候、正
親・山城證據ノ書付無之候由申候、寛文年中迄ハ、
水帳社納ニ候処、公用ニ付持參、歸候而神宮寺へ社
納之由申候へ共、承引不致之由、此義何ツ證據有之
候哉、社家兩人共、何も證據無之候由、左候ハヽ、口
上已而ニテハ、聢ト不致候、口上ニてハトノ様ニも
被申候物ニて候、夫ハ難成筋ニ聞へ候、紛失も無心
許ト兩人申候間、天正年中、百五十年余ニも成候、
是迄無紛失所持致候訳有之、所持ニ而可有之候、今
迄無紛失候へハ、氣遣も無之事也、多宮申候ハ、社
納候義、證據も無之事ニてハ、不埒明事也、上總｜

什物神慮の物

*上總方寛永年中の書付なし

*度々舊地願ふゆゑ譯吟味す

證據なるもの僉議す

「御手洗百姓ノ訳、十二月六日右訳手紙遣、返事來ル」御手洗百姓の件

*「金剛――、大聖院事、」

一ハ、弟子讓ナレハ、何之事無之事也、此度他ゟ相續ト云事カラ、此様ニ出來タ物也、什物ト云ハ神慮ノ物也、他ゟ來候僧故、紛失無心許ト云ヿ也、其内從此方可申遣候間、右證據有之候ハヽ、双方致持參候様ニ入等申ニ尋候様ニ、可被思候へ共、此方も仕方不宜候得ハ、大成事ニ逢候事故、隨分ヲ入候事也、尤返答ニ外ノ事出候、是ハ別段ノ事故、不尋――追而ノ事、

神宮寺――ハ、兩人色々申上候、其儀ハト申候間、アレハソナタヨリ申出候事ノ答ヘヲ致スヿ也、外ハ別段ノ事故、尋ニ不及候事也、神宮寺少御聞被下候様ニ申候、其段ハ無用、此方ニ有之候書付をも可致吟味候、皆ノ方ニも證據ニ可立物ハヽ、隨分僉儀〔議〕致出候様ニト申聞ル、多宮――ハ、寛文五年出入ノ節ノ書付も差出候様ニ被申聞候、

大戸歸候跡ニ而大宮司へ申候ハ、先日以手紙得御意申候、御返事も無之候、御手洗百姓之儀、与兵衞・又二郎除、其外拙者領分內ニ御座候、又二郎ハ墕祝居候、先ニ住居候処、修理料ニ被仰付候砌、今ノ処へ引越候由、尤修理料屋敷ニ致、夏成引申候、其元

思召御座候様ニ被仰聞候間、去年中相伺候処、先頃百姓抔之事ヲ、奉行所へ申筈無之、多宮江致相談候様ニ被仰渡候、仍之思召承度候、又其訳申上候事故、御挨拶承度候、

多宮――ハ、內分ノ節、寛永年中ノ書付之扣有之候、爰元ニも可有之候、如何之訳ニて候哉、とくと訳不存候故、此間御返事も不申候、上總――ハ、寛永年中書付、如何様候事ニて候哉、此方ニハ左様之書付無之候、拙者も當職以來、度々旧地相願候故、訳随分致吟味事ニて候、右書付之趣も有之候へハ、致了簡可及御挨拶候、御伺成候事ニ候ハヽ、私も可申上候、上總、其內被仰聞可被下候、寛永ト有之候へハ、年久敷事也、寛文十年ニ被仰付候コトハ十年ニ成候、清二郎・与一郎兄弟ノ事ニ候へハ、色々相談等も書付も可有之事ニて候、

七月九日

同日、內談有之由申、番頭ヲ立、多宮へ申候ハ、金剛宝寺・大聖院事、如何致候物ニて可有之候哉、致其分ニ候而ハ、向後ノ為不宜候、書付ニても被相濟候而ハ如何、多宮――ハ、當春惣持院さへ入院書付致候間、大聖院抔ハ、ケツク書付致候が能候ト申者

＊多宮年番ゆゑ出府すべし
大戸神宮寺九代の書付來る
＊人別調べ
＊暑氣ゆゑ頭痛
＊社家共印形帳持參
出府の相談
＊大宮司多宮宅にて人別勘定帳面仕立

有之候、書付致候様ニ申候而も、是ハ別ニ氣遣成事有之間敷存候、上總――ハ、何之事も無之事、社法之爲ニ候ハヽ、右之筋可然候、多宮も得心ノ挨拶也、其内御了簡被成、御覽可被成候、成程ト申、

一、七月十二日、大戸神宮寺近來ノ代々九代書付來ル、

別當中興代々

神空寛永十六壬〔己〕卯年、神俊神空ノ弟子、空鍰惣持院ヨリ入院、

俊榮明暦四戊戌年、融傳般若院ヨリ移轉、寛文六丙午年、融範融傳弟子、享保四己亥年、

融舜融範弟子、享保二酉年、融鍰融舜弟子、融光現住、融鍰弟子、

午七月十二日　大戸村　神宮寺印

香取御兩所

一、七月十三日、大宮司方ヘ使求馬、昨日神宮寺代々ノ書付写遣ス、又江戸御出府、何時ニて候哉、人別之義も御持參被成候而ハ、如何可有之候、

返事、出府之義、被仰遣候、未考合も不致候、其内御面談――、人別之義、盆後早々寺院迄も寄可申候、

一、七月十六日、大宮司使數馬〔尾形〕、明日人別しらべ〔調〕可致候、且又此間出府之義被仰遣候、御奉行所ニて申合、兩人之内壹人出府致候様ニ被仰渡候、其元様御出府可被成候哉、

返事、人別之義、御尤ニ存候、且又出府之義、仰之通私方ヘも被仰渡候間、當年ハ多宮年番故、多宮罷上リ可申之由申上、貴様御旅宿へも、其節以使右之段得御意候、乍御苦勞御出府可然存候、

一、七月十七日、大宮司使、弥今日人別しらべ申候、七年以前其元様御上京御留主、十三年以前ハ御立合被成候様ニ覺申候、御立合可被成候哉、

返事、人別之義、しらべニ立合來リ不申候、乍去十三年以前之事被仰遣候間、留をも改見候処、立合不申候、其節ハ貴様御當職被仰付候砌ノ事、御無案内ニ付、御賴被成候間、拙者御手傳申候、尤貴様御年番ニて候へキ、八月廿二日ニしらべ、廿三日貴様御内用ニ而御出府ニ付、人別帳をも御持參御納被成候トも有之候、併例有之無之ニハより不申、何分ニも御立合御相談可致候へとも、昨今暑氣故、頭痛氣ニ罷在候、出席難致候、被仰付候しらべ、御尤ニ存候、分飯司悴大宮司宅へ遣、人別シラベ、則社家共致印形帳持參写返ス、

一、七月廿日、大宮司宅、人別勘定帳面仕立ニ分飯司遣、尤度々相談有之、

人別帳公儀へ差上ぐ

*宮之助人別帳を大岡越前守へ相納む

下總國香取郡香取神領人別帳

*多宮出府

*大宮司多宮大禰宜上總連印願書

*源太祝父子押込赦免願ふ

*稲葉丹後守御内寄合にて御免仰付らる

*「兩人人數入候訳」

同廿一日、大宮司方ニ而求馬遣、公儀へ差上候帳面仕立、尤廿日迄ニ寺院迄ノ人別寄ル、

七月廿一日、人別帳公儀へ差上候、帳面上トヂメ印形、

寛延三庚午年　大宮司 香取多宮

下總國香取郡香取神領人別帳

八月　外袋ノ書付如此也、　大祢宜 香取上總

此方兩人人數をも入候様ニ被仰付、仍而此人別帳不納、又認直シ差上ル、

下總國香取郡香取村此香取村前帳ニハ無之、落、此度御差圖ニ而入認ル、

香取神宮領

高千石之内人別

人數合八百六十五人　人數三人　大宮司 香取多宮

内社家四拾六人　内男壹人

内僧拾七人　女貳人

内男四百十人　人數四人　大祢宜 香取上總

内女三百九拾貳人　内男三人

女壹人

右人數書面之通御座候、以上、

寛延三庚午年八月　大宮司 香取多宮印

大祢宜 香取上總印

御勘定所

右人數、八月廿三日認改、宮之助差登ス、八月廿五日右帳(面脱)宮之助大岡越前守(忠相)殿へ相納候由、尤香取村落候由、御役人御記可被成候由被申候由、八月廿九日ニ宮之助歸國、廿九日ノ処ニ記、

一、七月廿二日、源太祝(香取外記・主計)父子願ニ多宮出府、

乍恐以口上書奉願上候

香取神宮下社家源太祝父子義、先頃押込被爲仰付候処、日數も相立申候ニ付、此度御赦免被爲仰付被下候者、難有仕合ニ奉存候、以上、

寛延三庚午年七月　日　大宮司 香取多宮印

大祢宜 香取上總印

寺社 御奉行所

大宮司八月五日歸國之由ニ而使、今朝罷歸候、去ル廿七日稲葉丹後守(正甫)殿御宅於御内寄合御免被仰付候、右私宅へ呼、御相違も無御座候ハヽ、可申渡候、且又人別帳之儀、大岡殿御役人酒井源太懸リ、此方共人數ニ入候様ニ被申候間、前々不入之由申上候処、御當地ニても、三王(山)・神田抔も、前ハ不入候得共、此

度ハ入候、夫故相濟不申候、其内御面談ト申來ル、返事、源太祝之事、相濟候由被仰聞致承知候、其元ヘ被召寄、可被仰渡哉之由被仰聞候、何分ニも思召次第ニ可被成候、且又人別之義、相濟不申之由致承知候、

源太祝父子御免申渡す

同刻大宮司使數馬、舍人(伊藤)申合立合可申渡之由ニ付、求馬大宮司宅ヘ罷越、源太祝父子大宮司宅ヘ召呼、數馬・求馬兩人ニ而、去月廿七日稲葉丹後守様御宅御内寄合ニ而御免被仰渡候段申渡ス由、多宮不快ノ由申事也、右兩人礼ニ來ル、又申遣候ハ、無願書ニ被仰渡候哉、願書御差上候哉、承度候、

御禮に源太祝出府及ばず

大宮司返事、去ル廿四日願書差上、廿七日御免ニて候、尤御礼ノ義も伺候処、兩人ニ而致相談申渡候様ニ、源太祝御礼ニ出府ニ不及候由也、

〔八月〕

源太祝外記に夜番相勤むるやう仰付く

一、八月八日、額賀清右衛門方ヘ源太祝外記(香取)召呼申付候ハ、向後夜番相勤候様ニ申付ル、要害与右衛門・新道傳五右衛門(額賀)江も、右之通此度申付候由、清右衛門申付ル、

*新神事相伴無用申付く
*大禰宜三家

新神事相伴ニ出候事、無用ニ致候様ニ申付ル、源太祝畏候由、右三人ハ大祢宜三家ト申脇ノ家來ゟ格能、夜番も不勤、正月新神事相伴ニも、従古來出候、然共此度逆臣ニ付、右之通申付ル、宝暦十二年正月元日願ニ付、源太祝相伴ニ出ス、

一、八月九日、惣持院ヘ使、大戸神宮寺三代以前住僧逐(融光)電ノ節、社家相改、什物渡置候由申候、神宮寺右之段申候、一覽致度候、惣持院僉儀仕、明日可申上候、九日使僧、致僉儀(議)候処、無之由申來ル、

*大戸神宮寺什物改に難澁
*大戸神主山口正親香取山城連印申状

一、八月十日、大戸社家呼吟味、

下總國香取郡大戸村大戸大明神
神主 山口正親午五十六才
大祢宜 香取山城午五十六才

申口

一、旧冬大戸神宮寺義、病身ニ付、同末寺之内ゟ後住致相談隠居相企候ニ付、惣旦中私共江も、先達而致内談候砌、何れも無吴儀、既隠居相催候処、私共兩人方ゟ別當入院候ハヽ、什物相改可申旨申、入院之妨致候、古來左様之例無之候間、左候ハヽ、相談之上、相伺可申趣申遣候処、私共相談之義、

大戸神宮寺相談なし

*是迄入院に差滞りなし

神宮寺我儘に後住極むるは不屆

*大戸水帳社納に神宮寺難澁

山口内記香取丹後什物帳面仕立つ

遠慮之由越申、且神宮寺本寺江も入院差留之由、神宮寺申出候、相談と有之候ハ、、何れニも相談可致処、無其儀候、致相談候ハ、、如此相争候儀有之間敷処、不和之仕方、不埒ニ相聞へ候、右之段御尋ニ御座候、

私共申上候ハ、神宮寺私共へ相談仕候由申上候へ共、相違ニ而御座候、神宮寺入院ニ付、什物之儀、私共ゟ相伺取計可申奉存、後住入院差扣候様ニ申聞置候ニ付、相談と申來候へ共、右之訳故、相請不申候処、遮而訴出候、先以神宮寺義、寺住荒シ住職勤兼候ニ付、病身と申立、私共江一圓無沙汰ニ、我儘ニ後住相極、不届ニ奉存候、神宮寺什物相改候先例無御座候由申上候へ共、神宮寺三代以前之住持、不埒逐電仕候ニ付、其弟子ハ只今之隠居、是ハ其砌上方へ學文ニ相詰罷在候ニ付、正親父内記(山口)、山城父丹後(香取)兩人致世話、什物相改帳面仕立相渡置候、其後者弟子讓ニ御座候間、差綺不申候、前ゝ之通弟子讓ニ候へハ、此以後も差構可申様無御座候、此度者從他移轉仕候、然ハ人柄之程、渕底曾而不存候へハ、什物幷大戸神領水帳所持仕來候へハ、若左様之物紛失之程も無心元候間、一通相改、後住相續爲仕度段、申聞候事ニ而御座候、

一、三代以前之住持逐電之節、右内記・丹後什物相改帳面仕立候由、其節ノ帳面之下書、又ハ何ソ相改候と申證據可有之候、無左候へハ、口上已而ニ而難信用由御尋ニ御座候、

右内記・丹後致世話候段ハ、曾而相違無之事ニ而御座候、是迄入院ニ付、何も差滞候儀無之候、此度ヶ様之事出來可仕共心付不申、帳面等扣も無之候、然共什物・水帳等、皆神慮之物ニ而御座候へハ、住持逐電無住ニ候へハ、右兩人相改、世話不致候而ハ、難成義ニ奉存候、

一、大戸水帳之義、往古社納候処、寛文年中ゟ神宮寺ニ預置候、其後社納之義申聞候へ共、神宮寺承引不仕候、往古之通、社納致度段申出候、此義外物とも違、神領水帳之義ニ候へハ、手離シ神宮寺江預候と申事有之間敷、又往古社納之由申出候へとも、是又口上已而ニ而證據無之候へハ、難取用候、定而從古來訳有之預リ來候ト相聞へ候、然ハ此度

*別當供僧は左座神主大禰宜らは右座に著すべしと仰付らる

*人別の件

天正十九年の書付等及び神主別當等判形の書付

*大戸出入吟味

天和三年大戸明神別當神宮寺供僧惣代圓壽院連署一札

社納致度段、新法之願難成筋ニ有之候、若古ヘ社納之證據有之候哉、御尋ニ御座候、

右之段、往古社納、其後神宮寺ヘ預置候義ハ申傳候ヘ共、證據之儀ハ、當時曾而無之候ヘハ、右被仰聞候趣、御尤ニ奉存候、此上御願可申上樣無御座候、此義ハ何分ニも可被仰付候、違背仕間敷候、

右之通、重而御尋被成候共、少茂相違無御座候、以上、

寛延三庚午年八月十日　大戸大明神大祢宜　香取山城印

神主　山口正親印

香取　御兩所

右之通致吟味、口書致サスル、同日、上總家ニ有之天正十九年ノ大戸配當ノ書付等并神主・別當等判形ノ書付、三貫五百文差扣、後ニ次世軒取持願ニ付、右をも遣候書付共、右大戸兩社家ニ見スル、大戸神主天和年中別當・神主出入御裁許之訳尋、仍之写來リ見スル、如左、

差上申一札之事

一、下總國大戸明神神主・大祢宜と拙僧共、座配之儀及諍論候処、御吟味之上、双方申分、且又證文等不分明ニ付而、向後別當・供僧者左座、神主・大祢宜、其外社人者右座ニ、順〻着可仕候旨被仰付奉畏候、急度相守違背仕間敷候、仍如件、

天和三年亥十月九日　大戸明神別當　神宮寺

供僧惣代　圓壽院

御奉行所

一、八月十七日、大宮司使、人別之儀、當月中ニ帳面差上候樣ニ被仰付候、先年ハ此方共ハ被仰付人數書上ケ不申、御書付ニても御座候哉承度候、

返事、此度於江府も先年ハ書上ケ不申ヲ、此度ハ皆書上候樣ニ被仰付候由、とかく被仰付候通ニ被成可然候存候、先年ハ自分〱ハ書上ニ不及候由被仰付候事也、

一、同日、大戸神宮寺、明四ツ時參候樣ニ、尤證據ノ帳面・書付共持參候樣ニ申遣、

一、八月十八日、大戸神宮寺來ル、社家共致候口書爲讀聞スル、尤手前ニ有之候慶長八年大戸神宮寺・神主抔致候印形有之候、證文其外大戸神領水帳・屋敷帳之樣成物ヨマセ聞スル、段〻吟味スル、今迄弟子讓

弟子譲るならば差構へ申さず

*弟子譲り他の僧にするはむづかし

ノ処、此度他ノ僧後住ト申ニ付、社家ゟ什物可改と申、弟子譲ニ候ヘハ、此以後とても差構不申之由、若渕底不知他ノ僧故、若致紛失候時ハ、私共無念ニ罷成候、寺ノ什物ト申候而も、畢竟神慮之物ニ候ヘハ、爲念可改旨申候、一理有之様ニ相聞候、仍而後住へ引渡候節、兩人立合セ候ハヽ可然候、結句寺ノ爲ニも無紛失ため能候半、兩人共寺へ呼立合候ハヽ、寺ノ爲ニも能可有之候、神宮寺申候ハ、左候時ハ、私申分相立不申候、左候ハヽ、水帳・私所持御朱印同前ニ奉存候、座配前方出入有之、別當左座、配當高も別當先年公儀ノ御ふぎん(諷經)も勤候由、隱居代ゟ私ニ成候テハかすめ(掠)申候、向後何事も別當ニ承候而、事ヲ致候様ニ、兩人ゟ書付ヲ致候ハヽ、成程立合セ可申候、

上總━━ハ、此度ハ訴狀ノ趣、一通リ計ノ吟味也、社家ゟも色々申出候へ共、不及沙汰候、外之事ハ別ニ申出候ハヽ、各別ハ何事ニても難成候、此度ノ事ハ輕キ事也、無據事ニて無之候ヘハ、たとへ公儀ニ成候而も、尤ニハ被思召間敷候、只はりあひ(張合)、なくさみ(慰)の様ニ相聞へ候、早ク相濟、隱居・入院をも致候様可然候、隱居江も得と相談、了簡可致候、我等も随分了簡相考候事ニて候、吟味仕方不宜候ヘハ、御呵ニも逢候事故、随分彼是申聞ル、來ル廿一日參候様ニ申聞ル、弟子譲ノ処ヲ、他ノ僧ニスルト云モ六ケ敷事ニ有之由ト申聞ル、

廿日ニ申遣候ハ、廿一日差合有之ニ付、來ル廿四日ニ參候様ニ申遣ス、

*人別帳面差上ぐ

*人別帳に人數認直す

一、八月廿三日、人別帳面差上候、宮之助差登セル訳ハ、去月多宮出府之節差上候処、此方共人數をも入差上候様ニ被仰付、前方ハ不入之由申上候処、此度ハ御當地ニても、前不入も入候而上候間ト被仰付候ニ付、入候而認直差上ル、右扣七月廿一日ノ処ニ記ス、

*「鹿嶋支配人御追放」

*鹿嶋大宮司惣大行事名代五ケ國追放

*惣大行事左衞門病死

○鹿嶋大宮司塙中務三十二歳・惣大行事鹿嶋左衞門當午春病死也、名代弟甚五右衞門(正甫)、右兩人去巳四月廿七日稲葉丹後守殿御月番御内寄合ニ而籠舍被仰付、今午七月廿七日兩人共、五ケ國之御追放ノ由也、去ル巳四月ヨリ午七月迄籠舍也、左衞門義ハ、去巳四月相煩、腰不立大病ニ付、旅預ニ被仰付之由、病氣重リ、當午春鹿嶋へ下リ病死也、御掛ハ青山(忠朝)因幡守殿也、御朱印ハ御奉行所へ御取上、鹿嶋大祢宜塙(荻生)求馬

鹿嶋の譯

*大戸神宮寺別當融光口書

鹿嶋神宮大破

御修理料金引負の咎

*相談なく隱居後住相極むるは不屆

鹿嶋御修理料五百石餘

*山城方にて物語仕る

惣大行事左衞門弟甚五左衞門出籠後病死

*什物改帳面の件

ニ御預之由、右訳ハ御修理料金數十年以前、兩人始、其外社家・町人迄借シ候處、難返納仕由、廿四・五年以前、右中務(塙)父右衞門古金五千兩程有之由申候へキ、右衞門(塙)義、廿三年程以前病死、大祢宜求馬ハ右衞門弟ニ而中務叔父也、右求馬中務・左衞門兩人ヲ相手取、八・九年以來ノ出入也、御宮及大破、御修覆ニ付候テ也、於御奉行所御修覆勸化致候樣ニ被仰付候由ノ沙汰也、大社之事、是迄例無之ニ付、御請不申上之由、御修理料金兩人引負ニ成候、右之御咎ニ而也、大切ノ事也、御修理料夥敷事、夫ヲハ引負、御宮ハ及大破、然ラハ勸化ニト被仰付候事ヲハ及違背、不屆也、右中務幼年間、右求馬、六・七年も大宮司相勤シ丁也、鹿嶋ハ御修理料沢山、五百石余有之由、右後ハ大宮司・惣大行事配當も御修理料ニ被仰付候由、可護可恐事也、右中務浪人、近所新市場村居住也、

惣大行事左衞門弟甚五左衞門出籠後、三十日程過病死ノ由、左衞門實子、其砌十二・三才ノ由、右母江戸小石川百五十石被取候御旗本衆妹ノ由、依之母子共ニ小石川ニ居住ノ由、

一、八月廿四日、大戸別當吟味口書、其文、

大戸神宮寺
融光午四十九才
申口

一、拙僧義病身ニ付、旧冬隱居相企、後住入院ニ付、山口正親・香取山城幷惣旦中江茂致内談、何れ茂無㒵儀候処、正親・山城方ゟ入院候者、別當什物相改可申之由ト入院之妨仕候、仍之奉願候ニ付、右兩人へ御吟味之処、先達而拙僧内談と申事、曾而無之、相談有之候ハヽ、兩人共旦那之儀ニも有之、何れニも相談仕品も可有御座候処、一向無相談ニ而、隱居幷後住相極不屆ニ候由申候、右之段御尋ニ御座候、

此段正親も同席、他之者江隱居相企候趣物語仕候間、定而委細承知ト存、正親宅へ態〻罷越、相談ハ不仕候、山城方江ハ罷越、右物語仕候由申上候ニ付、兩人方へ急度相談不仕、聢と無之段被仰聞、御尤ニ奉存候、

一、三代以前之神宮寺融舜逐電之砌、正親父内記(山口)・山城祖父丹後(香取)兩人致世話、神宮寺什物相改、帳面仕立渡置之由申之候、此段御尋ニ御座候、

什物などの帳面相見えず

*大戸別當所持の水帳表書

(付箋)「認直、」

他僧に後住讓るは新法

*「人別帳納訳、」

*御役人家來の人數尋ぬ

右之段曾而不及承候事ニ而御座候、尤三代以前住僧過酒仕、一兩日も他出致候事も有之樣ニ承候、左樣之事ニ而申候哉、何之證據も無之事ニて候、其節什物等之帳面相見江不申候、

一、前之弟子讓ニ有之候処、此度ハ他之僧移轉、然者什物并ニ水帳等も、若紛失も有之候時ハ、兩人無念ニも罷成候、是迄之通弟子讓ニ候へ者、此以後とても差綺候儀無之候得共、渕底不存、他之僧故、一通リ可相改旨申聞候由兩人申候、神宮寺是迄五代弟子讓之処、此度他之僧ニ後住相續と申事、新法ニ而有之候、仍之弟子讓ニ無之上者、寺之什物と申候而も、畢竟神慮之物ニ而候へハ、紛失爲無之、後住入院之砌、一通右兩人之社家爲立合、什物後住江相渡、可然筋ニ有之候、此段御尋ニ御座候、

右被仰聞候趣、御尤ニ承知仕候、此上何分ニ被仰付候共、違背仕間敷候、

右之通、重而御尋被成候共、相違無御座候、以上、

寛延三庚午年八月廿四日　大戸大明神神宮寺融　光印

香取御兩所

一、大戸別當所持ノ水帳聞ニ遣、帳ノ表書書付遣、其文左之通、

天正十九年辛卯　　縄衆　大野主水

下總國香取庄大戸鄕之内屋敷田畠御縄打水帳

八月十九日　　案内　鳥居衆　高木二左衞門

大明神領ニ成分、　　百姓　石川又八郎

山田彦一郎

同　二郎右衞門

源兵衞

奥書ニ如左、

大野主水仕印

丸山平五郎印

五味平作印

須田小次平印

飯嶋平治印

一、八月廿九日、宮之助江戸ゟ歸ル、人別帳大岡越前守(忠相)殿御役人酒井源太請取被申候由、源太申候ハ、香取村ト書付無之候、仍而認直シ差出候樣ニ被申候由、宮之助願候ニ付、左候ハヽ、此方ニて書付可申由、國ニ而扣ニ記置可申候、又被申候ハヽ、兩人家來ノ人數

不見候、宮之助申候ハ、何も神領之者召遣候間、人數內ニ入申候、源太左候ハ、能候、八月廿五日相納候由、

一、八月廿九日、大戸出入、双方口書ノ写幷裁許狀ノ案紙、大宮司多宮方へ右品封シ遣、尤手紙遣、御加筆思召も候ハ、、被仰聞可被下候、御相違も無御座候ハ、、近〻申渡も可致候、御報ニ被仰聞可被下候、使求馬（伊藤）、返事、從ト是申來ル、

〔九月〕

九月朔日、返翰來ル、口書写留置、申渡ノ案紙ハ返候由、御尤私方無相違之由申來ル、

九月二日、大戸三人江呼ニ口上書遣ス、兩人江ハ殿書、神宮寺ト計、手前ノ名二通ニ認、

一、九月三日、大祢宜宅寄合也、申合候而大宮司幷番頭出席、上總大宮司方へ申候ハ、今日大戸申渡シ可致と存候、此間御相談申候処、無御相違ニ付候テト申候へハ、御尤ト申、

差上申一札之事

*「大戸出入裁許」

*「○此処ヲ社家ノハ私共ト、」

*別當三代以前は逐電

*此度は他より住持移轉

*水帳社納仕りたく相答ふ

*兩社家立合ひ後住へ引渡すべし

大禰宜宅にて大戸出入裁許

*「○社家ノハ兩人ノ社家立合ト、」

（付箋）「認直、」

大戸別當融光一札

△一、下總國大戸大明神別當御訴申候者、拙僧義、今般隱居幷後住入院ニ付、同社神主山口正親・大祢宜香取山城方ら後住入院候者、別當什宝可相改旨申來候、古來右之例無之、迷惑仕候、仍之御吟味奉願候由申候、○右兩人申上候ハ、別當三代以前之住持逐電之砌、正親父內記（山口）・山城祖父丹後（香取）兩人、別當什物相改、帳面仕立相渡候例も御座候、是迄弟子讓ニ御座候故、差紛不申候、此度者、從他住持移轉仕候、大戸神領之水帳等紛失も御座候時者、兩人共無念ニ茂罷成候、尤右水帳往古之通、向後社納ニ仕度段相答候ニ付、數回遂吟味候処、双方口上已而ニ而無證據ニ有之候得者、難取用候、併別當五代以來弟子讓ニ有之候處、此度他之僧を以、後住相續と申事、新法ニ有之候、然上者、他之僧ニ後住致相續候時者、神領水帳等紛失無之ため、○右兩社家爲立合、後住江引渡可申候、又向後弟子讓之節者、社家不及立合候事、

一、大戸神領水帳兩社家致社納度段申出候、新法之願難成候、是迄之通別當所持可致候事、

右御吟味之上被仰渡候趣、委細承知奉畏候、此上

*津宮古鳥居木不浄
雙方和融し神役勤むべし

本紙雙方へ渡す

山城水帳寫したく申す

側高鳥居倒る

*「大戸出入、」
(付箋)「認直、」

*大戸神宮寺呼申すも相濟まず吟味願ふ

被仰渡違背仕候者、何分ニも可被仰付候、尤向後双方致和融、神役可相勤旨被仰渡、是又奉畏候、爲後證仍而如件、

寛延三庚午年九月三日　　大戸大明神別當
　　　　　　　　　　　　融光印

香取兩
　御社務

双方致印形、本紙成共写成共可遣候由申聞候処、本紙任望双方へ、別當名処ノヲ社家へ遣、社家ノヲ別當へ遣ス、手前ニハ写ニ印形爲致差置也、山城申候ハ、水帳ヲ写申度候、神宮寺爲ニも成候、上總――ハ、兼テ其沙汰無之事也、右一件之事ヲ申渡也、互ニ好ヲ申候時ハ無限候、ソレハ申出ヌ了也、ソウ云時ハ、神宮寺も申事可有之候、神宮寺申出候、一通リノ申渡也、神主申候ハ、申おくれニて候、正親・山城裁許狀も、別當ト同文言也、未紛失も無之ため、右兩社家爲立合ノ処ヲ、兩人ノ社家立合、後住へ引渡ト其外同、兩社家難有ト申、

一、同日九月三日、側高鳥居倒レル、健〔建〕直シノ願、則側高祝呼、大宮司始相談、明四日兩代官鳥居木見立見分ニ遣筈、入用之事も金子貳百疋、前之通可遣旨、側高祝へ同席ニ而申渡ス、

津宮古ルノ鳥居木不淨ニ成候、何方へも片付置可然候、一度御用ニ立候木故、望ノ者も有之候へ共、難遣旨及相談、東ノ宮へ成共申付、焼仕廻候共抔申談ル、

其後此方へ取神用ニ能処遣、

一、九月三日ノ寄合ニ國行事左近(香取)不出ニ付、大宮司申合差扣申付ル、番頭訴詔〔訟〕ニ付、九月十一日差許、尤數〔尾形〕馬・舍人(伊藤)立合申付ル、又許ス時も舍人宅へ兩人立合申渡ス、

初〔雁〕峯幾重越て來ぬらんこの里に
　　こゑめつらしき秋のはつかり　　実行

九日十三
今宵そとしらてもしるし白菊の
　　八重置露をてらす月かけ　　同

蘭　秋の野に紫ふかくにほはすは
　　藤はかまとて誰かきて見む　　同

荻　我やとの荻のはそよく夕風は
　　身にしむ秋の初とそしる　　同

一、午九月廿八日、大戸神主正親・大祢宜山城來ル、先達テ返答ニ申上候義共、此間神宮寺呼申談候へ共、相濟不申候ニ付、御吟味奉願候由申、

「*大戸社家訴狀、又出入、」
*大戸社神主山口正親禰宜香取山城連印願書
「祭桶木、」塙祝祭の件
*北之坊の田德引取ると申すは不屆
*田德神宮寺引取り普請仕りがたきは不埒
大宮司方檢校祭
*田地物成寺修覆料に願ふ
*節句祝物割合出錢差出でず

挨拶、大宮司年番故ト申聞ル、
同日、又來リ、宮下ヘ願候処、前之事ニ付候事故、宮中ヘ御願申上候様ニ、御差圖ニ付と申又來ル、挨拶、前ノ事トハ別段ナ了也、然ルヲ手前ニ而致吟味候時ハ、同役ヲ蔑ニ致候ト申もの、公儀向も不宜候、大宮司ヘ隨分願候様ニ申聞ル、右兩人歸リニ、又分飯司処ヘ來リ、宮下ニて其訳ナラハ、此方ニ而吟味可致ト御請取也ト申、

一、同日、塙祝祭ニ付、ほかい(行器)・汁桶等損候、風折木有之候ハヽ、致相談、少〻取拵候テハ如何ト、大宮司代官・分飯司相談、大宮司も尤之由、則山守國行事ヘ申遣見分、

九月晦日、大宮司方ニても同様ニ取度由、則兩方ヘ取、風折杉三年計ノ大サ九尺切貫取、大宮司方も惣檢校祭故也、

〔十月〕

一、十月二日、大宮司使數馬(尾形)、大戸社家訴狀差出候、神宮寺ヘ返答可申付候哉、爲御相談ト申來ル、御尤之由申遣、

乍恐以書付奉願上候事

一、大戸神宮寺此度西光寺江隱居之儀、私共江相談届等茂無御座、我儘ニ相計申候、西光寺義、年久敷無住ニ仕置、其間之田地物成、神宮寺ヘ引取、其上田地質地ニ相渡候故、以之外寺零落仕、六年以前ニ神宮寺取崩薪ニ仕候、右質地之殘、田地米貳俵付之処、旦那共方江近年引取、世話を以右代金ニ而、質地段〻請返候処ニ、又候西光寺江隱居仕、其上北之坊と申寺之田德を茂、引取可申と相計候段、不届至極ニ奉存候事、

一、北之坊と申寺、數度無住之間、田地物成、神宮寺引取、只今も無住ニ罷在候、去ル八月之大風雨ニ客殿地形崩落、及大破候得共、右田德、神宮寺引取候故、普請難仕不埒ニ罷在候事、

一、右兩寺無住之間、田地物成致勘定、寺修覆仕候様ニ奉願上候、向後寺院無住之間ハ、其寺當入用之外ハ、社之修覆料ニ奉願上候、小破之修理ニも難義仕候間、御吟味之上被爲仰付可被下候事、

一、神宮寺義、節句祝物割合出錢、前〻差出申候処、其以後毎年割合帳面遣候得共、差出不申、我儘至

極ニ奉存候、御吟味之上被爲仰付可被下候事、

一、神宮寺十一年以前ニ神前馬場ニ而、五尺廻余之松之木貳本、我儘ニ伐倒申候間、其節早速押へ申候得共、承引不仕、賣木ニ仕候、向後ヶ樣成我儘不仕樣ニ御吟味之上、被爲仰付可被下候事、

右申上候神宮寺隱居之義、寺住荒住職勤兼、若隱居相企候、其外之寺院共も不埒之取計仕、逐電退院仕、身拔ニ罷成候、末〻此上之不埒出來、其節預御尋候者、私共可申上樣有御座間敷と奉存候、畢竟前〻不吟味ニ罷在候故と奉存候、私共一社之支配仕候間、右躰之吟味可仕筈と奉存候、向後寺院共之住持替之節ハ、私共江相談之上住持居候樣ニ奉願上候、此度神宮寺御召出、御吟味之上、自今支配相立候樣ニ被爲仰付被下候者、難有奉存候、以上、

寛延三午年九月　　大戸社大祢宜　香取山城印
同社神主　山口正親印

香取
御兩所

*大戸社別當神宮寺返答書

乍恐返答書を以申上候

一、大戸神主正親(山口)・大祢宜山城(香取)御訴申上候旨趣ハ、此般拙僧西光寺江隱居可仕旨、我儘ニ相計候与申上

*旦那より本寺へ相願ふ我儘に賣木致す

候得共、右寺之旦那共方ゟ本寺江達而相願申候事ニ而、拙僧相計候義ニ而ハ無御座候、西光寺年久敷無住ニ仕置候義ハ、神宮寺先〻之住持隱居仕候砌、西光寺旦中願ニ付、彼寺江隱居被致候処、永〻眼病相煩、借金出來、落命、以後右借金皆濟之ため、

*借金皆濟のため無住に仕置く

旦那共、本寺江相願、無住ニ仕置、寺役等万事別當賄來候、小寺故、相應之住持も無之候ニ付、六ヶ年以前相談を以、旦那共賄ニ相渡申候、尤寺役等ハ只今迄、別當世話仕相勤申候、

*寺役別當世話致す
寺院の住持替相談願ふ
(付箋)「認直、」

右寺六年以前崩取、薪ニ仕候と申上候得共、元來客殿年來久敷寺ニ而及大破候故、旦那共建替申相談ニ而休置申候、仍之右寺客殿、來月中造立仕候樣ニ調置申候、兩人ゟ相構候事無御座候、且又北之坊も小寺故、無

*北之坊無住の節別當より神役勤む

住之節も有之、其節ハ別當ゟ神役相勤、或者留主居院代之僧等世話仕候、去ル年八月中之大風雨ニ而地形崩候故、村方人足三日相頼、土普請仕候処、又候當春之嵐ニ而崩候得共、拙僧出入ニ取組罷在候故、旦中相談を以、本寺江も相屆、普請延引ニ

*帳面不埒につき三十年來出錢申さず
神前の普賢堂
*賣木の儀覺なし
*神主自分勝手に屋敷とす
古來の堂潰し新社建つるは我儘
(付箋)「認直、」
修理料社の藏前あり
*圓壽院焼失の節世話に預らず
寺院無住の節物成掠取る存念不埒
*別當の件

罷成申候、當春迄留主居差置、造作等仕直、入用等借金ニ罷成候、西光寺同前、兩人差綺申義無御座候、却而從往古神前ニ建來候、普賢堂別當江者無沙汰ニ而、社中ゟ押潰シ申候、此堂之儀ハ、毎年三月大祭礼之節、供僧集會所ニ而御座候、仍之又〻相建候樣ニと、拙寺隱居代ゟ度〻申候処、見合建立可仕之由申之候ニ付、差扣罷在候処、今ニ以相(衍)相建不申、剰近年別當江無沙汰ニ瑞垣之側ニ新社ヲ相建候、往古ゟ有來候堂ヲ押潰シ、新社ヲ建候儀、兩人我儘之致方ニ御座候、右之堂有來候通、造立致候樣ニ被爲仰付可被下候、

一、向後寺院無住之節、其寺當用之外ハ社之修理料ニ仕度之段申上候へ共、修理料之義ハ、社之藏前有之、先年ハ別當立合、諸勘定等仕來候処、三十年來兩人我儘ニ仕、數度相尋候得共、別當江ハ一切無沙汰ニ而勘定相立不申候、且又十ケ年以前、社葺替之節、庄内奉加致候得共、其以後無勘定ニ御座候、此等之義、面〻之不埒を差置、寺院無住之節之物成等、掠取可申存念、不埒千万ニ奉存候御事、

一、節句祝物出錢之義、先年ハ差出申候得共、帳面不埒ニ付、兩人差出不申段見屆、三十年來出錢不申候御事、

一、十一ケ年以前、神前馬場ニ而、松木貳本賣木致候と申上候得共、社林ニ而賣木致候義、其覚無御座候、尤十一ケ年以前、拙寺境內ニ而數本賣木致候へ共、社中差構申義ニ而無御座候、却而神主社領內之畑、自分之勝手を以、市左衞門と申之畑と取替、永〻屋敷ニ爲致、水帳元之別當江一切屆も無御座候、向後右躰之新法成義共、水帳元江相屆候樣ニ、是又奉願上候御事、

一、惣而寺院住(持)寺替之節、及相談候樣ニ仕度之段、兩人御願申上候へ共、是迄左樣之例無御座候、十八年以前六供之內、圓壽院と申寺焼失仕、寺坊不殘斷絶仕候得共、其節兩人之世話ニ預不申、別當と旦中と色〻相談之上造立仕候、惣而寺院向後住持替之節、右兩人方江相談ニ及候所存有之候哉と相尋候得共、新儀非例之義故、左樣ニハ罷成間敷段申候御事、

一、別當義、神領百石之水帳元ニ御座候故、先年

代々御諷經相勤め來る寺格

大猷院(德川家光)様御疱瘡并御不例之節、御祈禱両度迄、別
當江被爲仰付、御札献上仕、時服拜領奉仕、殊ニ
御代〻御諷經相勤來リ候寺格、猶又社内陳(陣)之神宝、
毎年四月六日之夜、別當并供僧罷出相改、社領分
配茂別當惣高ニ御座候、惣而百石之内別當支配水
帳元之趣意相立候様ニ、向後御公用等之儀、別當
江被爲仰付可被下候、委細御尋之上、口上ニ可申
上候、以上、

寛延三年午十月　　大戸社別當　神宮寺印

香取
　御両所

右十月廿日、大宮司方ゟ昨日大戸別當返答書差出候
由ニ而写差遣ス、右之通也、

午十月

鹿　おき出て聞はさやけき月かけに
　　妻とふ鹿の声のあはれさ　　實行
　いとしなを秋の夕の鹿のねハ
　　聞にもたへぬ物をこそおもへ　　同
露　萩か枝もなひく計に置そひて
　　つらぬきとむる露の白玉　　同

槿　朝戸明てむかふもすゝし露むすふ
　　かきねつゝきの槿のはな　　同
駒迎　相坂の關の戸さして望月の
　　くもらぬ御代にこまや引らん　　同
碪　折〻に碪の音そたゆむなれ
　　くまなき空の月にやめつらん　　同
紅葉　夜のほとの時雨に今朝ハ染そへて
　　今一しほの庭の紅葉は　　同
菊　咲花の露にはわきてかけ清き
　　月もやとかる庭のしらきく　　同

〔十一月〕

*「大聖院出奔」
*大聖院出奔を金剛寶寺届く

一、十一月十二日、金剛宝寺ゟ使僧不斷所口上、當春大
聖院義申上候、昨日出奔致候、御届申候、
返事、致承知候、

*「大戸初對決」
*大戸出入重ての吟味

一、十一月十二日、大戸出入初對決、大宮司年番掛リ、
品多事、追而可致吟味ノ由申聞ル、尤多宮〜ハ、
重テ吟味ノ節、互ニ證據有之候ハヽ、致持參候様ニ
申聞ル、多宮宅番頭出席、

*「金剛〜大聖院入院ニ付内談」

一、同日、多宮方ヘ致内談候ハ、金剛宝寺去年中、大聖

大宮司多宮方にて大聖院出奔につき内談

院義爲知、一通リニて入院申付候、先例左ニ無之候、此方共挨拶ヲ聞可申付事也、右不埒故、今朝申來候、大聖院出奔と申事も出來候、爲向後重而社僧入院之義、此方許容ヲ請、後住申付候樣ニ可致と申、書付ニても致候樣ニ申候而ハ如何、多宮――ハ、書付致間敷候、左候時ハ、其分ニハ成間敷、上總――ハ、拙者ハ年寄構候もいやニ候へ共、向後諚ト有之間敷、何ソト申候ハヽ、事出來可申候、又此方共不構訳ニ成候へハ、隙明申候、此上社僧、又ハ社僧之百姓等諸事ニ付、何ソト申候時ハ、此方共世話ニ不致ハ成間敷候、神領ニ居リ、神領ヲ所持候事ニ候へハ、右之訳之事有之間敷候、惣持院(精範)抔も先年ハ我儘ニ面〻格〻〔各〕ト申事ニて候へキ、今ハ急度訳立申候、アノ通ニ致度事ニて候、大宮司シカ〳〵、イサミ不申候間、其内御了簡可被成候、多宮尤ト申事也、又去年兩人共出入、留主中ニ爲知一通リニて、大聖院入院申付候、

社僧百姓世話致さねばなるまじ

*「金剛使僧大聖院事」

*正月御祭禮新部如來寺に申付たく申す

*觀音門袖屛幷に經藏修覆御相談

*「物申右近へ申渡家督繼目ノ事」

「物申職右近事内談」

一、同日、物申職右近(香取)義、兼而之義證文ヲ爲致、遠慮申付事濟候而ハ如何ト申、それ共思召も候ハヽ、各別ト申候へハ、成程御尤ト申候、左候ハヽ、案紙其元ト申候へハ、手前ニてト申候、右近事、自分も家督不濟内、悴我儘ニ職分爲勤申候、左候ハヽ、其内案紙認可懸御目候、其上ニて窆元へ參、皆をも呼、右之通ニ可申付と申合ル、大宮司尤之由申、

十一月廿一日、大宮司方へ手紙遣ス、先日御相談申一件、下書相認見申候、則懸御目候、思召も候ハヽ可被仰聞候、案紙ハ末ニ記ス、

十一月廿二日、大宮司返事、無相違之由、

一、十一月廿四日、金剛宝寺使僧不斷所口上、大聖院後住之儀、來月旦用有之、正月御祭礼も近有之候、新部如來寺可申付存候、又觀音門左右ノ袖屛幷經藏修覆御相談被下候樣ニト申來ル、

大宮司挨拶ハ、春中ノ義も有之候へハ、早速之挨拶ニ不及之由、多宮咄也、手前ニてハ年番大宮司ノ由分飯司申聞ル、

一、十一月廿七日、大宮司宅寄合、番頭も出ル、兼テ申合物申事、右近中座爲致呼出、先番頭へ上總――ハ、今日右近家督繼目ノ訳不埒ニ付、相談之上申渡候ニ付、右之趣、皆も其趣心得、其組下〳〵へ可申聞候、扨右近呼出、上總申聞候ハ、其方先達而家督繼目不

物申祝香取右近口上覺
*右近得心せねば勝手
*「金剛――大聖院後住ノ訳」
*挨拶なく後住申付くは先格に違ふ
遠慮仰付らる
*以後のため書付致す相談

埒ニ付、此度相談之上靜謐ノため、今日申渡候、得心ニ候ハ、印形可致、得心無之候ハヽ、勝手次第ニと申聞ル、證文左之通、

口上覺

私親物申祝主計(香取)義、去子七年以前病死仕、翌年服忌明、私義家督繼目之御願も不仕、我儘ニ御神役相勤候ニ付、其砌預御咎候処、私申上候ハ、部屋住之節ゟ御神役相勤、尤御奉行所江も物申祝右近と相認罷出候得者、私義物申祝と存候故、御願も不申と及御答候、親主計隱居も不仕、親名代ニ是迄相勤候由被仰聞候へ共、御侘言も不仕、却而及過言候、其後寅年大祝(民部)并國行事悴(香取)内記を以御訴詔(訟、下同ジ)仕候節ハ、御相談不相調、其以來今年迄、御訴詔も不仕、御神役・御祭礼等ハ悴半平差出、私繼目も不相濟申候処、悴名代ニ差出候義、是又我儘之至リ、重〻不屆ニ被思召候、依之急度可被及御沙汰ニ処、此度御相談を以御用捨被成下、私義遠慮被仰付、難有奉畏候、向後家督之義、急度奉願御許容之上、隱居家督相續可仕旨被仰付奉畏候、爲後證仍而如件、

寛延三庚午年十一月廿七日　物申祝 香取右近印

香取兩
御社務
右本書ハ大宮司方ニ預ル、

右申渡ノ節、右近とやかく申候ニ付、得心無之ハ勝手ニ致候樣ニ、此方も公儀へ伺候処、多宮へ致相談候樣ニト被仰渡候、仍而致相談、一社靜謐ヲ思、右之通役目ノ事故、隨分念ヲ入ルヿ也、

同日、番頭ヲ内談ト申立テ、

一、同日、金剛宝寺事及相談、則主膳(尾形)・求馬(伊藤)、金剛宝寺へ使ニ遣、口上、

去年中大聖院後住之義、此方へしらせ一通リニ而、此方挨拶をも不聞、後住被申付候、先格ニ違候、向後人柄ヲハ、其元ニて隨分被撰、此方へ伺挨拶許容被聞候上ニ而被申付宜可有之候、大宮司宅立合候席ゟ遣候処、留主ノ由歸ル、仍而申合候ハ、明日參候樣ニ申付ル、

返事、成程ト申候ハヽ、又押返テ使可遣候ハ、口上已而ニてハ聢ト無之候、以後とやかくノ無之ため、右之趣ヲ書付ニ被致候樣ニと可申遣と致相談歸ル、

先年ハ五節句ニ使僧來候、度〻住寺(持)替之節、中務殿

代ゟ兩使遣候へ共、先住ニ可聞抔申、今以不埒明、御條目之趣も有之、社僧・門前百姓も大勢之事ニ候へハ、何ソ事有之候節ハ、此方共世話ニ成候、

金剛寶寺拂木致す

金剛宝寺堂ノ前抔ニて拂木致候、六・七年以前ニも堂ノ當リニて數本拂木致候、ソウシテ此間も修覆之事申來候、屋祢板ニもスベキ∫也、右之事抔咄ス、

門の袖屛葦垣とす

又門ノ左右ノ袖屛之事申來候、多宮―ハ、門ゟ袖屛少ゝ御修覆ニ候由(ヨシ)、今ハ金剛宝寺カコイニ致候、葦(ヨシ)ニ致可然候ト申、よしかき（葦垣）の事也、

一、十一月廿八日、金剛宝寺返事、從是御挨拶可致由也、兩使ヘ右之通也、

*「御手洗百姓訳、去ル七月九日ノ処ニ訳有リ、」
*「金剛返事、」

一、十一月卅日、金剛宝寺返事、使僧不斷所、大聖院義ニ付、兩使被遣候、隠居共江も承、御挨拶可致候、遠方之事故、春中之儀ニ可致候、正月ニ成候へハ、御祭礼も有之候へハ、大聖院相應之留主居見立、御祭礼爲勤可申候、御届申候、

大聖院留守居相應の者見立てたく願ふ

返事、聞置候由―、

金剛寶寺へ尾形主膳伊藤求馬遣す

同日、大宮司申合、金剛宝寺ヘ兩使遣、尾形主膳・伊藤求馬、口上、先剋ハ御使僧、大聖院義、去年中ゟ之事ニて候、左様之事も御住職被成からハ、御心得ニて可有御座候、夫共御勝手次第、春中と御座候事ハ、へんくわん致候、近ゝニ御挨拶被成候様ニト存候、

兩使ニ金剛宝寺逢返事、先達而得御意候通ニ、御心得可被下候、遠方之事故、火急ニハ難成候、拙僧先住被申置候通申進候へハ、先格ニ相違スルト被仰聞候、然レハ聞合不申候へハ難成候、

〔十二月〕

*御手洗百姓の件

一、十二月六日、大宮司方ヘ手紙遣ス、然者、御手洗百姓之義、日外委細御物語仕候、貴様御相違も無御座候へハ事濟申候、左候ハヽ、其通リ追付、出府も致候間可申上候、思召之程承度存候、御報ニ被仰聞可被下候、

*大宮司多宮返事
*分地の節屋敷も分く

返事、日外御物語ノ御手洗百姓共之儀、被仰越候、其節及御答候通、古來分地之節、右百姓共之屋敷も分候様之様子ニ承傳、殊ニ貴様ニ右書付ハ御所持ト奉存候、私方ニも写有之候、右書付を見申候而ハ、屋敷も分地分明と存候、御手前様百姓と同様之筋之義とハ不奉存候、拙者存寄御聞可被成とニ候故、右

之通申進候、以上、極月六日　　香取上總様　　香
取多宮

「物申祝差許、」
物申右近遠慮差許す

一、十二月十六日、物申祝右近家(香取)督繼目不埒ニ付、去月
廿七日遠慮申付候、右差許候義、大宮司方へ相談ニ
申遣、立合許シ可申処、其元も御祭取込、此方も近
ゝ出府、仍而明十七日番頭右近召連兩所へ出、兩方
ニて可申渡相談也、無相違、

*「大戸出入濟訳、」

十二月十七日、物申祝右近、右呵差許、

*「物申事抔、」
御年禮に上總出足

一、十二月廿一日、御年礼ニ上總在所出足、廿二日夜五
時、江戸小川町四軒町旅宿ニ着、新川より雨降、御
番所廿石舟ニ而通、小網町舟上リ、大雨、甚難儀也、
一、十二月廿六日、御月番本多長門守(忠英)殿へ出御届、御役
人畑源兵へ、正月御用番青山因幡守(忠朝)殿へ御届、御役
人大野四郎右衛門被申候ハ、去年ハ多宮出入中故、
不勤候ナ、左様〳〵、正月五日ニ伺候様ニ〳〵、手
札出ス、

來ル正月六日

獨　　　下總國香取神宮
　　　　　　　大祢宜
　　　　　　　　香取上總
御礼
献上

御祓
鳥目　壹貫文
右
御三所様江御同様ニ獻上仕候、以上、

右之通、書付御兩所へ持參、尤鳥目ハ支配ノ者ゟ獻
上と申、

*百姓屋敷の儀多宮得心せざるゆゑ相濟まず

*末社社家別當出入は多宮懸り

*「鹿嶋支配人咄出ル、」

*公儀へ度々出づるは能くなし

*鹿嶋大宮司に成る者なし

同日、大岡越前守(忠相)殿へ出ル、寒氣口上〳〵、御役人
山本左右太へ申入ル、被出、去ル比永ゝ御苦勞奉懸、
首尾能被仰付難有ト御礼申上ル、又右之節下社家家
督繼目之儀、於在所多宮得心仕、證文爲致遠慮申付
相濟申候、御威光故ト難有奉存候、今一ッ百姓屋敷
之儀ハ、多宮得心不仕候故、相濟不申候、右之節申
上候末社社家・別當出入之儀も、私懸リニ而裁許仕
相濟申候、其以後又出入出申候、是ハ多宮懸リ、未
吟味中ニ而御座候、左右太(山本)被申候ハ、爲其ノ支配相
濟候か能候、無理スルハワルイ、急度申付濟スカ吉
シ、公儀へ度ゝ出候ハ能ナシ、鹿嶋ノヿハヒヨンナ
ヿト被申候、如仰候、氣毒成事ニて御座候、未支配
人不被仰付候哉、御役人大宮司ニ成者メタトアルマ
イ、數代之事ヒヨンナヿ、仰之通數百年來ノ血筋絶

鹿嶋殊の外損ず

香取の修理料少し
元祿年中御造營以來一度も御修覆願なし
江戸詰に難儀

一、屋敷ハはかれ申候哉、上總━━ハ、近比闕所ニ被仰付候様ニ承及申候、御宮殊外損申候、修理料も五・六百石御座候へハ、夫ニてハ修覆出來ソウナルモノ様ニ奉存候、私共ノ修理料少ニて御座候、元祿年中御造營以來、五十年余ノ間、一度も御修覆御願ニ不罷出候、第一私共江戸詰ニ難儀仕候、御役人ソウト手柄成事ニて候ト被申、其外彼是御咄致歸ル、

寛延三庚午年十二月　香取大祢宜上總實行五十九歳
嫡子　監物實香二十歳
次男　城之助行高十八歳

〔寛延四年正月〕

寛延四辛未年正月元日、晴天、三日共寒氣ハ強シ、

献上の御祓在所より來る

二日、西風、四日ノ夜献上ノ御祓、在所より來ル、

*香取上總願書

五日、青山因幡守(忠朝)殿へ高木丹治出ス、上總義、持病氣故、名代を以御届申上ル、尤旧冬差上候書付之通認差上ル、

御年禮

一、正月六日、朝六ッ時過登城、四ッ過御礼濟、御玄關迄若黨三人上下ニテ、内一人ハ下社家献上物、御玄關へ持上ル、鑓長柄・合羽箱等爲持、尤乗物也、後御老中廻リ、堀田相模守(正亮)殿・酒井左衛門(忠寄)殿・本多伯耆(正珍)守殿・松平右近將監(武元)殿・西尾隱岐守(忠直)殿・秋元攝津(但馬守カ)守(凉朝)殿、若――板倉佐渡守(勝清)殿・松平宮内(忠恒)殿・小出信濃(英智)守殿・堀田加賀守(正陳)殿・小堀和泉守(政峯)殿・戸田淡路守(氏房)殿、寺社青山因幡守(忠朝)殿・大岡越前守(忠相)殿・本多長門守(忠英)殿・

。酒井雅樂頭(忠恭)殿・小笠原石見守(政登)殿御側相勤ル、

水戸様へ御禮に出づ

一、正月七日、朝五時過、　水戸様(徳川宗翰)江御礼ニ出ル、御目見例之通御馳走有リ、

松平右京亮寺社御奉行仰付らる

一、正月廿五日、松平右京亮(輝高)殿寺社御奉行被仰付、御祝ニ出ル、

〔二　月〕

*御修理料の百姓大禰宜召仕ふべからざるを大宮司申す

一、未二月三日、大岡越前守(忠相)殿御用番出ル、御役人山本左右太、去年中兩品申上候内、一品ハ在所ニ而相濟、今一品ハ御手洗百姓ノ訳御願書付差上ル、

　乍恐以書付奉願候

香取大祢宜本屋敷之廻りなだれニ百姓六人、従古來差置、大祢宜役用ニ召仕申候、尤御修理料之田地所持仕候、然處去〻年三月中、大宮司方へ右百姓共召呼、書付申付候由ニ付相尋候処、大祢宜方江被召仕候趣之儀ニ候得共、私共無筆之者共、委細之文言等者不存候之由、嚴敷被仰聞候故、印形差出候由申候、仍之大宮司方へ承候者、拙者留主中、右百姓共ゟ如何様之義ニ付、書付被申付候哉と申達候処、大宮司申候者、右六人之百姓屋敷、御修理料江入候様ニ存候、御修理料四十石被仰付候節之御書付有之候、召仕候義有之間敷存候由申候、是者寛文十年大祢宜知行内御修理料ニ被仰付候節、四十石内分ヶ之帳面を以、此通リ御修理料

*四十石に百姓入るべしと大宮司申す
*寛文十年の帳
*大禰宜本屋敷幷に百姓屋敷の圖差出づ
人別御改に大宮司權威をもつて爪印さす
大宮司多宮得心せず

ニ被仰付候義にて、右四十石之田地者神領にて、百姓ハ勿論、他村之百姓も持添、年貢收納致し候、御修理料田地持候とて、屋敷迄も入り可申樣無之、左候へハ高も相増候、尤右百姓人別等も、従古來大祢宜領内一同差出申候之段、大宮司江申聞候へ共、得心不仕候、依之向後之异論ニ茂可罷成間、兩人ニ而可相伺申談候へ共、私勝手ニ仕候樣ニ申候、其砌者、大祢宜領内之屋敷源太祝(香取外記)奪取度申出候折柄故、右六人之百姓屋敷も取上度存念ニ相聞へ申候、去ル元文三午年、人別御改之節も、右百姓共、多宮方江致印形候樣ニ申付候処、従古來大祢宜方江差出候由申、承引不仕候ニ付、權威を以爪印爲仕候由、動も仕候へ者、事六ヶ敷申候、其分ニ差置候而ハ、向後异論之端ニも可罷成、迷惑至極ニ奉存候、内〻ニ而事濟申度、度〻旧冬も多宮方江申談候へ共、右四十石内分之節之書付所持之由申、得心不仕候、仍之御吟味之上、何分ニも被仰付被下置候樣ニ奉願上候、以上、

寛延四辛未年二月　　下總國香取神宮大祢宜　香取上總印

寺社　御奉行所

御役人――ハ、右田地大宮司百姓も持候哉、成程、所持仕候、又被申候ハ、多宮ハ四拾石入カラハ、百姓も可入と申候と聞へ候、寛文十年ノ帳ヲ出シ、是ニ屋敷ノ分ハ高引有之候、たとへハ此畑貳百文ノ夏成ノ処、百文ハ屋敷ニ引、殘リ百文ヲ御修理料ヘ納候訳ニ而御座候、大祢宜本屋敷幷百姓屋敷ノ圖ヲ懸御目候、御役人――今ノ百姓屋敷引候ハヽ、四十石之高引ケ可申候、成程此壹反何セ(畝)ト申候か、引ヶ申候、此六人之百姓、大祢宜百姓と申候書付ニ而も有之候哉、無之候、寛文十年、此内分ノ帳面を以、四十石被仰付候、屋敷ヲ入候へハ、高も增申候、此屋敷と申候ハ、往古ゟ之屋敷ニ而御座候、慶長年中、只今ノ屋敷へ、不勝手故引移申候由、御役人――大宮司ハ今以居候哉、左樣ニ而御座候、此市三郎と申候ハ、修理料ノ畑ニ罷在候、畑年貢納、自分勝手ニ而是ニ罷在候、外ニ私屋敷遣置申候、私百姓ニ而御座候、

一、大祢宜本屋敷・百姓屋敷ノ圖差上ル、新敷認、
一、寛文十年四十石御修理料ニ被仰付候書付写、

一、多宮旧冬ノ手紙、
一、明暦四年与一郎内分ノ帳、
一、寛文十年四十石修理料ニ被仰付候節、四人之名載候帳ノ本帳也、
右差上ル、同日伺書上ル、

*本社造營は公儀の御造營

香取上總伺書

乍恐口上書を以奉伺上候

長吉寺大禰宜忌中の別宅

香取大祢宜宅之儀、御祭礼・御祈禱公用相勤候処、殊外損シ申候ニ付、去々年建直申候得共、造作等未出來不仕候、就夫大祢宜知行内長吉寺と申候寺、大祢宜忌中百日之間、別宅仕候ために、先年ゟ建置、尤少々宛行をも遣差置申候、仍而旦那と申候も無之候、當分ハ右寺無住、私方ゟ留主居申付候、右寺内ニ杉木有之候内、拾本計大祢宜宅普請造作入用ニ遣ひ申度奉存候、併享保年中、右寺違背ニ付出入之節、御裁許ニ寺内竹木御本社御造營入用者格別、私我儘ニ伐採申間敷御文言御座候ニ付、乍恐奉伺候、以上、

*香取上總口上覺

長吉寺内杉木普請入用したく願ふ

寛延四辛未年二月　下總國香取神宮大祢宜　香取上總印

寺社　申七月鳥居（忠孝）伊賀守殿ヘ御手洗百姓ノ事御吟味也、

*大禰宜知行四十石與一郎方へ内證合力

御奉行所　此願書ハ大岡殿ゟ御附送ニ無之由也、

御役人享保年中ノ御裁許狀ノ写一覽、上總――ハ、御本社御造營ハ公儀之御造營、尤宮林有之候、ケ様ノ小寺ノ木抔遣候と申事ハ無御座候、此日願書・伺書共二通、其外數六ッ書付差上ル、明後五日伺候様ニ被申渡、

一、二月五日、伺ニ出ル、御役人――書付共御出シ、両品共旦那へ見せ候、六ヶ敷有之候、屋敷之圖被出訳、とくと可承候、明後七日四時出候様ニ――、
一、長吉寺々内之木願、御役人被申候ハ、少計ノ事願候ハヽ、卑劣之様ニ御役人被申候、夫故御附送無之哉也、
一、二月七日、大岡殿へ出ル、

口上覺　半切ニ認、

一、元和八年、大祢宜藏人并悴齋宮不屆有之、御追放被仰付、三十年大祢宜闕職仕候、
一、承應元年、与一郎大祢宜被仰付候処、家附之古書齋宮方ニ所持仕、相渡不申候ニ付、社中之者共取扱、齋宮妹を与一郎妻ニ仕、大祢宜知行之内四拾石、内證ニ而合力仕、其上浪人之齋宮密ニ知行内之屋敷ニ差置候由、与一郎病死後、与一郎後家并

*御修理料田地の百姓

合力高四十石御修理料へ仰付く

御修理料四十石大宮司百姓社僧百姓所持

*従前の御修理料は祭禮入用

右古書又齋宮方江引取申候、
一、寛文八年、大祢宜職大助、後ニ丹波被仰付候、同十年大助右齋宮所持之古書差返シ候様ニ仕度旨、御奉行所江奉願候処、齋宮被召出返候様ニ被仰付候処、違背仕候ニ付御追放被仰付候、此節合力高四十石ハ、御修理料ニ被仰付候、百姓屋敷之義者、右四拾石之外ニ而御座候、仍之如先規大祢宜知行内ニ而、人別等も取來リ申候、
一、右御修理料四拾石之田地者、大宮司百姓・社僧百姓も所持、年貢收納仕候、以上、

二月　香取上總無印　御奉行所も不書、

右書付御請取、御役人——旦那へ申聞セ候処、齋宮追放ナラハ、居屋敷も今迄所持スルハ不埒也、御役人被申上候ハ、圖ヲ出シ、此処ハ根元ノ屋敷之由、只今ハ御宮近所へ越候由、外ニも修理料有之候処、夫も其通リ、ソウニて候、今一應尋見可申候と申候、右口上書、段々訳申上ル、丹波別段ニ職分被仰付候十四才、大宮司ハ美作相勤十才計ノ時ニて候、國行事抔申社家致世話、古書不レ返齋宮立退候様ニ抔申、此節ハ他村ニ齋宮罷在候様ニ承傳候、与一郎義ハ、緣者故屋敷内ニ差置候様ニ承候、丹波義ハ、古書ニ付、不和ニ而御座候由、寛文十年ノ帳面、四十石被仰付候節ノ田地、持主〳〵ノ処へ、當時角右衛門ト有之、下へ新助ト付紙被致候、清七郎・治右衛門大宮司百姓、安兵衛・清右衛門大祢宜百姓ト付紙、圖ヲ被出、又二郎ト申候も、此右門ト申候も、屋敷内ニ差置候処、彼者勝手ヲ用、自分持分ノ畑へ引越、屋敷ニ其節もらい申候、如此屋敷ニ引ト有之候、又右門ト申候ハ、大郎右衛門也、是も屋敷出候へ共、帳ニ屋敷ニ何程引と有之候、居住難成場所故、私屋敷内ニ差置申候、御役人——ハ、其屋敷引越セハ不遣、ソツチノ屋敷ニ居ル故遣フカ、成程左様、此又与兵衛・又二郎ハ不遣カ、成程、是等ハ曾而遣不申候、とくと御呑込也、又一應可申上候、右又二郎・右門、訳ヲ御役人御書付也、又従是前ノ修理料ハ如何致候哉、三貫文有之候、是ハ申合祭礼入用ニ只今罷成候、左候ハヽ、其百姓も持主〳〵江可遣候ハヽ、成程左様、其趣も御書付也、彼是段々申上ル、
大祢宜元屋敷并百姓共居候屋敷圖ヲ致差上ル、夫を以御尋也、御役人、明晩方出候様ニ被申渡、

神領千石のうち百石大戸社へ分地

旗本衆領成るも百姓屋敷はなし

*金剛寶寺御朱印地にも百姓屋敷なし

大岡越前守多宮呼ぶ

*酒井雅樂頭碁見物

*井上因碩當時日本一

香取多宮書狀

一、二月八日、大岡殿へ出ル、御役人、とくと致了簡、此方ゟ呼ニ可遣也、上總――ハ、神領千石ノ内百石末社大戸ヘ分地仕候、其砌御縄打衆ヘ願、大戸村ニ而百石相渡申候、仍而香取村九百石ニ成候、其百石被召上候、只今御旗本衆領ニ成候得共、百姓屋敷ハ無之、神領ノ百姓耕作仕候、只田畑計ニ而候、此度ノモ左様ニ而、年貢収納ハ各別、其外被遣候事無之候、百姓屋敷ハ無之候、

一、二月十一日、達儀有之候間、今日七ッ時前可被相越旨越前守被申候、以上、

大岡殿ゟ也、則出ル、香取大宮司方ヘ御差紙、

尋儀有之候間、早〻可罷出もの也、

未二月十一日　越前御判　下總國香取 大宮司

右御差紙、藤七・与平治両人ニ二月十二日朝、在所ヘ差遣、尤多宮方ヘ書状遣、其文、

今日大岡越前守様ゟ貴様ヘ御差紙ニ而御座候、早〻差遣候様ニ被仰付候ニ付、御屆申候、

二月十三日、

大岡越前守様ゟ早〻可罷出旨、御差紙一通慥請取申候、以上、

香取上總殿　香取多宮印　　書狀之返事ハ別ニ來ル、

十五日晩方、飛脚之者歸、

一、二月十六日、大岡殿ヘ出ル、御役人左右太(山本)――、此間ノ御差紙多宮方ヘ差遣、則請取遣申候、差出見も不被致候、扨又在所社僧金剛宝寺別ニ二十石ノ御朱印、隣村ニ御座候、是も田畑計ニて、百姓屋敷無御座候、此間申上候末社分地も田畑百石ニ而、百姓屋敷ハ無御座候、御修理料四十石も其通りニ候、右之類ニ奉存候、御役人――ハ、多宮來候ハ丶、書付ニても爲致、とくと訳可聞候、

一、二月十八日、大岡殿ヘ出ル、伺候ハ、明後廿日無據義ニ而他出仕度候、御用之程難計奉伺候、御役人くり合可申候、ソウ致候様ニト被申、多宮も少遲ク出ル、逢フ、十五日出足之由、雨天故三日ニ而夜前着之由申、

二月廿日、酒井雅樂頭殿(忠恭)兼テ自分碁見物可被致旨被申候処、此日公儀ノ碁所井上因碩被召呼、當時打手中間ノ者、先ンニて打由、當時ハ日本一也、酒井殿居間書院ニて九ッ時ゟ夜ノ五ッ時迄也、石五ッ置候

*與一郎追放後の經緯上總存知せず

酒井殿碁弱し

*書付寫ゆゑ信用しがたし

*大岡越前守咽痛

大岡越前守不快

*前大宮司中務養母相煩ふ

而ト申候間、其通ニて不作勝ツ、二番目ハ負ル也、門入(人カ)も來ル、其外碁打來ル、其外ノ者共打、自分相碁有之申候ハ、四ツニてハ三番ニ二番ハ慥ニ勝候由申事也、碁所ニ三ツよりヲ手直リト云也、右碁酒井殿見物、何角と被仰候間、其ノ御挨拶致、碁打ニクシ、尤酒井殿碁ヨワク候間、永ク打候テハ見物退屈可被成と、急キ早ク打事故打ニクシ、尤酒井殿も門入(人カ)抔ト被打候事也、

一、二月廿四日、大岡殿へ出ル、御役人、昨日多宮も書付出候、上總｜｜ハ、如何樣之儀ニ而御座候哉、御役人、親子申合ル證文、夫ニ屋敷も載有之候、上總申候ハヽ、夫ハ寛文十年ゟ前ノ義ニ而候哉、成程前之事也、内分ノ節ノ書付写也、ドコゾニあの類本書可有之候、尤齋宮方へ遣候書付故、上總承及不申候、御役人一兩日中ニ可申進候、其節書付をも見セ尋可申候、旦那も不快、昨日評諚(定)所江も不被出候、右書付未爲見不申と被申、

〔三　月〕

一、三月節句、大岡殿(忠相)へ礼ニ出ル、

一、三月十二日、大岡殿へ伺ニ出ル、御役人旦那不快、何事も及延引、明日ゟ出勤被致候、二・三日中可申遣候、追放ニ成候へハ、其屋敷も上ル道理也、上總｜｜ハ、本屋敷ニ置候樣ニも申傳候へ共、跂ト致たる事無之候、御役人、其元も知間敷、左樣ニて候、上總、其書付と申候ハ、いつ比ノ事ニて候哉、承應元年ニ与一郎大祢宜被仰付候、夫以後之書付ニ候哉、其前ニハ可有之樣無之候、其節御吟味之上、内分之四十石帳面を以、此通リ修理料ニ被仰付候由ニ承及申候、御役人、書付も写故、信用難仕候、其内可申遣候と被申、

一、三月十九日、伺ニ出ル、御役人｜｜ハ、旦那又ヽ咽痛引込居申候、段ヽ御咄申、來月ハ祭礼有之段申、御役人其内余リ入組候事ニも無之候間、致吟味共、又ハ歸候共、とかく近日中ト被申、

一、三月廿四日、C(明)朝五時、達儀有之候間ト大岡殿ゟ｜｜、

廿五日、出ル、御役人、旦那も段ヽ快候、一昨日大宮司出候、中務妻養母相煩候由飛脚來リ、殊ニ來月四日・五日、大祭礼ニも御座候、兩人明候も氣毒ニ

存候、暇願候、五日迄ト申事也、被差歸候、上總も歸候樣ニ可致候、旦那も未出勤もセすと被申、上總━━ハ畏候、私義ハ悴神役相勤申候、御役人、ともかくもト被申、上總祭礼市ノ立候事、七日迄ニて候、大勢人寄申候間、火ノ元無心元奉存候、歸國候ハ、、八日ニ發足申合候而ト被申候、

祭禮に市立つ
*大岡越前守不快ゆゑ吟味成りがたし

〔四　月〕

上總旅穢厭ふ
*上總江戸發足

一、四月七日、大岡殿（忠相）へ出ル、私義於在所旅穢七日いとひ、神前江罷出候、左候へハ、ちとてきかね申候、罷下リ不申候、神役ハ悴━━、先御上ニも御全快━━、御役人晦日ゟ又引込申候、此間ハ快候、何トソト申候へハ、、多宮來候ハ、、早々ト被申候、何時迄之御暇願申候哉、七日比迄ト申候、二・三日中可着候、

多宮実母養母ともに相煩ふ
*「忠兵衛尋訳」

一、四月十六日、伺ニ出ル、御役人、旦那痛所段々快候、十八日ゟ出勤可被致存寄ニて候、多宮方ゟ小林伊織來リ申候、実母以之外相煩、養母も相煩、旁以今暫見屆、出府致度と申事也、被申渡候ハ、神用ニ付暇遣候、少も能候ハ、、早々出府致候樣ニと被申付候、

一、四月廿二日、伺ニ出ル、御役人、旦那十八日出勤之存寄ニ候処、十七日ゟ又々痛候、昨今ノ樣子ニてハ、近々出勤難成可有之候、多宮未出府不致候、近々宿ヲ呼、呼ニ不遣ハ成間敷候、彼是御挨拶申、

一、四月廿五日、御痛所伺ニ出ル、御役人、旦那咽痛、此間快候へ共、未五七日ノ内ニハ吟味も難成可有之候、左候へハ皆留候而も、心ニ懸リ申候、歸國可致候、呼ニ可遣候、其段宿へ可被申置候、致歸國候樣ニ、多宮未出府無之候、來候而も右之通五七日之内ニハ吟味も不出來候、懸リ之分皆差歸申候、

〔五　月〕

一、五月五日、江戸發足、六日朝歸鄉、大宮司義、四月廿八日出府、五月七日ニ歸宅、

一、五月九日、金剛宝寺使僧不斷所口上、旧冬大聖院義ニ付、許容之儀被仰遣候間、兩隱居へ承合候処、從先々許容と申義ハ無之候、御屆一通リノ由申候間、左樣御心得可被下候、
返事、承置候由、

○一、忠兵衛呼尋ル訳、五月十四日、年寄共立合、我去年

忠兵衛津宮村へ立退く
忠兵衛宿意あり

秋中ゟ津宮村江妻子引連立退候、此方江一應も不願、我儘ノ至リ也、去年源太祝(香取外記)出入相濟候、以來此方ヘ宿意有之ト見ヘル、右之通我儘致候而ハ、大勢ノ領分内ノ者ノ手本ニ成候、源次郎留主居ニ差置也、源太祝養子主計(香取)爲ニハ実父也、

*太平記能く見ゆ
忠兵衛作仕ると申す

忠兵ヘ申候ハ、立退ト申ニてハ無御座候、作仕候ニ、勝手ニ御座候故、此方江も時ミ見廻リニ參候、妻子も盆・正月抔ニハ遣シ申候、先祖元ヲ可捨様無御座候、又申聞候ハ、去年秋中ゟ此度も、旧冬ゟ半年ぶりニて江戸ゟ歸候ニ、逢ニも不來候、忠兵ヘ申候ハ、正月ハ御臺所迄參候、又申聞候、去年出入以來、不逢候者、忠兵ヘ申候ハ、懸御目候而も、御きけん(機嫌)ニも入申間敷と存候而不罷出候、又申聞候ハ、罪咎有之候而も事濟候而ハ消候、執心可有之様無之候、事濟ハはらつと改リ候、たとへおれニうたれ候共、來ル筈也、又実ナ心有之候へハ、不來共返シ候、其様成訳ハ、常ミ神學をも心懸候へハ、随分用捨致心付候、めたと邪心さしはさむへき様ナシ、竹馬故、此方ハ無如在心也、忠兵へ作仕候、勝手ヲ用候而、津宮へ罷越候、尋候ハ、左候ハヽ、ナセ此方へ不願候哉、願候而おれか合点ニ候へハ、誰か何ト云而も、かまい無之候、忠兵へ通ひニ仕候故、御役人中へも御屆も不仕候、尋候ハ、道遠キニも無之、如此ノ訳と役人共へ成共、一通リ可申候ニ無其儀候、心底不濟候、我大(太)平記抔能見、何もかもおれゟ合点ニて候、善惡了簡シテ見ヨ、又人ニも聞テ見よ、大藏(尾形)・主税(高木)申候ハ、盆・正月ハ妻をも此方へ遣候由、夫ハ此方江ハかよひニ遣候也、又大藏申候ハ、此方かかよひニて候、此方共左(佐)原村抔へ往、夜更候へハ、急キ歸候、勝手有之、被留候而も、此方無心元歸候、妻ト云カ家ノ体也、或ハ所ミ商人抔旅懸致、半年も先から先へ渡候而も、自分〳〵ノ妻宿ニ居歸候へハ、何ノ処ニても誰も何共不申候抔申聞候、

其後無調法之由申、年寄共へ訴詔(訟)ニ忠兵衛來候由ニ而、役人共兩度來ル、

*水戸様より御祈禱仰遣さる

△寛延四年末(未)五月十六日、從水戸様(徳川宗翰)御祈禱被仰遣訳、夜九ッ時御狀來ル、

大宮司方へ來リ、大宮司ゟ遣シ見セ、

*大御所様御不例

一筆令啓達候、

大御所様(徳川吉宗)先月ゟ少ミ御勝不被遊候ニ付、於其御社

*水戸よりの書状差遣す公方様より全快の御祈禱仰付らる

*御祈禱式去々年雨乞御祈禱の通り

*大宮司大禰宜御祈禱執行ふ

従
（徳川家重）公方様御全快之御祈禱被　仰付候間、早速御祈禱
取掛執行成就次第、御祓之儀者神職指添、道中早
追ニ而、江戸表江為致持参、着次第ニ水戸殿屋形
寺社方役所江訴出候様御申付、尤御急之儀ニ候間、
宜御取計御指登可被成候、恐惶謹言、

五月十五日　佐藤平右衛門
書判

香取
大宮司様

切紙

追啓、至極御急キ御祈禱之儀ニ候間、此書状参着
次第、早速御祈禱取掛、御執行成就次第、神職差
添、御祓早追を以、本文之通宜御取計可被成候、
以上、

又切紙、別紙、

猶々委細御答、剋付を以可被仰聞候、以上、
佐藤平右衛門

外箱ニ香取　大宮司様
御急、卯ノ下剋ニ出ス、
五月十六日ノ夜五ッ過、大宮司方ゟ使尾形主膳、右

水戸ゟ之御状差遣ス、只今如此、水戸様御役人中ゟ
申来候、御請ヲハ此方ニ而致遣候、御祈禱大旋度執行
致可然存候、
返事、水戸様御役人中ノ書状被遣致一覧候、則返進、
御祈禱之儀、明四時ゟ御執行可被成候哉、御左右次
第罷出、相勤可申候、御祈禱式、去々年雨乞御祈禱
之通、雨も降感應有之候、吉事ニ御座候、其通リ之
式可然候、両所ハ廻廊ゟ大床着座、祝詞惣神官、拝
殿――、
又大宮司ゟ使來ル、明日ゟ三日執行可然候、惣神官
江之觸、晝時と可申遣候哉、
返事、前々供物等ハ御供所江、両代官出用意致候、
其通可然候、尤明日ハ早速ニハ急ク供物出來兼可申
候、御酒・御供等計ニ茂致、弥明日ゟ惣神官ヘ觸之
儀ハ、御急之事故、明朝早ク四時ト申遣可然候、
五月十七日、四ッ時出仕、先東廻廊ニ着、大宮司西
廻廊着、夫ヨリ東西ノ玉籬ノ門ゟ大床ヘ着座、祝詞
執行、両社務ゟ献上之御祓二ッ、大床八足ノ机ノ上
ヘ備ヘ、惣神官ハ参籠所ニ先着座、夫ヨリ拝殿ニテ
祝詞一座、夫ヨリ御宮旋度、後拝殿ニテ十二座、祝

*申合せ通り出來ずと多宮申す
*香取上總書狀
小林伊織出足
*分飯司倅求馬出足
江戸への御祓相談す
御祈禱成就の上差上ぐと多宮存ず
先づ御祓獻上と上總申す
*先格に相違
*三日御祈禱執行

詞執行、尤供物中殿幣棚ニ供ル、奉幣執行也、

同日、御祈禱後、大宮司方ヘ使求馬(伊藤)遣ス、口上、今晩江戸ヘ御祓差上候ハヽ、可然候、兩方ゟ申合御祓御吉例之通、兩方ゟ差上候ハヽ、可然候、尤御祓ハ外箱ヘ――、香取宮御祓ト認、臺ヘ載可然候、遠路之事故、御代參之節、伊勢抔ゟ外箱有之、慰斗も慰斗箱ヘ入献上之由、イサイ及相談、

大宮司返事、此方ハ被仰付候事故、御祓致献上候、其元ハ御勝手次第ニ可被成候、此方ハ御祈禱成就ノ上ニ差上可申と存候、

又使求馬遣ス、御病氣之事、急ニ被仰付候事故、先御祓献上、跡ニ而御祈禱執行可然候、早ク差上候方可然候、名代ノ者江戸ニ而申合、差上候樣ニ致可然候、

大宮司返事、江戸ヘ參候而も、名代之者出候支度ニ手間取可申候間、申合候樣ニハ出來申間敷候、

又求馬遣ス、江戸ニ而支度、手間取候ハヽ、一日も二日も此方之者待セ候樣ニ可申付候、御祈禱之儀ニ候ヘハ、和融致可差上事ニて候、不相濟御挨拶ニて候、夫ヵ御好ニて候ハヽ、御勝手ニ可被成候、

返事、此方ハ早追ニ而遣候間、申合候樣ニハ出來申間敷候、

同日七ッ時、分飯司舍人(伊藤)倅求馬、御祓持出足、雨天、

同日夜、大宮司方より小林伊織出足、何も船ニて、

水戸樣御役人ヘ書狀遣、其文、

今度御祈禱之儀、被爲仰付候ニ付、則執行仕、先御祓奉献上候、此上猶御祈禱執行仕候、宜樣ニ御取計被仰上奉賴候、差急申候間、早ヽ得貴意候、恐惶謹言、

五月十七日　香取上總　書判

水野庄藏(尾形)樣

一、五月十八日、舍人主膳方ヘ申ハ、前ヽ供物兩代官御供所ニて相談致調進候、昨日も御供所ヘ出候処、其元ゟ御出シ、今日者アノ方ニて、用意可致申進候処、其方ニて御用意之由、上總ヘ爲申聞候処、左候ハヽ、出ルニ不及之由申候、出候而も無用候、出間敷段申聞ル、主膳申候ハ、今日ハ此方ニて丈夫ニ致用意之由申之、是も先格ニ相違也、

五月十九日、今日三日御祈禱執行也、三日ノ御祈禱之儀、大宮司ゟ三日可相勤旨申來ル、是迄　公儀ノ

御祈禱ニハ五日、又ハ一七日也、供物二・三、御膳其外例之通、

同日、大宮司使主膳、御祈禱後、今日致出府候、跡之儀万端頼ト申來ル、承知之由申遣、

一社へ仰付くるゆゑ御祓二つはならず

一、五月廿三日朝、求馬江戸ゟ歸ル、去ル十八日ノ夜七ツ過ニ水戸様江出ル、庄藏（水野）申候ハ、此方へ一社へ被仰付候間、御祓二ツハ神体二ツ有之様ニて候、尤家老中及相談候由ニて、御祓御請不被成候、求馬段々先格御吉例ニ而、兩人同様ニ差上候、先例之書付差上候へ共、御請不被成候、大宮司方ノ使伊織（小林）ハ、十八日ノ暮合ニ江戸着、水戸御屋敷へ參候由、殊外道中急キ、市川御番所日七ツ時通候由、求馬義ハ、少早出舟ニ〔候脱〕へ共、市川夜ニ入、惣メ出抜ニ逢候、申合候事ヲ大宮司ハ不好ヿ也、

*大宮司方御祓著すゆゑ大禰宜方ならず

申合すこと大宮司好まず

一、五月十九日、御月番青山因幡守（忠朝）様へ出、口上書持參之由、

伊藤求馬口上書

今般

大御所（徳川吉宗）様御不例ニ付、於香取御社御全快之御祈禱被仰付候之旨、

水戸様御役人中ゟ大宮司方迄、以飛札被仰越候、

仍之大宮司方ゟ爲相知申候ニ付、兩人申合御祈禱執行仕候、献上御祓之儀、如先格兩人申合差上可申段申談候処、拙者方へ被仰付候義故、拙者儀ハ献上可仕候、其元之儀者、御勝手次第ニ可被成候旨申越候間、然上ハ大祢宜方ゟも、神職之者差添可申旨申談候得者、大宮司申候者、早追ニ而差上候ニ付、間違も難計候段申之候、御大切之御祈禱執行仕候折柄ニも御座候、且遲滯之義も有之候而ハ、恐多御事ニ奉存、先任其意候、一社ニ付被仰付候御義ニ御座候得者、先格之通ニ可仕候処、右之通不承引ニ付、私義、早追ニ而大祢宜方ゟ之御祓持參仕、水戸様御屋敷江差上候処、昨晩大宮司方ゟ御祓致着候、然上ハ大祢宜ゟ差上候ニ及間敷候旨、御役人被申候ニ付、先格之通申上候（衍）候得者、御年寄中御評義之上被仰聞候ハ、何レニ茂此方ゟ難及挨拶候由被仰聞候、併先格御座候ニ付、私義、名代として罷越候義ニ御座候へハ、以來之例ニ不罷成候様ニ、大宮司へ被仰聞被下置候様ニ、追而大祢宜出府之上可奉願候、爲念申上置候、以上、

五月　　下總國香取大祢宜名代

伊藤求馬無印

例書覺

例書覺

元祿年中大地震の御祈禱

一、元祿年中、大地震之節、御祈禱被仰付候、其節大祢宜讃岐在府仕罷在候ニ付、於御奉行所御祈禱被仰付候之段、讃岐被仰渡候、仍之早速罷歸、大宮司申合御祈禱執行之上、兩人登　城仕、御祓差上候、

享保年中西國中國虫付の御祈禱

一、享保年中、西國・中國虫付之節者、寺社御奉行所御連名之御奉書兩人御宛ニ被成下、御祈禱被仰付候、此節兩人登　城仕、御祓差上候、但此節大祢宜義者、差合之儀有之候ニ付、名代之者登　城仕候、右之通從先々御祈禱御祓差上候御吉例ニ奉存候、一社ヘ被仰付候御事ニ、大宮司・大祢宜兩人ニ而差上候御事ニ御座候、以上、

一社へ仰付も大宮司大禰宜兩人差上ぐ

五月

因幡守殿(青山忠朝)御役人大野四郎右衞門出會、段々申上ル由、御役人――ハ、先格之処、尤ノ由被申、右書付御請取也、追付上總出府可申上候、同廿日、御暇ニ青山樣ヘ出ル、御役人對談、

*大禰宜上總在所發足

五月廿日、於江戸大宮司方ゟ求馬ヲ呼ニ遣、則參ル

*鹿嶋神宮寺も願ふ

処、多宮申候ハ、昨日水戸江出候処、鹿嶋神宮寺抔も願候由、上總殿病氣ニ致、其方ト手前一同ニ可願候哉抔申候由、求馬御奉行所ヘ出候由咄ス、求馬申候ハ、水戸ニ而庄藏申候ハ、一社ヘ被仰付候御祈禱ニて候由申候、多宮申候ハ、廿六日迄ハ致逗留候、上總殿御出府候ハヽ、御通達候樣ニ申候由、

同日、水戸庄藏方ゟ求馬方ヘ呼ニ手紙來ル、出候処、鹿嶋神宮寺も願候、青山殿(忠朝)ヘ願出候処、御差圖ニ而此方ヘ願出候、此方ヘ出入致付不申由ニて、公儀ヘ願候由、尤例書も致出候、昨日多宮ヘ右之段申談候得共、手前ノ相濟候間と被思、無沙汰も知不申と思、申遣候願申間敷哉、明日抔神宮寺否知レ可申候、聞候而可歸候哉、其元願見可申哉、其程ハ知レ不申候ヘ共、求馬申候ハ、被仰付候処、願候而献上仕候も改リ申候、庄藏申ハ、上總殿ニハ何レニも、此度之御礼ニ出府可被致候、成程、出府可仕候ヘ共、持病差起リも仕候哉、出府之存寄ニてハ御座候、私早々罷歸、上總出府可仕候、右水戸ヘ差出候書付も、公儀ヘ差出候も同趣也、水戸ニてハ御返シ也、

一、五月廿四日、上總在所發足、南風強、船中遲、木下

江四ッ半ニ着、廿五日、行徳ニ止宿、廿六日朝五ッ時、小川町旅宿へ着、其日書付認、

上總水戸様へ出づ

一、五月廿七日、水戸様へ出ル、水野庄藏出會、此度御祈禱被仰付難有仕合奉存候、御礼申上ル、庄藏――ハ、其元ニも御祓献上御願被成候而可然候、此間求馬江も其段申談候、上總――ハ、御祈禱被仰付執行、殊ニ先格有之候へハ、改テ御願申上候ニ及間敷義と存候、則例書前ニ記、段〻先格御座候事ニて候、庄藏――

老中堀田相模守より鹿嶋香取へ御祈禱仰付らる

ハ、堀田相模守様(正亮)御老中ゟ鹿嶋・香取江御祈禱被仰出候、誰と申事ニてハ無之、一社へ被仰付候、乍去此方領分ニてハ無之候へハ、社格此方ハ不知候、仍而大宮司一名ニ而申遣候、上總申候ハ、仰之通社法有之候、公儀へ差上候ハ各別、五・六年以前、御巡見御通之節、私留主ニてさへ兩名ニ而御祓差上ヶ申候、庄藏申候ハ、頭へ申聞候処、此方年寄共、此間打寄致相談候得共、右之訳ニ而何レ共挨拶難致候、例書も取返候、此間鹿嶋神宮寺も先例有之由ニ而、青山

水戸様へ願ふは青山因幡守御差圖

因幡守様へ願出候処、此方江願候様ニ御差圖故、御札献上、此間相濟申候、其元ニも青山様へ御願候ハ

社格寺社御奉行所にて存ず

ヽ可然候、其社格ハ此方不存候事、寺社御奉行所ニ而ハ御存候事故、御掛リ故、此方へ願候様ニ、御挨拶有之候へハ能御座候、尤ケ様ニ得御意候事、御沙汰ナシニ可被成候、上總――ハ、改テ願候道理無之と奉存候、それ共社格ハ御奉行所ニ而御存、コナタ様ニてハ御存無之ニ付ト被仰聞候段、御尤ニ存候、私義數年御出入仕候事、此先格例書を以、被仰付候様ニ仕度候、例書ニ虚も申上間敷候段申候得共、先青山様江被申候様ニ、青山様ニて右之通御挨拶ニ候へハ、夜中ニても不苦、其趣御出御申可被成候、水戸様江ノ例書ハ、寺社御役人御衆中と認、例書先ニ記、庄藏――御初尾も出申候、其元へ爲知無之哉、曾而存不申候、多宮へ御初尾も出候由被仰達、御礼ニ御廻リ可被成候、多宮壹人納候筈之事ニも無之候、先〻ノ格被尋候間、御宮御造營之節、遷宮料拜領、大地震之節、御初尾、西國・中國虫付之御祈禱之節、御祈禱料致相談、惣神官・私共ハ同様ニ頂戴ノ訳申述ル、

同日、堀田相模守殿へ御祈禱被仰付、難有御礼ニ出ル、

同日、寺社御奉行所御四ヶ所、此度御祈禱被仰付候、

*御祓大宮司献上するも大禰宜勝手次第は得心せず多宮黄金二枚拜領す

鎌倉神主三嶋神主と逢ふ

*先格の通り勤めたく願ふ香取上總口上覺

*香取上總口上覺

御礼ニ廻ル、大岡越前守(忠相)殿ニ而御役人山本左右太出會、御痛所御快氣被遊、恐悦之段申上ル、御役人、多宮此度御初尾黄金貳枚拜領仕候、罷歸惣神官江も申聞セ、兼テ上總申上候義ニ付候而之御用ハ、追而出府可致と申候間、ソウ致候樣ニト申候、其外彼是御咄申、

同日、青山因幡守殿へ出ル、右御屋敷近所ニて、鎌倉神主大友主膳(伴)ニ逢候処、御祈禱之義ニ而出府ト申、三嶋神主矢田部伊織ニも逢、此度御祈禱之儀、堀田相模守樣より宿次御證文ニ而被仰下、早速出府、大ニ騷キ、其請取差上候、御祓献上相濟候抔申、

一、青山殿ニ而御役人大野四郎右衞門出會、段々申上ル、願書二通・例書一通、以上三通差上、

乍恐奉願候口上覺

今般

大御所樣御不例ニ付、於香取御社御全快之御祈禱被爲仰付候之旨、水戸樣御役人中より大宮司方迄、以飛札被仰越候、依之大宮司方より爲相知候ニ付、兩人申合御祈禱執行仕候、献上御祓之儀、先格如御吉例兩人申合差上可申段、再三及相談候処、大宮司方江御宛ニ而御飛札被下候義故、大宮司義者、献上仕候、拙者儀者、勝手次第と申越申合之儀、得心不仕候、御大切之御祈禱仕候折柄ニ茂御座候、且遲滯之儀も有之候而者恐多奉存、任其意候、依之私義名代を以、御祓献上之儀、水戸樣御役人迄申上候処、先達而大宮司方より致着候間、大祢宜より差上候ニ及間敷候段、被仰聞候由ニ御座候間、名代之者爲念右之段、先達而申上置候御祈禱之御義者、一人江被仰渡候而も、一社ニ付被仰付候御事ニ御座候、從先規兩人申合、御祓奉献上候御義ニ御座候処、此度大宮司如何相心得申候哉、右之通不得心ニ付、先格違乱仕、迷惑ニ奉存候、向後御大切之御祈禱之御義ニ御座候へハ、猶以和融相談仕、先格之通相勤候樣ニ大宮司江被爲仰付被下置候ハヽ、難有奉存候、以上、

寛延四未年五月　　下總國香取神宮大祢宜　香取上總印

寺社
　御奉行所

乍恐奉願候口上覺

上總御祓獻上願ふ

*大野四郎右衛門へ委細申す

香取上總例書覺

御祓獻上の例

*大御所様御祈禱今日相濟む

今般

大御所様御不例ニ付、於香取御社御全快之御祈禱被仰付、難有仕合ニ奉存候、則大宮司申合、御祈禱執行仕候、御祓之義、先格大宮司・大祢宜同様（此処水戸江ハ両社務ト認、）ニ献上仕來申候、今般大宮司義者、先達而奉献上候、大祢宜献上之儀茂、先〻如御吉例奉献上度奉願候、被爲　仰付被下候者難有奉存候、以上、

寛延四年末〔未〕五月　　下總國香取神宮大祢宜　香取上總印

寺社

　御奉行所

例書覺

一、元祿十三辰年御宮御造營御成就之節、大宮司・大祢宜登　城仕、御　目見江被　仰付、御祓同様ニ献上仕候、

一、元祿年中、大地震之節、御祈禱被　仰付候、其節大祢宜讃岐在府仕罷在候ニ付、於御奉行所御祈禱被　仰付候之段被仰渡候、仍之早速罷歸、大宮司申合、御祈禱執行之上、兩人登　城仕、同様ニ御祓献上仕候、

一、享保年中、西國・中國虫付之節、寺社　御奉行所御連名之御奉書兩人御宛被成下、御祈禱被仰付候、此節兩人登　城仕、御祓献上仕候、以上、

寛延四年未五月　　香取上總無印

寺社

　御奉行所　切紙也、

御役人四郎右衛門（大野）江委細申上ル、可申上由ニて被伺被出、先達而名代求馬歸候節、水戸ゟ呼ニ來候由申候、如何之用ニて候哉、上總――ハ、定而上總出府可致趣ニ而御座候、御役人、先水戸へ被申候ハ、可然候、御掛リ之事故、上總申上候ハ、今朝御祈禱之御礼ニ水戸へ罷出候処、御役人被申候ハ、社格之事ハ、此方不存候故、其処ハ御奉行所御存之事故、因幡守様へ申上、アナタヨリ此方へ御掛リノ事故、願候様ニと御座候へハ能候、此段急度御奉行所へ申上候様ニトニてハ無之候、

又四郎右衛門被伺候、随分申聞候、今日　大御所様御祈禱被　仰付候分、皆今日切ニ而相濟、明日御暇時服拜領ニ而候、御快然被遊候、今少早ク候へハ能候へ共、今日之事ニ候へハ、出來かね申候、上總申

*水戸御屋敷へ往く
御祓獻上水戸様へ願ふやう求む

*大御所様御快然

上總遲參ゆゑ成りがたし

「△△御祓ノ義、如御吉例兩人申合可差上段、再應及相談候処、得心不仕候、然ハ大切ノ御祈禱ノ義、私ハ私一人ニ懸候と奉存、神人一躰ニ成、抽丹誠執行仕候事ニ候へハ、手貫・足貫等仕候事ニ心ヲ寄候心底ニてハ、中〻相勤リ不申候間、私ハ夫ニ不構、何トソ御全快ヲ専一ニ御祈禱仕候事ニ候と段〻申上ル、」

上候ハ、先例御吉例之欠候義、乍憚氣毒ニ奉存候、何トソ御掛故　水戸様ヘ相願候様ニ被仰渡候ハヽ、只今ゟ罷越、夜中ニ而も不苦ト被申候由ニ候間、參候而明日罷上リ候様ニ奉願候、御役人、三度被伺候而、其元遲ク候、先日名代之者歸候ト、折返しニ出府致候ヘハ能候、遲參ニ候間、今日切之処故、今日之事ニハ難成候、上總｜｜ハ、先格有之候処、社法ヲ乱候而も、仕當候様ニ存候、御役人、成程仕當申候、上總、左様罷成候而ハ、大勢之下社家支配も有之候、社法を私を以仕當候様ニ罷成候而ハ、此度ゟ相乱、私共神役相勤リ不申候、水戸様ニてハ社法之訳、曾而御存不遊事ニて候、御役人、多宮相談申合無之処ハ、追而多宮江相尋可申と被申候、其処ハ重而之例ニハ不成候、其処ハ　水戸様ニてハ不參候、御祓之儀ハ、

アナタノ御掛ニ而被仰付候事故、此方ゟ可申様無之候、御大（明）名ィノ事故、此方ゟハ難被申候、アナタヨリ御祈禱之儀ニ候へハ、何分可被仰付事也、殊ニ御快然之御事ニて候、余之事トハ違候、御吉事ニて候、書付共御請取也、右之外彼是申上ル、△△落

一、同日廿七日、暮方　水戸御屋敷ヘ往キ、庄藏ヘ對談、今日青山様ヘ出候処、多宮仕方不宜候、其処ハ追而急度御尋可被成候由被仰渡候、御祓ハ最早今日切ニ而、明日皆御暇時服拜領ニて候、　大御所様御祈禱相濟、御快然被遊候、遲候、　水戸様ヘ願候様ニ共申候事ハ、御差圖ケ間敷筋ニ而、御大（明）名ィノ〻故難成候、鹿嶋神宮寺事、爰元様ヘ御願、御指圖ニ而　水戸様ヘ參候由申上候ヘハ、夫ハ社僧求馬（荻生）鹿嶋大祢宜也、召連テ出候、夫トハ其元ノハ違候、尤委細申上候、大御所様御快然御吉事、外之事と違、惡敷事ニてハ無之、御吉例之事故、　水戸様ニ而何分ニて被仰付、ソウナル〻ト御役人中被申候ト申候ト、段〻申候へハ、落申テモ御三家御大明之御事、此方ゟ申候而ハ、御差圖ニ成候間、難申上候、何分アナタニて御取計出來、ソウナル〻ト有之候ト、く（繰）リ事ニ庄藏へ咄ス、庄藏左候ハヽト申、頭中村彦三郎江右之段申候へハ、彦三郎御年寄衆ヘ被參相談候処、明日年寄衆相談致見可申候由、則例書も差出、又明日青山様ヘ參、水戸ニ而年寄衆相談被成見可被申候由躰ニゟ、大野四郎右衞門迄通達可有之事も可有之候、左候ハヽ、宜様

ニと申事、申上置候様ニと庄藏申、

庄藏申候ハ、此方ハ社格不存候故、一名ニ而遣候、其節之請ニ致、兩名ニ遣候ヘハ能候、上總――ハ、十六日晩方御飛札到來之由、私方江ハ夜更四ッ前、私寤リ候ヘハ、御狀遣見セ候、尤御請候ハ致遣候由申來候、仍而余ノ御祈禱トハ違、早〻明朝惣神官ヘ觸、上ノ御祈禱ハ式有之、重執行仕候、供物も急ニハ間ニ合申間敷間、先開闢ハケ様ニ被致可然候、其外彼是及相談候段咄、

*多宮社法亂す

上の御祈禱は式あり

青山因幡守へ出づ

一、五月廿八日朝五ッ過、青山因幡守殿ヘ出ル、御役人四郎右衞門出會、昨夜水戸御屋敷ヘ罷越候処、ケ様〳〵之事ニて御座候、今日ハ年寄中相談可被致由ニて御座候躰ニゟ、御通達御座候事も可有御座候、此段申上置候ハヽ、可然候由ニ御座候、御役人被申候ハ、夕部旦那も噂ニて候、多宮ハ濟、上總ハ不濟、何トソ其元も差上候様ニ致度と被存候ヘ共、水戸様ヘ申候事ハヽ、御差圖ケ間敷聞ヘ、御三家之事故難成候、自分抔もとうぞと存候事ニて候と被申候、上總御意ニて御座候哉、成程と被申候間、扨〻難有仕合ニ奉存候、謹テ申上ル、相濟同前ニ難有奉存候、御役人御通達御座候ヘハ能候、扣候様ニ被申、又被出申聞候、挨拶ハ無之候、御通達有之候ヘハ能候、承置候由――、

*水野庄藏書狀

御三家の事ゆゑ御祓なりがたし

相濟同前とす

今朝、青山殿ニ而御役人ヘ申候ハ、多宮社法ヲ乱候而、首尾能候ヘハ、大勢之神官支配、皆〻夫ヲ手本ニ仕、此度ゟ相乱可申、氣毒ニ奉存候、且御吉例之欠候儀、乍憚氣毒ニ奉存候ト申候ヘハ、御役人、成程御吉例之欠ルト申ハ、上江對スルヿ、其元ニてハ無之候、尤成義と御申候、水戸様ゟ御通達も御座候ハヽ、何分ニも宜様ニ被仰上被下候様ニト申候ヘハ、相心得候由御申候、右之段も水戸ニて庄藏ヘ咄候、

一、五月廿八日、水戸様寺社下役水野庄藏ゟ手紙來ル、其文、

昨晩御差出候例書を以、及御相談候処、　公儀ヘ御願ハ不被差出候共、此方江ハ御願書被差添候而、御出不被成候而ハ、御相談も難被成旨ニ御座候間、

今般

大御所様御不例ニ付、於社中御祈禱執行仕候間、如先格御祓何とそ御差上ケ被成度旨、委細御願書

御祓願書持参すべし

御認、今日中拙宅迄御持参可被成候、以上、
尚〻夜ニ入候而も不苦候、御持参可被成候、以上、
委細承知ノ趣及返答候、

*御初尾御禮の件

同日晩方、願書持参、水戸御屋敷へ罷越、庄蔵頭右願書請取、明廿九日八(ツ脱カ)前出候様ニ、御城使毎日此方ゟ出候、九ッ半頃帰候間ト申候、㝡早遅有之候間、相済申間敷候哉と庄蔵申候、上總――ハ、今朝青山様ニて御役人御咄之趣ニてハ、左様ニモ有之間敷哉と存候、庄蔵――ハ、此間願書被出間敷と御申候、御祓上度と申候ハ、願候道理ニて候、願書無之候而ハ、年寄共相談難出來之由申候、上總御尤成御事ニて候、

願書なくば年寄共相談しがたし

私ハ爰元様御留ニも大宮司ハ不願、私ハ相願差上候ト御座候へハ、向後ノ例ニ罷成候間、被　仰付御祈禱執行仕候上ハ、御祓ハ願候ニ及間敷存、右之段申上候得共、青山様ニ而追而御尋可被下と被仰渡候、

*御祓献上書付急ぎ出づるやう申す

其節訳相立候ハヽ、又爰元様江御願御留書をも御直被下候様ニ可仕と了簡致、願書認参候由申候、

*香取上總口上覺
御初尾一社へ下さる

庄蔵――ハ、御初尾多宮ゟ沙汰無之候哉、無之候、多宮方へ達シ、御礼ニ廻リ可然候、一社へ被下候ニて候、

五月廿八日ノ夜、大宮司方へ使孫大郎(高木)、取次伊織(小林)、御祓首尾能献上被成、今日御暇時服御拝領ノ由珎重ニ存候、然者　水戸様御役人中ゟ被仰渡候ハ、御初尾も渡リ候、其元へ相達シ、御礼ニ廻候様ニと被仰渡候、其元ニてハトナタ〳〵江御廻候哉承度候、大宮司返事、今日御暇時服拝領致大慶候、御礼御老中・寺社御奉行所・水戸御家老中、孫大郎取次方へ御初尾之御礼ニハト申候へハ、伊織大御老中・寺社御奉行所ト申事也、

一、五月廿九日、水戸様へ出ル、先頃御初尾拝領仕、難有仕合ニ奉存候由、御礼申上ル、御役人中迄宜ト申上ル、此間被仰聞候間、大宮司方へ夜前申達候処、庄蔵尋候ハヽ、多宮請取候と申候哉、上總いやケ様〳〵ニ挨拶仕候段咄

庄蔵申候ハ、役人共申候ハ、御祓献上ヲソナワリ候訳書付被出候様ニ申候、急ニト申事也、尤庄蔵文法ノ好も有之候、則水戸御座敷ニ而硯箱出、相認上ル、其文、

乍恐口上覺

*青山因幡守へ出づ

香取は両社務銘々にて御祓献上が御吉例

*上總と多宮不和

*上の御祈禱重く執行ふ

此度御祈禱之儀、香取大宮司一名ニ而　水戸様御役人中ゟ被仰付候へ共、私共相談仕、先格之通、御祈禱執行仕候得共、一名ニ而被仰付候故、御祓献上之儀者、大宮司一人と相心得、先達而多宮献上仕候御事と奉存候、然処香取之儀者、両社務ニ而、銘〻御祓献上仕候御吉例ニ御座候間、此度出府仕御願申上候故、御祓献上延引仕候、尤青山因幡守様江社格之訳、委細申上置候、畢竟　水戸様於御屋敷者、両社務之訳御存不被遊候故、大宮司一名ニ而御状被遣候御義と奉存候、右之訳故、私御祓献上之儀延引仕候、右之段御尋ニ付申上候、以上、

未五月　　大祢宜香取上總無印

無宛

庄蔵申候ハ、御願書留リ候趣宜有之候、右ハ上カラノ御尋之由庄蔵申候、上總、御上と申候ハト尋候へハ、如何様御老中ソウニて候、此文ニて能候由役人共申候、明九ツ半時被参候様ニと被申渡候、

庄蔵申候ハ、御初尾之儀ハ、一社へ被下候事也、御礼之事、此方年寄共江ハ、此度之事済候上ヵ能候、外様江ハ青山因幡守様江伺候而廻候様ニ可致旨申之、

同日七ッ過、青山因幡守殿へ出ル、大野四郎右衛門他出ニ而、下山治部左衛門出會、水戸様御役人被仰聞候ハ、此度御初尾之儀出、多宮へ相渡候、是ハ一社へ被下候、多宮へ達シ御礼ニ廻候様ニ被仰渡候間、多宮へ申達、今日　水戸様へ御礼ニ罷出候、外様江ハ青山因幡守様へ伺候而、御礼ニ出候様ニ被仰聞候、御役人下山（治部左衛門）、多宮へ如何申候哉、ケ様〱ニて、シカ〱挨拶も不仕候、此間之儀、自分掛リニ無之候へ共、承申候、各不和故之事、出來ぬ事ニて候、名代杯ヲ差出、早〻出府も可致事ニて候、遅キ事ニて候、上總申上候ハ、御察當御尤ニて候、水戸様御役人ニても、此方より書状遣候請、両名ノ請ニも可致事也と被申候間、去ル十六日日暮比御飛脚着候由、私方江ハ夜更四ッ前ニも可有之候哉、御状遣候、乍憚ふせり罷在候、御状一覧仕、是ハ急ニ被仰付候御様躰ノ程も、如何と奉存、明朝早〻御祈禱取懸候様ニ、上ノ御祈禱ハ、先〻ゟ式（間敷）御座候テ、重ク執行仕候、供物等ハ悉クハ出來可申候、開闢ハ略候而も早ク取懸、惣神官江も觸、勤方等委細及相談、十七日

*正直素直なるが御祈禱

神人一體にて御祈禱申上ぐ

相談するも多宮得心せず

多宮は早く献上上總は献上出來兼ぬると申す

*多宮へ御禮に廻るやう申聞さるべし

上總頭痛押して出府

*多宮仕方宜しからず

神人一體となり萬事忘れ祈らざれば感應なし

ゟ執行仕候テ、先御祓献上可然候、跡ニて随分執行可仕候ト相談仕候、早ク出府可仕処、先御祓差上ケ、跡ニて随分万事打忘、御大切ノ御義ニ御座候間と存、存候たけニ御祈禱執行仕候、万事ヲ忘、神人一躰ニ罷成、御祈禱申上候ニて無御座候而ハ、御感應ハ無御座候御事と奉存候、手貫・足貫ノ心ニてハ、中ヽ御祈禱不勤候、先格如御吉例銘ヽニ申合、御祓献上可致段、再三及相談候得共、多宮得心不仕、御祓差登候由承候間、私も名代を以差上候処、大宮司方早ク御座候而献上、私方ハ献上出來兼申候、名代之者罷歸候トとたん位ニ、私も出府仕候、御祈禱之儀、私壹人之様ニ奉存、随分出精相勤候故か、少ヽ持病ノ頭痛氣ニ罷在候へ共、押候而出府仕候処、道中二日路ニ候処、風絶船中滯、三日ニ着仕候、乍憚重キ御祈禱執行仕候ニ、彼是と手貫・足貫仕候様之心底ニてハ、幽妙之神慮ノ感應御座候事トハ不奉存候へハ、万事打忘、御祈禱執行仕候、他ヘ心ヲ寄候事ニてハ、中ヽ御祈禱ハ難成候、随分神人一躰ニ成、万事忘のミ、いのり(祈)感應奉願候事ニて無之候而ハ、御祈禱ニてハ無之ト奉存、相談不得心ニ御座候間、御祈禱之砌、任其意候、私義ハ少ヽ間違有之、御呵ヲ得候共、只御祈禱専一ニ御全快候処ヲ第一と執行仕候、下山――ハ、成程、正直スナヲ成ル処、取もアヘス、則ソコカ御祈禱ナリト被申候、扣候様ニ被申候ニ付、御初尾頂戴、御礼ニ罷出候御伺之段申上候、御役人、御伺候上御意也、被仰聞候ハ、御初尾ニてハ無之、御祈禱料也、一社ヘ被仰付候事故、御礼ニ多宮一同ニ廻リ可申候処、程過候間、先達而御祈禱料頂戴難有奉存候、病氣ニ罷在候故、御礼延引仕候ト申、御老中御仲間可廻候、多宮へも一社へ被下候故、御礼ニ廻候様ニ被仰付候段可申聞候、

御祓献上之儀者、水戸ゟ御通達如何様ニも可有之候、多宮仕形之訳ハ、追而ノ事ニ可致候と被仰渡候、落、水戸様ニ而御役人被申候ハ、多宮仕方不宜候故、此方も此様ニ、彼是ト致世話候、多宮故ニて候、此間多宮來リ申候ハ、私無念ニも可罷成哉と申候間、其段ハ難計候、其元申合ザル事不宜候、能無之候ト被申聞候由被申候事ニて候ト下山へ咄申也、

水戸様へ昨日差上候願書、幷今日御尋ニ付、御座敷ニ而認差上候書付候扣差上ル、下山御請取也、　水

戸様ニて先達而願書差出候様ニ、御役人衆被申候間、私申上候ハ、奉願間敷候、改願可申様無御座候、先格ニて被仰付御祈禱執行仕候上ハ、御祓差上可申事ニて候、大宮司ハ不願差上、私ハ願候而差上候ト申例ニ成候得ハ、御留ニも左様御座候而ハ、迷惑ニ奉存候、格ニ罷成候間、奉願間敷ト申上候処、昨日願書不差出候テハ、年寄共相談可致様無之候と被仰聞候間、私も了簡仕候而、社法乱候段ハ、青山様江申上置候間、定而追而御紀被遊可被下候へハ、其節ニ至、又御願御留書をも御直被下候様ニ可仕ト存、右之段申上願書差上候、下山被申候ハ、何ニても先願書不差出候テハ、手かゝりなくいかぬ事也、先濟ヵ能候ト被申候、又下山被申候ハ、今日十人計歸國之屆ニ、何も來候処、何も被歸候、其様成訳ニても有之ト見へ、多宮儀ハ用事有之由ニ而被留候、定而旦那存寄有之ト相聞ヘ候ト被申候、

＊御祈禱料拝領

＊御祈禱料拝領御禮に廻る願書差出でざれば手懸りなし

願書等差出づ

今日願書并二通扣差上候、但願書ハ前青山殿ヘ差上候同趣也、失念也、水戸様へ昨日上候ニ付、今日之御尋書ト二通ヲ、如此水戸ヲ差上候ト申差上ル、何も前ニ記、

御祈禱料之御札ニ、明日廻リ可然候由、下山被申候、

〔六　月〕

一、六月朔日、大宮司方ゟ使伊織(小林)、取次孫大郎(高木)、口上、此度御祈禱料致拝領候、昨日可申進と存候処、延引候、爲御知申候、

返事、御祈禱料御拝領之段、爲御知致承知候、私も昨日青山因幡守(忠朝)様江伺候処、一社ヘ被下候故、御礼ニ廻候様ニ被仰付候、従是右可得御意存候処、幸と御使ヘ申進候、

同日、御老中堀田相模守(正亮)殿・酒井左衞門(忠寄)殿・本多伯耆守(正珍)殿・松平右近將監(武元)殿・西尾隠岐守(忠直)殿・秋元但馬守(凉朝)殿、寺社御奉行所松平右京亮(輝高)殿・青山殿・大岡(忠相)殿・本多長門守(忠英)殿御礼ニ廻ル、口上、先達而御祈禱料頂戴仕、難有奉存候、病氣ニ罷在候故、御礼延引仕候、

一、六月朔日、水戸御屋敷ニ而庄藏(水野)申候ハ、今日多宮も來候、上總申上候義ニ付、御用御座候由、御奉行所ゟ被仰渡候と申候間、此方ゟも留申度候故居候、歸候ハヽ、爲相知可申段申聞候、アレハ多宮書状ニ、猶

大宮司方と大禰宜方一夜違ひ

*水戸様へ出づ

*青山因幡守へ出づ

多宮方書狀日付相違

在所へは二日路

〻ニ成共、上總も先格上ヶ來候間共、申來候へハ能候、多宮方ノ伊織ハ、十八日ノ暮方ニ此方へ來候、其元ノ求馬(伊藤)ハ十九日ノ朝六ッ時來候、一夜違候、多宮申候ハ、上總方ノハ私方ゟノ飛脚ゟ早ク出舟致候ト申候、上總申候ハ、左様ニハ有之間敷候、再三申合候儀申遣候へ共、得心無之、早追ニ而遣候抔、専沙汰御座候を承差遣候事故、私方ノハ遅ク可有之候、庄藏――ハ、陸ヲ來候由、求馬も同様ニ候ハヽ、同時ニ可參候、求馬も陸ヲ參候ハヽ、同時ニ可參候、其元ノ書狀之日付ハ十七日、多宮方ノハ十八日ノ日付、上總――ハ、多宮方ノ日付相違ニて候、十七日御祈禱過候而、伊織出府之沙汰承候間、私方ノヲモ差遣候、在所江ハ二日路、廿二里御座候処、十八日ノ日付十八日ニ出、其暮方日付ニ着可致様無之候、殊ニ其節大風雨ニ御座候ト、大宮司方ノ御祓ハ、十九日朝四ッ半時献上、求馬ハ十九日ノ朝六ッ時水戸屋敷へ參候由、其節神休(體)二ッ之様ニ抔ト申、又ハ年寄共致相談候へ共、上候か能共、悪敷共不被申抔、求馬方へ申候由也、又庄藏――ハ、御兩人共被呵可申候、御祓濟シ申度候、御祓不濟候ハヽ、多宮方御呵、強可有之候、今日も上ゟ御察當有之、不濟候、明日今時參候様ニと被申候、

一、六月二日、水戸様(德川宗翰)へ出ル、相濟候由被仰渡、明日登　城御祓致献上候様ニ、尤青山因幡守様ニ而伺、御礼ニ廻候様ニ被申渡候、尤多宮ハ先御祓差上候事故名代也、鹿嶋(荻生)抔も求馬登城ニ而差上候、水戸ニ而庄藏――ハ、晩方御祓、此方へ持參可被致候、年寄共一覽致候事也、尤長持江入候而ト申事也、

同日八(ツ脱)時、青山殿へ出ル、御役人下山治部左衛門出會、今日御祓献上之義、明日登　城献上仕候様ニ、水戸様ニ而被仰付候、難有奉存候、御礼ニ何方様へ伺公之段伺候様ニ、水戸様ニ而被仰渡候、則御役人被伺候而、一段と被仰渡候、致獻上後、御礼ニハ御仲間様へ廻候様ニ御礼也、御届也、御役人――ハ、是ハ御伺候事ノ由、重キ事成と被申候、将又、明八半時參候様ニ被仰渡、奉畏候、多宮も出候、上總申上候ハ、右之通之訳故、少〻遅ク可申事も難計奉存候、水戸様江右御礼ニ出候様ニ被仰渡候、夫ゟ御仲間様、水戸ニて候、御家老中御礼ニ廻候様ニト御座候御事、

下候、
下山(治部左衛門)七ッ比迄ニて能候、左候ハヽ、左様御心得可被

御祓水戸屋敷へ持参

同日晩方、御祓長持江入、水戸御屋敷へ持参、則庄藏長持ニ付、寺社役中村彦三郎江見セ、夫ヨリ寺社奉行、其外年寄衆へも見候由、庄藏帰候而、役人共へ見セ候処、何も能候ト申候、此間鹿嶋求馬抔ハヽ、

鹿嶋三度仕直す

臺悪敷三度仕直候由也、庄藏――御城ニ而此方ゟ出候、御城使出會可申候、被相尋候様ニ、尤サドウ頭へ渡リ、夫ゟ御側衆を以、
上覧、直ニ御側衆を以　西ノ丸江被　進候由、殊外重キ事ニて候由、仍而水戸ニても臺慰斗迄も、殊外御吟味之処宜候由、何も被申候由也、

大禰宜上總登城し御祓獻上

○六月三日、朝五(半)時登　城、乗物ニ而鐺・長柄曇故御城迄、中口也、持セル、合羽箱六尺ハ四人・若黨三人、獻上物ニ壹人付麻上下、尤水戸ニ而庄藏――ハ、鹿嶋求馬ハ狩衣ニ而登城、狩衣ニても、長上下ニてもと申候、上總急候事故、出來合申間敷候、半上下ニて無之候ハヽト申、尤差圖有之、御祓長持へ入、御城ノ中ノ口ノ縁ノ上へ長持ヲ置、ソコニテ蓋ヲ取明ケ、上總自身持、蘇鉄(ソテツ)間ニ御祓ヲ前ニ置着座、右長持ハ

蓋ヲ明、才料ヲ付返ス、坊主衆土田友巴出申候ハ、水戸御城使佐野孫兵衞御祓獻上之由申候、知人ニ成、献上ニ書付入申候、手札御差出候様ニ申候間、則下總國香取――、例之通認差出ス、右着座ノ御廊下ノ口迄袴・羽織着候衆呼候間、往候処、中口ノ御番人ト哉覧申若黨兩人被連候者、何方江も御届候哉、又御小人目付之由ト哉覧申、長柄持候ハヽ、何方へ御届候哉抔尋候、上總申候ハヽ、先格ニて候、御朱印千石御寄附被遊、大社之事、殊ニ大將軍ノ御元祖、武祖神毎年年始ノ御礼、御　代替之御礼、毎度ノ格ニて候、イツモ従御玄關上リ申候、此度御祈禱之義、水戸様ゟ被仰付、御差圖ニ而罷上リ候、右之通及挨拶、其後無沙汰也、
四ッ過ノ比、水戸御城使佐野孫兵衞來リ、知人ニ成、則坊主衆來リ、手札ヲ好、下總國香取神宮――、御祓請取申候、(佐野)孫兵衞帰候様ニ申候間、則帰ル、夫ゟ寺社御奉行所御礼ニ廻ル、今日　御祓首尾能献上仕候、難有奉存候、同日、

*寺社奉行へ御禮に廻る
*水戸様へ御禮に出づ

水戸様へ御礼ニ出ル、御殿ニて庄藏へ申、寺社役中村彦三郎出、御礼申、御屋敷内御家老太田下野守・

*上總名代差登す

水戸様より堀田相模守へ相談す

青山因幡守へ出づ

*和融すべしと仰せらる

御祈禱相談にて相勤むも御祓相談するも多宮得心せず

水戸様より一名にて仰付くと多宮申す

朝比奈弥太郎・加藤八郎大夫、若年寄白井伊豆、寺社奉行門奈三右衞門、御用人石原兵藏・飯田清兵衞・平尾弥藏、御城使佐野孫兵衞、寺社役中村彦三郎・庄藏へ廻ル、今日御祓首尾能献上仕難有由申、

△此度御祓之儀、先達而香取ノ御祓獻上相濟候、上之事故、殊外重キ事、御伺之上之事候由、　水戸様ゟ毎日堀田相模守様へ御相談之様ニ被伺候、遲ク候訳、如何様御察當御座候由也、

△同日三日、青山因幡守殿へ出ル、多宮も出ル、青山殿御直ニ被仰聞候ハ、

（德川吉宗）大御所様御不例ニ付、御祈禱被仰付候処、多宮ハ先達而上ケ、上總ハ名代ノ者差出、無相談之由、申合候而献上可致候処、無其義候、急度可申付処、此度御悦之節故、其分ニスル、向後申合候様ニ和融可致候、上總申上候ハ、御祈禱ハ相談ニて相勤申候、御祓之儀、三度迄相談申合ヲ仕候得共、多宮得心不仕候、御祈禱料も漸一昨朝爲御知申候、惣而無相談ニ御座候而迷惑仕候、多宮申上候ハ、私一名ニ而　水戸様ゟ被　仰付候間、相談（衍）相談仕候へ共、私ハ献上仕候段申聞候、青山殿被仰候ハ、　水戸殿ハ社格之訳御存無之候、多宮申上候ハ、上總ハ十七日ニ名代之者差登セ候間、私ハ一名ニ而被仰付候間と存、急キ跡ゟ差登セ申候、上總方早ク遣候、青山殿、御祈禱之事故、早キハヨキハ、早ク可遣筈也、上總も訳立献上シタハ、始申合スレハヨイハ、上總も名代遣、遲ク出府シタハ、上總申上候ハ、隨分ト御祈禱仕、名代之者罷歸候ト、不快ニ乍憚罷在候得共、早速發足仕候、道中大風ニ而、二日路三日ニ着仕候、少〻延引仕候、多宮、とやかく申上候、御役人、和融セヨト御意之上ハ、申事無之候、上總、今日御祓献上仕、難有奉存候、向後和融メ勤ヨ、上總難有奉存候、夫ゟ御別席ニ而御役人下山治部左衞門へ多宮申候ハ、一名ニ而被仰付候事ニ御座候へハ、上總ト一同ニてハ水戸様へ對シ如何と奉存候、上總申候ハ、アノ通ノ心底ニてハ和融ト被仰付候而も、中〻和融難仕奉存候、御役人、御祈禱ハ相談ニ而勤、水戸ニてハ社格ハ御存無之候ハ、多宮色〻ト申、御役人、左候ハ、上總方へ一名ニ而被仰付候ハヽ、其元ハダマツテ居ヨウカ、大宮司ジヤト云テダマツテ居マイ、ヲトナシクナイ事也、多宮無言也、急度可被及御沙汰ニ候

へ共、御悦之砌故、其分ニト被申、和融致候様ニと被申候、上總難有奉存候由申上ル、

役所へ麻上下にて出づべし

△御役人、多宮方へ平服ニて候、役所ゟ呼ニ遣候ニ、何茂ハ大社之事、如何様之用事之程も知レ不申候、平服ニて出候事有之間敷候、其元ゟ出候時ハ各別、此方ゟ呼ニ遣候節ハ、麻上下ニて出候様ニ旦那申事也、

*時服下さる

歸國致候様ニト被申渡候、

上總ハ明日八ツ時伺候様ニト被申候、

青山因幡守へ出づ

一、六月四日、八時青山殿へ出ル、御役人大野四郎右衞門出ル、御祓献上仕、難有仕合ニ奉存候、且昨日者御直ニ向後申合、和融仕候様ニ被仰付、難有奉存候、右之段何分ニも宜御序之節被仰上奉願候、大野へ御祓献上後、始テ逢候故、右之通御礼申、御書付出ル、

香取上總明五日朝五半時、御　城江可被罷出候、

以上、

*時服拜領の作法

御役人拜領物可有之候、其心得ニ而と被申候、奉畏候由申上ル、

水野庄藏へ手紙遣す

同日、水戸様下役庄藏へ手紙遣、昨日多宮兩人、青山様ヘ被召候由申候へハ、左候ハヽ、趣承度候由ニ付、多宮少〻御呵ニ而、向後和融致候様ニ被仰付、相濟申候段、手紙ニ而申遣、

*上總登城

○一、六月五日、朝五ツ半時登　城、供ニハ羽織・袴ニて若黨兩人、鑓・長柄、挾箱、

御玄關ゟ上リ蘇鉄ノ間ニ着、駿府新宮兵部・惣社宮内右同席、四ツ半時御目付衆帳ヲ扣、檜ノ間ニ青山因幡守殿御着、先右三人出ル、此度御祈禱被　仰付御祓献上、仍而御暇被下時服被下トノ趣也、敷居キワ御縁側通也、又兵部（新宮）・宮内・上總ト一人ツヽ、青山殿御前ヘツツト出ル、御目付衆御差圖也、脇差ヲ差出ル、扇子ハ取ル也、青山殿時服ヲ取御渡シ、請取次ヘ退ク、薄柿ノ帷子一ツ・カメヤ黑一重物一ツ、合テ二ツ也、又三人一同ニ出、御礼申上ル、難有由申上ル、

御代替ノ節ノ御暇・時服拜領ノ通リ也、時服頂戴ノ節、随分手廻シ早クスル也、坊主衆賴次ノ間ニて坊主請取、御玄關ニ而高木孫太郎挾箱ヘ入ル、坊主ハ江間清傳也、御帷子御紋ハタヽ紋也、青山殿御前ヘ以上三度出ル、兵部・宮内ハ在所五月廿三日發足、廿八日江戸着候由、御祓二日ニ献上候由也、是等も

時服二ッツ、也、多宮抔も同事也、　御代替之節ハ長上下ニて時服頂戴、尤御目見ノ節ハ狩衣也、此度も鹿嶋求馬ハ御祓献上、狩衣着シ、慰斗ヲハ別ニ臺ヘ載セ、上官ノ下社家持上ル、求馬ハ御玄關ゟ御祓持上ル由、此度ハ急候事、殊ニ不存寄、拜領物故支度も無之、半上下ニて時服

長上下にて出づべし

頂戴也、此度ハ長上下ニて可出事也、重而可心懸事也、後ニ聞候ヘハ、多宮抔もどれ〳〵も皆半上下ノ由申、

*堀田相模守より仰付らるるは三嶋鎌倉箱根鹿嶋香取淺間

老中寺社奉行へ御禮に廻る

御礼ニハ御老中不殘、寺社御奉行所右頂戴後廻ル、

水戸様へ出づ

夫ヨリ　水戸様ヘ上ル、尤御家老中・御用人中皆廻ル、口上、御暇時服拜領仕難有奉存候由〳〵、

上總聟高井助五郎を尋ぬ

同日、於　御城高井助五郎御小姓組三百表（俵、下同ジ）、予聟也、當番ニて部屋尋候処、中ノ口ノ脇也、則右部屋ニ而茶・酒抔被振舞、林市十郎新御番頭六百表、ハ中村深藏妻兄也、是も當番ニて右部屋隣部屋也、逢処食事抔認候様ニ申事也、仍而暫休息スルコ也、

*大禰宜貫目にて知行二十二貫貳百文

*知行の出入御役人尋ぬ

青山因幡守へ出づ

一、六月六日、青山殿ヘ出ル、大野四郎右衛門出會、昨日ハ首尾能御暇時服拜領仕、難有仕合奉存候、此間多宮被召出、御直ニ和融之儀被仰付、難有奉存候、

四郎右衛門〳〵ハ、此度火急ニ被仰付、其元ノハおくれ達候間、不成と有之候而も、致方無之候処、水戸ゟも此方ゟも御問合有之相濟候、旦那も殊外世話ニ被存候、上總難有仕合、誠ニ　神慮ニ相叶候御義と難有仕合奉存候、

此度堀田相模守様（正亮）ゟ被仰渡候、先達而多宮ヘ申達候、多宮ニ可被聞候、一社ヘ一通リ申達候上ニ、又難申渡候、三嶋・鎌倉・箱根・鹿嶋・香取・淺間也、其外御祈禱被仰付候処有之候得共、右之所〻ヘ被仰付候ハ、思召有之候而之由也、其段ハ多宮ヘ申渡候間可被聞候、御役人、神領ハ如何程ト被尋候間、千石ニ而御座候、兩人同高ニて候哉、成程ト申上候、何程ニて候哉、貫目ニて廿二貫貳百文ッヽ、其内私方ハ先年親類共ヘ廿六石余内證合力仕候処、其者御追放ニ被仰付、其知行御修理料ニ被仰付候、大岡様御掛リ〳〵、御役人、出入有之由、如何様之訳ニて候哉、上總、出入と申程之事ニても無御座候、右内證分ヲ出作仕候百姓ヲ、私神用ニ遣候義有之間敷と、多宮申候ニ付、向後﨤論之端ニも可罷成と奉存、何分ニも被仰付被下候様ニト申上候、御役人、スレハ

*大禰宜職内陣内々陣にて御祈禱一人にて相勤む

鹿嶋出入青山方にて取捌く

*大宮司は外様

鹿嶋香取息栖同事御役人を尋ぬ

*香取損ぜぬは手柄

鹿嶋台德院様より千五百石御加増

*源頼朝大禰宜宅逗留

上總迄六十代相續

多宮相手ニて候哉、各知行何程ニて候哉、百四十石程ッ、ニて候、其内右之通、内分御座候、左候ハヽ、割(ワリ)附帳ニハ同高ニ載可有之候、左様ニて候、御修理料何程有之候哉、彼是取集メ百三十俵程相納候、鹿嶋ノハイカイ事ニて候、鹿嶋出入、此方ニて取捌候、御宮殊外損申候、油斷と奉存候、御役人、大油斷ニて候、仍而求馬方ヘソナタニてハ修覆出來兼可申候、シカト被致候様ニ申聞候、鹿嶋・香取・息栖同事ニて候哉、上總、鹿嶋ハ常陸ノ一國一社、香取ハ下總ノ一國一社、天正十八年迄ハ私共神領万石余御座候、小田原落城後　權現様(徳川家康)關八州御▩領地ニ成、其砌皆御取上ニて候、其後二十石・三十石御朱印出候由ニ付奉願候処、元來沢山ニ御座候故、千石　御寄附被遊候由、鹿嶋ハ其比五百石之由、　怠〔台〕(徳川秀忠)德院様御上落〔洛〕之節、道中金川〔神名〕御旅官〔館〕ニ而奉願、千五百石御加増ノ由ニ承申候、私共ノ先祖ハ、うかと仕候御事ニて候、御役人、何之神ニて候哉、　經津主神、是ハ神代巻ニ此神今東國(アツマノ)香取ノ地(クニ、)――、於日本大將軍之御元祖、鹿嶋ハ武甕槌神副將軍、當宮ハ　神武天皇十八年戊寅年ニ宮柱建初申候、私共ハ神孫、私迄六十代

相續――、仍而五・六百年以來ノ　天子・將軍家御代々様御下文等數通所持仕候、大宮司職ハ六百年來ノ書付ニ見ヘ申候、中興ニて候、仍而私職ニ而内陣・内々陣ニて之御祈禱一人ニ而相勤申候、大宮司ハ申さは外様ニ而候、庭上ニ而御祈禱相勤申候、御役人、夫ナラハ名も抔ト被申候間、御下文等ニかんとりお(香取)ふひねきと(大禰宜)、古キ名目ニ而御座候、右之古書數通所持相載申候、元祿十三年御宮御造營ニ而候、武州三瀧之神社も同年同時ニ候処、廿四・五年以前、御修覆願ニ黒田豐前守(直邦)様ヘ出候、旧冬も大岡様ニ而、左様之事御役人中ヘ申候ヘハ、御役人、此度も三瀧修覆願ニ出候、夫ハトウシテ損セヌ、場所ニより不損事カト御尋ニて候、度々修覆仕候由申上候ヘハ、夫ハ手柄成事と被仰候、隨分タマカニ宮林拂木抔有之候ヘハ、拂屋祢板等被成候様成ハ、取置候様ニ仕候故、未五年・十年抔ニてハ、中々御願ハ不申上候、御役人、法カ能立テイルト見ヘル、

右之節落、私迄六十代相續仕候、(源)頼朝公石橋山ヨリ御落、私宅ニ七十日程御逗留被遊之由、夫ゟ高之臺(國府)ヘ御出陣ノ由申傳候、則頼朝公御自筆二通迄所持、

大岡越前守へ出づ
*上總多宮各にて兩替

*大判一枚金子十二兩一分と六匁

*多宮歸國

「前後、」

*上總江戸出足
大判兩替田舍にては出來ず

古へ御奉行所へ―御覧被遊候由、甚御能書ノ由ニ御座候、駿河新宮兵部・惣社宮内、昨日一同ニ時服拝領仕候、是ハ御祈禱仕廻、廿八日御當地へ着候由也、

歸國之御届伺候処、可申聞候間、致歸國候様ニ御申渡也、尤此度御苦労奉掛難有由申上ル、

同日、大岡越前守殿へ出、御役人左右太（山本）被出候間、此度御祈禱被仰付候訳、尤獻上・時服拝領、多宮仕方青山様御呵、御役人へ一名ニて被仰下候処、上總同様ニてハ　水戸様へ對シ如何ト存候段、多宮申候節、左候ハヽ、上總へ一名ニて被仰付候ハヽ、其元ダマツテ可居候哉、大宮司ジヤト云テ、とやかく可致候ハヽ、おとなしく無抔迄、皆御咄申候へハヽ、被笑候ヘキ、扨内〻之事伺候処、御役人、多宮も歸候届致候、御祈禱料抔割附相仕廻可被登候、多宮へハ追而可申入候、申聞候、其内登候が能候、

一、六月四日、多宮方ヘ御祈禱料大判貳枚ノ内壹枚被遣、御見セ候様ニ、尤兩替をも、此方ニて致候ハヽ、可然候、田舍ニてハ出來不申候ト、使孫大郎不歸候内、多宮方ゟ使伊織、御祈禱料兩替可致候哉、不致持參可申哉ト申越、伊織方江此方ゟ如此今申遣候、イサイ申聞ル、無程孫大郎・伊織同道ニて御祈禱金箱ノ儘ニて大判貳枚持來ル、臺有之由、何分ニも思召次第ニ、先遣懸御目候由ニ而遣、伊織へ申聞候得ハ、兩人立合兩替可致事ナレ𪜈、追付伺ニ公儀へ出候、明日登　城御暇・時服拝領ニ而可有之候、左候へハ今明日取込候、多宮殿ニも明日御發足ノ由、左候へハ、立合兩替無間候間、一枚此方ニて兩替可致候、一枚ハ其方ニて―申聞ル、多宮も何分ニも思召次第と申遣候、

大判壹枚兩替所〻ヲ聞見候処、金子拾貳兩壹分ト六匁此錢四百四十貳文、多宮方ニてハ拾貳兩壹分四匁ニ兩替致候由也、

一、水戸庄藏方ヘ御奉行所歸國之御届も濟、多宮も寂早歸國、御祈禱料配分ニ付、急ニ明日歸鄉致候、仍之歸國之御届、乍略義以手紙御届申候、尤此間御役人中ゟ致歸國候様ニ、被仰聞候趣申遣ス、

一、六月八日、上總江戸出足、九日ノ朝六ツ過歸鄉、多宮ハ五日ニ江戸發足ノ由、

○御祈禱料、臺へ載、箱へ入、内紙ニ包、外箱ニ大判

金貳枚ト書付、内ノ紙包ニ　香取大明神江　大判金貳枚、

御祈禱料水戸様より多宮へ渡す

右ハ水戸様ニて多宮へ御渡シノ由、

大宮司へ内の相談

一、六月九日、歸宅、大宮司方ヘ使求馬、手紙遣、封シ遣、内相談也、今朝歸鄕致候、御暇・時服拜領、去ル五日首尾能相濟致大慶候、

惣神官へ金六兩頂戴

御祈禱之儀、先日も御咄御座候、惣神官江金六兩頂戴爲致候而ハ、如何可有御座候哉、御尤ニも思召候ハヽ、主膳(尾形)・舍人(伊藤)御宮ニ而成共、又ハ年番故私宅ニ而成共立合候様ニ致候而ハヽ、如何可有御座候哉、右之段思召可被仰聞候、

御祈禱料調進物につき相談す

返事、御祈禱料之儀被仰下候、何分拙者方相違無之候、調進物之入目等、是又貴様御相違無之候ハヽ、舍人・主膳方ヘ致勘定候様ニ可申付候哉、思召ノ程承申度候、以上、　上總様　多宮封來ル、

*御祈禱料供物入用

先刻之御返事故、御返事ハ不申候、惣神官ヘ御祈禱料之儀、御相違無之候由被仰遣候、左候ハヽ、主膳・舍人致相談、番頭寄セ、兩方ゟ同様ニ御初尾致持參、番頭ヘ相渡候而宜可有御座候、調進物入目之儀、被仰遣候、先例者兩代官御供所ヘ罷出致相談候義ニ御座候、此段追而可得御意候、

又主膳來ル、御口上之趣申聞候ヘハ、日限極次第、御祈禱料主膳ニ持參可爲致候、御宮ニ而相渡可然候、調進物入用之儀、此度番頭江相渡候序、主膳・舍人致勘定候テハ如何可有御座候哉、

上總返事、日限之儀、被仰遣候、此度御祈禱恐悦之御儀ニ御座候間、於御奉行所も早ク可致配分趣ニ候間、夫故拙者も急歸リ申候、今日者成間敷候、明朝飯後番頭觸ヲ廻シ、主膳致持參候様ニ可被仰付候、調進物入用ノ義、舍人立合不申間、其元ニ而勘定被仰付、御見セ可被成候、年番故此方ゟ番頭ヘ觸可申候、

同日、調進物入用、多宮方ゟ書付來ル、尤此度拜領之内ゟ出シ、拂可然致相談、

御祈禱料供物入用

一、白米壹斗六舛　代壹貫文
一、七百三十貳文　御酒五舛五合
一、百廿壹文　干魚
一、貳百文　槇木代
一、廿四文　干菓子

*大宮司方へ使遣す

*上總道中より不快

入用半分づつ御祈禱料より出づ

*今度の御祈禱重ての例にならずと仰渡さる

神前にて祈禱料惣神官へ配分

*御祈禱に伊勢を含むや否や

大禰宜領分中へ祝儀遣す

一、十二文　　（昆布）こんふ
一、七十六文　　半紙四状（帖）
〆貳貫百六十九文、　外ニ水戸御飛脚之節遣、
一、五百文　　（鉾田）ほこだ迄送舟賃
一、百三十貳文　　酒代一舛
一、三十四文　　かつらぶし等
〆六百六十六文
二口、〆貳貫八百三十九文、　半分出壹貫四百廿文、
求馬持セ出、六月十日也、右供物入用ハ、先格ハ御
供所へ両代官立合調進致相談候処、其段申談候へ共、
不用ニ付、勘定ニハ立合セ、入用ハ半分ッヽ御祈禱ノ
内ゟ出ス、是又仕方不宜候、皆一名ニて被仰付候間、
壹人ニて致候仕方也、然共書付見セ候様ニと申、入
用差出候、
一、六月十日、神前へ番頭寄、東ゟ金三両包、求馬持出
ル、西ゟ同事ニ主膳持出、合六両也、番頭へ遣、今
度御祈禱料拜領致ニ付、惣神官へ致配分候段申達ル、
則番頭難有由ニ而、一樽持参礼ニ來ル、
同日、大祢宜領分中不殘祝儀遣、手前ゟ也、五貫文
余也、

△一、六月十一日、大宮司方へ使求馬・（高木）丹治、口上、先頃
青山因幡守様ニ而、今度御祈禱へ被仰付候ハヽ、思召
有テ重フ被仰付候、三嶋・鎌倉・箱根・淺間・鹿嶋
・香取、先達テ多宮へ申渡候、被聞候哉ト御尋候間、
不承候由申候得者罷歸、多宮江承候様ニト御差圖ニ
而御座候、御沙汰も可有御座と相待候、拙者儀、道
中ゟ少ヽ不快、直ニ被仰聞候訳ニ思召候ハヽ、一両
日も過、以參可承候、
多宮返事、去月廿九日被召候而、青山様へ罷出候、
其節三嶋・鎌倉・箱根別當・伊勢両宮・鹿嶋・香取、
以上七人被召候而、御役人中被仰渡候ハヽ、昨日之御
時服拜領ハ例之無之事、　大御所様御快然ニ付而御
悦ニ、仍而被仰付候、重テノ例ニハナラヌ、左様心
得候様ニと、ケ様ニ計被　仰渡候、其外ハ御沙汰無
之候、如何様之儀ニ而候哉、私も無御心許存候、
御役人衆ノ淺間ト被申候ハ、駿府新宮・惣社抔ノ
事ト被思候、多宮返事ニ、七人ト申事、急クノヿ
故、伊勢ノ者ハ來ル間有之間敷、多宮ハ伊勢ト慥
ニ申越候と、使求馬申候、駿府新宮・惣社ハ六月
五日上總同時ニ時服拜領也、伊勢江ハ第一可被

録司代聟取願ふ
*「忠兵へ訳、」
*忠兵衞不調法申す
金剛寶寺修覆願ふ
*忠兵衞口上覺
金剛寶寺修覆許容

仰付候、併遠方故、右多宮七人ノ内ト云ハ如何也、
一、六月廿一日、録司代幷番組分飯司方迄願ニ來ル、訳ハ旧冬も願候録司代孫病身ニ付、孫姉ヘ聟取申度願候、不勝手ニて、今日立兼候位ニ而難儀ノ由申、當分ハ録司代次男神前向相勤候、不勝手故聟取度願也、
挨拶、大宮司懸リ、大宮司ヘ願候様ニ申聞、
一、同日、大宮司ゟ使主膳、取〔次脫〕舎人、此間金剛宝寺ゟ門袖・屏・經藏も少〻損申候、右修覆願候、可申付候哉、
返事、金剛――修覆願之義、可被仰付候由、御尤ニ存候、
又大宮司ゟ使來ル、只今修覆之儀、御相違無御座候由、左候ハヽ、舎人・主膳致相談、大工ヘ申付見分ツモリ候様ニ可申付候、主膳〔方〕・舎人ゟ金剛宝寺ヘ無相違段申遣候テハ、如何可有之候哉、
返事、御口上趣、御尤ニ存候、又金剛――ヘ無相違段申遣候而ハ、如何ト被仰下候、夫ニハ先及申間敷候、〇金剛――使僧分飯司方迄也、兼而御願申候修覆義、御相談相極候様ニ承リ候、弥重ニ存候、私方御序ニ宜申上候様ニ、又〇〔御〕江戸登ノ程も知レ不申候

間、大工をも御急キ被下候様ニ、是又宜ト申候由、
使僧不斷所、右ハ定而多宮ゟ通達と聞ヘ候、
〇一、六月廿三日、大宮司方ヘ使求馬、此方百姓忠兵衞義、去秋中ゟ妻子引連願も不仕、役人共ヘ一應之届も不仕、津宮村ヘ立退申候、此方ニハ留主居差置申候、不届ニ存候、仍之此間相尋候ヘハ、不調法之由申候、然上ハ留主居をも引取候様ニ可申付と存候、人別ニも載申候者故、爲御知申候、
返事、取次角案主子小右衞門(松本)、大宮司申候ハ、忠兵衞義、被仰遣致承知候、
右返事聞候而、則申付ル、役人共立合、六月廿三日、

口上覺

去年夏中源太祝(香取外記)幷悴主計出入相濟候後、秋中ゟ私義居宅江者留主居差置、一應之御願も不申上、御役人中江も届も不仕、妻子召連、津宮村江家作立退居住仕候ニ付、此度右之通、私我儘仕候者、對御屋敷宿意有之候と相聞江候、御領分中大勢之傍輩、私を手本ニ仕、向後右之通之我儘可仕候、左候時者及大乱候、右御尋ニ御座候、
私御答申上候者、立退と申にては無之、折〻此

見廻りに罷越すを忠兵衛申す
*「大御所様御他界」
*徳川吉宗死去
田畑耕作致すゆゑ引越とは申さず
*神領中鳴物停止三日
忠兵衛宥恕す
神領中徘徊すべからず
*御機嫌伺出府を多宮と相談
*監物初めて出府

方江見廻リニ罷越候、尤御願不申、御役人中江御届も不仕候段者、私不屆ニ而御座候、且御屋敷江私不罷上候者、却而御機嫌にも差障リ可申と差扣申候、妻義盆・正月抔ハ、此方江差遣申候由申上候、是又不埒之御答ニ被思召候、當分小屋掛抔ニても無之、致家作妻子共引越、田畑耕作致百姓候上者、引越不申とは被申間敷候、左候時者、御領分中大勢之例・手本ニ茂罷成、其分ニ難被差置思召候由、預御尋申披無御座候、右之段、我儘不屆ニ付、急度共可被仰付候得共、御普〔譜〕代者之儀ニ候故、御宥恕被遊、去年中私當所立〔申〕退候上者、留主居ニ差置候源次郎をも引取候様ニ被仰付、尤向後御神領中、徘徊仕間敷旨被仰付奉畏候、此上被仰付候義違背仕候者、何分ニ茂可被仰付候、少も御恨ニ奉存間敷候、爲後證仍而如件、

寛延四辛未年六月廿三日　香取宮中村　忠兵衛印

宮中御屋敷御内

伊藤舍人殿

右之通申付相濟、尤此方家作忠兵衛拵候物故、遣候様ニ申付候処、片付候義、五七日手間取可申候段伺候間、其処ハ勝手ニ致候様ニ申聞ル、

△一、廿二日・廿三日、世間沙汰、去ル廿日大御所様（徳川吉宗）御他界ノ沙汰也、併御觸も無之、又江戸親類共ゟも、左右無之候得者、隱便ニ致居也、所ゝ右之沙汰也、小見川領抔鳴物法度三日ノ由、土浦領・麻生領抔ニても專沙汰有之也、

六月廿四日、夜四ッ時江戸縁者共ゟ右之段申來ル、仍之乍夜中大宮司方ヘ申遣、神領中三日鳴物停止申付、神前神樂所抔も打候事、無用と申付ル、

六月廿五日ノ朝、大宮司方ゟ大戶ノ事申來ル、則兩方ゟ兩使遣、尤他村ニ居候社家江も觸申付ル、金剛宝寺・惣持院江も、右觸求馬方ゟ申遣、

六月廿五日、四ッ時江戸親類共ゟも書狀來ル、右薨御之由申來ル、仍而御機嫌伺ニ大宮司申合、出府可然之由申遣、則大宮司方ヘ使求馬、御機嫌伺出府之段及相談、上總義、此節病氣故、悴監物差登セ可申旨及相談、明後廿七日ニ出足申合ル、尤監物義、始テ罷出候、万端御差引賴入候由申遣ス也、多宮も於江戸申合、罷出候様ニ可致旨申來ル、

上總悴監物出足

一、六月廿七日、四時監物江戸出足、多宮も同時出足、（朝）四半時村雨降、

一、六月廿八日、晝八時監物江戸着、小川町四軒町旅宿、

*薨去につき出府の例なし

○同廿九日、大宮司方ヘ使高木孫太郎、今日公儀江御出可被成候哉、御出候ハヽ、御相談ニ私其元ヘ可參候哉、又其元ゟ御出可被成候哉、

返事、未承合も不致候、御役所江伺候而、此方ゟ爲御知可申候、御悔と申上可然と存候、

鹿嶋先づ御悔に出づ

同日、大宮司方ゟ使小平太、口上、鹿嶋抔も承合候処、鹿嶋ハ先御月番江伺之由、先御悔ニ出、其後御機嫌伺ニ出候由、寺社御奉行所御四ヶ所廻之由、此方も左様ニ致可然候、順ニも候間、大岡越前守様江罷出伺可申候間、八ッ時大岡様ニ而申合も可致申來ル、

*監物月代剃出づ

「公儀ハ御悔トハ不申、御機嫌伺也、」

返事、此方ニ而も親類共承合之処、對公儀御悔と申事、無之事之様ニ承候、夫共とかく大岡様ヘ罷出、右之刻罷出申合可致候、

*監物江戸發足

大岡越前守方へ監物初て参る

一、六月廿九日、八時大岡殿ヘ出ル、大宮司少早ク參ル由、兩人同席ニ着ス、御役人山本左右太ヘ申入ル、左右太兩人之手札持被出、多宮――ハ、上總病氣ニ付、悴監物ト申候、御役人始テト被申、御役人申候ハ、ナセ被參候哉、此度　薨御ニ付、出府仕候、多宮伺候ハヽ、御悔ニ伺公仕候ト、可申上候哉、御役人被申候ハ、　薨御ニ付、出府仕候ト計申可然候、御仲間様計可然候哉、御役人、御老中江ハ如何御尋、多宮――、罷出候例無之候、多宮監物方ヘ在所ニても上總殿ヘ申談候処、罷出候例無之候と被申候、御役人、例無之候ハヽ、ヨシタガ能候、デツケヌナラハよしたか能候、御役人、旦那被歸候ハヽ、可申聞セ候、夫ゟ青山因幡守様ニテ御役人下山治部左衞門呼出、兩人共對談、松平右京亮様・本多長門守様江ハ御玄關ニ而申上ル、

監物月代之事、聞合候処、神田神主宮内抔刺〔剃、下同ジ〕出候由、仍之刺出ル、多宮も刺出ル、

〔閏六月〕

一、閏六月六日、監物江戸發足、七日ノ朝歸宅、

*金剛寶寺修覆に大相に見積る

一、閏六月十五日、大宮司方ゟ使主膳〔尾形〕、日外金剛宝寺ゟ門脇ノ屏修覆之儀願候、積らセ候様ニ申遣候処、殊外大相ニ積リ來ル、五兩程、仍而番頭寄相談可致と

近年寺修覆此方にて致す

存候、爲御相談得御意候、取次三郎兵(高木)へ、
上總使ニ逢及返事、少計ノ屛大相ニ積來リ候、此義
ハ近年觀音堂屋祢并門・鐘樓ノ屋祢葺替、金剛宝寺
願出候計ニ而、一切此方ニて修覆致候、如其例此方
ニ而大工等ニ申付、材木等も神前ニ風折節木、御用
ニ不立木ヲ見計イ、御物入多無之樣ニ致可然候、先

*金剛寶寺讀經に出府

ニ而爲致候ハヽ、公儀普請ニ相心得取懸候ハヽ、其
上ニもねだれ入用增可申候、御懸之事、何分ニも御
世話被成、主膳・舍人(伊藤)抔致相談候ハヽ、可然ト、私ハ
存候、御了簡可被成候、先ヘ入用ヲ渡爲致候ハヽ、

*金剛寶寺修覆大工木挽に申付く

重テノ例ニも可罷成候、委細ニ主膳ニ申聞遣ス、少
ノ屛抔ノ義ハ、ソコ〳〵ニも致候樣ニ致候而も可然
候、又処ニより物入ヲ懸念入候処も可有之候、とか
く此方ニて申付候方可然候、

*「久左衞門娘さん事、」
*原町久四郎七八年前欿落ち

錄司代養子願ふ

一、同日十五日、番組來リ錄司代義、養子願出候、大宮
司懸リ、今日宮下ニ而被仰渡候ハ、嫡孫病身ニ付、
養子願候ト有之候事、此方ニハ相違無之段被仰聞候、
三郎兵へを以願候、

錄司代次男嫡孫あるに養子申すは如何

上總〳〵、錄司代次男右膳并嫡孫ノ男子も有之候処、
右兩人除養子ト申候事如何也、右膳神前向相勤候、
右膳養子ニ致候哉、可相尋候、早速ノ了簡ニハ難及
候由申聞ル、
一、同日六月(閏脱)十五日、金剛宝寺ゟ使僧不斷所、取次主税(高木)、
先達而門脇ノ屛御願申上候処、積をも致候樣ニ宮下
ゟ被仰遣忝存候、拙僧義も此度
大御所樣(德川吉宗)御薨御ニ付、讀經ニ明日出府致候、五十日
掛リ可申候哉、程相知不申候、金子ニて御渡候事ニ
候哉、宜樣ニ御相談被成被下候樣ニト申來候、尤使
僧申置候由、仍而返事不致也、
一、閏六月十七日、金剛宝寺觀音門脇屛修覆、主膳・舍
人相談、立枯木抔爲伐、尤大工・木挽ニ申付ル、
一、閏六月十七日、三郎兵へ・大藏(尾形)・淸右衞門(額賀)・主税願
ニ來ル、訳ハ原町久左衞門子久四郎七・八年以前欠
落、其養母・娘・妹等捨置候テ也、養母方へ其節里
へ歸候ハヽ、可歸候由申聞候処、年寄目も不見候間、
ヤハリ居敷候由申候ニ付、ヤハリ其分ニ差置候処、
旧冬右養母相果候ニ付、娘さん・孫娘久四郎娘也、コレハ右
兩人共奉公致候、余程年ニ成候、右屋敷立退可申候、
但領分內ニ居度候ハヽ、さん姉聟勝右衞門ニ懸リ居
候共、又ハ勝右衞門隣ノ明地ノ処ヲ拵居候共ト申付

原町久四郎娘へ屋敷願ふ

候処、此度篠原村親類共願ニハ、屋敷ニはなれ候義、難儀仕候、相應之者致相談、久左衛門跡をも相立、御奉公をも爲勤申度候へ共、急候事ニハ出來兼申候、屋敷ヲさんニ被下候、御願不相叶候ハヽ、一兩年も其分ニ被差置被下候様ニ願候、右四人ヘ申聞候ハ、さん事女ニても跡をも相繼候訳ニも無之候、此節世話ニ有之候、先其分ニ致置候様ニト申聞ル、急度屋敷ヲさんニくれ候と申渡候ニてハ無之候、當時ヤカマシク候間、先其分ニ致置候様ニと申聞ル、篠原村親類共願候故、如此ト申事ニてハ無之候段申聞ル、さん幷久四郎娘も成人ニて致奉公、給金余程取候、右養母息災ノ間ハ、久敷其分ニ差置候事也、

〔七　月〕

録司代養子の件

一、七月廿日、大宮司使主膳(尾形)、取次舍人(伊藤)、録司代嫡孫病身ニ付、他ゟ養子ノ願、録司代次男右膳爲ニ養子ノ由、度々願候間、可申付と存候、爲御相談ト申來ル、大宮司年番懸リ也、

録司代養子につき相談

返事、此義ハ嫡孫有之ニ、他ゟ養子ト申事ニ候へハ、番頭共御呼、一通相談致候ニ被仰聞、如何可有之候哉、番頭共も尤之由申候ハヽ、弥被仰付可然候、存寄候間、右之段得御意候、

七月廿二日、大宮司使、今日番頭呼申談候、何も難取續候ハヽ、左様被仰付可然申候、

返事、然上ハ思召通ニ可被仰付候、

同廿三日、大宮司使録司代ニ申付候ニ、番頭ヘ爲知可申候哉、但舍人・主膳兩人ニて可申渡候哉、爲御相談――、

返事、番頭へ爲知ニ及申間敷候、主膳・舍人兩人ニ而申渡可然候、

*録司代次男右膳神前向相勤む

*養子願ふは持參を好む

主膳使ニ來候間、求馬(伊藤)を以尋候ハ、昨日番頭如何申候哉、上總存寄ハ、録司代次男右膳神前向相勤、年若未無妻ニ候、子も出來可申候、嫡孫も有之候ニ、夫ヲ除キ他ゟ養子ノ願、定而持參ヲ好候ニて可有之候、大勢之社家子孫有之者、右ヲ手本ニ致候事も可有之候、例ニ成候事も可有之候、番頭ヘ被仰聞、仲間致相談、無心之様成事ニても出來間敷哉、仲間大勢致相談候ハヽ、成間敷ニも無之候、番頭仲間一通致相談見候様ニ、被仰聞御覽候テハ如何ト――、仲間致相談候而も不出來候ハヽ、然上ハ願之通ト申渡

*側高社修覆申付く
錄司代養子申付く
大宮司と出府相談
*上總江戸へ發足
*大岡越前出勤成りがたし
*上總江戸出足
側高社拜殿破損につき願ふ

候筋ニて可然候、彼是申聞ル、主膳━━ハ、多宮も嫡孫除候事故、折角ニ存候抔申候由、右之段歸候而可申聞之由也、

〔八　月〕

八月三日、祿〔錄〕司代幷番組大宮司江召呼、舍人〔伊藤〕も出、主膳〔尾形〕兩人ニ而養子願、願之通申付ル、

一、八月三日、出府義申合ル、大宮司義ハ御沙汰次第ト存候由、從御奉行所可被召被仰渡候へ共、未御沙汰無之、仍而御神事過ニ致出府候而ハ、如何可有之哉、御出府可被成候ハヽ、御申合出府可致候、御見合可被成候ハヽ、拙者儀ハ御神事過ニ出府可致存候、爲御相談━━、右之通ノ返事也、

將又日外寺院證文ノ義、得御意候、御當候哉〔見脱〕、未御見當不被成候ハヽ、御見分置可然候と存候、

返事、寺院證文之事、被仰遣候、相尋候へ共、未見當不申候、

一、側高祝拜殿屋祢損候ニ付、願ニ來ル、八月三日申聞候ハヽ、拜殿・中殿、其村中寄進ニ建立也、村中へ致相談見候樣ニ申聞ル、

八月六日、來リ申候ハ、村中ニ而萱・竹寄進可仕候、作料等被仰付候樣ニ願候、仍而八月八日右之段大宮司へ申遣、願之通可申付候哉、爲御相談ト申遣、

返事、何分ニも被仰付候樣ニ申來ル、仍而修覆申付ル、

又十月、拜殿箱棟損候由願候、

十月廿四日、相談ノ上番頭木見分ニ側高へ罷越、入用木見立ル、

一、八月十三日、上總江戸發足、

十四日、小川町旅宿ニ着、

同十七日、大岡越前守殿〔忠相〕へ出ル、御役人山本〔左右太〕━━、兼テ奉願候御伺━━、御役人━━、越前守去月七日ゟ又咽腫引込居候、尤段〻腫引候得共、老人之事はか取不申、當分出勤難成候、歸國致可然候、尤出勤被致候ハヽ、宿迄呼ニ遣可申候、仍之則歸國ノ御届申上ル、

八月晦日、江戸出足、九月朔日、未明歸宅、則大宮司へ右之段爲相知使遣、

〔九　月〕

正判官大々神樂願ふ
*神領中賣酒高値
小井土神主神樂願ふ
*金剛寶寺につき談ず
宮之助行狀見苦し
*神領に罷在れば支配受くべき道理
兵衞大夫神樂道具修覆願ふ
*監物疱瘡煩ふ

一、九月四日、大宮司方へ使求馬(伊藤)、正判官大〻神樂、來月上旬願出候、其砌御執行被下候樣ニ申遣、承知候由返事也、十月八日ゟ始リ、

九月八日、大宮司方ゟ使、小井土神主神樂ヲ願出候、當月晦日ゟト願候、其砌御執行被下候樣ニ―、

○一、九月十四日、大宮司方へ使求馬、取次角案主、口上、神樂ノ節、囲ノ内宮之助(國分藏人)近比供召連候、先年ハ召連不申候、白張ニて着候ヘハニて候ヘ共、見苦敷候、囲ノ外迄ハ能候、向後無用ト申付候ハヽ、可然候、無御相違候ハヽ、主膳(尾形)・求馬立合申付候ハヽ、可然候、又先〻兵衞大夫神樂ノ道具損候間、修覆願候、右道具ハ神樂之節、出來候道具、金壹兩ツヽのけ置候、此上金貳分ツヽものけ置候樣ニ申付候テハ、如何可有御座候哉、御修理料金ニて修覆致候も如何ニ存候、大宮司返事、兩樣共御尤、何分ニも思召通リト申來ル、

九月十五日、分飯司宅へ宮之助藏人(國分)呼、主膳・求馬立合、右之段申渡候処、畏候由也、

〔十　月〕

△一、十月十七日、大宮司宅へ罷越前日案内申、上總申談候ハヽ、神領中賣酒、世間ゟハ殊外高直ニ候間、運上ニ致候ハヽ、能候半ト及相談、大宮司尤之由申之、

同月廿五日、年番故、分飯司宅へ主膳(尾形)罷越致相談、御手洗ノ者呼、近村へ入札ノ義、觸候樣ニ可致致(衍)相談、大宮司尤之由申合ル、

同日、金剛宝寺義ニ付、兼而之儀、彼是申談ル、大宮司方ニも古證ノ書付有之候、乍去判有之候ハ、大聖院證文ニ一通有之候、慥成證據ニ可立樣ニも無之趣申候、上總―ハ、たとい證文無之共、神領千石ニ罷在候上ハ、此方共支配可受道理、何ソ重キ事出來候ハヽ、金剛ヲ始、此方共世話ニ可成候、又此方ニてもセネハ不成候、末〻社法之大乱ニも可罷成と存候、イツソ此方共、何事もかまはぬ樣ノ訳ニ立候ヘハ、隙明能候、末〻ノ爲ニ候間、何レニも訳ヲ立申度事ニ候、此義ハ追而ノ御相談と申、多宮も尤ノ由申、毎度仕方能無之候ヘハ、世話ニて候ト多宮申、

△監物実香廿一歳、庖(疱)瘡相煩、軽キ也、

〔十一月〕

酒場掛祝ふ

十一月廿二日（マヽ）、酒場掛祝、領分中者呼、餅・酒呑セ祝、外江ハ餅不遣、大宮司方へ計餅一重使者以遣、

同日、返礼一樽幷鳩三ツ、

＊神宮寺先々住借金す
大岡越前守役儀御免仰付らる

一、十一月十六日、大岡越前守（忠相）殿御役義被願候処、御免被仰付候由、此日廿二日江戸より申來ル、

山口正親香取山城連署口書

一、十一月廿三日、大宮司方ゟ大戸神主（山口正親）・祢宜（香取山城）・別當（融光）口書幷裁許狀案紙來ル、

大戸社神主
山口正親
同　大祢宜
香取山城

申口

「大戸裁許案、」
西光寺無住
＊住持替無住の節斷りを尋ぬ

一、大戸宮社僧西光寺、年久敷無住ニ有之候処、其間之寺領物成神宮寺引取、質地ニ相渡候故、西光寺修覆も不罷成、殊外及大破候を、六年以前崩取、薪ニ仕候、漸く質地入殘候田地・米貳俵付候処、西光寺旦中共世話仕、右代金を以、質地連く受返シ申候、将又北之坊ト申寺院、是も數度無住之間、

北之坊無住

寺領物成神宮寺引取、今以無住ニ仕、寺及大破候得共、右北之坊之田德、神宮寺引取候故普請難成、

＊西光寺領神宮寺所務

旁神宮寺致方不埒ニ有之候処、今度右西光寺江隱居仕、北之坊兼帯可仕と相企候義、一向相談・届

神宮寺致方不埒

も無之旨申上候ニ付、御尋被成候ハ、神宮寺返答書之趣ニてハ、自分之借金江質入致候ニ而も無之、神宮寺先く住西光寺へ隱居致候節、永く相煩、其物入リ借金ニ罷成候間、右借金返濟之爲、質入致候旨ニ而、神宮寺自分之借金江質入致候様ニハ難相聞江候、又北之坊も無住之節茂有之候得共、其節ハ神宮寺方ゟ神役相勤、留主居・院代等差置、造作等仕直シ、其物入借金ニ罷成候由、殊ニ西光寺ハ今度寺致建立、北之坊も是迄連く修覆致候旨ニ候へハ、強テ神宮寺自分ニ引取候筋ニも難聞候、又神宮寺致隱居候節、先く兩人江届候例有之候哉、外ノ寺院住持移リ替リ、或ハ無住之節、其斷有之候哉、又無住之寺領立合改候例有之候哉、御尋被成候、

此段神宮寺、先く住西光寺へ隱居仕候得共、其砌ゟ西光寺之借金ト申ハ、曾而以無之候、右隱居相果候而も及三十年、西光寺領神宮寺所務爲仕候間、寺修覆成兼、大破仕候、右年數之間、無住ニ候得者、西光寺借金可有之様無御座、神宮寺自分之借金ニ西光寺領を質入仕候、其通リ

*無住寺院の物成修理料へ入る例なし

*節句出錢せざる譯尋ぬ

住持替移轉届くべしと存ず

*名代御祝儀申上るゆゑ差出さず

*神前馬場通り松木賣拂ふは不届

無住の節入用の外社の修理料願ふ

ニ捨置候而ハ、何迄も西光寺難相立候間、近年旦中世話仕、漸〻借金相拂、質地請返候処、此度私共へ一應ノ届も不仕、我儘ニ相企申候、尤先住共、何も隠居仕候節ハ、拙者共方へ身（自）身罷越、隠居届仕候、此度ハ一切届も不仕、正親（山口）ハ私用有之、神宮寺江罷越候節、他之者へ咄仕候を、承候已而ニ而、届ハ曾而無之候、山城（香取）方江ハ自身參候へ共、是も山城（香取）父宮内江隠居致積之旨物語仕候而已ニ而、届候ニハ無之候、又外ノ寺院住持替・無住之届、只今迄無之候へ共、畢竟神宮寺一人之取計故、不埒ニ罷成候、拙者共支配仕候上ハ、住持替リ・移轉等之訳ハ、相届可申儀と奉存候、無住之節、寺領改候例ハ無之候、

一、右兩寺無住之間之田地・物成致勘定、寺修覆仕、勿論向後寺院無住之節ハ、其寺當入用之外ハ社之修理料ニ願候、前〻寺院無住之寺領、修理料ニ入候例有之候哉、西光寺も今度寺致建立、北之坊も段〻致修覆、近年風雨ノ節、地形崩候場所も有增、致普請候得共、此節出入中之事故、差扣居候段、神宮寺申上候ニ付、此段私共願之通、寺相建修覆加候上ハ、申分有之間敷旨御尋被成候、

此段西光寺相建候も、此度私共御願申上候故、急ニ建立仕候、北之坊修覆も、西光寺同様之儀ニ御座候、寺院無住之節之物成、修理料ニ入候、先例ハ無之候、

一、節句祝物割合出錢、前〻ゟ神宮寺差出候処、近年不差出、從古來神宮寺右之出錢仕候證據有之候哉、拙者共兩人ハ如何成訳を以、節句不致出錢候哉、御尋ニ御座候、

此段古來神宮寺差出候処、近年差出不申候、尤年〻出錢揃候古書付差上申候、私共出錢不仕候訳ハ、社中支配仕、名代を以御祝儀申上候故、古來ゟ差出不申候、

一、十二年以前申年、神前馬場通ニ而、松木貳本神宮寺伐取、賣木致候、是ハ社地之内之木ニ而、神宮寺先住共相構不申候処、神宮寺我儘ニ伐取申候、其節押へ候得共、承引不仕、賣拂候段、神前馬場通と願候分ニてハ、強テ宮林共難聞候、古來ゟ社地内之木ニ相極候ハヽ、神宮寺伐取候節、可申出

義ニ候、十二年以前之義、是迄打捨置候段、無念
之至リ宮林之證據有之候哉、御尋ニ御座候、

神宮寺伐取る木社地の内に紛れなし

此段神前馬場通ハ、社地之内ニ而、神宮寺伐取
候木、社地之内ニ紛無之候、先年關戸郷と社中
と御舟木山出入之節之社領繪圖之写、所持仕候
間、差上候処、右繪面ニ茂書載候程之儀ニ而、

十一ヶ年訴申さず此節申すは無念

十一ヶ年之間、御訴不申上、此節申上候儀、申
後無念之段、預御察計候而ハ可申上様無之候、

*神宮寺融光申口

大戸寺院逐電退院相届ざるは不埒

一、惣而大戸寺院、近年逐電・退院仕候者有之候得共、
左様之節も兩人へ相届不申候故、自然と不埒ニ罷
成候、兩人支配仕候上ハ、右躰之吟味可致筈ニ候
得者、向後寺院住持替之節者、相談之上、住持居

*西光寺舊借あり

候様ニ仕度旨ニ候、前〻大戸社僧住持替之節、兩
人江相届候例有之哉、御尋被成候、
此段只今迄寺院住持替届候義無之候得共、畢竟
神宮寺壹人之取計故、段〻寺院共不埒ニ罷成、
社役も怠リ申候、兩人支配仕、社中ハ勿論、寺
院人別相改差上候得者、相届間敷様無之候得共、

仰付けられれば違背仕らず

古來相届來と申證據無之上ハ、此義何分ニ被仰
付候共、違背仕間敷候、

右之通、重而御尋被成候共、少も相違無之、外ニ
可申上義無之候、以上、

寛延四未年十月日　　大戸神主　山口正親印
　　　　　　　　　　同　大祢宜　香取山城印

香取
　御兩所

申口
大戸神宮寺　融光

一、拙僧病身ニ付、此度西光寺江隱居企候義、正親・
山城江も不申談、我儘ニ相企、且又西光寺數年無
住ニ仕、配當地も拙僧引取候故、寺及大破候由ニ
而、先年取崩薪ニ仕、其上西光寺旧借有之、此借
金爲返弁と申、西光寺之配當地、近年旦中江相渡
候由、將又北ノ坊も數度致無住、是も配當地之訳
聢と無之、尤近年迄留主居・院代差置候、とても
寺役・社役之外、各別ニ入目有之、借金可有之様
無之、古來住持有之節も、相應ニ寺相續可有之処、
近年無住ニ致置、借金有之、寺修覆成兼、又小寺
故、住持無之儀共、難相聞候、畢竟前〻ゟ拙寺世
話仕方不宜候故、段〻寺院相續も成兼候様ニ相聞

西光寺配當地旦中へ相渡す
*西光寺借金の譯
住持替相届くべし
*武領の年貢配當地の物成をもつて辨納す
隱居相届けざるを尋ぬ
*住持替兩社家へ相届くべし
*隱居他の僧へ咄す節正親同席
北の坊借金の譯
*相届くこと承知
*節句祝物出錢差出だざる譯尋ぬ

江候、西光寺配當地、近年旦中へ相渡候事、是ハ大戸社領百石之内、分配之土地ニ而、旦中寄附之地ニも無之上ハ、縦寺相應之勝手を以旦中江預候共、兩社家江も相談之上可取計処ニ、拙寺壹人之心得を以、旦中江相渡候段不宜候、兩人支配仕候上ハ、寺院住持替等ハ可相届義ニ候、於本社も其例有之事ニ候得者、旁相届間敷様無之候、將又拙寺隱居仕候之節ハ、先規兩社家江相届來候処、此度ハ一圓沙汰ニも不及候由、先ゝ届來候上ハ、先規之通可相届候処、違先例不相届之段御尋ニ御座候、

此段西光寺及大破候処、拙僧取崩薪ニ仕候段ハ、大破之寺無住ニ建置候義、近辺怪我之程難計、依之建立仕候積リニ而、旦中江も申談、取崩薪等ニ仕候ニ而ハ無御座候、又西光寺・北之坊配當地、拙僧借金ニ質入仕候ニハ無之候、兩寺借金有之候訳ハ北之坊事、武領ノ田地少ゝ有之、毎年年貢差出申候、右田地悪田之場所ニ而、毎年配當地之物成之内ゟ武領之田地へ弁納仕候故、連ゝと寺困窮仕、仍之借金有之候間、無住ニ仕、

右之借金返濟仕、當時ハ借金も無之、寺も段ゝ修覆仕候、西光寺借金有之候訳ハ、拙寺先ゝ住（下ル処）彼寺江隱居仕、永ゝ相煩、此物入借金ニ罷成候、尤拙僧貧寺之儀、世話仕候内、遣込等ニも罷成候而ハ、如何ニ御座候間、旦中賄ニ相渡申候、然共此等之義、武領之年貢を配當地之物成を以、弁納致候故、寺及大破、無住ニ致、社役怠慢仕候事、且社領配當之地所、拙僧一人之心得を以、旦中江相渡候段、預御吟味候而ハ可申上様無之候、且又寺院住持替之節、社役相勤候者之儀ニ候ヘハ、一應ハ兩社家ヘ相届可申儀ニ御座候段、奉畏候、將又拙寺隱居企候節、兩社家江相届不申義ハ、拙僧他之者ヘ咄仕候節、正親も同席ニ罷在候故、定而承知と奉存、態ゝ罷越届ハ不仕候、山城方江ハ罷越、右物語仕候由申上候ニ付、兩人江急度相届不申、聢と無之、無念之段、預御察計御尤至極ニ奉存候、先ゝ之通重而相届可然候段承知仕候、

一、節句祝物割合出錢之儀、古來差出來候通、三十年以來不差出候旨、如何成子細を以不差出候哉、神

本社年禮にも罷出でず

*御舟木山出入の節の社地繪圖差出づ

古來のごとく差出づべし

大戸社神前馬場通松木伐拂ふを尋ぬ

*寺支配の木と申傳ふ

主・大祢宜不差出義ハ、兩人ハ年頭之礼式、本社江自身相勤、節句も名代を以御祝儀申上、支配致候故、節句祝物割合出錢不致候由ニ候、拙僧義ハ、一向本社江年礼ニも不罷出候、惣而大戸社家・社僧不殘差出候処、拙僧壹人不差出候哉、假令訳有之候共、古來差出來候処、近年何之訳も無之、差出間敷樣無之候、然上ハ如古來自今以後差出可然候由、御尋被成候、

此段節句祝物割合出錢揃候者、帳面持參之節、右帳面一覽仕候処、神主・大祢宜も帳面ニハ書載候へ共、出錢ハ不差出候之由承候間、拙僧も差出不申候、然共、兩人ハ社中支配仕候故不差出、拙僧義ハ、左樣之訳も無之、殊ニ三十年以前迄差出來候上ハ、如古來差出可然候段奉畏候、

一、十二年以前申年大戸社神前馬場通ニ而、五尺廻余之松木貳本伐拂申候、是ハ社地内之木ニ有之候故、先住共何も相構不申候処、拙僧我儘ニ伐拂候段、正親・山城申上候ニ付、拙僧境内之證據有之、伐取候哉、御尋被成候、

此段拙僧境内と申證據ハ無之候得共、右馬場通之松木伐拂候節、拙寺於境内も伐拂申候、右馬場通之木、宮林内ニ御座候ハヽ、其節正親・山城其通りニ可差置樣無之候、此段拙僧境内證據之旨申上候、依之正親・山城江御吟味之処、十二年以前伐取候節、差押候得共、承引不致候由を申、宮林ニ紛無之、爲證據先年關戸郷山と惣社中と御舟木山出入之節之社地繪圖差上候ニ付、右繪面を以御尋候処、先年拙僧伐取候木者、拙寺境内植ニ添有之宮之木ノ旨書付有之、又繪面鳥居ゟ左ノ方、側高祝屋敷外植添にも拙僧伐取候、同前之木有之候得共、是ハ一向側高祝差構無之、宮林之木ニ有之、近年社葺替之節、社中江伐取候上ハ、拙僧伐取候木も、側高祝屋敷添之木同樣ニ被思召候ニ付、拙僧申上候ハ、右繪面仕立候節、拙僧立合候ニも無之候、十二年以前申年ノ春、先住賣置候を、拙僧住職ニ罷成、買主江伐取、拙僧賣拂候ニハ無御座候へ共、其節宮林之木と申義、改も御座候ハヽ、假先住賣置候とも、神木可爲伐取樣無之候へ共、從先〻拙寺支配之木之由、先住共申傳候間、伐取申候、

境内の證據なし

大戸社修理料諸勘定に立合はざる譯

*本末之格式嚴重に仰付らる古來修理料諸勘定に立合ふ

*人別改も本社へ差出づ

*支配につき差出す書付證據なし

支配の留書證據尋ぬ

然共拙僧境内と申證據一切無御座候、

一、前〻ゟ神宮寺大戸社修理料諸勘定等ニも兩人同様ニ立合來候処、三十年以來立合不申候、古來之通、御公用別當ニ被仰付候様ニ、返答書ニ書上候、此義古來修理料諸勘定ニ、立合來候処、如何成子細を以、當時立合不申候哉、定而古來立合候ハヽ、留書證據等可有之候、且又前〻

大猷院(徳川家光)様御疱瘡(瘡)御不例之節、御祈禱申上、御時服拜領仕、

御代〻御諷經も相勤、猶又社領分配も別當惣高ニ而、惣而百石之内、別當支配水帳元ニ有之候間、向後御公用被仰付候様ニと書上候、然共御祈禱・御諷經等之儀ハ、　御上ゟ被仰付候儀、支配之證據ニ難取用候、又配當高多、水帳元ニ有之候共、是以古來支配幷修理料勘定ニ立合來と申證據ニ難相成候間、古來支配之節、留書證據等可有之段、御尋被成候、

此段先年國繪圖幷鉄炮(砲、下同ジ)御改之節、神宮寺・神主・大祢宜と相認、公儀江も差上候段申上候ニ付、被仰聞候ハヽ、國繪圖・鉄炮御改之節ハ、大戸社中本社・末社之格式致違乱、本社江無沙汰ニ御公儀江書上、本社江證文不差出候故、其後本末及出入、其節之神主・大祢宜　御奉行所へ被召出、本末之格式厳重ニ被仰付候、其節も神宮寺義者、御奉行所江も不罷出、兩社家計罷出候事ニ候得者、先〻拙寺支配之證據ニ難相成、又七年ニ一度人別改も大戸百石之分者、拙寺勿論、社家・社僧迄、兩社家ゟ本社江差出候上者、拙寺古來支配仕候段、難被及御沙汰、外ニ何ニても社法・社領ニ構候事、本社江届披露等も拙寺方ゟ無之、修理料藏前勘定ニ立合來候ト申證據無之候得者、水帳元配當高多有之候、とても支配之筋ニも無之段承知仕、外ニ何ニ而も支配ニ付、可差出書付證據等、曾而以無之候得者、此義何分ニ被仰付候共、違背仕間敷候、

一、拙僧返答書ニ書上候普賢堂新社・百姓屋敷替地之義者、訴状之外之義、此度御沙汰ニ難被及段承知仕候、

右之通、重而御尋被成候共、少も相違無御座候、以上、

寛延四未年十一月　　大戸神宮寺 融光印

香取　御兩所

神宮寺融光返答*

差上申一札之事

「大戸出入裁許案」山口正親香取山城融光連署一札

神宮寺西光寺へ隠居企つる件

一、大戸社神主山口正親・大祢宜香取山城願出候趣者、神宮寺義、今度西光寺江隠居企候義、私共江相談届等も無之、我儘ニ相計申候、右西光寺年久敷無住ニ仕、其間之寺領物成、神宮寺引取質地ニ相渡、又北之坊と申寺院、是も數度無住之間、寺領物成、神宮寺引取候故、寺致零落、普請難成候処、此度西光寺江隠居仕、北之坊之田地をも引取可申と相企候義、一圓届も不仕、寺院無住之節ノ寺領、段々不埒ニ罷成候間、向後無住之節者、寺入用之外者、社ノ修理料ニ入、相人支配仕候上者、自今以後寺院住持替之節者、相談之上、住持居候様ニ仕度旨願之候、將又節句祝物割合出錢、前々神宮寺差出候処、近年差出不申候間、古來ことく差出候様ニ願候、又十二年以前神前馬場通ニ而、松木貳本神宮寺我儘ニ伐取候、其節押候得共、承引不仕、賣木ニ仕候、向後ケ様之我儘不仕候様ニ御吟味之

住持替相談の例なし*

節句祝物割合出錢の件

十二年以前賣木致す件

上被仰付候様ニ願之候、

神宮寺融光答候者、拙僧西光寺江隠居仕候義者、右寺之旦那共本寺江相願候事ニ而、拙僧相計候義ニ而ハ無之、西光寺年久〔敷脱〕無住ニ仕候義者、神宮寺先々住西光寺江隠居仕候処、永々相煩、借金出來仕候間、右借金爲返濟、旦那共本寺江相願、無住ニ仕置候得共、寺役等万事別當賄來候小寺故、相應之住持も無之候間、六年以前旦那共賄ニ相渡申候、且又北之坊も小寺故、無住之節も有之候得共、別當方ゟ神役相勤、或者留主居・院代等差置、是又西光寺同様、兩人差綺申儀無之候、將又向後寺院住持替之節者、兩人方へ及相談候様ニ申上候得共、是迄左様之例無之候、又寺院無住之節之寺領・寺入用之外者、社之修理料ニ入申度段申上候得共、修理料之義者、社之藏前有之、先年者別當立合、諸勘定仕來候処、三十年來兩人我儘ニ仕、度々相尋候へ共、別當江者一切無沙汰ニ勘定相立不申候、是等之儀、面々之不埒を差置、寺院無住之物成掠取可申存念、不埒之旨申之、又節句祝物出錢之儀者、先々差出候得共、帳面不埒ニ付、兩人差出不

三十年以來出錢仕らず

申段、仍之三十年以來出錢不仕候、又十二年以前神前馬場通ニ而、松木伐取候樣ニ申上候得共、社林ニ而賣木仕候覺無之、尤十二年以前拙寺於境内數本賣木仕候得共、社中差綺申義ニ而ハ無之、惣而神宮寺百石之內、支配水張元之趣意相立候樣ニ、向後御公用被爲仰付候樣ニ答之候、

雙方證據なし

大戸社僧仕方不埒

右之趣、今般數回令吟味之処、双方無證據之儀ニ而、是迄大戸社僧無住之寺領仕方不埒ニ有之ニ付、御吟味之上被仰渡候條〻、

住持替兩社家へ相屆くべし

一、大戸社僧住持替等之儀、神宮寺壹人之取計故、無住之寺領、自然と不埒ニ相成候間、向後社僧住持替之節者、法中相談相濟候ハヽ、社役相勤候者之儀ニ候間、兩社家へ相屆、入院可爲致候事、

寺領物成寺入用神宮寺預り後住へ相渡すべし

一、寺院無住之節者、寺領物成・寺入用之外者、修理料ニ致度段、兩社家ゟ雖申出先例無之、新規之儀難相立候、自今以後無住之節者、神宮寺預之、後住之者江相渡、社役無滯爲相勤、勿論寺修覆可爲致候事、

*雙方不埒の致し方

節句祝物割合出錢出づべし

*社中熟談の上伐るべし

一、節句祝物割合出錢、古來神宮寺差出來候旨返答ニ有之、近年差出間敷訳之證據無之候得者、如古來自今以後可差出事、

一、十二年以前申年、神前馬場通ニ而伐取候松木、遂吟味之處、神宮寺境内之證據無之、先年伐取候節、兩社家ゟ無差滯伐取候段、境内證據之旨神宮寺申候、又正親・山城ゟ者、先年伐取候節、差押候得共、承引不致、賣拂候段申、先年關戸鄉社中と御舟木山出入之節之社領繪面差出、先年神宮寺伐取候木、右之繪面ニ宮之木と書付有之、社地之木ニ紛無之旨申候、然共右繪面仕立候者、十三年以前之事にて、松木伐取候者、翌申年ニ有之、繪面ニ書載候程之義、其分ニ可爲伐取樣無之候、其節差押、神宮寺承引不致候ハヽ、訴可出儀ニ候、然ニ此迄打捨置候得者、伐取候節、押候と申義、聢と無之候、然上者繪面ニ書載候木ニ有之候共、強而社地之木共難相決申候、難相立義ニ候、又神宮寺義も是迄先住共、數代差置候木、境内之證據も無之、猥ニ可伐取樣無之、双方不埒之致方ニ候、畢竟是迄境目等も、聢と無之故、猥ケ間敷相成候間、向後社地最寄境目紛敷場所有之、目立候木伐取候節ハ、社中江申談、熟談之上ニ而可伐取事、

寳*暦改元

修理料藏前諸勘定神宮寺申分御沙汰及びがたし

神*領中酒運上申付く

神宮寺隱居時宜に取計ふべし

脇*賣致さざるやう申付く

*「大戸出入裁許」

大*戸神主大禰宜別當印形致す

一、惣而神宮寺百石之支配、水帳元ニ有之候間、向後御公用別當江被仰付候様ニ願候得共、古來神宮寺支配之證據、曾而無之、尤先年國繪圖・鉄炮御改之節、両社家同様ニ御公儀江證文差上候由申候得共、此義者大戸社中本末致違背候故、本社と及出入候義共、其節も神宮寺義者、御奉行所江も不罷出、御裁許書ニも無之候得者、其節之義、證據ニ難相立候、又修理料藏前諸勘定ニ、先ゝ神宮寺立合來候旨申候得共、是以古來立合候留書證據無之候上者、神宮寺申分難被及御沙汰之段、被仰渡奉畏候、

一、神宮寺義、西光寺江致隱居候事者、先ゝ之通両社家ヘ申談、社中ハ勿論、旦中滞義無之候ハゝ、何分ニ茂時宜ニ可取計事、

右之通、今般御吟味之上被仰渡候趣、逸ゝ承知奉畏候、然上者向後双方致和融、神事・祭礼無怠慢可相勤旨被仰渡、是又承知奉畏候、若被仰渡相背候者、何分ニ茂可被仰付候、爲後證一札仍而如件、

寛延四未年十一月　　大戸社神主 山口正親

同　社大祢宜 香取山城

大戸神宮寺

融光

香取

御両所

右熟覧致、十一月廿九日ニ口書ノ写二通ハ留置、裁許案ハ写返ス、口上、能口書相濟珎重ニ存候、裁許狀段ゝ入組候事、能出來珎重ニ存候由申遣ス、

一、十一月、年号改元寶暦、

〔十二月〕

一、十二月七日、神領中酒運上之義、大宮司宅ヘ上總往、右相談、大宮司無相違ニ付申付ル、來ル申正月元日ゟノ定也、今日御手洗平助願ニ付申付ル、請人宮中額賀清右衛門・高木孫大郎一ヶ年金子十両可差出旨證文爲致也、右ハ上總兼ゝ心付テノ事也、年番舎人(伊藤)宅ヘ尾形主膳立合申付ル、尤神領中之者呼、運上願候様ニ申付ル処、右之者願ニ付申付ル、脇賣不致候様ニ両人申付ル、十月十七日ノ処ニ記、

一、十二月十一日、大宮司宅寄合、番頭も出ル、大戸神(山口正親)主・大祢宜(香取山城)・別當(融光)召呼、兼而ノ出入裁許、何も無相違致印形、尤本書願候由ニ而、右ノ人數ヘ遣ス由也、

裁許ハ前ニ記ス通也、

寶暦元辛未十二月

香取大祢宜上總實行六十歳
嫡子
監物實香二十一歳
次男
城之介行高十九歳

「(表紙)寶暦二壬申
三癸酉
四甲戌」

宝暦二壬申年

一、二月三日、又見惣右衛門子藤助御差紙ノ事、馬ノ了、
一、四月四日、諸神塚見世、金剛宝寺ヘ申遣事、
一、四月六日、おあや出生、
一、七月十四日、鳥居殿(忠孝)ゟ両人被召事、御手洗百姓ノ了、
九月十八日、御手洗百姓共ノ事、出入御裁許事、
一、十月十七日、金剛――使僧大聖院住持之事、
一、十一月中、金剛宝寺鐘楼ノ脇ニ而楠大木伐取事、

宝暦三癸酉年

一、二月八日、溫井上リ田堺立了、
一、二月廿一日、金剛宝寺出入ニ付、出府、二月廿五日、本多長門守殿(忠英)ヘ出訴、
右ニ付寺院證文幷御裁許、数多記置事、
一、六月五日、大戸神主悴吉田免状之事、同十二月十九日、済了、
一、七月十八日、金剛宝寺出入御裁許済、
一、十一月廿二日、社家装束之事、
一、十二月十一日、實香婚礼相整事、

宝暦四甲戌年先ノ巻ニ有、此巻ニハナシ、

一、二月七日、金剛宝寺ヘ五節句ノ事、申遣候訳、
一、閏二月十三日、松葉盗之事、
一、閏二月十七日、惣持院ノ僧、こま(護摩)堂本尊ノ咄事、
一、三月廿七日、中峯山堺之事、
一、三月廿八日、小割帳ノ訳ノ事、
一、七月廿一日、釜のへた(邊田)井廻リノ木ノ事、
一、八月廿九日、新福寺江湖之訳、
一、九月十七日、小座山枯松之事、
一、九月十二日、松崎神主行高相續事、十一月廿六日、婚礼之事、

一、十月五日、御拝敷石ノ事、側高、
一、十月十九日、鷹長事、并同廿日、ヒサヅキノ事、
十一月十一日、新六ニ鷹ノ長役申付候事、
一、十月廿七日、御宝山之事、
一、十一月廿二日、夜九時おとき出生之事、
一、十二月五日、金剛宝寺五節句延引ノ事、
一、十二月十八日、二ノ鳥居倒事、
一、十二月廿八日、御手洗喜兵衛屋敷ノ訳、尋候事、

*大聖院百姓藤助馬喰致す

〔寶暦二年正月〕

宝暦二壬申年正月元日、宵暮六時ゟ細雨、夜八時晴、星出ル、七時ゟ明六時迄雪降ル、夫ゟ晴天、例之通御祭礼勤行、二日・三日青〔晴〕天、御年礼ニハ旧冬大宮司出府也、

*召により藤助出府

御祭禮勤行

一、正月十三日、寺社御奉行所　水戸様（徳川宗翰）江年始御礼ニ伊藤求馬遣ス、尤京都關白様（一條道香カ）江例年之通、年始ノ書状差上ル、其外酒井雅樂頭（忠恭）殿姫路在國也、年始書状遣、

寺社奉行水戸様へ年始御禮

一、正月十六日、大宮司江戸ゟ歸ル、御礼首尾能申上ル由、　水戸様ニ而　若殿御出生ニ付、寺社役差圖ニ

水戸様若君誕生につき御祝義

而兩人各所ニ而御祓差上度願候処、御請無之ニ付、御祝義計申上候由、上總儀も出候分ニ御帳ニ付候由、水野庄藏方書状來ル、

〔二　月〕

一、二月三日、又見大聖院百姓惣右衛門子藤助、従公儀御差紙ノ由、何方ト云ヿ不知、右訳ハ藤助馬喰致候、馬求候処、小見村ノ馬喰方ヘ遣候処、又谷中村江戸九兵衛ト申者、右馬調候ヘ共、代金不遣ニ付、右馬主、公儀ヘ願出候由ニ而、藤助被召候由、大聖院百姓助右衛門并新市場村地藏院兩人ヲ金剛宝寺ゟ附爲登候由ノ沙汰、當時大聖院無住、
二月四日、惣右衛門分飯司・大藏方（尾形）ヘ來リ、御召ニ而悴藤助、今朝出府仕候、爲御知申上候由申候由大藏申事也、仍而惣右衛門呼、爲知不請候様ニ可申聞候、訳ハ藤助出府不致前、打驚爲相知届も可致候事、公儀ハ何方ゟノ御差紙と云ヿモ不知、御用ノ程も不知、此上如何様之事ニて、此方江も御沙汰有之間敷ニも無之、如何様之重キ事ニ可成も難計、近所當ノ者ヘ咄も同事、聢ト不致、然レハ旦那ヘ申事も不成候ヘ

*商人金剛寶寺より出づ

松浦河内守御差紙來る

大聖院無住ゆゑ地藏院に付く

村田景春書狀

*店引かすは商人も難儀

*上總娘あや出生

「諸神塚前見セ出候訳」諸神塚前商人店出づ

ハ、不被聞候由、大藏方ゟ惣右衛門へ可申聞旨申聞ル、尤金剛宝寺ゟ爲知可有之処、曾而無沙汰也、

二月七日、金剛宝寺ゟ使僧不斷所、此度松浦河内守(信正)殿ゟ又見藤助義、當月六日名主・組頭召連出候様ニト御差紙來リ申候、仍之大聖院ハ無住故、地藏院付、一昨〻四日、江戸へ差登セ申候、御公邊之儀故、御届申候由也、右分飯司方へ來ル、分飯司方へ出府セぬ前ニ有筈之由申聞、不斷所方へ右之段申聞候由求馬(伊藤)申之、

一、二月廿四日、京都ゟ書狀到來、御狀致披見候、

攝政御方(一條道香)倍御機嫌能被遊御越歳候、年始爲御祝儀、御扇子料金子百疋被差上、遂披露候処、入念候段御氣色之御事候、猶宜申遣旨依　仰如此候、恐惶謹言、

正月廿六日　　村田西市正(景春)書判

香取上總様

村田ハ關白様諸大夫也、

〔四　月〕

一、申四月四日、宮中役人共ゟ不斷所へ使遣、高木孫大郎口上、諸神塚火ノ番所ノ前ゟ諸神塚迄、諸神塚ノ道ふさけ、商人見セ三ッ掛候、金剛宝寺ゟ出候哉、商人差置候場所ニ無之候、引セ候ハヽ、可然候段申遣、

不斷所――ハ、金剛宝寺ゟ出候、先達而出入候儀も、役人衆ゟ三次郎を以引候様ニ被申越候、其後當金剛宝寺入院後も忠兵衛ニ内證被申越候、拙僧覺候而も十年余出來候、前方出入候節ハ相止、其後前之通ニ出候、當金剛宝寺も私覺候様ニ可致候由申付候間、金剛――ニ申聞候而も替候事無之、同事ニて候、

同日、不斷所孫大郎(高木)処へ來申候ハヽ、金剛宝寺へ申聞候処、追而事極候ハヽ、來年ゟ差出申間敷候、只今爲引候而ハ商人も可致難義候ト申來ル、

右之訳故、先其分ニ差置、忠兵衛諸神塚前通へ兩見セ出候處、觀音參詣道セばめ候由ニて、出入後ハ差出不申候、火ノ番所前セまく往來難儀、第一喧嘩口論有之候而も金剛――構候場所ニ無之候、

一、申四月(六日)〇、暮六過、おあや出生、實行(娘、)〇妾腹也、香取大坂小沼奥右衛門、其子勘右衛門、其子平四郎、〻娘左嘉產処也、常陸國笠間ト哉覽ニ而代官勤候者、浪人シテ大祢宜与一郎代ニ原町ニ居住、其子右京、其子淸兵衛、其子も淸兵衛、無一子斷絶也、右奥右

衞門ハ右京弟也、与一郎代ニ今平四郎子ノ又七屋敷
申付居住也、

あや病死の譯

後ニ記、右あや義、宝暦六子年五月末ゟ脾胃虚ノ症
ニ而相煩、後ニハ腫氣腹大ニ張、十月十五日九ッ過五
才ニ而病死也、様〻難盡醫療無其甲斐事也、新福寺
廟所内膳胤信公ノ石碑ノ右、北ノ方ニ納ル也、号安
屋比咩神靈、新福寺ハ雲光鮮白童女ト改名ス、

*鳥居伊賀守へ出づ

酒運上金半分納む

一、四月十一日、酒運上金拾兩ノ内五兩濟、是ハ去十月
相談、入札申付ル処、宮中町清（額賀）右衞門・孫大郎請、
右之通始テ納ル、右兩度ニ納候様ニ申付ル故也、右
大祢宜掛リ、年番ニも有之、右金子納候節、大宮司
方へ使遣、求馬（伊藤）、取次主膳（尾形）、運上金可納申候、半分

*未だ吟味取懸らず

ッ、、主膳・舍人（伊藤）預候様ニ、追而御相談可申候、右
之通致候テハト申遣、
返事、尤之由、何分ニもと申來ル—、

*上總歸鄉

一、四月、大聖院留主居來候由、無沙汰也、

〔五　月〕

*上總江戸發足

一、五月七日、上總發足、八日暮六時、江戸小川町四軒
町旅宿ニ着、

一、五月十二日、寺社御奉行所青山因幡守（忠朝）殿・本多長門（忠英）
守殿・鳥居伊賀守（忠孝）殿、是ハ去四月十五日（七）被仰付、松
平右京亮（輝高）殿大坂御城代御役替—、鳥居殿御役人加
藤嘉内・佐〻生武左衞門・瀧山族、
同日、酒井雅樂頭（忠恭）殿へ懸御目、
一、五月廿六日、鳥居殿へ出ル、佐〻生（サヽウ）武左衞門—、
私義、此度内用有之、出府仕候、此間御役義之御悦
ニハ伺公仕候、然者私御願之義有之、去年中、大岡
越前守（忠相）様へ奉願候、此度寔元様江御引渡候由承知仕
候、此節御普請等御取込ニも被遊御座候、追而御召
之節參上仕度候、同役香取多宮兩人御召可被遊候、
御役人—ハ、普請等も有之、其上來月　御法事御
用被仰付候、新役と申、殊外取込、未惣而吟味ニ取
懸不申候、追而達シ可申候、懸リノ役人も不極候、
又其内出府ニも被致候ハ、可被伺候、
一、五月廿九日、江戸出足、

〔六　月〕

六月朔日、朝歸鄉、
一、六月十四日、多宮方へ使遣、求馬（伊藤）、取次角案主、此

録司代屋敷内に芝居

*鳥居伊賀守より書状來る

芝居立主相願はず

*香取多宮香取上總連印書狀虚事出來せば尋ねばなるまじ

津宮村浪人傳右衞門

節録司代屋敷内ニ芝居有之候由、尤録司代義ハ、先達而借屋敷義願出、其許御相違無之由、拙者も同樣ニ申渡候、然共芝居立候主神領ニ居候由、其元江ハ願出候哉承度候、此方江ハ無沙汰ニて候、

返事、録司代借屋敷願候節、録司代ニ相尋候ヘハ、津宮村之者之由、録司代願候ニて濟候と存候而ノ事と被存候、

六月十八日、使遣――、芝居義、立主不相願候、何方ニても其村ノ費ニ成候事、又虚事有之物故、めたとは其村之名主不申付候由、是ハ其者呼、角案主・求馬立合、何方ヘ願候哉尋候テハ如何と申遣、

多宮求馬ニ逢、直ニ申候ハ、行衞も不知、輕キ者、神職相勤候、兩人尋候も如何也、又見村之役人ヘ申付、尋候ハヽ、可然之由申事也、

又求馬ヲ遣、輕キ者と申候テモ、虚事出來候ハヽ、不レ尋ニハ成間敷、公儀ニても何程輕キ者ニても御尋候事ニて候、乍去追而ノ事ニ被成可然候、

返事、致承知候、虚事有之候節、呼相尋可然候ト申來ル、

右之者ハ津宮村ノ浪人傳右衞門トやら申者、又見大聖院百姓惣右衞門屋敷内ニ地借ニて居住之由也、

〔七月〕

一、申七月十四日、朝五ツ前多宮（忠孝）方ゟ使、只今江戸宿飛脚到來、一昨十二日鳥居伊賀守殿江被召、如此ノ御書付出候由、

香取上總

香取多宮　半切也、

右來ル廿日比、致出府候樣ニ可申遣候、

返事、兩名ニ被成下候間、兩名ニ御請御認被遣候樣ニ申遣、又使來ル、其元樣ニて御認御印被成、被遣可被下候と申來ル、則下書認見セ候処、多宮尤之由申之、

來ル廿日比、出府仕候樣ニ被仰下奉畏候、以上、

七月十四日　香取上總印

香取多宮印

鳥居伊賀守樣

御役人御衆中

七月十四日、暮六時、上總江戸宿六兵衞方ゟ飛脚、十二日、伊賀守殿江被召、來ル廿日比迄ニ上總出府

*上總出足

*上總持病起り日延願ふ

上總偏頭痛により發足難儀

*與一郎職につく書付古書持退く

*齋宮妹與一郎妻とす

古證文見當らず多宮申す

*古書齋宮方へ引取る

致候様ニ可申遣候、尤着次第届可申候、

又御請、來ル廿日比出府仕候様ニ被仰下──、同文一名ニ認、從公儀も一名故、尤多宮方へも飛脚來候段爲相知、此方江ハ一名之御書付故、御請一名ニ致候様ニ、多宮へ申遣、尤之由申來ル、此方飛脚ハ佐倉通リ故遲キ也、

十四日、發足日限申合、多宮ハ十七・八日ノ比、出足ト申來ル、又申遣候ハヽ、拙者儀、此間中片〔偏〕頭痛差起候、此躰ニてハ近日出足難仕候、十八・九ハ日惡敷、廿日ニ出足申度候、若先ヘ御出被成候ハヽ、宜御申上可被下候、貴様ニも先ヘ御出足御待被成候も如何ニ候、廿日比御出足被成間敷候哉、

多宮内用有之、十七日方出足可致候、御日延之儀、成程可申上候、

七月十五日、手紙ニて大宮司方ヘ申遣、今度御出府被成候ニ、寺方之古證、若入用之事も難計御座候間、御持參被成候而ハ如何可有御座候哉、心付申候間申遣候、

返事、古證文之義被仰下候、前〻得御意候通、手前見當不申候、然共又〻相尋見當候ハヽ、持參可仕候、

左様──、

一、七月廿日、上總出足、廿一日、暮六時江戸小川町四軒町旅宿ニ着、

一、七月廿二日、鳥居伊賀守殿ヘ名代高木孫大郎口上、持病差越日延ノ御願、多宮相賴申候、定而可申上候、御役人瀧山族、成程、多宮申候、致承知候、押テ出府仕候、道中暑氣當リ、少〻腹痛仕、今日難罷出候、一兩日中可罷上候、右之段乍憚御屆申上候、病氣之事ニ候ヘハ、隨分養生致候様ニと被申渡候由、

一、七月廿四日、鳥居殿ヘ出ル、族──〔瀧山〕被申候ハヽ、書付計ニてハ不知候、訳ヲ被申候様ニト有之候、上總──、先私ゟ六代程前大祢宜藏人、元和八年不屆有之御追放、仍而大祢宜職三十年闕職、其後与一郎と申者ニ職分被仰付候、職ニ付候書付・古書共、右藏人持立退候故、右藏人次男齋宮ヘ大祢宜知行廿六石余、下社家兼帶ノ知行、合テ四十石内證合力仕、齋宮妹ヲ与一郎妻ニ仕、只今ニてハ難成可有御座候、御追放ノ者ヲヒソカニ長屋抔ニも差置候様之訳ニて候、然処与一郎一子無之病死、仍而右之古書又齋宮方ヘ引取申候、其後大祢宜職大助ニ被仰付候、是ハ只今

古書返すやう求むるも承引せず
*岩ヶ崎城跡
四十石御修理料仰付らる
四十石に大宮司神領寺院百姓他村の者もあり
多宮方百姓召遣ふと申す
*大岡殿より御送付の書付
寛文十年内分の帳面
古來の通り召遣さざれば神役相勤まりがたし
神領中百姓は皆神慮の百姓

多宮祖父ニて候、此節右古書返候様ニ申候処、承引不仕候ニ付、公儀ヘ奉願候処、被召出返候様ニ、被仰付候テモ、違背仕候ニ付御追放、右四十石ハ御修理料ニ被仰付候、此四十石所持之百姓之儀ニ而御座候、右四十石ハ大宮司百姓も神領・寺院之百姓、他村之者も所持仕候、私方ノ百姓召遣候と申、多宮申事ニて候、私共少々ノ配當給分ヲ遣、神用ニ召遣候義難仕、屋敷ヲくれ遣申候、不斷召遣候ハ給金ヲ出、御當地抔同様ニて、其百姓屋敷ハ高ニ上リ候、其百姓屋敷ヲ四十石ノ修理料ヘ入候時ハ、高も相增申候、私領分内ニ御座候故、只今迄寛文十年ニ内分ノ帳面を以、此通修理料ニ被仰付候、以來八十年余、古來ゟ之通召遣申候、若召遣不申候様ニ罷成候而ハ、私共神役相勤リ不申候、惣而神領中百姓ハ、皆神慮ノ百姓ニて候ヘハ、多宮とても同様ニ難儀仕候、御役人被申候ハ、百姓ゟ多宮書付取候、右百姓呼不申ハ成間敷哉、それも大相也、私留主中ニ書付申付候、彼百姓共ハ、無筆ノ者共、私共兩人申付候事ニ候ヘハ、申付次第ニて候、其砌私家來共書付取置候、持參仕候ト覺申候、御役人左候ハヽ、夫ニて可濟候、其外彼是咄、

又岩ヶ崎城跡之事、高須弥助代々之家老、守護不入之書付ノ事、先年高須弥助在所ヘ來リ、一宿致候事抔彼是咄、

御役人明後廿六日伺候様ニ被申渡、

一、七月廿六日、鳥居殿ヘ出ル、多宮も出ル、御役人大(忠相)岡殿ゟ御附送ノ書付を以イサイ(委細)被尋、具ニ申、

同日、願書御留、

一、寛文十年被仰付候四十石、修理料ニ被仰付候書付ノ写、
一、寛文十年四人ノ名有之修理料ノ本帳、
一、明暦年中、内分ノ四十石与一郎代、
一、多宮手紙、
一、本屋敷ノ圖、
一、大岡殿ヘ大祢宜藏人元和八年――認候訳書無印、
一、御手洗百姓五人、多宮方ヘ夜番勤候書付致候ニ付、其訳ノ書付、今日差上候ヲハ御返シ、

其外證據ニ可成書物、明日致持參候様可被尋候、明日四ツ前ニ出候様ニ被申渡、多宮ゟ差出候書付三通御返シ也、

鳥居伊賀守御内寄合

一、申七月廿七日、鳥居殿御宅御内寄合、青山因幡守殿(忠朝)・本多長門守殿(忠英)御出席、御連座江両人共出ル、上總先へ出ル、願書返答讀仕廻、鳥居殿多宮方へ修理料書付出候様ニ、則上ル、是ハ写、本書ハ我方ニ有之

書付寫は役に立たぬ

哉、多宮今日ハ持参不仕候、写ハ役ニたゝぬ、又多宮江御尋被成候ハ、百姓共致難儀、書付差出シ願候哉、多宮――、私尋申候、御奉行所書付取候ハヽ、

*百姓屋敷は四十石の外
寛文十年修理料仰付らるる田畑改帳
*大禰宜我意に百姓召遣ふを多宮訴ふ

上總ト致相談取可申候事、多宮無言、上總書付出セ、寛文十年御修理料ニ被仰付候節ノ田畑改帳、四人ノ名有之帳、修理料所持ノ百姓、當時誰と付紙致ス、又大祢宜本屋祢(敷カ)ノ圖、并修理料田畑出作ノ百姓、大祢宜・大宮司・金剛宝寺百姓山崎村藤右衞門、右百姓之名半切紙ニ認差上ル、物數〆三ツ、御覽ノ上留

*給分遣し神用に召遣ふ

ル、上總申上候ハ、齋宮ト申候ハ、御追放被仰付候、浪人者日かけ者ニ而御座候、先ゝ大祢宜与一郎方ゟ四十石内證ニて合力仕、長屋ニ差置候共申、又ハ他村ニ罷在候共申傳候、百年ニ及候事故、聢と相知レ不申候、

元和八年以降の經緯

落、前ニ申、齋宮妹ヲ与一郎妻ニ仕、大祢宜家附之古書等請取申候由、大祢宜藏人、元和八年不届有之、御追放被仰付候、其子齋宮密ニ四十石内ゝニ而合力仕候処、与一郎不幸仕候故、古書等齋宮方へ引取申候、其後大祢宜職丹波ニ被仰付候節、右古書返候様ニ申候而も、承引不仕候ニ付、公儀へ奉願上候処、御意ニても返シ不申、仍之又御追放被　仰付、齋宮只今迄之知行御修理料ニ被仰付候、此節寛文十年ニ而候、此節内證合力訳之帳面を以、此通御修理料ニ被仰付候由、百姓屋敷ハ四十石之外ニて候、右百姓從往古召遣來候、

多宮申上候ハ、上地以後ハ大祢宜決而召遣不申候処、上總召遣申候、　御奉行所、夫ハ我カ了簡カ、多宮申上候ハ、召遣來リ不申候処、召遣申候、

上總申上候ハ、百姓屋敷ハ高ニも上リ、四十石ノ外ニ而御座候、百姓屋敷入候へハ、四十石ノ上ニ罷成候、御奉行所、私用ニも召遣候哉、上總、成程召遣候、不斷召遣候ハ、給分ヲ遣、別ニ抱召遣候、先ハ神用ニ召遣申候、左様無御座候而ハ、毎度祭礼供物等多、惣而領分百姓召遣申候、召遣不申候而ハ、一日も神役相勤不申候、多宮とても同事ニて御座候、

多宮申上候ハ、大祢宜百姓ニ御座候へハ、遣內之事

大禰宜知行内ゆゑ百姓召遣ふ

ニて御座候、上總申上候ハ、大祢宜知行内ニ御座候間、從古來召遣申候、只今迄大宮司數代差構不申候処、去ミ年大祢宜領分之屋敷源太祝(香取外記)奪取度、大岡様ヘ願出、二年越掛リ首尾能被仰付候、此砌之事ニて御座候、右六人之百姓屋敷も取上度存念ニ而、此節ゟ之事ニて御座候、御奉行所、源太祝と申事、御仲

*鳥居伊賀守吟味聞く

間被成被仰候時、右ノ通申上候、鳥居殿吟味可被成と被仰候、立ト御申候、從夫役人ニ逢、御吟味可被

*留守中に多宮證文取る

遊被仰渡難有奉存候、近日御伺ニ伺公可仕旨申候へハ、左右可被致候由被申、

〔八月〕

上總度々相談を申す 源太祝裁許狀寫差出づ

一、八月朔日、御三所御奉行所へ御礼ニ廻ル、

一、八月二日、鳥居殿(忠孝)へ出ル、族(瀧山)──、源太祝(香取外記)御裁許狀写差出、御請取也、此度之事も、此節之事ニて御座候、此節大岡様(忠相)へ願上候処、二ツ三ツ難成候、追而

*領分内百姓ゆゑ神用私用に召遣ひ申す

ト被仰候、其以後ハ御病氣、彼是ニて延引仕、去年春申上候、此度ノ百姓六人ヲモ源太祝大祢宜屋敷奪取度と申出候砌之事ニ而御座候、大岡様ニて御役人中御吟味ノ節、此右門屋敷出候へ共、難住処故、私屋敷ニ居候故召遣候哉、成程、左様手前屋敷へ引越候ハ、遣間敷ハ、成程ト申上候、是ニて濟候由御申候、人別ニも大祢宜知行所一同ニ載リ申候、族申候ハ、明三日八ツ時ゟ可被參候、吟味被致候、則差紙可遣と存候処也、幸也、差紙遣間敷也、

一、申八月三日、御役人吟味也、影ニ伊賀守殿(鳥居忠孝)御聞被成ルト聞ヘル、多宮方へ百姓ゟ證文取候ハ、、百姓ゟ上總相談可致事也、上總遣付不申候ハ、、猶以相談可致事、留主中ニ證文取候、多宮其段ハ無調法仕候、其證文取候ハ、何ノ爲ニ可致と取候哉、多宮相決不申候ニ付、奉ト伺存候、左候ハ、、ナセ不伺候哉、上總度ミ及相談候節、勝手次第と申候由、工ニ致候ト聞ヘ候、上總申上候ハ、度ミ相談仕、兩人ニ而可奉伺と番頭共立合候節も申候へハ、私勝手ニト申得心不仕候、御役人百姓共證文、上總方ヘ取候も差上ル、卯年以來被召遣候由、何事有之候へハ、卯年以來ニて候、上總──ハ、何も卯年以來覺無之候、上總方ニ遣候ト申證據有之候哉、上總──ハ、領分内之百姓ニ御座候へハ、改候而遣候ト申訳無之候、領分中故、神用・私用共召遣申候、尤不斷ニ宅ニ差置遣候

上總人別帳差上ぐ

*合點ゆかざる書付

*大禰宜闕職中の知行の物成

右門大禰宜屋敷内居るゆゑ召遣す

大禰宜本屋敷の圖出づ

*多宮上總申狀に難澁

親子契約狀の寫

書付の相違

大禰宜闕職中に分地なし

ハ給分遣、是ハ別段ニ御座候、上總、人別帳差上ル、則御一覧、与兵へ・又二郎ハ修理料百姓ニ御座候得共、本旧地、夫ゟ引ツヽキ、又右兩人、大宮司方ノ人別ニも兩人難入モヨリニも有之、私方へ入申候、大岡越前守様ニても、右御尋之節申上候、尤之由被仰候、寛文十年四十石修理料ニ被仰付候節、地所改四人之名帳面御出シ、百姓屋敷出候書付有之候、右門義ハ屋敷出候へ共、住居難成場所、私屋敷内ニ居候間遣候、越前守様ニても、右之段申上候へハ、尤之由被仰聞候、大祢宜本屋敷之圖御出シ、多宮方へ此通無相違候哉、多宮一覧、相違無御座候、上總方ゟ證據有之、上總屋敷内ニ相聞ル、乍去如何様ニ可被仰付も、其段ハ知レ不申候、寛永十七年之書付、親子契約狀ノ写被出訳御尋、上總一覧、先以四十石ノ処ヲ、五十石ト有之候、相違仕候、兼帯近藤大夫ニて候処、鏡(命カ)夫婦と有之候、是相違第一、寛永十七年大ニ相濟不申候、其節ハ大祢宜闕職中也、元和八年ゟ承應元年迄三十年ノ間闕職、承應元年ニ与一郎大祢宜職被仰付候、越前守様ニても、其御沙汰有之候、寛永・正保・慶安・承應ト年号四代、大祢宜闕職中ニ分地可仕様無御座候、まだ与一郎大祢宜職不被仰付、生レヌ先ノ様成事ニて候、合点不参書付ニて御座候、御役人、年号數へ十三年後ノ事也、多宮申上候ハ、其時分家來ヲ遣置候ト哉覧、又与一郎モ大祢宜方へ罷越居候様ニ承候、上總――ハ、闕職中ニて誰も不居候、則大祢宜闕職ノ間、知行之物成百姓共取立、ケ様ニ勘定仕、此西条惣右衞門と御座候ハ、御代官ニても御座候様ニ承及候、寛永十七年ハ闕職中ニて御座候、大祢宜闕職中ハ知行物成、毎年御修理料ニ被仰付、毎年公儀ノ御役人御下り、遂筭勘御藏へ納候、○(帳面差上ル、)多宮古來ノ訳ハとくと不奉存候、右書付ハ一通懸御目候、御役人――、いや上總方へ手紙ニも、此書付有之候由ニ有之候、多宮、卯年以來召遣來候、其前ハ決而遣不申候、右百姓共被召呼、御尋被下候様ニ、私相違之義申上候ト、御賢察茂迷惑ニ奉存候、宮之助(國分藏人)・物申(香取右近)をも被召呼、一通御尋奉願候、御役人、呼候ハ安ク有之候、上總――甚輕キ者共、猶御上江御苦勞奉懸迷惑ニ奉存候、只輕ク被仰付被下候様ニ奉賴候、左様ニてハ大相ニて御座候、御役人、其元兩人へ尋候へハ事濟候、百姓共此方へ

宮之助物申祝年貢收納の世話致す
*御修理料四十石に屋敷付けず

*百姓召出すやう御役人申す
百年に及ぶことゆゑ譯相知れず

神領千石のうち末社大戸へ百石分地

金剛寶寺へ二十石配當

致候、火ノ番被申付、勤候ト申書付、是ニて濟候、大相ニ有之由御申候、上總――宮之助・物申義ハ、年貢收納ノ世話ハ仕候、屋敷之事ハ、構不申可存樣無之候、多宮申ハ、役目ヲ致候上ハ、御尋被下候樣ニ申候、とかく右之場所決シ不申、此度御威光を以相決候ヘハ、永〻一社ノ治リニ罷成候、御役人、爪印爲致候由、是ハ如何、上總――前人別御改之節、多宮方ヘ人別帳ニ致印形候樣ニ申付候処、大祢宜方ヘ仕候段申候ヘハ、爪印仕候樣ニ申付候由、百姓共申候、人別二重ニハ不成事と申聞候、多宮申候ハ、人別之儀ハ上總方ヘ致付候、御役人、其分ケヲナト被申候、上總、与一郎ゟ齋宮ヘ四十石合力仕、密ニ舅故長屋ニ差置候共申、又他村ニ罷在候共申候、百年ニ及候事故、碇と相知レ不申候、

水帳差出、ミたらし(御手洗)市藏ト有之候、只今新七ニて候、則田歩付有之、高ニ上リ候、此屋敷入候ヘハ、四十石ノ余ノ高ニ成候、神領千石ノ内、末社大戸二里程有之候、百石分地仕候、則千石ノ内ヲ百石大戸村ニ而御渡、殘テ九百石ニて候、其百石ノ田畑、只今神領之者出作仕候、是ニも百姓屋敷ハ附不申候、又金剛宝寺神領二十石、私共ゟ配當仕、外ニ二十石 御朱印所持仕候、是ハ他村水上鄉と申所ニて候ヘ共、田畑計ニて百姓屋敷ハ付不申候、御修理料四十石も田畑計ニて、右同樣ト奉存候、御役人四十石ハ知候、屋敷ハ外ト聞ヘ候、今日差置候品、

一、上給ノ長　一
一、午人別帳　一
一、四十石寛文十年被仰付候書付　一
一、四十石与一郎内分ノ帳　一
一、御手洗ノ者多宮方ヘ證文致候節、此方舍人(伊藤)方ヘ取候書付

〆數五ツ

夫ゟ中座スル、御役人被出、右百姓其元知行内、其元ゟ呼候樣ニ被申候、与兵ヘ・又二郎をもト申候ヘハ、其元ヘ人別差出候間、其元ゟ皆呼候樣ニ被仰付、尤日限ハ不被申候、早〻出府候樣ニ、着候ハヽ、屆候樣ニ被仰渡、尤手間取候事ハ有之間敷候、

四日ノ朝在所ヘ飛脚遣、

前落、午年ノ前ノ人別帳可有之候、上總、此方ヘハ持參不仕候、此通之趣ニも御座候、修理料百姓ト申

書入ハ無御座候ト覺申候、御役人、召遣候ト申證據書付有之候ハヽ、可差出候、領分一同故ニ無御座候、五十三年以前、御宮御造營以來、領分一同ニ申渡等之書付抔ハ御座候、

御手洗百姓三人出府

一、八月九日、御手洗百姓右門・与兵へ・市三郎、其外之者ハ病氣ノ由申、三人出府、上總逢、一通御吟味ノ訳申聞セル、四年以前、多宮方へ我等留主中、證文差出筈無之、此方へ伺も不致段申聞ル、多宮一身致、与兵へ・又二郎同様ニ、外之者共も修理料百姓ニ成、不遣様ニ致度存念ニ相聞へ候段申聞ル、

*屋敷立退けば召遣ふも存ぜず

*遣す譯互ひに證據なし

同日、右三人出府之段、鳥居伊賀守殿へ御屆ニ出ル、懸ノ役人他出、佐生〔ミ生〕メ武左衞門へ申入ル、右三人宿馬喰町壹丁目佐野屋五兵へ、

百姓共出府八人中五人は病氣

百姓召遣成らざれたき存念上總留守中證文仕る

*右門へ百姓假役申付く

一、八月十日、鳥居殿へ出ル、御役人族――、上總――ハ、昨日百姓共出府御屆申上候、八人ノ内三人參候、五人ハ病氣之由申候、惣而我儘者共ニ而御座候、与兵衞・又二郎幷ニ不被召遣成度存念ニ相聞へ候、四年以前多宮へ證文仕候も、私留主中、百姓共も私方へ屆も不仕、馴合レ多宮ト候様ニ被存候、爲差事ニも無之候事、ワル者共とやかく申、騒動ニ罷成、御

上江も御苦勞奉懸候、私共長袖ニ御座候へハ、急度呵候事も出來不申候ニ付、神領中者共、只我儘仕候、源太祝〔香取外記〕等も私領分ノ屋敷ヲ奪取度申出、則此間御裁許狀懸御目候、此度ノ義も、其砌ゟ之事ニて候、此間ノ寛永年中ノ書付抔差上、屋敷取上度仕方ニ奉存候、他之屋敷ニ候へハ、是迄召遣候共、無調法ニ御座候、私屋敷ニ御座候へハ、たとへ是迄召遣不申共、遣内之儀ニ奉存候、屋敷ヲ只くれ置可申様無之候、追而申上、私屋敷ヲ立退候へハ、可召遣共不奉存候、彼者共も可被遣共不存、隙明申候、屋敷年貢ニても取ハ不仕、御役人、屋敷ノ訳ハ立テ居候、遣イ不遣ト申、互ニ證據無之候、遣候ト申、一度〳〵ニ書付ニても、取候様ニハ出來不申候、源太祝御吟味ノ節も、人別帳ヲ以被仰付候様ニ奉存候、則九年以前、人別帳差出、御役人、如何様是カミト被申候、上總、乍憚とかく地元ニてト奉存候、屋敷年貢も取不申、只差置可申様無之候、御役人、右門ト申候ハ、彦左衞門事カ、成程、百姓假役ヲ申付候、本職ニてハ無之候、又御役人、三人尋埒明不申候ハヽ、外之者をも可呼候、此間多宮申候も、右門ハ地借リニて之由

人足などに遣さるるを百姓申す

屋敷年貢取らず

立退けば遣さざるを上總申す

人別帳の者遣されずば神役勤めがたし

上總多宮百姓共鳥居殿にて直の御吟味

右門七十歳

近藤大夫四郎大夫兼職與兵衞又二郎遣されざるを申す

申候、自分ノ屋敷出候得共、不移候ナ、左様ニて候、彼ヵ屋敷ヘ移候ヘハ、別ニ私遣可申様無之候、御役人、与兵ヘ・又二郎外ノ者ハ、元ゟ居付候百姓ニて候ナ、成程左様、其外先達而懸御目候廿人程ノ者、大宮司百姓、私外ノ百姓・寺院ノ百姓も出作、皆同事ニて御座候、

享保年中ノ御條目ノ写、右人別帳二品共一覧、御返シ也、追而入用ノ節可差出、余リ沢山ト也、明日八時、右三人召連出候様ニ被申渡、

一、八月十一日、鳥居殿ヘ出ル、多宮も出ル、百姓共出ル、御直ニ御吟味、与兵衞、我ハ上總ニ被遣候哉、与兵ヘ――ハ、私新屋敷ニ罷在候、被遣不申候、多宮口書ニ致印形ハ、与兵衞新屋敷ト脇書ノ肩ニ仕候、曾而被遣不申候、御役人族、多宮方ヘ相違也、多宮申候ハ、卯年以來被遣申候、火ノ番ハ不勤候ヘ共、外ニ被遣候由申候間、其通ニ書付仕候、与兵衞申候ハ、私ト又二郎ハ何も被遣不申候、多宮与兵衞方ヘ其砌火ノ番ハ不勤、其外ハ被遣候様ニ申候ハ、与兵衞被遣不申候、多宮、外ノ者共入込故抔ト申候、市三郎ヘ御尋、前方ハ被遣不申候、二・三年以來被遣申候、如何様ニ被遣候哉、人足等ニ被遣候、上總申上候ハ、他ノ屋敷ニ御座候ヘハ、是迄召遣候而も無調法ニ奉存候、私屋敷ニ差置申候ヘハ、たとへ是迄召遣不申候共、召遣可申筋ニ奉存候、屋敷年貢も取不申、只差置可申様無御座候、彼者共相應之処ヘ立退申候ヘハ、私遣可申共不奉存、彼等も可被遣共不存候、左様御座候ヘハ、隙明宜御座候御願申上、左様仕度奉存候、又召遣候義、不成筋ニ御座候ヘハ、人別帳之者共、皆一同ニ被遣不申候、左候ヘハ、私共一日も神役相勤リ不申候、御奉行所、夫ハ追而ノ義、自分屋敷ニ居候上ハ、不遣共遣筋トナ、屋敷之事ハ訳立テイル、遣不遣ト云ヿ不分也、右門ハ如何ト御尋、私七十ニ罷成候、前ハ不被遣候由申上ル、上總――ハ、彼者ハ養子ニ而候、彼か親、彼か聟ハ召遣申候、九年以前ニも上方ニて物參ニ參候間召遣申候、右門義ハ召遣不申候、二物ノ者ニて、何も用立不申候、私兼職候近藤大夫・四郎大夫抔申候假(カリ)役申付置候間、神前神樂方相勤させ申候間、近來ハ召遣不申候、聟御尋、只今ハ離縁之由上總申上ル、御奉行所、是ハ出入ニ成候事ニてハ無之候、不和故之

番頭と度々相談に及ぶ

*恩なければ遣さず

*遣すとは人足夜番

*百姓共申分埒明かざるゆゑ手錠打つ

百姓共召連れ鳥居伊賀守にて吟味

市三郎申分相違

*箇様の儀上總覺なし

市三郎祖父より譯あり

事、上總申候ハ、外ノ事ニて番頭ト申候下社家有之候、其砌及相談候、二人ニ而可奉伺申聞候へ共、私勝手ニト申候、其以後、度ヽ相談仕、承引不仕候ニ付、越前守様(大岡忠相)へ申上候、去ヽ年申上候而も相違無御座候ハヽ、申おろし可仕、則相談仕候、手紙も先達而差上申候、多宮申候ハヽ、相違御座候事故申合、兩人伺候ト申筋ニハ、出來兼申候抔、彼是申、御奉行所、夫ハ枝葉之事也、多宮申候ハヽ、修理料ノ藏抔、彼等カ屋敷ニ建置、其番ヲ仕、神前向兩方相勤候ハヽ、大義ニ御座候と申事ニて候抔申、其外彼是事有之、御奉行所、立候様ニ重而可尋と被仰、

一、八月十三日、鳥居殿ゟ百姓共召連、八時罷越候様ニ御差紙、則出ル、先御役人百姓共へ被尋、与兵衞口書濟、市三郎御吟味中、上總出ル、御役人、市三郎卯ノ七月ゟ被遣候儀、此間家來を以申渡之由申、今又申ハ、直ニ申渡之由申、相違也、上總、市三郎へ申候ハヽ、何月何日申渡候哉、不覺之由申、上總覺不申候、御役人、卯年迄ハ不被遣之由申、上總、市三郎へ申候ハヽ、我ハ祖父ゟ訳有之、別テ不便ニ存召遣候、則ぬく井(溫)ニて畑、其末ニて畑ふち通ノ山抔くれ置候而祖父より遣候ハ、市三郎申候ハ、夫ハ別段ニ勤申候、四十石ノ方ニてハ無之候、御役人、其ノ勤之事也、吾ハ与兵へ・又二郎と同様之事也、其恩無レハ上總も遣ハセぬ、被遣候ト申候ハヽ、如何様ナヿ、人足ニも出、夜番勤候、夜番ハ幾度、上總申候ハヽ、一月ニ一度ツヽも當リ可申候哉、人別之者共、順番ニ相勤申候、恩ヲ請候而居候上ハ可勤事也、

其後鳥居殿御出、上總も出ル、鳥居殿被仰候ハ、上總アノ者共相違之事、云幾度尋候而も不埒明、仍而手錠ヲ打、其方へ預ル、上總申上候ハ、御奉行所へ始テ罷上リ候者ニ御座候へハ、手錠御免被遊、只私へ御預被遊被下候様ニ奉願候段、御役人へ向兩度申上ル、御役人、先申付候通、右門・市三郎へ手錠打、夫ゟ御前立、御役人被出、兩人預候段書付致印形、与兵衞義ハ、口書濟候間、在所へ歸候様ニ可申付候、上總申上候ハ、ケ様之義、終ニ覺無之候、御役人此間ハ人ヲ以被申渡、今日ハ直ニト申、又不被遣ト云、相違ヲ申、右門ハ年寄申上候事、不覺抔申、其元も被申付候哉、考見候様ニト被申候、奉畏候、アノ者共も形之無之事も申上間敷、相考見可申候、家來共

ニも相尋見可申候、とかく覺無之候、何ツノ序ニ重
テ弥勤候様ニ共申候哉、とかく覺無御座候、相考見
可申候、

上總百姓共預けらる

扨私宿ハ雉子町六兵衞と申候、二丁程西ノ方小川町
ニ親類共罷在、是方ニ逗留仕候、旅宿セまく難差置
候、只今迄之宿ニ差置申度候、左候ハヽ一人ハ今夜
ハ先其通、壹人ハ其元宿ニと被申候、彼者共宿へ其
元も被參、宿ゟ預候書付可被取候、此方ゟ見付へ斷

*さのや五兵衞覺

入候間、同心付遣候、則宿馬喰丁一丁目さのや五兵
へ預候と申書付取、与兵衞義相濟候、勝手ニ歸國候

與兵衞歸國申付く

様ニ申付ル、右證文末ニ記、
前落、右之節御役人被申候ハ、市三郎被遣候ハト尋
候へハ、薪抔取候人足ニ被遣候、其前ハト尋候へハ
無言也、始上總御役人ノ前ニて申候節ハ、各別ニ勤
候由申、上總立候跡ニて右之通、

香取上總一札*鳥居伊賀守へ出づ

差上申一札之事

市三郎
右門

*上總右門へ申聞かす市三郎右門手錠にて預く

右之者共、御吟味被遊候処、段〻相違之儀申上候
ニ付、手錠被仰付、御吟味内私江御預、別宿ニ可
差置旨奉畏候、御吟味之節者、何時成共召連可罷
出候、尤五日目毎ニ封印改ニ可差出候、爲後證仍
而如件、

宝暦二壬申年八月十三日　香取神宮大祢宜　香取上總印

寺社
御奉行所

覺

市三郎
右門

右兩人、今日　鳥居伊賀守様ニ而手錠被　仰付候、
私江御預慥ニ請取申候、以上、

宝暦二年申八月十三日　馬喰町壹丁目さのや　五兵衞印

香取上總殿

一、八月十六日、百姓共召連可罷出旨御差紙、則鳥居殿
へ出ル、右門・市三郎手錠ニ而宿付、少先へ往、御
屋敷前ヘ待——、御役人族——、上總申候ハヽ、此間
彼者宿ニ而右門ヘ申聞候ハヽ、我前方水邊ゟ來候間、
度〻肴買抔ニ召遣候、覺可申候、九年以前ニも聟上

*屋敷が元と上總存ず

*右門夏成出づるを申す大岡越前守へ舊地願ふ

*評席白砂にての吟味

居屋敷四十石の外

書付等もなく證據なし

寛永年中の書付に多宮も迷ふ

方供ニ召遣候、兼帯之四郎大夫、假役申付候、給分も不遣、是も召遣也、年貢ノ未進有之候へ共、催促もセす、孫娘も手前ニ召遣候、有躰ニ可申上事、市三郎事、ぬくひ（温井）ニて恩ヲ遣置候、尤祖父ゟ訳有之、心安ク召遣候、有躰ニ申上候様ニ申聞候へ共、挨拶不仕候、扨此間卯年ノ事、随分考見候へ共、覺無御座候、此間御吟味之内、旧地願大岡越前守様へ申上、多宮も被召、御吟味年久敷事ニて不被仰付候抔申上候、御役人、成程ト被申候、それらを相考申候ニ、其砌今度旧地之御願致候へ共、年久事故不相叶、シタカ我等カ居屋敷ハ四十石之外、此方屋敷内也、心得居候様ニ抔ト申聞候事も、知レ不申候、是以曾而覺不申候、又急度申渡候事ニ候へハ、書付を以申渡候、左様之覺も曾而無之候、彼者共も書付等も無之候へハ、皆無證據ニて候、畢竟彼等ハ与兵へ・又二郎并ニ成度存念ニ相聞へ候、多宮儀も百姓屋敷分地ニ成、私屋敷ニてハ無之承傳候抔ト、日外懸御目候、多宮手紙、其趣ニ百姓共も心得居候と被存候、御役人、多宮も此間存寄無之ト申候、寛永年中ノアノ書付ニ、多宮も迷候テノ事と御役人被申候、上總とかく他ノ屋敷ニ候へハ、是迄遣候儀、大ニ不届、私之屋敷ニ候へハ、是迄遣不申共遣内之義と、とかく屋敷か元と奉存候、御役人、私抔ハ屋敷ハそうと思居候、上總、とかく何分ニも御賢慮次第と奉願候、御役人、余手間取ハ致間敷候、右門申候ハ、今居候屋敷ハ、夏成出候由申、上總終ニ不承候、帳面ニ流さく・御舟山、此二ケ所ニて、夏成何程、其内ニて屋敷ニ引と有之候、御役人、成程ト被申候、

右門・市三郎評席ノ白砂ニて御役人吟味、兩人立候後、上總出ル、御役人、卯年可召遣段申渡候由、右門ニ尋候へハ、臺所と哉覽ニて、舍人（伊藤）詰合被申渡候と申、市三郎ハ茶ノ間ニて、淸右衞門（額賀）・三郎兵へ（高木）・主税（高木）・大藏（尾形）詰被申渡候由、其覺無之候哉、普（譜）代之者共ニて御座候間、不斷居間口へ呼申候、臺所ハ少はなれ申候、仲間共罷在候、其者共江聞ニもやられ候哉、上總申候ハ、此間右案紙御見セ被成候而、始テ承知仕候、其者共覺可申候哉、上總、私随分念ヲ入、書留等ニも仕候へ共無之、覺不申候、私さへ彼者何ト仕候而、先日多宮御吟味ノ節、旧地御願之節申上候、夫ヲ相考申候ニも覺無之候、若其節此度も旧地

役目の者をもつて申付く

*百姓手錠封印御改

*鳥居伊賀守へ出づ

上總留守中に多宮申付く

直に書付取ると右門申すも相違

御願不相叶候、シタカ我等ヵ屋敷ハ四十石ノ外、此方屋敷内也、心得居候様ニ抔ト申聞候事も、相知レ不申候得共、とかく覺無之候、急度申付候事ハ、家來役目仕候者共、立合セ申候か、多クハ役目之者ヲ以申付候、改申付候事ニ候ハヽ、夜番等も其節可申付事ニて候、何も事ザ無之候、尤書付を以申渡候、左様之覺も無御座候、左候へハ無證據と奉存候、夜番ハ辰ノ年一年余後ノヿニて候、夫迄何も事ザ無御座候、

脇ニて鳥居殿御聞可被成と、右之趣又御役人へ申、御役人、巳ノ年多宮百姓共ゟ書付取候ハ、其元在國之時と申、上總以之外ニて候、源太祝事ニて、巳ノ三月出府、罷歸、吟味仕候様ニ被仰付、四月末罷歸候、右口書ハ三月ニて候、私留主中ニ多宮申付候ニ付、私家來留主ト申、左候ハヽ、ナセ此方へ不伺候哉と咎メ、如何様ノ訳ト尋候へハ、夜番ノ義、則其趣、私家來も書付取候、私外之事、番頭・宮之助・物申抔立合候節、多宮方へ私留主中如何様ノ訳ニて書付被取候哉と相尋申候、則私願書ニ其趣相認（シタヽメ）申候、御役人、不覺抔ト被申候、其書付も、右門ハ其元直ニ取候由申候、上總、大ニ相違、留主中ノ義ニ而御座候、御役人、其段可申上候、夫ゟ立吟味、役人手錠明日封改ニ候へ共、只今改可遣候、明日改ニ不及候、御心入と御礼申、則封改候テ、宿へ渡候由被申候、歸候様ニト―、

一、八月廿日、手錠ノ百姓兩人、高木孫大郎召連出ル、鳥居殿へ口上、上總風氣ニ付、私ヲ差上候、今日手錠ノ御封印御改日ニ候故、百姓兩人召連候、手札下總國香取神宮香取上總名代―、中村元左衞門と申仁出、扣候様ニ被申、又被出改候間、連被歸候様ニ被申歸ル、

一、八月廿三日、鳥居殿へ伺ニ出ル、族―アレラハ何ト申候哉、上總、此間私家來、彼者共ニ申聞候ハ、我等ハ無埒も了簡有躰申上候へハ、与兵衞同様ニ御暇被下候事ト申候へハ、仲間申合候と申候、是ハ御内ゝニて御座候、仲間申合候ト申罷在候、与兵衞儀も難見捨、十九日ニ歸國仕候由、与兵へも色ゝ申聞候処、とかく仲間申合ト申得心不致候由、仍之罷歸、仲間江も可爲申聞候、廿日ニ在所へ着可仕候、昨今從在所通達も可有之哉と被察候、彼等もいかさまこ（困）

*上總多宮鳥居伊賀守へ出づ

多宮口書取ることより起る

*卯年以來人足に出づると百姓申す

右門市三郎へ口書仰付く

*與兵衞遣されざるを申す

百姓手錠御免

*卯年以前遣すと申すも證據なし

まり候様ニ被存候、是ハ多宮・上總屋敷ニてハ無之ト申ふらし候故、彼等もイキリ申候、多宮、世話やき候事ニてハ無之候、かまい候事ニてハ無之候、御役人、口書ヲ多宮始メ相談致候へハ、此様ニハ不成候事、上總、仰之通リニて候、多宮口書ヲ取候事カラ起リ候、御役人、ばか者共ニて候、㝡前申候とは相違致、又尋候へハ、だまつて居レ、さしてあれら申事取用ニも不及候、上總、御覽之通之者共、あれらか分ニてハ中〻世話ヤキ候者、御座候故ニて候、御役人、重テ伺ニ不及候、其内可申入候、

一、八月廿四日、御差紙、百姓共召連ト被仰越候、則八時出ル、右門・市三郎ニ口書被仰付、上總も出ル、御役人計也、右兩人被呼出、御役人被申候ハ、㝡前相違之事申候間、吟味中手錠申付候、口書も濟候間、手錠御免被成候、上總、難有奉存候由、御礼申上ル、兩人へ向、難有存マセイト申聞ル、何分ニも宜様ニト御役人へ申、御役人へ伺候而、御門外ゟ取テ返シ、御礼ニ御玄關へ出ル、御役人、明廿五日其元計被出候様ニ被申、多宮儀も同公仕候哉と申候へハ、成程呼ニ遣候、

一、八月廿五日、鳥居殿へ出ル、多宮兩人共、御役人――ハ、百姓共尋候へ共相違有之、強テ尋候にも又不及事也、多宮方へ口書致候趣ヲ、舍人方ニ而尋候へハ、無筆之由申、文言不申、卯年以來被遣候段、書付候由不申哉と尋候へハ、上ト下トノ事ニ候へハ難申上、夜番と計申上候、市三郎ニ尋候へハ、各別ニ勤候と申、如何様ニ勤候哉と尋候へハ、卯年以來人足ニ出候、木ノ枝抔申候、右門も卯年以來人足ニ出候ト申候、此処ハ同様と申候、多宮も㝡前口書取候節、無沙汰ニ、上總留主中取候儀、取候跡ニても無沙汰、此処ハ無調法と先達テ申候、成程、無調法仕候、与兵衞も卯年後も被遣候と多宮申候、与兵へハ不被遣候由申候、此処相違也、上總、知行内と申事相違無之候ナ、成程、何分ニもと申候、兩人口書・上總口書ニ卯年以來百姓共被遣候由、多宮申方百姓共、此処ハ与兵衞・又二郎も卯年以來被遣候由、多宮申候へ共、与兵衞不被遣候由、上總申通也、多宮方相違也、上總、卯年前遣候由申候へ共、遣候ト申證據無之候、難相立と有之候、文言故、上總申候ハ、人別帳之者共、皆同様ニて候、勤候と申證據ハ何も

大宮司二三代是迄差綺申さず

人別帳の者共遣すとの證據なし

*多宮百姓共申す事同様

鳥居伊賀守へ出づ

*人別に屋敷差置くゆゑ證據と存ず

上總別席立つ

召遣すことならずば大騒動に罷成る

無之候、御役人、末ハ別段也、アノ処ハ訳有ル処也、上總申候ハ、大宮司二・三代是迄差綺不申候処、今度多宮――、御役人、遣候ト申證據無之候、私ノ屋敷ニ居、人別帳ノ者共、何も左様之證據無之候、御役人、とかく遣候ト申證據無之候、遣候ニ證據可有之様無之候、相違ヲ申上候様ニ御賢察、迷惑ニ奉存候、御役人、何も相違ト申事ハ無之候、御役人、今其元何分ニもと被申候、成程ト申、口書ニ致印形、御役人、明八ッ比兩人共出候様ニ、上總ニハ百姓共召連と被申候、

一、八月廿六日、鳥居殿へ出ル、伊賀守殿御申候ハ、兩人共口書申付候、無相違候哉、御答申、右門・市三郎口書ニ無相違候哉、吟味ノ上可申渡候と被仰渡候、御役人族被出、其内可申遣と被申渡候、多宮同席故、ちと掛御目度由申、別席へ立、昨日難相立と申御文言、罷歸候而相考申候ニ、人別私屋敷ニ差置候処、證據と奉存候、御裁許之程ハ難計奉存候へ共、若召遣候事難成筋ニ御座候へハ、外人別之者共能事ニ仕、大勢起立大騒動ニ罷成候、左候へハ又御苦労奉懸候義、氣毒ニ奉存候、大勢之手本ニ罷成候、御役人、夫ハ裁許ノ上ニて、存寄有之候ハ、願候か能候、御裁許ノ上ニてハ、たとひ職分被召放候共、違背仕候存念無御座候、如何様ニ被仰付候共、御役人、アノ処ハ訳有ル、上總――大宮司二・三代差綺不申候、去ヽ年多宮口書ヲ取候ゟ事起リ候、アノ者共も人別之通一同ニて、別ニ替候事無之候、人別之者共も、皆一同ニ而御座候、百姓共口書ニハ如何申上候哉、御役人、百姓共も無證據也、多宮も思様ニハ有之間敷候、多宮・百姓共申所ハ同様也、上總、其段ハ彼者共申合候事ニて、百姓共跡先申候而、口上已而ニ而ハ難取用候、御役人、裁許ハ又別段也、上總、私ハ人別私屋敷ニ差置候処、證據と奉存候、向後不被遣様ニ、若御座候而ハ、大勢之者能事ニ仕、誰も被遣候を好不申候、起立大騒動ニ罷成候、御役人、證據無之候、上總、今日ハ供ニ出候と申、又人足ニ出候ト申、毎度書付ニても爲致候様ニハ出來不申候、人別屋敷ニ差置候処、證據と奉存候、召遣候事難成候得者、私職分一日も相勤リ不申候、御役人、御裁許ハ別段也、上總、御裁許ニて領分中永、急度靜謐ニ罷成候様ニ奉願候、右之段ハ御裁許前故、御手前様

御心得ニ申上候、何分ニも宜様ニ奉願候、御役人、
裁許ハ別段也、口書トハ違候由被申候、

〔九月〕

一、九月十六日、召状、九月十七日、出ル処、明十八日
(忠朝)青山殿御内寄合ヘ出候様ニ被仰渡、百姓共義、召連
候ニ不及候、若出シ今晩迄之内可申遣候、御沙汰無
之ニ付、不召連、
一、九月十八日、青山殿御内寄合ヘ出ル、鳥居殿(忠孝)・本多(忠英)
殿――、両人出ル、鳥居殿被仰候ハ、上總・多宮裁
許申付ル、聞ケ、御裁許状讀仕廻、伊賀守殿和融セ
ヨ、上總難有奉存候由申上ル、立ツ、夫ゟ次ニて御
裁許状ニ判致ス、則写被下、繼目ヘ御判、年号ノ上
ニ三枚重ね御判押切也、本書ハ納ル、写兩人ヘ被下、
右之節伊賀守殿(鳥居忠孝)御役人ヘ、百姓共歸國可申付候哉、
御役人追而伺候様ニ被申候間、明日伺公可仕と申之、
夫ゟ御三所江御礼ニ廻ル、

差上申一札之事

下總國香取郡香取神宮大祢宜香取上總申上候、大
祢宜本屋敷なだれニ差置候百姓、従古來役用召遣

裁許と口書違ふ

*百姓屋敷御修理料内ゆゑ召遣あるまじと大宮司申す

青山殿御内寄合へ出づ

*百姓人別は大禰宜領内

鳥居伊賀守和融申付く

御裁許状判致す

*大宮司多宮返答

「御手洗百姓ニ付、出入御裁許、」

香取多宮香取上總連印状

*大禰宜支配は新法

候処、去ル巳三月江戸表江罷出候留主中、右百姓
共大宮司方江召呼、口書申付候由ニ付、百姓共相
尋候ヘハ、上總方江被召遣候趣之儀ニ候得共、無
筆之者共故、委細之文言者不存、口書印形差出候
由申候故、大宮司方江相尋候処、右百姓屋敷御修
理料江入候様存候間、召遣候儀有之間敷旨及挨拶
候、寛文年中、大祢宜知行内御修理料ニ相成候節、
四拾石内分之帳面を以、相定候義ニ而、百姓屋敷
者入不申候ニ付、右百姓人別等も、従古來大祢宜
領内一同差出候段、大宮司江申談候得共、四十石
内分之節之書付所持之由申之、内分ニ而事濟不申
候間、御吟味奉願候旨訴上候、
一、相手大宮司香取多宮答上候ハ、右百姓屋敷、古來
者大祢宜知行ニ御座候処、寛永年中之内分書付ニ、
大祢宜本屋敷・百姓屋敷共分遣候趣有之、寛文年
中、御修理料ニ相成候以後、社用者格別、大祢宜
自分之百姓并ニ罷遣候義無之候処、去ル夘年ゟ人
足・夜番等召遣候様承及候間、其段百姓共江相尋、
口書取置之候、一旦上リ地ニ相成候場所、大祢宜
自分之心得を以、支配可仕様無之、新法之儀と奉

*多宮差出づる寛永年中内分の書付
*内分帳御修理本帳は田畑のみ
*屋敷修理料に入らず
*地所屋敷差置く百姓上總召遣すべし
*多宮差障り申すまじ
百姓共無筆ゆゑ文言存ぜず印形致す
無筆百姓共の口書證據なりがたし
*多宮上總和融し以後出入及ぶべからず

存候間、御吟味之上、以來出入等ニ茂不罷成様仕度旨答上候、右出入双方被遂御吟味候処、右百姓与兵衞・又二郎・市郎右衞門・甚兵へ・新助・市三郎・右門と申者共、去ル卯年ゟ相應之儀相勤候様ニ申付、人足・夜番等新法ニ召遣、右之内与兵衞・又二郎と申者ハ、巳年多宮口書申付候以後ハ不召遣、其外之者ハ今以召遣候段、多宮申上之百姓共ゟ取置候、口書差上候得共、上總義者、辰年火事有之候以後、夜番者申付、卯年申付候之義無之、尤与兵衞・又二郎義者、御修理料百姓故、前〻ゟ決而不召遣候旨上總申上之、且右百姓共、多宮方江口書差出候趣ハ、上總方方江夜番相勤候義、多宮相尋候故、辰十月火事以後相勤候段申候処、左候者、右之趣認候条、書付江致印形候様多宮申候間、無筆之者共故、外之文言者不存致印形候之由、百姓共申候ニ付、其趣上總方江も百姓共ゟ口書取置、右口書、上總差上候得共、無筆之百姓共と申候上者、上總方江取置候口書も證據ニ難相成、右百姓共之內、召被出御尋被成候へハ、御修理料百姓与兵衞・又二郎義者、従前〻上總召遣候儀無之旨申上之、其外之百姓共、彼是申義、無證據ニ而御取用難被成、且多宮差出候寛永年中之内分書付ハ、写ニ而本書ニ無之、其上五拾石内分と有之、御修理料ハ四拾石ニ候得者、證據ニ不相成、上總差出候明暦四年之内分帳・御修理料本帳江御引合被成候処、大祢宜本屋敷・百姓屋敷之儀不相載、田畑計ニ而四拾石有之、致符合、右屋敷御修理料へ入不申、多宮申分不相立候、仍之今日青山因幡守様御内寄合於御列席被　仰渡候者、右屋敷上總知行内ニ相分リ、御修理料百姓者、前〻ゟ不召遣、御修理料百姓之內ニ茂、上總方ゟ地所・屋敷等遣置候者計召遣來候義ニ候へ者、右百姓共ハ農業之障不相成様、是迄之通上總召遣、多宮儀差障申間敷候、百姓共江口書等申付候者、先達而上總江可申談義、無其儀も不念思召候、畢竟是迄多宮・上總不和順ゟ事起、聊之儀及出入、兩人共不埒ニ被思召候之間、致和融以後及出入間敷旨、双方江被　仰渡難有奉畏候、若相背候者、何分之御咎メニ茂可被　仰付候、爲後證一札差上候処、仍而如件、

寳暦二壬申年九月十八日下總國香取神宮
大祢宜
訴詔（訟）人　香取上總　印
同　大宮司
相手　香取多宮　印

寺社
御奉行所

一、九月十八日、同日御礼ニ廻ル、

*百姓共への仕置尋ぬ
裁許知行内静謐の大本
*百姓共門なきゆゑ笹など引く
差上ぐる帳簿返さる
百姓共より取る口書火中致す
*右門市三郎を旅宿へ呼ぶ
新規に認むる書付は返されず

一、九月十九日、鳥居伊賀守殿ヘ出ル、御役人瀧山族——、昨日ハ結構ニ御裁許被　仰付難有奉存候、私知行内永〻静謐之大本ト、別テ難有奉存候、御序ノ節、何分ニも宜様ニ被仰上被下候様ニ奉願候、御役人、ケッカウ（結構）ニ被仰付、一段ニ存候ト被申、御役人——ハ、百姓共事、御仲間様より若御沙汰も可有御座候哉と存、一昨日申達候御沙汰無之候間、差出不申候、其分ト被申候、先達テ差上候明暦四年之与一郎内分ノ帳・寛文十年四十石ノ本帳、四人ノ名載候大祢宜領午ノ人別帳、寛永年中、大祢宜闕職之間、知行御修理料ニ成候上給帳、〆四冊御返シ、請取、其外多宮百姓共より取候口書、其元ニ而取候口書も、此方ニ而火中致候、源太祝（香取外記）御裁許状之写、外ニ写有之候ハヽ引合候ニ留置可申候、成程と申、其外ノ書付等ハ、新規ニ認候物故、不返候由被申候、

御役人被申候ハ、百姓共歸國致候様ニ可被申付候、其元ニも最早御用も無之候間、歸國被致候様ニト被申、上總、歸國ノ御届ニ改伺公可仕候哉、夫ニ不及候、左候ハヽ、乍略義御届申上候、御手前様江も永〻御苦労奉懸難有奉存候、

○始ニ伺候事也、上總申候ハ、百姓共地頭ヘ敵對仕候者共ニ御座候ヘハ、仕置候爲ニ候間、一日も戶〆ニ而も可申付候哉、何も門も無御座候ヘハ、入口江田舎ニてハ笹抔ヲ引申候事ニて候、仕置候爲ニ候間、一兩日も左様之事ニても可申付候哉、又昨日ケッカウニ被仰付候事故、其分ニ可仕候哉、御役人、夫ハ此方より挨拶ニ不被及候、其元了簡ニ可被致候、シタカアレラモ永逗留手錠ニも成、余程難儀可致候ヘハ、只呵候テ計モト被申候間、成程御尤ニ奉存候、御役人、無埒も者共故、呵候而も無詮も与風障候儀も出來も致候ヘハ抔被申候間、御尤之由申、能キ程ニ取計可申由申歸ル、

一、同日十九日ノ夜、右門・市三郎ヲ旅宿ヘ召呼、申渡候ハ、今日於御奉行所我等兩人共歸國申付候様ニ被仰付候、明日歸可申候、於在所可申渡候段申聞ル、

御裁許狀寫在所へ差遣す

在所監物方江書狀之内ニ御裁許狀写差遣ス、右兩人ニ在所へ遣ス、

上總江戸發足

一、九月廿二日、江戸發足、廿三日、未明ニ歸宅ス、右願書ハ、去未二月大岡越前守(忠相)殿へ差上ル、御附送也、未ノ二月ノ処ニ記ス、

〔ココニ圖アリ、便宜次頁ニ移ス。〕

御手洗百姓共召呼ぶ

一、九月廿六日、御手洗百姓共与兵衞・又二郎除、其外召呼申聞候ハ、此度事、四年以前巳年、大宮司方へ口書致より事起リ候、右口書之事申候ハヽ、此方江可伺候処、無其儀不屆也、大宮司と馴合工ニ致候と聞へ候、其書付セねハ、事ニハ不成候、おれか留主中ニ、此方へ是非可仕候処、無沙汰ニ致候、其上案文も隱シ、重ゝ不屆也、則御裁許爲讀聞スル、

御裁許讀聞かす

与兵衞・右門・市三郎出府候砌、段ゝ之訳一通リ申聞候、於御奉行所多宮願候ハ、百姓共御召御吟味奉願候間、おれか申上候ハ、水呑同前ノ輕キ百姓共ニ御座候へハ、御免被下候様ニ、神領中私共兩人ニ而万端取治申候間、兩人へ被仰付被下候様ニ願候、又多宮申候ハ、宮之助(國分藏人)・物申(香取右近)御召御尋ト願候、是もおれか宮之助・物申義ハ、年貢收納ノ世話ハ仕候、百姓屋敷ノ

*立退くとも勝手

義、可存様無之ト申上候、多宮申上候ハ、修理料役人ニ候間ト申、おれか方へ其元百姓ニ候間、其元ゟ召呼候様ニ被仰付候間、与兵衞・又二郎も可申遣候哉と伺候へハ、右兩人も人別其元へ差出候間、同様ニ呼ニ遣候様ニ被仰付候、扨於江戸一通段ゝ訳申聞、孫大郎(高木)を以申方有躰ニ申候様ニ、度ゝ申談候様ニ申聞、則申談候処不用、却而御差圖ニ候と可申哉抔申、又ハ仲間堅ク申合候間、難變由申候間、孫大郎申候ハ、多宮様被仰分不相立、其方抔呼候も旦那ノ百姓、旦那方ゟ呼ニ被遣候訳也、其方抔其心得ニてハ居屋敷ニ居候様ニ不成事も不知候、彼是と隨分申談候処、其段覺語(悟)ノ前ニて候ト申、曾而聞入不申候、此方ハ信(親)切ニ孫大郎を以折角ニ申聞候へ共、一圓不用、我等ガ申分立時ハおれハ自ラ職分差上候ゟ外無之候訳也、屋敷ハおれが屋敷也、此度從上ケッカウ(結構)ニ被仰付候間、令用捨候、押出ハセズ、我等先達テ堅ク申合致覺語(悟)候事ナレハ、立退共我等勝手ニ可致候、孫大郎申通ニ致候ハヽ、江戸ニ四・五日も逗留、ツイ輕ク濟可歸事也、我等カスキナレハ不及是非候、右之趣彼是申聞ル、

此圖未二月大岡越前守殿へ差上候処、御附送リニて、此度も此圖ヲ多宮江御見セ御吟味之処、多宮も無相違由申上ル、尤新規ニ認故御返シ不被成也、

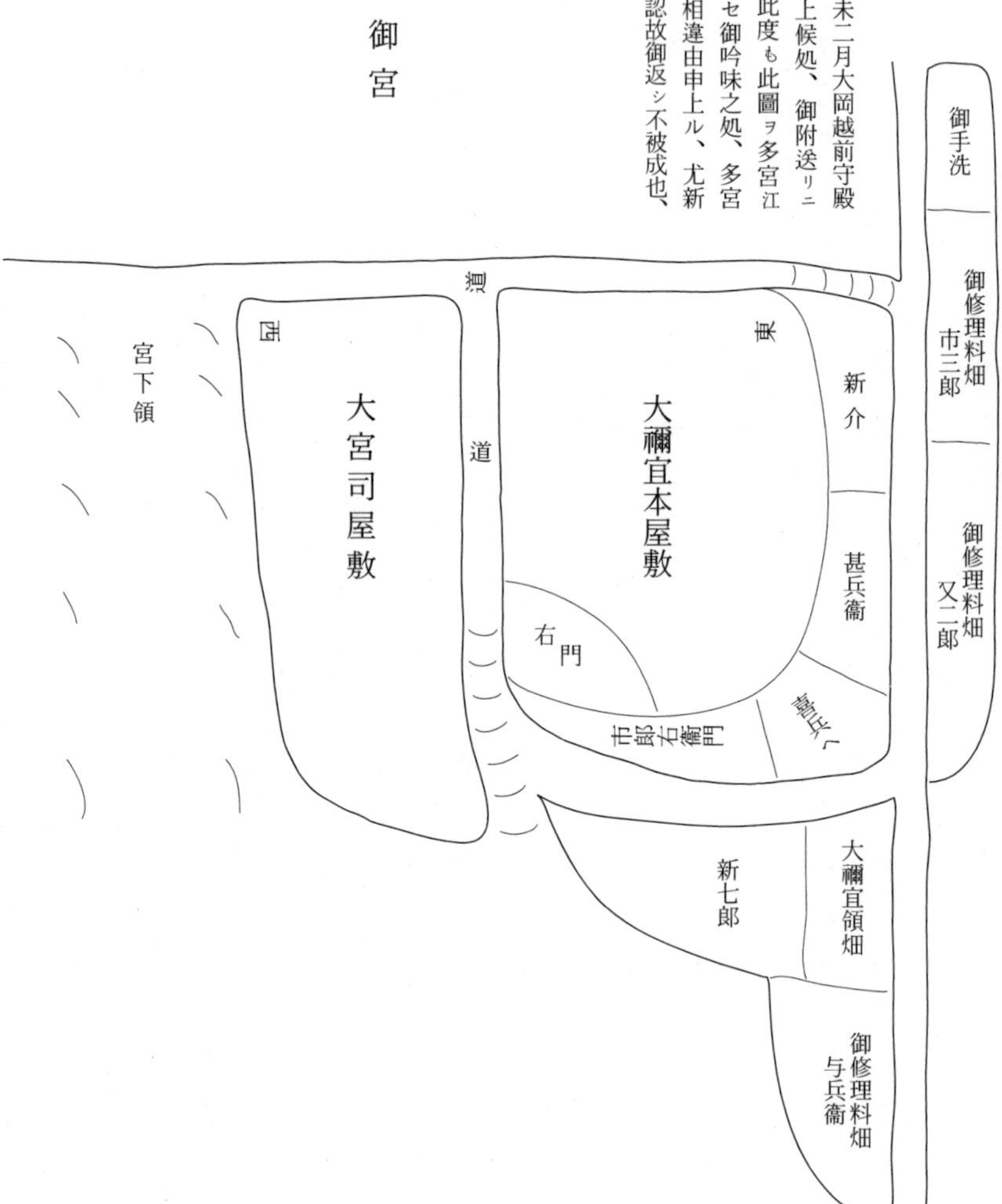

百姓共詫言に毎日來る

*「神樂ノ節、社家名代ノヿ」

*大々神樂下社家へ割付く

大聖院住職を金剛寶寺願ふ

*恆例の祭禮御下り名代も同樣

*定書覺なし

*物申祝悴半平改名の件

同日、役人共迄、百姓共礼ニ來ル、毎日役人共江侘言ニ右百姓共來ル、

九月晦日、申聞候ハ、居テクレイト此方ゟ云テモ、右段〻ノ仕方申方ニてハ、耻ヲ少も知候ハヽ、立退可申事也ト役人共ヘ申聞ル、役人共随分申聞候由、中〻急ニ立腹ハ不相止候、其分ト申聞ル、

〔十月〕

一、申十月十七日、金剛宝寺ゟ使僧不斷所、舎人（伊藤）方ヘ來ル、口上、夏中夏經ノ節、出家少ク候間、濱邊ゟ僧頼候、人柄も相應ニ有之候、御祭礼も近寄候ニ付、大聖院住職申付トウ存ル、先規之通御願申上マスル、挨拶、多宮年番、多宮方ヘ申候樣ニ申、

十月廿三日、金剛宝寺ゟ使僧不斷所、御祭礼前近寄候間、大聖院後住之儀、相應ノ者有之候間、御相違も無之候ハヽ、申付マシヨウト存ル、先規之通御披露申上マスル、宮下ヘ申候ヘハ、宮中掛リニ候間ト挨拶有之候由、不斷所申、

返事、追而致相談も可有之候、

右返事ノ趣、同日大宮司方江申遣ス、爲御知候由申遣、使求馬（伊藤）、

大宮司返事、入御念候、此方江も使僧來候、何レニも挨拶ハ不致候由申來ル、

〔十一月〕

一、申十一月二日、大〻神樂左（佐）原本宿構仁兵衛願主也、大宮司方江頼來ル、大宮司方ニて惣社家ヘ割付、先年定書ニ神樂ノ節、名代ナラハ、狩衣ハ布衣ニ初尾減シ、布衣ハ白張迠ニト減ト有之候、此度も減候由、重而も兩方同樣ニ致スカ能候ト申、割付濟後、尾形主膳、後ニ數馬（尾形）、舎人（伊藤）方ヘ申談候樣ニ大宮司申由、割付候書付遣ス、挨拶不致候、

致了簡ニ、番頭ゟ組下ノ社家祈禱能致可有之候、然共、番頭始、其職次第ニ初尾配候、恆例之祭礼御下リ、名代ノ者も同樣也、兩所差合有之候節、雖名代同事也、遠國ゟ願主も來候ヘハ、爲御威光名代ニても大勢か宜也、右定書ト云ヿ、此方不覺、減候と申事も、此度始テ聞ヿ也、追而可及相談事也、

一、申十一月廿六日、物申祝（香取）悴半平任補、序ニ（懸脱カ）名改、百官ノ内丹後ヲ願候ニ付、呼名之事故、尤ト申聞ル、

大宮司得心せず

*監物實香結納

*御年禮に上總發足

國名に次第あり

志摩と官途状遣す

*鳥居伊賀守へ出づ

大守名ならずとも外の國名苦しからず

大宮司方ヘ往候処、不得心也、先今日ハ任補懸請候由申之、國名ニ候ヘハ、此方ヘ爲知可有之事也ト申候由、右近(香取)右之段申候間、上總申候ハ、左候ハヽ、其方大宮司方ヘ往、悴名御得心ニ無之様ニ承知候、左候ハヽ、宮中ヘ願改可申候、名御呼無之候而ハ不宜、宮中ニてハ九年以前　關白様(一條兼香)ヘ名ノ事御伺候由ニ有之候、則右近大宮司方ヘ右之段イサイ申候処、前後ヲ申、聢と無之段申候由、右近彼是被申、然ラハ其内立合相談可有候、其節可聞申候由、夫迄扣候様ニ可仕ト右近申歸候由、

國名ニ次第有リ、呼名ハ構無之由、　關白様ヘ伺候処ニて、夫共ミたり(猥)ニハ不付候、

十一月廿七日、頭ノ得心無之、名付候ハ不宜候、改候か能候、仍而百官ノ内志摩ト官途状遣、右近ヘ申候ハヽ、大宮司方ヘ可申ハ、悴名之義、御不得心ノ様ニ御座候ニ付、宮中ニて志摩ト御改ニて候、爲御知申候様可申段申聞ル、

關白様伺候処、常陸・上總之大守抔(結句)ハ不成候、外ノ國名ハ呼名不苦、ケツク百官ノ内、八省抔ハ京都ニてハ重クスルコ也、

一、申十一月廿七日、神樂所屋祢江隣ノ杉ノ枝蓋ニ付、主膳(尾形)・分飯司相談ニて取候処、大宮司方薪無之由、幸家來ニ木登致者有之、無賃ニトラセル、

一、申十一月中、金剛宝寺鐘楼ノ脇ニて楠大木一本、金剛――伐取、

〔十二月〕

一、申十二月十二日、監物實香縁談整、此日結納遣ス、常陸國高田大明神ノ神主千田右近妹也、猿田大明神ノ神主石見守仲人也、

一、十二月廿一日、御年礼ニ發足、新川塩丁ニて、其処ノ在家ニ止宿、夜中少〻雪降、廿三日四時、小川町四軒町旅宿ニ着、

一、十二月廿六日、寺社御奉行所御三所ヘ出ル、青山因(忠朝)幡守殿御月番御届、尤御年ノ献上物書付出ス、御役人大野四郎右衞門、正月御月番鳥居伊賀守(忠孝)様ヘ可申上候、此方江ハ届一通リニて能候、則右書付被返候、

同日、鳥居殿ヘ出ル、瀧山族――、去比ノ御礼申上ル、於在所百姓共召呼、其方共敵對致候ニ付、急度共可申付候得共、從御上ケツカウ(結構)ニ被仰付候間、其

分ニ致候、其方共立退候共、今迄之通ニ居候共、勝
手ニ致候様ニ申聞候処、彼等も痛入、訴詔〔訟〕仕候ニ付、
其分ニ仕候ト申、御威光を以、私知行所外ノ者共迄
ノ治リニ罷成、知行内静謐仕、難有奉存候由申上ル、

知行内静謐仕る

御役人、多宮ハ前之通出會替候事無之候哉、上總、
少も替候事無之、前之通リニて候、

多宮替ることなし

御年礼献上ノ書付差出、御役人、前之通ニ候哉、成
程と申、可申聞之由被申請取、

來ル正月六日

獨御礼　　下總國香取神宮大祢宜　香取上總

献上、

御祓

鳥目　壹貫文

右兩

上様御同様ニ献上仕候、以上、

大宮司多宮へ書状遣す

一、十二月廿七日、在所へ便有之、大宮司方へ書状遣、
其案、兼〻申合候義、貴様來正月廿日比御出府可被
成候ハヽ、拙者儀も致逗留御待可申候、若又、右之
比御出府も難被成候ハヽ、拙者儀御礼後、早〻歸郷

可致候、來正月二日私宅ゟ飛脚差遣候節、御報ニ右
之趣被仰聞可被下候、御報次第ニ可致候、右ハ大聖
院義ニ付、金剛宝寺不埒ノ事共也、

寶暦二壬申年十二月　香取大祢宜上總實行

六十一歳（花押）

嫡子　監物實香　二十二歳

次男　城之助行高　二十歳

〔寶暦三年正月〕

*上總歸宅
在所御祭禮
上總登城
*溫井知行田狹まり作人なし
*神領中田境不埒の例あり
水戸様へ御禮
大宮司多宮より返簡

宝暦三癸酉年正月元日、青〔晴〕天、西風寒氣強也、四日ヨリ五日迄雪雨、五日、鳥居伊賀守（忠孝）殿ヘ御月番故、御届ニ爲名代高木丹治差出ス、又献上物ノ書付上ル、在所神前如例年御祭礼勤ル由、二日立ノ飛脚献上物持參、三日暮六ッ時、江戸着、
一、正月六日、晴天、朝六ッ時ニト登城、少遲キカ不込宜也、四ッ半時　出御、　御目見、
同日、御老中堀田相模守（正亮）殿・酒井左衞門（忠寄）殿・松平右近將監（武元）殿・秋元攝津守（凉朝）殿・西尾隱岐守（忠直）殿・本多伯耆守（正珍）殿、若年寄板倉佐渡守（勝清）殿・小出信濃守（英智）殿・酒井石見守（忠休）殿・松平宮内（忠恒）殿・戸田淡路守（氏房）殿・寺社御奉行所狩衣ニ而勤ル、六日ノ夜、余程雪、右登　城籠ニて、若黨二人上下、外ニ壹人献上物持御殿ヘ上ル、道具・長柄・合羽箱持セ、
一、七日、水戸様（徳川宗翰）江御礼ニ上ル、御馳走有リ、御年寄衆被出、御座敷ヘ御使者被下、此日晴天、旧冬大宮司方江書狀遣、三日ニ返簡來ル┣━、兼テ申合候義ニ付、廿日比拙者出府仕候ハヽ、御滯府可被成候由、乍去去年中御面談申候通、六日御礼御濟被成候ハヽ、一先御歸宮待入申候、御在府中參府仕度候ヘ共、殊外不支度┣━、廿日比上府難計候、一先御歸宮ト申來ル、
一、正月十五日朝、実行歸宅、
一、正月廿四日、大宮司方ヘ使求馬（伊藤）、取次伊織（小林）、口上、溫（ヌクイ）井下此方知行ノ田三百五十目隣修理料田三百目田主御手洗与兵衞、先年此方ノハ町ノ半右衞門所持、彼者潰、其後彼是出作ノ処、田セバマリ、作人無之ニ付、年貢減申付候処、去年ノ宝（豊カ）年ニも不足ノ由、田上ヶ候、仍之此間役人共、見分爲致候処、地面セバマリ候、則圖形覺ニ致候由申、𠮷竟御役料之義ニも有之、又神領中如左田境、不埒之例ニも可有之候、仍之修理料役人見分致もらい申候テハ、如何可有之候哉、其上ニて間打見候樣ニも可致候、先見分致候樣ニ致度候、爲御相談得御意候、箱ノ内之樣成增減無之場所ニて之由申遣、尤右圖をも遣ス、
大宮司返事、見分致候而可然候由申來ル、
一、正月廿六日、金剛宝寺ゟ使僧不斷所、口上、經藏ノ

金剛寶寺經藏屋根修覆願ふ

屋祢、此間ノ雪ニ木ノ枝折懸損候処、板ニても打付、當分繕候樣ニ仕度候、右經藏屋祢損修覆之儀、去年中願出候、大宮司懸リ、右使僧申置歸候由、分飯司申候ハ、大宮司懸之由申聞候由也、

〔二　月〕

溫井下田見分

一、二月七日、溫井下田宮之助(國分藏人)・物申(香取右近)、大宮司方ゟ大長手悴・分飯司悴求馬(伊藤)、宮中町役者大藏(尾形)・三郎兵へ(高木)・淸右衞門(額賀)出見分、見數ヲ見ル、上リ田へ御手洗与兵衞、田ノ方ゟ大ニ出ル、堺杭ノ義、晩景ニ及、何も歸ル、尤相談ノ上也、

*溫井下田堺改め杭打つ

二月八日、右人數場所江立合、堺杭打、

大宮司方より書狀來る

一、二月七日、大宮司方ゟ手紙來ル、其文、兼〻御相談申候儀、段〻延引ニ罷成候、貴樣何比御出府可被成候哉承度候、拙者儀、未不支度ニ御座候得ハ、思召ニゟ用意可仕候条、爲申合如此御座候、

返事、被仰下候御紙上之趣、イサイ(委細)承知御尤〳〵、私も無支度、了簡仕合見可申候、右ニ付御直談仕度候、其内從是可得御意候、

一、二月八日、溫井(ヌクイ)下大祢宜領上リ田西隣四十石ノ御修理料田主御手洗与兵衞、彼者年〻田堺出せばめ作リ不合由ニて、上リ田ニ成ル、仍之宮之助・物申祝・大宮司代官悴丹弥・求馬、其外大藏・三郎兵へ・淸右衞門出、堺ヲ改メ杭打、

溫井(ヌクイ)下田堺改杭打圖

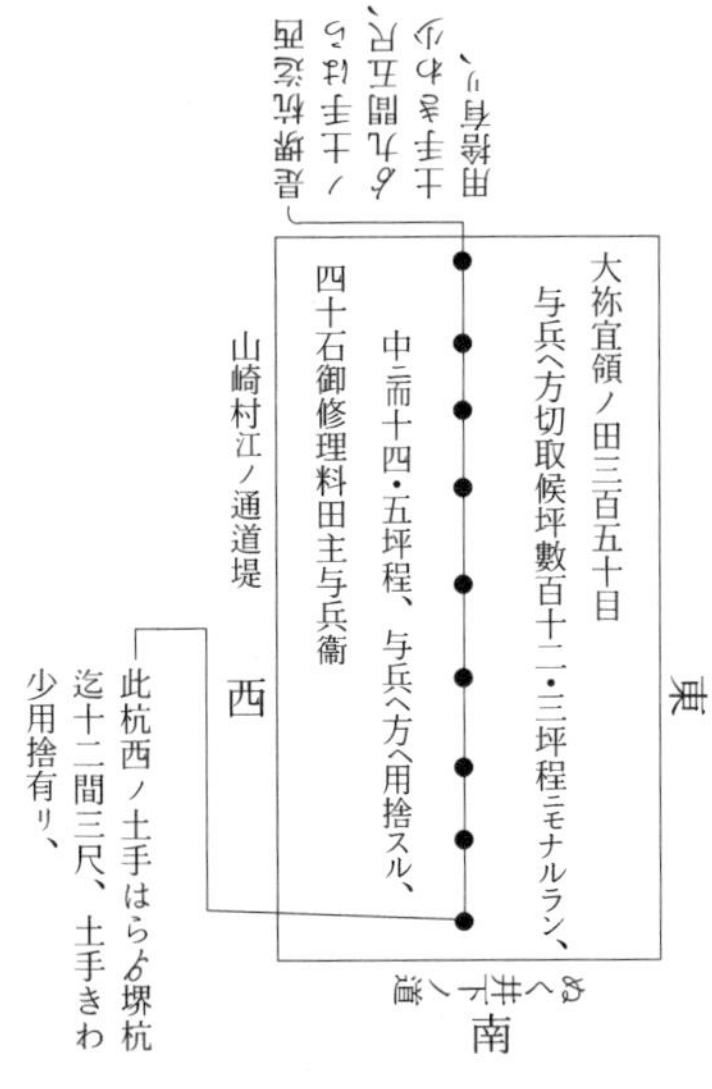

*經藏屋根修覆申付く

一、二月九日、大宮司方へ使求馬、此間金剛宝寺ゟ使僧を以、經藏屋祢雪折枝ニて損候由申事ニ候、見付見苦敷候ニ付、板ニても當分穴ヲふさき候樣ニ致候而ハ如何ト申遣、

返事、御尤ニ存候、何分ニも宜被仰付候樣ニト申來ル、則申付ル、

金剛寶寺につき大宮司と相談

一、二月十二日、大宮司、大祢宜宅へ来リ、金剛宝寺事及相談、熟談ノ上、來ル十五・六日ノ比、金剛宝寺へ兩使可遣と及相談、則寺院古證文ノ写共、手前ニ有之分見セ、尤願書ノ下書をも見セル、

金剛寶寺申す大聖院後住の件

*金剛寶寺へ使遣す

一、二月十五日、大宮司方ゟ申來候ニ付、上總、大宮司方へ罷越、多宮｜｜ハ、旧冬も度々後住之儀、金剛宝寺使僧遣候、許容受候テト申候ハヽ、ソウモ致ソウ成事ニ存候、公儀ニて物好(スキ)ノ様ニハ思召間敷候哉、上總｜｜ハ、其段も巳年後住申付、午ノ五月許容受候事無之、届一通リト申來候、是ニて其砌申上候様ニ成候、事濟候、又々其後度々申候ニ付、無沙汰ニも如何と存、此間御相談申候通、兩使遣候、御相談ニて御座候、

神領中面々各々の仕方

惣而神領中ニ百姓迄も居住乍致、面々格々之仕方ニ存候、又多宮申ハ、右後住之事、祝礼之事、藤助事、三品申上候ハヽ、可然候、其外此間ノ書付ニ石岩岐ノ事、木伐採之事、道橋拵候事、新町屋之事、除候ハヽ、可然候、上總｜｜ハ、何分ニ茂御相談次第ニ可致候、乍去此方無念ニも可成候、脇ゟ申出候時ハト申候へハ、いつニても右三様極候へハ、成候事と多宮申候、上總、御得心無之事ハ御無用ニて候、夫共御了簡被成御覧可被成候、十六日ニ兩使遣候筈ニ申合ル、

*上總多宮發足

二月十六日、金剛宝寺へ使之儀、先ノ心ニ應間敷候間、十八・十九日方ハ如何可有之候哉、又四時御出足可被成候哉、一兩日之遲速ニ致度候、

返事、相談相究候事故、使者も申付候、被遣候而可然候ト申來ル、仍之金剛宝寺へ兩使遣、

酉二月十六日、金剛宝寺へ使、大宮司方ゟ正檢非違使掃部、大祢宜方ゟ分飯司子求馬、口上、大聖院後住之儀、僧をは其元ニ而御撰ひ、此方兩人許容ノ上、後住被申付候様ニ、又五節句祝礼之儀も、如先年使僧被遣候様ニ、右之趣以後、とやかくの無之ため、書付ニても被遣候様ニ被成間敷候哉、

返事、御兩人江早速ノ難及御挨拶候、追而從此方御挨拶可申候、

二月十七日、金剛宝寺返事、使僧不斷所、口上、大聖院義、先達テも申候通ニ御披露一通ニて御濟被下候様ニト有之事、

一、酉二月廿一日、上總發足、廿二日雪後道悪敷、行徳止宿、廿三日朝四時、江戸小川町四軒町旅宿ニ着、

此日雨天、大宮司同日發足、道中馬故廿二日江戸着、手前ハ籠故遲、

大宮司方へ願書下書遣す

二月廿四日、大宮司方ヘ使丹治、願書ノ下書遣ス、尤イサイ申遣、多宮下書返ス、願書之内四ケ條ハ相除可然候由、左候而ハ永ク懸リ可申由、多宮申遣ス、

二月廿五日、大宮司、上總旅宿ヘ來ル、四ケ條之内、二ケ條除、跡貳ケ條及相談候得共得心無之、仍之上總一名ニ而口上書ニ致出ル、

本多長門守へ出づ

*上總口上書差上ぐ

寺内百姓迄皆神領

一、同日、本多長門守殿ヘ兩人出ル、御役人金沢伊織江申入ル、則被出、願書一覽ノ上御條目ト申候ハト被申候間、則上總写持參差出ス、上總申候ハ、金剛宝寺配當、私共ゟ遣、寺内百姓迄皆神領、私共支配仕候処、違背可仕様無御座、何ソ事御座候ヘハ、私共世話ニ仕候処、面〻格〻ノ様ニ仕候、且又金剛宝寺、別ニ他村ニ而廿石　御朱印所持仕候、社僧ニ付候テニてハ無之候、則廿石ノ　御朱印写懸御目、神領ノ内ニ惣持院ト申候寺有之候、先年ハ金剛宝寺惣持院ノ末寺ニ被仰付候、右ノ砌惣持院金剛宝寺ノ御朱印所持仕、只今ノ金剛宝寺ヘ隱居仕候由ニ有之候、

*申分本紙に入るべしと御役人申す

金剛寶寺先年惣持院末寺

香取神宮寺手形

指上申手形之事

一、御諷經ニ付、廿貫御布施被下候、此内壹兩二分ハくりう江引殘、三兩二分具ニ請取申所実正也、爲後日手形如此候、

慶安四年辛卯六月廿六日　香取宮中　神宮寺判

本寺　金剛寶寺様參

右差出、御一覽御返シ、右序ニ香取ノ　御朱印懸御目、延享也、多宮大聖院古證文ノ写三枚、金剛宝寺――一枚、上總方ゟ万治二年金剛宝寺宗仁ト申書付ノ写差上ル、其節ハ、私共方ゟ住持申付候、上總――ハ、少〻申上度事有之候ト申、口上書差上ル、多宮ヘ相談仕候処、數多申上候義、如何ト申候間、御手前様江一通リ御聞ニ入マシ度ト申出ス、多宮ハ重テモ成候義と申候ヘ共、度〻ハ難申上、ケ様之少之事ゟ又㕦論も起リ申候、御序ニ申上、隙ヲ明ケ申候様ニ仕度奉存候、則御覽、多宮申候ハ、社法之儀ニ御座候ヘハ、私も同様ニ奉存候、上總心付御手前様迄申上候、私も同様ニ而御座候、御役人、本紙ニ而此等もト被申候、又御役人、其元も同様ナラハ、本紙ヘ入候が抔ト被申候、上總、左候ハ、左様ニ可仕候哉、又追訴ソニ成共可仕候哉、御役人被申候ハ、先得

と見可申候、二・三日中ニ被伺候様ニト被申候、其

差上ぐる書付

外彼是申上ル、此日差上候書付品、
一、願書連印
一、上總口上書
一、御朱印写兩通、此方ト金剛方
一、御條目ノ写
一、万治二年宗仁（金剛寶寺）書付写
一、大聖院古證書付写三枚
右六品上總上ル、御請取、多宮上候ハ、
一、万治三年金剛――被仰渡書付写一枚、御請取也、
此日差上候上總口上書、兩印ノ願書、

香取多宮香取上總連印願書大聖院後住の件

乍恐以書付願上候御事

一、下總國香取社僧大聖院後住之儀、去巳年十一月中、本寺金剛宝寺方ゟ後住申付候段、爲知一通リニ而入院爲仕候、其砌、私共兩人公用ニ而在府仕候ニ付、歸國之砌、兩使を以大聖院住持之儀、此方共許容之上、後住申付候、先格ニ候処、無其儀不埒之段申遣、爲入院礼私共方江參候得共、受不申候処、金剛宝寺ハ先格之通、取計候趣申諍候、右大聖院義、其分ニ而神役等ニも差出申候、仍之去午

年金剛宝寺江申遣候者、先格相違ニ候、僧をは其方ニ而撰ひ、入院之儀者、此方共許容之上申付候様ニ可致旨申遣候處、承引不仕候、右大聖院ハ私

*大聖院百姓迄神領に罷在り

共方ゟ配當遣、寺中境内百姓迄も神領ニ罷在、如何様ノ儀も、私共取計來リ申候、大聖院ニ不限、屆一通ニ可有之、謂無御座候、然處、右大聖院義、

*大聖院出奔

翌年出奔仕候処、又々無沙汰ニ金剛宝寺住持差置候而、私共方江後住申付度段申來候、然共先達而社格ニ相違之上者、此度相改、此方ゟ許容ヲ請候

*不埒なきやう書付求む

様ニ可仕候、右之趣、重而不埒無之ため、書付差出候様ニ申聞候処、先達而申候通リ、披露一通リにて濟候様ニと相答候、神領中外之寺院も準之、違乱ニ可罷成と迷惑ニ奉存候御事、

*金剛寶寺五節句など相勤めず不埒

一、金剛宝寺義、神領千石之内壹貫六百文、私共方ゟ配當遣、尤寺内百姓迄も神領ニ罷在、私共支配仕候、仍之五節句等之祝礼、從古來以使僧相勤來候処、我儘仕不相勤、惣而面々格々之様ニ仕成シ、私共支配受不申仕方、住持替之節、古來ノ通リ相勤候様ニ申聞候得共、違背仕候、尤金剛宝寺始、社僧共、人別帳面ハ、私共方江差出候寺院ニ候処、

大聖院百姓藤助差登らす屆なきは不埒

*香取上總口上覺

*金剛寶寺立木我儘に私用仕る

*神領中道橋拵ふる件

享保年中の御條目

*道拵ふるに金剛寶寺差構ふ

別格ニ罷成度、内存と奉存候御事、

一、去申二月中、大聖院百姓藤助と申者、従　公儀御召之由ニ而金剛宝寺方ゟ末寺差添登セ候之由、彼者共出府候跡ニ而、右之段金剛宝寺、私共江爲相知申候、惣而神領中ニ罷在候者、公用ハ勿論、他行仕候節も、私共江申聞候社格ニ御座候、殊ニ公用と有之候得者、等閑ニ難仕訳相尋候処、不存候由金剛宝寺申候、是又不埒ニ奉存候、私共江掛構無之仕方ニ御座候、若以後金剛宝寺始、社僧幷門前百姓等、如何様之事仕出可申も難計、左候時者、私共無念ニ可罷成、迷惑ニ奉存候御事、

此処ヘ末ニ記口上書ノ二ヶ條、三月十三日御差圖ニ而入テ認差上ル、二ヶ條ト云ハ、觀音堂幷愛染堂・經藏・鐘樓、神領千石中道橋拵候義、私共兩人家來共――、

右之通、金剛宝寺、惣而我意之仕方、私共申付違背仕候、享保年中　御條目之通、向後諸事私共支配相受、一社中靜謐仕候様ニ御吟味之上被爲　仰付被下置候者、難有仕合奉存候、以上、

宝暦三癸酉年二月　　下總國香取神宮大祢宜　香取上總印

大宮司　香取多宮印

寺社御奉行所

口上覺奉書半切也、

一、觀音堂幷愛染堂・經藏・鐘樓門、何茂御修覆所之内ニ御座候、破損之節者、金剛宝寺私共方ヘ相願、修覆申付候、右觀音堂本社ゟ貳町も離レ申候、然処觀音〔堂脱〕前後ニ有之候立木共、當住去亥年數十本、私共江無沙汰ニ我儘ニ拂木ニ仕候、觀音堂等修覆入用ニハ不仕、私用ニ可仕様無御座候、向後社地之儀ニ御座候ヘハ、右修覆入用ニ仕度奉存候御事、

一、神領千石中、道橋拵候義、私共兩人家來共差出、往還不自由ニ無之様ニ、従古來道拵仕候、尤喧嘩口論・倒者等有之候節、惣而兩人家來立合取計來リ申候、然処社僧共屋敷構之外、通之道近年事六ヶ敷申候ニ付、堺目通相除、道拵候様ニ仕申候間、所ニ寄往來差支ニ罷成候、古來之通兩人家來共相談次第、何分ニ茂道拵、金剛宝寺始差構不申候様ニ仕度御事ニ御座候、以上、此下書も多宮方ヘ遣ス、

二月　　香取上總

無宛

本多長門守屋敷筋違橋の内

二月廿五日、右之通願書ニ致印形、兩人本多長門守殿へ出ル、右屋敷ハ(上總)旅宿ゟ貳町迄無之、筋違橋ノ内也、

*大聖院明精一札

二ケ條大宮司得心なきゆゑ一名にて口上書致す

殘リノ四ヶ條、於在所多宮へ及相談処、得心無之ニ付、於江戸も二ケ條除キ二ケ條ヲ度ゝ及相談候へ共無得心、仍之無是非自分一名ニて口上書ニ致シ、御役人へ懸御目、則二ヶ條前ニ記、殘リノ二ケ條ハ、尤多宮得心無之故、先住代ノ事故、無用ニ致ス、其訳、

金剛寶寺先住代の件

一、金剛宝寺先住代、觀音堂後ノ石岩岐御仕様帳ニも相載可申候、右石岩岐取崩、金剛宝寺裏門ノ石岩岐ニ相用申候、是又古來之通仕度御事、

一、金剛宝寺先住代、金剛宝寺寺内宮中町ノ方土手有之候処、取除新町屋商人差置申候、私共江無沙汰ニ仕候、此処神前江之第一ノ往還、元來通セまく、先年出火ノ節者、右ノ場所往來絶申候、只今ハ猶以右之場所商人家建込、火ノ元等も無心元奉存候、右之商人不差置、古來之通ニ仕度御事、

一、二月廿七日、晩方本多殿へ兩人伺ニ出ル、御役人畑源兵へ━、其内伺候様ニ━、

*大聖院明敬手形

一、二月廿八日、兩人伺ニ出ル、(畑)源兵へ一通ノ義ニも無之間、得と致了簡、其内從是━、

大聖院古證ノ写、三月朔日大宮司自筆ニて写三通遣ス、尤公儀へ差上ル也、其文如左、

差上申一札之事

一、此度大聖院住寺無分別故、神宮寺と一處仕候間、御拂被成候、無住ニ御座候ニ付而、拙僧を住持ニ被仰付候、弥恆例之御祭礼・臨時之御祈禱御座候時分ハ、如先規愛染堂江罷出勤可申事、

一、當寺住持仕上者、堅濁穢・不淨之者ニ相交リ申間敷候、幷寺院ニ而木抔無作と切取申間敷候、若入目御座候ニおゐてハ披露可申上候事、

一、後住代替之時分ハ、如先例以御相談ヲ御差圖次第ニ相定可申事、

右之條ゝ如此、證文差上申上ハ、就万事聊吴儀仕間敷候、若ハ於相違申ニ者、則可被仰付、急度寺返進可申候、先規如此、仍而如件、

万治二年己亥二月九日　大聖院 明精判

香取大宮司様

手形之事

*配當帳寫差上申す

*別當とあるは金剛寶寺

*大聖院亮精一札

*惣持院は門末百ヶ寺寄寺

*金剛寶寺人別帳など差上ぐ

*口上覺

*享保十四年惣持院入院遠慮仰付らる

一、閏八月六日之嵐、不動堂之破損申候間、修理仕度存、同所御宮山ニくち（朽）木風折松八尺・六尺廻リ貳本御座候間、申受度旨二人之以御山守申入候所ニ、願之通被仰付忝奉存候、尤此義以後之引例ニ仕間敷候、爲其如此御座候、以上、

延宝八年戊申九月廿二日　大聖院　明敬印

大宮司様

差上申一札之事

一、當寺住持被仰付忝奉存候、恆例之祭礼・臨時之御祈禱、如先年愛染堂迄罷出相勤可申事、

一、寺中ニ而以私木伐申間敷候、用之儀御座候ハヽ、廉直ニ可致披露、又後住移申節者、御相談可申事、

右之段ヽ聊相違申間敷候、於吴義者可被仰付候、仍而如件、

貞享四年丁卯十一月廿九日　大聖院　亮精印

大宮司様

〔三　月〕

一、西三月節句、御奉行所本多殿（忠英）・青山殿（忠朝）・鳥居殿（忠孝）ヘ勤ル、

一、三月四日、大宮司両人、本多殿ヘ出ル、御役人畑源兵ヘ——、未不相濟候、其内從ト此方——、上總申候ハヽ、先達而御尋御座候間と申、配當帳ノ写差上申度候、則御請取也、

別當ト有之候ハヽ、金剛宝寺ニて候、金剛宝寺ト有之候ハヽ、只今之惣持院ニて候、別當ハ観音別當、寺別當ニて御座候、元惣持院ノ末寺一腨〔臈〕ニて御座候処、出入有之、只今ハ金剛宝寺ハ蕨村三學院之末寺ニ罷成候、惣持院ト申候ハヽ、神領之寺ニて門末百ヶ寺寄有之候寺ニて候、則神宮寺ゟ本寺金剛宝寺ト有之、御諷經ニ付、廿貫——、前ニ記書付差出、多宮も右之段申上ル、

金剛宝寺、近年ノ人別帳差上ル、

惣持院住職證文ノ写差上ル、　三品書付差上ル、惣持院住職ノ書付ニハ致訳書、左ノ通、

口上覺

享保十四酉年九月、香取惣持院義、私共許容不受入院仕候節、御奉行所江申上候処、押而入院仕之段、御呵之上、遠慮被爲仰付候、尤私共方江證

*夏經讀むは祭禮ならず

*惣持院滅在

惣持院精範一札

*惣持院は元金剛寶寺本寺

惣持院弟子譲り仕るべし

弟子なければ四ケ寺門末より撰ぶべし

*金剛寶寺御朱印水上郷に二十石

本多長門守へ出づ

金剛寶寺一ケ年に三度祭禮に出づ

文入候様ニ被仰付候、右遠慮御免之儀ハ、私共兩人方江惣持院門末之者共、相願候様ニ被仰付、私共　御奉行所江奉願、御免被　仰付候節、私共方江惣持院召呼申渡候、仍之入院之節、住持證文只今以代々爲仕候、左之通ニ御座候、

一札

當寺惣持院住職之儀、拙僧を以門末之者共、御披露申上候処、御許容被成下忝奉存候、此上、拙僧隱居仕候節者、寺相應之弟子見立、御許容之上弟子譲ニ可仕候、尤其節四ヶ寺江も可相屆候、弟子無之候者、於四ヶ寺門末之内ゟ撰、御兩所江御披露申上、御許容之上、入院可爲仕候、且時々之礼式等、如先規急度相勤可申候、爲後證仍而如件、

寛保元年辛酉十二月　惣持院　精範印

大宮司　香取多宮殿

大祢宜　香取監物殿

一、三月九日、本多殿へ兩人伺ニ出ル、林加助――、大聖院ト云より、金剛宝寺ハ違ハ不致候哉、兩人申上候ハ、何も社僧同様ニ神前向相勤申候、多宮――ハ、金剛宝寺ハ一ヶ年ニ元日ノ夜、十月廿八・九日、三度祭礼ニ出候、其外愛染堂江出、一夏間經讀申候、是ハ祭礼ニてハ無御座候、上總――ハ、先年外御奉行所ニ而御尋之儀も御座候、古ハ他村之僧も信心ノため出、經讀候由ニ有之候、只今ハ香取村計、千石ノ御神領ニ滅候、只今ハ社僧計出候、外ニ惣持院ト申滅在仕候寺御座候、是等ハ祭礼ニ不出候、御役人、何役勤候哉、何も不勤候、私共江相勤申候、元金剛宝寺ノ本寺ニて御座候、配當帳ニ別當と有之候が、只今ノ金剛宝寺、々々ト有之候ハ、只今ノ惣持院ニて、如何様八十年計以前出入有之、離末致候、其節ノ惣持院
御朱印所持仕、金剛宝寺江隱居仕候故、此方カ金剛宝寺、本寺ハ惣持院ト申候由、多宮申候ハ、神領配當仕寺中百姓迄も、私共支配仕候、何ッ事有之候節ハ、私共兩人取計申候、金剛宝寺　御朱印ハ廿石、水上郷と申候、是ハ他村ニ而候、是江金剛宝寺引越候ヘハ、私共構不申候、御役人、其内伺候様ニ、又呼ニも可遣候、

一、三月十三日、大宮司申合、兩人本多殿へ出ル、多宮申候ハ、只今御差紙被尋儀――、今日中――、多宮

五年以前金剛寶寺出奔*
金剛寶寺仕方惡し*
配當帳本帳多宮差上ぐ
相談にて配當仕る
金剛寶寺無沙汰に出府*
願書清書出來
口上書の申分一紙に認直すやう仰付く
本多長門守差紙*
在所への道二十二里

御請致由、兩名也、御役人金沢伊織━━ハ、此間上總口上書ヲ多宮同心ニ候ハヽ、願書之内ヘ書入候様ニ、兩度迄被申候、多宮畏候由、則御請申、一兩日中認差上可申候由申、御役人、配當帳持被出、是本帳ニ候哉、写ニて候、多宮本帳持參差上ル、御役人、此配當ハ何方ゟも被申付候哉、上總━━ハ、其砌兩人相談仕、尤大宮司方ゟもエコヒイキ(依怙贔屓)ナク配當可致候由ノ取替證文仕、配當仕候、右之書付持參仕候、惣配當、私共ゟ配當仕候由申上ル、兩人歸ル、

十四日晩、願書清書出來之由申遣、尤明朝旅宿ヘ御立寄、御一覽候様ニと多宮方江申遣、尤之由申、

尤先達而差上候願書、御返シ也、書入候様ニと被仰付候、口上書ト云ハ、觀音前後木伐候ケ條、又道拵候と申訳、前ニ記ス、先達而度〻達而致相談候ヘ共、不得心、従上被仰付、一紙ニ認直スコ也、

一、三月十五日、多宮旅宿ヘ來リ、願書江致印形、願書先ノ二ヶ條、切ツキニスル故終出來、本多殿ヘ兩人出ル、林加助被請取、在所江之道被尋候間、廿二里ノ由申、

一、三月十七日、兩名御差紙、則出ル、畑源兵衛被尋候ハ、大聖院住持有之候哉、差紙ヲ遣候ニ付、金剛宝寺五年以前住持申付候処、出奔致、去夏中ゟ差置候テ、私共江住持申付度と申出候ヘ共、㝡前仕方惡敷御座候ニ付、私共許容不仕候ヘハ、住持トハ不存候段、兩人同様ニ申、御役人、住持無之候得者、無住ニハ不成候間、看主ニても置候、然共、大聖院ト申候哉、其程ハ如何御座候哉、私共許容無御座候ヘハ、大聖院トハ不存候、上總━━ハ、金剛宝寺ハ私共ゟ二・三日先ニ無沙汰ニ出府仕候、多宮━━ハ、未御當地ニ罷在候様ニ承候、御役人、明日四ツ時被出候様ニ、差紙被遣候由被申候、

一、三月十八日四時、兩人本多殿ヘ出ル、御役人、金剛宝寺江之御差紙御渡シ、上總━━ハ、御當地ニ罷在候ハヽ、相渡可申候、罷歸候ハヽ、在所ヘ差遣可申候、則上總旅宿ニ而多宮申合、兩人家來遣ス(松本丹治・高木丹治、)金剛宝寺宿神田中町筋違橋ノ向近江屋市右衛門、

御差紙、

尋義有之間、來ル廿三日我等宅江可罷出、若於不參者可爲越度者也、

酉三月十八日　長門(本多忠英)御判

下總國香取郡香取村
金剛宝寺

右御差紙、兩使ニて遣ス、則金剛請取遣ス、旅宿ゟ彼宿五町計有之也、

同日、本多長門守殿へ兩人出、御玄關番ヘ先剋之御差紙、先ヘ相渡申候、御届一通ニ候間、御通達被下候樣ニ、御役人中御取込御六ケ敷可思召｜｜｜、

一、三月廿六日、本多殿へ兩人出ル、御役人畑源兵へ｜｜、先達而差上候古證ノ書付付(衍)共、皆御持出、明日五ッ半時青山因幡守樣御内寄合江持參被出候樣ニと被仰渡、畏候由御請申、御役人、差紙遣候故被出候哉、兩人共罷出候跡ヘ被下候儀と奉存候、御請も不仕候、重而も左樣ノ節ハ、御用捨奉願候由申、多宮旅宿へ遣候由、

一、御朱印写幷金剛｜｜｜、御朱印写ハ四月十四日ニ(後ニ記故)金剛差上候ニ付御返シ、　一、御條目ノ写　一、宗仁万治二　一、惣持院住職證文訳書　一、配當帳写　一、金剛人別帳

〆七品御返シ、明日持出候樣ニト被仰渡、

一、三月廿七日、青山因幡守殿御宅御内寄合江金剛｜｜｜も出ル、鳥居殿・本多殿御出席、先願書讀、返答甚

*返答書長きゆゑ讀まず

*多宮證據書付出づ

*別當にはなし

本多殿へ多宮上總出づ

*寺中不二の御朱印

*神宮寺の譯

*「爰ノ文前後、」

*人別帳に供僧六人あり

「金剛對決、」青山因幡守御内寄合

永ク見ユル、右返答紙二枚計もヨム(讀)時、御奉行所ヨセト御差圖ニてヨマス、大祢宜壹人相手ノ樣ニ聞ユル、本多殿、多宮證據有之候ハ、出セ、配當帳ノ本書幷大聖院万治二年ノ被仰渡書等五枚差上ル、本多殿被仰候ハ、別當ニ而者無之、別當ナラハ配當始ニ有ル筈、青山殿・鳥居殿も別當テハナシ、金剛宝寺江我配當ヲ受候哉ト二・三度被仰、シカト御挨拶不致、寺中不二ノ　御朱印所持ト申、夫出セ、今日ハ持參不仕候、本多殿、配當ヲ受候からハ、社家ノ支配受ソウ成モノ、社僧ジヤノ、上總成程ト申上ル、神宮寺ト云ハ、誰か事ジヤ、多宮方ゟ出候書付ニ有之ヲ御覽、上總｜｜｜、金剛宝寺事ニて候、金剛宝寺へ我カワルソウナ、吟味ノ上ハドウ有ラウカ、明日吟味セウ、　御朱印ト御尋ニ付、上總　御朱印写・金剛宝寺人別帳ノ写・御條目ノ写、三品差上ル、本多殿人別帳御覽、是カ供僧六人有ルカ、金剛宝寺申上ルハ、四人御座候、大聖院ニ供僧一人兼帶、私方ニ續(讀)師一人ト申上ル(林)、立候樣ニ被仰、何も立ッ、

同日、御役人加助差圖ニて、本多殿ヘ御礼ニ兩人共出、明日御吟味ト被仰渡候段も、何時伺公可仕、同

候が能候ト被申、則出ル、御礼申上ル、御役人源兵(畑)
へ被出伺候処、明日八時過出候様ニ被申渡、

本多長門守宅にて直の吟味

一、三月廿八日、本多長門守殿御宅直御吟味、三人出ル、
先願書御讀セ、如此ノ證據有之ニ付、大聖院等以之

*大禰宜上總口上覺

ト云ヿヲ、此間差出候書付ノ内見セ候様ニと被仰、
則多宮兩人ニ而、万治二年等ノ書付ヲ以、ケ様之事

*神宮寺金剛寶寺の譯

元祿年中御追放の前大宮司書付持退く

ニて候と申上ル、本多殿成程、是ハ聞ヘタ、従夫打
續、ナセ證文不爲致候哉、多宮申上候ハ、元祿年中、
前大宮司御追放、書付共持立退候事ニ而候、御奉行
所、夫ナラハ元祿以來可取筈、多宮申上候ハ、私・

多宮及び祖父新役

祖父共、新役之者ニ御座候、御奉行所、左候ハヽ、大
祢宜ノどれかれ可有之候、上總申上候ハ、御尤至極
ニ奉存候、打續證文有之候ヘハ、此度御苦勞奉懸候
義無御座候、元祿年中、御宮御修覆等之儀、其外公
用差ツトイ(集)延引仕候、此段ハ至極無調法ニ奉存候、
仍而享保年中申上、惣持院御威光を以、如此證文仕

*一寺に兩寺號宜しからず

*神宮寺金剛寶寺と申す

候、前書致差上ル、前日も上候処御返シ、又上ル、
夫ゟ急度代〻證文爲仕候、前ニ記、御奉行所御意、
惣持院ハ此ニて濟候、其砌ナセ是等も不申出候哉、
其節ハ殊外入組候事共ニ而、不被申上候、又とれ
〱も長住持仕、差當事ノ無之ニハ難申上、延引仕
候、夫共可爲致事、御尤ニ奉存候、
○配當帳ニ金剛宝寺別當と有之訳、如何難呑込候、段
〻申上ル、則上總口上書懸御目、

口上覺

配當帳ニ別當と有之候ハ、只今ノ金剛宝寺ニ而御
座候、金剛宝寺ト御座候ハ、只今ノ惣持院ニ而御
座候、先年ハ別當ヲ神宮寺と申候、右神宮寺ハ先
年惣持院ノ末寺ニ御座候処、先年之惣持院神宮寺
江御朱印持參、隱居仕候由、其後出入有之、惣持
院末寺ヲ離レ、御朱印所持仕候ニ付、神宮寺ヲ
金剛宝寺ト申候由ニ承及申候、以上、
則御覽、金剛宝寺へ御尋ノ処、金剛宝寺、万治二年
ニ御座候、其書付有之候哉、出候様ニ、持參不仕候、
ナセ持參不致候哉ト御呵、取ニ遣セ、上總、神宮寺
ト金剛宝寺、一寺ニ兩寺号不宜、神宮寺ヲ止、金剛
宝寺ト可申由、先年被仰付候由承及申候、夫ハ社人
共何年程ニ成候哉、万治三年ノ被仰渡ノ書付を以、
是ニ末寺ノ論有之候ヘハ、此砌ト奉存候、御奉行所、
此前ト聞ヘル、金剛宝寺――、万治二年ト覺候由申、

惣持院山號東光山

*別當と云ふ證據本多長門守呵る

*世間の別當と相違

*神領中萬端兩人支配仕る

*金剛寶寺社僧の頭を仕る宗仁法系なし

*享保年中の御條目本多殿御覽

金剛寶寺申狀轉變す

惣持院、山号ハ何ト云、多宮、東光山ト覺申候、金剛宝寺ヘ御尋、ダマツテ二・三度御尋ニ、ダマツテ居ル、何ヲ云テモ不知〳〵ト、書付も不出、御奉行所其様ニ云テハソウシテハ不置、大ナ目ニアワスルゾヨ、有躰ニ可申候、何ト〳〵イヘ〳〵ト大ニ御呵、社人さへ知ッテ云フハ、我カ近所ニて不レ知事有間敷、不知〳〵トイヘハ能ト心得候哉、漸東光山ト申上ル、文字ハ何ト書、暫ノ東三〔ミ〕ツヒカルト申、上總、御諷經ノ節ノ本寺、金剛宝寺様神宮寺ト有ル書付上ル、前ニも上ル、御返シ故、又差出ス、金剛――、御朱印写、　権現様(徳川家康)ノヲ横紙中折ニ写上ル、　御當代様ノハト御尋、持參不仕候、御呵、上總方ゟ写ヲ上ル、口上書、惣持院ゟ　御朱印持、金剛宝寺ヘ移候節ノ訳御尋、万治二年ト金剛――申上ル、其書付出セ、今日ハ持參不仕候、金剛――、宗仁ト申ハ、一代ニハ入不申候、御尋ニハ法系カ有ル筈、金剛――、宗仁ハ無之候、万治二年ニ宗仁ニ神宮寺申付候書付上總上ル、金剛――ヘ御尋、我ハ社僧カ、社僧ノ頭ヲ仕候、社僧カ〳〵ト三・四度御尋、社僧ニて御座候、返答書持來ル、末ニ別當トナセ書出シタ、相違ナヿヲ公儀へ云フ、社僧カト尋レハ、社僧ト云フ、又返答ニ別當ト云、我ハサキカラ思ニ誰ゾニダマサレテ云フカト三度迄、昨日も夫テ心得ニイ、聞セタ、別當ト云證據出セ、先年御裁許御座候、夫ヲ出セ、在所ニ御座候、又御呵、ナセ持參セヌ、取ニ遣セ、上總――ハ、配當帳ニ別當ト有之候、祭礼ノヨミ立仕候、司召ニハ寺別當ト御座候、本觀音別當ノ由、承知仕候、世間ノ別當ト申候ハ、其社ノ隨一、社務ヲ仕候、私共之トハ大ニ違申候、一ヶ年ニ祭礼九十余ヶ度、私共おもニ相勤申候、金剛――ハ、正月元日ノ夜幷十月廿八・九日、一ヶ年ニ三度愛染堂へ出申候計ニて御座候、神領中万端私共兩人ニ而、何事ニよらす支配仕候、多宮申上候ハ、金剛――ハ、何も構不申候、私共万事取計支配仕候、上總力ニ及不申義ハ、御奉行所へ奉伺候、金剛――候、社僧ノ頭ヲ仕、支配仕候、本多殿――、返答書ニ、我ハ社人ト同様ノ様ニ申出ル、金剛――、私ハ別格ニ而御座候、本多殿、享保年中ノ御條目御覽、黑田殿(直邦)・井上(正之)殿、ドレモヲレカ知人、頃日ノ事ジヤ、此古證共、其節出シタカ、成程御吟味ノ上ニて御座候、多宮申

享保の御條目より事改む
*藤助の件
金剛寶寺屋敷の件
*今日差上ぐる書付
金剛寶寺神領中にあり
金剛寶寺配當當時惣持院所持
*萬治三年大宮司申渡す覺
五節句など勤むる譯
*金剛寶寺住持退去すべし

上候ハ、右御條目ゟ事改、万端御條目ノ通ヲ相守相勤申候、
金剛宝寺屋敷ノコト御尋、多宮――、先年宮ウシロト申処ニて候、上總――ハ、當時居候処ハ、大宮司畑ヲ遣候、慶長年中ノ書付御座候、出セ、今日ハ取落申候由多宮申上ル、然ラハ明日持參セヨ、惣而社家・社僧・百姓等入込ニ候哉、社地カ、成程社地ニ而御座候、觀音ハ本社ゟ貳丁程離レ、其隣ニ金剛――罷在候、社内ハ本社宮林、其外ハ社地ノ内、金剛――――、神領之眞(マツ)只中ニて御座候、水上郷ト申候ハ、他村ニて御座候、右上總申上ル、本多殿、本社ハ社内、其外ハ社地ナト、成程ト申上ル、社人も壹貫六百文、別當金剛――貳貫――、此訳如何、不濟、ツマラヌ、多宮――、金剛宝寺配當ヲ當時ハ惣持院所持也、別當ト有之候が、當時ノ金剛宝寺配當ニて御座候故ト申上ル、
五節句等之勤之儀御尋、上總申上候ハ、神領中ノ者、私共兩人江一人モ礼式不相勤者無之候処、金剛――二・三代以來不相勤候故、住持替ノ節、兩使ヲ以申聞候ヘ共、面〻格〻ノ様ニ仕成、相勤不申候、金剛――ハ、無言、
藤助と云者社人ヘ不知セ候由、金剛――申上候ハ、急候事故ト申上候、何程急ニても可爲知筈、ドウメト御尋、金剛――、大聖院無住ニ御座候故、大聖院住持有之候ヘハ、私ハ構不申候、相届申候、本多殿、遲ク爲知候由、左様ニてハ無之候由申上ル、今急候事故ト云フト御呵、上總、二・三日過候而、相知ラセ申候由申上ル、今日差上候書付ハ、
一、金剛――御朱印　一、本寺金剛――様江神宮寺ト有ル御諷經ノ書付写　一、惣持院住職證文写、前書致、
一、万治二崇〔宗カ〕仁雖無咎書付　一、配當帳ニ別當ト金剛――訳、口上書致差上ル、右御吟味ノ節、御諷經本寺金剛――、神宮寺――、本紙ハナキカ、上總――、定而惣持院方ニ可有御座候、右之外永キ間、彼是御尋共有之、配當帳ニ別當ト金剛――ト二筆ニ有之訳、御呑込無之、度〻申上ル、

下總國香取大宮司申渡覺

一、別當金剛宝寺義、本寺未落着之處、住持居置候義不屆ニ候、只今之住持之儀、雖無科早〻可令退去事、

金剛寶寺新義に相定むべし

一、金剛宝寺儀、爲古義之旨、雖先住申立證文無之候、大概新義之様ニ相聞候間、向後新義ニ可相定事、

金剛寶寺住持大宮司の差圖で居置くべし

一、金剛宝寺住持之儀、今度本寺与相定居置候、自今以後相續之儀、當住と供僧致相談、其上大宮司ニ申聞セ差圖を以可居置事、

供僧は金剛寶寺末寺たるべし

一、供僧之儀、年來爲惣持院末寺之由ニ候得共、爲金剛宝寺末寺之趣、古證文有之候、然ハ餘寺之分者、任近來之例ニ候、供僧之儀ハ、向後可爲金剛宝寺之末寺事、

根本寺地藏院追放すべし

一、惣持院義、先寺社奉行令追放之由、根本寺・地藏院偽申候、其上對大宮司無礼・惡口申候条、乍兩人令追放候事、

万治三〔年脱〕庚子二月九日

*徳川家重朱印状

萬治二年神宮寺宗仁一札

差上申一札之事

一、此度神宮寺住持秀甚、無分別故御拂被成、無住ニ御座候ニ付、拙僧を住持ニ被仰付候、弥恆例之御祭礼・臨時之御祈禱御座候時分、如先規愛染堂江罷出相勤可申候事、

*享保十四年惣持院戒光一札

一、當寺住寺仕上者、堅汚穢・不淨之者ニ相交リ申間敷候、次ニ寺院ニ而木なと無作ト伐取申間敷候、若入目御座候ニおいてハ、御披露可申上候事、

一、後住代替之時分ハ、如先例之以御相談御指圖次第、相定可申候叓、

右之條〻、如斯證文差上申上者、就万事聊吴義仕間敷候、若於相違申ニ者、則可被仰付候、急度寺返進可申候、先規如斯、仍如件、

万治二年己亥三月七日　神宮寺 宗仁

香取大宮司様

金剛宝寺御朱印写差上候故記

下總國香取郡水上鄉之内、貳拾石事、○依當家先判例、金剛宝寺收納、永○不可有相違者也、

延享四年八月十一日

〔徳川家重〕御朱印

一、香取　御朱印写七通差上ル、

差上申一札之事

下總國香取惣持院後住之儀、今般従四ヶ寺拙僧被申付候処、去月廿一日兩社家許容も不承、届入院仕候ニ付、兩社家ゟ押而入院仕候趣御訴申上候間、

慶長十一年御造宮仰付らる*

遠慮仰付らる

惣神官修覆願ふ*

愛宕眞福寺奥書

元禄五年惣神官訴状

先達而一統ニ御呼出シ、御吟味之上、今日御内寄合御列席江被召出、右惣持院之儀者、先達而出入有之、其節御裁許ニ両社家許容之上、入院爲致候様ニ被仰付置候を、委細相糺入院可仕処、無其儀門末任申旨候致方、不調法之至ニ被思召候、依之急度御咎可被遊候得共、以御宥免於在所寺遠慮被仰付候間、急度相慎可罷在候、尤此以後、両社家申付等急度相守、且遠慮御免之儀ハ、両社家ゟ相願、御免許之上、如先規社家江證文差出候而、入院之礼等可相勤旨、一ゝ被仰渡〔候〕趣、奉承知難有奉畏候、爲後證依而如件、

享保十四己酉年閏九月十八日　下總國香取惣持院　戒光印

寺社
　御奉行所

右惣持院江被仰渡候趣、拙僧一同奉承知、依之奥印仕差上申候、以上、

愛岩〔宕〕前　眞福寺印

乍恐以書付御訴詔〔訟〕申上候事

一、下總國香取神社慶長十一年
權現様御造宮被　仰付、御奉行中野七藏殿被成候、其後破損相見江候故、寛永十一年御造宮之願雅樂〔酒井忠世〕頭様江大宮司範房申上候處、
公方様〔徳川家光〕御上洛被遊候砌ニ御座候故、重而可申上旨得御意、慶安二年安藤右京進〔重長〕様・松平出雲守〔勝隆〕様江申上候處ニ、御序を以言上可被成旨被仰渡、書付差上置申候、其後續而も不申上、寛文六年井上河〔正利〕内守様・賀ゝ爪甲斐守〔直澄〕様江大宮司定房申上候得共、此節又御訴詔〔訟〕延引、殿社一両度修覆仕罷過申候、至當年八十年余之御事ニ御座候故、悉破壊難及修覆御座候、御造宮神官、凡朝暮願申候、如先例之被爲　仰付候ハヽ、難有奉存候、以上、

元禄五年正月日
大祝
物申祝
權祢宜
宮之助
金剛宝寺
大祢宜
大宮司

寺社

御奉行所

享保十三年御條目は裁許狀

一、享保十三申年御條目差上ル本紙也、本多殿御吟味ノ節、條目ト云ニてハ無之、裁許狀と御申候、

*元禄十一年美作不屆につき社職取上ぐ

一、三月廿九日、兩人本多殿へ出ル、御役人伊織(金澤)、昨日ノ書付御請取、明八時過兩人共出候樣ニト被申、右書付左之通、多宮本書上ル、

慶長七年神宮寺證鑁書狀

愚僧一代屋敷被懸御意候、祝着之至存候、猶〻向後之儀、御入魂可申候、仍如件、

慶長七壬寅極月吉日　神宮寺 證鑁 書判

神主殿

〔四月〕

*美作迄の書付持退く

一、四月一日、本多殿(忠英)へ兩人出ル、畑源兵衛、今日御用差合—、明後八時過出候樣ニト御申候、金剛も出ル、是も歸ル、何か書付差上ル、

*御祭禮御祈禱金剛寶寺仰付られず

井上河内守寺社奉行仰付く

一、四月二日、井上河内守殿(正賢)去月廿七(八)日寺社御奉行所被仰付候ニ付、御悅ニ出ル、御役人近藤吉右衛門・品川官治・野〻村与一左衛門、

一、四月三日、本多殿へ兩人出ル、御役人伊織(金澤)、金剛宝寺不快ニ付、今日吟味延引也、一兩日中從此方—、

伊織申候ハ、元禄年中ノ書付、金剛宝寺出シ候、其節ノ書付無之候哉、上總—、何も覺無之候、御役人、美作ト云カ有之候、上總—、美作義ハ不屆有之、元禄十一年社職御取上ニて候、寅ノ四月ト覺候、其後元禄十三辰七月大宮司職被仰付候、御宮御修覆數年奉願候、御修覆と名付、御造營ニ被仰付候、元禄十三年ニて候、金剛宝寺も堂等支配爲仕候間、御願ニ出候、私共兩人計ニテハ、數年ノ間ノ義故、下社家共も加リ御願申上候、御役人、左候ハ、、其闕職ノ間、いつゟいつ迄ト云ヿ、書付持參可被致候、夫を以引合可申候、美作迄之書付ハ彼者持退候、多宮申上候ハ、　御朱印兩人連名ニ被　下置候故、神領中万端兩人ニ而支配仕候、上總—ハ、恆例之御祭礼ハ勿論、臨時之御祈禱、何ニても金剛—江ハ不被仰付候、去〻年
大御所樣(德川吉宗)御不例之節も、私共計ニて候、前方西國・中國虫付御祈禱被仰付候節も、則如此ト申、御書ノ写差出、懸御目、是ハ年号ハいつ比ニて候哉、享保年中ニて御座候、御役人大虫ニて候哉、成程、左候ハ、、此方ニても知レ可申候ト被申、御請取、其文写

也、

*金剛寶寺差上ぐる書付の件井上河内守他連署書状

一筆令啓候、今年西國・中國筋作毛夥敷虫付、爲非常之儀之間、此上安全之　御祈禱被仰付候、依之爲御祈禱料黄金三枚被下置候間、可有執行候、謹言、

十一月朔日

(松平忠曉)松玄蕃頭　御書判　右享保十七年也、

(西尾忠直)西隱岐守　御書判

(井上正之)井河内守　御書判

*元祿十三四年頃の書付覺なし

香取中務殿

香取監物殿

一、四月五日、本多殿ヘ兩人出ル、伊織ー、此間被仰聞候書付差出ス、御請取、左之通、

香取上總香取多宮連署口上覺

口上覺

元祿十一寅年四月、前大宮司美作不屆之儀有之、神職被召放候、同十三辰年七月、大宮司職香取丹波ニ被仰付候、右寅ノ四月ゟ辰七月迄、大宮司闕職ニ而御座候、以上、

四月　香取多宮　右半切ニ認、

香取上總

*香取五十餘年になるも一度も御修覆願はず

上總ーハ、金剛宝寺差上候書付、如何樣之趣ニ御座候哉、成候儀ニ候ハヽ、一覽仕度候、御役人(マヽ)ー、元祿○(十覺違也、四年也、)四年之被仰渡ニて候、御奉行所ハ戸田山城樣・(長重)小笠原ー・本多紀伊守(正永)樣、是ハ其節ノ御奉行也、證據ハ無之候得共、別當ト可申と申趣也、兩人申上候ハ、元祿十四年之比ハ、左樣之事承及不申候、元祿三年之比ニてハ無之候哉、御役人十四年也、上總ー、其比ハ御宮十三年ニ御造營ニて、大相成御事、彼是大ニ取込、十四年ニも臨時之遷宮ノ行事抔有之候、其節ノ書付共ハ、曾而持參不仕候、尤右之趣覺も無御座候へ共、在所へ可申遣候、御役人、金剛ーー病氣快氣之屆も未無之、上總ー、御宮御造營ニ付、二・三年以前ニも可有御座候、大岡越前(忠相)樣ニて、御役人中ソツチノ御社ハ修覆願ノ沙汰無之候ト御尋ニて候、元祿十三年武州三籠(瀧)ノ神社ト同時ニ御造營、然処廿四・五年以前、黑田豐前守(直邦)樣江御修覆御願ニ出候、同席仕承候、私共ハ五十余年ニ罷成候、未一度も御願不申上候、アナタ御役人中、三瀧ハ今年も又願出候、ソツチノハ土地ニ寄候哉、ドウシタヿジヤト御尋ニて候、私申上候ハ、度ゝ修覆仕候故、未

*供僧六供と申す
香取手柄と譽める
*配當仕るを社僧
源頼朝大禰宜宅逗留
權現様千石寄附
*神宮寺金剛寶寺の譯
*金剛寶寺神宮寺一所となる
本多殿御直の吟味
*神宮寺金剛寶寺の外物

五七年ハ御願申上候義、無御座候と申上候、夫ハ手柄成事と御申候、當宮宮柱ハ　神武天皇十八年ニ建てシ、久敷義ニて御座候、私共兩家ハ神孫ニて、苗裔ニて候、相續仕候、　天子・將軍家御下文等數通所持仕候、(源)頼朝公石橋山御没落被遊、品川表ゟ上總へ御懸、私ノ宅ニ七十日程御滯留、夫ゟ高ノ臺(國府)御出陣被遊候由、御直筆ノ御書等所持仕候、神領も其砌ハ十八ヶ村、只今ニてハ万石も可有御座候、天正十八年小田原落城後、(德川家康)權現様御手ニ入、皆御取上被遊、其後香取村千石御寄附被遊候、夫故下社家共、一所ニ引越申候、古キ御社ニて御座候段御咄申、兩人共歸ル、

一、四月十一日、兩人本多殿へ伺ニ出ル、御役人伊織、金剛〳〵も九日ニ快氣届候、明後十三(日脱)八ツ時被伺候様ニト被申、

一、四月十三日、兩人伺ニ出ル、畑源兵へ、急御用〳〵、明後十五日今時被參候様ニ被申渡、

一、四月十四日、御差紙、兩人出ル、金剛も出ル、御直御吟味、金剛〳〵へ供僧ト云ハ、どれ〳〵、金剛〳〵、根本寺・大聖院・圓壽院・不斷所、大聖院ニ兼帯壹人、私方ニ讀師申、是ヲ六供ト申、私ハ別當ニて御座候、社人共如何、上總〳〵ハ、私共ハ古ハ如何御座候哉、配當仕候ヲ社僧ト奉存候、ドレ〳〵(護摩堂)ジヤ、根本寺・大聖院・圓〳〵・不斷〻・こまとう・金剛〳〵、尤當時こまとう無住ニて御座候、御尋ニハ此八百文ト有ルハ、是ハ誰か世話スル、本寺惣持院ト申上ル、金剛〳〵申候ハ、こまとうハ祭礼ヲハ相勤不申候、上總申付勤マスル、御尋、こまとうハ惣持院門徒か、是カ不濟、社僧ナラハ金剛宝寺門徒ニて可有思召(ト)テノヿト聞ル、上總〳〵ハ、神宮寺も先年ハ惣持院末寺ニて御座候、夫ハ年号ハ、上總万治二・三年ノ頃ト相ツモラレマスル、此間差上候被仰渡書ニ、門徒末寺ノ諍ノ訳御座候ゟ相考マスレハ、金剛〳〵、いつ頃金剛〳〵ト、二ヶ寺一ツニナツタ、金剛〳〵申上候ハ、元來無本寺神宮寺共申、金剛〳〵共申候、上總金剛〳〵へ申候ハ、此間万治三年ノ比ト哉覽ニ、金剛宝寺神宮寺ト二ヶ寺一所ニ成候書付有之由被申上候ト申、金剛〳〵無言、御尋、神宮寺へ金剛宝寺一ツニナツタテハナイカ、金剛〳〵、左様ニて無之候、神宮寺ナレハ金剛宝寺外物也、取

*讀師公儀より袈裟拜領

*配當なき者相用ひず

書狀ゆゑ年號なし

法系尋ぬ

*惣持院住職證文前書差上ぐ

以前の金剛寶寺本寺へ取上げらる

配當帳に金剛寶寺とあるは今の惣持院別當とあるは今の金剛寶寺

*元祿四年裁許狀

*香取大明神の本地十一面觀音

上ルゾヨ、余リ物有ル、御奉行所御役人ニヨマセ被
成候書付、金剛――〈末寺ニ〉被仰付候間、三學院ニ御礼ニ
出候様ニと有之文言也、板倉〔重郷カ〕様ト又誰様ト哉覧、多
宮年号承候ヘハ、御役人伊織、是ハ書狀故無年号、
金剛――申候ハ、金剛――モ申、神宮寺共申候、無
本寺ト申候節、御意、此方ニ聞所有之、シレルゾヨ
ト被仰候、法系御出シ御尋、蕨村三學院ノ法脉也、
七・八代金剛宝寺ノ住持也、金剛――、三學院ゟ付
属ト申、然ラハ其前ハ神宮寺ナカツタカ、新地カ、
權現様よりノ　御朱印有之ハ、其前ノ神宮寺代〻可
有之候、金剛――、夫ハ本寺へ取上申候、御役人伊
織――ハ、ブラ物一ッ見ヘルト被申候、社人共惣持
院ゟ金剛――分レ候訳書付、明日差出候様ニ、畏候
由申上候処、先先達而書付上候ヲ御覧、爰ニ有ル、
出スニ不ト及被仰、是ハ三月廿八日認差上候、配當帳
ニ金剛――ト有之ハ、只今ノ惣持院、別當ト有之ハ、
只今ノ金剛――ト――、前ニ書上ル、社僧ノ訳、金
剛――兼帶、讀師大聖院兼帶供僧ト申上候節、證據
有之候哉、書付有之候ハヽ、出候様ニ被仰、金剛――
――、證據書付無之候、左候ハ、訳書付出候様ニ被仰
聞、金剛――、讀師從公儀袈裟〔裟〕拜領仕候、上總――
ハ、私共ハ配當無之、宛行無之候ヘハ、差構不申候、
配當無之者ハ、相用不申候、金剛――、ソレハ弟子
ヲ連候か、金剛――、弟子有之候ヘハ召連、無之候
ヘハ他ゟ雇イ、四・五日ケッサイ（潔斎）爲致召連候、御奉
行所、夫ハ何ン人連候共、構無之候、惣持院住職證
文、先達而前書ヲ致差上ル、其前書ノ訳御尋ニ付、
今日差上ル、

差上申一札之事

下總國――惣持院後住之儀、今般四ヶ寺ゟ拙僧被
申付候処、去月廿一日兩社家許容も不承、屆入院
仕候ニ付、兩社家ゟ押而――前ニ記、
神宮寺崇〔宗〕仁ニ大宮司申付候書付、此日御返シ、此書
付多宮方ニハ無之由、
御奉行所被仰聞候ハ、元祿四年御裁許、社人共方ニ
無之由、讀聞セ候ニと被仰、御役人ヨマレ、其文左
之通、

下總國香取大宮司・大祢宜等訴出旨者、同所金剛
宝寺、此度觀音開帳之願ニ付、香取大明神之本地
十一面觀音、金剛宝寺者、明神之爲別當由申段、

伊勢大神宮の正将軍は香取大神宮副将軍は鹿嶋大神宮

香取大神宮牛玉寶印

*寫の繼目に御印あり

*裁許狀美作持退くゆゑなし

*兩人及ばざる儀御奉行所へ伺ふ

金剛寶寺別當なること疑なし

曾而何之證據茂無之候、香取・鹿嶋之両社者、伊勢大神宮之正将軍香取大神宮、副将軍鹿嶋大神宮与申來、神事・祭礼・社僧、敢而不相接、司召ニ茂寺別當与讀來候由申之、金剛宝寺答候者、觀音堂者、香取明神之本地堂、其明證者、毎年元日大神主・幣所両人、於此堂幣調之、其加持者、拙寺相勤之、是則祭礼始、且従正月八日同十四日迄一七日之間、本地供之神事勤行仕、其節大宮司・大祢宜を始、其外社人等献供物并及結願之時、香取大神宮牛玉宝印与有之牛玉、右之者共江令配賦之、經筒之銘ニ茂香取金剛宝寺大別當与記之候處、美作・藏人等寺別當之由申段、難意得之旨申之、右双方度〻令對決、遂糺弾之様、神事・祭礼、曾而金剛宝寺不相接之由、美作・藏人等雖申之、毎年元日大神主・幣所両人於觀音堂幣調之、且神事之節、大宮司・大祢宜、其外社人等贈供物結願之砌、香取大神宮牛玉宝印与有之牛玉、右之者共江令配賦之、其上従上古經筒之銘、香取金剛宝寺大別當与記有之、其餘之以諸證文令勘察之處、金剛宝寺義、為別當事無疑之条、向後弥以可祢(稱)香取明

神別當、自今以後、大宮司・大祢宜・社人等別當致和睦、如有來神事・祭礼無怠慢可相勤之、仍為後證双方江下置之状如件、

元祿四辛未年二月廿七日　本(本多正永)紀伊御印

戸(戸田忠眞)能登御印

小(小笠原長重)佐渡御印

下總國香取大明神別當　金剛宝寺

同所　大宮司　香取美作

同所　大祢宜　香取藏人

同所　社人中

右書付、七月十九日御奉行所ニ而御見セ候間、写之也、尤ツキメ(繼目)〱ニモ御印有リ、右書付両家ニ無之事也、右書付後ニ此処ニ記、

右書付御聞セ候間、元祿十一年美作持退申候間、左様之書付無御座候、御奉行所、是ヲ立ネハナラヌ、社人共強テ是ヲ申ニてハ有之間敷候ハ、上總申上候ハ、成程配當帳ニも、別當ト名目計ニ而御座候、私共両人神領中万端如何様之事ニても取計申候、両人力ニ及ませぬ義ハ、御奉行所江奉伺候、人別等も私共方ヘ取申候、御奉行所、條目之通相守可申候ハ、

*天和の御朱印上包に別當とあり

配當受ければ下知に随ふ筈

*上包の文言用ひず

神領百姓引越しの節書付取る

*社僧由緒相知れず

名主多宮方一人上總方一人

*酒井雅樂頭より碁會に招かる

成程、御條目之通、万事相守相勤申候、多宮も同様ニ、右之段申上候、御奉行所、配當ヲ受候上ハ、兩人カ下知可受筈也、金剛宝寺如此ノ人別帳差出候哉、金剛――、私方ヘ皆取アツメ、兩人方へ遣候、上總・多宮申上候ハ、惣人數ノ〆ヲ私共兩人御奉行所御勘定所江差上申候、

御尋ハ、神領ノ百姓、他ヘ引越候節抔ハ、書付取候哉、成程、左様仕候、物參抔ノ節ハ、上總申上候ハ、私共江相願申候、多宮申付候ト申上ル、書付ハ不取候哉、上總、毎年之事ニて御座候、御公用ハ甚重キ義ニ而、私共世話仕、名主付差登セ候由申上ル、金剛――、我ハ跡ニ爲知候由申、ドウシヤ、成程、跡ニ爲知申候、先ニ爲知候事も有之、跡ニ爲知候事も御座候、先規ゟ跡先ニ爲知申候計ニ而御座候、名主ハ何人有ル、上總申上候ハ、多宮方ニ壹人、私方ニ壹人、御奉行所、兩支配故カト被仰候、

御諷經ノ書付、本寺金剛宝寺様、宮中神宮寺ト申書付、前ニ記、御役人御覽、御奉行所ヘ懸御目、此本書有之候哉、上總申上候ハ、本書無御座候、定而惣持院方ニハ本書可有御座候、

金剛宝寺　御朱印写差上ル、其内天和ノ御朱印ノ上包ノ紙ニ別當ト有之候、御意、是ヲ立ルツモリカト、金剛――ヘ二・三度御尋、金剛、左様存罷在候御意、是ハ不取用事也、中ノ御文言ナレハ用ル、上包ハ不用候間、ソウ心得候様ニ被仰聞、

配當帳御覽、大聖院ハ別當ゟ高ニ候、如何之訳ニ候哉、上總申上候ハ、下社家配當高下御座候、長門守(本多忠英)殿、是ハ役ヲスル故ニて可有之候、上總、左様之儀ニても可有御座奉存候、

本多殿、社僧ハ何年程以前ニ出來候と云フ、不知候哉、兩人共不相知之由申上ル、唯一ノ社ニて候ト被仰、

一、四月廿一日、兩人伺ニ出ル、御役人加助(林)、其内ト――、

〔五月〕

一、五月二日、本多殿(忠英)へ上總壹人出ル、訳ハ昨朔日酒井雅樂頭(忠恭)殿ゟ來ル三日因碩(井上)・本因坊・仙角抔被呼、碁會ニ付、上總も參候様ニ被仰下、參上可仕旨申上ル、尤兼テ碁御見物可被成由被仰聞ヿ也、去〻年ノ春も

參候而、打御見物也、右雅樂頭殿ハ十五万石、當時播州姫路御城主也、右公用ニて、碁打ノ訳不被申、御役人伊織(金澤)へ上總┃ハ、明三日、緣者方江病人有之候ニ付、見廻ニ罷越申度候、御用ノ程、難計奉伺候、御役人被申候ハ、明日抔可被相尋と被申候、相扣候樣ニ、可承と被申候、又被出、明日八時過被出候樣ニ、多宮江ハ其元ゟ通達可致候由被申渡候、

同日、右之訳故、酒井殿江出、用人呼出、御斷申上ル、尤昨日被仰下候御礼等申上ル、用人中早ク濟候ハ、ト被申候、大方夜ニ入候事も有之候得者、伺公難成候由申、殘念之由被申事也、右碁所江ハ実行四ツ位ハ碁也、本多殿ト酒井殿ハ甚御懇意也、依テ有躰ニ申候ハヽ、出來可申候へ共、御奉行所之事、私用遊山ノ事故、碁打と難申病人と申事也、

一、五月三日、八時本多殿へ兩人出ル、金剛も出ル、御直御吟味、先御意ニハ、上總昨日ハ勝手中ニ病人有之候由、上總、快罷成候由申上ル、御意、金剛┃供僧六供ト云ハ、我カ云ハ、讀師ト、又何トヤラン、其證據有之候哉、外ニ證據無之候、五月朔日司召ニ別當金剛宝寺供僧ト有之候、上總申上候ハ、成程、

*下社家名計り多し
酒井雅樂頭姫路城主
酒井殿へ病人見舞ゆゑ碁會斷る
本多殿酒井殿懇意
*供僧六供の譯
本多長門守直の御吟味
司召に別當金剛寶寺供僧とあり

ヨミ立仕候、下社家ニも先年ハ名計有之候が多候、御意、夫ナラハ前方ハ神領沢山ニ候哉、上總、十八ヶ村神領、万石余も可有御座候、(源)賴朝公・(足利)高氏公ノ御寄附等も御座候、皆御取上ケ、千石御寄附被遊候、社名計ニて只今ハ無之候、とかく私共ハ配當帳ニ載不申ヲハ用不申候、御意、我弟子ニても何ニても、百人も召連可申候、金剛┃、祭礼ノ節、愛染堂へ相詰、御供頂戴仕候、度〻御尋候而も理不ニレ下付、伊織と被仰候ニ付、御役人伊織、金剛┃へ、強食ヲ取フカ、何ヲ取ラウカ、配當帳ニ無之候へハ、取不被用候、無證據ニ御座候へハ、御吟味ノ上可申上樣無之候ト、有躰ニ被呑込候樣ニ被申上候へハ能候、金剛┃ハ、供僧六供ト云ハ、根本寺・大聖院・圓壽院・不斷所・金剛┃ニ讀師、大聖院ニ供僧、合テ六人、金剛┃ハ、別當ト申事也、こまとう(護摩堂)ハ祭礼ニ不出候ト申除候而、右之通ヲ申ニ付テノ乛也、

上總、此間御意故、

御朱印写六通、　(德川吉宗)大御所樣ノハ、此間差上ル、御覽、

神主・大祢宜ト有之ルハ、

御朱印本也、上總、　(德川家康)權現樣御寄附被遊候砌、社家

寶永年中修正の古帳金剛寶寺出づ

金剛寶寺捌れ者

*一貫六百文金剛寶寺兼帯の讀師への配當

奉行所御呵る

金剛寶寺神宮寺の譯

*配當受く上は下知受けねばならぬ

惣持院隱居し金剛寶寺の御朱印持來る

惣持院百ヶ寺の本寺

・社僧江不殘配當仕候、只今以配當ノ通、相用申候、御意、金剛――、我ヵ云ハズント不濟、宝永年中ノ修正ノ古帳出シ、牧野越中守(貞通)様御張紙ニて候ト金剛――申上ル、是ハ近頃ノ事也、越中ヵ自筆ニてハ無之候、判ニても有之ニてハ無シ、手前ノ覺ニシタルヿ、證據ニ不立、我ハ殊外ネジレ者ジヤ、何ヲ云テモツマラヌヿヲイ丶ハル、勝度思フテモメタト不勝モノ也、せんとは大宮司方ゟ相渡候由申候、どれジヤ、是ヵ、金剛宝寺、ソレハ間違ニて御座候、奉行所ヘ其様成ヿヲ云フ、大ナメニアハスルゾヨト、彼是御呵、

金剛――ト神宮寺、二ヶ寺一ヶ寺ニ成候訳、我ハ金剛――ト申、神宮寺ト云フト、三學院ヘ聞ニ遣セト云フタニ、遲ィ云フ様也、何ト云フテ來タ、夫ハ圓福寺迄もナク、此方も僉儀シタラハ、有ルテモ有ラウ、外ノハ役ニた丶ぬ、上總――ハ、此間も申上候通、万治ノ比、惣持院隱居、金剛――ノ御朱印持來候由申傳マスル、御意、夫ハ惣持院ヵソウサセル筈無之候、其段ハ代〻弟子讓ノ寺、惣持院ハ百ヶ寺ノ本寺ニ而御座候、弟子ノ義ニ御座候故、左様之儀ニても御座候哉、此配當ニ金剛――ト云訳、書込ニても有之ソウナルヿ、多宮申上候ハ、古帳之儀ニ御座候故と申上候、金剛――申上候ハ、

權現様より頂戴と奉存、兩人ゟ配當ノ訳トハ不存候由申上ル、御意、

權現様ゟ此レ此様ニ神主・大祢宜ト　御朱印元也、疎意不成事也、金剛――申上候ハ、壹貫六百文ハ私兼帶ノ讀師ヘ配當ニ而御座候、御意――、然ラハ我ハ無配當か、無埒も事計云フ、我ヵ配當ヲ皆ヘ遣共、夫ハ我ヵ了簡次第也、讀師ヘ配當ナレハ、我ハ配當無之、然ラハ取上ルゾヨト、度〻御呵也、先年松平宮内(忠恒)・井上河内(正之)抔致裁許、チヨウト此様ナヿ也、備前ノ吉備津宮ノ裁許、配當ヲ受候上ハ、別當ニても何ニても、下知ヲ受ネハナラヌニ極タヿ也、因幡(青山忠朝)宅ニても云フ通リ、疎意ナラヌヿ也、又社人共、先年惣持院・金剛――ゟ何ソタノミ候事無之候哉、兩人共、曾而覺無御座候、上總申上候ハ、先年ハ不斷入ヒタリ罷在候由ニ承申候、只今ハ疎意ニ而御座候、上總、金剛ヘ申候ハ、先日始ノ御尋之節、コナタハ二ヶ寺一ヶ寺ニ、万治年中ト哉覽ノ書付有之由、被

申上候ト覺申候、金剛━━、夫ハ差上候ニて候ト申
候、右之修正ノ帳ハ、宝永年中受(覺)書之事ノ様ニ申紛
かし也、
供僧六供御尋ノ節、此度ノ出入ニ差而不入事ナレ𪜈、
おれが不濟故ト御申候、大方尋も濟候、いやまた尋
候事有之、明日八ツ時前ニ出候様ニ、社人共も用事
有ル事も可有之、出候様ニ被仰渡候、
御朱印写六通差上ル、
○落、金剛宝寺別當ト云ヿハ、前ノ書付有リ、社僧モ
社人之支配ト條目有リ、
御朱印カ又ハ裁許ノ書下シカ、何ソ證據有之候へハ
立候、無左自分ニて書、我等仲間ニ而コウト極候事
ハ、従公儀如此セヨト、謂イ付レハ不レ受不成、我
等カ方ニてイヽ合タヿハ役ニたゝぬ、我ハ社僧ノ頭
也、金剛━━ハ、先年惣持院末寺ト云ヿ立候へハ、
寺格ニ能無之故、正直ハ不申上候ト聞ヘル、御奉行
所ニてハ配當帳ニ、金剛━━ト別當ト有之カラ御尋
也、此方共申上候事、道理ト御聞濟故、度〻金剛━
━へ御尋也、
供僧六供ノ御吟味ノ節、強御尋ノ節、金剛━━罷歸、

*上總多宮と談笑

金剛寶寺別當と云ふ譯

*配當帳名讀めず

*水帳も出すべし

*水帳は野帳と申す

*二ケ寺一ケ寺の譯惣持院へ尋ぬべし

了簡仕可申上候、御意ニ相談スルヿハナラヌ、存寄
ヲイへ、
歸ルさ道ニて多宮方へ二ケ寺一ケ寺ニ成候訳、惣持
院方へ尋候ハヽ、相知可申候由咲候、多宮申ハ、ヤ
ハリギシツカセ候か能候ト申候間、上總、貴客ハ後
生ワルカラント笑シヿ也、
一、五月四日、九ツ時本多殿へ両人、金剛も出ル、御役
人加(林)助、今日御用有之候、━━脇へ被參候、明後六日八(時脱)過被出
候様ニ被申渡候、右之段評捉(定)所ゟ申來候、
多宮未見候、途中ニて被逢候ハヽ、通達可被致候、
無間多宮手前旅宿へ來リ申候ハ、伊織(金澤)被出、配當帳
名ヨメス、被聞候由、條目ノ本紙取寄、明後日被差
出候様ニ被申候間、明後日之間ニハあひ(逢)不申候由申
候へハ、左候ハヽ、追而被出候様ニ、水帳も被出候
様ニト被申候、多宮申上候ハ、水帳ハ野帳ト申のそ
うニて御座候、相知レ不申候由申上候、上總ト申合
可申候由申上候、仍之及相談候処、多宮方ノハ女共
計難出候由ニ付、上總方ノヲ取ニ遣候段申談、又二
ケ寺一ケ寺ノ訳書付、惣持院方尋可申候ト可申遣申
合ル、大長手(尾形數馬)・分飯司相尋候様ニ可申遣、則申談、

*一里程離る末社迄御建替
本多長門守へ出づ
配當帳高と小割帳高相違
*近在の者信心のため毎年木苗植ゆ
*風折立枯あれば拂木に仕る
愛染堂本社拜殿の脇にあり
元祿十三年御修覆と名付け新御建立
*金剛寶寺云分立たぬ
*權現様御朱印に寺中不入とあり

明後六日ニ在所へ大長手子丹弥（尾形）在所ヘ下リ候間ト申談ル、

一、五月五日、寺社御奉行所本多殿（一万石）・青山殿（忠朝）（五万石）・井上殿（正賢）（六万石）・鳥居殿（忠孝）（三万石）御礼ニ廻ル、酒井雅樂頭殿へも出ル、

一、五月六日、本多殿へ兩人、金剛も出ル、先多宮、小割帳持參ノ由、然共別當配當高ト小割帳ノ高多相違也、御尋も無之候ハヽ、先差扣、不出方宜ト内談、配當帳ニハ壹貫六百文、小割帳ニハ貳貫五百ト〔文脱〕有之候故也、不斷所・圓壽院・又見坊抔ハ見ユル、兩所ノ知行所ハ一切無之、神宮寺ト有之候、右之訳故不差出也、

本多殿御尋、觀音堂・愛染堂貳丁程離ト云ヿ、上總御意之通、觀音堂塔・鐘・樓門等ハ、本社ゟ貳丁程離レ、其間ニハ神領百姓等罷在候、愛染堂ハ本社ノ拜殿ノ脇ニて御座候、御意、修覆ノ節、金剛――、我等方へ願候而、我等修理料ヲ以修覆致候か、成程、左様ニ而御座候、其證據有之候哉、上總、元祿十三年御修覆ト御名付、新御建立ニ而御座候、夫迄有ッタ処ヲ修覆カ、成程左様、金剛――申上ル、本社ゟ離レテ御座候、上總、末社五丁・七丁、又ハ一里・二里程も離レ申候、一里程離候末社迄も、御建替ニて御座候、木ヲ金剛――、數十本亥年ニ伐候由申候、金剛――、寺内ニ御座候間ト申上ル、上總、左様ニて無之、堂塔・鐘樓有之社地ニ而御座候、金剛――御修覆ノ節、住持高照ト申者植立候木ニ而御座候、上總申上候ハ、惣而本社ノ邊迄も近在ノ者共信心ノため、毎年木苗植申候、御意、夫ハ届願候而植候哉、届候而も不届ニも植、勿論沢山ニ植候節ハ、届候而も植申候、又ハ毎年〱少〻ッヽ信心ニて、皆〻植申候、誰か植候而も、社地之義ニ御座候へハ、中〻伐候義不仕候、御意、惣而宮林ニ而、我等伐取候哉、中〻伐候義無御座候、風折・立枯等御座候へハ、御修理料ハ少計ノ義ニ御座候故、拂木ニ仕、左様之事彼是仕、元祿年中ゟ五十年余ニ罷成候、度〻修覆仕、只今迄一度も御修覆ノ御願不申上候、修覆ニ用候へハ、上ノ御爲ニも成事ジヤト御意ニて、御帳御出シ、是おれか祖父長門ト云ツタ、其節寛文五年正月十一日百本余風折有之、拂木ニ仕度ト大宮司届有之候、御書付御ヨミ聞セ、コウシタ格ノ極ツタヿシヤ、金剛――、我カ云分たゝぬ、金剛宝寺　權現様　御朱

*道普請の件

金剛寶寺神領中宮後と申す所にあり

*金剛寶寺申分立たず

*大宮司立つる社の別當輕し

*宿二人白砂へ呼出づ

*「金剛宿預、」

印ニ寺中不入ト御座候、御意ニハソウ有ツテモ、所ニより訳ニヨルヿ也、上總申上候ハ、以之外ノ相違ニ而御座候、乍憚金剛〳〵二十石ノ御朱印ハ、他村水上郷ト申所ニ而御座候、水上郷ニてノ御文言ニ而御座候、當時金剛〳〵神領ノ只中ニ而御座候、前ハ神宮寺、宮後ロト申所ニ罷在候処、寛永年中ヵ先達而書付差上候、大宮司畑ヲ遣移リ申候、御意ニハ觀音ノ内ヵ、金剛宝寺々内ハ、觀音ノツ、キ隣ニ而御座候、上總社地之證據も御座候、多宮、觀音ノツ、キニて候へ共、別ニ而隣ニて候ト申上ル、金剛〳〵ハ、先住代寺内ノ高、土手ヲ打、商人四人差置申候、左候ハ、、其節も兩人其分ニ爲仕候筈無之候、相咎メ可申事ニ而御座候、御意、上總方ヘアレハドウ、夫ハ神宮寺屋敷内ニ而觀音ヘハ大ニ離レ申候場所、屋敷内ニ御座候故、其分ニ差置申候、御奉行所も金剛〳〵も御無言、御意ニハ水上郷ハ本惣持院持候所、水上郷之御文言を以、今ノ寺内ヘ用候と申ハたゝぬ、金剛〳〵、我ヵ云ヿたゝぬ、ソウ心得ヨ、
本多殿、右御修覆願之節、金剛〳〵も願候哉、我等兩人計ヵ、上總申上候ハ、金剛〳〵も入、下社家共も入、數年ノ御願之儀ニ御座候ヘハ、私共兩人計ニて相つゝきがたく、御意、金剛〳〵も入候哉、成程、其書付出セ、今日者持參不仕候、
道普請等之儀、差支ニ成ルト云ヿ、金剛〳〵是ハドウジヤ、金剛〳〵、先住代ニ寺内堺ニ堀ヲ掘候故、御奉行所ヘ申上候、御意、其書付出セ、其段ハ如何ト申、有無不申上候、上總申上候ハ、六・七年以前御巡見御通之節、大聖院屋敷ノかこひ（圍）出候間、引候樣ニ申候而も、とやかく申候間、其分ニ仕候、仍而屋敷堺二・三尺も除キ拵候樣ニ申付候事ニて御座候、双方無證據、夫ハ證據有之候哉、
上總神領千石中、喧嘩・口論如何樣ノ事ニても、私共兩人取計申候上ハ、御意ニ、夫ハソウコウト云訳ヵ、無之ハト御意也、金剛〳〵方ヘ我ヵ云ヿ皆たゝぬ、御意ニ脇ノ神主・別當ト有之トハ大ニ違、脇ノ樣ニ心得ルニ、依テ此樣ノ事出來ル、鹿嶋・香取ノト云、大宮司立社ニハ、別當甚カルイト兩度迄御意也、金剛〳〵ソウ心得ヨ、
夫ヨリ金剛〳〵宿二人、白砂ヘ御呼出、御意ニハ金剛〳〵、大宮司・大祢宜ト公事スル、ツマラヌ事計

金剛寶寺云ひ分皆立たぬ

金剛寶寺宿預かり申付く

*「大戸神主子吉田免状ノ「、」

*大戸神主子權之丞吉田免状の添簡願ふ

*無添簡宜しからず

*權之丞願につき多宮と相談

云フ、スマヌボウズ(坊主)シヤ、皆ヨッテ云フソウナ、ダマサル、ト聞ヘル、惣持院山号も不知、六供ノ僧に付而も、配當もナキヲ社僧ト云、水上郷ノ御文言ヲ、當時ニ用ル、云フ「何もたゝぬ、上リ屋江而もヤラウカ、おれか了簡ニ而先宿ニ預ル、(預レ、)取迯スト大ナメニアハスルゾヨト御意、畏候由、宿申上ル、是カラ段々吟味スル、口書ヲモサスル、社人歸レト被仰、

同日、社人條目ニてハ無シ、裁許也ト被仰、是ハ享保十三申年ノ御裁許状之事也、

一、五月九日、従在所享保十三申年ノ御裁許状并水帳等(高木)孫大郎持參ス、

一、五月十日、本多殿へ兩人出ル、御役人源兵へ(畑)、右申年ノ御裁許状并(本書)元祿五年御修覆ノ願書、是ハ此間差上候様ニト御意ニて候、多宮方ゟ金剛―人別本帳差上ル、

五月十六日・五月廿四日、兩人伺ニ出ル、其内ト有之事、

五月廿九日、兩人伺ニ出ル―、

〔六月〕

六月四日、兩人伺ニ出ル処、明日四時出候様ニ被仰渡、

六月五日、兩人出ル、後刻八時出候様ニ―、

同日、出候処、御役人加助(林)、金剛―病氣之由、明後七日、八時出候様ニ被仰渡、

○六月五日、大戸神主山口正親悴權之丞四十才、其子七才ノ由、并大宮笛大夫新大郎江戸旅宿へ來ル、始テ權之丞(山口)へ對面、權之丞申候ハ、此度伊勢參宮ニ罷越候、金子余リ候ハヽ、吉田免状願度之由申候、仍而尋候ハヽ、添簡如何ト申候へハ、親正親(山口)上京之節、祖父内記(山口)添簡ニ而候由申、尤添簡願も不致候、我等申聞候ハ、無添簡ニハ不宜候、先年大祢宜山城(香取)我等共致添簡候、後刻多宮致出會、相談致可見候、明日參候様ニ申聞ル、

同日五日ノ夜、大宮司方へ使郷長悴高木丹治―、大戸神主悴權之丞伊勢參宮ニ參候、金子ノ余リ有之候ハヽ、吉田へ參、装束免状ノ願致度候由申候、仍之添簡ノ義尋候処、親正親ハ祖父ノ内記添簡之由、

*吉田への願相延ばすやう申付く

*外に装束願ふ社家あり

*上總上京無官の譯

添簡とは此方得心にてのこと

下社家治部左京等の装束覺なし

*吉田執奏の社

添簡ノ願も不致候、無添簡ニハ難爲致候、又添簡致候ハ、先年ノ訳も有之候へハ、

（一條道香カ）
關白様へ一通リ伺不申上ニハ、拙者ハ添簡難致候、其内得と御相談可致候、火急之事ニも候間、此度ハ相延候様ニ申付候而ハ、如何可有御座候哉、爲御相談ト申遣ス、

多宮返事、權之丞上京ニ付、装束免狀之添簡之儀、被仰下致承知候、何分ニも此以後共ニ宜思召被合被仰渡可被下候、イサイ明後日〻〻、

六月六日、大戸神主悴權之丞幷大宮新大郎來ル、上總申聞候ハ、大宮司へ一通及相談候処、多宮方へも添簡之沙汰一向無之、尤手前江も昨日曾而無沙汰、此方ゟ尋候へハ、親ハ祖父ノ添簡ト申事也、添簡ト云ハ、此方共得心ニ付候テノ添簡也、急ニハ難レ成候、其方も始テ昨日對面也、多宮へ得ト相談不致（ニハ）不成、又無添簡装束免狀取着候様ニてハ、其分ニ難成、六ケ敷事也、今迄外ノ下社家治部・左京等装束着候、

（香取）

いつ比ノ事ニて候哉、多宮も屆不覺之由、自分も覺無之候、此以後ハ無沙汰ニハ難成候、大宮中候ハ、

（新太郎）

十年余ニも成可申候、其内多宮ト得と致相談、ゝゝ濟候へハ、前方も本社ノ下社家書狀ニて申遣候へハ、ツイ免狀來候、いつニても成候事也、此節公事・公用ノ節ニ有之候、仍而此度ハ相延候様ニと申聞ル、殊ニ正親神職相勤、其方ハ部屋住也、不遲候、本宮下社家ノ内装束願候者も有之候、權之丞・新大郎、何とそト申候、相談濟候へハ、いつニても成候事、其方壹人計ノ事ニも無之、外ニも装束願候社家有之候、

我等上京十年ニ成候、　關白様江申上ル、御出入ニ被仰付、從四位奉願候処、武官ハ各別、　御攝家從四位ゟ御昇進也、難成外ノ公家幷ニ四年置ノ昇進ニ被仰付候、我等申上候ハ、藪宮ノ神主サへ、近年從五位下昇進ニ御座候、大社ノ社務ニ候間ト申候へ共難成候、從五位下ノ小折紙概ニ傳奏迄被仰遣候処、吉田家相妨、此度ハ　關白様　御執奏、重テハ吉田家致執　奏候様ニト被願候、且先年寛文年中、江戸江も禁裏様江も　二十二社・出雲大社・住吉・鹿嶋・香取〻〻、此等之外ハ吉田執　奏ト申書付差上候訳も有之候、

右關白様御立腹被遊、左候ハ、上總官位願相止メ、

*事觸さへ装束著す
下社家装束願ふも未だ著せず
*絹にて淨衣拵ふ
*装束許せば六官差別なし
「大戸、」
*禰宜祝權祝許狀受くれば六官同様の装束となる
「下社家装束ノ事、」
*「多宮へ御出入ノ事申訳、」

歸シ可申候、就夫禁色ノ装束等拝領被　仰付候、我等ハ京都ニ百四十日逗留致、無位ニて歸候さへ有之候、當宮下社家装束願候者、多有之候訳有之候故、未爲着候、右之通之事、先得ト相談、相極候迄相延候様ニト申聞ル、追而從此方可及挨拶候、

一、六月七日、本多（忠英）殿へ兩人出ル、御役人伊織（金澤）、金剛――、今日呼ニ遣候へ共不參、明八日七ツ頃被出候様ニ被申渡、

同日、本多殿御席ニて、多宮へ大戸ノ事及相談、權之丞儀、昨日其元へ參候哉、參候へ共、留主不逢候、上總――ハ、無添簡ニハ難成、得と多宮へ及相談、可致挨拶候、先相延候ハ、可然候、此度始テ逢候、火急之事ニて候、我等十年以前致上京候処、吉田家差障候故、無官ニて歸候訳、權之丞へ咄聞候、いつニても此方共ゟ書狀遣候へハ、免狀來候例も有之候事ト、段々申聞候、扨先達而も得御意、其節六人之社家装束願之儀、　關白様江申上奉伺候処、公儀江ハ不成候、御祈禱・祭礼ノ節、爲着可申候、御儀式ノ節ハ、　禁裏ニ而も六位ノ官人四位ノ装束ヲ着候事ト、あなたニて被　仰聞候、香取大社之事ト

關白様ニてハ、殊外御社重ク被思召候事ニて候、大社ノ御威光ニ成候事、脇ニてハ難成事、事觸抔ヘサヘ装束ヲ爲着候、知行取候社家、任補懸致候而も、結句從二事觸一装束おとり候、あれらハ絹ニて淨衣拵候、着候、

多宮申候ハ、左様差許候而ハ、六官もどれも無差別、たとへ祢宜・祝・權祝、六官同様ニ成候、上總申候ハ、其段ハ兩人ニて致吟味、何ソ神忠有之働、御爲ニ成候者可差別致候、輕ク致候而ハ能無之候間、神慮へ持物ヲ爲致、左候ヘハ御修覆等ノ御爲ニも成候、多宮――ハ、左様ナレハ冥加金差上候様ニ、私抔神慮ノ御名代ニて申付候事也、上總――ハ、祢宜・祝・權祝ニても、明日ニも添簡願許狀受候へハ、六官ノ通ノ装束着候事ニて候、得と御了簡被成、當時計之事ニ無之、末々御威光ニ成候事ニて候、又　公儀江之働ニも成候、御宮御修覆料ニ成候、多宮、成程ト得心也、

又上總申候ハ、其元ニても　關白様御出入ニ御成候様ニ致度候、拙者御取持可申候、禁色ノ装束等、御免之様ニ御願被成候ハ、可然ト申候へハ、多宮忝存

*毎年付届致す
*吉田執奏嫌ふ
*公家衆玄關に御簾懸る
*疊の縁茜
*部屋住より狩衣著すは大社の類例
装束御免拜領の譯
*多宮に野心の存念あり

候由ノ挨拶也、公家衆御出入〳〵ト申有之、皆御攝家ニ付候、或ハ中山中納言(榮親)殿ハ一條殿ト申樣ニ、公家衆とれ〳〵も左樣ニて候、拙者儀も從四位ノ御願申上候、從五位下ハ一石も無之、藪宮ノ神主〳〵も昇進致候ト申上候へハ、御相談ノ上、武官ハ各別、御攝家從四位ゟ御昇進、其外ノ公家衆ハ從五位下ゟ御昇進、仍而公家衆幷ニ從五位下ゟ四年置ノ昇進ニ被仰付候、小折紙出、傳　奏江御使、拙者も罷出候処、吉田家ゟ被願候ハ、此度ハ　關白樣御執　奏、以後ハ吉田家執　奏ト申願被出候、尤元祿元年美作ハ菊亭(今出川伊季)殿御執奏也、丹波樣ハ元祿四年房(坊)城(甘露寺方長)大納言殿御執　奏ト申事も相知、御吟味ニ候得共、右之通吉田家差障申候故、押テ可申付候へ共、御役柄ニ而押テト申事ハ難被遊、御立腹被遊、左候ハ、上總義、願相止可差歸旨被仰、右之段拙者江も被　仰渡候、依テ其代リニ、禁色ノ装束等、御免拜領被仰付候事ニて候、右下社家装束之事、親類共江談候処、　關白樣ゟ御書付ニても出候へハ、能候由申候事ニて候、然共、御書付と申候ハ、甚重キ事、則長者宣也、御役役(衍カ)柄故か、至極重キ事ニ有之候、右之訳故、今以毎年御付届致候、あなたゟも毎年御挨拶御座候事ニて候、多宮申候ハ、私も上京致度候、吉田執奏ハいやニて候、脇ノ公家衆執奏ヲ願候、たとへ装束ハ不致共ト申候、吉田へ往候へハ、殊外輕クアイシラワレ候由、物入等も多候由ニ有之候、又咄候ハ、公家衆ノ玄關ニみすか(御簾)ゝり有之候、願見候処、難成事ノ由、乍去神事ノ節ハ懸候而も不苦之由、疊ノ縁アカ(茜)ネニ候、伺候処、是ハ決而難成之由ニ有之候、多宮――ハ、下社家装束爲着候儀、輕クシテハ不宜候、冥加金吉田抔へ納候通、可然と申候、上總申候ハ、先年鹿嶋當祢宜東長門・大宮司抔出入之節、大宮司右衞門無官ニ而狩衣着之由ヲ長門申上候、御列席ニ而黑田豐前守(直邦)殿被仰候ハ、香取中務・監物ニも尋候処、部屋住ゟ着之由申候、是ハ大社ノ類例(ルレイ)ニ有之候、ソウ可有之事也ト御仲間江御申ノ由、右　關白樣ニテノ一件ハ、十年以前延享元年九月多宮江イサイ咄候へ共、此度席有之故、又〻申談ル事也、其節ノ日記ニ具記之、其節ハ多宮吉田へ書状遣、公儀江も度〻出伺、上總装束爲着間敷と企、野心ノ存念有之故、正直ヲ咄候而も、一圓呑込無之、不得心成事共也、

本多長門守にて御直の御吟味

多宮養母煩につき歸國願ふ

*大戸下社家装束無沙汰なしがたし

本寺佛とは申さず

別當觀音別當のこと

*酒井雅樂頭姫路發駕

大戸神主正親悴添簡願ふ

一、六月八日、本多殿へ兩人御呼出、御直ニ此間致吟味候、口書聞スル、則御役人ヨム、無〔ハ〕相違致印形候様ニ奉畏候由申上ル、多宮方へ養母煩候ニ付歸國致度段、當月末ニ致出府候様ニト被仰渡、次間ニ而口書ニ致印形、口書之趣ハ、此方ゟ段々申上、御吟味ノ筋ノ道理也、道普請堺目除候訳、觀音〔堂脱〕前後ノ立木、金剛拂木ニ致事、皆不和合故、右之通之儀も今迄其通ニ致、預御察當無調法至極仕候、何分ニ被仰付候而も、違背仕間敷ト云趣也、

御役人被尋候ハ、本寺佛トハ不申候哉、多宮━━ハ、曾而承不申候、御役人、アノ方ニてハ不申候哉、アノ方ニてハ、定而色々ニ可申候、私共ハ左様ニ申候事不存候、御役人、配當帳ニも別當ト有之、元祿四年ノ御裁許ニも御判物、金剛━━別當ト有之候、上總━━ハ、早竟觀音別當ニ而御座候、右御裁許狀、私共方ニ無之候、写候様ニ成マセヌ𠁅ニて御座候哉、多宮も以後之心得ニ写申度候、致紛失候と有ル𠁅、追而見セ可申候由被申候、多宮方へ廿五・六日迄ニ歸候ヘハ能候由被申候、

○六月十日、大戸神主正親來ル、留主故翌十一日來リ申候ハ、悴装束免狀之義添簡願候、此間權之丞・新大郎江如此〱申聞候趣、段々申聞ル、神主申候ハ、御存知之分ニ被成被下候様ニト申候、多宮共致相談候、追付及沙汰可申候、訳有之候故ト、段々申聞ル、神主━━ハ、此間ノ新大郎も右之屆ニて候ト神主方ゟ添簡遣候様ニ仕度候ト申候、猶以難成候、此間も兩人ヘ申候、装束爲着候事不及申、大戸下社家装束、向後ハ無沙汰ニハ難成段申聞候、本社ニも装束願候者有之候、追付相談決、沙汰可致候、尤　關白様ニ而之訳、イサイ權之丞・新大郎ヘ咄候通、神主江も咄聞ル、

神主左候ハ、罷歸可申候由申歸ル、

一、六月廿三日、寺社御奉行所ヘ暑氣御見廻ニ出ル、井（正賢）上殿・青山殿（忠朝）・鳥居殿（忠孝）・本多殿━━、本多殿ニてハ御役人伊織（金澤）得御意、多宮も一兩日中ニハ出府可仕候、金剛━━病氣ノ由、寂早快氣仕候哉、御役人先頃快候と申、又打返之由、其後ハ快氣之屆も無之候、多宮出府候ハヽ、伺候様ニ被申渡候、

此日、酒井雅樂頭殿（忠恭）、在所姫路ヘ御發駕也、御見立ニ朝六ッ時前出ル、懸御目候処、御懇意ノ御挨拶也、

早ク濟被歸候様ニと御申ノ事也、

多宮夜前致著
金剛寶寺追訴出づ
*多宮方より出づる書付

一、六月廿五日、多宮來リ申候ハ、夜前致着候、今日御届ニ出之処、御役人加助被申候ハ、金剛宝寺追訴出シ候、門徒ノ者共ト一同也、取上ケハ有間敷ト被申候由、上總申合、其内御伺可申上と申候へハ、いや此方ゟ可申遣候、

大宮司多宮妻女子出生

此度多宮妻安産、女子出生也、始テ儲娘、

暑氣強く麻疹流行

一、六月廿九日、兩人本多殿へ伺ニ出ル、申合候処、多宮未見、御役人伊織――、金剛宿呼尋候処、段〻快氣之由、一兩日中ニハ可被出旨申候、其内ト被申、暑強咄麻疹流行ノ咄致、私義ハ雉子町六兵衞旅宿ト申上候へ共、親類共樋口梅有ト申小川町ニ罷在候、是ニ罷在候、此間右麻疹病人多薬取、晝夜共ニ大勢參候、御役人、其元在所も流行候哉、其段ハ未申來候、アノ方ハ暑氣ハ如何ト被申、御當地程ニハ無御座候、寒暑共ニ、寒抔も御當地ゟ和ニ御座候、海邊ニ寄候哉、成程――、彼是咄歸ル、

*上總不快ゆゑ罷出でがたし
在所海邊ゆゑ寒さ和らぐ

〔七　月〕

一、七月四日、多宮方ゟ明日伺ニ可出由申來ル、持病ノ

頭痛、明日御出被成候ハヽ、宜様ニト頼――、

七月五日、多宮使、只今伺ニ出候処、追而伺候様ニ被仰渡候由申來ル、

多宮方ゟ證據ノ書付差上候ハヽ、一、配當帳ノ本書、一、神宮寺寺地ノ本書　一、大聖院金剛――ノ書付四通一、金剛――人別ノ本帳差上置、手前ゟハ、一、御條目ノ本書并写、一、御朱印写七通、其外写共差上ル、前ニ記、

多宮義、若堂〔黨〕相煩、草復〔履〕取一人召連、刀ヲ持上ル、上總尋候へハ、右之段御玄關番へ申由、一兩度も左様之事有之候へキ、

一、七月十七日、本多殿〔忠英〕ゟ被相達義有之――、今八時――、兩人ノ名、多宮方へ御差紙來ル、多宮方へ申遣候ハ、拙者儀不快、今日者快候へ共、未得と不仕候間、今日難罷出候、明日罷出候様ニ被仰渡も御座候ハヽ、今日保養仕、押候而も、急度可罷出候、貴様御請被成可被下候段申遣、

同日、多宮方ゟ使尾形丹弥〔正賢〕、只今御奉行所へ罷出候処、明十八日井上河内守様御内寄合江、朝五ツ時罷出候様ニ被仰渡候由申來ル、

「御裁許」
*金剛寶寺申分井上河内守御内寄合裁許申付く
*神領配當兼料ゆゑ支配受く儀なし

香取大宮司等連印一札

多宮上總申狀

*大聖院後住の儀先格に相違

一、酉七月十八日、井上殿御宅御内寄合、青山因幡守殿(忠朝)・鳥居伊賀守殿(忠孝)・本多長門守殿御立合、本多殿被仰候ハ、裁許申付ル、則讀、本書ヘ致印形、此方ヘ写一通被下、ツキメ(繼目)ヘ御判、年号ノ処ヘ押切ノ御判、金剛――江も一通被下、

右御裁許後、御奉行所不殘御礼ニ廻ル、本多殿ニてハ御玄關江申上、御役人加助(林)御座敷ニ見ヘ候間、参御礼申、猶又明日伺公可仕之由申、兩人歸ル、

御裁許、本書ハ多宮方ニ所持、

差上申一札之事

下總國香取郡香取神宮大宮司香取多宮・大祢宜香取上總訴上候者、社僧後住之儀、其本寺より申聞、兩人許容之上申付候先格御座候得共、金剛宝寺義、社僧大聖院後住を爲知、一通リに致し申付、其上近來者、五節句附屆茂相止メ、諸事格〻之樣相心得候、且亦神領之内觀音堂并愛染堂等ハ爲致支配置候迄ニ付、万端兩人江相屆取計候義御座候處、無斷右前後ノ立木伐取拂木いたし、其外社領道橋普請等之儀迄、金剛宝寺致我儘候間、御吟味相願旨訴上之候、

一、相手同所金剛宝寺答上候ハ、社僧大聖院後住之儀、先格之通申付候處、大宮司・大祢宜許容之上、可申付抔与新法之義申之候得共、元來金剛宝寺者、御朱印茂有之、神領配當者、社僧六口之内讀師兼料故、兩人支配与申儀無御座、且觀音堂并愛染堂茂寺中

御朱印所之内ニ而可差構樣無御座、道橋普請等之儀者、立會取計來候旨答上之候、

右出入、雙方被遂御吟味候処、社僧大聖院者、亦見坊与申社領配當有之、人別帳茂差出、右本寺金剛宝寺茂配當有之、社僧住持代リノ時者、大宮司・大祢宜許容候上、金剛宝寺申付候先格御座候得共、爲知一通リに申聞、先格相違仕、且亦觀音堂并愛染堂者、金剛宝寺支配いたし候迄ニ而、修覆等ノ義者、兩人江申談取計候場所ニ候処、修覆入用ニ立置候、右前後ノ立木、去ル亥年無斷伐取拂木ニ仕、次ニ神領道橋普請、前〻より兩人取計來候処、神領之内社僧屋敷外、通リ境目を除置候故、往來之差支ニ茂相成、扨又仕來候五節句等之附屆茂相止メ、格〻之樣ニ相心得候旨、多宮・上總申

*社僧六口の譯

*六口の儀金剛寶寺申分相違

金剛寶寺御朱印所持ゆゑ許容受けず

五節句附屆曾てなし

寺中御朱印所の内ゆゑ兩人より差構ふる儀なし

天正十九年配當帳

*金剛寶寺申分相立ちがたし

上候ニ付、金剛宝寺御糺被成候得者、社僧後住申付候義者、相届候計之先格ニ而、五年以前門從〔徒〕大聖院後住申付候節者、多宮・上總在府仕候故、上總悴監物江申聞相濟候義を、其後兩人ゟ先格相違之由申越、大聖院茂住職難成致出奔候間、亦候後住可申付処、許容之上可申付抔ト新法之義申掛、畢竟社僧本寺之内ニ茂、配當有之候分ハ、其通取計可申候得共、金剛宝寺者　御朱印も御座候得者、許容等可受様無御座、社僧之内延〔圓、下同ジ〕壽院も無住ニ付、後住可申付処、大聖院後住ニ相障候故、いまた不申付、次ニ五節句附届茂相止メ候旨申上候得共、曾而左様之儀無御座、社領配當者讀師兼料ニ而、社僧人別帳も兩人方江遣、一所ニいたし差置來、兩人相改候与申訳無御座、觀音堂幷愛染堂等修覆之儀者、兩人江申談候得共、立木伐取候者、堂之屋祢ニ相障候故伐取、全可貯置良材ニ無御座、殊寺中　御朱印所之内ニ而、兩人方ゟ可差構様無御座、道橋普請之儀者、前々ゟ取計來リ差支無御座由、金剛宝寺申上之候、社僧之儀ハ、大宮司・大祢宜方ニ有之候、天正拾九年配當帳ニ茂、別當・亦見坊・根本寺・不斷所・延壽院・護广〔摩〕堂与有之、亦見坊ハ大聖院之儀ニ而、是を社僧六口与相唱候旨、多宮・上總申上之、金剛宝寺者、亦見坊・根本寺・不斷所・延壽院・金剛宝寺ニ讀師壹人、大聖院ニ供僧壹人有之、六口与申社僧相勤候段申上候得共、讀師・供僧之儀、配當帳ニ無御座、六口之儀、金剛宝寺申分相違いたし、元祿年中、御裁許狀ニ茂、別當金剛宝寺と有之、別當配分之儀、配當帳ニ茂有之、社僧幷門前之者、人別改帳ニ茂、兩人方江遣、一所ニ差置迄ニ而、兩人相改候筋無御座由申上候得共、宛所も大宮司・大祢宜与有之、印形いたし差出置候上ハ、金剛宝寺申分難相立、觀音堂幷愛染堂前後之立木伐取候義も、修覆等申談候場所ニ御座候得者、是又可遂相談処、無其儀、道橋普請之儀者、立會取計作旨、金剛宝寺申上之、五節句附屆、其外品々申上候義共ハ、無證據ニ付、不被及御沙汰候、依之今日井上河内守様御内寄合於御列席被仰渡候ハ、社家・社中諸仕置之儀者、享保十三申年大宮司・大祢宜出入之節之御裁許狀ニ茂有之、配當をも請來上者、旁以金剛宝寺申分

萬事和順せざるゆゑ雙方不埒

*江戸發足

*神樂所屋根など繕ふ
本寺彌勒寺奥印

*「大戸免狀ノ事」
*大戸神主悴權之丞添簡なく免狀願ふ
元祿年中御裁許狀尋ぬ

難相立思召候条、向後共社役ニ抱候義ハ勿論、社僧後住申付候儀、道橋普請、諸木伐採候事ニ至迄、神領中之儀者、大宮司・大祢宜江申談、金剛宝寺一己之不可任趣意、萬事不和順より事起、雙方ともニ不埒思召候、以來致和融、重而及吴論間敷旨、雙方江被仰渡奉畏候、若於違乱者、何分之越度ニ茂可被仰付候、為後證連判一札差上申所、仍如件、

割御判

寶暦三癸酉年七月十八日

下總國香取郡
香取神宮大宮司　香取多宮印

訴詔（訟）方　同
大祢宜　香取上總印

相手　同
別當　金剛宝寺印
快範

寺社
御奉行所

右金剛宝寺江被仰渡候趣、拙僧一同承知仕候、依之奥印仕差上申候、以上、

本所
弥勒寺

一、七月十九日、本多殿江両人出ル、御役人伊織（金澤）出會、御礼申上ル、ケツカウ（結構）ニ御裁許被仰付、永く一社静謐ノ大本ト難有奉存候、御序之節、何分ニも宜―ト申上ル、先達而申上候元祿年中別當ト有之候御裁許狀一覧仕度候、御役人双方ト有之候ヘハ、其元ニも有之筈、前大宮司美作持退候哉無之候、則御見セ候、上總―ハ、石筆ニて成共、入用ノ処ヲト申候ヘハ、成程ト被申候、御玄關ニて御硯箱借用、多宮ヨミ、上總写來ル、其間役人ハ被立ル、右ハ前ニ記、元祿四年也、

同日、先達而差上候證據ノ書付共御返シ、是又前ニ記、其請取ニ致印形差上ル、両人ヘ御役人御差圖ニ而、明日歸國仕度由御玄關ニ而申上ル、

一、七月廿五日、江戸發足、廿六日、朝六ッ時歸郷、

〔八月〕

一、八月六日、御宮神樂所屋祢葺替、其外廻廊屋祢・中殿・拝殿ニも繕有之、從江戸屋祢や六兵衛子伊兵衛四人ニて下ル、所く屋祢繕也、右之段ハ、度く於江戸多宮致相談、

一、八月十五日、大戸神主正親（山口）來リ、江戸ニ而申上候義ニ付、伺ニ伺公之由也、悴權之丞（山口）上方より歸候哉ト、為尋候処、去月末歸之由、吉田江寄、致目見候由、訳有之添簡無之候、重而以レ飛脚ヲ御免狀可奉願之

由申候処、勝手ニと吉田ニてノ挨拶ニ有之候由、求馬(伊藤)方へ申之由、又尋候ハヽ、左候ハヽ、免状取可申候段尋候所、取候計ニ致參候由、飛脚可遣候由ニ御座候、求馬致挨拶候ハヽ、旦那方実ヲ盡シ、アレホト兩人へも被申候処不用、夫ハ不濟事也ト咄候由也、初上總挨拶ハ、多宮妻大病相煩、未及相談之由申聞ル、

大宮司多宮妻病死

一、八月十七日夜半、大宮司多宮妻病死也、江戸織田帯刀娘ノ由、廿一才、五百石○御書院番、五月中ゟ産後相煩、悔ニ使遣、鳴物三日神領中停止申付ル、御宮神樂所普請も三日延、尤多宮方よりも使、暫引込罷在候、御神前向賴候由申來ル、十八日ニ右申來ル、鳴物も十八日ゟ也、十八日、求馬申付、金剛宝寺江宮下不幸有之ニ付、鳴物相止可申候由、帯刀(目田)ヲ使ニ遣、門前迄可申付之由、使ニ逢申來ル、惣持院江ハ左京遣、是も使ニ逢、相心得申候由、

新福寺江ハ大長手方ゟ可申遣申合ル、

新造に部屋建つ

一、八月廿四日、新造ニ部屋建ル、長五間半ニ貳間半、貳方東南貳尺五寸ノ緣、監物部屋ニ用、後ニハ實行隱居家ノ心懸、尤此処ニ古部屋長五間ニ奥ハ貳間半、次ハ三間ニ九尺也、是ヲ崩シ右之通也、廣間普請ノ企圖ノ処ニ古ルノ部屋載有リ、

〔九　月〕

*太田村石屋清兵衛石燈籠寄進

一、九月七日、石燈籠寄進人匝瑳郡太田村ノ石屋清兵衛願、神領人足を以津宮村ゟ取、宮林ノ内細工小屋懸拵ル、先一ッ出來也、

*金剛寶寺祝禮なし

一、九月九日、金剛宝寺ゟ祝礼無沙汰也、

*大戸神主正親來る

一、九月十六日、大戸神主正親(山口)來ル、兼テノ伺ニ參候由挨拶、多宮忌中故、其段ニて無之由申聞ル、求馬(伊藤)、神主へ談候ハヽ、先日も御咄致通、上總丁寧ニ申談候処、夫ヲモドキ吉田へ被往候、何分ニも兩人次第ニ、兩人ニまかせ被置候ハヽ、可然候ト愚案ニて候、神主申候ハヽ、左樣ナラハヽ、イクナト御座候へハ能候ト申候間、求馬――ハ、先相延候樣ニと被申候ハト申候へハ、無言ノ由、

尤申上候樣ニ旦那申付候ト咄、

同日、大宮司方代官主膳(尾形)方へ、右之趣具ニ求馬咄、

*津宮村網主彦右衛門難儀訴ふ

一、酉九月廿五日、津宮村網主魚獵運上人彦右衛門來ル、分飯司取次、網引場ニ付、源太祝(香取)主計差構致難儀候趣段々申、仍之父子召呼、

*出入り堅く無用とすべし
香取主計同外記連印口上覺

「大戸、」
*大戸神主正親來り吉田表相濟むを申す
*「大戸装束添簡訳、」
他村へ打越し差綺ふまじ

同日、相尋ル、段〻申分致候へ共不相立、
同廿七日、書付爲致相濟、其文、

口上覺

津宮村・大倉村魚獵場之儀ニ付、香取源太祝主計義、發當人ニ而公事可致と訴狀等相認、近日致出府御差紙可取と、彼是事六ヶ敷申騷動仕候、右主計差構不申候得者、出入ニ罷成候事も無之候処、右之訳ニ而難儀至極致迷惑候由、右津宮村魚獵運上人共ゟ申出候、他村之事ニ打越差構候事有之間敷段、御尋ニ御座候、御答申上候者、相違ニ而御座候、尤実父忠兵衞宅ニ而、右之段咄ハ仕候得共、御察も可被下候、他村之出入ケ間敷義ニ差構可申謂無御座候段申上候、然共、右咄一通之趣事ニ而、他村之者、態〻右之通可申出筈無之、無據義ニ被思召候、五年以前ニも及　公訴、甚御苦勞奉懸候上者、万事急度相愼相勤可申処、無其儀不屆至極ニ被思召候得共、是迄之義ハ、御宥免被成下、向後右網場之儀者勿論、打越他村之出入ケ間敷事ニ、假初ニも差綺申間敷候、尤又網場小屋之儀ハ、大勢相集、忌中之者共、入込候場所江出入致候由、神職ニ而　神慮を奉穢、社法を乱候義ニ候得者、重而出入等堅ク無用ニ可致候、

右被仰聞候趣、御尤至極奉畏候、若違背仕候者、重而何分之御咎ニ茂可被仰付候、少も御恨ニ奉存間敷候、爲後日依而如件、

右主計江被仰付候趣、私義も一〻承知奉畏候、向後之儀者、急度申付、我儘爲仕間敷候、若違背仕候者、私義茂何分ニも可被仰付候、爲其印形差上申候、以上、

宝暦三癸酉年九月廿七日

源太祝　香取外記印
外記悴　香取主計印

香取大祢宜様御内
伊藤舎人殿

〔十一月〕

一、酉十一月十七日、大戸神主正親(山口)來リ、求馬(伊藤)取次、口上、兼テノ御伺ニ參候由申、上總申遣候ハ、夏中江戸相談ノ上、挨拶ニ可及旨申聞候、致歸國候而も大宮司忌中、其外差合及延引候、近〻可致相談――、且伺候趣意ハ如何ト尋候処、神主申候ハ、吉田へ參

ルナトモ無之候間、前之通添簡致、金子等も封、先達而便ニ差遣、吉田表ハ相濟申候訳も有之ト御申ニ付、許狀ハ飛脚ヲ以取ニ遣候筈(ハツ)ニて候由申候、

申渡す儀用ひざるは不埒

此方申渡儀ハ曾而不用、皆謀計を以也、許狀ハ飛脚を以テト申事、是又不埒之申事也、吉田表ハ濟候ト申候と申かと思候へハ、許狀ハ飛脚を以テト申様ノ事申不屆也、神主差急キ候ニも無之候ト申候、

上總大宮司へ往き相談

一、酉十一月十九日、上總大宮司宅ヘ往、及相談候訳、來ル廿二日大戸神主(山口正親)等呼、立合尋呵可申段申合ル、

又當宮社家裝束之事、番頭江も申聞可談段申合ル、

金剛寶寺裁許前と同前

又金剛宝寺五節句ノ勤も不致、大聖院義、一圓出入前同前、御裁許ノ詮無之訳申談ル、

又三年御修覆ニ付、主膳(尾形)・舍人(伊藤)扶持方願之儀申談ル、先例も有之ニ付、遣可然申談、

*大戸神主差圖受くべきところ其の儀なし

右裝束ノ義ハ、度々　關白様(一條道香カ)江伺候訳談候へ共、又候談ル故、具ニ不記——、

同十一月廿一日、大戸神主方ヘ明日權之丞(山口)・新大郎(大宮)召連參候様ニ、主膳・舍人方ゟ手紙遣、

大禰宜宅へ多宮正親悴權之丞新太郎來る

十一月廿二日、大祢宜宅ヘ多宮來リ、大戸神主正親幷悴權之丞・新大郎來ル、上總神主方ヘ申候ハ、裝

束之儀、江戸ニて權之丞・新大郎、其方江も、此度ハ相延候様ニ訳も有之候、此節此方出入中之儀ニも有之、追而とくと相談致可及挨拶旨、度々申聞候処、夫ヲ不用候、此間正親申候ハ、兩人吉田江參、吉田表ハ事濟候、差急キ候事ニも無之由申候、此方共差圖可受処、無其儀候、神主申候ハ、悴共江戸着致候ト、直ニ添簡ヘ官金ヲ入封、地頭屋敷江頼候処、三度飛脚ニ差遣候処、吉田ヘ先達而參候、吉田ヘ遣不申候へハ、不成訳有之候故ト申候、上總申候ハ、昨日江戸着致候由兩人申事也、無間事ニて候、とかくツマラヌ申事也、早竟一所之事ニ候間、事ノ無之様靜謐ニト不斷心懸候故、折角申聞候訳も無之候、多宮——ハ、相談ノ上、追而可及挨拶候旨、上總殿ヘ以使右之趣相頼遣候、此方共差圖可受処、無其儀候、神主申候ハ、書狀ニ金子ヲモ封入、道中紛失も如何ト地頭屋敷ヘ頼遣候処、兩人ゟ先ヘ其書狀、吉田ヘ參候、上總申候ハ、吉田ヘ不レ遣(レハ)不成訳有之由、別ニ裝束一通リ之事ニ而可有之候、江戸ニても申之通、此方ゟ申遣候へハ、早速許狀來候、いつニても成候事ト申聞候、其節治部(香取)裝束着候事も不知候、此等も

此方ヘ不知セ候、重テハソウハ不成候、皆へも其段申聞候様ニ申聞候、とかく向後急度御差圖ヲ受可申候、是迄之儀ハ御用捨ト申筋カ、又ハ爭其方ノカ道理ト可申候哉、其処ハ了簡次第ニ可致候、多宮――、

相延ばすやう申聞かすも無沙汰

此方ニて相談ニて、先相延候様ニ申聞候処、無沙汰也、クダラヌヿヲ申候テハ不埒明ヿ也、了簡致可申候由申聞ル、神主、ツマラヌヿヲとやかくと申、私も跡ゟ書状遣、今度ハ吉田ヘ參候事、無用と申遣候ヘ共、右添簡・金子、先ヘ吉田ヘ參着候、仍而許狀ハ其段申、跡ゟ飛脚を以取ニ可遣と申合置候、

添簡金子先に吉田へ參著す

上總――ハ、とかく尤ト呑込無之候、此方相延候様ニと、セイ〱申聞候処不用、此方共ヲ蔑ニ致候仕方也、一所之事ニ、事六ヶ敷成候而ハ、他ノ及沙汰候も氣毒也、治部抔裝束之事も有之、とかく是迄之儀ハ不調法、向後ハ急度差圖ヲ受候様ニ可仕候、御用捨ト申筋カ、又ハ諍、其方ノカ利運〔理〕ト可申哉、能了簡致見候様ニト申聞ル、神主申候ハ、山城〔香取〕共相談仕可申候由申聞ル、

裝束の譯

一、酉十一月廿二日、番頭呼、多宮・上總申聞候ハ、上總申聞候ハ、裝束之儀、十年以前、於京都六人之社家裝束之義、　關白様江相伺申候処、祭礼ノ節、一日晴ニ着用致させ不苦之由被仰付候、其砌多宮殿へ及相談候処、御得心無之、左〔候脱〕而ハ一社ノ騒動ニ成候故、　關白様又ハ江戸ニ而被　仰付候而もト存、其分ニ致候、此度熟談ノ上、願候者有之候ハヽ、相應ニ　御神慮江捧物致、着候様ニ可爲致と相談也、多宮申候ハ、是迄一日晴ト申爲着候事ハ相止、神慮へ捧物致、着候様ニ可致と申事也、向後ハ願候而着候者ハヽ、一度〻〻ニ、一日晴と申願候ニ不及候、番頭共結構之義と何も悦候、

*宮之助不快

同日、上總物申祝方〔香取右近〕へ申候ハ、宮之助〔國分藏人〕不快之由、出席無之候、主膳・舍人去〻年・去年・今年御修覆ニ付、扶持方願候例も有之候故致相談、少〻遣候様ニ致、可然候段申聞ル、多宮も同様ニ申、物申受ル、

*大戸神主正親無調法申す

一、十一月廿七日、大戸神主山口正親來リ、逢度由申候、求馬取次、不快之由申聞ル、用事聞候様ニ申付ル、神主申候ハ、此間被仰聞候義、私共無調法ニ而御座候、是迄之儀、御用捨被成被下、前〻之通被仰付被下候様ニ申事也、片野神主・關戸神主同様之由、求馬自分ニて申候ハ、片野神主・關戸神主事、今迄無

沙汰ニて候、其様ニ押隠候義、不宜候由申候由、
上總挨拶、此間兩人立合申渡候事、一人ニてハ不被
聞候由申聞ル、右之段多宮方へ以使申遣処、多宮江
も逢度由申候へ共、兩人ニ而申渡候事、一人ニて逢
難聞之由、其内之事ト申聞候由、外ニ片野神主・闕
戸神主事、致承知之由申來、神主求馬へ申候ハ、私

*酒運上破れば差押ふやう申す

正親心得違申す

とかく先達而被仰聞候義、被仰付ヲ心得違、是迄之
儀御免被下、アノ者共受領致候様ニ被仰付可被下候、
闕戸神主ハ多平治、片野神主ハ式部神主弟也、

*大戸神主の儀につき證文取らすを尋ぬ

大戸神主正親御詫申す

一、十一月晦日、大戸神主來リ、是迄之儀無調法ニ而御
座候、御侘申上候、御用捨被下候様ニト申、上總挨
拶、兩人ニ而申聞候義、一人ニ而挨拶ニ難及候、其内
致相談、此方ゟ可申遣旨申聞ル、

〔十二月〕

*運上の酒押ふ

酒運上につき商人共引越したく申す

一、十二月十三日、金剛宝寺使僧不斷所口上、酒運上ニ
付、身上難立、左原〔佐〕邊江引越致旨、手前店ノ商人共
申候、仍之御相談被成、來正月ゟ爲賣候様ニ仕度候、
店共立候様ニ御相談被成被下候様ニ致度候、
挨拶、相談之上ニ而申付候事故、一人ニてハ御挨拶
ニ難及候、取次求馬(伊藤)、
十二月十四日、大宮司方へ使求馬、取〔欠脱〕主膳(尾形)、口上、
昨日金剛——ゟ使僧之趣申遣、右使僧相考申ニ、正
月ゟ酒運上破リ可申候仕方ト存候、若破彼方賣人共
賣候ハヽ、主膳・舍人(伊藤)ニ申付、差押へ候様ニ可仕候
哉、やはり其分ニ致可申哉、正月御留主ノ義ニも有
之候間、思召承度候、
又大戸神主(山口正親)事、證文ニても爲致、差許可申候哉、思
召承度候、
大宮司返事、金剛——使僧、此方へも同様ニ申來候、
御同様ニ及挨拶候、早速ノ了簡ニ難及候、追而了簡
可致候、大戸ノ義ハ、兼テ御相談仕候、何分ニも私
相違無御座候、
一、十二月十六日、大宮司使主膳、金剛宝寺使僧來候義、
今朝主膳方へ被仰含致承知候、仰ノ通運上ノ酒ヲ取、
爲賣候様ニ申候而宜可有御座候、押テ賣候ハヽ、私
留主ニて御座候共、一通押へ候ハヽ、可然候、其上ニ
ても賣候而ハ支配相立不申候、右之訳出府ニ付、主
膳江も申置候、
大戸ノ義、未下書も出來不申候由、私廿日ニハ出府

ト相心懸申候、十八日迄ニハ御立合出來可申候由、

大戸證文下書大宮司方へ遣す

同日、大戸證文下書大宮司方ヘ遣、無相違之由申來ル、

＊正親父子御詫申す

一、十二月十七日、金剛宝寺ゟ使僧不斷所、此間も申候通、私店共身上難立由、爲賣候様ニ御相談可被下候願之由申、挨拶、致相談候、運上之酒爲賣候様ニ可致候、前運上請候ヘハ能候、來暮ニハ運上明候、夫迄延引難成候ハヽ、運上之酒賣候様ニと申遣、

運上の酒賣るやう申遣す

一、同日大戸神主方ヘ明十八日四ツ時參候様ニ、尤悴權(山口)之丞・片野神主・闕戸神主・笛大夫(大宮新太郎)同道ニて參候様ニト申遣、大祢宜山城(香取)方江も呼ニ別紙遣、印判入候事可有之候、持參可致之由申遣、

大戸神主へ書付讀聞かす

十二月十八日、神主壹人來ル、病人ニ而皆不揃候由、則書付讀聞セ候処、無相違可致印形由、今日者印形持參不仕候、明日皆〻參可仕由也、仍之歸ス、

山口正親等連印覺

一、十二月十九日、大戸神主始來リ致印形、其文左ノ通、

覺

＊上總悴實香婚禮

一、當夏中私共伊勢參宮ニ罷越候ニ付、於江戸御旅宿ニ右之段申上、若金子余慶も候者、吉田江參、裝束免狀も願申度之旨申上候ニ付、添簡等訳も有之、當時公用中取込候間、追而致相談可及挨拶之旨、此度者相延候様ニ、段〻被仰聞候処、私共不相用、御無沙汰ニ吉田表相濟候ニ付、右之段預御尋、無調法至極申披無御座候、仍之向後之儀者、急度相伺、何分ニ茂御差圖次第ニ可仕候段、度〻御侘言仕候ニ付、此度者御用捨被成下候、重而違背仕候ハヽ、何分ニも可被仰付候、御恨ニ奉存間敷候、爲後證仍而如件、

宝暦三癸酉年十二月　大戸大明神神主　山口正親印

同悴　山口權之丞印

同下社家片野神主　式部印

同斷闕戸神主　多平治印

同斷笛大夫　(大宮)新大郎印

右五人江被仰聞候趣、私義も一同ニ向後之儀、承知仕候、仍之印形仕申候、以上、

大戸大明神大祢宜　香取山城印

香取

御兩所　右本書ハ大宮司預ル、

一、酉十二月十一日、監物實香婚礼相整也、常陸國河内郡高田村權現神主千田右近妹照、十七歳、右神領御朱

印、

寶暦三癸酉年十二月　大祢宜上總實行六十二歳
嫡子　監物實香二十三歳
次男　城之介行高二十一歳

〔寶暦四年正月〕

*恆例御祭禮
*御年禮大宮司多宮

寶暦四甲戌年正月元日、青天(晴)、長閑也、二日・三日、同恆例祭礼相勤ル、御年礼ニハ大宮司旧冬出府、首尾ヨク相勤、正月十四日、歸郷、

*攝政樣へ年始獻上

一、正月十四日、寺社御奉行所・水戸様(德川宗翰)江年始御礼ニ、名代伊藤求馬差遣、京都攝政様(一條道香)御家村田(春明)宮内丞迄、年始御礼書狀并御扇子致献上、

〔二　月〕

「*金剛五節句ノ訳」
*金剛寶寺御裁許前同前につき相談

一、二月七日、大宮司來ル、金剛宝寺、去酉年御裁許有之候而も、御裁許前同前、五節句等も不勤候訳、旧冬多宮へ談、仍而旧冬本多長門守(忠英)殿御役人迄御裁許ノ詮無之訳御咄申候処、御役人加助(林)御裁許狀得と見可申候、春ニ成候而抔被申候由、春ニ成、多宮出候処、掛リノ役人金沢伊織ハ役替、源兵衛(畑)出會申候ハ、金剛宝寺へ訳申見候か能候、夫ニても不濟候ハヽ、其方ゟも可被申候趣被申候間、明後九日兩使遣候、致相談、

*科料鳥目貳貫出づ
金剛寶寺へ尋ぬ
*護摩堂本尊盗まる
金剛寶寺返事
*護摩堂無住番僧もなし
*村瀬近江悴裝束につき相談
金剛寶寺百姓松葉薪伐捨つ
*尾形主膳貝田帯刀へ狩衣著用申付く
*「中峯山ノ訳」

二月九日、金剛宝寺へ兩使内藏・丹治、口上、去年中蒙御
裁許候節句祝礼、御裁許之通被相勤可然候、大聖院
義、未何ノ沙汰無御座候、如何被成候哉、承度候、
金剛──直返事、節句祝礼之儀ハ、無證據故、不被
及御沙汰と御座候、私か相勤マセウ義とは不存候、
大聖院義ハ、相應之者無御座候間、當分留主居ヲ申
付置マスル、相應之者有之候ハヽ、申進マスルテ可
有御座候、

〔閏二月〕

一、閏二月十三日、大祢宜山中峯幷大久保山へ家來共松
葉・薪取積繩ニて能囲差置、然處大坂六左衞門金剛
宝寺百姓也、中峯ノ松葉も被取、又大久保ノ松葉鎌
ニて、右繩詰ヲ伐捨、セおひ持往処ヲ家來ノ傳藏見
付、押懸引もどし、如元積セル、仍之其夜役人共立
合、金剛宝寺名主勝二郎幷六左衞門兩人呼、相尋候
処、成程無相違、右ノ訳申、役人共申聞候ハ、未旦
那江ハ不申候、屋敷ノ男共申計ニてハ如何と思、相
尋候由申聞歸ス、
同十四日、不斷所始同百姓、其外ノ者共訴訟〔詔〕致ス、

仍而科料鳥目貳貫爲出、內證ニて差宥濟之也、
一、閏二月十七日、惣持院僧ノ由、護广〔摩〕堂本尊前も一ツ
被盗候間、取ニ來候、圖師〔廚子〕不開候由、拜殿へ參、當
番へ申候由、三郎〔多門〕祝抔ト咄候由、夫ゟ御供所江も來
リ、鄕長居候処、又右之段咄候由也、こまとう〔護摩堂〕無住、
寺ノ屋祢損もり候、前ハ惣持院ゟ正月抔ハ番僧遣候
処、近來ハ其沙汰無之也、

〔三月〕

〇一、戌三月十日、大宮司多宮使尾形主膳、取次求馬〔伊藤〕、今
日村瀬近江事觸也、年寄之間悴ニ古ルノ裝束拜領致
度願候、如何ト申來ル、
返事、御立合、何分ニも御相談ノ上ト申遣ス、
一、三月十三日、大長手尾形主膳後ニ數馬・油井檢杖貝田
帯刀兩人、一日晴ニ狩衣着用願候ニ付、相談ノ上申
付ル、則冥加金壹兩宛御神慮江差上ル、
一、宝暦四戌年三月廿七日、物申祝右近〔香取〕方江申遣、中峯
山之訳事、
廿四年以前、享保十六亥年護广〔摩、下同ジ〕堂ノ寺ヲ宮房林平屋
敷內江引寺爲致、爲代地從御修理料每年米五俵宛被

中峯山林平へ遣す

林平所拂仰付くにより大禰宜所持

*「小割帳写來ル、」

*小割帳の件

下、幷中峯山是迄散地也、差添且引寺地金子拾兩ノ質地ニ林平遣候、此金子をも、從御修理料被下、相談極ル也、然処五年以前、寛延三午年、右林平不届有之ニ付、所拂被仰付、依之右中峯山大祢宜所持也、右訳ハ御裁許狀、其外書付ニ細、然処右山堺未埒ニ付、家來伊助（小澤）ニ申聞候ハ、元來散地故、近所ニ畑所持ノ者ハ、片端松植候、山ノナダレ抔ハ、其ノ分ノ了也、上ノ平江植出ス了有間敷也、御用地ニ成候事故、其邊一圓ニ可取ト申候而も、違義有間敷候、五年以前、公儀ニて御吟味ノ節、御役人護广モ執行セすハ修理料ノ費ニ候間、潰スカ能候ト有之候、大宮司も聞候、此上右之訳も有之候ヘハ、元〻ニ成候事モ、可有之間敷ニも無之候、左候ヘハ、右山ハ宮林（香取右近）ニ成候、然レハ堺をも急度致置度候、右之訳物申祝ニ申聞見候樣ニト申付ル、右山ノ南ノ方ノ畑ハ物申祝畑也、其緣ヲ以、散地ニ有之処故、上ノ平迄、松植候事也、

*小割帳配當帳と相違宮林なるゆゑ堺致置く

*釜の邊田井の廻りの榎木根朽つ

物申祝申候ハ、御尤之事也、兼〻堺立度存居候、何分ニも思召次第ニト申事也、仍之戌三月廿七日高木三郎兵ヘ・高木主税・小沢伊助ニ申付、堺立ル、上ノ平ニ四・五尺ノ松二本、其外小松、右近私ニ堺ニ植候、小松等右近伐取候樣ニ相談極ル、上ノ平ミノ分ハ、上ニ付ル定也、其処ニ有之松可伐取ト右近申、無相違也、右松ハ南西ノ方岳（カケノ）上也、

〔ココニ圖アリ、便宜次頁ニ移ス。〕

一、小割帳ノ事、祭田ハ中務代ニ太田備中守（資晴）殿ニ而写之、其外大祢宜領内ニ居候社家ノ分ハ、五年以前午春、大宮司方ゟ写來ル、去酉年、本多長門守（忠英）殿ニ而、多宮ヘ申合、手前ニ有之候神領惣田方寄帳、去ル比壹冊写遣、戌三月廿八日小割帳殘リ候分、大宮司方ゟ写來ル、右帳今ヲ以ハ難知、且かや手職ノ地所、押領使・木守判官・孫大夫・惣検校・角案主・塙祝・堀川命婦、兩社務知行所不相載也、尤配當帳ト令相違也、去宝暦三酉年金剛宝寺ト出入ノ節、配當帳ト高違ニ付、公儀ヘ不差出也、

〔七　月〕

一、戌七月廿一日、釜ノへた（邊田）・井ノ廻リノゐの木根朽、土際ゟ折ルカヘル、大サ七尺八寸程、長枝下迄三間貳尺、二股、一方四尺程、大サ貳間余、一方ハ貳尺

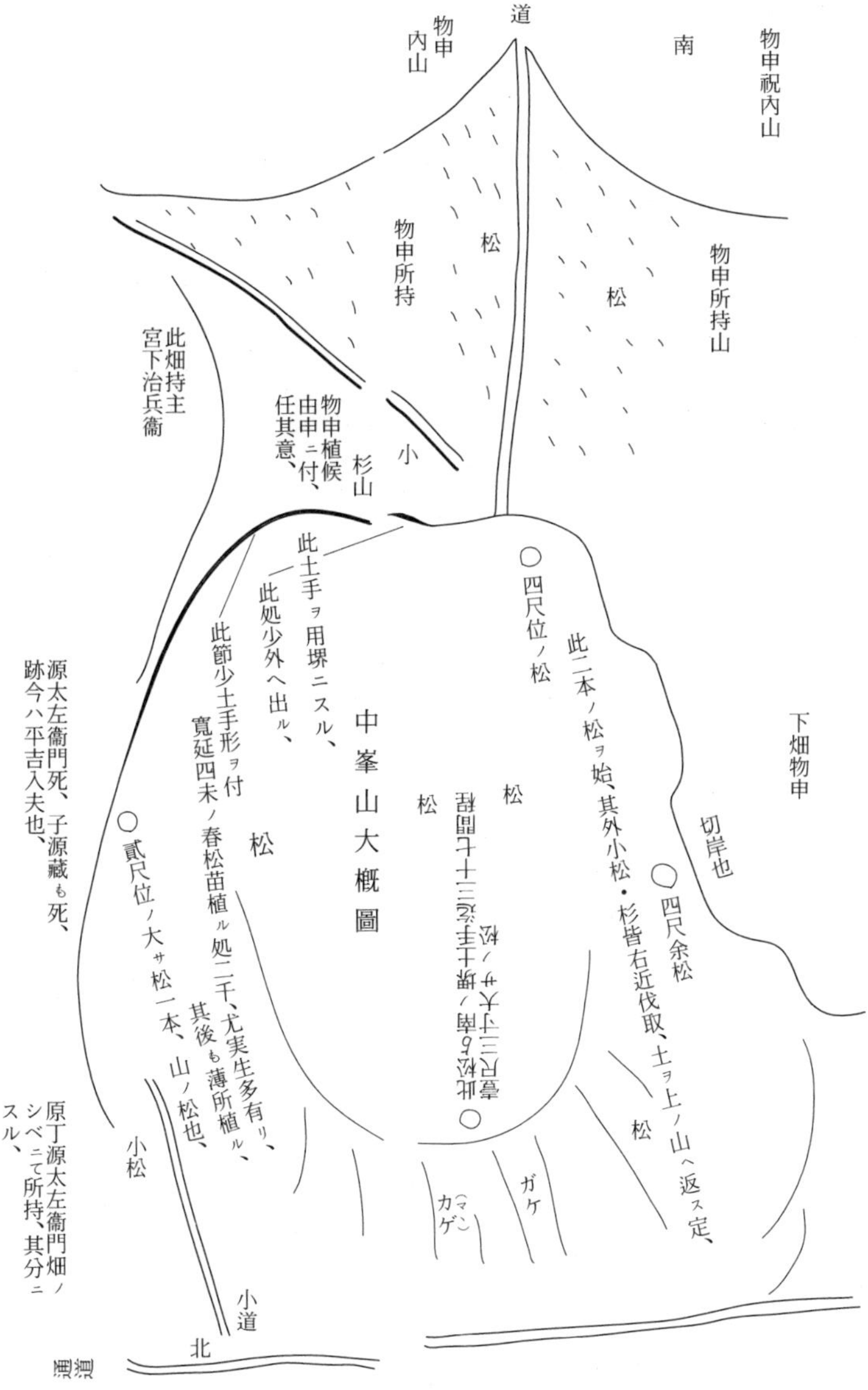

道
南
物申内山
物申祝内山
物申所持
松
松
物申所持山
此畑持主宮下治兵衛
物申植候由申ニ付、任其意、
杉山
小
此土手ヲ用堺ニスル、
此処少外ヘ出ル、
此節少土手形ヲ付
寛延四未ノ春松苗植ル処二千、尤実生多有リ、其後も薄所植ル、
中峯山大概圖
○四尺位ノ松
此二本ノ松ヲ始、其外小松・杉皆右近伐取、土ヲ上ノ山ヘ返ス定、
○四尺余松
下畑物申
切岸也
松
松
松
○此松ゟ南ノ堺土手迄三十七間程壹尺三寸大サノ松
○貳尺位ノ大サ松一本、山ノ松也、
源太左衞門死、子源藏も死、跡今ハ平吉入夫也、
原丁源太左衞門畑ノシベニて所持、其分ニスル、
小松
小道
北
カゲ(マヽ)
ガケ
松

「*小座山枯松之事、」

*小座山大禰宜支配

樋口梅有妻多女病死

新福寺江湖仕りたく申す

旦中相談以前に相談すべき筈

余大サ也、
小キ枝葉、要害与右衛門ニ遣、又おして(押手)新九郎畑へ倒候間、右両人ニ而取候様ニ申付ル、与右衛門(要害)—ハ、前方も枯枝抔取候由申候間、夫ハ不成候、我カ支配ト云證據も無之候、井ノ末カ与右衛門田故申ニて可有之候、尤先年も右之訳尋候処、正月ノ門松建候由申候、此方領分内故、八年以前普請ノ節、破風木ニ松伐セ候、其儀も枯松為伐候、乍去前方枯枝取來候由申ニ付、右之通小枝葉取候様ニ申付ル、身木ハ此方へ取ル、

一、七月十五日晝時、江戸小川町樋口梅有妻多女六十四才、病死、梅有ハ実行叔父也、

〔八　月〕

一、戌八月廿九日、新福寺來リ申候ハ、來亥十月、江湖仕度候、御知ラセ申候、昨日旦中寄及相談之処、大概事調ソウノ由申、
上總不快、監物出會、右之段上總へ可申聞由申歸ス、旦中相談ノ前ニ此方共へ可伺筈也、宮下へも往由、十四年以前ニも先住江湖致候由ニ付、日記見候処、書記不見候、

〔九　月〕

一、戌九月十七日、少ノ西風ニ小座山ノ社ノ前ニて枯松、大サ七尺計根かへり、同日、大宮司方へ使求馬、(伊藤)取次主膳、(尾形)小座山ニて枯松根かへり、御手洗ノ名主為知候、小座山ハ此方支配、其元ニてハうば(優波)山右様成たおれ木、丹波殿代ゟ此方へ取來候由、拙者代ニ成候而ハ人ノ沙汰も如何ト、少計ノ事、其分ニ差置候様ニ申付候処、終朽候哉、無成候、畢竟費成事ニて候間、古來之通手前へ取候様ニ可申付候哉、とかく思召次第ニ可致候、
返事、小座山枯松之事、被仰遣致承知候、成程、其元へ御取セ被成可然候、

橘　　實行
軒端よりさし入月も香に匂ふ
　はな橘のむかしわすれて
物かハリ時うつれとも今も猶
　むかしになれて匂ふたちはな　　實香
植し世そ猶しのはるれ夕くれハ

かほかもふかき軒のたちはな　行高

さそひあかね風も涼しくかほり來て

なを忍ハるれ庭の立花　照

香取大祢宜藏人實應後貴宗子

慶長・元和ノ比、委細ハ前ニ記、系圖ニ有之、

- 新大郎若死、子三右衛門、浪人、
- 女　田寺彦大夫ヘ嫁
  - 男　丹後、伊能神主相續、其子若狹、々子若狹守、々子主膳、去酉ノ七月無一子、二十歳ニテ病死、
  - 女　香取前大宮司六男平大夫秀雪之室伊智、子讃岐守胤雪、々子内膳胤信、々子上總實行、々子監物實香、次男城之介行高、
  - 女　江戸佐野孫右衛門ニ嫁、
- 斎宮　浪人
- 女　名セン、与一郎室
- 式部　松崎稲荷大明神　御朱印三十石、神主相續、其子式部、々子攝津守、々子攝津、々子主水、去ル宝暦三酉年八月二十歳ニテ病死也、是迄五代也、右主水妹梅十五歳後ニ日根ト改、弟千之介七才、祖母七十九歳、攝津守妻也、後ノ攝津弟儀右衛門、三十九歳、是ハ飯塚村百姓ノ処ヘ相續、主水母ハ先達テ病死也、
- 角兵衛　浪人、子孫今松崎ニ有リ、

*松崎老母城之助相續願に來る

*家元につき松崎へ差遣すと存ず

伊能神主若狹守次男城之助養子願ふ

月窓妙西大姉、實隆娘、松崎神主妻卒ト書付有之、右縁ヲ以式部相續ト聞ヘル、

去酉八月、伊能神主若狹守方ゟ次男城之助養子望候

由申來ル、上總申ハ、神崎神主丹波守幷弟多門ハ、若狹守甥血筋也、相談可致段申遣ス、若狹弟大和守嫡子丹波也、右縁談、度ゝ雖申、近キ血筋、殊伊能氏子・村ゝノ者も神崎多門ヲ呼、主膳後家、是ハ若狹弟ノ娘姪也、一所ニ致度望ノ由也、然処、木内神主佐渡守を以、松崎老母城之介相續ノ事申來ル、

戌九月十日、松崎老母・次男儀右衛門（木内）來ル、松崎神主斷絶位ニて候、家元ノ義ニ有之候間、行高を以相續之儀、是非共袖ニスガリテモ無心不致候ヘハ不成由、老母も申候、上總挨拶、尤成事、左候ハヽ、伊能ハ去秋中ゟ申事故、一通申談可及挨拶由申聞ル、

九月十二日、伊能若狹方ヘ兩使ヲ以、松崎ゟ城之助義、木内義右衛門も來リ、家元ノ義、達而ト申來候、尤成事、拙者參候而も、世話可致道理也、仍之差遣可申かと存候、爲御知申候、何トソ其元御取持御世話ニ被成被下候ハヽ、忝大慶可致候段申遣、

若狹返事、城之助殿義、被仰下趣致承知候、何分ニも御勝手次第ニ可被成と申來候、兩使心安取持候儀、色ゝ申候ヘ共、得心無之候、

九月十三日、木内佐渡守方迄城之助義、松崎江之義、

伊能へも申談候、成程、可差遣之由申遣、
同九月十五日、佐渡來リ、松崎へ右之段申遣候処、何も致大慶候、來ル廿七日祝儀可遣由也、松崎神主二代目ノ式部、妻ハ伊能、今ノ若狭叔母也、始メノ攝津守壹人持病死也、其跡ヘ木内佐渡叔母嫁、今ノ老母ハ始ノ攝津守妻ニて、後ノ攝津母也、伊能若狭六十六才、田寺彦大夫(英信)ハ泉州田寺ノ城主ノ由、秀吉(豊臣)公ニ被潰浪人也、石河三右衛門、秀吉公小姓勤仕ノ処、不首尾浪人也、時ニ大坂陣、右両人懇意申合、東國勢ニ加リ、彦大夫手柄有リ、右手柄、石河ニ譲御帳ニ付、爲御褒美今ノ知行二千九百石出ル由申傳、石河今土佐守殿也、右之訳虚実ハ不知、彦大夫・石河共ニ東國ニ下リ、石河ニ爲客人懸リ居ル由、嫡子ハ石河ニ家老勤ル、九郎兵衛其子三大夫(後安心)、其子三大夫後ニ世休、九郎兵ヘハ上方ニて出生ノ由、其後石河知行所下ノ鹿戸村邊ニ浪人ニ而(彦大夫)住、其後香取宮下村陣屋屋敷江引越、大宮司娘ヲ妻ニメ娘ヲ儲、コレハ下ノ猿田神主ニ嫁ス、其妻病死、又大祢宜藏人實應娘ヲ妻トス、是ニ一男一女ヲ儲、前ニ記、彦大夫英信、石碑香取新福寺ニ五輪石碑、土手切込候処也、卽雄英心大居士、寛永十七年庚辰十月十九日卒、田寺彦大夫存生ニ石碑建由也、

一、九月廿七日、城之介行高ヘ後ニ式部ト改、松崎ゟ結納ノ祝儀來ル、使武右衛門・角兵衛孫傳左衛門是も始ノ式部孫也、両人共藏人実應貴宗ノ孫ノ子ノ由也、首尾能相整、

〔十月〕

一、十月五日、側高祝掃部來ル、御宮御拝ノ処、敷石ノ願主有之ニ付伺由、ケツカウ(結構)――、

一、十月十九日、郷長悴丹治砂狩衣爲着、尤一日晴、冥加金壹両差上ル、春三月主膳(尾形)・帯刀(貝田)同斷也、

一、十月十九日、番頭呼致相談、訳ハ十八年以前大祢宜百姓四郎右衛門薦長(コモノ)男子無之病死、其砌大宮司斷絶、大祢宜ハ不斷所堺出入、留主中大祢宜宅ヘ番頭呼、寄合相談致、二ノ神夫新左衛門ニ賴、當分爲勤候処、數馬(尾形)大役故、度々免許願候、此節ニ至リ達而願候、番頭共神前ニて相談ニ不及、両所ノ存寄次第ト申遣ス、大宮司義ハ、右薦長四郎右衛門元大祢宜百姓故、大祢宜方ニて可申付筈ト申候由、

松崎神主の經緯
*城之助行高結納
田寺彦大夫の經歴
*側高祝掃部敷石願主伺ふ
*砂狩衣著用として冥加金壹両差上ぐ
*「薦長事、」
*二の神夫新左衛門薦長免許願ふ
*薦長四郎右衛門は元大禰宜百姓

鷹長配當五十文

今日上總番頭へ申談候ハ、鷹長大役ノ事、配當五十文ト有之、下〻畑也、爲ニ成候事無之役ニ付、自分入用ヲ以勤候由、是迄口上已而ニてから頼ニてハ、勤ル者有之間敷候、仍而此上御修理料ゟ毎年米壹俵、惣神官ゟ米貳俵、合テ三俵、尤敷物ニ付、出錢ハ今迄之通、當分神用差支候間、勤付候間、新左衞門ニ可申付候哉、

鷹長役新左衞門に申付く

榊舞土足は不淨

且祭礼ノ節、榊舞ニ惣神官土足ニて立候事、元祿十三年惣神官裝束拜領、然レハ(衍カ)霜解土足ニて不淨ニ成候、萱ノ祓・榊ノ祓・萱ノ祓抔ノ樣ニ机樣ノ物ヘ榊葉ヲ載、御酒頂戴候樣ニ落用、人頂セ廻候樣ニいたし候ハヽ、可然候哉、前方も此義、及相談候ト覺候、尤自分抔ハヽ、難儀ハ無之候、敷物敷候間、右兩樣大宮司方へ往、相談致候ハヽ、可然候、番頭尤之由、

大宮司方ゟ歸リ申候ハ、鷹長ノ義ハ無相違候、榊舞之事ハヽ、今迄仕付候事ニて候へハ、前ニも其沙汰有之候、裝束よごれ(汚)候ハヽ、拜殿ニて勤候樣ニいたしテハ、又おぶと(緒太)ニてもはき候樣ニいたし候ハヽ、抔ト大宮司申候由、

右之訳故、二ノ神夫新左衞門呼、上總申付候ハヽ、今迄ハ大義也、願尤也、御修理料ゟ米壹俵、惣神官ゟ貳俵、合テ三俵、敷物調代ハ今迄之通ニて祭礼ニ差懸候間、相勤候樣ニ申付、尤番頭江も、右之通申付候段、座敷ニ居候間申遣ス、社家ゟ出候貳俵ハ、年番ノ番組ゟ揃遣候樣ニ申聞ル、

一、十月廿日、大宮司方へ使求馬(伊藤)、口上、榊舞ノ節、兩所立候ニ、鷹長コザ(莫蓙)ヲ敷候、大勢ノト混ン雜ツ可致、又セまく有之候間、ヒザツキ(膝突)ヲ拵、爲持爲敷可申と存候、其元ニても左樣可被成候哉、左樣被成可然存候、

返事、成程御尤ニ存候、左樣可致候由申來ル、

*大宮司家作企つ

一、十月廿五日、大宮司方ゟ使主膳、私義家作企候ニ付、裏通ニて木伐セ候、御屋敷江若シかへり候儀も可有之候、御斷――、

*大宮司廣間普請に取付く

返事、被入御念候――、大宮司廣間ノ普請ニ取付也、大祢宜与一郎廣間建立、万治二年ト申事也、右家作よりハ大宮司方ノハ、五・六年も早ク候由、水戸ゟ大工來リ建候由申傳、然レハ百年少余ニ可成也、

*「御宝林ノ訳」

*御寶林の松大宮司伐る

一、十月廿七・八日ノ比、新市場道御宝ノ林ニて松一丈貳尺計も大キ大木、大宮司爲伐候、木挽ハ原町大宮

*城之介行高松崎式部と改名
*松崎式部婚禮
*實香嫡女とき出生
大宮司廣間建立は神忠
*「金剛五節句訳」
*金剛寶寺五節句勤めざるを相談
薦長役新六に申付く
*大禰宜上總伺書案

司百姓二郎左衛門・山田村權兵衛也、前大宮司中務も、右林ニて大木伐取、當大宮司多宮も十二・三年ニも可成候大松一本伐、拂木ニ致候、

右御宝林ニて、元祿年中御宮御修覆前風折有之節、新市場村ノ者共盗取、仍而一社中相談ニて相咎ル、誤證文爲致濟候由、其證文手前ニも有之ト覺、山守國行事方ニ有之由申、大宮司方ニ何ソ證據有之伐取候哉ト被存候、此度大宮司方へ一通リノ尋も不致候、殊ニ此度廣間建立普請、大宮司企候事ニ候へハ、是ハ神忠也、旁以一應ノ尋も不致事也、又右之処ニて杉四尺位三本、三尺位四・五本伐由也、定而證據可有之也、

〔十一月〕

一、十一月十一日、大宮司方へ使求馬(伊藤)、新左衛門年寄薦長役難勤ニ付、釜ノへた(邊田)新六申合、薦長役相勤させ度願候、無御相違候ハヽ、可申付候、

返事、相違無御座候、可被仰付候、

同日、新左衛門・新六大宮司方へ遣ス、薦長役當分新六ニ被仰付難有ト礼ニ参候様ニ申付ル、又番頭江ハ新六壹人、右之訳ヲ申、爲知ニ参候様ニ申付ル、

○一、城之介行高、松崎式部ト名改二十二齢、戌十一月廿六日晝八時、松崎へ遣ス、乗物ニて爲送、同夜婚礼も相整、行高妻ハ後ノ攝津娘、主水妹也、祖母爲ニハ孫娘、名梅十五才、後ニ日根ト改、

○一、十一月廿二日、夜九時實香嫡女出生、ときト名付、高田千田右近於宅安産也、

〔十二月〕

○一、十二月五日、大宮司宅へ上總罷越、致相談候ハヽ、兼而金剛宝寺五節句不相勤候訳、旧冬幷當正月モ本多(忠英)殿御役人迄御申候由、當二月、金剛宝寺へ兩使も遣候事故、此度私致出府候間、伺見候而ハ如何有之候哉、伺書下書致見候、御覽之上御加筆――、多宮一覽、其文、

乍恐奉伺候御事

一、去年中申上候香取金剛宝寺義、私共方へ五節句等之祝礼不相勤候ニ付、相尋候処、金剛宝寺申候者、御裁許之趣御座候間、相勤候義と不存之由挨拶仕

*羽鳥村鈴木若狹の例
金剛寶寺支配受けざるは迷惑

*和融々々とあるは無易のこと

*奉行所への伺ひ見合す

無住の圓壽院大聖院留守居相届けず

*酒運上宮中村請く

候、　御朱印千石中社家・社僧・末社ニ至候迄、右之礼式不相勤候者、一人も無之候、金剛宝寺計配當ヲ受、神領ニ乍罷在、近年我儘ニ相勤不申候、大勢支配之者相準之、社中混乱之端ニも可罷成、左候へハ、私共支配相立不申、迷惑ニ奉存候、先達而申上候通、私共方ゟ寺領幷寺内百姓屋敷迄も呉置申候訳故、此上寺内ハ勿論、以前百姓共ニ付、如何様之事六ヶ敷義出來仕候而も、兩人取計相治申候処、金剛宝寺壹人、面々格々之仕方ニ御座候、社中諸仕置被爲　仰付候義ニ御座候へハ、人別等も私共方ゟ相改申候、地元之義ニ御座候へハ、從古來之通、五節句其外時々之礼式等相勤、社中一等ニ静謐仕候様ニ奉願候御事、

一、社僧圓壽院と申寺、十四・五年以來無住ニ而差置候、幷社僧大聖院義も當時無住、本寺金剛宝寺方ゟ留主居差置候由、右寺御修覆所近所ニも御座候へハ、留主居差置候共、一通私共江相届可差置義ニ奉存候処、無其儀候、右寺無住之節ハ、留主居扶持方を遣、相殘候寺領御修理料へ入、御修覆入用ニ仕度奉存候御事、右度々

御奉行所へ申上候義、甚奉恐入存候へ共、右之訳故奉伺候、以上、

大宮司申候ハ、旧冬御役人へ申候へ共、本多殿へ申上候様ノ訳ニも無之候、羽鳥村若狹(鈴木)、多宮懇意、去年中是も出入、本多殿御懸、是迄之通神事勤候様ニ御裁許之処、先方相手方相背候付申上候処、當五月中ゟ御取上ケ無之、和談致候様ニと有之候、仍之右鈴木若狹地頭ゟ添簡出、先ノ地頭へ此度出候抔ト有之事、然レハ此方之事も申出候而も左様之筋ニ成、來年夏中迄も懸、御裁許も爲差事も無之、和融〳〵ト有之候而ハ無易之事ニて候、先延引見合、春之事ニも致候而ハ如何と多宮申候、上總、左候ハヽ、見合可然候、一己ニ取候テ、爲ニ成候事、決而無之、末々社法之爲神忠ト存候而ノ事計ニて候、夫共御ツモリ合可被成候、拙者も了簡致見可申候、

一、十二月七日、酒運上三年請負、當暮迄也、今年迄宮中村傳九郎・孫大郎、始テ請ケ、金子十両ツヽ毎年納ル、今日入札ニ而當所ノ商人共落札、來ル亥ノ正月ゟ三年ノ間、一ヶ年ニ十五兩ツヽニテ請ル、是迄之運上傳九郎・孫大郎、初年六ヶ敷所、首尾能持候ニ

付、爲裒（褒）美金子貳兩差遣之者也、十二月十日也、

大宮司多宮婚禮

一、十二月十二日、大宮司多宮妻呼、婚礼相整、堀田相（正亮）模守殿御老中佐倉ー、右家中柿内金助娘ノ由也、代官役勤ル由、右祝儀ニ野雞一番遣、返礼有リ、

「二ノ鳥居倒ル、」

一、十二月十八日、朝ゟ北風、終日大雨、暮時ゟ南風雨、夜ノ五ッ時西ナライ強、宮林ノ中風折木四・五本、二ノ鳥居倒ル、三十四年以前正月廿七日ノ西風ニ古ノ鳥居倒ル、建直ス、

「木見立、」

十二月十九日、番頭宮林ノ木見立ル、鳥居木也、廿日、沢ノ端ニて一本、參籠所後ニて一本、經藏後（前後）ニて三本、何も大サ六尺余、今日伐ル、

權祝悴など狩衣願ふ

一、十一月十日、權祝悴左門狩衣願、十二月十九日、側高祝・正判官主殿、何も狩衣願ーー、

*御手洗喜兵衞屋敷の件
上總年禮に出足

一、十二月廿一日、御年礼ニ實行發足、廿二日江戸着、小川町四軒町樋口梅有屋敷内旅宿、

一、戌十二月廿六日、正月ノ御月番青山因幡守（忠朝）殿ヘ孫大（高木）郎ヲ以、御年礼ノ御届申上ル、上總寒氣中〔道中ハ〕不快ノ由申、御役人豊田庄大夫――、書付麁抹之由被申、

前ゝ如此ト被申、前ゝケ様ト申被尋候ニ付、隔年ニ御礼申上候段申、

來ル正月六日　下總國香取神宮 大祢宜 香取上總

是迄ハ奉書半切也、此上ハ能紙ニ大ク認、上包紙も能紙致可差出也、所ゝゟハ能紙ヘ認差上候ト聞ヘ候、

獨

御禮

献上

御祓

鳥目　壹貫文

右兩

上様御同様ニ献上仕候、以上

一、十二月廿七日、上總、御奉行所ヘ御機嫌伺ニ出ル、本多長門守（忠英）殿ニてハ御役人ニ逢、羽替与右衞門、去春永ゝ御苦勞奉懸、難有段御礼申、去春以來出府不致故、

一、御手洗喜兵衞屋敷相尋候事、多右衞門屋敷也、多右衞門先年欠落未進有之処、市郎兵ヘ未進濟、右屋敷市郎兵ヘ所持、仍之今喜兵衞申ハ、少ノ竹木有之候ヘ共、入用ノ節、市郎兵ヘ孫市三郎ニ貫遣候由申之、去ゝ年出入之節、喜兵衞ニ尋候節ハ、御上ゟ被仰付罷在候由、喜兵ヘ申事也、市郎兵ヘ未進濟シ所持ト

被思候、喜兵衞ハ市郎兵ヘ次男也、市郎兵ヘ・市之（後ニ治右衞門）丞・市三郎也、

宝暦四甲戌年十二月

香取大祢宜上總實行 六十三歳

嫡子 監物實香 二十四歳

次男式部行高、去十一月廿六日、松崎神主相續故（江丼ニ）此処不記、二十二歳也、

（原表紙）
「宝暦五亥年
宝暦六子年
同　七丑年」

（表紙裏）
「承應度私兼職塙祝・兵藤（近）大夫兩職配當拾三石貳斗、香取計と申者別衆いたし、其砌
私配當貳拾六石八斗合力仕候処、寛文十年同人義不
埒之義有之、追放相成、右四拾石地所神庫入、其節
大祢宜香取大助幼年御座候間、合力遣し候貳十六石
八斗不心附、其後願上候処、一（以下欠）
承應三年元年貳石五十壹斗、明暦三年、万治三年、寛文十貳年、」

宝暦五乙亥年
一、正月十五日、監物名改和泉、
一、正月廿一日、青山因幡守（忠朝）殿へ上總隠居願書出、二月
六日、隠居家督被仰付事、
一、旧冬十二月、ごんげん（権現）山原町次郎左衛門伐取、亥三
月六日ノ処記、
一、二月廿一日、自分継目御礼御願、青山殿へ、三月七
日、御内寄合ヘ出ル、
一、三月十八日・廿五日、こまとう（護摩堂）住持申付ルヿ、
一、三月十九日、新飯祭礼ニ付、新市之事相談、四月朔日、
一、三月廿四日、江戸事觸村瀬近江ヘ四郎祝社名申付ル
ヿ、
一、四月十二日、自分継目御願被仰付、四月廿七日御奉
書、
一、四月廿八日、継目御礼相勤ル事、
一、五月、水戸様（徳川宗翰）ヘ和泉出ル事、
一、五月廿日、和泉家督祝儀惣神官振舞事、
一、六月廿七日、側高外遷宮、九月十五日、正遷宮事、
一、八月六日、新市ニ付、取替證文之事、
一、十月十六日、大宮司廣間普請取付事、

宝暦六丙子年
一、正月、新福寺江湖ニ付、年始使僧、同正月十七日幷
廿二日・二月四日、年礼延引訳事、

一、大宮司産穢ニ付、御礼欠ル事、
一、正月廿九日、宮下へ下リ口石岩岐寄進、七月十二日、出來事、
一、二月十七日、大戸人別之訳事、
一、三月十一日、御手洗市三郎持分多左衛門屋敷取上ル事、
一、三月十七日、大聖院門前賣人出火之事、
一、四月二日、下ノ井道拵ル事、
一、四月五日、雨天御祭礼延引之事、
一、四月六日、關白様（一條道香カ）ヨリ和泉装束之訳、御返簡來事、
一、四月九日、金剛宝寺ゟ大聖院後住之事、
一、五月七日・七月七日、八龍神再興出來之事、
一、五月、仙壹ゟ乞食來ル、去亥年不作、奥邊飢饉之事、
一、七月七日、人別帳大長手（尾形數馬）公儀へ差上ル事、
一、七月晦日、又見藤助馬町願事、
一、九月廿八日、こまとう（護摩堂）出奔事、
一、十月十五日、安屋比咩病死事、
一、十月十九日、神樂所道具出來、閏十一月廿七日、右入用金勘定、
一、十一月同七日・同廿五日、惣持院隱居之訳、

一、閏十一月一日、江戸大火之事、
一、閏十一月十六日、新道傳五右衛門聟利助離縁之事、
一、子十二月三日・同十六日、惣持院後住許容申渡事、

宝暦七丁丑年正月

一、丑三月十日、引地清二郎領分立退事、
一、三月十五日、おとも道ノナダレニ宮下六右衛門杉苗ノ事、同八月廿五日、濟事、
一、五月二日より利根川筋出水ノ事、百年ニも不聞及ト云フ、
一、八月四日、馬町之事、
一、八月七日、副祝（今泉采女）服忌之事、
一、九月、惣檢校（香取）悴將監狩衣地之事、
一、十一月九日、大宮司普請ニ付、賴母子之事、
一、十一月晦日、權祢宜（香取式部）御修理料内借之事、
一、十二月十五日、御礼錢之事、

〔寶暦五年正月〕

宝暦五乙亥年正月元日、朝六半時ヨリ雪、次第ニ強、終日余程也、

二日・三日、青天(晴、下同ジ)、余寒強、在所ゟ三日ノ夜飛脚着、在所も雪降、拝殿ニ而御祭礼・司召も勤ル由、

一、正月五日、青山因幡守(忠朝)殿へ年始ニ出ル、尤明六日ノ御届申上ル、御役人下山治部左衛門、旧冬ノ書付も差出ス、

一、正月六日、青天、四ッ時御礼済、若黨兩人上下、献上物壹人上下、乗物ニて鑓・長柄・合羽箱等持セ登城、　御礼後御老中酒井左衛門(忠寄)殿・秋元但馬守(凉朝)殿・松平右近将監(武元)殿・西尾隠岐守(忠直)殿・堀田相模守(正亮)殿・本多伯耆守(正珍)殿、(若)酒井石見守(忠休)殿、(若)松平宮内(忠恒)殿・大岡出雲守(忠光)殿・戸田淡路守(氏房)殿・小出信濃守(英智)殿・板倉佐渡守(勝清)殿、寺社御奉行青山因幡守殿・井上河内守(正賢)殿・鳥居伊賀守(忠孝)殿・本多長門守(忠英)殿勤ル、

一、七日、水戸様(徳川宗翰)へ出ル、例之通、

一、正月十二日、在所へ便有之、大宮司方へ書状遣、旧冬も御咄申候通、拙者儀、致老衰候ニ付、隠居御願可申存候、為御知申候、
返事、旧冬御物語被成候、貴様御老衰ニ付、御隠居御願可被成段、御尤ニ御座候へ共、其節も得御意候通、千万乍御苦労今一両年も御神務被成候様ニ仕度

候へハ、御願之儀、御見合可被下候、正月十七日、

一、正月十五日、監物名改和泉、

一、正月廿一日、青山因幡守殿へ出ル、御役人大野四郎右衛門――、隠居願書差出、例書も出ス、御役人まだ被勤候而もト被申候、病身ノ由申、和泉ハ何程ニ成候哉と被尋、廿五才ノ由申、夫ナレハハヤ抔ト被申、差障無之内、成程、能候抔ト被申、

乍恐奉願候口上覺

私儀、老衰仕職分相勤兼申候ニ付、奉蒙　御免隠居仕度奉願候、跡職之義、悴和泉江被為　仰付、私義隠居仕候様ニ奉願候、
右之通被為　仰付被下候者、難有仕合奉存候、以上、

宝暦五亥年正月　　下總國香取神宮大祢宜　香取上總印

寺社御奉行所

口上覺半切

私親讃岐隠居奉願候義、享保四亥年正月松平對馬守(近禎)様へ奉願候、同二月六日酒井修理大夫(忠音)様御宅御内寄合於御連席、願之通隠居家督被為仰付候、同

*隠居見合すやう多宮申す
*監物實香和泉と改名
青山因幡守へ年始に出づ
*「隠居願、」
*青山因幡守へ隠居願差出づ
*香取上總口上覺
上總登城
水戸様へ出づ
上總隠居願ひたく存ず
*香取上總口上覺
*上總親讃岐の例

*大野四郎右衛門より書状
*香取上總覺
多宮大宮司繼目の譯
*御役人繼目御禮尋ぬ
大宮司半年程に三代病死
*上總繼目程過ぐるゆゑ悴家督の節申付くべし

二月十八日御内寄合江讃岐幷私兩人共罷出、御礼申上候御事、

正月　香取上總

御役人、先年ハ正月何頃願ニ被出候哉、私親今日罷上リ候、何之事も無之候事、來ル廿七日可被出候へ共、御仲間御相談無之候間、難被出候間、廿七日御相談、二月五日ニ伺候様ニト被申、夫共廿七日可被出候ハヽ、呼ニ可遣候間、旅(宿脱カ)被尋、神田きち(雉子)町屋祢や六兵衛処、御役人――、多宮ハ繼目何年計ニ成候哉、十七・八年ニも可罷成候、其節ノ訳ヲ被尋候間、多宮叔父中務三月病死、中務養(子脱カ)家督御願ニ御奉行所へ出、歸候而即死、中務実子五才、御願申上候処、八月十八日御奉行所ニてハ、家督被仰付、其日於在所病死、半年程之間、三代病死、貳年程家か斷絶仕、其砌モツレ申候、多宮ハ下社家へ養子ニ參居候ヲ、中務甥故御願、大宮司ニ被仰付候、御役人、其許ハソウシタヿナク順能目出度抔被申候、

一、正月廿二日、大野四郎右衛門ゟ手紙來ル、昨日願書御持參之節、御同氏和泉年齢廿五歳と御申聞候、其元年齢御申聞可被成候、

一、香取多宮相續年月・香取中務養子相願候御掛リ御存知候ハヽ、御申聞可被成候、右之趣御報御申越可有之候、以上、

罷出候由、宿申請取遣由、同日無間青山殿へ出ル、

覺

一、私今年亥ニ六十四歳ニ罷成申候、

一、和泉今年亥ニ廿五歳ニ罷成申候、

一、香取多宮義、元文三午年七月、松平紀伊守(信岑)様御掛ニ而職分被爲仰付候と覺申候、

一、香取中務養子之義、何方様江御願申上候哉、其砌私方江ハ爲相知不申候間、不奉存候、以上、

亥正月　香取上總

(大野)四郎右衛門――ハ、繼目御礼儀ハ如何ニて候、上總申候ハヽ、大宮司・私も中絶仕候処、元文五申年大岡越前守(忠相)様へ奉願相勤申候、私義も其翌年奉願候処、本多伯耆守(正珍)様御宅御内寄合於御連席勤内之事也、此度可申付候へ共、神職程過候間、悴家督之節相願可申候可申付候、右之趣御帳ニ御記可被遊旨被仰候、御役人、願ツモリニて候哉、成程、成程、扣候様ニ被申被立、又被出、成程、今ノ書付アレニて能候、二月五

日伺候様ニ、其内御伺ニ參上可仕候哉、御役人、廿七日前ニ若御沙汰有之ハ、此方ゟ可申遣候、

*不届者出入り參會致すまじ
権現山松木伐る
「原町次郎左衛門ごんけん松山伐拂事」

○一、旧冬(戌)▒十二月、ごんげん(権現)ノ山ノ内一切松木伐取、原町次郎左衛門伐候由ニ付、町ノ清右衛門、彼者多宮百姓呼尋候ヘハ、私山ニて候間、津宮村忠兵衛ニ拂候由申之、忠兵へ津宮ヘ立退候ニ付、彼所持ノ山ハ上リ山ニ成候、尤新開山年貢も忠兵へ納候場所不知事、有之間敷候、次郎左衛門左様之訳不知之由申帰ル、又其後呼、清右衛門尋候ハ、正直ヲ申候様ニ可被致候、上リ山山年貢納候、訳不知様無之、四年程ノ間、此方ニ而木ノ枝ヲ打、或ハ松苗抔植させ候、不知事無之筈、段〻尋候処、忠兵へ申ハ、アノ山ハ上リ山ニハせす候、地ヲハ、其方へ可返、木ヲハ此方へ伐取候由申候、忠兵へニだまされ申候抔申、其方右段〻ノ訳ニ候間伺候か、又ハ願候か可致候事、然ルヲ無沙汰ニ拂候事之由、段〻清右衛門申聞候由、右忠兵へハ神領立退候訳、前日記ニ記┃、亥ノ正月二日ノ飛脚ニ右趣申來ル、同十三日在所へ申遣候ハ、大宮司名主小右衛門(松本)方へ清右衛門(額賀)・三郎兵へ(高木)両人參、右一件委細之訳申、多宮御聞ニ達置候様ニ可致段、江戸上總方ゟ申來候由申遣、扨大祢宜領分之者、親類・縁者其外皆〻右次郎左衛門義、一社騒動ヲ入候、不届者故出入參會、堅致間敷申付候様ニ、又木挽致候間、神前向遣候事無用之段、分飯司方江も申遣、

新開山年貢

*原町次郎左衛門逼塞仰付く

正月十八日ニ江戸ヘ申來候ハ、正月十六日大宮司名主小右衛門・小平太両人清右衛門方ヘ來ル、多宮申候ハ、忠兵衛義、此方江も御沙汰有之候者之事、夫ニ合掌(カツショウ)致不届者故、逼塞申付候由申來之由、正月廿一日ノ飛脚ニ、大宮司方へ清右衛門・三郎兵へ両人罷越、次郎左衛門義、逼塞被仰付候由忝存候由、江戸ゟ申來候由可申由申遣、

*次郎左衛門に科料金三分内濟致す

正月廿四日ゟ國行事(香取)悴内記出、両方ヲ申下シ、次郎左衛門ニ科料金三分爲出致内濟候由申來ル、御免願候而相濟候由申來ル、

忠兵衛神領立退く譯

右山ノ木ハ、小松場所ハ少ノ処、拂木ハ代金壹分ト哉覧ニ拂之由也、

〔二　月〕

一、二月五日、青山殿(忠朝)へ伺ニ出ル、御役人四郎右衛門(大野)、

井上(正賢)殿御月番御不快、明日御内寄合ノ程未知候、八ッ過ニ家來訴所へ遣伺候様ニ、則遣候所、弥明六日出候様ニ被仰遣、

青山殿・酒井(忠恭)雅樂頭殿奥方ハ御兄弟也、右訳ハ訳有之、御心安年來御出入仕候、去ル比私家ニ相傳仕候五・六百年來ノ御下文、又ハ將軍家御代〻ノ御書等幷古祭礼ノ繪圖、是ニ古來ノ武器之圖繪書有之候、御覽被成度被仰候ニ付、先達而差上置候、就夫御尋被成度候間、今日伺公仕候様ニ被仰下、則御請申上候、夫濟候而ハ、いつも御慰ニ囲碁有之、御主從ニても被遊候、夜ニ入申候、私八ッ時宴元様へ伺公仕候義申上候ハヽ、御奥も如何ニ御座候、御大名之御義ニも御座候間ト申候へハ、左候ハヽ、下社家被召連候ハヽ、伺ニ可被出候、不召連候、若黨ト申候へハヽ、右之通訴所へ遣伺候様ニと被申候、

○一、二月六日、井上殿御内寄合、青山殿・鳥居(忠孝)殿・本多(忠英)殿〳〵、願書讀終ルト、青山殿先格ノ通申付ルト被仰渡、難有由申上ル、夫ゟ御奉行所へ御礼ニ廻ル、口上、今日於御列座隱居家督、願之通首尾能被仰付難有〳〵、

青山殿酒井殿奥方は御兄弟
*和泉差遣すやう御役人申す
御慰に圍碁あり
*悴繼目御帳に記置と上總申す
井上河内守御内寄合へ出づ
*和泉江戸著く
「隱居家督被仰付」
上總隱居仰付らる
*青山殿御役人手紙

二月七日、青山殿へ出、四郎右衛門出會、昨日ノ御礼申上ル、〔御手前様御世話忝仕合〳〵、今日悴呼ニ在所へ飛脚差遣申候、來ル十八日〕御内寄合江悴召連罷出、御礼申上度旨申、十七日ニ御伺ニ伺公可仕候哉、四郎右衛門〳〵ハヽ、和泉參候ハヽ、致同道、十八日ノ願被致候様ニ、十七日伺ニハ和泉遣候而も能候、上總〳〵、和泉義、人柄ヲ存、御當地へ一兩度差遣候、夫故殊外無調法ニ而御座候、御公邊無御心許存候、此上諸事御差引ヲ乍憚奉願上候、自分御礼御願申上候ニ付候而も、偏ニ奉賴上候、御役人、自分繼目先例無之候へハ、六ケ敷候、先例次第ニて候、先役人どうこう申候而も、役人之申事抔ハ役ニ不立候、上總申候ハ、大岡越前守(忠相)様御懸本多伯耆守(正珍)様御月番御連席へ出、御意ニハ、私職分程過候間、悴繼目ノ節相願候様ニ、其趣御帳ニ御記置被遊候間ト被仰渡候、御役人帳ニ記ト有之候而も不記候、長キ分ハ能候、細書上候様ニ、とかく此方ハ御年礼ヲ以取捌候、追而可奉願旨申上置候、

一、二月十四日、暮六時香取和泉江戸着、

一、二月十六日、青山殿御役人ゟ手紙來ル、同姓和泉出府候ハヽ、十八日御内寄合江罷出度段、今日中可被

相伺候、以上、追而伺無之候得者、河内守殿（井上正賢）江難申
遣付、内々申入候、以上、

上總返事

御手帋──、倅和泉出府仕候者、今日中可奉伺旨被
仰下奉畏候、和泉義、少々不快ニ罷在候故、漸昨夕
到着仕候、後刻伺公仕可奉伺候、以上、

*香取和泉願書「*自分繼目御礼願」

青山因幡守へ上總和泉出づ

和泉引立願ふ

一、同日、青山殿へ上總・和泉出ル、四郎右衛門、明後
十八日之御願ヲ申、御役人、明日御両所之内一人御
伺可有之候由──、先頃も申上候通、和泉義、御當
地へ一両度差出申候、仍之至極無調法、此上度々伺
公可仕候、万端御差引乍憚奉願上候、
二月十七日、和泉伺ニ出ル、御役人明十八日井上河
内守殿へ父子共出候様ニ被申渡、

*香取和泉覺

*自分繼目御禮の譯

*大宮司多宮繼目の譯

一、亥ノ二月十八日、井上殿御内寄合、青山殿・鳥居殿
・本多殿、上總・和泉出ル、青山殿大事ニ勤候様ニ
被仰聞、同日、御奉行所へ両人御礼ニ廻ル、口上、
隠居家督之義ニ付、今日御列席へ被召出、御礼申上
難有──、

青山因幡守へ繼目御願に出づ

一、二月十九日、青山殿へ上總・和泉出ル、自分繼目ノ
御願ニ出ル、御役人豊田庄大夫、四郎右衛門ハ詰合
不申候、明後日出候様ニ──、下屋敷ノ長屋之由、一里
程有之由、青山ノ由、

一、二月廿一日、青山殿へ出ル、大野四郎右衛門──、
兼テ申上候自分繼目御礼御願ニ罷上候、両人出ル、
和泉願書差出ス、

乍恐奉願上候御事

今般私義、親上總跡職願之通被爲　仰付、難有仕
合ニ奉存候、依之繼目御礼之儀、先格之通被爲
仰付被下置候様ニ奉願上候、以上、

宝暦五乙亥年二月　下總國香取神宮大祢宜　香取和泉印

寺社
御奉行所

覺

一、自分繼目御礼之事
大宮司・大祢宜自分繼目御礼先格相勤候処、中絶
仕候ニ付、大宮司多宮繼目之節奉願、元文五年申
七月廿七日願之通被仰付、閏七月朔日御礼申上候、
大祢宜上總義、翌酉年大岡越前守様江奉願候処、
五月十八日本多伯耆守様御宅御内寄合、於　御列
席被　仰渡候者、先格大宮司同様之義ニ候得者、

*香取監物口上覺

御代替御禮大宮司大禰宜同樣相勤む

*中絶の御年禮寶永年中仰付らる

*中絶の御禮自分繼目御禮先づ年始御禮との御差圖

*大宮司多宮中絶の繼目御禮仰付らる

*大宮司同樣繼目御禮願ふ

御礼相勤内之義ニ被思召、願之通御聞届被遊候、
併上總繼目程過候ニ付、倅繼目之節可被仰付候間、
其節申上候樣ニ可仕候、尤御帳ニ茂御留メ可被遊
候、此度訳ハ相立候得共、家督程過候間、右之通
可相心得之旨被仰渡候御事、

一、御代替之御礼中絶仕候処、延享二丑年大岡越前守
樣江奉頼候、古格御吟味之上、大宮司・大祢宜同
樣ニ御礼被仰付相勤申候、拜領物之儀、大宮司・
大祢宜同樣ニ時服頂戴仕候御事、

一、有徳院(徳川吉宗)樣御不例ニ付、宝暦元未年御祈禱被　仰付、
大宮司・大祢宜同樣ニ登城仕、御祓献上仕、時服
拜領仕候御事、

宝暦五乙亥年二月　下總國香取神宮大祢宜　香取和泉

寺社御奉行所

一、元祿十五年御年礼願書、大宮司・大祢宜兩印同位
同格　一通

一、慶長三年下社家ト御礼錢ノ出入返答書あらつれ「
一通

是ハ御役一通被見、則被返、

一、寛保元辛酉年四月、大岡越前守殿へ自分繼目願書
ノ扣、御請取、其文、

乍恐奉願候口上覺

香取神宮之儀者、天正年中　御入國之節、
御朱印大宮司・大祢宜兩人江御宛ニ而被成下候、
依之万端兩人同樣ニ先ゝゟ相勤來リ申候、御年礼
も毎年兩人一同ニ罷出候処、土井大炊頭(利勝)樣御差圖
ニ而壹人宛罷出候、然処元和年中、大祢宜藏人不
屆之儀有之、御追放被仰付、承應年中迄大祢宜闕
職仕候故、御年礼等中絶仕候ニ付、私父讚岐奉願
候処、古格御吟味之上、宝永年中願之通被仰付、
翌年頭之御礼ゟ罷出候、

一、御代替之御礼幷自分繼目之御礼も、右闕職之時ゟ
中絶仕候間、宝永年中、年頭之御礼一同ニ奉願候
処、先ッ年始之御礼一段ニ御願申上候樣ニ御差圖
ニ付、差扣申候、其後享保年中、石川近江守(總茂)樣江
奉伺候処、折を以相願候樣ニと被仰渡候、然処、
去秋中大宮司多宮義、繼目御礼中絶ニ付奉願候処、
願之通被仰付難有奉存候、古來ゟ兩人同樣之義ニ
御座候間、古格之通、私義も繼目御礼被仰付被下
置候樣ニ奉願候御事、

*大宮司御代替御禮相勤む

一、元祿年中御宮御修覆成就ニ付、大宮司・大祢宜一同ニ御目見仕候、尤御祓幷扇子箱兩人同様ニ差上之申候、

*御代替自分繼目同様の儀

一、元祿年中地震之節幷享保年中西國虫付之御祈禱兩人江被　仰付、兩人一同ニ御　城江罷登リ、同様ニ御祓差上申候、

古來より萬事大宮司大禰宜同様

右之通、古來ゟ万事同様之義ニ而御座候間、願之通被　仰付被下置候者、冥加至極難有仕合ニ奉存候、以上、

寛保元辛酉年年四月　　下總國香取神宮大祢宜　香取監物

寺社御奉行所

鹿嶋大宮司の例

鹿嶋惣大行事は自分繼目なし

鹿嶋は大宮司一名にて御朱印下さるも香取は兩名

以上四通差上ル、四郎右衞門請取之、青山殿へ懸御目候処、御吟味可被成候由被仰渡、御役人｜｜ハ、鹿嶋大宮司ハ自分繼目相勤、其外ハ不見候、惣大行事御年礼ハ勤候へ共、自分繼目無之候、多宮儀も近年相勤候ナ、鹿嶋・香取大宮司計勤、外ニ大宮司・大祢宜相勤候有之候哉、上總｜｜、覺無之候、鹿嶋ハ大宮司一名ニ而御朱印被下置候、私共之ハ両名ニ而被下置候、仍之万端同様ニ相勤申候、天正以來万事相勤申候処、元和八年大祢宜不届有之御追放、承應

年中迄闕職仕候故、御礼等中絶仕候処、段〻古格御吟味ノ上御年礼ゟ始被仰付候、大宮司義、御代替御礼ハ相勤候処、自分繼目中絶仕候ニ付、乍憚上ノ御代替、私共繼目御同様之義ニ御座候と被仰候、御役人、其許御代替不勤候哉、相勤申候段〻申、

一、二月廿六日、和泉伺ニ出ル、明廿七日井上河内守殿御内寄合江出候様ニ被仰渡、

一、二月廿七日、井上殿御内寄合江和泉出ル、青山殿御不快、御出席無之ニ付御歸シ、

一、二月卅日、上總青山殿へ出ル、四郎右衞門｜｜、私義歸國仕度候、御用ノ程如何ト伺候、御役人、隱居之事故、歸候共致逗留候共、勝手ニト被申候、尋候事も候ハ、呼ニ遣候共、又和泉聞合候共、五日・十日致延引候而も能候、先達而申上候通御内寄合江も始而罷出候事故、無調法等も可有御座哉と、折角無心元奉存候、万端御手前様へ奉賴上候、御役人、有通申候か能候、和泉へ申含候か能候、上總四月廿七日本多伯耆守様勤内之義トくり返し御意ニて御座候、然共今日ハ越中殿(牧野貞通)ニも御出席無之、重而可及挨拶と大岡様被仰渡、五月十八日御四人様御揃被仰渡候義

御帳面此方になし

*本多長門守へ上總隱居挨拶

鹿嶋大宮司一名の御宛も惣大行事兩支配

*和泉御奉行所へ御禮に出づ

*「繼目御礼願」
*鳥居殿御内寄合へ和泉出で繼目御禮願ふ
鳥居伊賀守へ上總隱居挨拶

ニ而御座候、御帳面之写ヲ大岡公御役人江願候処、御月番ニ無之故、御帳面此方ニ無之候、慥ニ被仰渡候通ニて候と被仰聞候、四郎右衛門〳〵、成程、其元被申候通相違無之候、年來程過候、悴ノ代ニト有之候、アレカナケレハナラヌ也、先日鹿嶋ノ事ヲ被仰聞候、鹿嶋ハ大宮司一名ノ御宛ノ御朱印、然共惣大行事兩支配、私共ノハ兩名ニ　御朱印被下置候、仍之　權現様(徳川家康)ヨリ万端兩人同様ニ何もかも相勤申候、御役人、夫ハ今聞候而も役ニたゝぬ事、和泉へ申合セ置候様ニ、歸國せられ候様ニと被申候間、是迄御苦勞奉懸難有仕合奉存候、御序ノ砌宜〳〵、御手前様ニも數年御世話ニ罷成、忝仕合ニ奉存候、改候而歸國ノ御届ニ伺公可仕候哉、御役人、夫ニ不及候〳〵〳〵、

〔三　月〕

一、三月二日、鳥居伊賀守(忠孝)殿へ出、瀧山族出會〳〵、扨私義、此度隱居家督首尾能被仰付、難有奉存候、先達而ハ永〻御苦勞奉懸、結構ニ被仰付、領分中永〻靜謐ノ大本ト奉存、難有奉存候、隱居仕候へハ、此上出府ノ程難計奉存候ニ付、右御礼御機嫌伺、歸國之御届旁伺公仕候、御序ノ〳〵、族(瀧山)、御安堵ニ而御座候、先達而御手前様御世話ニ罷成、忝奉存候〳〵、

同日、本多長門守(忠英)殿へ出、右之通申、金沢伊織へ申入ル、御玄關番〳〵、役替ノ由申、扣候様ニト申聞候、隙入候由御礼一通ニ候ハヽ、拙者ヘト申候間、左候ハヽ私義隱居家督〳〵、去〻年ハ永〻御苦勞奉懸、結構ニ被仰付〳〵、其以來ハ出府も不仕候故、伊織(金澤)殿へも不懸御目候、御序〳〵、私義も隱居仕候故、此以後出府難計、宜様ニ〳〵、

三月節句、和泉御奉行所四ケ所、當日ノ御礼ニ出ル、

一、三月五日、和泉同ニ出ル、青山殿(忠朝)御役人下山治部左衛門〳〵、明日鳥居伊賀守殿(御脱カ)内寄合へ出候様ニト被申渡、

三月六日、鳥居殿御内寄合へ和泉出ル、願書讀、青山殿御申候ハ、先格ハ無ノ、和泉〳〵、先年勤申候家か中絶仕候故、御年礼等も奉願相勤申候、御奉行所カキトシタ證據ハナイノ、カキト仕候書付等ハ無御座候へ共、万端大宮司同様ニ相勤申候、是ハ難成筋ノ事デモ越前(大岡忠相)方へ願候、御仲間へ御咄ノ上、和泉

先格なきも吟味あり
＊大禰宜秋雄よりの系圖差上ぐ
＊系圖に相違あり
＊御朱印大宮司預り
青山因幡守御役人書狀
＊内陣大禰宜一人にて相勤む
＊配當高尋ぬ
＊古來の武器の圖
香取和泉覺
＊權現様八ヶ國の時分繼目御禮なし

方へ越前方へ願ッタナ、奉願候由申述而吟味セウ、
井上(正賢)殿・青山殿・本多殿・鳥居殿へ也、
一、三月七日、青山殿へ和泉出ル、豊田庄大夫┃、昨
日御列座へ被召出、私願之義、追而御吟味可被成下
之旨被仰渡、難有仕合奉存候、右御礼ニ伺公、四郎(大野)
右衞門殿へも右之段┃、其内御伺ニ参上可仕候、
御役人夫ニ不及候、四郎右衞門方ゟ可申遣候、

三月十日　香取和泉殿　青山因幡守役人

一、元和年中御追放被仰付候大祢宜藏人、名字者香取
氏ニ候哉、可被申越候、其元ノ家ニてハ無之候哉、
一、御朱印古來ゟ香取大宮司・香取大祢宜宛ニ而、其
後近來ノ　御朱印共同様ニ兩人宛ニ候哉、　御朱
印之写所持候ハヽ、近日可被差出候、以上、　御
請、追付伺公仕可申上候、

覺半切ニ認、

一、元和年中御追放被　仰付候大祢宜藏人實應、私先
祖ニ而香取氏ニ而御座候御事、
一、御朱印従古來兩人御宛ニ而被下置候、近來之　御
朱印茂御同様ニ而御座候御事、

三月　　香取和泉

御朱印ノ写持參不仕候、大祢宜秋雄ゟ之系圖差上ル、
御役人、左候ハヽ、近〻急ニ取ニ遣候様ニ┃、和
泉┃、　權現様(徳川家康)御三代ハ神主・大祢宜、其後ハ大宮
司・大祢宜ト被下置候、御役人、写候而其訳書付上
候様ニ被申聞、系圖大岡殿ゟ写候、少違有之候、其
元迄五十九代古イ家也、古書之事、和泉申候へハ、
段〻被尋候、　御朱印ハ大宮司預リ、鍵ハト被尋候、
私封仕、大宮司ニ預、内陣御祭礼ノ節ハ私封切、私
職ニ而壹人ニて内陣相勤申候、御祭礼仕廻、又〻封
仕、大宮司ニ預ヶ申候、
配當高尋、同高之由申、下社家御尋、五十余人兩支
配ノ由申、先年ノ神領ハ末社共ニ十八ヶ村┃、御
役人、先比上總雅樂殿(酒井忠恭)へ、古來ノ武器ノ事申候、成
程、圖ニ致候、是も兩人同様ノ格ニ而候由申候へハ、
其様成も出候か能候、其元ノ爲ニ成、其内懸御目可
申候、賴朝(源)公ゟ將軍家御代〻、　天子御下文等數通
所持仕候、御役人、　權現様ハ八ヶ國ノ御時分、日
本ノ御手ニ不入時分、其比ハ繼目御礼ハ無之候、若
此藏人勤候哉、元和八年迄、然共コウ書ネハナラヌ、
和泉先年ハ相勤候由申候ニ付、右之通御役人多宮も

酒井雅樂頭青山殿と相聟

*奉行聞入大事

和泉青山殿へ出づ

古書目錄

*酒井雅樂頭古書披見す

*古書系圖返さる

*老中へ譯申上ぐ

證據もナイナレ㕁、ドウカシテ出來タ、

右酒井雅樂頭ハ十五万石姫路ノ城主也、靑山殿ト
ハ相聟也、兼テ上總酒井殿へ御心安御出入致候由
ヲ申、古來ノ武器ノ繪圖・祭礼御幸ノ繪圖御望ニ
付懸御目、右圖ニ古來ノ武器有之、右ノ訳咄候ニ
付候テノ事也、

一、三月十六日、和泉靑山殿へ出ル、

一、御朱印写、七通　一、。御祈禱被仰付候節御奉
書写、壹通　一、。配當帳ノ写　一冊　一、。神
主證文　一通　一、享保年中御裁許狀写　壹通

一、祭礼繪圖　一巻

一、賴朝公・(足利)尊氏公御寄進狀　一巻　一、北条家下
知狀　一巻

一、關白家御下文　一巻　一、(豐臣)秀吉公御朱印一通幷
石田(正澄)木工頭狀　一通

一、慶長年中大宮司・大祢宜返答書　一通

以上、

亥ノ三月

下總國香取神宮大祢宜
香取和泉

右之通、目錄ニシテ上ル、

○ノ分ハ、直ニ御返シ、西國・中國御祈禱〱、如

此ノ事ハ、今ハ無之候、本書大宮司方ニ有之候哉、
大事ニスルカ吉シ、四郎右衞門、扨〻其元ノ家ハ古
イ、秀吉御朱印抔シカトシタ物シヤト、右差出候古
書ノ訳委細申、御役人、其元抔ノヿヲ自分カ申共、
旦那ノ事シヤニ、依テ一通呑込タ上ニコウシタ格シ
ヤト、度〻ハ不被申候、兎角旦那ノ聞入カ大事ジヤ、
淺ク聞入ト深ク聞ト差別カ有、又此様ナ古書出候へ
ハ聞入カ、只云トハ違ヿ也、此古書旦那ニ可見セ候
シタカ、其元大事ノ物シヤニ依テ、久ク此方ニ預も、
ヒヨツトシタヿカ有テハナラヌ、
和泉〱、先被差置、得ト御覽可被下候、イヤ大事
ノ物ヲ久ク預モシンシヤクナ物、明日八ッ時過取ニ
可被出候〱、酒井殿へも此古書被見候哉、前方懸
御目候、

一、三月十七日、八時和泉出ル、御役人、御朱印写ハ、
先留置候、事カ濟ハイラヌ、殘リノ古書改メ御返シ、
系圖も御返シ、旦那へ爲見候処、被呑込候、成程、
兩人同様之事ト被申候、是カラハ御老中江右ノ訳ヲ
幾度も申上ルジヤ、此上ノ首尾ハ、其元ノ運次第シ
ヤト被申、扨〻古イ家シヤ、古イ物ヲ能傳タ、アレ

上總上京の節巻物仕立つ

*原町次郎左衞門山所持したく願ふ

秀吉のもの今は役に立たぬ

*「宮中鳥居、」

*宮中鳥居拵ふ

上總江戸出足

在所日記

「灌广(護)堂住持、」

惣持院護摩堂住持願ふ

*側高祝來る

ハ近比巻タナ、上總代カ、十二年以前、上總上京ノ節、巻物ニ仕候、洗ッタナ、其外數通有ルトナ、有之候由申、虫付御祈禱ノ節ノ狀抔も、本書ハ大事ニスルカ能イ、今時奉行カラア、シタヿハ決テ無イヿシヤ、北条家抔ゟ出候物能キ物也、大切ニサッシヤイ、秀吉ノハ、今ハ役ニたゝぬ、ア、古書ハ中〻只今抔処〻ノ開帳、其外ニもナイ書物シヤト被申、古書ヲ旦那ヘ、其元抔願候而も慰ニハ被レ見ヿテナイ、夫故自分カ　御朱印写差出候様ニ申候ヘハ、ケ様ナ古書等ニも兩人同様ニ有之候由ニ而、差出候ト申テ見セタヿ、兩人同格ノ證據ニ成事故被見、只ハ被見ヌヿト被申候、

一、三月十二日、上總江戸出足、十三日、朝六時歸宅、從是於在所日記、

一、三月十五日、惣持院ゟ使僧、此道崩四・五年差置候、実躰ニも見ヘ候ニ付、灌广(護摩)堂住持相願度段、内證額賀清右衞門迄申來ニ付、大藏(尾形)・淸右衞門(額賀)方ゟ使遣、右伺候処、弥相願候哉と申遣、十六日右僧來、弥願候由申、役人共へ申聞候ハ、前〻ノ格可申聞候、合力有之、書付も入候、社法之事故、大宮司方江も相談致候事也、其内從是可申遣旨申聞ル、十八日ノ処ニも出ル、

一、三月十六日、原町次郎左衞門大宮司百姓、旧冬こんげ(権現)んノ山私ニ伐拂、科料爲出候、山本次郎左衞門山ニ候間、所持仕度願、手形見候様ニ申付候処、無相違之由、右伐拂候場所忠兵衞ニ質地ニ、左候ハヽ、右質地ノ代金出、所持候様ニ可致申聞ル、金子壹兩貳分ト手形ニ有之由、享保十七子年忠兵衞ニ次郎左衞門質地ニ遣候由、右代金三分一出させ、次郎左衞門ニ可遣由申付ル、尤立合堺立候様ニ申付ル、少ノ場ノ山也、難有由申候由翌子ノ暮迄も堺未立、

一、宮中町ノ鳥居旧冬風ニ倒ル故、旧冬鳥居木爲伐置、此度拵ル、大宮司去年番故、致世話也、右鳥居土際ゟ折候間、此度ノハ土キワ(際)より上貳尺程、カワ致候ハヽ、可然候由、致相談見候様ニ申付ル、元祿十三辰年御宮御修覆ノ節建候鳥居、廿一年目ニ倒ル、其年建候鳥居旧冬三十五年目ニタヲル(倒)、鳥居木拂底ニ候間、永ク持候様ニ致可然候、余社ニも右之通根巻致候有之候、

一、三月十六日、側高祝來、中殿・拜殿ノ間ヘコウシ(格子)自

分ニて致度候、葺替ノ節、
神輿ヲ中殿へ遷候爲ニ候間ト申置候由申聞ル、
一、三月十八日、大宮司方へ使遣、去年中村瀬近江願之義、外ニも得御意度事有之候、今日以參可得御意候へ共、隱居ニて差出候も如何ニ候間、乍御大儀此方へ明日ニも御越被成間敷候哉、
返事、明朝飯後以參可得御意候、
一、三月十八日、護广堂住持願、十三年以前ニも、社僧之事故、大宮司へも願候間、此度も大宮司ヘ願候様ニ申付ル、名春識、出生ハ下太田村、足洗村普賢院貫道弟子、
同日、大宮司方へ願ニ出ル、主膳(尾形)留主、明日ト申候事、十九日參候処、夫ハ宮中へ願候様ニ被申渡由、
一、三月十九日、大祢宜宅へ大宮司來ル、去春村瀬近江江戸事觸ノ頭、悴藏之助裝束之儀、大宮司方へ願候ニ付、相談有之候、大宮司年番也、下書及相談、手前ニて認見スル、尤之由申、大宮司持參ス、
○上總及相談候ハ、八月新ノ神事ニ參詣も多來候間、御相談申、商人ヲ付候様ニ致候ハヽ、可然候由、於江戸和泉共及相談候事ニて候、御威光御繁昌ノ爲ニ候間、宮下村江商人附候節ハ、御宮方一圓ニ主膳方ニ而致世話支配候様ニ、又宮中村へ附候節ハ、舍人(伊藤)方ニ而商人惣而致支配候様ニ、社家も皆當番ニ當リ候、御供米も御宮へ納リ可申候、惣而神領中ノ爲ニ成可申と存候、來ル四月ノ市ニ商人へ其段申聞候ハねハ寄間敷間、今及相談候由申、大宮司多宮尤之由申之、
新飯ニハ參詣多候間、脇ノ市程ニ候間能可有之候、左候ハヽ、主膳・舍人申合、來ル町ニ商人共へ申聞候様ニ致可然候、
○鳥居此節拵候、根へ輪致候ハヽ、可然候ト此間も申事ニて候、大宮司此間も被仰聞候、石ニて致候ハヽ、可然候、上總能可有之候へ共、余程物入可申候、左候ハヽ、此度ハ木ノ方可然候、元祿十三——大キ木ニて候へ共、廿一年享保七寅正月廿七日、西風ニ倒ル、同年七月建ル、去年迄三十四年、皮ヲ根へ付、塩抔根へ置候故か、余慶持候、鳥居木他所ゟ求候ト申ハ、今ハ木無之、又遠方ゟナレハ夥敷物入——、宮林ノ木も段〻少ク成候、一年ツヽも長持候様ニ致度候、根へ輪ヲ致、金ウルシ(漆)ト哉覽ニてぬり(塗)候へハ、合セメ不朽由ニ有之候、

*宮下村主膳方宮中村舍人商人支配致さす

*四月の市

*新飯神事に參詣多し

「こまとう、」
護摩堂住持願

「鳥居ノ事、」
*鳥居拵へ根に輪を致す

「村瀬事、」
村瀬近江悴裝束願ふ

「新飯神事ノ節、商人付市立之相談、四月一日ノ処ニモ出ル、」

隱居家督改名多宮祝申す

村瀬藏之助司馬と改名四郎祝の社名申付く

*「護广堂十八日ノ処ニモ出」大宮司大禰宜連判狀

*護摩堂住持申付く

村瀬近江同司馬連名書狀

*護摩堂春識覺

多宮――隱居家督ノ祝儀ヲ申、御名も改候由ノ祝儀ヲ申、和泉名ハ上總歸國ノ砌口上使、悴義和泉ト改申候段申遣、是ハ繼目御礼相願、在府之段申遣、其前江戸ゟ首尾能隱居家督、願之通被仰付候段も申遣、

一、三月廿四日、江戸事觸頭村瀬近江悴藏之助名改メ司馬、裝束去年中願候故、四郎祝ノ古ノ社名、許容ノ申付、社名無之候而ハ裝束難申付ニ付、右皆上總了簡也、

香取宮四郎祝社名之事

右社名、今般村瀬近江江許容申渡所也、弥以先條之趣相守、奉仰御神号祈禱可令執行者也、

宝暦五乙亥年三月日

大宮司判

大祢宜判（事觸免狀ノ判居ル也、）

村瀬近江

悴 村瀬司馬

香取宮四郎祝社名之事

右社名、今般御許容被成下難有仕合奉存候、此上弥以先條之通相守可申候、尤御兩所樣江對し、不依何事違背仕間敷候、万一相背申候義於有之者、社名御取上可被遊段被仰渡候趣、奉得其意候、爲後證依如件、

寶暦五乙亥年三月廿四日　村瀬近江印

悴 村瀬司馬

香取

御兩所樣

右證文大宮司預ル、

右ハ村瀬悴司馬裝束願候ニ付テ也、尤裝束着候、爲冥加金壹兩、御修理料江差上ル也、

一、三月廿五日、大宮司方へ使求馬（伊藤）、取次主膳、口上、先日惣持院ゟ春識ト申僧、慥成者ニ候間、護广（摩、下同ジ）堂住持ニ能可有之と申來候、其元江も願候由、無御相違候ハヽ、可申付候哉、

返事、こまとう（護摩堂）住持之儀被仰遣候、此方へも願出候、何分ニも思召次第ニ可被仰付候、此方ニ相違も無御座候、

三月廿六日、春識呼、書付爲致住持申付、大藏ヲ以右申渡、

覺

護广堂後住之儀、本寺惣持院差圖を以、拙僧後住ニ御願申上候処、無御相違被仰付難有奉存候、護

*新飯御神事當年より商人附く

*商人附くるは何もかも新規

津宮村中通上宿出火

「八日新市相談、三月十九日処ニも、」

*權禰宜御祝差上ぐ

広堂寺之儀者、御先祖御開基ト申御知行之内、額應院下田百五十目・そうれかへり四百目、俵ニメ七俵九舛御合力之事ニ候得者、向後何事ニても御意違背仕間敷候、尤如先規礼式等、急度相勤可申候、以上、

宝暦五乙亥年三月廿六日　下總國東足洗普賢院貫道弟子　春識印

香取大祢宜様御内
伊藤舎人殿此案紙写持往、

同日、惣持院ゟ使僧、春識義、護広堂後住ニ無御相違候由、私も可申付候と存候、

返事、先達而其元ゟ憒成者ニ候由被申越候間、先刻中付相濟候、左様御心得可有之候、

一、三月廿九日、暮六半時、津宮村中通上宿出火、廿軒程燒、雨も余程、火事㝡中降、

〔四月〕

一、四月朔日、大宮司方へ使遣、求馬（伊藤）、取次主膳（尾形）、先頃御相談申候通、新神事商人付候事、當年ハ年番ニも候間、宮中村ゟ始可申候哉、又宮下町ゟ可致候哉、其元思召次第、就夫當町ニ如此札立候ハヽ、可然候、此書様主膳ト相談ト申遣、

新飯御神事八月十二丑、十三寅、十四卯、當年ゟ商人附賣買致申候、神前向之儀も先日御相談申候通ニ、尤當町ニ商人へ相談不致ハ成間敷候、商人不參候ハヽ、成間敷候、尤五三年ハ賣買も有之間敷と存候、

返事、今年ハ御年番ニも候間、左様被成可然存候、神前樓門前通おかま迄之義ハ、御相談申候ト覺候、宮内之義ハ御相談も不致ト覺候由申來ル、

同日、又求馬遣――、樓門――御相談、御心得候由、私ハ一圓ト心得申候、此度御相談ニて、新規ニ商人付候上ハ、何もかも新規ニ而御座候、宮中へ附候節ハほらツキ、主膳方ゟ十人も十五人も出候様ニ、此方も其通可致候、

返事、成程、新規之事ニ候間、左様尤之由申來ル、將又末々之爲ニ候間、兩町ノ役人ニ主膳・舎人（伊藤）書付ヲ同文法ニ取替候様ニ致候ハヽ、可然候、

返事、尤之由申遣、

一、四月六日、權祢宜（香取式部）來リ、昨日ハ毎年宮下江御祝儀ト申三百文差上候、御兩所御同様之事ニ候へハ、此方江も差上候様ニ致候テハト伺候、上總――、聞候ニ伊勢抔ハ、何もかも長官へ納候由、江戸向ニても、

*青山殿殊外骨折る
是より江戸日記
和泉青山殿へ出づ
*青山因幡守へ御禮に出づ
*在所日記
「繼目御礼被仰付、」
多宮勤むるゆゑ勤めざれば片落となる
*大宮司普請用材申す

其社ノ社務江相納候事ノ由、五日も御初尾も沢山ニ有之事也、元和八年ゟ大祢宜三十年闕職致候故、其様成事も相止候、夫共勝手ニ致候様ニと申聞ル、則三百銅當番(トウ)ゟ差遣ス、相納者也、

従是先江戸日記

一、三月廿六日、和泉青山殿(忠朝)へ伺ニ出ル、豊田庄大夫、未御沙汰無之候、其内|、

一、四月五日、和泉ニ伺(マヽ)ニ出ル、御役人、未御沙汰無之候、御沙汰候ハヽ、此方ゟ早速爲知候事也、

一、四月十二日、九時青山殿ゟ御差紙來ル、御請申、則和泉出ル、四郎(大野)右衛門|、若御礼急ニ被仰付候共、献上物出來候哉と御尋、早速出來候段申、扣候様ニト有之、御書付持被出、

香取大祢宜
香取和泉

願之通繼目御礼被　仰付候、

願之儀、如此被仰付候、甚重キ事、難(イ)出來事ナレ𪜈、多宮先例も無之ニ勤候故、其許不勤候テハ片落ニ成候、上總ハ職分多宮ゟ前故能候へ共、其元ハ後故、諸事片落ニ成、何ソトスルト多宮ニ馬鹿ニ被レ爲(ル)ダ、片落ニ成、其処(ソコ)ヲ旦那能呑込レタ故出來タ、其許抔ハ不知事ナレ𪜈、殊外旦那此事ニハ骨ヲ被レ折(タ)、重イ難(イ)出來事ナレ𪜈、旦那謂取か能故出來候、此書付能止置可申候、重テハ是ニ而直ニ濟候、今度出來ねハ末代不出來候、内寄合テ無ク申付候事ハ、此方ニ留無之候、夫故此書付能留置候様ニ可被致候、上總江も右之段可申聞候、又廿七日八時過可被伺候、大方ハ廿八日ニ御礼可被　仰付候事も知レヌト被申、御差圖ニ而御仲間様江御礼ニ廻ル也、

一、四月十三日、青山殿へ御礼ニ出ル、四郎右衛門|、昨日ハ繼目御礼願之通被仰付、偏ニ寰元様御厚恩御影故と冥加至極難有奉存候、献上物一束一本ナ、成程、多宮御礼ノ節、兩　御所様(徳川家重・家治)江御同様ニ献上仕候由承候、其通サト被申候、

一、在所日記、四月十六日、飛脚歸ル、即日大宮司方へ使求馬、今朝繼目御願之義、御書付を以、願之通被仰付候由申來候、爲御知申候、御悦可被下候、御同悦致候由ノ返事也、

一、四月廿五日、大宮司使主膳、取(次)|舎人、うば山(優波)ニ枯松一本、三尺、半枯一本、五尺、さ山ニ半枯一本、五尺、

是ヲ此度ノ普請ニ遣度候、尤うば山枯松ノ外ハ、代
物差出可申候、
返事、御尤ニ存候、御遣被成候而能可有之候、

和泉登城*
和泉青山因幡守へ出づ

一、（江戸）四月廿七日、和泉青山殿へ八時出ル、御役人下山治
部左衞門、未従御老中御奉書不來候、暫相待候様ニ
被申候、庄（豊田）大夫麻上下ニ而出、未御奉書不來候、明
廿八日御礼ニハ何ヲ着出候哉、和泉――、従先年親
上總年頭之御礼ニも、御代替之御礼ニも、狩衣着仕

先年親上總狩衣にて登城

登　城仕候、多宮御礼ノ節、狩衣着申候、下山治部
左衞門、麻上下ニ而、

坊主江間清傳案内*

香取大祢宜
香取和泉

右、明廿八日六半時、御城江可被罷出候、
四月廿七日

老中より奉書來る

下山申ハ、只今従御老中御奉書來候ト被申、右御書
付被出タ、明廿八日弥被仰付候、献上物ハ兩　上様
ニ而候、一束一本臺抔足針はなれ（離）さる様ニ隨分念ヲ
入可申候、御城ニ而頼候坊主を以、因幡守（青山忠朝）方江香取
和泉罷出候段可為知候、若又因幡守西丸江出候ハヽ、

御白書院御縁側三疊目にての御禮*

本多長門守（忠英）殿江坊主を以、右之段可被申候、右之段

本多殿へ廿八日申心得候由御申、
和泉狩衣下着ハ白羽二重之袷、
一、亥四月廿八日、朝六ツ時登城、天氣能、献上物長持
ニ而張、下總國香取大祢宜香取和泉ト下ヶ書、二間
程先ヘ長持モタセ、若黨壹人付、麻上下高木孫大郎、
若黨三人、高木丹治・小沢伊助内一人ハ雇イ、大手
ニ殘ス、六尺ハ四人、道具・挾箱・長柄・合羽箱・
草（履）復御玄關へ上ルニ、西ノ方へい重御門ノ方ヘヨツ
テ歩、坊主衆申之、長持ハ御玄關ノ脇ニテ明ヶ一束
一本、一ツハ坊主江間清傳出向持、一ツハ孫（高木）大郎持
上ル、御玄關ニテ香取和泉ト手ヲ付申、御番衆請有
リ、清（江間）傳差圖、夫ゟ大廣間ノ入口四ノ間へ通リ、献
上物前ニ置、扣居、西丸ノ献上物ハ清傳同道ニて孫
大郎御納戸迄持參ス、献上物江熨斗包付処、二ツ共
清傳取、坊主部屋へ持行、坊主申候ハ、取候由申、
兼テモ其段申事也、然レハ重テ不付共罷候半、
夫ヨリ松ノ廊下ノ入口ニ詰ル、御目見以上七人、段
〻桜ノ間ノ次迄順〻に詰、右七人ハ先ニ記、酒井雅（忠恭）
樂頭殿ハ溜間詰也、御白書院御緣側三疊目ニてノ御
礼也、

*井上殿御禮仕方指南

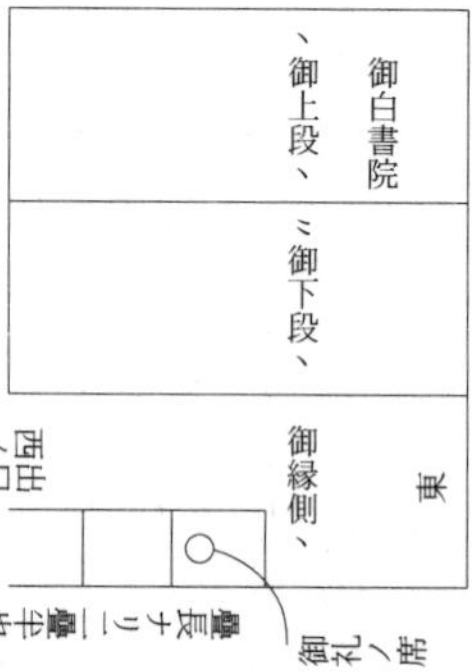

先稽古三度、井上(正賢)河内守殿・本多長(忠英)門守殿御指南也、青山因幡守殿ハ西丸へ御詰、(徳川家重)上様御正面ニてハ慮外、御正面より下ノ方手前へ出御礼スル、ケイコ(稽古)ノ時ハ本多殿御奏者ニ御成、井上殿御指南、御礼ノ節ハ、井上殿御奏者被成候由御申、けん(献)上物ハ前ハより少先、東ノ方へ置、御奏者ハ和泉前ノ方、献上物ハ始松ノ廊下ニ置ク、ケイコ濟、本ノ四ノ間へ歸リ扣ル、暫メ又松ノ廊下曲目ニ詰、順々ニ詰ル、右廊下中程ニ而小刀・扇子取置、始ケイコノ時も同斷、櫻ノ間ノ次ニ御目付衆居候而、順々ニくり出ス、先國取大大名、其処ニ詰被居御礼濟、其所明候故、七人順々ニ詰、ケイコ濟、御礼前松ノ廊下ニ詰居候時、井上殿・本多殿御兩人、和泉着座ノ処へ御出、御礼ノ節、随分早ク御目サワリ(障)ニナラヌ様ニスルカよし、年寄衆ノ御取合、先ハアルマイケレモ、又有ルコモ不知、繼

上様御正面にては慮外
*和泉兩上様御目見
松の廊下曲目に順々に詰む
先づ國取大大名
*四月二十八日の式
繼目御禮家督御禮申すべし

目御礼トカ、家督御礼トカ可被申候、其時改テ又礼スルニハ不及、少メ立候様ニト井上殿御手ヲ付、御礼ノシカタヲシテ御見セ、夫モヲソキハ能ナシ、夫ヨリ櫻ノ間入口迄詰、夫よりケイコノ通御礼申上ル、井上殿香取和泉ト御奏者也、兩
上様御目見、尤　上様不奉見候様ニト、随分第一ニ井上殿御申事也、依テ脇ニ而兩　上様御成ト承ル、御礼濟、松ノ廊下ヲ歸候へハ、井上殿走リ御出、先扣候様ニ被仰付、少程過御出被仰候ハ、お主ハ堀田(正亮)相模守殿御取合、繼目御礼ト申上ルヲ聞候ヤ、和泉不承付之由申候へハ、成程、ヒキク有之候へキ、不聞様ニ見へ候、少おそ(遅)ケレハヨカツタ、勿論御目サワリト云程ノコハナイカ、おれらか伺ツタカ事濟候間、歸候様ニト被仰渡、

廻状写、脇ゟ來ル、

亥四月廿八日之式

御白書院

初而御目見

雅樂頭嫡子　(忠宜)酒井次郎四郎

悴御目見御礼　酒井雅樂頭

巻物五
金馬代
綿廿抱

*和泉御禮に廻る

巻物五　御暇初而　堀大和守（親長）
同三　同　一柳美濃守（頼壽）
箱肴　病後之御礼　柳沢民部少輔（保卓）
三束二巻　大僧正之御礼　知恩院大僧正（順眞）
二束一巻　參府　金地院

継目御礼

一束一本　香取大祢宜　香取和泉

御勝手より參上

岩茸一箱ツヽ　信濃罷在候　小笠原兵庫（爲忠）
　　座光寺喜兵衛

御次一同

障泥二掛
銀馬代　參上　米良主膳
鳥子紙　參上舞ヽ　幸若内蔵助
扇子一箱ツヽ　内蔵介悴　同次郎九郎
　　同与左衛門
　　同与一左衛門

右之通御礼相濟、

御役替

西丸裏御門　小普請大河主税組之頭（石カ）（貞貫）

番之頭へ　伊吹又大郎（萬秀）
柴田才右衛門跡

右於　御前被　仰付、

晒廿疋　織田山城守（信舊）
銀馬代

右ハ參勤之御礼、病氣ニ付、以使者被指上候、於
檜之間森川兵部少輔（俊令）謁、
右御目見ノ節、堀大和殿ハケイコ如何様、度ヽ致候
様ニ被思候由、歸着座シテ仲間六ケ敷抔被申由也、
同日、御礼後、和泉御老中・若年寄・寺社御奉行所
御礼ニ廻ル、狩衣ニ而、今日継目御礼首尾能相勤、
難有仕合ニ奉存候、御悦ニト――、旅宿へ歸リ、又
井上殿・青山殿・本多殿へ出ル、井上殿ニ而口上、
今朝一通ノ御礼ニハ參上仕候、今朝ハコナタ様御差
引被成下、首尾能相勤難有仕合ニ奉存候、本多殿ニ
ても同口上、青山殿ニてハ、四郎右衛門――、今朝
一通ノ御礼ニ參上仕候、万端御影故、首尾能相勤難
有仕合ニ奉存候、四郎右衛門御礼ハ無間違勤候哉、
和泉、松ノ御らう（廊）下ニて河内守様被仰候事委細申、

四郎右衞門〱ハ、河内殿ハ濟タトイワレタカ、成程、歸候樣ニと被仰付候、扣候樣ニ可伺候、被出候而伺候ヘハ、年寄衆ヘ爲念伺タカ、ヨイ〱トイワレタ、事濟タ、四郎右衞門〱重キ事故、重イ衆カドウカスルト仕損スル、目出度ト被申、先達而差上候　御朱印写七通・御年頭願書ノ兩印御返シ、則請取ニ致印形持歸ル、四郎右衞門申候ハ、上總も悦テアラウ、爲知候哉、未爲相知不申候、歸候ハヽ、屆候樣ニト被申、急ニ歸候哉、和泉　水戸樣（徳川宗翰）・雅樂頭樣抔へ罷出候、左候ハヽ、歸候時屆可申候、御奏者ハ井上河内守殿ト被申候、四郎右衞門申候ハヽ、此度其元ノ事ヲ十四・五枚ニ記タ、少ノ事ニても沢山ニナルモノ也ト被申、

（目出たしと四郎右衞門申す）

（*上總持病差發る）

一、四月晦日、四郎右衞門出會、右之御礼申候ヘハ、御礼ハ此間ノニて濟候、機嫌伺可申聞候、

〔五　月〕

（香取上總書状上總繼目御禮の儀御禮申す）

一、五月四日青山殿（忠朝）ヘ歸國ノ御屆ニ出ル、此日在所よりノ書状出ス、入念ヲ候事と被申、

一筆啓上仕候、先以　殿樣益御機嫌能被遊御座奉

恐悦候、然者同姓和泉義、繼目御禮之儀、願之通被爲　仰付、先月廿八日登城仕、首尾能御礼奉申上、冥加至極難有仕合奉存候、誠以　殿樣御苦勞被成下、万端無滯被爲　仰付候段、偏以　御威光故之儀与難有御事奉存候、乍恐右御礼申上度候、御序之剋何分可然樣ニ御執成被仰上被下候樣奉賴候、恐惶謹言、

五月朔日　　香取上總
　　　　　　實行（花押影）

大野四郎右衞門樣

追啓、申上候、私義早速出府仕、御礼可奉申上義奉存候得共、持病疝痛差發、不相勝罷上候ニ付、乍恐以飛脚申上候、是等之趣何分御取膳宜樣ニ奉賴候、以上、

以別紙啓上仕候、先以御手前樣弥御安全被成、御勤仕弥重之御事奉存候、然者、同姓和泉繼目　御礼之儀、願之通被爲仰付、先月廿八日登　城仕、首尾能御礼申上候段承之、冥加至極難有仕合奉存候、誠以　殿樣厚御世話被成下、御威光を以、先格も相立、子孫迄御厚恩相蒙候義、筆力ニ難申上、

*水戸寺社役人より書状

*水戸様へ和泉出づ

和泉酒井雅樂頭へ初て御目に懸る

*和泉歸宅

和泉御禮仕様立派と酒井殿申す

*和泉家督祝儀

難有本望之御事奉存候、次而御手前様何角与御苦労被成下、御精力故万端無滞相濟、偏ニ御蔭与忝仕合奉存候、早速出府仕、御礼罷上リ申度奉存候得共、此節病氣ニ罷在候故、乍憚御礼申上度呈愚札候、恐惶謹言、

五月朔日

香取上總
實行（花押影）

大野四郎右衞門様
人々御中

一、五月朔日、酒井雅樂頭（忠恭）殿江出ル、始テ懸御目、料理被下、尤箱肴進之、於御城ハ御目見、稽古ノ節ハ、松ノ御廊下、櫻ノ間ヘ入口ニ、雅樂頭殿御父子（忠恭・忠宣）、夫ゟ順々、次ニ和泉等着、御礼ニ出候節ハ、溜ノ間雅樂頭殿着座ノ前ヲ通リ出候故見懸、二郎四郎（忠宣）殿ヘハ并居、七人目ノ末座也、樋口梅有方ヘ雅樂殿御申候ハ、上總悴御礼ノ仕様、余リリツハ（立派）過タト被咄候由、後ニハアノ位ナレハ吉シ、大名かおらか方申、若年寄ノ方抔ヘ向礼ヲスル、和泉ハ御礼ノ仕方三度稽古スル、堀大和守（親長）殿抔ハ十度程ノ由、堀殿廿一・二ノ年齢ニ見ヘ候由、御奏者衆爲致見候而指南ノ由、雅樂頭殿梅有方（樋口）ヘ二郎四郎ハおれか教出候故、ヨカツタト他日御咄之由、

一、五月三日　香取和泉様　栢軍次平　水戸寺社役人

先達而御願出候趣及相談之処、來ル五日ニ相濟候間、四ッ時御出可被成候、以上、

一、五月五日、水戸様（德川宗翰）ヘ和泉出ル、御座敷ヘ御使者御口上、御所労故御對面無御座候、宜申候様ニト被仰候、難有由申上ル、御料理二汁五菜、濃薄茶・菓子兩度出ル、御伴海野林阿弥、後年寄衆出ル、大長屋ヘ御礼ニ廻ル、口上、繼目御礼被仰付、殊ニ御料理頂戴難有――、

一、五月七日、朝和泉歸宅、同日、大宮司方ヘ使求馬（伊藤）、家督繼目御礼首尾能相勤、今日罷歸候段申遣、返事、御同悅ノ由申來ル、

五月十九日、大宮司方ヘ家督之祝儀使遣求馬、小鰡十五遣、同刻大宮司方ゟも同魚、主膳（尾形）祝儀使ニ來ル、

兩方使中途ニて逢、

△一、五月廿日、和泉家督祝儀、日柄能相整、朝惣神官四十人余振舞、一汁五菜ノ料理、領内之者ハ晝七ツ時

*側高社外遷宮の相談

*側高遷宮箱棟木挽などの件

大宮司百姓共無沙汰

*「側高遷宮、正遷宮ハ九月十五〔日脱〕」

側高社屋根葺替の相談

*側高遷宮次第

六十人余也、出來始――、惣持院・新福寺江侍〔史〕使、
一樽ッヽ遣、
返礼、使僧來ル、折〻ら祝義ニ來ル、六月二日、金
剛宝寺祝儀ニ一樽持参、吸物・酒出、六月八日、返
礼侍〔史〕使、年代紙五金剛宝寺ヘ遣、
五月廿三日、大戸（香取山城）祢宜・神主（山口正親）祝儀ニ樽持参、吸物等
出ス、
釜之へた（邊田）大宮司百姓甚七・長五郎・原丁（町）二郎左衛門
・半二郎・彦兵へ・平右衛門、金剛宝寺店義、右衛
門・半七・傳兵へ・幸八、右申合祝儀ニ一樽持参、
酒呑スル、右之外大宮司百姓共ハ無沙汰也、左有之
間敷事也、
一、五月廿八日、側高本社屋祢損候ニ付、旧冬側高宮林
ニ而杉木三本爲伐置、葺替相談、大宮司宅、番頭求
馬も出ル、相談、扶持手間共、代金十両ニ而渡、竹
針共也、大宮司年番ニて致世話、御相違無之候ハヽ、
可申付候哉と、求馬ニ申來ル、
返事、尤之由申遣、屋祢やハ鳥内村ニ居候傳五郎ノ
請負之由、廿三年以前葺替之由、六月七日ヨリ屋祢
取付、

〔六月〕

六月廿五日、大宮司方使主膳（尾形）、取―（次）（伊藤）求馬、側高外遷
宮之義、明後廿七日ト此間舎人主膳（伊藤）方ヘ側高祝申候
由、弥明後廿七日ニト願候、又箱棟ハ先年幣所壹両
ニ而致候由、此度側高村ノ大工右之通ニて願候、就夫
木挽も入申候、爲御相談ト申來候、
返事、側高遷宮箱棟木挽等之儀被仰遣、何も御尤ニ
存候、何分ニも宜様ニ可被仰付候、大宮司年番故世
話、
△六月廿七日、側高遷宮、両所始、番頭・内主出仕、
大祢宜和泉不快、名代權祢宜馬（香取式部）ニ而往、塩こり（垢離）ハ側
高濱ニて早ク往、宵日大風雨、不浄水故手水遣之由、
日暮候而庭上神座ニ着勤スル、夫ヨリ内陣ヘ立、
神輿ノ前ニ而勤スル、大宮司も跡ら來リ、内主爲知勤
スル、従夫大宮司ハ拜殿ヘ下ル、權祢宜・大神主両
人ニ而　神輿鎮座也、拜殿ノ東ノ角ノ方、兼テ棚拵、
　神輿奉移、白布ニて廻リヲ囲、其外ヲコモ（薦）張ル、
大宮司・權祢宜并勤スル、次御供・御酒上ケ、權祢
宜備、祝詞スル、御三膳備ル、權祢宜庭上神座江下

リ、大宮司多宮・權祢宜式部兩人計奉幣、次ニ權祢宜供候御供・御酒下ル、於庭上右兩品、何も頂戴退下、

遷宮の式

右遷宮ノ式、　神輿動座御供・御酒備候テノ上ニ奉幣、次祝詞、勤式候処無傳授故カ、前勤候式ト申、惣而大宮司方ゟ書付持參之由、

遷宮の先例

元祿十三辰御宮御修覆ノ節ハ、大祢宜讃岐忰内膳胤信壹人往、遷宮勤候事也、返田社も同然、急ノ事ノ由、然処享保二酉年遷宮出入後、廿三年以前大宮司中務・大祢宜名代親權祢宜出勤也、仍之中務差圖ニて勤候由、其一存之了簡ニて勤候式ヲ書付、（持出）今度例ニメ勤ルト有ルコ也、

〔八　月〕

「鳥居ノ輪、行器蓋、酒桶蓋ノコ、」

二の鳥居建直しの相談

一、亥八月三日、主膳（尾形）・舍人（伊藤）相談ニ而宮中二ノ鳥居春中建直候節、土際朽候ニ付、カワヲ致相談也、土中ヘ貳尺、地外ヘ貳尺出候様ニ、四尺ノカワヲ今日桶屋ニ申付、カワ合セ木口シツクイ（漆喰）ニてヌリ（塗）可然ノ由、又金ニて輪ヲスル、

又御祭ノ節ノ御供入候小行器三十余、蓋致候様ニ申付、又祭當ノ酒桶ノ蓋モ拵候様ニ相談也、

遠初雁

なれしその里ハいつこそしら雲の
　たへまを遠く過る初鳫　　實行

遠の宮たな引雲にわかねとも
　うゐハへたてぬ秋のはつかり　　實香

声ハして姿やいつこしら雲の
　そなたをわたる天津初鳫　　行高

つらなりて行里いつこしら雲の
　かられる遠の峯のはつかり　　照

夏戀

かた糸のよるにもあらぬ夏衣
　ひとへにうすき心をそおもふ　　實行

夢路にもあい見むことを思ねの
　まとろミもあへす明日夏の夜　　行高

うしや人あふ夜もたへて夏衣
　かへすもつらきあかつきの空　　照

秋戀

かハらしと契し人も秋ふけて
　我身うつらの声そはかなき　　實香

取替證文の事

「新市事、去三月十九日ノ処ニ出」

松本小右衞門尾形主膳連印書状

*市の節札立つ

*毎年角力あり

小見世の相談

大宮司方大禰宜方隔年に市相立つやう相定む

一、亥八月六日、取替證文之事、
當御宮、毎年八月新飯御神事之市、宮中・宮下兩町ニ而、隔年ニ商人つけ賣買爲仕候ハヽ、神領中諸人助ニ茂罷成候ニ付、右之段願上候処、願之通被仰付候、然上者、弥自今以後無异変申合、宮中町ニ而市相立候年者、町竝之諸賣人銘ヽニ致世話、又御山内馬場通小見世者、舎人方ニ而可致世話候、宮下町ニ而市相立候年茂、右之通町竝之諸商人銘ヽニ致世話、又御山内馬場通小見世者、主膳可致世話候、休年ニ者、町竝ノ中見世幷小見世等も掛ケ不申、一向商人差置申間敷候、市中三日人足出之、御神前幷火ノ元可爲致警固候、
右之通リ兩町におゐて、隔年ニ壹年宛交ヽ市相立候様ニ相定メ候之上者、向後相互ニ相違致間敷候、爲其取替證文、依而如件、

寶暦五乙亥年八月日

宮下町　尾形主膳印

同　松本小右衞門印

宮中町　伊藤舎人殿

同　高木三郎兵ヘ殿

右兼而及相談、亥八月六日證文取替、尤文言ニ前後有之候ヘ共、同文也、宮下ヘ遣候ニハ宮下町ヲ先ニ書候訳也、
去ル四月市ノ節、來ル八月新飯御祭礼十二・十三・十四寅(丑・卯)商人附候由札立ル、當年番故宮中町より市立候相談也、是迄毎年角力(スマウ)有之候間、休年ノ方ニて中ノ日興行可致相談也、宮下門前・宮中門前ト申合ル、
小見世ハ樓門前後、御山内馬場通、間數打、八月七日ノ夜皆ヽ呼、鄕長宅ニて申付ル、壹人前小見世四間宛也、宮中町ノ人數ハ大細工(尾形)大藏・正判官主殿・(内山)藏之助・(小澤)伊助・四郎兵衞・主税・(高木)久右衞門・鄕長三郎兵衞・分飯司舎人・油井檢杖帶刀・(貝田)土器判官勘ケ由・かや手淸右衞門・平七・平右衞門・權右衞門・孫大夫左京、〆十六人ハ除ク、右ノ者方江ハ町竝商人附故也、右之外源太祝(香取)外記・押領使兵馬・御手洗市三郎・新助・甚兵ヘ・新七・市郎右衞門・塙祝右門・押手新九郎・要害与右衞門・堀口神主・釜ノへた(邊田)左門・田冷喜左衞門・次郎兵ヘ・三次郎・新六・原町弥助・傳五郎・勘兵ヘ・檢杖勘左衞門・新左衞門・六右衞門・權之助平馬・權助・傳藏・平吉・三郎祝安大夫・長三郎・又七

大禰宜領居住五十六人
秀屋長養子願ふ
*金剛寶寺屋根葺替願ふ
樋口梅有下向
*高田神主神樂執行相頼む
梅有姉さん八十歳
*「高田神樂社家遣ㇷ」
「側高正遷宮、六月廿七日外遷宮」
*江湖につき新福寺へ金子遣す

郎・行事祢宜兵部（額賀）・中幣神主右京・軒道傳五右衛門・武
左衛門・引地彦左衛門・清二郎・五郎右衛門・傳兵
衞・源之丞・源五左衛門・庄五郎・甚右衞門、〆四
十人也、惣〆大祢宜領ニ居住五十六人也、地借・店
借ハ除ク、
一、八月十九日、四日番來リ、秀屋長大病相煩候、一子
無之ニ付、弟ヲ養子ニ仕度段申、
挨拶、尤之由申聞ル、大宮司方無相違候ハヽ、此方
ニ無相違之段申渡ス、分飯司取次、
一、八月廿日、朝江戸小川町樋口梅有致恭年齢七十八才、
下向、讃岐守胤雪次男、十九歳ノ時出府、後樋口氏
爲養子也、當時隱居、酒井雅樂頭（忠恭）殿ヘ勤仕也、養子
梅仙、酒井殿勤ル、此迄出府後、五度程下向也、
九月十六日、歸府、堅固丈夫也、梅有姉さん八十歳、
是又堅固也、

〔九月〕

一、宝暦五亥九月十五日、側高正遷宮、大祢宜實香勤ル、
大宮司多宮差合、名代宮之助（國分）藏人出勤、先庭上神座
ニ着勤、大神主爲知有リ、拜殿・假殿・神輿ノ前
ニ而勤、中臣祓一反、從夫御本殿ヘ奉遷、
神輿大神主・次郎神主・六郎神主三人ニ而御供、
備物御供・御酒・干魚等備之也、大祢宜壹人其所ニ
而奉幣行之、供物不レ下ニ庭上ヘ下リ、大宮司・大祢
宜計奉幣、次ニ内陣ヘ入、供物等下ル、祝詞執行退
下、大宮司名代鎮座加持勤ル、
番頭・社家・内主・三奉行・兩代官出仕、其外社家
ハ不出、外遷宮も其通リ也、
一、九月、經藏屋祢葺替、
金剛宝寺使僧不斷所、側高――、序ニ經藏――願候
由、其前ニ相談極ル也、
一、九月廿三日、大宮司方ヘ使求馬（伊藤）、取次主膳（尾形）――、高
田千田右近方ニて來月十四・五日神樂執行致候由、
就夫此方ノ社家相頼申度由申來候、如何可仕候哉、
御神慮御威光之義ニ御座候間、御相違も無御座候ハ
ヽ、可申付候哉、
返事、高田ニて神樂ニ付、社家御頼候由ニて被仰遣
候、御尤思召次第ニ可被成候、被入御念候御義ニ御
座候、
一、九月廿九日、江湖ニ付、新福寺ヘ金子貳百疋爲見廻

遣、使藏之助(内山)、大宮司方申合同様ニ遣、

*大細工尾形大藏父子呵る

〔十　月〕

「大宮司廣間普請、」
廣間は建直し書院は新規

大宮司棟上願ふ

一、亥ノ十月十六日、大宮司多宮廣間(七間半・五間)・書院(五間半・五間)建初、去冬中ゟ取付、廣間ハ建直、書院ハ新規也、同十月廿三日、多宮方ゟ使、此度普請出來寄候、就夫大工佐原者すほふ(素襖)着、棟上致度由願申候、如何可致候哉ト、返事、被入御念被仰遣候、着候様ニ被仰付可然之段申遣、

經藏普請出來

一、十月廿六日、金剛宝寺使僧不斷所、經藏普請も出來致、忝直ニ御礼ニ可參候へ共、先以使僧申、御序之節宜ト申、分飯司方迄、

*大藏検非違使番代無用申付く

〔十一月〕

側高祭禮多宮勤めず

一、十一月七日、側高祭礼日大宮司事、祭礼ニ不出、名代宮之助(國分藏人)勤ル、右訳ハ小見川村地頭内田主殿殿、此節御暇下向也、名主庄兵衛宅ニて角力(スマウ)見物被致候由、右見物に多宮も往由、重キ祭礼不勤也、右庄兵へ祖父、後妻ハ多宮叔母也、ミノ子ニて相續ニハナシ、先妻ノ子ヨリ相續也、

*御年禮に大宮司多宮出足

一、十一月八日、求馬(伊藤)ヲ以、大細工尾形大藏并悴波江呵リ候、訳ハ先比津宮村検非違使忌中ニ付、神前向右波江被頼相勤度由願候間、願之通申付候、然処、昨七日小見川庄兵へ処へ罷越、御祭礼不相勤、親大藏(尾形)検非違使番代ニ出、自分ノ職ハ欠キ候間、舎人(伊藤)宅へ右父子呼申聞候ハ、検非違使番代永キ事也、乍去津宮ニ仲間無之、難儀ニ可有之申付候、然上ハ、此方ニ召遣候事も永キ間、用捨致存寄ニて申付候、此方へ願も不致、重キ天下ノ御祈禱・祭礼ヲハ不勤、脇へ遊山ニ出候段不屆也、惣而有徳(ウ)ニ付致我儘候、今日ゟ検非違使番代無用ニ致候様ニ申付ル、波江も角力見物ニ庄兵へ処へ往也、今庄兵へハ大藏聟、波江姉也、大藏父子御尤ノ由申披無之由、其後訴詔(訟)致、宥スト云ヿイワス、先其分ニ差置也、

〔十二月〕

一、十二月廿一日、御年礼ニ大宮司多宮出足、多宮當年三十七才、

父上總實行行歳六十四

寶暦五乙亥年十二月　香取和泉實香行歳二十五

*多宮御禮缺くは氣の毒

御祭禮例年の通り

*關白樣へ年始書狀差上ぐ

利根川氷往來

大宮司多宮妻安産

「江湖、」新福寺江湖

*新福寺江湖御禮延引

「御禮欠ヶ、」多宮産穢につき御年禮ならず

*「江湖ノ礼ニ江戸出府、此方へ礼遲參ノ事、」

〔寶暦六年正月〕

宝暦六丙子年正月元日、青天〔晴〕、例年ノ祭礼勤ル、旧冬ゟ正月ニ至リ寒氣、何年ニ不覺由ノ沙汰也、利根川朝暮ニハ氷往來、難義ノ由、其外脇ノ細川通、猶以魚鳥も氷ニて網ニても不取由、

正月元日、晝時大宮司多宮妻安產、女子出生、二月中不幸也、

一、正月六日、新福寺ゟ年始使僧、例之通來ル、玄關ゟ口上申歸ル、右江湖ニ付、先年之通ノ式也、尤旧冬申合ル、從此方も九日ニ使者、羽織袴、餠二ツ・カ(鰤)マス、右二品遣ス、衆療へ二本入扇子、使者玄關ニて口上申合、大宮司方聞合、同樣ニ二品遣、尤代替故、豆腐・酒とくり(徳利)不遣略ス、

一、正月六日、主膳(尾形)來ル、今朝江戸ゟ多宮申越候由ニて口上、産穢之儀、二日ノ飛脚ニ申遣候処、四日青山因幡守(忠朝)樣へ伺候処、　御礼不成候由被仰付候、此段早ゝ爲御知候樣ニト申來候、和泉致承知候、主膳へ舍人(伊藤)咄候ハ、二日ノ飛脚ニ右之段無沙汰ニ致候へハ能候、御礼欠候段氣毒、向後例ニ成候処、氣毒之段咄候樣ニ申聞ル、先年源太祝(香取外記)出入中・多宮服中、勤間敷伺、其節上總御礼欠候段、氣毒ノ段達而申、八年以前巳ノ日記ニ細有リ、

一、正月十一日、關白樣(一條道香カ)江年始書狀差上ル、御返簡到來、四月六日ノ処ニ記、

一、正月十三日、多宮方ゟ使、御礼ノ義青山樣へ伺候処、産穢ニてハ無用と被仰付候、返事、御礼ノ義、御伺候趣致承知候、御礼ノ欠候義ハ氣毒ニ存候、

一、正月十五日、高木數馬同年改主膳、宮下尾形親ノ名改ニ數馬付テ也、江戸へ遣、寺社御奉行所・水戸樣(徳川宗翰)江年始御礼申上ル、

一、正月十七日、新福寺使僧弟子口上、十五日首尾能江湖仕廻申候、今日御礼ニ可參候処、今日ハ風立、明日ハセンぼう(懺法)、明後ハ江戸へ江湖ノ礼ニ致出府候、二月中以參可申上候、取次伊助(小澤)、申聞候処、致立腹返事も無之候、去ゝ年・一年前ニ江湖爲知有之候、人寄も仕候間、御屆申候由、然ルニ江戸へハ礼ニト有之、風立候抔ト有ルヿニて、返事無之候、使僧申候

御禮に參らざるは無調法

大地震

*產穢につき大宮司御禮欠く
*「江湖ニ付、」
*「產穢、」
*產穢ゆゑ登城ならず

*新福寺姉不幸

*「宮下下口石岩岐、」
*銚子の者寄進願ふ

新福寺江湖の御禮參らざるは不埒

ハ、御心入候事ニて候、和尚心付不申、第一御支配ノ事、御礼ニ可參候処、無調法ニて候、其段可申聞候由申帰ル、宮下へも往候由申由、

一、正月廿一日、夜四時大地震、宝永年中大地震以來也、午去一度大ニ震、後少ッ、翌(日)二日迄震也、

一、正月廿二日、大宮司方へ使求馬(伊藤)、口上、去ル十七日新福寺ゟ使僧、弟子ノ由、口上ハ江湖モ首尾能相濟、右御礼ニ可參処、今日も風立、明日ハセンぼう、明後日ハ江湖ノ礼ニ、江戸三ヶ寺へ致出府候、二月中以參可申候由申遣候、私取次ノ者へ申聞候ハ、江湖ノ義、一年前ニ披露届有之、人寄致候事故と有之候事、然ルニ今日ハ風立、明日ハせんぼう、明後日ハ右礼ニ三ヶ寺へ出府抔ト有之候事不相濟候、喧嘩・口論如何様之事有之間敷ニも無之処、首尾能相濟候ハヽ、其訳可有之候、旦那ぶきげん(不機嫌)ニて返事も無之由、右使僧ノ者へ申候処、使僧━━ハ、御支配ノ義故、早速御礼ニ可參候処、和尚心付不申候、罷帰申聞候ハヽ、明日せんぼう過ニハ御礼ニ可參と申帰候、其以後無沙汰ニて候、其元様江も右之使僧參候哉、御挨拶如何様ニ被成候哉、承度候、不埒ニ存候、十九日出府之由承候、取次主膳(尾形)、

大宮司返事、如被仰下候、同日ニ此方江も使僧同口上ニ而御座候、私ハ心付不申、使僧一通ノ挨拶仕候、御察當ノ趣、成程御尤ニ而御座候、然共、私ハ心付不申故、右之通ノ挨拶仕候、

一、產穢ニ而大宮司年始　御礼欠候義、江戸親類共へ申遣候処、　御城江服ナレハ登城成候、產穢ナレハ不成候、大名衆ノ獻上モ成不申由申來ル、不爲知候へハ勤リ候、沙汰ナシニ出候へハ能候へ共、夫も後ノ評ヲ憚リ候事ト見候由申來ル、

一、正月廿九日、新福寺ゟ使僧口上、十九日出府仕、今朝罷帰候、早速御礼ニ可參候処、牧野村姉不幸故、御兩所江ハ遠慮ニ御座候、重而可參候由申來ル、
返事、御口上之趣致承知候、

一、同日、國行事悴内記(香取)願候ハ、銚子村ノ者神前ゟ宮下村へ下リ候処、石岩岐ニ寄進致度由ニ而御座候、長六間・横三間御座候、
挨拶、結構候事、

〔二　月〕

新福寺謝申す
*常州高田神主祖母病死
*神前へ上る和歌の件
「江湖ニ付、新福寺へ兩使」
*國行事悴内記皆に見すべしと申す
新福寺無調法申す
*奉納和歌百首

一、二月三日、新福寺來ル、和泉不快不逢、求馬(伊藤)出咄、先日ハ御使僧ノ間違ニて候哉、又御手前ノ間敷(違)ニて候哉、新福寺申候ハ、使僧ノ間違ニて候由申、

同日、大宮司方へ使求馬、前〻ゟノ訳主膳(尾形)ニイサイ(委細)咄、和泉口上、今日新福寺參候、不快不逢候、先日申進候義如何思召候哉、其分ニ可致候哉、又向後ノ爲ニ候間、余リ此方共ヲ蔑ニ致候仕方故、兩使ニても遣可然候哉、何分ニも思召次第、御了簡次第ニ可仕候、思召承度候、

返事、新福寺事被仰遣候、何分ニも思召ヲ可被仰下候、同日、又求馬遣、明朝飯後兩使遣相談、

二月四日、兩人方ゟ兩使遣、和泉方高木孫太郎、多宮方松本金治口上、先日御使僧御口上ニ江湖首尾能相濟候、御礼ニ可參候へ共、今日ハ風立、明日ハセ(儀)んぼう(法)、明後日ハ三ヶ寺へ江湖ノ礼ニ江戸へ罷越候、二月中參可申由ニて候、前年ニ人寄ヲモ致候間ト御申、御届被成候程之儀ニ而御座候、イカウ麁抹ニ被成候、被成方ニて御座候、以後ノ爲右一通申進置候、新福寺兩使ニ逢、御口上之趣御尤ニて御座候、無調法之由申候、兩人へ新部ノおば不幸故抔申、兩使申ハ、其段も沙汰御座候、御差合御座候ハヽ、主膳・舎人(伊藤)方、門迄も御出候へハ、入御念候義と申事ニて候由申、

一、二月四日、常陸國高田權現神主千田右近方ゟ申來ル、祖母一昨日二日病死ノ由――、仍之早速同日和泉妻照、高田へ差遣ス、娘ときも召連ル、照母ノ〻也、父ハ聟、其祖母身木也、服忌父方ニ取也、三十日忌也、高田ハ公儀ノ服忌用來ル由也、

一、子二月五日、大宮司方へ使求馬、取次主膳、此間二日ニ御神前江哥書上リ候処、番次ニ廻候由、ア、ゴ(召)サリソウモ無之事、如何思召候哉、思承度候、

返事、曾而存不申候、當番へ御尋被成候而可然存候、

同日、主膳來リ、二日ニ御届不申段無調法仕候、何分ニもと申事也、主膳求馬へ咄候ハ、國行事(香取)悴内記、其節神前ニて、是ハ珎敷物、皆ニも見セ候ハヽ、可然儀申候ニ付、番次ニ致候、十二日ニハ相納可申と存居候、無調法之段申、主膳ハ二日番ノ番頭勤候也、挨拶、ドウシタヿト思、多宮殿へ聞ニ遣候、左候ハヽ能候、念入候事と申聞ル、同日、塙祝ニ爲レ持右之歌書遣ス、奉納和歌百首ト卷紙ニ認、誰と名も無

之、年号月日もナシ也、右百首請取之、

大聖院後住に留守居申付く

一、子二月十二日、大聖院後住ニ今迄ノ留主居ニ申付候由沙汰也、未申付候由也、

*神領武家方兩屬の件「大戸人別」

一、子二月十七日、大戸神主正親（山口）・山城（香取）不快、名代式部（香取）、宮下主膳來、大宮司口上、先日神樂過ニ參候樣ニ大戸ノ者へ申遣候処、私大病ニ而對談仕兼申候、其元ニて何分ニも御對談被成可被下候、相心得候由申遣、

人別の件
*水帳見ゆべし

大戸兩人呼、神主（山口正親）申候ハ、人別之義、兼而大戸神領ニ居候者ハ、此方へ印形差出候樣ニ被仰聞候、持添ノ方名主當正月、江戸地頭へ其段申候処、能地面彼是致僉儀（議）申出候樣ニ地頭ニて申候由、仍之宮下ニて私共兩人參候樣ニ、先日被仰聞候、山城義ハ不快故、名代式部參候、和泉申聞候ハ、先達而申候通、享保十一年ノ人別、此方ニても惣持院・金剛宝寺・新福寺・江戸三ヶ寺觸頭へ人別差出候ニ付、其砌太田備（資晴）中守殿へ申上、神領高千石ノ内ニ罷在候人別ニ御座候間、神領ノ人別ノ人數ニ致度段申上候処、尤思召、四ヶ寺・三ヶ寺ノ方ノ人數ヲ貫、此方千石ノ人別人數入差上申候、又旗本衆ノ人別ハ、とうニ公儀へ上リ候へハ、此度ハ不成候、重テハ神領ノ人數ニ致候樣ニ被仰付候、

神主申候ハ、孫右衞門ト申候者、前〻神領へ印形出候処、武家ノ方ニ孫右衞門帳ニ載有之候、扨其屋敷年貢ハ他之者出候、

和泉申候ハ、名ハ替ル者（也）、今迄神領へ出付、アザ付も無之候へハ、武家屋敷ニてハ無之候、屋敷年貢も不出候へハ、猶以ノ事、出候者ノ屋敷カ、武領ニて候、神主申候ハ、水帳ヲ見候ハヽ、知レ可申候、左候ハヽ、此方差圖ト申、別當方へ申、水帳見候樣ニト申遣、

*神領の見下げ私領の見上げ散地

*半分々々の道理

旗本衆の人別

二月廿三日、大戸正親・山城來ル、今日宮下へ參候処、未御不快故、何分ニも宮中へ申候樣ニト有之候事、則和泉出會、此間ノ水帳見候処、スキト不知無之候、神領ノ見下ケ、私領ノ見上ケ散地ニて候、水帳ニも無之、無證據、名主共も神慮ノ物へらし候も、又地頭ノ物もへらすも、氣毒ト申候、名主共ト相談仕、先半分〳〵ノ道理ニ相談仕候、孫兵衞居候処ハヽ、私領同屋敷ノ内、後ロノ藪ゟ畑有之候処ハ神領、向後少ツヽ、其藪役出可申候ト申候間、其通ニ内濟仕候、相濟候由申、一段ト申聞ル、

〔三　月〕

大戸神主禰宜人別につき相談
*市三郎屋敷取上ぐる譯
大宮司年番大病
*御上米の舟頭
地頭の好きに致すべし
*五年以前敵對
*田冷喜大郎暴れ喧嘩
御手洗市三郎持分の屋敷取上ぐ

三月七日、大戸神主(山口正親)・祢宜(香取山城)兩人來ル、人別ノ義、村ノ地頭ゟ前〻ノ通、人別取立差遣候樣ニト申事也、神領ノ地ニ居候社家ハ、前〻村ノ地頭ヘ致印形候、前之通ト申事ニて候、

和泉――、大宮司年番大病ニて、中〻如此ノ事相談ノ段ニてハ無之候、仍之此節伺候事も、何も成不申候、神領ノ地ニ居候上ハ、此方へ可出処無理也、乍去此節、右之通致方無之候間、先其分ニ地頭之すきニ致候樣ニ致可然候、追而伺候共、何レニも相談致ニて可有之候、則右之通可申聞段、大宮司方へ求馬(伊藤)遣、右之趣ノ通ノ口上、數馬(尾形)主膳事取次、大病ノ義故、何分ニも宜樣ニ御挨拶賴候由申來ル、則大戸兩人へ大宮司方へ申遣候処、病中何分ニもと申來ル段爲知候、

一、三月十一日、御手洗市三郎持分ノ多右衞門屋敷ニ、市三郎叔父喜兵へ當時居、此屋敷取上候旨申付ル、尤喜兵ヘハやハリ居候樣ニ申付ル、市三郎事、ぬく(溫)井山守數十年申付ケ來ル、畑等之義ハ、今迄之通リ、尤ぬく井西ノ方小道ゟふち通長ク、今迄之通市三郎所持可致候、尤古ハ西ノ方ぬく井山ノナダレノ処、小道ヲ付候故、小道ゟ西ノ方ノふち通市三郎所持來候、

右訳ハ去二月廿九日、神前へ森戸村ゟおとり來ル、下知ヲ市三郎一人仕廻(ヲトリ)方ニ、手前棧敷ノ前ニて棒ニて見物ノ頭ヲ打故、先ノ者大ニ立腹、其棒ヲ取打レ候ハヽ、其分ニ成間敷処無之、先ノ者ハ御上米ノ舟頭五人ニて見物ニ來ル、其者不聞、仍之棧敷ゟ高木孫大郎遣取靜ル乛也、仲間も有之ニ、市三郎一人葉竹ニても無之、棒ニて下知ノ致方不宜、殊ニ和泉不快、上總出候事也、五年以前鳥居丹後守殿(伊賀カ)ニて不屆ノ事已而申、此方へ敵對致候事也、右市三郎四代以前市郎兵へ、其子一郎兵へ、其子治右衞門、其子今ノ市三郎訳有之、代〻各別ニ如在ニ不思候処、五年以前敵對、其訳ハ其節ノ記ニイサイ(委細)記、

右おとりノ節、田冷子喜大郎喧咜ノ當人樂屋ニてアバレ候者有之、出候処、下駄ヲ彼者手ニ持出候、人込候処ヲ出候、宮下ノ者ヤレ下駄ニて喜大郎カ首ヲ打候、ソレト云テ押カケ、六所迄押打候由、其処へ

＊多平治出火につき相談

幸七常の者にあらず

「大聖院門前出火」

＊多平治別儀なし

多平治出火侘申す

小見村幸七ト云男立、手下大勢有リ、侘候処、宮下ノ者其小見ノやらう(野郎)打殺、彼者手ヲ合侘候由、宮下要人出、アッカイ候処、要人ヲモ打、ヒイキスル抔ト宮下ノ者申、右幸七――ハ、扨〻若キ人達ニモソツトシタラハ打殺レヘキ処、要人殿ヲサヘ打ト申候事、さて〳〵コワキ事ニて候抔申候由、右幸七ハ、江戸御歩行ノ子トヤラン、中〻常ノ者ニアラス、相手ニたゝぬト思侘候事也、右宮下ノ者大ニキヲイ、其當人ハ喜大郎也、仍之呵ル、樂屋ノ近所へ不行(ハ)よし、尤げた障不申候由、左候ハヽ、宮下ノ者打候ト申共、ウタレハセヌトナセヲサヘヌ、夫(ソレ)ニ追イ打候者ト、同サワキ候事不屆之段呵、

一、子三月十七日、朝六ッ時大聖院門脇ニ居ル多平治賣人出火、無類火、早速和泉其場所へ往、同日、金剛宝寺ゟ使僧不斷所、今朝ハ不慮ノ義致出來候、御宮無御別条候、念ニ候間、屆申由、取次求馬、可申聞候由申聞、

同三月廿一日、右多平治分飯司方へ來リ、此間ハ如何様サハガシ申候、私も今日惣持院から出候、求馬尋候ハ、誰か差圖ニて此方へ來候哉ト尋、差圖も無之候、

三月廿三日、宮下尾形數馬大宮司使ニ來ル、多平治出火ノ事ノ相談ニ遣ス、相談極ル、

三月廿四日、金剛宝寺へ兩所ゟ兩使遣、和泉方ハ内山藏之助口上、多平治此間廣成候由見へ候、御修覆所も御座候、咎ヲ被申付候ニも御無沙汰被許候ニも、此方兩人(共)挨拶ノ上ニて可被許義と存候、一圓無沙汰ニ候、如何ノ御了簡ニ候哉承度候、中日三日ニて候、只今迄重ク致來候事ニて候、

金剛宝寺返答、多平治事被仰越候、御修覆所も御座候間、先達而使僧遣申候、夫ニて能候事ト存、其後ハ御相談も不仕候、多平治も手ト身からニて惣持院へかけ込申候由ニて、度〻從惣持院使僧遣、差許候様ニ申候間、仍而只ぼうず(坊主)氣ニて、ぼうずどうしの事故、多平治今日暮兼候者之事故、不便と計存、御相談も不申差許申候、夫迄心付不申候、其分ニ被成被下候ハヽ、忝存候、又使僧を以申上候共、右之通ゟ別義ハ無御座候、

〔四　月〕

「下之井坂道拵ル」
下之井坂損じ往來難儀

一、子四月二日、上總道下之井坂大ニ損シ、ヤケン(藥研)ニ堀(掘)レ、往來ニ諸人難儀、今日町荷物ヲ付候馬五疋倒之由、仍之役人共致相談、不拵(ハ)成間敷由、大宮司代官尾形數馬方へ伊藤求馬ヲ遣、下ノ井坂大ニ損候ニ付、不拵成間敷候ト役人共致相談候、元論所ノ事ニも候間、數馬(尾形)ト致相談候様ニ御伺候而、御立合も候様ニト求馬(伊藤)往、及相談、

大宮司多宮━━ハ、數馬ト致相談候様ニ被仰遣、往還之事、人ノ難儀ニ成候事、立合候か能候由多宮申候由也、尤明朝飯前中通計も、當用ノ爲ト申候由、

下之井坂損じ馬五疋倒る

同日、金剛宝寺へ役人共使内山藏之助遣、役人共申候ハヽ、下ノ井坂損、今日も馬五疋倒候由、中通リ計も不拵ハ成間敷候、元論所ノ所故、御覽之様ニ、右之段不斷所江も被仰聞候様ニ被成可被下候、

返事、成程、尤ニて候、不斷所へ可申付候、藏之助(内山)へ咄候ハヽ、此間新市場へ參候ニ見候、アレテハ往來ノ人、難儀スルテゴザラウト咄候由也、

下之井坂拵ふ

子四月三日、朝下ノ井坂口ゟ拵ル、不斷所土手下古溝サライ水道付ル、大宮司家來役人角案主小右衞門(松本)立合、不斷所も立合セ候、分飯司子求馬(伊藤)・大藏(尾形)・三(高木)郎兵へ・清右衞門(額賀)出ル、右之処ノ道拵ル、

*雨天につき御祭禮延引

一、四月五日、雨天ニ付、御祭礼延ル、於神前田所求馬方へ申候ハ薦(コモノ)長御祭礼ノ節、御行器持出候ニ、前〻かたひら(帷子)ヲ着、女帯致出候処、去年借リ候処、無之候由ニて、すほふ(素襖)袴ニて勤候、其通願候由、大宮司年番ニ候間、宮下ノ了簡ト申聞ル、

四月六日、數馬、求馬方へ申候ハ、旦那へ伺候処、此度ハ急候事故、分飯司も伺、此度ハすほふニて成共、今迄致付候事故、追而可致相談候事ノ由申、此方ニても任其意候、

*「實香装束之訳」
*上總同様に装束御免

△一、四月六日、大宮司方へ使分飯司子求馬、取次數馬(尾形)、口上、上總隱居私家督被仰付候ニ付、當正月中、關白攝政様(一條道香カ)江先年上總へ装束御免被仰付候、上總同様ニ御免奉願候処、願之通御免被仰付候、御返簡昨日致到來候、仍之着用可仕と存候、右之段爲御知申候、

返事、御装束之義被仰遣候、致承知候、從御上御免之儀ニ候ハヽ、何分ニも思召次第ニ可被成候、

一、關白様諸大夫村田西市正(景春)ゟ返簡幷此方ゟノ書簡ノ趣、

宝暦六子正月十一日

香取上總同和泉連署書狀

新春之御慶不可有際限御座目出度奉存候、先以
御殿樣倍御機嫌能被爲遊、御越歲奉恐悅候、右年
始御祝詞各樣迄申上候ニ付、御扇子料献上仕度、
則料金子百疋奉捧之候、何分宜樣ニ御取計御披露
奉賴上候、猶期永日之時、万喜可申上候、恐惶謹
言、

正月十一日　香取上總書判
香取和泉書判

村田西市正樣
人々參御中

香取上總書狀

別紙、追啓、御慶申上候、御手前樣弥御安全ニ御越
年可被成、目出度御義ニ奉存候、御同役樣方江御序
之砌、宜樣ニ申上度奉存候、右御祝詞申上候樣迄ニ
態御扇子料銀子壹包進上之仕候、拙者共無事ニ迎春
仕候、乍憚御安慮可被下候、去春御返簡相届拜見仕
候、

上總隱居和泉家督仰付らる

一、私義、老衰仕候ニ付、去春　公儀江隱居奉願、悴
和泉義家督被　仰付、自分之繼目御礼等首尾能相
濟、難有大慶仕候御事ニ御座候、仍之向後私同樣
ニ悴和泉義、御手前樣迄申上度奉存候、左樣御心

***悴和泉同樣宜しく願ふ**

得可被下候、万端宜樣ニ奉賴上候、私年齡今年六
十五才、悴和泉今年廿六才ニ罷成候、乍慮外御心
安任奉存候、右之段申上候、

***悴和泉へ裝束著用願ふ**

一、祭礼之節、一日晴ニ八藤差貫（指、下同ジ）幷萌黃差貫着用仕候
義、先年御世話を以、私江御免被　仰付候、私義、
右之通り隱居之義ニ御座候へハ、寂早着用不仕候、
是又私同樣ニ悴和泉義、右着用之義御免被爲仰付
被下候樣ニ奉願上候御事ニ御座候、右之段何分ニ
も宜樣ニ御取計奉賴上候、以上、

正月十一日　香取上總

村田西市正樣

***村田景春書狀**

御返簡

新春之御慶休期不可有候、先以　御殿倍御機嫌能
被爲遊御越歲候、年始御祝詞被申上候ニ付、御扇
子料金百疋被差上之御喜色御事ニ候、猶期永日之
時候、恐々謹言、

正月廿八日　村田西市正春書判

香取上總殿
香取和泉殿

***村田景春書狀**

御追啓致拜見候、先以年始御慶申納候、弥御堅固

「*大聖院後住申付ル事」

*大聖院後住繼目御禮申したく願ふ

装束和泉著用苦しからず

*江戸本町の者御供差上げたく申來る

御越年被成目出〔度脱カ〕奉存候、拙者無事ニ加年致候、毎〻入御念御祝詞被仰下、殊ニ扇子料銀壹封被掛御意、幾久敷受納申候、
一、貴様御義、御隠居御願之通被仰付、御子息和泉殿御家督被仰付候由、幾久目出度奉存候、依之向後者和泉殿ゟ拙者迄被仰上候様との御事、委細致承知候、御兩人之御年齢も被仰下、是又致承知候、
一、御祭礼之節、一日晴ニ八藤ノ差貫并萌黄差貫等、是迄貴様御着用之所、此以後御子息御着用被成度との御事、委細御紙面之趣致承知候、此義者、先年以來一日晴ニ而貴様御着用之御事ニ候得者、御子息御着用之義、更御改無之、御着用不苦御義ニ奉存候、先年貴様江御免之義、直御子息御家督之儀ニ候得者、少も不苦候、殊ニ一日晴之御儀、旁不苦候間、左様御心得可被成候、猶期永日之時候、恐惶謹言、

正月廿八日

村田西市正
春書判

香取上總様

一、四月九日、金剛宝寺ゟ使僧不斷所口上、大聖院住持之義、去年中も御尋ニ御座候、留主居申付置候間、御沙汰も不申上候、相應之者見當も無之候、追付夏經前ニも御座候、只今ノ留主居神妙成者ニ御座候、住持ニ申付度候、御相違も無御座候ハヽ、繼目御礼申上候様ニ致度候、
返事、年番ノ事故、大宮司へ御申候様ニ申遣、
同日、大宮司方ゟ使數馬、取次求馬、口上、今日金剛宝寺ゟ使僧來候、大聖院住持之事申來候、定而御聞被成候事と存候、御相違も無御座候ハヽ、可申付候、
返事、大聖院之事被仰遣候、何分ニも思召次第ニ可被仰付候、
四月十四日、金剛宝寺使僧不斷所、此間大聖院後住之義申上候、弥御相談被成被下候哉、以使僧申上候、
返事、大聖院後住之儀、成程、此間致相談候、大宮司方へ可伺候、使僧口上、宮下へも參候処、無相違候、勝手次第繼目祝儀整候様ニ被仰付候由申候ニ付、此方無相違候由申聞ル、
一、四月十四日、修理檢校要人來申候ハヽ、江戸本町ノ者

五十人程、鹿嶋へ大〻神樂ニ參候、當社江も御供差上度候由頼來候段伺、宮下江も願候処、例ノ無之事故、宮中へ願候様ニ申候、

挨拶、御供献候ニ、瓶子等用度由、何も尤、無相違之由申聞、尤社家二・三人頼候様ニ致度段申、

四月十五日、大宮司使數馬、鹿嶋へ大〻ニ來候願主之義、要人其元様へ申候通無御相違之由、就夫御膳幷瓶子等借度と申候、御外聞ニも候間、高附〔坏、下同ジ〕―、小瓶子ニ而献度と願候、

返事、成程、尤ニ存候、何分ニも宜可被仰付候、入御念候事ニて候、數馬申候ハ、私も被相頼、外ニ二人頼、御供献申度候、御外聞ノ義ニ候間ト申伺、

挨拶、念ヲ入候事、御外聞ニ候間、随分宜様ニト申聞ル、

十年余ニも可成哉、手前祈禱申來リ、御酒・御供獻候ニ、小瓶子借リニ遣候処、難取出候由申候間、又不申遣候、右高附ノ御膳部等ハ、元禄十三年御宮御修覆後、和泉祖父胤信方へ加藤須村飯田長左衛門縁者タルニ依テ、何ソ寄進仕度相願故、丹波守勝房方へ、右之咄致候処、其後右御膳部爲拵候、代金十五

*大聖院入院見廻

願主につき御膳瓶子など借りたく申來る

*大戸別當入院申來る

*「八龍神再興」

*八龍神再興取懸る

御膳部拵ふ

兩ノ由申之、則願主へ申達致寄進者也、大宮司方ニてハ、左〔佐〕原邊江も小瓶子遣候沙汰也、右之訳故、猶以小瓶子等之事、及相談候事と相聞へ候、

一、子四月十九日、大聖院入院見廻ニ來ル、不斷所案内、求馬取次、和泉ニ間隔逢、三本入扇子幷茶椀箱持參、酒ハ不出、生國津宮出生ノ由、

一、子四月廿三日、大戸別當廿一日致入院候由ニ而、三本入扇子持參、分飯司処來ル、和泉致他出、玄關迄來ル、口上申置、求馬〔小澤〕案内、伊助取次、兼而沙汰無之來ル、

同四月廿七日、大戸別當方へ使權之助口上、入院被致目出度存候、此間者預御見廻忝存候、其節致他出候間、爲御挨拶以使者申、留主ノ由、歸候ハヽ、可申聞候、

一、大床八龍神損候ニ付、宮之助〔國分〕藏人兼テ寄進ニ修覆再興致度願、先達而申、

〔五　月〕

今日五月七日、皆宮之介〔國分藏人〕方へ持往、大宮司代官尾形數馬・分飯司立合、再興ニ付、ふきん〔布巾〕布入候、是迄

稗*一兩に三石貳斗

井上河内守大坂城代仰付らる

銚*子に米なく佐原へ調來る

「*人別、」
*人別帳公儀へ差上ぐ

奥州西國不作

*路用入用修理料より遣すは宜しからず

*阿部殿へ人別帳納む

一兩に米五斗位

所〻ゟ寄進ニ上着候、衣服用度と申、無勿躰間成間敷候、大小衣服ノ數三百十七有之、數馬（尾形）も大宮司へ伺候処、ふきんニ成候へハ、不淨ニ成候間成間敷、分飯司申候ハ、ケ様之物ハ、大祢宜方へ納候事也、然共、無置処、燒候様ニも不致ハ成間敷、先大祢宜方へ請取、右再興七月七日出來、御宮へ上ル、

一、子五月、井上河内守（正賢）殿寺社御奉行御役替、大坂御城代被仰付、御跡役阿部飛驒守（正右）殿、諸司代ニ酒井讃岐（忠用）守殿、御跡役松平右京（輝高）（大夫脱）殿、大岡出雲守（忠光）殿御側五千石御加増、二万石岩付城主被仰付、其上若年寄四品ニ被仰付、元來ハ貳百石ゟ御立身也、

一、宝暦（マヽ）五亥年、度〻雨降、仙臺・出羽・信濃邊、惣而奥方大不作、西國モ肥後細川領邊、其外不作ノ由、中國ハ吉、常陸抔も半作位、下總・上總邊ハ吉、津輕別テ南部領皆無、會津・信濃大飢饉、會津・南部邊ニてハ松ノ皮ヲ熬（イリ）、葛ノ根・草薢（トコロ）（野老）・稗抔入食事スル由、仙臺モ殊外惡、南部程ニハ無之由、右ノ食事モ喰盡、餓死人夥敷由、子五月仙臺ゟ座頭大勢乞食ニ來ル、銚子ノ者仙臺へ米積遣候処、一兩ニ五斗位ノ仕切來候由、常陸・下總邊ノ稗・麦ハ、皆仙臺へ買上候由、仙臺ハ米ノ大元、常ニ甚下直、去年ゟ當春へ向、少も米不來候由、前代未聞也、仙臺ゟ來候者申候ハ、私共仲間ニて麦・稗、常陸ニて貳十万石も買上可申候、仍而此方も稗一兩ニかうニて三石貳斗ニ調候由、其後ハ貳石八斗抔申事、此節江戸表御張紙ハ四十七兩、町相場ハ兩ニ六斗二・三舛、此方ハ兩ニ七斗二・三舛、銚子ニ米無之候、大勢佐原へ調ニ來候由也、

〔七月〕

一、子七月七日、人別改帳面公儀へ差上ル、大宮司方ゟ大長手數馬（尾形）、私用有之、致出府候間、少〻路用遣、數馬ニ遣候而ハ如何と申來、何分ニも思召ニ御取計候様ニ申遣ス、尤右入用前〻御修理料遣候、不宜候、神領中ゟ出候様ニてハ、如何可有御座候哉、此段追而可及御相談候、右人別七月二日ゟ相改、大宮司年番故世話スル、扣帳有リ、是迄ハ番頭ノ内ゟ納メニ遣、同七月十三日ニ阿部伊勢守（豫カ、正右）殿へ人別帳納候由、十日ニ出伺、又十三日ニ出候由也、役人關平治右衞門、七月十八日、數馬歸國、

八龍神再興出來

一、七月七日、宮之介藏人（國分）居有之、今日八龍神再興出來、遷候由、五月七日ゟ取懸ル、

一、宮中鳥居去年夏建直、桶かわノ様ニ腰巻スル、其合セ目シツクイ（漆喰）ニてヌル（塗）相談故、子七月五日シツクイニてヌル、

「宮下へ下り口石橋出來、」

一、子夏中、佐原・銚子ノ者宮下村へ下り口石橋ニ仕、寄進仕度願、國行事（香取左近）悴内記（香取）ヲ以願、則願之通申付ル、此迄ハ横木ヲ伏置候処也、横三間ニ三十段余ニ成候由、子七月十二日出來也、

宮下下り口鳥居拵ふ

一、七月廿九日、宮下下リ口ノ貫無鳥居、此度石岩岐出來候ニ付、取はなし候へハ朽、用ニ不立候、急ニ願候由、數馬申候、舎人（伊藤）致相談候様ニ申聞ル、則拵ル、

一、七月廿九日、兩町ノ若者共新神事桷（角）力翌（ヨク）日故、扶持方無之、當日ニ有之候へハ、不入申候へ共――、仍之御神前御臺米貳俵扶持方御願申候由、大宮司年番願出候由ニて申來、使數馬、

返事、何分にも宜様ニ可被仰付候、

又見村藤助馬町願ふ

「馬町事、」

一、子七月晦日、大宮司使數馬、取次舎人、又見村藤助馬町ヲ願出候、御繁栄之爲ニも可罷成候、如何可致候、爲御相談ト申來ル、大宮司年番故、

返事、馬町ノ事、被仰遣候、御繁栄ノ爲ニも可罷成候、被仰付可然存候、此方相違無御座候、尤此方へも三郎兵（高木）へ方へ願候、御年番宮下へト申候由、

*新飯の市宮下宮中隔年に立つ約束

同日、又大宮司使來ル、馬町ノ事、左候ハヽ、休ノ方ニて立候様ニ致可然候、

返事、成程、宜可有御座候由申遣、右新飯ノ市ハ、宮下ト宮中ト隔年ニ立候約束也、

*宮下下り口柱二本建つ

一、子七月晦日、宮下下リ口ノ鳥居ノ似セニ柱二本建直シニ木見立ル、舎人・國行事も出ル、池ノ端ニて杉三尺二・三寸ノ大サ、木二本伐ル、數馬出ル、本ゟ有之形也、今度石岩岐致ニ付、根朽候故仕直ス、

〔八　月〕

*參詣人去年の十倍

一、新神事八月四日、古神事五日・六日・七日ト新市、去年ゟ始ル処、去年も常年ゟ參詣多、當年ハ又去年ノ十倍ノ由、參詣人多也、馬町も來年ゟト願候処、はや今年馬四十疋出、少〻賣買有之由也、

〔九　月〕

*信心にての願主

一、九月十日、大宮司方へ使求馬（伊藤）、神樂ノ節、信心ニて

*「香取四ヶ寺ノヿ、」

*惣持院來る

太々神樂執行ふ

*上總娘あや病死

「こまとう出奔、」

*五月末頃より暑氣當り

*醫師何人も見ゆ

惣持院隱居願

參候願主居候処、シツライ候ハヽ、可然候、爲御相談申進候、心付候間、無御相違候ハヽ、數馬(尾形)へ被仰付、舍人(伊藤)相談仕、拵候様ニ可被仰付候、

返事、願主出席ノ義、被仰遣致承知候、可申付候、其後兩人相談ニて木伐セ取付、西ノ方・東ノ方へ七・八間計ニ二ッ拵候相談也、

太〻御神樂執行、九月十六・七・八、〔日脱〕國行事(香取左近)、願主大宮司方世話、當春中も兩度有之、

一、子九月廿八日、惣持院ゟ清右衞門(額賀)方へ使僧、岩岐ゟ來ル、堂宿口上、護广〔摩〕堂義、春中物成をも給、仕廻候と申事故、私方へ呼置候、去月中成田參リニ參ルト申出候、夫ゟ沙汰無之、不歸候、大方歸リ申間敷候、其元迄爲御知申候、御上江御披露被成可被下候、清右衞門申候ハ、夫ハ出奔ニて御座候哉、成程、左様ト使僧申候、惣持院ニ居候時も寢テ計居候、こまとう(護摩堂)ニ居候而も戸・せうし(床子)打さき、薪ニ致候様成不埒者ニて御座候段、使僧咄候由、右使僧名東海、

〔十月〕

一、十月十日、惣持院(精範)來ル、和泉不快不逢、求馬(伊藤)方へ拙僧隱居仕度段、門末へ申聞候処、香取四ヶ寺ノ事抔申候、無住ニノ置、寺德抔ノ事申候間、拙僧申候ハ、僧無之候、有之候へハ居候、前〻不埒之者共ニて有之候、住僧有之候へハ、居候事ニて候段申聞候、就夫近日參候而承候事も有之候間ト申歸ル、

十月十三日、惣持院來ル、不快ノ由申聞ル故、式臺(タイ)ゟ歸ル、

○一、十月十五日、八時晝也、實行末ノ娘あや五才病死也、五年以前、四月六日夜六ッ時出生也、大祢宜百姓大坂ニ居奥右衞門、其子勘右衞門、其子平四郎娘左喜腹ニて生ル、号安屋(アヤ)比咩神靈、新福寺廟所内膳胤信公石碑ノ直右ノ方ニ納之也、新福寺ニテ改名雲光鮮白童女、右あや五月ノ末比より暑氣當リノ様ニ、夜〻惣身ニ汗出、ね(寢)クルシクニヨイ有リ、仍而薬用、七月始ノ比面抔少〻腫氣見へ腹張、七月盆ノ比ゟ手足ニも腫氣見へ、とかく次第ニ腹張リ大用ユルク、七月十六日左(佐、下同ジ)原村醫師石田見益呼見セ、七月廿三日嵯峨昌庵、是ハ江戸ゟ來ル、左原ニ居呼見セ、其外鹿嶋木瀧ニ居筑前、又玉造玄悦、又ハ左原ゟ一兩人呼見セ、末迄右昌庵薬用、間ニハ他ノ薬をも用、段

〻腹張ルヿ至極也、乍去元氣ハ能、毎日咄抔致、或ハ笑候事も有之、食事も朝晝晩相應ニ能給、差而痛所無之、小用一日ニ茶碗ニ六・七盃返、又ハ二・三盃、又ハ一盃、其内も返、小用五・六盃返候時も腹ノ張ハ不減、大ニ張スキ返ル樣ニ見へ、ほそ出、大小用能返候節ハ、氣配能、是ニてハ段〻快氣ト思候へハ、又ハ打返シ〳〵度〻之事也、然レハ惡症ト聞へ候、脾胃虛也、長病之事、隨分心ヲ盡療治雖致、無其甲斐也、去ル五月中女共へあや申ハ、何とかシタルニ付、おれハ頓而死候由、女共申候ハ、ドコへ御出候哉と申候へハ、天へト申候由、又五月末小袖新敷仕立、皆能小袖ノ由申候へハ、キラレ（著）ハセスト哉覽申候由、仍而皆〻氣ニかけ候事、年比ゟ惣躰おとなしき事也、天數盡、天命限リト被思事也、

腹の張減ぜず

あや義、長病故大ニ內弱○〔脾胃〕虛候事也、九月廿八日何か世話やき唱始、少計咳出、夫ゟ（大音ニてはゝ呼）大ニ登セ樣躰惡敷ニ付、獨參湯抔用、漸靜シヿ也、十月十九日晝九ツ時過、イツモノコトク左喜ニイダカレ、湯付（附）ヲ左喜ト一同ニ喰、其処へ上總往候処、左喜ニマケズニ喰候ト抔、自身器ヲ持申候間、よき事抔申候処、直ニワツカカサ〳〵ト咳出候間、其儘六君子湯せんし候ニ、セうかシル入用、少痰ハキ、四・五度咳出、ソレモ無力、少ノセき也、急ニ登セ、醫師も參居候間昌庵（嵯峨）也、薬用、左喜ヲばゝ〳〵ト常〻申候、声高ニ二声申、左喜少カ、へ上ル、夫計也、其前薬抔度〻、延令（齡）丹抔も口へ入候へ共、登セ故はき返し落命也、年よりハ利口ニ有之、皆人愁傷スルヿ也、落命ノ節ノばゝ〳〵ト高キ二声ハ、急ニ押懸ヲワレ候樣成事也、急ニ大ニ登セ候事也、

天へ出づるとあや申す

去ル四月中ハ、實香妻・行高妻一同ニ鹿嶋・息栖抔へ參詣爲致、殊外面白悦候由也、

*實香妻行高妻鹿嶋息栖參詣

一、子十月十九日、神前神樂所道具等修覆、相談ノ上兵衛大夫假役、帶刀（貝田）江戶へ出足、

*神樂道具修覆につき帶刀出府

一、猿田彥面一ツ、修覆古キヲ、　一、白狐面一ツ修覆、　一、鳥甲、新規拵ル、　一、大口白一ツ、　一、神子袴二ツ、新規、右ハ大宮司方ニ預ル、　一、神子舞衣練上二ツ、新規、　一、大口、新規赤、　一、舞衣一ツ、うら付、新規、右大祢宜方ニ預ル、

一、大鞁、片皮、　一、大拍子皮、二掛、　一、鈴二ツ、新規、　一、かんさし（簪）二ツ、新規、

入用道中路銀
*惣持院へ使遣はす
「*惣持院
妙──、
宝──、
無住ノ事、」
*妙塔院等四ヶ寺永々無住
*惣持院隱居届く

右入用道中路金共、惣〆金十両三分ト三百廿貳文、
錢両ニ四貫五十文かへ、
右代付、一、四十匁、白大口代、　一、九十五匁、赤大口代、　一、貳匁五分、同シメ尾二懸、　一、七十五匁、舞衣代、　一、九十匁、神子装束二ッ、　一、八十三匁五分、同袴二下リ、　一、七十匁、烏甲代、　一、七匁五分、猿田彦表、　一、三匁五分、狐面、　一、十五匁、舞鈴二振、　一、十五匁、大靴片皮張替代、　一、九十匁、大拍子二から張替代、　一、十五匁、かんさし（簪）二頭、　〆六百貳匁、金〆十両ト百三十四文、
一、金壹分ト四百文、道中上下入用、　一、壹分ト六十四文、江戸雜用八日分、一日百三十貳文、
一、貳百五十文、江戸逗留中小遣入用、　一、三百文、大靴淺草迄爲持候入用・出來祝儀共、
一、百十六文、荷ツ、ミ琉□、　一、六十八文、濕紙一枚、
〆金貳分ト壹貫貳百文、　二口〆金十両三分ト三百廿貳文、

〔十一月〕

一、子十一月二日、惣持院へ使孫大郎（高木）、口上、日外御出ノ処、不快故不得御意候、其砌求馬（伊藤）へ御咄被成候趣致承知候、其儀ハ如何御座候哉、相濟申候哉、御様子承度候、
惣持院使ニ逢、入御念候、一昨日門末寄、旧記等も見セ、此方ヲ差置打越候段も呵、㕦見をも申候、仍而申スコシニ門末成相濟候、然ラハ、弥隱居等も無相違致候様ニと相談相極候、右之段今日抔伺公可仕と存罷在候処へ、御使ニて候、宜ト申事也、妙塔院等ノ四ヶ寺永ミ無住ニて候、其様成事も訳立、隱居致候様ニと、門末ノ内光明院・新福寺抔申懸リノ由、其儀、住持有之候へハ、願居（スヘ）候事ニて候、相應ノ者無之候、此方ノ自由ニハ不成候由、段ミ旧記等をも見セ候、前ミノ事抔申聞セ候へハ、何も得心ノ由抔咄候由也、
一、十一月、惣持院使僧東海、口上、拙寺當暮迄（マテ）ニ隱居致候存寄ニ御座候、江戸表本寺方ヘ披露ニ參申候、乍略義以使僧御届申上候、
返事、御使僧口上之趣承置候、大宮司年番故、アノ方へ申候様ニト申遣、使僧へ舎人（伊藤）申候ハ、隱居ト申

*西大須賀の者燈籠寄進

惣持院出府の御届申す

*惣持院隱居仰付らる「*惣持院隱居事、」

*後住四ケ寺撰ぶべし

惣持院舊記見ゆ「*修理料内勘定、」

孫大夫左京祖母病死

*服忌令に妾の服なし

候ハ、重キ事ニて候、自身御越御相談被成可然事ニて候、是ハ拙者心付候間、其元迄咄之由申遣、
十一月七日、（精範）惣持院舎人処へ來リ、昨日ノ御咄御深切忝存候、拙僧余リ念過申候而、出府ノ御届ニて候、四ケ寺へ隱居願候而も不相濟時ハ、隱居御願申候而も如何ト存、出府ノ御届ヲ申上候、口上ノ間違も可有御座候、右之段、舎人申ニ付、入御念候事ニて候、從夫惣持院來ル、和泉逢、惣持院申候ハ、昨日申上候通、私義も住職十六年相勤、今年六十二才ニ罷成候、勤難候間、御暇願隱居仕度候、和泉挨拶承置候、年番之事故多宮方へ被申候様ニと申、後住之義ハ、如何ト尋候へハ、四ケ寺ニ而門末ノ中法ヱヲ差出、吟味ノ上撰候上御願申上候、和泉とかく前方ノ書付（カキ）ノ通ニ被成候か能候、惣持院随分旧記ヲ見候、相心得候由申、

一、十一月十三日、孫大夫左京祖母病死、八十一才也、佐恵比咩神炅ノ實母也、實香・行高ノ實ハ祖母也、實行妾ノ母也、服忌令ニ妾ノ服ナシ、乍去實香・行高九十日ノ半減、四十五日職柄故、服忌受之、右祖母在名左加、

一、十一月廿日、大宮司使數馬（尾形）、取次舎人、西大須賀領之者、神前へ金とうろ（燈籠）二ッ寄進仕候、然共銘ニ常夜燈ト有之候、金子不足ニ候間、是迄及延引候、金子出來候間、朔日・十五日ニ計御燈上ケ申度候、御相違無之候ハヽ、今日ゟ神前へ差出申度候、
返事、何分ニも宜様ニ御計被成候様ニ、入御念候事ニ而御座候、

一、十一月廿五日、惣持院來ル、私義も先頃出府、此間歸寺仕候、於四ケ寺隱居首尾能被申付候、後住之義ハ、明日門末ノ者相寄、世壽法臘書出シ、四ケ寺へ差出申候、四ケ寺撰候而、其上御兩所之御許容相受可申候、隱居首尾能被申付候、爲御知伺公仕候、先達而十一月七日隱居願ニ來ル、

一、子十一月廿八日、大宮司方へ使遣、高木主膳口上、年久敷御修理料勘定無之候間、内勘定致、尤其元ニても左様被成、其上ニて御立合ツキ合候様ニ致候ハヽ、早ク相濟可申と存候、先内勘定申付候様ニ心付候間、致度候処、享保十六亥年屋祢ヤ市右衞門請取書付共見へ不申候、其元ニ御座候を御写させ被遣、御見セ被下候様ニ致度候、

「*傳五右衛門聟利介事、」
*新道傳五右衛門聟利助離緣
「江戸大火、」
林大學より出火類燒
*離緣屆なきは無調法
青山筋出火
*大宮司多宮材木願ふ
深川出火
御本丸出火
近年なき大火

返事、取次數馬、イサイ(委細)致承知候、書付共混雜仕候間、急ニハ難見分候、其内見分、從此方可得御意候、

〔閏十一月〕

一、子閏十一月朔日、江戸叔父樋口梅有方ゟ申來ル、當時神田らうそく(蠟燭)町ニ樋口住、
始十一月廿三日ノ朝六ッ時前、八重すかし(洲河岸)林大學(信充)ゟ出火、西風強、溝口出雲殿(直溫)・織田若狹殿(信右)・青山因幡守殿(忠朝)・松平勝五郎殿・井上河內守殿(正賢)・牧野越中殿(貞長)・永井飛驒殿(直期)・本多美濃殿(忠敞)・松平和泉殿(乘佑)・松平越後守殿(定賢)・松平伊豆守殿(信復)・松平能登守殿(乘蘊)・松平土佐守殿(豐敷)・松平阿波守殿(重喜)・井伊兵部殿(直存)類燒、右同刻青山筋ゟ出火、麻布百姓町二本松邊品川方迄燒失、右同日同刻筑地(築)ゟ出火、門跡邊是も夥敷、同日同刻、下谷向柳原邊出火、是ハ少ノ事、同日同刻、深川出火、十二・三町燒失ノ由、廿四日ノ朝四ッ時迄燒候由、右之通申來ル、御本丸出火ノ処、早速モミ消候由ノ沙汰也、仍之江戸殊外騷〻敷也、其外尾張町ゟ出火、海迄燒、通筋ノ町人大ニ燒候由、近年ニ無之大火ノ由也、乍去此方親類・緣者共ハ、一人も無障候由也、

一、子閏十一月十六日、新道香取傳五右衛門聟利助廻田檢杖弟也、去年中ゟ離緣致候哉、曾而此方勤も不致候、去ル七月中人別改ニも傳五右衛門(香取)方ニ不載、勘左衛門方ニ載有之候、仍之今日帶刀(貝田)・藏之助(內山)兩人を以、淸右衛門(額賀)方ゟ訳尋候処、傳五右衛門呵候事有之、呵候ヘハ不居候、利助妻ニも尋候処、見屆無之離緣之由申候、
同日、勘左衛門・利助兩人淸右衛門呼尋候処、離緣之由、然ラハ屆無之哉ト呵、無調法ノ由、心付不申候由申、始ハ願奉公をも勤候事也、當秋ノ人別帳ニも利助・勘左衛門人別ニ入、傳五右衛門方ニハ不入候、

一、子閏十一月廿日、享保十六亥年修理料遣方ノ書付見セ候樣ニ舍人(伊藤)ヲ大宮司方ヘ遣、多宮申候ハ、大宮司普請ニ付、材木不足ニ付、狹山ニ半枯ノ杉一本、手前屋敷ノおふりニ成候、代物上ヶ遣申度候、宮中ニ而得心ニも無之候ハヽ、宮林ノ事故無用ニ可致候、舍人方ヘ致相談候樣ニ、尤御相違無之候ハヽ、ト申來ル、又參籠所屋祢・玉籬抔春ニ成、修覆セすハ成間敷候、今宮林ノ枯木伐置候ハヽ、可然候、舍人ヘ申合

候様ニト數馬（尾形）申候由、

閏十一月廿二日、舎人さ（狹）山ノ木ノ事、思召ニ被成候様ニ、杉五尺計ノ大キ惡木ノ由也、數馬舎人方へ御世話忝申候由、

「*惣持院後住許容願」」
*惣持院後住に西福寺願ふ
「枯杉屋祢板伐置」」

同日、宮林ニ而未折ノ杉、又ハ立枯杉、屋祢板ニ根伐致、舎人・數馬出、和泉、舎人へ申ハ、番頭見分爲致候而ハト申候へハ、大宮司申候ハ、生木ニても有之候ハヽ、候へ共、枯木等ハ前も番頭無見分ニも伐候間ト申、年番ノヿ故任其意、廿二日・三日・四日、右木ハ大坂へ下リ口ノ邊九尺大サ一本、中程サケ、經藏後ニて八尺大サ中折一本、宮林ノ内六尺余枯杉一本、イカツチ（雷）ニて四尺余枯杉一本、〆四本伐ル、

枯木番頭見分なし

*惣持院後住許容願ふ

神樂道具入用

一、子閏十一月廿七日、宮之助（國分藏人）・物申（香取右近）・數馬・舎人、大宮司宅立合、神樂道具調候入用、帯刀遣方金十兩三分、銭三百廿貳文、外ニ遣方四兩壹分、四百五十貳文、二口〆十五兩、七百七十四文、大〻神樂實行及相談道具金、一度ニ金貳分ツヽ出サスル、宝暦元未九月ゟ同六子十一月迄、〆十二度、金子合六兩、此度御修理料へ差上、遣方ニ遣、細ハ御修理料遣帳ニ記、

*和泉服ゆゑなるまじを申遣す

〔十二月〕

一、子十二月三日、惣持院門末使僧中須村長福寺・津宮村偏乘院來ル、清範（精）義、此度隱居仕候ニ付、於四ケ寺山野邊村西福寺ヲ後住ニ被撰候、仍而先年ノ通、御許容之儀奉願候、挨拶、年番大宮司方へ被申候様ニ、使僧へ取次ニ爲申候ハ、先年ハ末寺衆被參候様ニ覺候、尋候所、使僧不存候、私共ハ被申付參候、歸候而其趣可申聞候、

十二月五日、篠原村隆德寺・津宮村偏乘院來ル、此間申上候通、惣持院後住之儀、寂早無余日之間、御許容被仰付被下候様ニ奉願候、

挨拶、此間ノ通也、

十二月五日、大宮司使數馬（尾形）、惣持院許容之儀、度〻申來候、如何可仕候哉、

返事、一昨日願出無間、今少間有之候而も可然抔申、尤先年之格咄候様ニ申遣、十六年前其元御差合、此方年番ニ候へ共、御越無之ニ付、其元へ拙者參候、此度者此方へ御出被成候ハヽ、成間敷段申遣、和泉服故也、

*惣持院許容申渡す

十二月十日、織幡村密藏寺・油田村西光院來ル、此間申上候通、御許容之義奉願候――、此間問合も有之候、近〻沙汰も可有之候、

*惣持院禮に來る

十二月十二日、惣持院精範來ル、私義御許容相濟候ヘハ、近〻隱寮江引移申候、御暇乞ニ參候、和泉挨拶、先格之通被致候樣ニ申聞ル、

同日、大宮司方ゟ使數馬、惣持院許容之儀、近〻可申付候哉、爲御相談――、

返事、御尤、又來ル、日限之儀申來ル、

返事、十六日頃ト申遣、大宮司此方へ可參由、西福寺ヲ呼、兩使遣可然候、

十二月十三日、兩使を以、惣持院へ西福寺呼ニ遣、來ル十六日和泉宅ヘ西福寺用之儀有之候間、可被參候、尤印形致持參候樣ニ、実名聞ニ遣、惣持院承知仕候樣ニ申來、実名隆昌ト書付來ル、

*惣持院入院見廻

酒運上人訴訟申す

一、十二月十日、酒運上人共訴詔〔訟〕ニ出候ト申、大宮司方ゟ使、則致相談、高ノ内ニて金三分差許、

「惣持院許容證文、前〻之通致印形」

*和泉御年禮に出府

一、十二月十六日、西福寺來ル、先分飯司処ニ中座スル、大祢宜宅江大宮司始番頭來ル、此節大祢宜服中故、大宮司宅へ不被往候ニ付、大宮司來ル、則西福寺呼、

惣持院許容申渡ス、間ヲ隔テ着座、則前之通證文へ致印形、写ヲ望ニ付遣、

右證文本書大宮司預ル、文言前〻之通、夫故此処ニ不記也、惣持院隆昌ト実名ヲ申、宝暦六丙子年十二月十六日右申渡、

許容濟、門前ゟ取テ返シ、玄關迄礼ニ惣持院來ル、尤入院、又ハ兩所ヘ見廻ニも先達而兩代官迄爲知候樣ニ右申渡、又年始等兩所惣持院へ參候節、古ハ門迄送迎ニ被出候処、戒光入院ノ節、緣側迄迎ニ、出送リニハ式臺迄ト申候ニ付、其通ニ致候段も申聞ル、

十二月十七日、分飯司方迄使僧東波〔海カ〕口上、當住中候ハ、來ル廿一日ニ入院仕候、御見廻ハ廿二日惡日、廿三日ニ御見廻ニ出可申候由申來ル、

致承知候由申、

十二月廿三日ニ惣持院入院見廻ニ來ル、土產五本入箱扇子幷大風呂敷二ツ、隱居方へ三本入扇子、中風呂敷二ツ詰也、惣持院拾疊敷へ通、上總出逢、對座、吸物・盃出、上總ゟサシ返盃、次ノ間ノ疊迄送ル、

一、十二月廿日、和泉御年禮ニ出府故、惣持院へ隱居上總出會、

惣持院祝儀

一、十二月廿四日、惣持院へ祝儀使藏之助(内山)、麻上下ニて、
大宮司方ゟ要助、同斷、一樽ツヽ、貳本入扇子同樣ニ
遣、申合同道ニ而口上、首尾能御入院目出度存候、
爲御祝儀使者を以申進ル、

大々神樂六度執行

一、當年中大〻御(神)樂六度執行也、
　　　　　　　　　　父上總實行〻歳六十五
　　宝暦六丙子年十二月　香取大祢宜和泉實香
　　　　　　　　　　　　　　　行歳二十六

立春　來る春のひかりもしろく天の戸の
　　　明行空の四方そ長閑き　　胤(タネ)信

若葉　春淺ミ消殘るゆきをかきわけて
　　　下もえ出る若葉つまゝし　　同

春曙　有明の月もいるさの山端に
　　　霞て殘る春のあけほの　　同

夕虫　道野邊の秋の夕そすきうけれ
　　　草むらことにしけきむしの音　　同

野月　野をわけて行道芝の露ことに
　　　光をそへてやとる月かけ　　同

冬月　置霜の深きかうへに照そひて
　　　顔も氷れる冬の夜の月　　同

雪　おき出てみれハめつらし夜のほとに
　　積りにけりな庭の初雪　　同

橘　むかしさそすきこし今も誰か袖の
　　香に匂ふらん軒のたちはな　　實行

　　小夜更てなをなつかしみいにしへを
　　しのふ杖ににほふたちはな　　照

夏草　見るも涼しみとりの中にしら玉の
　　　露の花咲庭の夏草　　實行

　　　はらへともつきセぬたねやしけりそふ
　　　線も涼し庭の夏草　　行高

　　　見るも涼しミとりもふかく夏草の
　　　しけみを虫のやとりとやせん　　照

七夕月　秋風にはるゝ月夜の影清ミ
　　　　わたり涼しきかさゝきのはし　　實行

　　　　漕出る月のミ舟や天川
　　　　すゝ敷わたる星合のそら　　同

　　　　今宵さそしつけき夜半の月かけに
　　　　あふセや涼し星合の空　　實香

　　　　天川月のミ舟のかけ清ミ

わたりすゝ敷星合のそら　照

早秋　此朝氣あつさわするゝ荻のはの
をとにおとろく秋の初風　實行

めつらしや萩の片枝に咲初ぬ
今よりはなの秋とおもへは　實行

さたかにはそれともみえぬ荻のはに
先おとつるゝ秋の初風　實香

いつしかと夏も一夜にくれ竹の
葉すへ涼しき秋のはつかせ　同

秋きぬとおもへははやも夏衣
ひとへに今朝の風そ涼しき　照

夜虫　あきらけくさし入窓の月かけを
めつるや虫のこゑのあはれさ　實行

長き夜のねさめの床の淋しくも
猶あはれそふ松虫のこゑ　未温 分飯司 求馬

外山鹿　秋風に外山の紅葉かつちるや
ふしと定めぬ左男鹿のこゑ　實行

すミ登る外山の月に向ひてや
つまとふ鹿のこゑのあはれさ　同

あはれさを聞も外山の月影に
よたゝ妻とふ左男鹿のこゑ　實香

聞に猶袂露けき衾さは
外山の秋に鹿のなくなる　照

うき秋を人にしらせてつまこふる
外山に鹿のこゑもたゆます　同

つまとふや小野ゝ草ふしふミわけて
外山にかよふ左男しかのこゑ　同

霜　夜の程のさえ行空に庭の面
ひとへにをける今朝のはつ霜　實行

山　松かけの苔ふミわけてをく山の
たか根に見ゆる遠の一むら　同

霰　吹をろす風もしきりに板ひさし
あられたハゝる音のはけしさ　同

川　石川や瀬〻の流の水清み
そこにもみゆる月のさやけさ　同

橋　谷ふかミわたりなれてや丸木はし
見るめあやうくかよふ芝人　同

打渡る人もまれなる山里の
みとりもふかき苔の岩はし　實香

あやうしないく代か寠に杣人の

なれてこゆらん谷の岩はし　行高
朝夕に見れは行かふ芝人の
わたりなれたる谷のかけはし　照

池
池の面ミきハの松の枝たれて
波のあやなす影そしつけき　實行
氷とけみきわまされる池水も
波たゝぬ代の春そのとけき　行高
青柳のいとよりかゝるさゝ波も
なきてしつけき庭の池水　照

春戀
人よしれいつかハおもひ山吹の
いわて年ふる心つくしを　行高
しらセはや春とはいへと人そうき
うすみの衣はれぬおもひを　照
おもひやるそなたの空の春霞
立なへたてそほとへぬるとも　同

夏戀
かた糸のよるにもあかぬ夏衣
ひとへにうすき心をそおもふ　實行
おもひあれは木末のセみの鳴ねをも
よそに聞さへ袖そ露けき　同
しるやいかにおもひあまりて此比の
螢よりけにもゆるこゝろを　行高
人よしれ沢邊の螢みたれては
夕の空にもゆるおもひを　宣智孫大夫左京

秋戀
たのめこし秋のおもひや有明の
月よかひなき松虫のこゑ　實行
道の邊や尾花か袖の露けるを
いかにつれなく秋風の吹く　同
かハらしと契し人も秋ふけて
我身うつしの声そはかなき　實香
秋風やいかに吹らんくすのはの
うらみても猶人そ戀しき　是繁大細工波江

冬戀
かくそとも人ハしらしなしら雪の
またうちとけぬ中のおもひを　照
年ふれと人の心ハしら雪の
つもるおもひの我のミそする　同

曉戀
曉のわかれものうき袖の露に
かけハさやけき山端のつき　實行
うしや人またあふこともしら露の
おきわかれにし曉のそら　實香
ゆめとのミおもふもうしやよこ雲の

みねにわかるゝあか月の空　照
またいつとちきりもあへぬあか月に
たちわかれぬる袖そ露けき　同
親の身まかり十とせ余リ、その日にあたりけ
れは、胤信公十四年以前八月六日身まかりニける、
有し世をおもひつゝけてなき人を
とふもはかなく殘ることのは　實行
なき人の跡とふけふのおもひ草
余りてむすふ袖の露けさ　同
香取の社にまふて花のさかりなるを
人や見む咲にけらしな神かきの
にほふかとりの花のさかりを　實行
神もさそ清きこゝろの色ふかき
花のさかりの春やめつらん　同
螢
夕やミの道のしるへや數あまた
ひかりをそへて
螢飛かふ春の涼しさ　同
けふの日の暑わすれてこゝかしこ
螢飛かふ窓の涼しさ　同
蚊遣火
軒はもる月の光りも蚊遣火の
けむりに霞夏の夜の空　同

殘り身をくゆるおもひやいふせくも
いかにたゝらん夜半の蚊遣火　同
螢
夕やミに數あらはれてぬきみたす
玉と見わまて螢飛かふ　行高
川水にうきて流るゝ影見えて
波のよふ〱ほたる飛かふ　實香
涼しさよ光あらはに數あまた
螢流るゝ夏の河なみ　同
浦蚊遣火
夏といへは夕いふせくなにはめの
あし火たくやにくゆる蚊遣火　行高
塩たるゝ浦はの海士やいとまは
よるハふせやにたつるかやり火　勝宣（三郎祝安大夫）
納涼
岩間よりもり來る水の底清ミ
かよふや秋の風の涼しき　實行
かへるさも暑もわするる石川や
流をつとふ風の涼しき　同
村雨のはるゝ夕の山端を
月さしのほか影の涼しき　實香
夏木
山高ミ茂る木かけに立よれは
夏をわするゝ風の涼しさ　實行

枝たれてをのかさま〳〵しけりあふ
涼しさわきて松の下風　同

むかしおもふ袖の香ゆかし夏の夜の
涼しくかほる軒の立花　行高

夏夜
涼しさよふけ行夜半ハ蟬の羽の
ころも手うすくかよふあき風　同

かけ清ミむかふも涼し山端に
殘りてしらむ夏の夜の月　照

貴賤夏祓
御祓川高きひくきの瀧ハあれと
すめるこゝろハへたてあらしな　實行

立秋
秋の色さたかならねと夏衣
ひとへに今朝の風そ涼しき　同

何となくけふより秋の初そと
おもへは猶も袖の露けき　同

白露もまた置あへぬ玉くしけ
あけて涼しき秋の初風　實香

夜をこめて秋や來にけり今朝ハまつ
昨日にかわる風の涼しさ　行高

いとはやも秋來にけりとしらせてや
袂涼しき今朝の初風　照

しけりそふ夏もいつしかくれ竹の
一夜に涼し今朝の秋風　茂正（小沢伊介）

七夕
けふといへはこゝろありてや波たゝぬ
天の川原の星合の空　實行

天川幾年月か小夜衣
うしなく今宵星やあふらん　實香

かけ初し契りも深く七夕の
たえすそわたるかさゝきの橋　行高

あひ見まく星や嬉しき七夕の
年に稀なる天川はし　同

月前歌
をとたつる荻のは風も月かけの
露にやとれる夜半のしつけさ　實行

月影の宿かる夜半の露の玉
吹なさそひそ荻の上風　行高

秋夕露
秋の夕花咲萩の下枝まて
もくさてむすふ露のしらたま　實行

秋といへは草の葉ことにさひしさの
ゆふへ待えて結しら露　同

虫怨
鳴虫の声もあはれにくツのはの
來る夜半ことの秋やうらむる　同

うつり行末野の秋の夜を寒ミ
怨やむしの声のあはれさ　照

名所鶴
秋今宵月もあかしの浦風に
めつるやたつのもろこゑになく　實行

鹿聲遠近
野をひろミ聞はまちかくなく鹿の
たちとをかへて妻やとふらん　同

山家
つれ〳〵ハいとはて住とおく山も
なれてものうきこともこそあれ　同

八月十五夜
さやかなる月も今宵ハこゝろあらん
詠めまもれぬ大和もろこし　同

待むかふ山端匂ふ月影ハ
いつれ今宵の高き名をしる　同

名にミつる月の今宵ハかハらねと
あらたなるかけハさらにさやけき　實香

さやけしな空にのこらぬ雲の波
夜とも見えぬ望月のかけ　同

不知夜月
いとゝ猶詠もまさるすミ出て
しハし木の間にいさ宵の月　同

九月十三夜
暮あへぬ空より出て長月の
なかき夜あかす詠あかしつ　實行

月とのミ見る人まても長月の
今宵さやけき影やめつらん　同

ことのはの詠もつき〳〵名に高き
此長月のさやかなるかけ　同

名にめてゝ四方のうき雲空にきへ
さやかにすめる長月の月　行高

月前雁
月すめと己か羽風も心して
むら雲はらへ天つかりかね　同

すミのほる月にしはしのうき雲を
羽風にはらへ秋のかりかね　照

初冬
今朝よりや時雨初けん山風の
さそふ落葉の音のさひしさ　實行

木の葉散る音さへそへて今朝よりハ
時雨るゝ空の風そさむけさ　同

名所鶴
幾千代のかきりもしらしなにはえや
すむあしたつの打むれてなく　行高

幾年の契りをこめて住たつの
名にこそたつれ松か浦しま　同

あしたつのよはひ久しく住吉の
浦はの松に千代や契らん　照

幾年かかきりも波も津の國の
なにはたちぬる芦たつのこゑ　同

山家
のかれ入山のすミかもしかすかに
思ひこそやれ古里のそら　行高

こぬ人を松にあらしの芝の戸ハ
明くれ淋し山の下庵　同

眺望
海原や塩路しら波見るかうちに
きへて跡なきあまのつり舟　實行

和田の原夕日の影に數あまた
波間に遠く見ゆる釣舟　同

和田の原はてしも波にかつハきへ
かつあらはるゝ海士のつり舟　實香

竹
みさをなる色を敎や植置て
常に學の窓のくれ竹　實行

うきふしのことわさしけき世の中に
すくなるまゝをおもふくれ竹　同

すくなるを心の友とうつしうへて
幾代なれ見む庭のくれ竹　實香

うつしうへて詠あかしつ呉竹の
千代をこめたる影にならひて　行高

浦松
幾年か名にしあふミの浦風に
なれて老セぬからさきのまつ　實行

夕日さす影にそなたの雰はれて
さたかにみゆる三保の浦松　同

しかの浦やひまなくよするさゝ波に
しつえをあらふからさきの松　照

冨士
神代にもすかたかハらて大空の
雲間に高き山ハふしの根　實行

うつし繪にかくさへそれとたくひなき
空にそひえしふしの柴山　同

朝日には猶かゝやきて白妙の
詠も高き雪のふしの根　照

高き名の山ハ多くいも中空の
雲の上なるふしのしらゆき　勝宣（三郎祝安大夫）

曉
行末をおもひつゝけて老か身の
ねさめものうき曉のかね　實行

山端をてらす光ハ有明の
月もハこゑの鳥にあけ行　同

何となく心そすめる月かけの
かたむくかたの鳥のこゑ〳〵　同

時雨　山端ハ夕日にてらす時時雨
今誰か里へ行めくるらん　實行

夜の程の露に時雨にいろ〳〵に
そめてそみする庭のもみちは　同

苔　山影の岩ほに誰かぬきかけし
こけの衣ハかハく間そなき　同

幾年か岩の上なるこけ衣
ミとりにやとる露のしら玉　同

初秋露　秋といへは風よりさきに今朝ハはや
お花か袖にむすふしら露　照

浦千鳥　須麻の浦さへ行月に明石かた
かよふ千鳥や幾夜鳴らん　三尾 妹實行

鷹狩　暮るとも今ひとよりや狩行かん
枯野の草にきゝす鳴なり　奈加 妹實行

立春　古年といひ今年とわくる天の戸を
明初るよりや先霞むらん　實行

春曙　有明の月の光りも嶺遠く
霞たな引あけほのゝ空　同

更衣　ぬきかへて今朝より夏とならハしの
また身になれぬ蟬の羽衣　同

夘花　神垣のすゝしさもなを夘月咲
花のしらゆふかけて祭れは　同

七夕　稀にあふ天の河原はねへても
わたりなれたるかさゝきのはし　同

秋夕　秋といへは草葉にあらぬ袂まて
いかに露けき夕くれの空　同

朝霜　玉本このみちふミわけし跡もなく
なへてそおける野邊の朝霜　同

冬月　秋に見し影はさなからかわらねと
霜にさへ行冬の夜のつき　同

*引地清二郎悴長七郎に家督申付く
恆例の御祭禮
松崎式部出府
和泉式部兄弟登城
鳥居伊賀守へ出づ
*清二郎不行跡
*靈社建つ
*おとも畑外道への杉苗植うる件
和泉江戸出足

〔寶暦七年正月〕

寶暦七丁丑年正月

一、正月元日、晴天、七日迄天氣能、恆例ノ通御祭礼勤ル、和泉義、御年礼ニ旧冬廿日ニ出足、

正月二日、献上御祓、江戸へ孫太郎(高木)差遣、松崎式部も出府、申合、三日ノ八時行德村ニテ出會、同舟ニ而神田鍋町和泉旅宿江着、

一、正月六日、天氣能、和泉・式部(松崎)兩人共登　城、首尾能御礼申上ル、年始ニハ兩人共始テ登城也、和泉義ハ去ヽ年戊代替繼目御礼ノ節登城也、御老中・寺社御奉行所同日勤、

一、正月十七日、鳥居伊賀守(忠孝)殿へ和泉出、明日御内寄合御目通リへ罷出、御礼申上度由願、佐ヽ生武左衞門先例尋ル、前方罷出候、尤不罷出時も有之候、其元ハ始テニて可有之候、帳繰見可申由――、又出ラレ帳ニ有之候、被出候樣ニト被申、

正月十八日、寺社御内寄合江出ル、

正月廿三日、江戸出足、八幡村ニ止宿、廿四日、夜九時歸宅、

〔三　月〕

一、丑三月十日、大宮司方へ使求馬(伊藤)、取次數馬(尾形)、大祢宜引地清二郎義、取沙汰不宜ニ付、悴長七郎ニ家督申付、清二郎義ハ立退候樣ニ可申付存候、右之段爲御知申候、

返事、引地清二郎義被仰下、とも角も思召ニ被成候樣ニ申來ル、則其夜宮中清右衞門(額賀)於宅、役人共立合、證文爲致、右之段申付ル、清二郎難有由申、彼者旧冬ゟ呼ニ遣候所、不居ニ付延引、彼存寄ハ段ヽ僉義(議)ニ逢可申ト、旧冬ゟ迯候由ノ沙汰也、家督悴長七(郎脱)ニ被仰付候へハ、難有ト申事也、立退重而神領へ出入無用ト申筋ノ證文也、右清二郎スリ抔致候風聞也、自分不行跡ノ覺有之故、難有ト悅事ト聞へ候、

一、丑三月十七日、靈社建ル、一間ニ九尺、御輿ノ処ハ高ク、廂三尺ニ貳尺程、大祢宜屋敷ノ内并ヽ殿之隣リ也、

一、丑三月十五・六日ノ比、おとも畑ノ外道ノナダレ、南辰巳ノ方也、其下ノ田宮下百姓六右衞門持主也、其縁ニテ道下ノナダレへ杉苗植候ニ付、右上ノ畑ハ、

杉苗につき相談*

木大きくなり上の畑廢る

小右衛門杉苗植うること難澁

十年以上植ゑざる處に植うるは新法*

宮中孫大郎(高木)持分也、仍而宮下六右衛門方へ往、畑ノ害ニ成候間、ぬきくれ候様ニ二・三度參申、六右衛門無承引、手前ノ屋敷へ植候ニ、誰ニ被咎可申共不存候、十年以前杉有之候、夫も旦那へ伐被取候、其節杭木二・三本もらい打候抔申、重而來ルニ不及由申、十年以來ハ、彼是致不植由申、右之木大ク成候へハ、上ノ畑スタリ(廢)候、十五・六年以前ニても可有之候哉、大雨ノ節、畑ノ中ヲ水押流、下ノ田ヘ土ヲ押出シ候、仍而道普請致、其節も余程畑ヲ引、堺ヲ立、堀ヲ〻候、孫大郎右之段清右衛門へ申出ル、

三月十九日、宮中○(名主)清右衛門宮下名主小右衛門(松本)方へ往、致相談候様ニ申聞ル、惣テ田畑ノヲフリハ枝葉取処ニヨリテハ木も伐候、無左候へハ、田畑スタリ候、所〻たとへ事抔申聞、

三月廿八日、清右衛門、小右衛門方へ往、右杉苗植候事、段〻申談、孫大郎申談候而も無承引ニ付、小平太へ清右衛門咄、小右衛門━━ハ、數馬抔へ相談致見可申候、尤御挨拶可申候由也、

〔五　月〕

五月十八日、清右衛門(額賀)、小右衛門(松本)方へ往、兼而六右衛門・孫大郎(高木)おとも道幅ノ杉苗植候事、御挨拶待候へ共、余リ久敷御沙汰無之故、承ニ參候、小右衛門━━ハ、數馬(尾形)江も致相談、六右衛門へ尋候処、六右衛門田ノ障ニも成候、上ノ畑ノ障(サハリ)ニも成候由、然共十年以前上ゟ水押出、押ナクラレ候間、其節木伐か杭ニ打候、伐カブも御座候、上一通リハぬき候ニも可致候、前方植候木ハ、旦那ノ方へ取候、六右衛門欲ニ致候ニても無之候、下ノ方ハ水押出候、毎度ニさくられ候間、木植候由申、清右衛門━━ハ、歸候而孫大郎へも可申聞候、

同日、孫大郎━━ハ、上ノ道添ハ側高參リノ者抔ニ被折候間、上ノ一通リハ余慶ニ植候間、ぬき(抜)可申候由、其外ハ自分山へ植候ニ、誰ニ可聞様無之候、十年以來ハ不植候由申間、孫大郎我等、右畑所持も廿年余ニて候、木ヲ植候事覺無之候、十年以來不植候処、此度植候ハ、新法ニ候間、畑ノ障ニ成候間、取くれ候様ニ申候処、以之外ノ挨拶ノ由、

同日、清右衛門、小右衛門方へ參候処留主、明朝ト申置、

*六右衛門身代取崩し上地

*洪水の節崩れ難儀

二十年植ゐざる處に植うるは迷惑

神領道幅誰か持分と云ふことなし

五月十八日、清右衛門、小右衛門ニ逢申候ハ、孫大郎方へ六右衛門――ハ、上ノ道ノきわハ、側高参ニ被打〔折カ〕候間、余慶ニ植候間、ぬき可申候、其外不成候由ニて候、然レハ、拙者其元へ度〻参、御相談申候詮無之、相見互事ニて候、田畑ノ障ニ候ハヽ、ぬき候様ニ致度候、それ共出來不申候ハヽ、其段御挨拶次第ニ、拙者旦那江も其段可申聞候ト申談ル、

五月十九日、清右衛門、小右衛門ニ逢、右段〻申談ル、數馬共致相談、少〻御内意ヲモ御聞宜候様ニ被成可被下候、拙者も埒明不申候ハヽ、拙者旦那へも申構申間敷候――、小右衛門、數馬へも相談致、御挨拶可申由也、

五月廿日、小右衛門、清右衛門方へ來リ申候ハ、數馬共咄候、旦那へも申聞候、六右衛門も手前ノ田ノ障ニ成候事故、覺候而植候ハ無據事、宮中ノ畑ノ障ニ成候、多宮申候ハ、上ノ通リヲ引クト申ハ、我等致相談、上ノ通リヲ貫候様ニ致タルカ吉ト申候、清右衛門――ハ、孫大郎廿年畑所持致候、廿年植不申候処ヲ、被植候而ハ迷惑、惣而神領道幅ノ処ハ、誰か持分ニても無之候、ふち通リト云ハ、側高参、往來ニ伐候間、余慶ニ植候間、可貫ト申候、然レハ拙者世話致訳不立候、古來植來候而も、畑ノ障ニ成候へハ不レ貫不成候、仍而拙者も上へ其段不申候へハ不成候、

五月廿日、大宮司方へ使求馬〔伊藤〕、口上、おとも道腹六右衛門杉苗植候ニ付、孫大郎清右衛門方へ相願候ニ付、小右衛門抔致相談候処、不埒明候由、畑ノ障ニ成候義之由、取候様ニ被仰付候様ニ被成可被下候、大宮司返事、取次數馬、私領分内六右衛門おとも田ノふち杉苗植候義被仰遣、先年六右衛門身代取クズ〔崩〕シ候時分、私方へ上リ地ニ成マシタ、十四・五年以前、私申付マシテ、本御座候木爲伐候、今以其カブ有之かと相知不申候、六右衛門ニ尋候へハ、高土手ニて洪水ノ節、クヅ〔崩〕レマスルニ付致難儀候、木ノ無之処カラクヅレマスルニ付、先年植マシタ処故、此度も植申候、高土手ニ御座候而クツレ、難儀致候由申候、右之訳ニ候間、左様思召マショウタ、其処計ニても無之、先ニも木有之候、

五月廿二日、物申祝右近〔香取〕・國行事悴内記〔香取左近〕ヲ呼、右之段委細咄、元祿年中、御造營以來廿年ニも可成哉、一度

*田畑の障りなれば伐るべし杉苗大木となれば障りとなる

道の脇皆々植うれば大亂となる

*靜謐好まざることなしと多宮申す

延寶年中起請文

大風雨ノ節、上ノ畑サクラレ、畑ヲへらし、道ノ方へみそ(溝)ヲ付候、右植候杉苗五・七年ノ内ニハ障有間敷候へ共、段々大木ニも成候へハ、大ニ障ニ成候、田ハ右之通一度水ニ損、田計知行ニて、畑ハ毎年損毛、尤道ハ神領之道、誰か屋敷持分ニも無之候、右ヲ手本ニ致候時ハ、神領所々道ノ脇へ、皆々人々植候様ニ成候而ハ、大乱ニ成候、夫共畑ノ障ニ不成処ナレハ不苦候、南一方明、西ノ方ハうば(優波)山、北ノ方ハ半三郎屋敷、今ハ畑、此前ニハ木立有之候、是ハ元屋敷故、かこひ(圍)ニ植候事も有之候哉、五・三本も木立有之候へハ、植候而も申分も可有候、去年迄有之候而も、今日立木一本も無之候、尤今度植候、先廿間程ニも何も無之候、田計知行ニて、畑ハすたりテモ能有之候哉、サヽイ(些細)ノ事ニて候へ共、向後之手本ニ成候事ニも有之、神領東西南北ノ道へ、木植候様ニ成候へハ、大乱ニ成候、是程靜謐致候、香取少ノ事ニてコブフシ(節)ニも成候へハ氣毒、是式之事治兼候と申も有間敷候、且ハ神忠、各も延宝年中起證(請)文ニも番頭立合、多分ニ付、取計候様ニ被仰付候事故、大宮司方へ被參、是迄之通ニ被申付候様ニ、相談被致候様ニ致度候、使抔ニてハ意味不通候間ト申候へハ、兩人尤之由申、たとへ屋敷ニても田畑ノ障ノ場所ハ伐候様ニ承及候、とくと承合候上之事ニ可仕ト申歸ル、

右之段和泉申談ル、後ニ上總も出、一通右咄致、

同日、右兩人淸右衞門を以申越候ハ、今日宮下へ罷越候処、コナタ衆ハ證人ニ被參候哉、コナタ衆カ一ツニ成事ヲ起ス様ニ申、立腹之由、兩人申候ハ、何程御呵候而も、ケツク(結句)難有存ルト段々申候由、御使ニてハ無之、御相談申候様ニト御座候事、是程一社靜謐致候ニ少ノ事ニてコブ節ニ成候へハ、千疊ノ堤も蟻穴と申候、セイヒツ(靜謐)ノ爲ニて候ト宮中ニて御申候、宮中御年若ノ事故ト彼是申候処、多宮おれとてもセイヒツヲ不好事ナク候、アレハ毎年土押出、難儀致候由、十四・五年以前、六右衞門田地取上ケ、木をも自分爲伐候、切カブ有之事も可有候、乍去畑も田も兩方ノ能様ニ致方可有候、何分ニも各宜様ニ取計給候様ニト被申候由、生垣(カキ)之様成事ニも致候ハヽ、抔ト被申候由、

五月廿四日、右近・内記(香取)來ル、只今宮下へ參懸御目

*法の事ゆゑ伺ふがよし

おとも杉苗の事申談ず

*書付なしに濟ますがよし

*書付致し跡に殘らぬやうに致したく存ず

候処、此間ノ挨拶ハ宮中江之挨拶之由御申候由、此上両町ノ役人相談ニて、證文ニても致可相濟候事、右近・內記入候にも不及之由被申候由ヲ參申事也、尤宮下小右衞門へも、其段可申聞候様ニ被申由也、仍之清右衞門へ右之段可申談候由、右兩人申事也、

六月廿七日、宮下小右衞門処へ清右衞門往、おとも杉苗之事、委細申談、右近・內記方へ土手不損ため爲植候由、仍而生垣之様ニも書付ニても致候、小右衞門━━ハ、未從旦那沙汰無之候、

七月四日、清右衞門小右衞門方へ、右近・內記方へ生垣之様ニ、書付ニても取替ト、多宮申趣之書付下書持參、小右衞門ニ渡ス、

七月五日、小右衞門來、旦那へ伺候処、夫ニも及間敷候、清右衞門・小右衞門、孫大郎・六右衞門兩人へ申聞候ハヽ、能候半と申候由、

同日、右近・內記呼談候ハヽ、右之通ノ訳ニて咄、それニてハ不濟候、末ニ物ヲ殘候而ハ神職穢心ヲ以御祈禱出來不申、得心ニ候ハヽ、相違有間敷候、相違有之候ハ得心無之、右近・內記挨拶ニ、右之通申候と聞へ候、旲變相違也、今一應存寄聞くれ候様ニ委細

申聞ル、上總申候ハ、不相濟候ハヽ、和泉ハ可伺之由申候、成程、法之事故、伺候か能候由、自分も申聞候、則兩人大宮司方へ參逢候由、多宮申候ハヽ、前日其元抔へ申候、旲變ハ不致候、アノ案紙ハ清右衞門書候哉、いかに自分申候事トテ、余リ急度致候、それ共其內了簡致可及挨拶候と申事ノ由、兩人申之、

七月廿六日、右近・內記、大宮司へ被呼候由ニて來ル、多宮申候ハ、おとも土手杉苗植候事、孫大〔郎脱〕も畑ノさゝ〔衍〕ハリニさへナラネハよひと有ルヿ、前方ノ通書付ナシニ濟方ヨカラウト思、若書付ナシニ不濟ト有ルヿナラハ、小右衞門ニ地方ノヿヲ預置候間、當時忌中故、アレカ胸をも聞ネハナラヌ、五年・三年過木成長スルナラハ伐様ニ、急度可申付候、書付ナシニ濟シテヨカラウト思、右之段宮中へ申くれ候様ニト被申候、

返事、御尤ニハ候へ共、物ノ殘リ候事ハ氣毒、サツハリト跡ニ物ノ殘ラヌ様ニ致度候、書付致タヿサへ、五・三年過候へハ乱候、小右衞門忌中明候而も不遲事ニて候間、書付ヲ致、跡ニ物ノ殘ラヌ様ニ致度段、兩人へ返事ニ申遣、

証文なるまじきと多宮申す

*数馬御修理料勘定帳付合見たく申来る

多宮謀に聞ゆ

*五六十年覚えざる出水

*人馬多く流る

植ゑさせぬやう致すべし

*早苗皆腐る

*舟にて往来

兩人大宮司方へ往処、多宮申候ハ、證文ハ成間敷候由申候由、兩人私共今日ハ病人有之候、其内御返事ヲ被仰遣候樣ニ參可申候由申歸候由也、凊右衞門処迄右近來、其内御返事承ニハ、御左右次第ニ可參由申歸候由、

右多宮謀ニ聞へ候、五・六年も過、木大ク成候上ニて申候時ハ、此方申分不立候、不植処ニ候ハヽ、夫迄大木ニ致置筈無之候ト申道理也、則其木カ證據ニ成、此方申分、少も立間敷筋ト被思也、

八月廿五日、右近・内記來リ申候ハ、今日宮下へ被召參候処、おとも杉苗之事、書付致候ヘハ、此後少ノ事ニても、書付致さねハならぬ樣ニ成、アレシキノ事也、六右衞門ニ杉苗植させねハ孫大〔郎脱〕も申分有間敷候、植させぬ樣ニ可致候、一社靜謐ノ爲ニて候間ト御申候由、兩人來リ申、

右兩人へ申候ハ、結構之御挨拶無上も候、御同前致大悦候、右御悦申くれ候樣ニ兩人ヲたのミ、多宮方へ遣、使を以申候ハ、急度候間ト申、右兩人宮下へ參、右之段申置候由也、此方へ爲ニ知不及之由申聞ル、相互ニ悅成事也、仍而也、多宮も此方も悅也、

右事濟、目出度致大慶候、各も春中ゟ度々骨折、御大儀ノ由兩人及挨拶、

一、四月十二日、大宮司使數馬〔尾形〕、御修理料勘定帳ツキ合見候樣ニ致度由申來ル、

返事、こんざつ〔混雑〕いたし知兼申候、大方ニも出來候ハヽ、從是可得御意候、右ハ旧冬兩方ニて内勘定致、ツキ合見候樣ニ致候テハト申遣候事故、

一、宝曆七丑年四月廿七日比ゟ毎日辰巳風吹、雨ハ差テ不降、廿九日・晦日比、少強吹、尤間ニハ少し雨も吹懸有リ、

五月二日ゟ出水、段々五日・六日・十日比盛也、五・六十年以來不覺水ノ由也、水邊何ノ堤も殘タルハ無之、水越ル也、人馬多流、家其外材木等流之由、夥敷大水也、津宮村東ノ宮ゟ舟ニ乘ル、町中舟ニて往來也、水邊百姓早苗植候事、一兩日中ニ仕廻候処、右之通ノ水ニて皆腐、用ニ不立之由、九日ニ篠原村一本松ゟ見候処、西ノ方浮嶋ノ邊、麻生・潮來・鹿嶋邊一面ニ見ユル、尤嶋々ノ木立所々ニ見ユル、岩ケ崎山ノ根通リ迄水付、大戸川村・谷中村中舟ニて往來之由、關屋戸ノ城も水付、土浦邊・水戸祝町ト

江戸葛西筋へ水入る
古米兩に八斗二三舛
*上方道中筋も出水
御代官水見分
*十三ヶ國出水の沙汰
*所々の堤土手皆切る
家の中へ舟入れ食事
*松崎式部妻女子出生
*三祭頭願に來る
*前代未聞の水

哉覧流候程ニ付候沙汰、流候共沙汰スル、ミナトノ獵小屋抔ハ流候由、五月九日ニハ江戸葛西筋へ水入之由、水入候所ハ、早苗故皆無也、

五月十三日、左〔佐〕原賣人方へ江戸米屋ゟ多古米兩ニ七斗四・五舛ト申來リ、晩方ニハ八斗二・三舛ト申來ル由、

五月十三日、江戸ゟ御代官兩人、水見分ニ下候由、所〻へ少〻ツヽ、金子抔拝借ノ風說也、此比水引之由ニて、加藤須村ノ家ノ縁迄舟ヲ乘付候由、地形多キ処、右之通也、其外ハ床ヲ上候由、中須村抔ハ窪キ村故、水引候而も、常ノ水ニ未八尺、扇嶋邊ノ者、家内皆潮來村ニ引越借家致居、亭主〳〵計留主居致候由、家ノ内へ舟ヲ入、舟中ニて食事炊候由也、

五月十四日、江戸ゟ飛脚者歸ル、葛西領水入候由、御張紙兩ニ七斗ノ由、町賣ハ兩ニ六斗二・三舛、佐原ニてハ、江戸問屋ゟ下ヶ來候由ニて、十三日ノ晩方ゟ兩ニ八斗八・九舛、又ハ九斗致候由、

五月十八日、未常ノ水ニ五尺程高く候由、谷地ノ早苗ハ腐、用立間敷由ニて、津宮村抔本田苗代江も水付、仍而縁ヲ求メ陸ゟ早苗貰、苗代へ仕付候由、仍之陸ゟ早苗夥敷馬ニて通ル、又ハ稗ヲふせ、谷地ノ田へ植ル支度ノ由、水邊谷地ノ畑江ハ、替麦種ヲ蒔抔ノ由也、

五月廿八・九日ノ比迄も、水不引由、前後無之水ノ由、上方道中筋川〻出水、參勤ノ大名大井川其外ニても十二・三日計程逗留ノ沙汰也、美濃・尾張出水、三河抔も、越後抔も出水ノ由也、水邊ニ無之陸ハ作毛宜、宝〔豊〕年也、十三ヶ國出水ノ沙汰也、

同秋中迄ニ、從公儀度〻大勢水見分被レ下候事也、所〻ノ堤・土手皆切候事也、

〔六　月〕

一、丑六月十三日、松崎式部妻ひね安產、出生女子、多(タ)麻(マ)名付ル、明六時少過出生、

一、六月十九日、三祭當願ニ來ル、此間も來ル、今年水故、まこも〔眞菰〕くされ無之候、如何可仕候哉、今日多宮被申候ハ、先苅見候ハヽ、能候半、和泉申候ハ、何分ニもわら〔藁〕ニても不致ハ成間敷、キレイニ致候ハヽ、能候由分飯司ニ申聞ル、今年ノ水ハ前代未聞、谷地ハ畑物も不殘よし、まこも類くされ候由、場所ヲ吟味

眞菰にて御祭禮濟す
*馬三十六疋賣り役錢三貫六百文
*副祝采女服忌伺ふ
和泉妻女子出生
「馬町役錢之事」
*孝のために服忌受くるは心得違ひ
*宮之助職副祝職の譯
*原町傳藏跡目につき相談

いたし、まこもを調、まこもニて御祭礼濟、清淨ニハ無之候へ共用ル、

〔八　月〕

一、八月二日、晝七ッ過和泉妻照安産、出生女子、和賀ト名付、

一、八月四日、馬町ノ事、又見藤助何方ニて立可申哉と伺由ニて、大宮司方ゟ數馬(尾形)・舍人(伊藤)方へ相談ニ來ル、和泉挨拶、休年ノ方ニ而立候様ニ致可然段申遣、宮下休年也、

八月十五日、大宮司方數馬、求馬(伊藤)方ニ來リ申候ハ、馬町ニ付、役錢三貫六百文御座候、又見藤助所〻廻、致世話候間ト申願候、求馬ト致相談候様ニと申來ル、求馬へ申聞候ハ、御繁昌ノ爲、藤助ニ壹貫文も被遣候而ハ如何可有御座候哉と、可申談候由申聞ル、同刻使數馬、取次求馬、馬町ニ付、役錢ノ内藤助ニ壹貫文遣候而、可然候由被仰遣候、相殘ハ如何可致候哉、半分〱も抔ト申候事ニて候、返事、役錢相殘リ候義被仰遣候、御懸リノ事故、今年ハ御手前へ御納可然候、何ソ事出來候時ハ、御世話ニも被成候故ト申遣、

馬三十六疋賣候由、仍而役錢三貫六百文ノ由也、右之通申合ル、

一、八月七日、副祝采女(今泉)服忌ノ伺、親大膳聟也、家督相續也、弟角案主服忌心付不申候、服忌受度ノ由伺、多宮申候ハ、受度と云ヲ、無用共不被申候、宮中年番故、相談も可有之候、行事祢宜兵部(額賀)被頼伺ニ來ル、副祝家督大膳(今泉)ニ被讓候処、宮之助(國分藏人)ヲおもニ平生致候間、左様ノ事ゟ心付不申、是迄服忌受不申候、

八月八日、兵部方へ申渡候ハ、、宮下無相違候ハ、、服忌受候様ニ可致候、多宮方へ其段申候へハ、孝行ノ爲ニ候間、受候が能候抔ト申候由、不埒ニ聞ヘル、可受筋ニ無之共、孝ノ爲ニト申事、服忌之訳不得心ト聞ヘル、

副祝大膳義、姉娘ニ今ノ采女ヲ聟ニ取致相談、然ル処、宮之助孫之進(國分)宮之助職ヲ右大膳ニ賣渡、大膳宮之助職へ遷ル、副祝職ヲハ采女相續也、大膳今大宮司多宮ヲ養子ニ致候処、大宮司ニ被仰付候間、采女子今ノ大和ヲ大膳子ニ致、宮之助相續致訳也、

一、八月廿三日、原町傳藏事、親清藏ハ尾形源太左衞門

*本緋成らず

*緋大宮司さへ成らず

*大宮司登城の狩衣茶色拵ふ

*将監装束の色伺ふ

惣検校悴将監狩衣地伺ふ

*大宮司普請に頼母子興行相企つ

書付に本緋とあり

*権禰宜御修理料米内借申付く

弟也、先年自分ノ屋敷ヲ分ヶ、一人前ノ百姓ニ致、尤此方江も願候而也、右清藏も先達而不幸也、右傳藏、當丑六月十三日食傷ニ而急死也、仍而近所ノ者致相談、篠原村ニ勘八ト云者、是ハ新道伝五右衛門(香取)妹ノ子也、篠原村ニて壹人前ノ屋敷持、百姓身代不成故、手間工抔取、母壹人有之由、右傳藏跡目ニ入度由願、尤傳藏妻ト一所ニト申事也、清右衛門(額賀)懸リ、篠原村役人方爲聞候処、村役人共無相違ニ付、今日願之通申付ル、尤大藏(尾形)・三郎兵へ(高木)・清右衛門三人ニ而右跡目申付ル、

〔九月〕

一、九月、惣検校悴将監(香取)来リ申候ハ、此度狩衣地調候、紅クチバ(朽葉)ト誹候、伺候、宮下へも伺候処、年番宮中江伺候様ニと御座候事、右分飯司方へ參伺、此間も右ニ付參候由挨拶、先狩衣地爲見候様ニ申、則見候処、右地ニ書付(カキ)ニ本緋ト有之候、

九月六日、多宮方へ使求馬(伊藤)、将監狩衣地伺候、取寄見候処、本緋ト書付有之候、及了簡不申候、如何致可然候哉、爲御相談——、

大宮司返事、本緋と有之候へハ難成候、其段可被仰渡候、此方へ伺出候而も、右之通可申渡候、多宮數(尾形)馬へ申候ハ、緋ハ此方共さへ不成候、自分狩衣少赤ク候、御年礼抔ニ者登城、夫ニても目立候間、茶色ヲ拵候ト咄候由、數馬求馬へ咄候由也、

同日、右将監呼、右之段申渡ス、

〔十一月〕

十一月九日、将監(香取)分飯司方へ来リ、装束色之儀、前方ノヲ黒味ヲ懸候様ニ仕候而ハ如何ト伺ニ来ル、

挨拶、兩檢非違使拜領之装束、赤ク有之候、あの通之様成事能候半、前方ノハ本緋故也ト申聞ル、

一、十一月九日、宮下數馬(尾形)不快ニ付、小右衛門(松本)分飯司方へ来ル、大宮司普請出來兼候ニ付、役人共致相談、頼母子興行相企之処、出來寄申候、一人前御入被下候様ニ申、明後十二日興行之由、

挨拶、結構之事也、成程相心得候由申聞ル、

十一日、大宮司使、早速御挨拶ノ由ノ礼ニ數馬來ル、金子壹兩懸ノ頼母子ノ由、

一、十一月晦日、權祢宜(香取式部)御修理料米三十五俵内借相談ノ

*大宮司多宮御年禮に出府

上申付ル、宮之助（國分藏人）・物申（香取右近）・大長手（尾形數馬）・舍人（伊藤）ニ而申渡ス、
大祢宜年番故、大祢宜宅へ右人數寄合申渡ス、尤先
達而も相談ニ來ル、來ル夘年返納可致願、則證文其
通番組之者請ニ立、

〔十二月〕

十二月二日、右米立合相渡ス也、

御禮錢大宮司へ遣す

一、十二月十五日、求馬（伊藤）御礼錢揃、大宮司方へ致持參、
同日、大宮司使數馬（尾形）――、前方御礼欠候節、御礼錢
如何ニて有之候哉、隱居上總數年御勤候故、御覺可
有之候、御礼錢之事故ト申相談ニ來ル、
返事、隱居ニ尋候処、御礼欠候節、一兩度御礼錢返
候様ニ覺候、覺書急ニハ見候にも難成候、翌日御礼
錢返候由也、
右訳ハ去子春大宮司出府之処、妻正月朔日ニ産ニ付
伺候処、決而不成候由ニて御礼欠候、右之節御礼錢
大宮司不返候、仍而此度御礼錢ハ、去春揃候ヲ用候
故、此度ノヲ返ス也、右ハ御礼欠候節、前方返候訳
ヲ一通、求馬御礼錢致持參候砌、數馬へ咄候由、仍
之右之通と聞へ候、

十二月十七日、大宮司御年礼ニ致出府也、
父上總六十六歳
寶暦七丁丑年十二月　香取大祢宜和泉二十七歳

香取大祢宜系圖畧

大禰宜元祖*

元祖 秋雄 ―― 廿五代 豐鄉 ―― 卅四代 延久年中 助員 ―― 卅五代 長治 眞平 ――

卅六代 保元 眞房 ―― 卅七代 治承 惟房 ―― 卅八代 承久 實員 ―― 卅九代 嘉祿 實澄 ――

四十代 天福 實藤 ―― 四十一代 嘉元（禎） 實久 ―― 四十二代 文永 實政 ―― 四十三代 永仁 實親 ――

大禰宜先祖*

四十四代 乾元 實胤 ―― 四十五代 正和 實長 ―― 四十六代 貞治 長房 ―― 四十七代 應永 幸房 ――

四十八代 應永 秀房 ―― 四十九代 嘉吉 胤房 ―― 五十代 文龜 實之 ―― 五十一代 天文 實長 ――

五十二代 天文 實隆 ―― 五十三代 天正 實勝 ―― 五十四代 慶長 實應 ―― 五十五代 實富 承應元ヨリ寛文四マテ、

五十六代 由房 寛文四ヨリ同八マテ、 ―― 五十七代 勝房 寛文八ヨリ元祿十三マテ、 ―― 五十八代 胤雪○ 元祿十三辰ヨリ享保四亥マテ 二十年

胤雪嫡子内膳胤信好レ隱故、嫡孫實行ヲ以相續也、時胤雪六十五齡、胤信五十齡、實行二十八歲也、嫡子實香也、

新福寺建立*

五十九代 實行 享保四亥ヨリ三十七年勤仕、明和元年申閏十二月十日卒、号年七十有三、

六十代 實香 宝暦五乙亥二月六日廿五歲、大祢宜職被仰付、同四月廿八日繼目御　目見於御白書院也、安永八亥年十二月十四日卒、号年四十有九、

六十一代 實命 安永九庚子年五月六日十七歲、大祢宜職被仰付、同五月十五日繼目御　目見於御白書院、

香取大祢宜系圖畧改誌之也、

延享五戊辰年正月　大祢宜上總實行

元祖 **秋雄** 神武天皇ノ御時ト申傳、古ノ御下文數通ニ元祖ト有リ、

二十六代（五カ） **豐鄉** 先祖豐鄉、以後至于眞平十代ト古書ニ有リ、

三十四代 **助員** 白河院ノ御時ト有リ、延久五年當辰迄六百七十六年、

三十五代 **眞平** 大祢宜眞衡　長治三年當辰迄六百四十三年、古書ニ件職三十五代嫡々相承、嫡子眞平讓狀ニ親父助員ノ時、白河院ノ御時ト有リ、眞平新福寺建立ト有リ、開基也、長寛二年六月御下文、大祢宜眞房ト有、五百八十五年、

三十六代 **實房** 保元二年十月、惟房依レ爲二當時嫡子一、任二先例一所二讓與一也、應保二年六月三日辰迄五百九十年、五百八十七年、

眞房息男惟房ト御下文ニ有リ、仁安二年二月、五百八十三年、次男廣房神主ニ成ル、三男知房者申ニ補神崎ノ社宮司ニ可知行彼社領之由、書讓狀同與畢、

三男知房神崎社宮司に申補す

三十七代
惟房　(源)頼朝公御書二通内一通ハ御自筆ノ由、治承五年廾七年、五百六十八年、

三十八代
實員　承久御下知狀、實員嫡子實澄ト有、五百三十年、高時御下知狀、元久二年八月、大祢宜實員、神主助康、五百四十四年、
實廣・惟實・實秀・實高・實持、加府根御下知給ト有リ、

三十九代
實澄　御下文、嘉祿二年親父實員讓狀以下證文以下、嫡男實澄ト有、爲當社大祢宜、五百二十三年、御下文實員・實澄他界之後ト有リ、又實廣法師等――、成違乱之條――、

四十代
實藤　大祢宜大中臣實藤父實澄ト御下文ニ有リ、天福二年、五百十五年、

*御手洗先祖
*大行事職

四十一代
實久　實康・實綱・實幸・實公、此實公後ニ成ニ神主、
嘉元二年十一月實康讓渡狀ニ嫡子實綱ト有、其前書ニ正和二年七月相模守平朝臣(北條熙時)御下知有、

四十二代
實政　文永八年二月大祢宜實政神主惟實ト有、父實久ト有リ、四百七十八年、
實幹・實秋　大中臣氏女、長房母ト有リ、此義不詳、

四十三代
實親　永仁元年九月二十日加那(仮名)書ノ讓狀ニ實政嫡子實親ト有リ、同七年正月二十日讓狀モ有、四百五十六年、

四十四代
實胤　乾元二年四月、實秀・實胤・實宗・實幹、四百四十六年、
大祢宜室町院藏人頭實胤(マヽ)以來實達彦兵衛・實常小五郎・滿常五郎次郎・常滿兵衛七郎・直常兵衛四郎・直之小五郎、六代御手洗先祖、大行事職、

四十五代
實長　正和元年七月御下文有、從ニ秋雄至實長四十

實國濫行
*國行事

余代、宜實長當社爲ニ大祢宜職一令ニ知行一、實國濫行付ニ、元亨三年(守邦王)(亨)鎌倉殿依レ仰御下知、高時(北條)ノ代・相模守平頼時(マヽ)ノ代、修理權大夫乎、實成并從父兄弟實春致ニ濫妨一付ニト有リ、正和元亨(亨)四百三十七年、四百二十六年、

四十六代
長房　自ニ貞治年中一應安年中、將軍家(足利義詮)・鎌倉殿(足利基氏)并千葉家ヨリ長房ヘ被レ下書物有リ、大宮司兼職、三百八十七年、
應安五年・至德三年三百七十七年・三百六十三年、
嘉慶四年・明德二年・應永八年三百五十九年、三百五十八年、
三百四十八年、
長房自筆ノ書置等有リ、

國行事職

四十七代
幸房　應永十五、幸房大宮司兼職、同二十四年幸房ト有、三百四十一年、
國行事職勤ル、移ニ大祢宜一改ニ實長一五十一代憲-房・直-房・憲-胤・胤-長・實-房・憲-隆・也、
實-藏・實-繁、從レ是他人、

四十八代
秀房　應永二十九年四月、大祢宜秀房、大宮司元房、三百廿七年、

大禰宜家日記第三　(香取大禰宜系圖略)

永享四年十二月、大祢宜代憲房、幸房子ト有、國行事、大宮司元房、覺書ニ有リ、三百十七年、

四十九代
胤房　嘉吉三年九月、胤房ト有リ、三百六年、
文安元三年、大祢宜神三郎胤房、三百五年、
長祿二年九月、大祢宜胤房ト神主直房有、貳百九十一年、
寛正五年、胤房ト有、貳百八十五年、
文明元年十二月廿九日、胤房、貳百八十年、
同七年十月八日、大祢宜胤房、大宮司直房、
同十一年十二月廿四日、胤房、
寶德二年前後也、貳百九十九年、

五十代
實之　文龜二年十二月廿九日、實之、貳百四十七年、
永正二年六月十八日、實之、貳百四十四年、
同十五年、同人、
同十六年寅三月四日、同人、
大永三年、實之、國房、貳百二十六年
同八年九月廿九日、大祢宜實之、大宮司國房、
享祿元年、實之、國房、貳百二十二年、
同二年、同、同、
同三年三月十三日、實之卒、

*實勝實應御追放
*慶長十二年御造營
*實應歸職
小原院
古き系圖
*實應御追放

五十一代
實長　天文四年四月、實長ゟ國房・清房・胤元ト有リ、起（請、下同ジ）證文、貳百十四年、
天文十年丑三月、實長、
同十六年、　同人、
同十四年九月廿日、大祢宜實長 大宮司清房ト有リ、
同二十年亥二月廿三日卒、

五十二代
實隆　天文廿年十一月、實隆ヘ清房起證文有、百九十八年、
同廿一年十二月、實隆・治房、同時代、是ハ神主、
永祿五年九月、實隆、百八十七年、
元龜三年三月、小原院御判物、百七十七年、
實雅是早世也ト有、古キ系圖ニハ一代ニ入ル、
然ドモ御院宣ニハ實隆・同新大郎實勝ト有リ、
實雅長子ニ見ユル、
（實隆）天正十五亥年七月九日卒、百六十二年、

五十三代
實勝　天正十九年・同廿二年、神主盛房、大祢宜實勝、百五十八年、
文祿五年十一月十八日、百五十三年、
慶長二年・同三年、慶長五子年九月廿七日盛房卒、花林榮松、此年秀吉（豊臣）公薨、

（慶長四己亥六月廿八日卒、）
實勝妻ハ國行事實藏娘、實應母也、
秀吉公御朱印幷制札、此方ヨリ差上ル、書付共有、

五十四代
實應　藏人、後ニ貴宗ト云、父實勝ト神木我儘ニ伐採ル御咎ニ付、實勝御追放ニ付、父子浪人ノ由申傳、慶長十二年御宮御造營、百六十二年、（德川家康）權現公被　仰付、遷宮勤者無レ之、從ニ往古一內（陣）陳ノ勤ハ大祢宜一人ニ限リ、他ノ者決テ不レ入付、御普請御奉行中野七藏公儀ヘ被レ願、御勘氣ノ實應歸職被仰付、遷宮勤ル、同年八月廿四日遷宮也、其後本社幷末社大戶ノ社於ニ宮林一我儘ニ神木伐採ルニ付、訴人宮下久右衞門、元和八年實應御追放被仰付、山守國行事モ同罪也、其時ノ國行事親類故一味也、右久右衞門國行事ニ被ニ仰付一也、久右衞門子七兵衞、其子今ノ左近、從ニ往古一實應迄、嫡〻神孫ニテ致相續來也、依テ万事一人ノ樣ニ一社ヲ取計、威勢盛ニ神主國房・清房等起證文モ有之、千石御寄附ノ節、配當ニ無ニ偏頗一申ト、盛房（神主）書付モ有、神領

大禰宜代々四分三取來る

實應神學より佛學を好む

元和八年より承應元年迄大禰宜職闕職

御寄附ノ砌、香取ヲ大祢宜代々四分三取來ル
ト書付有、江戸御奉行大久保十兵衛（長安）後ニ石見守
ト申、差出ス也、實應職分ノ神學ヲ不レ好、不
相應ニ佛學ヲ好、常數珠ヲ持ノ由申傳、神罰
不レ遁処也、後人可レ敬肝要也、依テ元和八年
ヨリ承應元年迄三十一年ノ間、大祢宜闕職也、
實應妻ハ神主盛房娘（花屋周芳）ト有リ、寛永十八巳年十
二月十一日卒、實應ハ天正十四年ニ生、万治
元年八月八日、七十三歳ニテ浪人ニテ卒、（九十一年戊辰迄）
大祢宜讃岐守胤雪、母ハ右實應孫也、

*大禰宜家廣間表門建つ

今の御修理料

實應子
一 新大郎┬妻（新大郎）、正保二年戌十一月八日、悠室妙
奥卒、
└子三右衛門、浪人也、大祢宜與一郎
實富代ニ濫妨、（實富ト可打果、）入ル訳ハ神孫ニテ實應迄代々
嫡々相承ノ処、恨レ之由申傳、近村ノ者取扱、
實應娘ヲ實富妻ニ定、大祢宜知行ノ内兼帯ノ
職料塙祝・近藤大夫合テ四十石内證ニテ合力
也、今ノ御修理料是也、

二 齋之助、浪人、大祢宜ヨリ四十石合力、御手
洗本屋敷ニ住ス、延宝七年（未）六月十七日卒、
号宗眞妻、万治元（戌）年九月廿六日、号華窓秋
金、
齋之介娘加知、大祢宜嫁丹波守勝房、生二女、
正徳四（未）年十一月五日卒、
三 式部、松崎神主相續也、今ノ神主迄四代嫡々
相承也、
四 角兵衛、浪人、松崎ニ住、子孫今下社家也、
五 女、田寺彦大夫妻、大祢宜（胤雪）外祖母也、承應二
巳年九月廿六日、玉宗壽金卒、
六 女、在名世牟、大祢宜與一郎（實富）妻也、元祿十年
丑九月廿九日明窓理圓卒、
九月廿九日、明窓理圓卒、

五十五代
實富
大宮司秀房四男也、範房弟也、從承應元辰年ヨリ
寛文四辰年正月五日、四十四歳ニテ卒、十三
年大祢（宜）職勤仕也、万治二年大祢宜廣間幷表
門實富建之、
大祢宜職、從元和八年實應御追放、承應元年

闕職の間實應齋之助の歸職願ふ

元祿元年美作守従五位下勅許
寛文八年大宮司仰付く

迄三十一年闕職也、　御朱印御書替ノ節御尋、大祢宜職可二相立一被仰付一ニ付、實富ヲ奉レ願由申傳也、右闕職ノ間ハ前大祢宜實應・齋之助等歸職ノ願致由也、實富妻ハ實應娘也、實應沒後御手洗屋敷ニ住ス、元祿十年丑九月廿九日卒、理圓大師、實富無二一子一、範房大宮司也、次男甚平由房七歳後美作守也、

實富母ハ千葉大須賀ノ四郎娘也、天正十八年小田原ヘ致一味、落城ノ砌、大須賀モ落城也、領分ノ百姓右娘致養育、香取ヘ遣、秀房室也、万治二年亥六月廿五日七十三〇卒、華岳貞心、

五十六代
由房

大宮司清次郎範房次男、甚平由房後ニ美作守、七歳、大祢宜實富爲二養子一、五年ノ間大祢宜職也、末〔未〕大祢宜宅ヘハ不レ移、兄新之助ト一所ニ住也、寛文五年十月二日、大宮司範房病死也、寛文八年九月八日、大宮司新之助定房廿五歳病死也、此時由房十一歳也、由房、万治元戊〔戌〕生、元祿元年三十一歳ニテ上京、美作守・従五位下　勅許、當辰存命九十一歳、水戸ニ浪人ニテ住也、寛文八年十二月十八日大宮司被仰付、大宮司範房妻ハ鹿嶋大宮司和泉守妹也、生二

定房・由房一也、右定房妻ハ右和泉守娘也、麻利定房沒後、江府御城ヘ御奉公ニ出、定房病死ニ付、香取傳九郎惣檢校也、定房從弟也、幷大宮司家來ノ治左衞門、兩人右定房不幸ノ御屆ニ出府、且大宮司〇跡職ノ義、外ニ親類一家一人モ無レ之ニ付、（德川光圀）水府公御家中雨宮三之介弟百助、是ハ新之介姉ノ子也、此百助後ニ常陸國高田ノ神主ニ成ル青野藏人ト云、其後不屆有之、御朱印ヲ直樣ノ事ノ由、有出入御追放、其子祐庵、此妻三津大宮司丹波守娘也、右百助ヲ大宮司ニ兩〔傳九郎・治左衞門也、〕人奉レ願処、定房弟由房義ハ、先達テ實富養子ニ仕、大祢宜職相續ノ趣申上ル由、依テ願ノ通被仰付、時ニ宮之介傳之丞ハ定房等ノ叔父也、段々公儀ヘ申上ル、依之始僞申上ル故、傳九郎・治左衞門御追放也、三年過傳之丞奉レ願歸參也、大宮司職ノ義、親ノ依爲ルニ遺跡一甚平由房十一歳、大宮司ニ被仰付、大祢宜ニ傳之丞基房子大助十四歳、後ニ丹波守被仰付、傳之丞義ハ、兩人共幼年可レ致二後見一由被仰付、平大夫秀雪子金弥十四歳、後ニ讚岐守胤雪宮

平大夫秀雪子金彌胤雪宮之助職相續

之介職相續也、

＊元祿十三年迄大禰宜職

大宮司秀房 寛永六巳年二月八日卒、月山淨照、此年平大夫秀雪、秀房沒後ニ生、胤雪父也、

嫡子 掃部從レ是惣檢校勤ル、子傳九郎、次男宮内〔此者百助ヲ願、〕――、

二 左京、十八歳ニテ卒、寛永二丑年六月廿日、龜山全鶴、

右二子ハ下腹也、末四人ハ本妻大須賀娘ノ腹也、

三 清次郎範房大宮司、子定房、次男由房、

四 與一郎實富、無一子、

五 傳之丞基房―丹波守勝房―中務正雄〔弟修理次男多宮〕―稻丸

六 平大夫秀雪―讚岐守胤雪―内膳胤信―上總(マヽ)―實行―監物實香、〔實行〕の次男城之介行高

元祿四年從五位下丹波守勅許
元祿十三年大宮司仰付く

五十七代
勝房 寛文八年十二月廿八日大祢宜被仰付、元祿四年上京、從五位下・丹波守 勅許、元祿十三辰年六月廿七日大宮司被仰付、初ノ名大助、又藏人、

父ハ大宮司秀房〔寛永六年月山卒、〕五男傳之丞基房(モト)元祿六酉年三月廿日、桀山亥英、七十歳卒、母宮之介喜四郎娘、元祿七年戌十月廿一日、安室淸體卒、

基房―女、久須、讚岐守胤雪ノ妻、

(香取大禰宜系圖略)

二、勝房、享保十四酉年六月三日、七十五歳、病死也、

三女、幸(サチ)、後ニ香壽院、江戸樋口梅有妻、元文元辰年二月二日七十五歳病死、女ハ生二女一男、男八才藏之介卒、女ハ岩廿歳、產ニテ次女峯、是又廿才、產後病死、此子元三郎也、

四女、湯木(ユキ)、病身、勝房被レ養、

勝房、元祿十三年迄三十三年ノ間、大祢宜職勤仕也、此間前大宮司由房ト度〻出入有レ之也、

勝房子

女、路久(ロク)、小見川村庄兵衞ニ嫁、

二 女、以佐(イサ)、銚子村芝崎神主長門守ニ嫁ス、

右二女ハ、前大祢宜實應(マサ)次男齋之助娘加知腹也、

三 正雄、初名藏人、後ニ中務、子稻丸五歳ニテ病死、

四 三津、前高田神主子、浪人雨宮祐庵妻、

五 幸八、浪人、四十歳ノ節病死也、

六 修理、銚子村芝崎神主長門守養子ニ成ル、此修

多宮元文三年大宮司仰付く

大禰宜家附の古書

＊實行享保四年大禰宜職仰付く

＊御修理料願ふも相叶はず

理次男多宮、當宮宮之助大膳爲二養子一、時
十五歳、元文三午年七月六日大宮司ニ被二
仰付一、時二十歳也、
右四人ハ、勝房妾腹也、此妾在名佐和、甲
州出生、享保十五戌年十二月九日、七十五
歳卒、勝房本妻加知ハ不和ニテ、家來大細
工ニ預置、然処元祿十三年大宮司ニ被仰付
砌モ、大祢宜家附ノ由申之差置、右齋之助
娘ニテ大祢宜家附ノ古書、右加知持參故カ、
乍去改テ大祢宜讃岐守胤雪ニ被仰付砌、互
ニ家附ノ品相渡可レ移由被二仰付一処、妻迄
家附イカ、也、此加知、胤雪引取養フ、正
徳四未年十一月五日、七十歳計卒、大祢宜家付ノ
古書等、前大祢宜實應幷次男齋之介引取ル、
訳ハ大祢宜與一郎實富妻ハ、齋之介妹也、
大祢宜知行廿六石八計幷兼帶ノ下社家塙祝(マヽ)
・近藤大夫兩職料、合テ四十石内證致二合十三石二計
力一、實富方ヘ古書請取、緣者取組大祢宜職
勤ル、實富沒後、妻右ノ古書持退キ、兄ノ
齋之介ト一所ニ住、寛文八年勝房十四才、大

祢宜被二仰付、同十年齋之介方ヘ家附ノ古
書可二相渡一旨雖レ申、無二承引一付、公儀ヘ
奉ル願処、齋之介被レ召、可二相渡一旨雖四被二
仰付一、違背ニ付、御追放被二仰付一、其砌勝
房若年故、國行事七兵衞致二介抱出ル、彼
者申上ルハ、只今迄齋之介所持ノ四十石ハ
如何可レ仕伺処、御修理料ニ可入旨被二仰
付一、此節浪人者ヘ内證合力ノ訳委細申上、
御役料ノ義ニ有レ之間、本家ヘ御反(返)可レ被レ
下処(所)不申上、御上ニテハ下社家配當ノ様被二
思召一趣也、大切之御役料、自分ノ知行ニ
モ無之処、不埓ノ仕形殘念成ル事也、實行
享保四亥年、大祢宜職被ル二仰付從レ年、延享
四丁卯年廿九年ノ間、御奉行所ヘ八度雖レ
奉レ願、年久敷ト被仰渡不レ相叶一事也、
大宮司
勝房隱居願六十八歳、享保七壬寅年正月廿七
日、松平對馬守御掛リ被二仰付一、嫡子中務(近禎)
正雄三十九歳、家督被二仰付一、其砌大祢宜
實行方ヘ爲タルレ知哉セト公儀ニテ御尋ニ付、書狀
來ル、御役人實行方ヘ不レ知哉不ルレ存由申上

隱居願の先例讃岐例をもって仰付く
*元文二年稲丸大宮司仰付くも病死
*大宮司家三代不幸
*類少き事と人申す
*古御幸祭禮
元文二年内匠急死

ル、隱居願ノ先例、丹波方ニ無之、讃岐例ヲ以被㆓仰付㆒、讃岐隱居願ノ節、丹波方へ以書狀爲㆓相知㆒、右實行へ不㆑知セ由、御役人丹波ヲ御呵ノ由、同席ノ者物語ニ聞㆑之、御呵ニ逢爲（ノ）㆑知書狀來ルト見ル也、

中務正雄（大宮司）、元文二巳年三月廿一日、五十四歳、病死、

正雄聟内匠、江戸三王〔山〕神主從弟ノ由、享保十八丑年秋來ル、四十歳計、右内匠、津宮村へ着ノ時刻、正雄實子稲丸出生也、右内匠父子不和ニテ一兩年江府ヱ歸居、依テ正雄病中看病ヲモ不致、不幸ヲ聞、從㆓江戸㆒來リ、大宮司領内ノ寺香春院ニテ、百日ノ忌ヲ暮シ、同年七月十二日、江戸へ發足、御奉行所へ大宮司家督奉㆑願、同巳ノ七月十九日、御奉行所へ伺ニ出、歸リ上下モ不㆑取、柱ニ被持不快ノ由申計ニテ急死ノ由也、近〻家督モ可㆑被㆓仰付㆒趣ノ処ノ由也、依テ大宮司家來共正雄子稲丸五才、大宮司職ニ奉㆑願、大岡越前守（忠相）殿御掛、同八月十八日、於御内寄合席、稲丸へ大宮司家督被㆓仰付㆒時、於㆑國者、稲丸八月十八日病死也、依テ大宮司斷絶也、從三月（同日）八月迄ノ間ニ、三代不幸ト申事、類少キ事ト人皆申也、享保二酉年勝房并正雄謀計ヲ以、從㆓往古㆒他ノ者決テ無㆓入事㆒深秘也、然ニ右ノ節兩人共内陳〔陣〕へ致乱入、奉㆑穢神慮㆒、其外積惡ノ所㆑感、人皆及㆓沙汰㆒也、亦元文元辰年ヨリ不斷脇古（所）御幸祭禮ニ、國司代着座ノ場所繪圖ニ相載、堺論及㆓三年㆒、此節正雄へ從㆓公儀御尋ノ処、病中故使者ヲ以、神用ノ場ト申事不㆑存、其上御幸祭禮ト申事ハ、數百年ノ事ニ在（ハ）㆑之不㆑存由、六郎祝ヲ以、右ノ段申上ル、金剛寶寺宮中町役人共相手取ル也、元祿十三年御宮御修覆ノ節ハ、御材木積置、常ハ會所出火等、惣テ神用ノ場、然ルヲ右ノ通申上ル、邪心ノ至リ也、其節ノ記ニ右ノ訳委細也、

前大宮司新之介定房、寛文年中カ忍テ内陳〔陣〕へ入ル時ニ、毎日居間ノ邊座敷ノ内へ于土

沢山ニ降ル、後ニハ箕ヲ以捨之、昼夜共也、怪キ也、利根ニテ能生得ノ由、二十五歳卒申傳、其後（美作守）由房押テ内陣ヘ入、勝房ト爭、元禄十一寅年職分被召放事也、後人可レ謹可レ恐甚也、

美作守由房元禄十一年職分召放たる

元文三午年、正雄甥成ヲ以、修理次男多宮豊房二十才、後ニ記、大宮司ニ被二仰付一、

一、香取宮御造宮ノ義、元禄五申年正月ヨリ、折々替々相願、大宮司・大祢宜・金剛寶寺、社家惣代ニハ宮之介胤雪四人ニテ、毎月一日宛相詰ル、元禄十三年御造宮ノ義、別ニ記之、

香取御造宮元禄五年より相願ふ

一、元禄十一寅年二月九日、寺社御内寄合ヘ大宮司美作出ル処、御見分被二仰付一由被仰渡一、御勘定頭松平美濃守（重良）殿・御作事方小端三郎左衛門（重厚）殿御両人ヘ被仰付旨、尤右御両人ヨリ押付、誰ソ可レ遣、御宮御見分場所繪圖ニ致可二差置一旨、御挨拶有之由也、大宮司方ヘ社中不レ殘呼、右ノ段申聞ル、大祢宜丹波方ヘモ使ヲ以右ノ段申來、番頭立合、神前間地打、大祢宜ヘモ相談ノ上、致繪圖可レ然旨、物申祝・大祝抔申迎ニ參、大祢宜勝房モ神前ヘ出ル、然ル処由房一人ニテ差圖間地申付、勝房ニハ不レ構セ無挨拶也、不埒ノ事共也、従レ夫二・三日ノ間、大宮司方ヘ番頭立合、本社・末社・楼門・廻廊形有レ之分ハ、墨ニテ引、形無レ之分ハ朱ニテ引、繪圖出來也、金剛宝寺愛染堂・經藏繪圖ニ書載可レ異旨申也、由房合点不レ致付、金剛寶寺御奉行所ヘ窺レ之処、一社中ノ義ニ有之間、繪圖ニ書入ル様ニ御差圖ヲ受、重テ又大宮司・大祢宜方ヘ右ノ訳願フ処、丹波ハ尤ト致返答、美作挨拶ハ繪圖師歸ル間、成ル間敷旨申之、金剛――然ハ張紙ニ成共載セ給ル様ニ申之、尤ト致二返答一、御修覆所ニ無レ之ト申書付致二張紙一、尤堂塔ノ繪圖ハ、金剛寶寺方ニテ別紙ニ致レ之、

*末社大戸社別社を望む

一、末社大戸ノ社モ、御修覆御見分ニ可レ入段申聞ル処、大戸社家共不受相一（相受カ）、別社ニ成度望有レ之故也、

一、元禄十一寅年二月晦日、爲二御見分一片山三七郎（滿國）殿・依田藤右衛門（信澄）殿、外ニ棟梁三人下着、片山ハ大細工処、依田ハ正判官処、宿也、右御見分爲二御迎一由房・正雄丹波名代、後ニ中務、此時藏人ト云、・金剛宝寺佐原村迄出ル、社家惣代宮之介胤雪新邊下迄出ル、丹波義ハ、諸神塚迄出ル、丹波義ハ

古の御宮絵圖

形なき分も古の絵圖に基づき御建立

*香取美作職分召放さる

御宿ノ義申付ル故、悴ヲ名代ニ出ス由申分也、則御見分ノ宿ヘ被レ着ト、早速大宮司繪圖持參ス、御見分被ハレ申、只今着草臥ル也、明日ト挨拶也、此仕形不レ宜也、

三月朔日、本社中殿・拝殿御見分也、樓門・左右廻廊・御供所・神樂所・水(屋)・御手洗、其外末社形無レ之分申傳計也、大祢宜方ニ古ノ御宮繪圖、樓閣等數多相載有之ニ付、御見分ノ衆ヘ申、右繪圖於ニ拝殿入ニ御一覧一也、依テ右樓門初、曾テ形無レ之分モ御建立也、然ハ右古繪圖大切ノ物也、後世至極可レ爲ニ大切ニ一也、右御修覆御願、初メ戸田能登守(忠眞)殿ヘ申上ル処、御見分後ハ、永井伊賀守(直敬)殿御掛リニ成也、

三月二日、末社・堂・塔等御見分也、

同三日、鹿嶋參詣被レ致、丹波家來共案内ニ附、其上自分モ致ニ其案内一、御見分ノ衆無用ト有レ之共、爲ニ御馳走ノ一也、

同四日、側高社御見分ニ三七郎(片山滿國)、返田社ヘハ藤右衛門(依田信澄)、同日八ツ時、當地發足、佐原村ヘ被レ歸、御宿伊能權之丞方迄、丹波・宮之介・番頭送ニ參ル、

一、寅ノ三月十五日、丹波・宮之介御見分ノ御礼ニ御奉行所ヘ出ル、

同十六日、片山殿・依田殿ヘモ出ル、

同十八日ニ、

同十八日、井上大和守(正岑)殿御宅御内寄合ヘ、美作・丹波・金剛宝寺・宮之介圖書胤雪出御、見分ノ御礼申上ル、然レハ戸田能登守殿經藏・愛染堂繪圖ニ不レ載ル段御立腹、御僉義(議)有レ之ル、其後ニ永井伊賀守殿御掛リ、右四人被召呼御吟味ノ上、銘々口書御取、宮之介口書ハ、繪圖ノ節、私用ニテ御當地ニ罷有、誰如何様ニ申モ訳不レ存、又經藏・愛染堂ハ、御修覆所ニ無之哉有之哉如何存ル哉御尋也、年久敷義故、如何御座候哉存不レ申候、古繪圖抔ニモ數相見ヘ申候間、御修覆所ニテ無レ之共不レ被レ申、又御修覆所ニ御座候共不レ被ニ申上一、訳存不レ申、右ノ趣ノ口書也、外三人ノ口書ハ、如何様ニ申上ル哉不レ知、別テ美作度々被ニ召呼一、御吟味ノ上、誤證文致ノ由、

一、寅四月九日、永井伊賀守殿御宅御内寄内(合)、井上大和守(正岑)殿・戸田能登守殿・松平志广守(重榮)殿御列座ニテ、香取美作神職被ニ召放一、神領中御拂被レ成候、尤四人共

（香取大禰宜系圖略）

香取美作一札

*水野殿は神道御信仰戸田殿は佛道御信仰

*美作丹波不和

*伊勢流神學

*美作頑な者

*公用丹波一人相勤むべし

被召出、右ノ通被二仰付一、美作方ヨリ證文被レ取セ、其文如レ左、

差上申一札之事

今度香取大明神破損御見分就被仰付候、社中之繪圖仕立候節、愛染堂・經藏繪圖ニ除申候故、金剛宝寺御見分繪圖ニ愛染堂・經藏ヲモ書載度由願申候、香取丹波義ハ同心仕候得共、私義不同心付、其段御奉行所ヘ申上候処、一社中之義候者、書載候樣御差圖ノ由申聞候得共、繪圖師罷歸候間、書載候義、罷成間敷由挨拶仕候故、愛染堂・經藏ヲ張紙ニ成共、致度由申候ニ付、張紙ニ仕候筈ニ相談相極、御奉行所ヱモ不相窺、金剛寶寺幷丹波ヘモ相届ケ不レ申、私一分ノ了簡計ニテ御修覆御見分ノ妨ニ罷成候、書付ヲ仕差出候、御吟味ノ上、姧曲ノ仕形不届被二思召一候由、御尤至極申披キ無二御座一奉レ誤候、依之何分ノ越度ニモ可レ被二仰付一候得共、以二御宥免一神職被召放之旨被仰渡奉畏候、然上ハ香取社中者不及二申上一、近邊ニモ徘徊不仕、尤金剛宝寺・丹波幷祢宜共ニ對シ、仇ケ間敷義仕間敷候、若右ノ趣相背候者、此上何樣ノ重科ニモ

可レ被二仰付一候、爲後日證文仍如件、

元祿十一戊寅年四月九日　下總國香取大明神前大宮司　香取美作印

寺社御奉行所

丹波・金剛宝寺・宮之介罷出候得者御呼返シ、彼者香取ヘ寄セ申間敷段被二仰付一候、

延寶年中金剛宝寺ト公事在レ之節、水野右衛門頭（忠春）〔督〕（大夫）殿御奉行ノ節、愛染堂・經藏ノ義、出仕邊ニ其樣成物可レ有レ之筈無之、可二取捨一ノ由被二仰渡一候処、丹波・美作兼見合差置求レ害事也、水野殿ハ神道御信仰ノ由、戸田殿ハ佛道御信仰ノ由也、美作・丹波不和ニテ美作人柄不宜、我意已而相立、我一人〻ト計申、諸事取計シ事故ト人口也、神學ハ伊勢流、儒ヲ學、以ノ外頑（カタクナ）者也、却テ身ノ害ニ成シ事也、

同十日朝、御暇乞ニ出ル節、御朱印修理料金神領水帳大切ノ物ニ候間、致物ニ候間、致吟味丹波方ヘ可二請取一也、神役ノ義ハ他出等ノ節、名代勤ル例ニ隨可申也、公用ノ義ハ、大宮司職相立迄ハ、丹波一人相勤可申候、右ノ通被仰付、

十日四ッ時、丹波・宮之介江戸發足、風雨故十一日

＊大宮司家絶ゆる節は宮之介家より大禰宜職は權禰宜家より繼ぐと申傳ふ

＊大宮司家より大禰宜職を大禰宜家より大宮司職繼ぐ例

金剛寶寺願書

八ッ時帰宅也、
一、元祿十三辰年二月廿二日、大宮司職願書、丹波・金剛寶寺・宮之介圖書胤雪、一同ニ出ル、願書ハ御留、美作子小次郎十歳安方後ニ孫之進、又佐内、又道意、度々名改ル、大宮司職被二仰付一被レ下様ニ三人相談、書付ヲ以相願フ、
一、辰三月三日、竹村惣左衞門(嘉行)・平岡十左衞門(道富)ヘ祝礼ノ序ニ御普請何時御取付ト承ル処、四・五日以前ヨリ取付、小屋掛候、江戸本所ニテ小屋場渡リ候由被申、右御両人ヱ御修覆御奉行被二仰付一故也、
一、三月九日、金剛宝寺一人、永井伊賀守殿(直敬)ヘ伺ニ出ル、御役人川上伊兵衞被(ハ)レ申、御神宝願ハ先差置、大宮司職相願可レ然、願人ニ成ル様ニト被(ル)レ申、則願書モ差圖被レ致由也、
同十日、金剛宝寺一人、御内寄合ヘ出ル処、職分ノ願書御留、

乍恐以書付大宮司職奉願候事

一、下總國香取神社大宮司闕職仕候ニ付、去月中、先大宮司美作世悴小次郎ヲ以奉レ願候処ニ、御取上無二御座一、左候得ハ此度御修覆被レ為二仰付一、御遷宮等ニ付、大宮司職闕申候テ如何ニ奉レ存、旧例・近例申上候事、
一、大宮司職絶(タヘ)候節(セツハ)、如何ニ(宮)之介家ヨリ繼之、大祢宜職絶候節ハ、權祢宜家ヨリ繼之候由古來申傳候事、
一、近例者、先大宮司美作大祢宜職相勤候処ニ、兄大宮司相果候ニ付、美作十一歳ニテ、大祢宜職ヨリ大宮司ニ被仰付候、其節當大祢宜香取丹波義ハ、先宮之介世悴ニテ御座候ヲ、大祢宜職被仰付候、右ハ寛文八年十二月十八日ニ被仰付候事、
一、大宮司家ヨリ大祢宜職相繼、又大祢宜家ヨリ大宮司職相繼候義、略旧記ニ御座候由傳承候事、
右ノ内、願ハ旧記・近例ノ通、大祢宜丹波ヲ以大宮司職ニ被仰付、宮之介ヲ以大祢宜職ニ被仰付、美作世悴小次郎義ハ、以御慈悲宮之介職ニ被仰付被レ下候者、難有可奉存候、以上、

元祿十三年辰三月日　下總國香取別當(金剛寶寺)

寺社
御奉行所

右、大宮司職願候様ニ伊賀守殿(永井直敬)ヨリ被仰付ニ付、内々ニテ色々相談有之、先惣社家ヲ丹波処ヘ呼、

*丹波勝房大宮司仰付く
*宮之介胤雪大禰宜仰付く

大勢ノ了簡ヲ聞処ニ、何レ共了簡不レ極、兎角丹波・金剛宝寺・宮之介三人ノ相談次第可致旨、社家中致挨拶也、其後於江府様々相談有之、當分宮之介ヲ大宮司ニ願、往々ハ小次郎ヲ致二養子一大宮司ヲ継セ可レ申相談モ有レ之、彼是兎角不二埒明一付、御役人川上伊兵衛差圖ニテ、右願ノ通成ル、丹波

大禰宜職より大宮司仰付らるるは迷惑

其砌御役人ヘ申上ルハ、大祢宜職ヨリ大宮司ニ被二仰付一テハ、迷惑仕ルト辞退申、御役人達テ被レ申付、然ラハ先祖元ノ義ニ有之間ト申、御受申由也、大祢宜職ハ御年禮願モ未叶、知行〇（モ廿六石余）兼帯ノ下社家合テ四十石、寛文十年御修理料ニ成ル也、依テ大宮司職ノ願致一同由也、

御宮御修覆と名付く御造営　九月十五日正遷宮

一、御宮御修覆ト名付御造營也、辰春中ヨリ始リ五月ヨリ取付、七月九日外迁宮、九月十五日正遷宮也、別記ニ委細ニ有リ、従二春中一江戸本所ニテ切組也、惣テ従二春中一公用・神用繁多、夥敷取込也、至二十一月一成就也、

「大宮司・大祢宜職移替」

一、辰六月十八日、御内寄合ヘ金剛宝寺出ル処、丹波・宮之介、來ル廿七日可二罷出一旨被二仰渡一、依テ廿三日両人江戸ヘ發足、廿五日江着、廿六日伊賀（永井直敬）守殿ヘ御届、廿七日御内寄合ヘ出ル、丹波大宮司ニ被仰付、宮之介胤雪大祢宜被二仰付一、小次郎ヲ宮之介ニ願ノ通被仰付、右之通御書付被レ下、右御書付ニ書物、其外家付ノ物ヲハ、互ニ渡シ移リ替可申候、右（御）書付ハ大宮司方ニ可有之、

七月朔日、歸國、

辰七月四日、朝移リ替、丹波守勝房大宮司舘ヘ、圖書胤雪大祢宜舘ヘ、前大宮司美作悴小次郎宮之家ヘ移ル、（勝房・胤雪四十六歳、小次郎十才也、）

一、元祿十一寅年、大宮司方鏑〔流鏑〕流馬道具御修理料金ニテ被仰付奉テレ願也、前大宮司持退ク故也、

一、元祿十三辰年八月、御宮古繪圖幷御幸祭礼繪圖入二御覽一、御修覆奉レ願、御修理料金ヲ以被二仰付一、則新敷兩品共寫迄被仰付、右ハ大祢宜方ニ所持也、

一、元祿十三辰年九月十一日、先達テ遷宮ノ時着用仕度段〇（申立）奉レ願社家・社僧装束、江戸ヨリ來ル由可二相渡一旨、竹村惣左衞門（嘉行）・平岡十左衞門（道富）ヨリ申來、丹波・圖書・金剛宝寺神前會所ヘ出、（今秡殿ノ場所ニ建、）御修覆中毎日兩奉行、此処ヘ出勤、装束請取、束帯一、装束夏冬、袍丨狩衣・大紋召達ル、供ノ

*御本社古の御殿より十二間後ろへ引建つ

遷宮料白銀十枚拜領

一同登城御目見

武州三瀧權現社も同年に御修覆仰付らる

白張迄、両社務同様也、箱ヘ入、狩衣、六官六人ヘ、布衣・晒浄衣・神子装束五人前、青襖袴六人前、白張十二人前、別當装束、其外社僧装束、右ノ通請取、社家・社僧ヘ不レ殘相渡、尤別ニ委細記、

一、辰九月、遷宮料白銀十枚拜領、御修覆御奉行ヨリ請取、金子ニテ八両貳分也、

御目見願、

一、辰十月二日、柳沢出羽守（保明）殿ヘ遷宮相濟申ニ付、辰十月七日、伊賀守（永井直敬）殿ヘ御伺ニ出ル、兼テ奉レ願、

御伺ニ出ル、

辰十月廿八日、大宮司丹波・大祢宜圖書・金剛宝寺一同ニ登

城、御祓并扇子箱三本入、両人銘〻ニ奉二獻上一也、

於御黒書院

御目見、永井伊賀守殿御奏者、香取・三瀧神主・社僧共ト也、御披露被レ成、右ハ諸大名御詰候前ヘ出ル由、甚結構ノ至リ難レ有也、武州三瀧權現ノ社モ、香取ト同年ニ御修覆被二仰付一故、

御目見同事ニ相濟由也、

十一月三日、歸國也、

大禰宜家日記第三　（香取大禰宜系圖略）

一、御本社古ノ御殿ヨリ十二間後ヘ引建ル、依之其処ニ有之大杉余程伐ル、致二地形一〻（〻脱カ）ニ、辰春中ヨリ近村ヘ廻状出シ、毎日村〻ノ男女來リ、土持致地形、御供所初ハ假殿ニ用ル、神宝物・御神輿・弓矢・箙・ムカハキ（行縢）・馬具、皆江戸ヨリ來ル、廣矛ノ箱、其外矛御遷宮前、大祢宜方ニ御預リ差置、遷宮ノ日、皆御供所ヘ歩、右神宝物内陣ヘ納ル、馬具ハ虫喰ノ由申、翌巳ノ年丹波方ヘ預ル、行縢ムカハキ四ッ大祢宜方ヘ預ル、

御修覆御奉行両人ハ津宮村ニ止宿、手代ハ宮中町ニ、諸職人ハ宮中・宮下町ニ止宿也、御修覆御奉行遷宮ノ節、棧敷ヲ拵拜見、

遷宮後、師子（獅）大床也、ノ間ニテ神拜也、○古ノ御殿ヲハ御後ノ土取、堀ヘ納之、○両御奉行ヨリ銀馬代神献也、

大祢宜方ヘ納ル也、

五十八代
胤雪　元祿十三辰年六月廿七日大祢宜被仰付、七月四日大祢宜舘ヘ移ル、時四十六歳也、十四歳ヨリ此時マテ宮之介勤仕也、享保四亥年○六十五歳ニテ隱居被仰付、正月願、二月六日、享保十七子七十八歳、八月廿日病死也、

元禄十四年従五位下讃岐守勅許

号雪彦神靈、又盛德院、
元禄十四巳年六月上京、従五位下・讃岐守初名金弥、後ニ圖書、勅許也、元禄十三辰胤雪嫡子胤信、三十一歳、嫡孫實行九歳也、
胤雪妻久須ハ、勝房姉也、元禄九子年六月十一日、四十六歳卒、
父大宮司秀房六男平大夫秀雪、元禄六酉年十一月十三日、六十五歳ニテ病死、号平彦神靈也、
母田寺彦大夫信勝娘也、在名伊知、享保六丑年正月廿七日、八十七歳ニテ病死也、号伊知比咩也、

田寺信勝先祖

右田寺信勝ハ、寛永十二亥年十一月十五日卒、号卽雄英心、信勝妻ハ前大祢宜實應娘也、胤雪外祖母也、承應二巳年九月廿六日卒、玉宗壽金也、右信勝先祖ハ、近衛殿ヨリ出ル由、初虎松丸、後ニ田寺河内守、十五万石、幡〔播〕州姫路城主共云、不レ詳、其後田寺官兵衛ト云、河内守何代ノ子孫ト云事不詳、其後ヲ新右衛門〻子信勝也、〻嫡子田寺九郎兵衛信成、其子安心、其子三大夫信尙、後世休三代、石河土佐守ニ勤仕也、世休無二一子一、暇ヲ乞浪人而七十五歳、元文五申年七月病死也、江戸本郷ニ住、神崎神主丹波弟多門十六歳時遺言テ相續也、右多門ハ伊能神主丹後爲ニハ孫ノ子也、血筋故也、彦大夫信勝先祖、赤松ト戰打負、浪人ニテ大坂陳〔陣〕ヘ出ル、石河モ浪人、信勝與力而手柄有、其功石河ニ譲ル、依レ之石河知行所下總國鹿戸村ニ信勝居住、其後香取宮下村陳〔陣〕屋屋敷ニ住シ、後妻大宮司娘ヲ娶、一女ヲ生、母ハ不幸也、此娘下ノ猿田神主ニ嫁、後妻大祢宜實應娘ヲ娶、一男生二女、男ハ伊能神主丹後、其子若狹、〻子〇今ノ若狹祖父也、次女ハ伊知、平大夫秀雪妻也、讃岐守胤雪之母也、次女ハ加矢、平山勘兵御養女ト成ル、後ニ佐野庄兵衛ニ嫁也、是ハ小笠原彦大夫〔長住〕三千石家臣也、舘林公〔徳川綱吉〕御家中也、今御勘定組頭三百石ニ減ス、右加矢生二女、妹ハ小川杢左衛門ニ嫁、御歩目付ヨリ御賄頭ニ成、千三百石、有レ失五百石ニ減、今小川幸之介無一子、右二女血筋斷絶也、右信勝ハ香取新福寺ノ廟所、土手切込五輪ノ石碑ヲ立置、存生ニ建之由也、
　信勝次男治部右衛門信忠、其子津山甚左衛門親成、信忠ハ立花左近殿手ニ付、天草陳〔陣〕ニ立手柄有リ、依之五百石ニテ勤仕ニ、不足シ暇ヲ取浪

人也、久世大和守殿（重之）關屋戸ノ城代ニ被レ頼付、出ル、信忠百五十人扶持、悴甚左衛門ハ三百石ニテ勤仕、然処所替ニテ新参人減（利益）ニ付、暇出浪人、親成孫ノ一十郎ハ、土井周防守殿ニテ三百石ニテ勤ル、

信成・信忠等ハ、信勝上方ニテノ生ル子ノ由也、

胤雪妻　久須、大宮司秀房五男傳之丞基房嫡女也、（丹波守）○勝房姉也、

元祿九子年六月十一日、四十六歳病死也、号久須比咩神靈、生二男二女一、

嫡　内膳胤信

二女　春　三十一歳、元祿十六年未年九月廿二日卒、号二神香院一、

鹿嶋宮之介ニ嫁ス、生㆘二男一女㆖、長靫負宮之介ヲ勤ル、次男源介浪人也、女ハ遊（ユウ）○鹿嶋大町小四郎妻、町人也、生一男一女、（宝暦十辰正月二日病死也、六十八歳也、）

三女　山　病身故不二有付一、被レ養二實行一、延享五辰年七十三歳存命、（宝暦九夘七月十七日、八十四卒、号三津比咩神靈、）

四　致恭（ハルユキ）　江戸樋口梅有神田雉子町ニ住、爲二養子一、元祿十六未年也、則梅有ト名乘ル、母ハ實母ノ妹幸也、

數年立花飛彈（騨）守殿（貞俶カ）扶持方給処差上、享保十九寅年酒井雅樂殿（延享元御老中）被二呼出一、小河町四軒町ニ住、

致恭（忠恭）嫡子元三郎六才病死、玄壽九才病死、女要十八才、產ニ付病死、奈加、是ハ實行娘也、養女ニ遣、十九才、產後病死、千木（モ）致恭娘也、廿一才、產ニ付、延享四夘年八月廿日夜八時病死也、

致恭養子梅仙、是ハ酒井雅樂頭醫師高井隆軒次男、要・奈加・千木、三女共、梅仙以正妻也、奈加生処、仙橋（後庵）也、延享五辰六才存命也、實行孫也、　致恭十九歳ノ時江府へ出、今辰七十一歳存命也、酒井殿貳百五十石程ノ宛行也、（致恭宝暦十一辛巳四月二十五日ヨリ背十四ノ邊腫物出來、六月十四日ノ朝七ッ時八十四齢卒也、）

一、元祿十三辰年十一月、大祢宜御年禮中絶ノ御願、（梅仙宝暦十二年九月九日、四十八齢病死也、仙安二十齢存命、）大宮司モ同心ニテ奉レ願処、先來春ハ大宮司丹波相勤様ニ被二仰渡一、

國繪圖ト云事

覺

一、高九百石　香取大明神社領香取郡香取村之内

一、高　百　石　大戸明神社領　香取郡大戸村之内

「*大ゝ神樂始テ執行實勝五十ケ年怠〔退〕轉ノ処、江戸御奉行所ヘ書付差上ル、享保三戌神樂出入有リ、」

*大禰宜臺所居間新規建つ

臨時の遷宮

*大地震

胤雪從五位下讃岐守勅許

右御朱印香取鄕之内千石與御座候、御吟味之上、御繪圖香取大明神社領香取村之内・大戸明神社領大戸村之内ニ御記被㆑成候由被仰渡、奉㆑得㆓其意㆒候、自今以後御公儀向ヘ書上ニ仕候節、香取大明神領千石、其内九百石香取村之内、百石ハ大戸村之内、則末社大戸明神領ニ分地仕候ト記、差上可申候、尤當村名主方ヱモ右之段申談置候、爲㆓後證㆒仍如件、

元禄十三辰十二月

大宮司　香取丹波

大祢宜　香取圖書

牧野備前守様御内（成春）　粟原六右衞門殿

松平伊豆守様御内（信輝）　梅沢權右衞門殿

堀江忠右衞門殿

三輪源右衞門殿

一、元禄十四巳年二月、臨時ノ遷宮致、氏子者共拜見、本御輿ニテハ無御幸ノ御輿ヲ出式、其節ノ記ニ載ル、

一、元禄十四巳年四月十四日發足、胤雪爲㆓官位願㆒上京、供正判官養子彈正、勅許六月十四日、從五位下・讃岐守、位記・宣旨・口宣案頂戴、時四十七歳也、尤上方筋一見也、京都三條止宿、扇屋庄七処、

添簡江戸大友近江守（義孝）高家也、傳奏柳原大納言殿（資廉）、

一、元禄十五年、午十月廿三日大ゝ神樂御祈禱執行始ル、勝房・胤雪相談ヲ以行事執行也、大祢宜五十三代實勝書付ニ、從往古當社ニ有之、大神樂執行ト有リ、

一、常憲院様（德川綱吉）御代御放鳥鳩、元禄十四巳年九月廿四日始、寶永五子年十二月十八日迄、一ヶ年ニ三・四度ッ、以上十四度也、鳥數六千五百十羽也、尤每度御役人鳥醫師迄付來ル、籠ヘ入、籠五ッ・六ッ計、宮中町ノ内二ノ鳥居前ニテ御放、兩社務出、快ク飛行仕ルノ由請取證文差上ル、

一、元禄十六未年、春中大祢宜臺処・居間、一ッ家ニ新規〇長九間半、梁四間半、胤雪建ル、從㆓正月至㆓五月㆒成就也、是迄ノ臺処ハ大祢宜實富建之、長六間ニ貳間半也、損ニ付テ也、

一、同未年七月、内膳胤信・中務正雄同道ニテ、伊勢・京・大和廻ニ出足、

一、元禄十六未年十一月廿二日、夜八時大地震也、四・五日ノ間ハ無止時、度ゝ動也、年内中ハ少ゝッ、折ゝ震也、相州・武州・房州・上總・下總・常陸、箱根ヨリ東大震、上方ハ少ゝノ由、江戸別テ強、御門

津波
＊香取丹波書状

上方西國出雲迄少々震ふ

＊香取丹波他連署書状

鹿嶋東長門神宮寺連署覺

番所大畧処ゝ震損ス、御城障子ノ紙如レ簾ニ成ル、御
城ノ外、石垣所ゝ崩レ夥敷事也、十一月末、地震・
火事トテ江府　水戸殿（徳川綱條）御上屋敷ヨリ出火、大火ニテ人
多焼死、下總モ九十九里ノ邊強、津波ニテ所ゝ損ル
由、房州濱強、津波上リ、宝珠院ト云眞言寺客殿失、
住僧死由、相州箱根山崩道塞ル、小田原町大方崩、
出火有之、津波モ入、人多損ル由、上方・西國・出
雲迄ハ少ゝ震リ、北國モ少ゝ、甲州・信州ハ余程、
香取邊江戸ノ沙汰ヨリ少輕シ、鹿嶋モ此邊ニ同シ、
相・武・上・房州邊ハ、右ノ通家多損、処ニヨリ地
裂、水出処多ト也、實行十二歳ノ時也、（起候処）震倒サル、
從公儀一被二仰付一趣、寺社御奉行所阿部飛彈〔驒〕守（正喬）殿御
宅ニテ永井伊賀守（直敬）殿・本田〔多〕彈正少弼（忠晴）殿、

覺

今度當御地大地震ニ付、定テ御祈禱可被致執行候、
愈以御祈禱仕候様可二相心得一候、御札・巻數等差
上申度候者、其節之月番ェ可相伺候、以上、

十一月廿八日

鹿嶋明神　東長門
　　　　　神宮寺

香取明神ェモ可相達事、
今度地震依為大變一、御安全之御祈禱被仰付候、弥御
祈禱精誠可仕旨被仰付候、
去ル廿八日兩宮ヘ御祈禱被仰付候処、折節貴殿御
在府故ニ、當宮ヘ御通忝存候、則御書出共、慥ニ
受取申候、右御祈禱之義ハ、兼テ心得申候間、弥
御祈禱相勤押付致出府、御祓・巻數獻上之御伺可
申上候、以上、

十一月廿九日　香取宮　香取丹波

鹿嶋宮
　東長門殿

去ル廿八日御祈禱被仰出候御書之趣、鹿嶋長門方
ヨリ、同廿九日之夜慥ニ承知仕奉畏候、弥以御祈
禱相勤、追付出府仕、御祓・巻數獻上之御伺可申
上候、先為御届如此御座候、以上、

未ノ
十二月朔日　下總國香取
　　　　　　別當　金剛宝寺
　　　　　　大祢宜　香取讃岐
　　　　　　大宮司　香取丹波

寺社
　御奉行所
　　御役人様

右使者尾形權之介忠左衞門

*御祈禱等につき銀頂戴

御臺樣御代參野村小右衞門、十一月廿九日ノ朝、兩社務并惣神官出仕、御祈禱執行ノ間、御代參暫時御留、御下向ノ節、御祓獻上可仕哉ト申候得者、當宮ハ御拜計ト被仰出由也、御祈禱廿九日ヨリ初、從朔日十五日迄相勤ル、

香取丹波等御祓等献上

十二月三日、讃岐・丹波江戸ヘ發足、十二月五日、阿部(正喬)飛彈〔騨〕守殿ヘ伺、御祓一ツ大宮司香取丹波、御祓一ツ大祢宜香取讃岐、御札一ツ別當金剛宝寺、右ノ通獻上仕度旨、近年御迁宮ノ時分モ、御祓札如此御座候由申上ル、明六日登城、明六ツ半時御奉行所ヲモ届可申旨、六日六ツ半時登城、始蘇鐵ノ間、後ニ大廣間ヘ出ル、御祓札ハ氏家古靖老ヘ相渡シ退出也、

*鐵炮改につき公訴

當日御祓札獻上ノ列、江戸山王・江戸淺草・三嶋・鹿嶋并鹿嶋物忌代・香取・江戸目黑・村山・富士代・山伏大聖院、

元祿十七甲申年三月五日、阿部飛彈〔騨〕守殿御宅ニテ本多(忠晴)彈正少弼殿・永井(直敬)伊賀守殿ヘ香取丹波・金剛宝寺兩人、折節在府出ル、

覺

香取明神　銀五拾枚

右去冬地震ニ付、御祈禱〇(依)被仰付被下之候、右頂戴御礼ニ廻ル、大祢宜讃岐義ハ、在処ニ罷在候、重テ御礼申上ル、右ノ列モ有之也、委細地震御祈禱ニ記之、於在所配分、

銀五十枚　地震御祈禱ノ節頂戴、

銀拾枚　元祿十三辰年迁宮料拜領、

右二口、合金ニメ四十四兩三分九匁四ツ半ニ配、

金子拾一兩ト十三匁　大宮司

金子十一兩ト十三匁　大祢宜

同斷　金剛宝寺

同斷　惣神官

一、寶永二酉年九月、本多彈正少弼殿御掛リ、大戸社家并香取惣持院、今度鐵炮御改被仰付ニ付、證文違背、依テ丹波・讃岐及公訴、願之通首尾能被仰付、弥末社ニ相極ル、惣持院モ弥支配ニ極ル、何モ御呵ニ逢、此節大祢宜方ニ有之末社大戸ト有之、古書并大戸神主等、神領差遣節ノ古證文等差上ル、元祿十一寅年本社香取御修覆奉願被御見分仰付節、末社大戸社入御見分可申由申遣ノ処、大戸社家共、

徳川綱條御社参

*水府公へ年始御禮始る

*大禰宜御年禮中絶の願

神納物享保年中御條目にて相定む

末社離可申存念ニテ承引無レ之故打捨置也、

一、寶永三戊(戌)年三月、(徳川綱條)水府公當宮御社參、御拜中殿ニテ也、御幣幷御酒御頂戴、御盃ハ三方土器也、於中殿也、御給仕ニハ大宮司丹波幷悴藏人・大祢宜讃岐幷悴内膳、右四人ニテ也、神前御社參ノ時、御拜東ノ方御拜柱ヨリ九尺モ離、兩社務幷悴共下座、御上リ被レ成(ルト)東ノ玉垣ノ門ヨリ中殿ヘ上リ御給仕也、惣神官ハ褩〔裝〕束ニテ御供所ノ前ヘ出下座、金剛宝寺(初)社僧ハ愛染堂ノ前ヘ出下座、御歸ノ節、兩社務幷悴共・社家・社僧始ノ処ニ下座、御奏者御披露、大宮司・大祢宜幷悴共・社僧・下社家共ト也、拜殿・中殿表ヲ緣板ヘ針ニテ付ル、疊表替、中殿ノ御拜ノ処ニハ膝付置、湯次・手洗(タライ)切目緣置拜殿、天水桶・手桶、所々ニ置、諸事御修理料ニテ拵、道・橋掃除ハ勿論也、從二水戸一寺社(役)兼テ先達テ來リ、彼是差圖有リ、大宮司宅ヘ御立寄御褩〔裝〕束被遊、先例ノ有之由也、樓門前鳥居ノ前ニテ、從二御乘物一御下リ、爲御初尾白銀二枚、大宮司方ヨリ屆、金剛宝寺ヘ白銀一枚ノ由、大宮司ヘハ五枚ノ由沙汰也、御立寄故カ、神前ヘ黄金一枚御差上ノ由、大宮司取納ル、是節ハ未神納物ノ訳不レ極、從二古來一雖レ極取勝(伊能)ニ我儘也、享保年中御條目ニテ相定ル、御歸ニ佐原村權之丞方ヘ、御先例ノ由ニテ御立寄也、從レ夫潮來村ヘ歸御、御止宿也、潮來村ヘ其日御機嫌伺ニ上ル、銘々御肴差上ル、以書付御披露ノ由也、大祢宜ハ大鯉二本、寺社役ヘモ肴遣ス、大宮司方ヨリ御祓差上ル樣ノ沙汰也、

右翌年五月十三日、大祢宜讃岐　水府公駒込御屋形ニテ(徳川家宣)大納言樣・(徳川吉孚)中將樣御自身被レ遊(ル)御能拜見被仰付、御料理頂戴也、(従是年始御礼ニ上ル、公儀御年礼休年ノ時ハ、名代ニテ申上ル、此時ハ使者ヘ御目録拜領被仰付也、)

一、寶永三戌年十二月廿八日、大祢宜御年禮中絶ノ御願、本多(忠晴)彈正少弼殿御掛、右御宅ニテ數年ノ御願被仰付也、元祿年中、前大祢宜丹波モ奉レ願、元祿十三辰年、讃岐守胤雪大祢宜職被仰付以來、同年十一月ヨリ每年奉レ願也、元和八年大祢宜藏人實應追放以後三十年闕職、承應元年實富ニ大祢宜被二仰付一、然モ御礼不申上、元和八年ヨリ寶永三年迄八十五年中絶ノ御礼也、尤大宮司丹波義モ致一同相願也、獨礼之義ハ以之外、重難レ成事也、於二後々未々一必々無二中絶一樣ニ、相心掛可勤事也、于時讃岐守五十二歲・内膳胤信三十七歲・實行十五歲也、

始て御年禮に登城

寶永四亥年正月六日、始テ御年礼ニ登城、年始御禮申上ル、難レ有事也、大廣間ノ獨礼也、其日相詰ル席へ、御奉行本多彈正少弼（忠晴）殿兩度迄被レ出、讃岐ヲ御尋被レ成御見付、今年ハ其方（ソチ）モ目出度ト御申被レ成由、今年ハ不ニ出付一者出ルト御申御尋ノ由也、同席ノ者結構ノ御事、終ニ寺社御奉行所ノ如（ノ）レ此事無レ之事ト申之由、誠胤雪職ヲ起ト申物也ト、人皆福美之処也、元禄十三年御宮御修覆・遷宮ノ節ノ　御目見▩願ノ助ニ成シ事也、

自分繼目御禮願ふ

自分繼目御礼願之事、寛保元酉年五月十八日、本多紀伊守（正珍）殿御内寄合、牧野越中守（貞通）殿・大岡越前守（忠相）殿・山名因幡守（豊就）殿御連席ニテ被仰渡趣、實行奉レ願、香取大祢宜繼目御礼願之義、去秋大宮司繼目御礼相勤候ニ付、大祢宜モ相願候、大宮司ト諸事同様ニ相勤候上ハ、繼目御礼勤内ノ義也、然共大祢宜神職年久敷相勤程過候ニ付、此度ハ不申付候、依テ監物悴繼目ノ節、御礼相願候様ニ被仰渡候、右ノ趣、公儀ノ御帳ニ御記可レ被レ遊趣被ニ仰渡一、大岡公御掛リ也、

＊御代替御禮願ふ

延享二丑年九月、　御代替ノ御礼、大岡越前守殿へ實行奉レ願処、十一月十日、松平主計頭（武元）（後改右近將監、）殿御宅於御内寄合、本多紀伊守殿・大岡越前守殿・山名因幡守殿於ニ御連席一、先達テ御代替ノ御礼相願候例モ有レ之ニ付、願ノ通被仰付候、御礼ノ義ハ、御序次第可レ被ニ仰付一候、御奉行所難レ有義ジヤゾヨト御意也、同十二月朔日、　御代替ノ御礼帝漢（テイカンノ）〔鑑〕間御縁側正面ニテ申上ル、同席社家八・九人、鎌倉・三嶋・春日・上州一宮（貫前社）等也、大宮司香取多宮モ出ル、同十二月十四日、御暇登　城、於檜間時服二ッ拜領、寺社御奉行所（大岡越前守殿）○御自御渡、右御礼ノ願、相叶フモ是皆年始獨礼相勤ル故也、　公儀へ年始ノ御礼不レ勤時ハ、公儀向ノ格甚不レ宜也、獨礼ハ新規ノ御願抔云ハ、決テ難レ成事ノ由、中絶ハゝ致此方不調法・不屆故、是又難レ叶事ノ由、誠ニ胤雪神慮ニ相叶、冥加至極難有仕合也、後職之者、謹而勿怠也、自分繾〔繼〕目ノ御礼ハ、大宮司相勤ル処也、御白書院之御礼也、一人出ル、誠ノ獨礼也、獻上ハ一束一本也、年始・御代替御礼モ、皆獨礼ノ格ノ由、大勢故一同、一人ノ時ハ、右ノ格ノ由也、然共甚重難成事ノ由、宝暦五亥二月六日、實香大祢宜被仰付、同四月廿八日、自分繾〔繼〕目御礼申上ル、御奏者井上河内守（正之）殿へ御取合、御老中堀田相模守（正亮）殿、

富士山燒く

一、寶永四亥年冬、富士山燒、武州・總州・下州・房州・常州、惣テ四・五日間砂降ル、ゴロ〳〵ト音スル、依テ天地〇闇成、夜ハ甚闇、於所〻一驚、實行十六歳、為二學文一江府ニ住、始ハ富士山燒ルト云事不レ知也、

（〇以ノ外）

「砂降、」

「別席、」

一、寶永五子年二月、寺社御奉行所ノ別席奉レ願、大宮司・大祢宜願之通被二仰付一、鹿嶋ノ者共、奉レ願被二仰付一故也、

山口内記香取丹後連印覺

「大戸證文、」

覺

此度大戸明神之宮、氏子之奉加ヲ以建立仕候、就レ夫本社ヘ其届不仕、普請ニ取付申候義、拙者共無念ノ由預御尋、御尤ニ令存候、此上正遷宮ノ節者、急度相届得二御差圖一可申候、自今以後、其外ノ付届モ、本社・末社ノ格式ヲ以、無二如在一相勤可申候、右不届之義、御公儀様迄可被仰上之旨御斷有之ニ付、為申分如此御座候、以上、

寶永五戊子年九月廿二日

大戸大祢宜 香取丹後 印

同社神主 山口内記 印

香取讃岐守殿

香取丹波守殿

右訳ハ大戸ノ者共遷宮ノ節、大宮司方ヱハ相届候処、大祢宜方ヘ一應モ不相届候ニ付、讃岐胤雪悴内膳胤信ヲ以、本多彈正少弼（忠晴）殿ヘ奉伺候処、罷歸急度咎メ可申候、及二違背一候者、丹波ヲ呼、急度可申付候由被二仰渡一、依テ歸、右之段丹波ヘ申聞、大戸之者共召呼相尋候処、無調法ノ由申、證文ニテ相濟也、若事ニ成候者、〇弟（第）一無調法也、大戸ノ者共ハ、元和八年以來、大祢宜年久闕職故、其間之例ヲ以也、

（〇大宮司）

＊「大戸證文、」
＊山口内記香取丹後連印一札

一札

一、今度遷宮之義、私共不届之仕形、先以先年從　御公儀様被為　仰渡候趣ヲ背、且本社ヘ違背仕候段、重〻蒙御不審、一言之申披無御座奉誤候事、

一、自今以後、雖為少之義、御兩所ヘ窺之御下知相守、神事者勿論、社職之義ニ付、窺無レ之為レ私取捌申間敷候事、

一、向後從　御公儀様被為　仰渡候趣ヲ、堅ク相守并本末之社法ヲ違乱不仕、急度相勤可申候、為後證之仍如件、

附、押テ判形不被仰付、一〻奉誤判形仕差上申候、

寶永七庚寅年三月八日

下總國大戸明神祢宜 香取丹後 印

神主 山口内記 印

香取丹波殿

香取讃岐殿

一、寶永七寅年六月十日、鹿嶋大宮司塙右衞〔門脱〕來、此度丹波卯午之杉木願ニ付本多彈正殿御役人内山貞右衞門・鳥井〔居〕伊賀殿〔忠救〕御役人角田治部右衞門被申ハ、一社ノ義ニ候間、致和融同心ニ相相〔ミ〕願候而可㆑然〔ト〕、上ニモ思召候、弥一同ニ願可然之使ニ被頼來候由申事也、鹿嶋ニテモ先例モ無之候得共、東長門物忌普請料ニ修理料金三拾兩、宮山ノ木十六本願ニ致一同相叶、惣大行事鏑〔流鏑〕流馬道具修理料金ニテ願候、是又致一同叶申候、ケ様ノ例モ有之間、御家ノ害ニモ不㆑成事ニ候者、一同可㆑然〔ト〕申事也、同月十二日、丹波〔大宮司〕來リ、此間塙右衞門申候ハ、印手林先大宮司宮林ニ寄進ト讃岐挨拶ノ由、慥ニ證文候哉、左候者願相止可㆑申候、無㆑左候者難㆑止、此段承届度ト申、重テ證據有㆑之由申テモ不〔ル〕㆑受由申、讃岐挨拶ニハ先大宮司寄進ト從㆓申傳㆒外ハ證據無㆑之、今迄諸人共宮山ト覺來ルヨリ外、證據無之、十三日、丹波來リ、明日江戸ヘ致㆓出府㆒、右ノ訳申上ケ候、弥昨日ノ通ニ有㆑之候哉、此段承ニ參ル、同日、番頭ヲ呼、右ノ段申聞㆑之、何モ宮林ノ内ト覺候、判形被㆑成可㆑然〔トハ〕不㆑被㆑申候、

「池端杉山、」卯午の杉木願

鹿嶋の例

諸人宮山と覺ゆ

「*大祝宮内御追放、」

御了〔簡〕間次第可㆑被㆑成候、右訳宮林池端杉木六・七尺計、大小百本計モ可㆑有㆑之、神用ノ爲ト申、元祿十三年御修覆、一兩年前池ヲ堀〔掘〕也、丹波右ノ通寺社奉行所鳥井〔居〕伊賀守殿ヘ相願、讃岐致㆓一同㆒様ニ達テ申事也、依之番頭共ヘ及㆓相談㆒処ニ、何モ大宮司領ト申事不㆓傳承㆒由申、大宮司父子永ゝ在府、右ノ義願、寅八月監物實行十九歳爲㆓學文㆒在江戸、鳥井〔居〕伊賀守役人ヨリ呼ニ來ル、出ル処、角田治部右衞門出會被〔ハ〕㆑申、丹波願ニ下社家兩人得心無之有㆑之トテ讃岐同心無㆑之由、讃岐致㆓同心㆒様ニト色ゝ被㆑申、此段申談候様ニ申ニ付、態ゝ在所ヘ下リ、右ノ段讃岐ヘ申談ル処、一兩人ノ事ニテ無之、何モ得心無㆑之、且右場所伐拂候得者、神前ノ見付不宜、旁以同心難㆑成申、爲㆓名代㆒悴内膳出府、鹿嶋大宮司方ヨリモ同心ノ義申越ニ付、先塙右衞門ヘ内膳委細ニ訳申談、鳥井〔居〕殿ヘ出、右ノ段申分可㆑致ノ段申候得ハ、塙左候者被〔ルニ〕㆑出不㆑及、拙者宜可㆑申談由申ニ付、内膳歸國〔九月十九日〕也、彼是大成致㆓心遣㆒事也、依テ無㆑程丹波モ歸國、右願相止シ也、

一、寶永七寅年、押領使幷宮中町平右衞門兩人ニテ、大

*大祝宮内歸職申付らる

大旋度との銘

〻神樂相催処、大宮司丹波申ハ、此方旦那場勸ル由、難レ成趣申ニ付相止ル也、大祝（香取）宮內從二他所一願主モ來ニ付、御宮御外聞ヲ存、殊ニ平右衛門親類故取計、社家十四人相催令二祈禱一、祓ニ大旋度ト銘ヲ認、去比杉山丹波願ニ、宮之介孫之進・宮內抔不得心ノ意味ヲ以、猶事六ケ敷也、

大祝宮内咎の譯

寶永八年卯年春、大祝宮內兩社務ヘ一應ノ届モ不レ致、大旋度ノ執行相咎、公儀可伺ノ由、大祢宜讃岐モ在江戶、讃岐〇（丹波ヘ申聞、）申越候ハ、致二證文一相濟様ニト態〻從二江府一申遣ス、宮內得心不レ致ニ付、兩社務及二公訴一、本多彈正（忠晴）殿御掛リ御吟味ノ上、宮內御追放、其節ノ御裁許狀等ニ訳有リ、右宮內常〻丹波我儘ヲ宜不レ思、返答書ニ次公事申雖トモレ出ト、御取上無レ之、公儀向ノ訳不案內、只堅ク計相心得、氣強ニ御奉行所御前ニテ申上ル由也、宿預ニ被仰付、御裁許ノ節、御追放、始證文ニテ不相濟、以之外不了見也、

大祝假役御手洗隼人に申付く

大祝假役御手洗隼人ニ申付、享保十四酉年、上野赦帳ニ付由、正月土岐丹後守（賴稔）殿寺社御奉行香取監物ヘ右宮內訳御尋、依テ御裁許狀等差上、度〻致二出情一歸職奉レ願、御役人ヘ強致問答歸職奉レ願、其後從二土岐殿一歸職申付、社法ニ差障義無レ之哉否可申越一ト有、彼是三度迄、中務〇（正雄）監〇物（實行）ヘ連名ニテ御狀被レ下、尤丹後守申付候ト申趣、御役人ヨリノ書狀也、大宮司中務不得心ニテ、彼是不二埒明一、御挨拶〇ヲ申也、歸職ニテハ兩人申合、假役申付、數〇年相勤候、彼者致二難義一趣也、依之歸參被二仰付、右宮內妻子ハ丁子村ニ居住、宮內計他ニ居ル、右御免故、丁子村ヘ歸ル、右ノ節近村ノ者共モ歸職ノ義、訴詔（訟）ニ來ル、中務不得心故不レ叶也、十九年ノ間浪人、享保十八丑年七十歲余、秋病死也、寬保元酉年大宮司多宮（貞通）致得心、兩社務連印ニテ牧野越中守殿ヘ申上、宮內悴民部ニ大祝職申付ル、三十一年ニテ大祝職勤也、

*「神前籬垣」

一、正德元卯年六月、神前籬垣建立也、廿九日始九月十九日成就、元祿十三辰年只柱ヲ立貫ヲ通垣也、損ニ付、兩社務相談ニテ屋根猿頭付、格子東西ニ出入ノ門ヲ付、前方ノトハ格別也、

*「家宣公」

一、正德二辰年十月十四日相屆、

公方様（德川家宣）此度就御不例、於一社御快然之御祈禱被
仰出之候、抽誠（精誠）精可有執行候、恐惶謹言、

十月十二日　　森川出羽守（重興）御判

香取丹波
香取讃岐

右御書付、鹿嶋大宮司塙右衞門ョリ十四日ニ相屆、則御祈禱從二十四日一執行、末社大戸ヱモ申遣、御祈禱執行、又鹿嶋大宮司ョリ十四日七ッ時飛脚ヲ以、從二鹿嶋一皆〻今晩致出府候、從二其許一御出足於江府無二間違一、御祓一同ニ獻上申度ト申來ル、依之大宮司悴中務同日夜ノ五ッ時出足、大祢宜讃岐義ハ夜ノ八時、金剛宝寺モ右ノ刻出足、十六日森川出羽守殿寺社御奉行所御使小倉源七、

徳川家宣薨去

公方様御不例御養生不レ被レ爲レ叶、薨御被レ遊候、因慈〔茲〕寂前申渡候御祈禱之義、可有延引候、恐〻謹言、

十月十四日　森川出羽守　御判

香取丹波
香取讃岐

當十四日之御奉書、慥ニ奉拜見候、御使御急故、早〻御請申上候、以上、

十月十六日　香取丹波

森川出羽守様御使
小倉源七殿

右ノ訳故御祈禱相止、下〻ヘモ鳴物諸事穩便ニ申付ル、金剛寶寺・大戸惣神官ヘモ、右ノ段早〻爲二相知一也、

*額賀清右衞門弟分る

一、正德五未年八月、額賀清〔右衞門〕弟別ニ分ル、兵部其子宇兵衞次男兵四郎中幣神主養子、次男半之丞義、丁子村ニ〔三〕百姓一人前ノ田地ヲ取所持ノ処、兄宇兵衞病死ニ付、半之丞兵右衞門ト改相續也、然処丁子村目代質地ニ半之丞方ヘ遣候田地、請返度段申処、承引不レ致付、目代地頭ヘ願出ル、地頭塚原頼母五百石、半之丞江戸ヘ呼、手錠掛ル、依之中幣悴兵四郎ニ大祢宜讃岐添翰遣、公儀ヘ出、副祝宋〔宗〕女姉聟也、一同ニ出、寺社御奉行井上遠江守〔正長〕殿ヘ出ル、評〔定〕所ヘ出、證文御法度ノ永代賣也、依之御咎ニテ、目代左門・兵右衞門・兵四郎・宋〔宗〕女四人籠舎被仰付也、時ニ翌正月十一日大火ノ節、籠ヘ火掛リ、咎人被レ出処、兵四郎義、兼テ病氣ノ処不レ見、尋被二仰付一、終ニ不レ見、決定燒死也、外ニモ病人有之、燒死風聞也、風強大火也、外ノ者ハ旅宿ヘ逃、從レ夫淺草溜ヘ往、翌申年八月、右出入相濟、兵右衞門理運也、右目代義、一社ノ騒勤仕出ニ付呵、殊籠舎致穢ニ付、悴ニ目代職申付ル、

*御法度の永代賣

*大火につき咎人出らる

宋(采)女義モ神前勤差留ル、享保四亥年十二月十七日、親刑部神役難勤老衰致、番頭相願免許也、改テ任補掛致、神前へ出ル、右宋(采)女職分願度〻也、兩人得心ニテ申付、

御代替御禮願ふも御取上げられず

一、正徳六丙申年　御代替ノ御礼中絶ニ付、寺社御奉行所石川近江守(總茂)殿へ大祢宜讃岐奉レ願、先例無之ニ付、御取上無之、

*内陣鎰の譯

「吉宗公御朱印頂戴、」

一、享保二酉年春、大祢宜讃岐・大宮司悴中務(植元)兩人　御朱印御書替御改ニ付、写差上ル、朽木民部殿・石川近江守殿掛リ、亥年九月朔日夜ニ入、津宮村名主彦六宅ニテ、大宮司丹波・大祢宜監物狩衣ニテ頂戴、右ノ御代官八木源左衞門・坂川彦右衞門檢見ノ序ニ御持參、尤其日昼時案内有ル也、亥日記ニ委記、尤請取上ル、

「遷宮出入、」

大宮司内陣へ入るる例なし

*寺社奉行板倉重通松平重治連署裁許狀

一、享保二酉年七月、當宮本社ノ後屋根損、葺替ニ付、八月遷宮ノ節、大宮司丹波モ内陳(陣、下同ジ)へ入可レ勤之由申越、尤外遷宮ハ古例ノ通、大祢宜一人ニテ内陳勤之也、讃岐返事ハ、從往古其許入候例無レ之、不レ入処カ其許ノ職、此方一人遷宮ハ勿論、年中ノ祭礼モ内陳向勤候古格、委ハ其許御存ノ事也、元祿十三年御

宮御修覆ノ節モ、拙者一人ニテ相勤候、無用ニ致可レ然由及挨拶、丹波無二承引一、悴中務土井伊豫(利意)殿へ出訴及二出入一、訴狀返答御裁許ハ、遷宮諍論ノ記ニ載之、同九月六日、石川近江守殿御宅御内寄合、丹波・中務・讃岐・介抱人監物出ル、土井伊豫守殿・松平對馬守(近禎)殿・石川近江守殿也、土井殿中務へ鎰ノ事、イカ、致候哉、中務申上ルハ、内陳ノ鎰ハ讃岐致封印、内〻陳ノ鎰ハ無封印ニテ預候由申上ル、讃岐申上ルハ、内陳・内〻陳ノ鎰二ッ合、一封ニ私仕置候、外ニ鎰ノ可レ有二御座一樣無レ之申上ル、對馬殿中務方へ古鎰ハ無キヤ、中務御座候、若取替リハイタサスヤト仰ラル、讃岐申通ナレハ、吾ワルキゾヨ、又讃岐モ中務申通ナレハ、宜クナイ、土井殿中務へ奉(先)行ノ證文有之由、則御披見、本書カ写カト、中務本書ト申上ル、判ハドウシテ無キゾ、對馬(松平近禎)殿御兩人ニテ彼證文御ヨミ、御仲間ナサレ、是ハヤクニ不レ立由、御物語ニテ中務方へ被レ仰、是ハヤクニ不レ立、御ナゲ被レ成候、其證文難ト二心得一役人衆モ被申、左ノ通文言モ不濟ト也、

香取大宮司・大祢宜就諍論申渡覺

＊延寳九年の起請文

＊内院方統梁大祢宜庭上方統梁大宮司

＊土井殿にて鎰の吟味

香取明神末社就修覆・遷宮之儀、大宮司・大祢宜及諍論令僉儀〔議〕、古例相守処ニ、大宮司方ニハ旧記も無之、従大祢宜方ハ、遷宮之規式・古留書等雖出之、右之趣ニ而ハ、一決難成故、落着及延引候、然共大宮司職ハ各別之事候条、遷宮之儀、大宮司司之、大祢宜差續可相計之、尤自今以後双方無私申合、社職大切可相守者也、

延寳七年四月廿七日　松山城(松平重治)
板石見(板倉重通)

大祢宜

讃岐方ニ證文有之哉と御尋、則元禄十三年御修覆ノ節、神宝装束願帳ニ、内院方統梁大祢宜・庭上方統梁大宮司ト、丹波大祢宜職ノ節致印形、公儀江願帳面二冊對馬守殿(松平近禎)御覧、御仲間江是爰ニ御座候ト被仰、中務江是ガ丹波印カト御尋、成程ト申上候、又延宝年中、丹波ト美作ト末社迁宮ノ時分、諍論ノ節ノ願書共、起請文等八通御覧、丹波印ヲ御奉行所御合セ、是ハ皆讃岐願ノ通之ケ様之通之事致置キ、今又ナゼ此様之願致候哉ト、中務江對馬殿被仰候、中務申訳致候ハ、其段ハ丹波大祢宜職相勤申候節故、

大祢宜勝手ノ宜様ヲ申上候、對馬殿イヤ〳〵ソウハ謂レマジク候、大祢宜職勤候時分ハ、爲ノ能様ニ申、今又職替候トテ、夫ヲケヅラウトカ、ソウハ云レマイ、中務笑止成義ト御立腹被成被仰候、中務申上候ハ、麁相成義申上候、イヤ〳〵麁相ニてハナシ、実カラ云言葉也、言イ聞セ置ゾヨ、丹波ニ云キカセヨト、對馬殿兩度迄被仰候、又中務ヨ、早ク了簡セイヨト二・三度被仰候、伊豫殿(土井利意)被仰候ハ、延宝年中ノ書物ヲ御覧被成、中務我ガ代ニ而も有ルナラハ、其丹波ガ致候事ニて候ト被仰御立腹、伊豫殿延宝九年ノ起請文ヲ御覧、丹波方ゟ差出候證文ニ而不濟候間、如此申付候物ト被仰候、又神木ノ事も、爰ニ有之由被仰候ヘハ、中務讃岐方江向イ、神木ハ兩人申合伐候由申候、讃岐・監物申上候ハ、昨今迄一人ニ而神木伐採申候、何も存罷在候、對馬殿竹村惣左(嘉行)ニ御尋候様ニと被仰候、土井殿(利意)ヲレガ処ニて吟味可致候由被仰渡、

九月七日、土井殿ヘ伺ニ出ル、掛リノ御役人魚住吉兵衛、鎰ノヿ引不申候間、取寄吟味可致候由被申候、中務・監物被仰付、在所ヘ下候様ニ被申渡、翌日歸

出入取組む上は印形致さず

内々陣へ入る證據に申立つる謀計

郷、九月十日大宮司宅ニ而鎰取出一覧、古鎰ト内陳〔陣、下同ジ〕鎰ト一封ニ致有之哉、中務申候ハ、ゑび〔海老〕鎰ニハ封無之、内ゝ陳ノ鎰無封也、下書出印形取カハシ度由申候、監物承引不致、中務申ハ、道中致持參事ニ候間、八月七日封之通無相違ト計も、印形取カハシ度由申候、仍而封不損、又ハ封ノ致方無別条間、御鎰一封、前之通相通〔違カ〕無之、仍之致印形ト申文致印形取カハス、尤大神主・四郎神主・分飯司・六郎神主も致、監物是迄出會ニ不逢故、無易ノ事也、惣而出入取組候上ハ、假初ニも印形ハ不致事也、後悔不過之存事也、

八月七日、内陳御祭礼ノ節、鎰役分飯司御鎰取ニ大宮司方ヘ罷越候節、丹波ニ大ニ立腹致申候ハ、明日ノ番分飯司勤候ニ不及ト申、分飯司申候ハ、當日ト申モノ也、勤候様ニ、御前ゟ先年被仰付候間、年來勤申候、又丹波申候ハ、古鎰一本取出、内陳鎰ト此古鎰一封ニ致、内ゝ陳ノ鎰ハ、無封ニ致候様ニ分飯司ニ申付ル、此節病氣故、爲名代悴内膳相勤候処、不心付差圖之通ニ封致ス、然ハ丹波・中務内ゝ陳ノ鎰無封ニ而預候上ハ、内ゝ陳ヘ入證據ニ申立ル謀計甚也、

一、九月十三日、土井殿ヘ參ニ付、御屆ニ出ル、御役人吉兵衛〔魚住〕江監物申候ハ、中務鎰持參仕候、封ノ仕形ハ、前ゝ之通ニ候得共、鎰ニ相違御座候、仍之鎰役人幷大神主・四郎神主抔ト申、於内陳手傳仕候者共ニ承候ヘハ、去ル八月七日祭礼ノ節、鎰役人方ヘ丹波申候ハ、内陳ノ鎰ヲ封致候上ハ、内ゝ陳ノ鎰ハ封ニ不及由、古鎰壹本取出シ、此鎰ト内陳鎰封シ候様ニ致差圖候、其讃岐病氣、内膳罷出候、鎰封候節、鎰役人内膳方江爲申聞候由、然共神事ニ取紛候哉、返答も不致、封候由鎰役人申候、内膳ニ承候得者、曾而覺不申、常之通ニ封候ト覺候由申候、仍之替之段、内院之者共ゟ爲念口上書爲致參候――候、尤内院ノ小頭大神主・四郎神主・分飯司鎰役も、此度出府仕候、御役人申候ハ、其内此方ゟ可申遣由也、

一、九月十七日、土井殿ヘ明日ノ御寄合ヘ可罷出、御請ニ監物參候節、内院小頭大神主・四郎神主・鎰役人御用も無御座候哉と伺候、吉兵衛申候ハ、近江守〔石川總茂〕様江明日致同道、鎰之儀、御尋も候ハヽ、右之者共召連參候間、被召出御吟味被下候様ニ願候ヘト吉兵衛申候、同日、近江殿ヘ參御帳ニ付、

石川近江守にて鎰の吟味

*土井殿直吟味は一度もなし

*魚住吉兵衛偏頗の吟味に大難義

*安藤右京進御内寄合

*往古よりの社法亂るる歎しき御裁許

*丹波父子謀計をもって社法亂す

一、八月十八日、近江守殿御内寄合へ讃岐・監物、右之者共三人、丹波父子も出ル、土井殿中務・監物在所江参リ、鎰ト書物も持参致候哉と被仰候、鎰ヲ御前へ差上候、古鎰抔取集メ、海老錠迄丹波方ゟ差出、監物申上候ハ、鎰ノ封見候而、下役人共江尋候処、封ハ前之通相違無御座候得共、鎰替之段申候、訳尋候処、八月祭礼ノ節、鎰役之者江丹波差圖ニ而古鎰ヲ出シ、内陳〔陣、下同ジ〕ノ鎰ト一封ニ仕、内〻陣ノ鎰無封ニ丹波預候段申候ニ付、何方迄も左様可申上かと申候得者、成程可申上と申候間、私ノ念ニ口上書取、所持仕候、則鎰役人者井内八人之小頭大神主・四郎神主、今日召連候間、御吟味被遊可〔被脱〕下候様ニ奉願候ト申上候、彼丹波差圖ニ而、鎰替之段ノ口上書差出シ、役人衆ゟ是ハ私ノ念一通ニ御座候ト申差上ル、○土井殿・近江殿御両人御披見、此者共参候哉ト御尋、成程今日鎰役之者、大神主・四郎神主召連申候、被召出御吟味奉願候、中務方江も何ソ有之候哉と被仰付、御鎰一封無相違ト申書付出候、御覧被成候而、御奉行所御笑被成候、右之書付、両人江御返シ、成程御吟味可被遊由被仰渡、大神主等御口出も無之也、其後魚住吉兵衛度〻吟味、一度も土井直吟味ハ無之、魚住毎度吟味ニ甚立腹致、甚致偏頗、讃岐・内膳・監物毎度大ニ及難義也、宮之助・物申祝・大神主・四郎神主・分飯司も吟味、是又致難儀、中續前ニ何も在所江御返シ、彼者共口書等御取用無之也、

十二月十八日、安藤右京進〔重行〕殿御宅於御内寄合、右延宝年中御證文ト申ヲ御用、大宮司内陳へ入候様ニ御裁許也、御裁許之節、於御列座讃岐申上候ハ、私當職之節、古法相乱迷惑至極○難儀仕候由申上ル、土井殿先奉行ノ證文有之候間、其通申付守候様ニと被申候、從往古大切ノ社法、此節乱候義、歎敷御裁許也、兼而趣知候間、裁許相受申間敷哉、又ハ職分ヲモ可差上存候所、親類共申候ハ畢竟○公儀ノ御宮ノ義ニ候へハ、如何様共上ノ思召次第成事也ト何も申之、出入中吟味ノ毎度、必死ノ心掛ニ而社法乱候段、甚出情雖申、役人甚贔屓ヲ以、丹波・中務方ノ口書ニハ訴状ノ通、何も誤抔ト申事も無之事共也、讃岐方ノ口書ハ、色〻ノ節ヲ付、誤――抔也、丹波父子謀計ヲ以、大切ノ社法ヲ乱、奉穢神慮、行末如何ト人皆申之、右出入中比、如何之吟味ニ而候哉、大宮司屋敷内ノ杉大

内陣遷宮

丹波中務神輿へ匍上り神慮犯す

御修理料金勘定仰付く

丹波守勝房病死*

中務和雄病死*

太子流の神學*

和雄聟内匠急死

木十一本、急ニ拂木ニ致、家財皆他所ヘ持歩、米俵迄も他ヘ持歩、見苦敷事共也、

酉十二月廿二日、丹波歸宅、同廿六日、中務歸國、同廿八日ニ内陳（陣、下同ジ）遷宮、丹波父子旅穢モ不厭、内陳ヘ入勤ル、　神輿ヲ従内陳・内々陳（御本座ヱ）奉レ遷、讃岐手傳、大神主・四郎神主也、迁座以後丹波・中務神輿ノ御上段江匍（ハイ）上リ致拝見、無勿体　神慮ヲ奉犯義也、委細ハ其節迁宮出入ノ記ニ載之、〇（讃岐ハ）丹波爲ニハ従弟、其上姉聟也、胤信ハ丹波甥也、右出入ニ丹波五百兩程賄賂ニ遣候由ノ沙汰也、

右出入ノ節、御修理料金丹波我儘ニ封切遣候故、員數不知之由讃岐申上ル、依之勘定被仰付、翌〇（享保三戌）年春中ヨリ七月中（十四日）迄掛ル、遣方ノ内二口貫相濟、宮之助（孫之進）・物申も（主計）其間江府相詰ル、丹波遣方彼是引落繕候へ共、乾金三百兩不足也、帳面計相濟、金子ハ不差出〇（十二年過）享保十三申年出入之節、右金三百兩新金ニ直シ、百四十九兩十年賦ノ拜借ニ被仰付也、享保十三申此節ノ御奉行所黒田豊前守殿（直邦）、兼テ中務神學ノ弟子ニテ、甚御心安キ申也、右神學ハ大子流（太、下同ジ）ノ神學ノ由也、〇元禄年中御宮御修覆願、大宮司・大祢宜・金剛宝寺・宮之助ハ、社家惣代ニ出ル処、元祿十三年奉願、御修理料金ノ内三人ニ九十兩拜領、一ヶ年ニ拾兩ツヽ、三年分也、然処讃岐義ハ、宮之助勤ル内込ル故、半〇（十五）兩惣社家江遣ス相談ニ致ハ、此金享保三戌〇（十九年過）勘定ノ節、丹波方ゟ惣社家江遣ス、不埒也、御修覆中度々江戸往來ニ申合、七拾五兩内借讃岐分、仍之其砌奉願六十三兩、十年賦ニ致返納、殘テ十貳兩、外ニ廿八兩三分内借有之、合テ四拾兩三分也、右三十兩ノ内十五兩差引、廿五兩余ノ内借ト見ヘル、然処出入後、享保三戊（戌）年勘定ノ節、讃岐内借ノ節、手形六十八兩（三四枚）ト差出候故、手形通早速致返納也、右六十三兩拜借願候節、手形ノ事申候処、兎角申、手形不差出、右之通也、仍之勘定於參籠所也、皆々居候席ニ而、実行申候ハ、手形通何程ニても可濟、六十三兩拜借願之節、内借ニ差引候ハ顯然也、心ノ問ハ如何答ソト申、道理也ト申聞ル、

享保十四酉年六月三日、丹波守勝房病死、七十五才也、

元文二巳年三月廿一日、中務正雄五十四才、病死也、聟内匠、同年七月十九日、家督願御奉行所ヘ出、歸上下ノ儘乍立急死也、右内匠、江府（山）三王神主従弟ノ由、四・

五年居ル内、正雄ト不和ニテ、正雄死後ニ三〔山〕王ヨリ來リ忌ヲ受ル、

和雄子稲丸病死
大宮司斷絶

正雄實子稲丸五歳、同年八月十八日、於二御奉行所一大宮司職被二仰付一、於〔ハ〕レ國同日稲丸病死也、依之大宮司斷絶也、從二三月一八月迄ノ間、三代病死也、未聞人皆申之、誠感應着明処也、依之大宮司職〔願〕ハ騒動也、先宮之助〔前大宮司美作子也、〕孫之進、孫之進浪人、次男友二郎ヲ大宮司願ニ居候、社家共ハ願、又ハ内匠弟ノ僧ヲ還俗爲致願族も有リ、當時宮之助大膳養子多宮〔副之祝ヨリ移ル、〕〔中務甥也、廿歳也、〕相願、

多宮大宮司仰付く
「前後也、」
讃岐嫡孫監物實行家督願仰付く

元文三午年七月六日、大宮司ニ被二仰付一、右之訳共故、翌〻年享保四亥年、奉願讃岐隱居致、悴内膳胤信モ職分不相勤、讃岐ヨリ直ニ嫡孫監物實行ェ家督願被仰付、

香取中務訴状

乍恐書付を以御訴詔〔訟〕申上候

下總國香取郡香取村香取神宮
〔訟〕大宮司丹波名代悴
訴詔人　香取中務

神輿鎮座出入

同國同郡同村同宮
大祢宜
相手　香取讃岐

一、下總國香取神宮屋根破損仕候、前〻少〻之儀者、

内〻ニ而仕來候間、今度も大祢宜香取讃岐と申合、損シ申候分持板爲仕候、就夫、去七月廿九日、内陣〔陣、下同ジ〕之内損シ不申候方江神輿を移申候、右神輿移申候節、丹波病氣故、名代を以神事之座計リ勤之、神輿動座之儀、委細讃岐江申含申候、其後段〻持板出來仕候ニ付、如元神輿鎮座可仕由、讃岐江申遣候処ニ、讃岐如何存候哉、内陣之儀・内〻陣之儀、大祢宜一人之支配ニ候間、大宮司相勤候事、可爲無用由申候、依之丹波方より又〻申遣候者、香取支配之儀、大祢宜壹人之支配と申事覺不申候、殊ニ鎮座之儀も支配之儀も、先例之通、從御奉行所御證文頂戴仕候義を、今度違乱申候事、如何樣之御心得ニ候哉と相届候処ニ、讃岐申候者、先例之儀、成程存罷在候得共、今度之儀ハ存寄御座候由申之、丹波江何之届も不仕、當月十一日急に御當地江罷上候事、

一、延宝七年、丹波大祢宜職相勤候節、前大宮司美作末社迁宮之儀ニ付、及諍論候処ニ、同年四月廿七日、板倉石見守樣於〔重通〕御内寄合、大宮司之大祢宜指續可相計由之御證文被成下、御裁許之趣相

*寺社奉行連印書状

大宮司大禰宜両人にて支配致來る

*香取讃岐監物連署口上覺

*内陣御祭禮四箇度

*一社の深祕

守、如旧例右末社神体之幣帛、大宮司方より捧之、大宮司鎮座加持仕、大祢宜指續務之申候、其後元祿十三年六月廿七日、於　御内寄合、丹波大宮司職被　仰付、大祢宜職讃岐ニ被　仰付、神領支配万端之儀、大宮司・大祢宜両人ニ而支配致來候処者、両人ニ而支配致、大宮司一人ニ而支配致來候処者、一人ニ而支配可仕由、從永井伊豆守（直敬）様被　仰付候、同年御修覆相濟、九月十五日遷宮之節茂、前〻御證文之通相守、御正体之儀、大宮司之鎮座加持、大祢宜茂差續務之、神酒・御供大祢宜備之申候、且又一社之大宮司職相勤候者、御正体之訳・宝物之品不存候而相濟可申事に無御座候、乍恐此段者御聞届被爲遊可被下候事、

一、内陣（陣、下同ジ）之鎰、大祢宜致封印、大宮司方に預リ、内〻陣之鎰者、無封印大宮司方ニ預リ置申候事、

右之通讃岐御證文違乱仕候、其上永〻神輿鎮座無御座、御祈禱相勤候茂如何奉存候、殊九月祭礼、近〻ニ罷成候得共、御鎮座延引に罷成候故、御願申上候、讃岐被　召出、御吟味被爲　遊被下候様ニ奉願候、以上、

下總國香取郡香取村香取神宮
大宮司丹波名代倅

享保二丁酉年八月　香取中務

寺社
御奉行所

如此訴状指上候間、致返答書、來月六日近江（石川總茂）宅内寄合江罷出可對決、若於不參者可爲越度者也、

酉八月廿八日　伊豫（土井利意）御判
近江（松平近禎）御判
對馬御判

乍恐以返答書申上候口上之覺

一、下總國香取宮者、從往古年中行事大宮司・大祢宜初、五拾余人之社人・社職隨而、面〻ニ相勤來申候、右御祭礼之節者、大宮司・大祢宜幷惣神官庭上ニ連座仕執行仕候、年中數多御座候御祭礼之内、内陣之御祭礼ハ四ヶ度御座候、是者大祢宜ニ限リ相勤來申候、大宮司者庭上ニ者列座仕候得共、内陣江者、決而入申候儀、從先規無御座候、惣而内陣之御祭礼者、大祢宜幷供物等調候役人内八人、物忌私ニ相續内陣江入、私手傳仕候、右之外者、假初ニ茂内院江者入不申、一社之深秘ニ而御座候、

唯受一人之傳受

依之唯受一人之傳授と申候儀、大祢宜家ニ相續仕、

内陣神事大禰宜に限り相勤む

内陳〔陣、下同ジ〕之神事、從往古大祢宜ニ限リ相勤來リ申候、然處、此度本社ヘ屋根後之方破損仕候間、内陳之内損シ不申方江、去六月廿九日外遷宮仕置申候、右之節丹波義、病氣故名代を以神事之座計相勤、神輿動座之儀、委細私江申含候由申上候、此儀大成僞ニ而御座候、右申上候通、正遷宮・外遷〔宮脱〕共、

正遷宮外遷宮大禰宜職分

從前〻大祢宜職分ニ而相勤來リ候儀、紛無御座候、此段者十八年以前迄、丹波大祢宜職相勤候得共、其節迚も同事ニ御座候、私義大祢宜職被　仰付候ニ付、旧例之通相務來リ申候、既延宝年中當丹波大祢宜職相勤候節、先大宮司美作末社遷宮之儀ニ付、及諍論候砌、丹波奉願候書付之扣共、私所持仕罷在候事、

*板倉石見守御裁許

一、去ル八月三日、丹波方ゟ使を以申越候者、御營繕修覆も大方出來候間、追付正遷宮も可有之候、其節我等も内陳江入、神事相勤可申由申越候、私返答仕候者、其元前方大祢宜職被相務候節、被存候通、内陳之勤之儀ハ、此方職分ニ而先規ゟ相勤來候、殊ニ元祿十三年御修覆之時分も、正遷宮・外遷宮・末社等之遷宮迄、我等致執行候、此度之外遷宮も我等相勤、其許者病氣ニ付、名代を以先格之通、於庭上御勤之事候、然ニ正遷宮之時分、内陳ヘ入可被申由、御心得違と存候旨返答仕候得者、又無程丹波方ゟ以使申越越候者、内外遷宮之儀、大宮司者一圓不構様ニ被申越候、其方ハ格式之通、可被相勤候、大宮司も勤ル儀有之候間、是非内陳江入リ可申候間、左様ニ可相心得旨申越、返答をも不承、使之者罷歸候、然共其通リニ仕候得者、先規ゟ之社法相乱候間、内陳江入被申候義、無用ニ被致候得と再三申遣候得共、延宝年中末社遷宮之儀ニ付、諍論之節、板倉石見(重通)守様御内寄合ニ而御裁許之上、御證文被下置候間、相務可申旨申承引不仕候、其節御裁許之上、御證文と申事、如何様之御證文ニ而御座候哉、曾以不奉存候、且又如旧例右末社神体之幣帛、大宮司方ゟ捧之、大宮司鎭座加持仕、大祢宜指續務之申候由申上候、此段曾而無之、大成僞ニ而御座候、右末社遷宮之儀者、

*延寶年中より元祿迄末社遷宮なし

延宝年中諍論之節ゟ元祿年中迄、遷宮無御座候、元祿十三年御修覆之節、本社・末社不殘遷宮之儀、

*社用神木大宮司大禰宜相談の上伐る
*丹波神木我儘に伐るゆゑ宮林薄くなる
内陣内々陣の鎰の件
内陣内々陣鎰大禰宜封印仕置く
*御修理料相封にて差置く
*御修理料丹波了簡にて取出し遣す

私壹人相勤申候、尤丹波義ハ庭上之勤者、先規之通相勤申候、此段者下社家共ハ不及申、其節御修覆御奉行竹村惣左衞門(嘉行)様・平岡十左衞門(道富)様、其外御手代衆迄、何茂御存之事ニ御座候、尤大宮司從古來内陳(陣、下同ジ)之御祭礼等も相勤候訳ニ御座候ハヽ、此度改以使申越候儀と者不奉存候、ケ様ニ慥成證據等御座候を、常ヽ我意を立、私并下社家共迄致迷惑罷在候事、

一、内陳・内ヽ陳之鎰之儀、私職分ニ而御座候間、内陳之祭礼相仕廻候得者、二ッ共致一對ニ、大宮司方江遣し置申候、然處、内ヽ陳之鎰者無封印、大宮司預り置申候由申上候、此儀難心得奉存候、二ッ共ニ私封印仕置候、鎰之外ニ内ヽ陳之鎰可有御座義とハ不奉存候、去月七日内陳御祭礼之節、私病氣故、悴内膳爲名代爲相勤申候、其節も御祭礼相仕廻、鎰者封印、悴内膳仕罷歸候、内ヽ陳之鎰無封印、丹波方ニ預り置候段申上候者、畢竟此度先格無之、内陳之勤可仕と申掛候、謀ニ右之通仕候物と奉存候、此段者鎰役之者并供物調候内八人之者共被召出、急度御吟味被遊被下候様ニ奉願候事、

一、爲社用神木伐セ候節者、古來ゟ大宮司・大祢宜相談之上、普請相應之木爲伐候旧例ニ而御座候、然處ニ此度繕普請之節も、私方江者曾相談も無之、丹波一分之了簡ニ而神木伐セ申候、此等之儀不限、此度、近年ハ我儘ニ神木伐採申候義及數度候、夫故宮林も次第ニ薄ク罷成、氣毒ニ奉存候、相役之儀故、私無念ニも可罷成と存、神木爲伐候ハヽ、我等方江も相知セ候様ニと再三丹波方江申遣候得共、中ヽ承引不仕、剰過言抔申候、此段も兼而可奉願と奉存罷在候、右山守役之者、丹波と別懇ニ而申合候故、如何様之訳ニ而候哉、無覺束奉存候事、

一、寛文年中大祢宜知行所之内四拾石、訳ケ御座候而御修理料被仰付候、右年ヽ之物成金、大宮司・大祢宜・宮之助・物申、此者共立合、相封仕可差置之由被　仰付候ニ付、御宮入用之節者、右之者共立合封を切、社用ニ遣候、相仕廻候得ハ、又ヽ右之者共相封を仕、大宮司江預ケ置申儀御座候、然處ニ近年ハ納候時分者、立合致相封候得共、金子入用之節者、何方江茂相談不仕、丹波一分之了簡

丹波社法亂し迷惑

正德二年瑞籬修覆

大宮司大禰宜兩人にて支配すべしと永井伊豆守より仰付らる

香取讃岐他連印一札大禰宜支配の社人丹波閉門申付くるは不屆

ニ而取出遣候得者、御修理料金何程出、殘金何程有之候哉、右相封仕候者共、曾不奉存候、此度修覆之節茂、丹波壹人ニ而取出し、職人共江相渡シ候得者、万端入用金之員數、私を初、下社家共毛頭不奉存候、ケ樣之儀、前方被　仰付候儀をも相背、旁不屆成義奉存候、其上正德二辰年當宮瑞籬修覆仕候節茂、入用金何程入候哉、勘定承度由申遣候得者、尤と者申候得共、至唯今有無之儀、不申越候、惣而神領之儀、大宮司・大祢宜兩人ニ而致支配來候處ニ、近來者何事も我儘仕、一分之了簡ニ而取捌仕候、元祿十三年六月廿七日、於御內寄合、丹波大宮司職被仰付候、神領与支配万端之儀、兩人ニ而致支配來候処者、兩人ニ而致支配、一人ニ而致支配來候処ハ、相牙ニ一人ニ而支配可仕之旨、永井伊豆守樣被仰渡候、然者丹波義、御公儀樣被仰付をも相背候樣ニ奉存候、殊ニ去申ノ年、私知行所ニ罷在候私支配之社人將監と申者、少々之間違御座候処、私江一應之屆ヶ茂不仕、閉門申付候ニ付、丹波方江如何樣之訳ニ而、我等支配之者、閉門被申付候哉と申遣候者、其儘閉門差免申候、段々不屆成義度々仕、難儀仕罷在候事、

右之趣毛頭相違無御座候、近年者丹波我儘仕、此度ハ別而非例成義申懸ヶ、社法を乱申候段、迷惑至極仕候、丹波義、私親類之義ニ御座候得者、何とぞ內々ニ而事濟候樣ニと色々と申候得共、一圓承引不仕候故、右之段々先達而可奉願と奉存候処、道中ゟ病氣ニ付、延引仕候得者、却而丹波方ゟ及出訴候段奉驚、旁不屆千万ニ奉存候、此段被爲聞召分、急度御吟味奉願上候、右之訳故、遷宮も延引仕、神事祭礼之妨〔間〕ニ罷成候而、社法も乱、神官之者共、何茂難儀仕候、偏ニ奉願上候、右之外御尋之上、口上ニ可申上候、以上、

享保二丁酉年九月六日　下總國香取宮大祢宜　香取讃岐

病身ニ付介抱人　同　監物

寺社
御奉行所

差上申一札之事

一、下總國香取神宮大宮司香取讃岐（マヽ）・同悴中務御訴詔〔訟〕申上候者、香取神宮屋根破損仕候付、大祢宜香取〔陣、〕讃岐与申合指板爲仕候、就夫、去七月廿九日內陳

*唯受一人の傳受

*内陣内々陣共大禰宜一人支配

延寶七年大宮司大禰宜諍論

*内陣内々陣鎰の吟味

*古鍵と當用の鍵の件

*内々陣の鎰無封印にて預置來る

（下同ジ）之内、屋根損不申候方江神輿を移置、修覆出來候付、神輿鎭座可仕由大祢宜方江申遣候處、讃岐申越候者、内陣・内〻陳共、大祢宜壹人之支配ニ候間、大宮司方ゟ差綺候事可爲無用之由申候、延宝七年丹波大祢宜職相勤候節、前大宮司美作与末社遷宮之儀及諍論、双方於御奉行所御吟味之上、大祢宜差續可相計旨御書付被下置候、依之元祿十三年御修覆之節茂、遷座加持等大宮司相勤之候、且又内陳之鎰大祢宜致封印、内〻陳之鍵者無封印ニ而大宮司方ニ預リ申候由申上之付、大祢宜香取讃岐・同悴内膳并内膳悴監物被召出、双方於御内寄合席御尋問之上、數回被及御吟味候処、私共御答申上候者、從往古年中行事大宮司・大祢宜、其外五拾余人之社人、隨社職面〻相勤來リ、祭礼之節者、大宮司・大祢宜・惣神官庭上ニ列座執行仕、内陳之祭礼四ケ度、是ハ大祢宜ニ限リ相勤、大宮司者庭上ニ者列座仕候得共、内陳江者、決而入申義無御座候、惣而内陳之祭礼者、大祢宜并供物調候役人内八人・物忌等大祢宜ニ相續、内陣江入手傳仕、

右之外者、假初ニ茂内院江者入不申義、一社之深秘ニ而御座候、依之唯受一人之傳受と申義、大祢宜家ニ相續仕、内陣之神事大祢宜ニ限リ相勤來候処、此度正遷宮之儀、大宮司可相勤之旨申之、從古來之社法相乱候、内陣・内〻陣鍵貳本、從先規大祢宜封印仕、大宮司方江預置候、然處内〻陣之鍵者、無封印預リ置候段、大宮司申上候儀難心得奉存候、大祢宜封印仕置候鍵之外ニ、内〻陣之鍵可有御座とハ不奉存候段申上、双方申合御不審ニ付、中務・監物江被仰付、在所江罷歸、内陣・内〻陣之鍵持參仕、差上之御點〔檢〕見被遊候処、内陣鍵与内陣古鍵壹本一所ニ封印仕差置、内〻陣鍵者無封印にて有之付、右封印之儀、御尋問之処、當八月七日之夜神事之節、讃岐病氣故、爲名代悴内膳罷出、神事相勤、右之鍵封印仕候由申之候、大宮司江御尋被成処ニ、元祿年中御修覆以後、右之通御修覆以前之古鍵与當用之鍵、一所ニ大祢宜封印仕來、内〻陣鍵者、御修覆之節ゟ無封印ニ而預リ來候段、顯然之由申上候、私共申上候者、内陣・内〻陣鍵共、大祢宜封印仕來候処、八月七日神事

*御修理料金の件

*請拂帳面仕立て差出づべし

*神木伐採の件

*不届の族への仕置の件

*重き仕置は御奉行所の差圖受くべし

之節、大宮司方ゟ右古鍵相添差遣、向後内陣之鍵与古鍵致封印可然候、内陣之鍵封印仕候上者、内〻陣鍵者、及封印間敷段、鍵役之者江申含、此段其節内膳江鍵役之者申聞候得共、内膳兎角之不及挨拶、内陣古鍵与當用之鍵、一所ニ封印仕置候段申上之、双方申爭難決被思召候、内膳義、右神事之節、父爲名代初而罷出、鍵封印茂初而仕候哉与御尋被成候処、前〻茂父名代ニ神吏相勤、鍵封印茂前〻仕候由申之、其上、右引替候与申古鍵、聊可紛恰好之鍵に無之候、右迁座出入之儀、八月三日大宮司方ゟ申越、旲論之萌有之砌、旁相違之鍵封印可仕様、曾無之思召候、内膳義、爲父名代封印仕置候上者、向後共ニ内膳封印之通、内陣古鍵与當用之鍵、大祢宜封印仕、大宮司江預ヶ、内〻陣之鍵者無封印ニ而、大宮司方ニ預リ可申候、鎭座加持之儀、既に延宝年中先奉行被仰渡有之上者、弥右御書付を相守、此度茂正遷宮之節、鎭座加持相勤、大祢宜差續相計之、向後共神輿動座・正遷(衍)迁宮之節者、大宮司相勤之、鎭座加持之外、年中四ヶ度之神事之節ハ、内〻陣鍵大宮司方ゟ請取之、

惣而内院向之儀者、大祢宜勤之可申候、御修理料金之儀者、御奉行被仰渡有之、收納金大宮司・大祢宜・宮之助・物申立合、印形仕置候由、然處ニ遣方有之節、大宮司壹人ニ而取計、外三人之者共爲立合不申、請拂帳面を茂不仕置之由、大宮司我意之致方、不屆之儀被思召候間、在所江罷歸、早速右四人之者共立合遂遂筭勘、請拂帳面分明仕立可指上候、若大宮司不埒之儀茂候者、急度越度可被仰付之旨奉承知候、社堂爲修覆、神木伐採候儀者不及申、風折立枯木伐採候節茂、大宮司・大祢宜、其外願立候社役人召連、遂見分相談之上ニ而可伐採之候、神領配當之社役人并百姓等不屆之族有之仕置申付候義、大宮司・大祢宜領分之百姓たりといふとも、神領之百姓たる上者、大宮司・大祢宜熟談之上、其過失遂糺明相應之仕置、双方立合可申付之候、尤重キ仕置等申付候儀者、其罪狀達御奉行所可受御差圖之旨、右此度御吟味之上、被仰渡候間、自今以後違乱之儀有之候者、急度越度可被仰付之旨奉畏候、向後双方致和融、恆例之神事・祭礼無怠慢執行可仕段被仰渡、是又奉畏候、

為後證仍如件、

享保二丁酉年十二月十八日　下總國香取宮大祢宜　香取讃岐 印

讃岐悴　同　內膳 印

內膳悴　同　監物 印

寺社
御奉行所

享保三年御修理料勘定

一、享保三戊年春中ゟ御修理料勘定、七月十四日ニ濟、（利意）土井殿役人吉兵衛（魚住）、毎度甚過言已而ニ而致立腹、丹波方ヘ贔屓甚大ニ致難儀候事也、丹波我儘ニ遣方ノ（ノ内）帳面、二口ヲ貫、遣帳ニ讃岐・宮之助・物申致印形相濟、

*神樂座配の件

享保三年大々神樂につき出入

庭上神樂方勤むる場所

神樂元祿年中執行始む

一、享保三戊年、（十月）大々御樂ニ付、出入起ル、從レ是前神樂ノ節、大祢宜左座、大宮司右座ノ処、近來居替候ニ付、戌十月十七・十八・十九、宮下吉右衛門願主（也）、十六日大宮司方ヘ使遣候ハ、前々ノ通大祢宜左座ニ着可申候、又庭上ハ神樂方ノ勤候場所故、兩所ノ四方拜相止可然候、山廻須行也、是も直ニ神前江出候様ニ致候ハヽ、可然之由及相談、右神樂之儀ハ、元祿年中丹波・讃岐相談を以執行致始ル、尤行事ハ丹波了簡也、三日共ニ同様ニ勤候処、其儀ハ宵・晝・朝ト勤ル、尤行事ニ毎度致増減事也、大宮司返事、此度者押詰候間、追而ノ義ニ致、此度ハ先被勤候様ニと申來ル、然共、臨時之祈禱之儀ニ而、是迄時々ニ増減も致候事故、又申遣候ハ、右之通ニ無之候而ハ、拙者勤にくし由申遣、返事、左候ハヽ、山廻致候儀ヲ直（スクニ）參候儀ハ、思召次第ニ可被成候、其外之儀ハヽ、神樂過ニ面談ニ而直候而、能候処ハ直候様ニ可致候、先此度ハ前方之通被勤候様ニと申來ル、讃岐又申遣候ハヽ、山廻不致、直ニ神前江參候義被仰遣、御尤ニ存候、座之儀、從往古東座ニ御座候、神前ニ而論候も穢敷候、拙者座無之、居処無之候、四方拜之儀も、不出方重ク相見ヘ能可有候、拙者も罷出、相勤申度候ヘ共、右之通座も無之候ヘハ、罷出にくゝ由、又申遣、丹波返事、兎や角六ヶ敷事も無之候、此度之儀者、押候而間も無之候間、思召之通ニ此度ハ可被成候と申來ル、仍之神樂致執行、讃岐申遣候通ニ勤ル、丹波壹人四方拜勤ル、同廿一日、丹波使、先日者差詰候故、思召次第ニ致候、此以後ハ左様ニハ同心不致候間、左様御心得候様ニ申來ル、

*居宅大宮司方を西大禰宜方を東と申す
讃岐道中落馬
*香取讃岐一札
*大々神樂執行
座配の裁許
*巡行及び四方勸請の拜
松平對馬守御城の御座配存ず
左を君に右を臣に取る事

十月廿一日、中務出府、同廿六日丹波出府、壬十月十二日夜九ッ時、御裏判來ル、十三日讃岐出府、十六日對馬殿(松平近禎)江御請ニ監物出ル、讃岐道中ニ而落馬ス、仍之右之段申上監物出ル、是又出入中大ニ及難儀候、十一月廿七日、相濟、巡行・四方拜、去年迄相勤候通、向後相勤候樣ニ、座配之義ハ、大宮司右座・大祢宜左座ニ可二着座一由ノ御裁許也、此出入第一座配ノ義也、丹波左座ニ居、替候事ゟ起シ也、松平對馬(近禎)殿御掛リ、直御吟味也、對馬殿御自分ノ御手ヲ出シ、丹波我ヲレガ左カ右カト御尋、右ノ方ト申上ル、然レハ我右座也、讃岐ヲ召、我左ノ方ニ着座カ、然レハ我左座也、丹波口書ニ、自分ノ方ヨリ取リ左座ト申上候、無調法仕ル由ノ口書也、對馬殿御吟味ニヲレヲ神前ニメ、右ノ御手ヲ御出、此方ニ我着スルカト御尋、丹波御右ノ方ト申上ル、讃岐江も其通左ノ方ヲ御出――、早道成御尋也、對馬殿御城ノ御座配御存ヲ以テト被レ察、神代巻ニ左ノ御手・右ノ御手ト被レ上、左ヲ君ニ取、右ヲ臣ニ取ル事也、尤御吟味中、神座之圖をも致差上ル、神前江向之節も、庭上江向候節も、兎角左大宮司も右之通、右惣神官東座左、西座右ト、左右ニ着座致候訳、挑燈ノ紋迄、西東ヲ付候事、居宅ヲモ大宮司方ヲ西ト申、大祢宜方ヲ東ト申候訳共申上ル、

差上申一札之事

下總國香取宮ニ而大々神樂、從前々致執行、此度願主大宮司方江頼來候付、當十月三日、私江申達、同月十七日ゟ十九日迄三ヶ日執行可仕旨申合候、神樂行事品々有之内、巡行幷四方勸請之拜与申二ツノ儀、巡行ハ大宮司・大祢宜・下社家迄、職に隨ひ神庭を巡リ巡行、早而大宮司ハ左、大祢宜ハ右ニ着座仕候、且四方勸請之事、大宮司・大祢宜庭上ニ而相勤義ニ候処、當十月十六日神樂用意相調、願主も集候節、私方ゟ今度之神樂、四方勸請之拜・巡行二ツ共ニ相止、拜殿着座も大祢宜ハ左、大宮司ハ右ニ座配可致由、先規を違申越候ニ付、大宮司返答ニハ社法難改、其上勸請之拜無之候而ハ、神樂之主意不相立、殊支度調候間、執行濟候、以後任社法可及相談儘、先如先格可相勤段、兩度迄申達候得共、私存分ニ不致候者、出席仕間敷之旨申越候、此節及吴論候而ハ、願主茂集、外聞不

宜候付、社法乱候儀ハ、追而御奉行所江御願可申
上与奉存候故、私義者、存寄次第相勤候様ニ与申
丹波計り四方勸請の拜仕る
遣、丹波計四方勸請之拜仕候、社職之儀者、大宮
司ニ隨、大祢宜可勤所、新規を申出、混雜ニ相成
候間、社法相立、神樂斷絶不仕候樣ニ御吟味奉願
*丹波自分の左右と相心得大々神樂元祿十五年より執行するも法式なし
之旨、丹波致出訴候付、双方御列席江被召出、被
遂御尋問候処、私申上候ハ、大ゝ神樂之儀、元祿
十五年（午）ゟ致執行相究候、法式無之、寂初ハ三日共
ニ日中計勤候得共、其以後宵・晝・朝三時ニ仕候、
巡行の件
御尋之節、申上候巡行之儀者、廻廊ゟ神前江罷出
*神樂の定法
候節、庭上圍之中を通リ候得ハ、群集之内障候故、
無益之儀可相止と申候、四方勸請之儀、大ゝ神樂
ニ相添候式ニ而も無之、神樂職之者相勤場所之処、
此度丹波初而四方勸請・巡行と申名目相附、従古
來大宮司ハ西之方、大祢宜ハ東之方ニ着座仕候由、
巡行及び四方勸請の名目今年始めて丹波付く
私申上候ニ付、假令巡行・四方勸請と申名自、今
年始而丹波附申候共、去年大ゝ神樂之節、其業ハ
勤候哉と私江御尋之処、去ル酉年迄ハ無旲論、其
業度ゝ執行仕候由申上候ニ付、神樂職之者勤候役
座次の件
儀与申上候儀ハ、不都合ニ思召候、座次之儀、御
吟味之節、往古ゟ丹波儀ハ、神前江向左ニ着座仕
候段申上候付、しからハ神前之方ゟ右座ニ候哉与
御尋被遊候処、手前之左ニ着座仕候由申上、神前
之方ゟ右座ニ而者無之段、心得違（之）仕、大宮司不埒
之御答申上候、相考候得者、神前方ゟ右ニ、前ゝ
ゟ着座仕候処、自分之左右与相心得罷在候故、拜
殿ニ而者、神前之方ゟ左ニ罷在候、然上ハ座配之
儀ハ、私申上候通拜殿着座之節も、丹波義者、神
前之方ゟ右ニ着座仕、丹波初筆座上ニ無紛上ハ、
座次之儀、御訴詔〔訟〕無之段、大宮司以書付申上候、
且又於神道、神樂之定法有之哉否、兩人立合相認、
兩印形を以差出候樣ニ被仰付候故、右書付差上候
処、御點検被遊候得者、去ル酉年之神樂、今般相
論候巡行・四方勸請共ニ、私茂一同ニ相勤候事、
式目歷然ニ候、座配之儀、大宮司左・大祢宜右ニ
着座之由、書記差上申候得共、御穿鑿之上、手前
之左右ニ存違、右之通書上申候、御吟味之趣承知
仕候ヘハ、神前之方ゟ之左右ニ候段、丹波委細得
心仕、御尤奉存候旨申上候、依之如前ゝ幣殿・拜
殿共ニ大宮司ハ神前之方ゟ右ニ着座仕、大祢宜ハ

*香取讃岐口上覺

*讃岐胤雪隱居願ふ
大々神樂の定式なし

*古へ讓狀禁中へ差上げ御下文下置かる

左ニ着座可仕旨被仰付、尤大〻神樂之定法、於神道差定候事無之段、別紙相認、丹波・私兩印形を以差出候付、御考覽之上、私義、大宮司を差嫌(キ)、先格を違、神樂行事可減段申出、非分之至候、加之去年出入御裁許之砌、致和融候樣ニ被仰渡候趣ニ茂、令相違候得者、急度可被仰付候得共、早竟於香取宮大〻神樂之定式無之故、節に臨時宜區〻ニ候条、爰を以御宥恕被成下、兩人差上候、去歳神樂式目、永ク香取之宮致定法与當年旲論之神樂者相除、元祿年中ゟ去ル酉年迄双方純熟之上、致執行候、大〻神樂之式目之通、向後無違乱可令執行之旨被仰付、難有奉畏候、先御裁斷之通致和睦、自分ハ勿論、社家共迄茂神事無怠慢爲相勤、尚又丹波儀誇御裁許之理運、恣之働仕間敷之段被仰渡、是又奉承知候、爲後證仍而如件、

享保三戊戌年十一月廿七日　下總國香取神宮 大祢宜 香取讃岐印

寺社
御奉行所

一、享保四亥年正月廿一日、松平對馬守(近禎)殿江香取讃岐隱居願、

乍恐奉願口上覺

私義老衰仕、職分勤兼申候、依之奉蒙御免隱居仕度奉願候、跡職之義、悴內膳ニ可奉願処、病身ニ而御公用等難勤奉存候段申候ニ付、內膳子嫡孫監物江職分被爲仰付、私義、隱居仕候樣ニ奉願候、右之通被爲　仰付被下候者、難有仕合可奉存候、以上、

享保四亥年正月　下總國香取神宮 大祢宜 香取讃岐

寺社
御奉行所

[寺社御奉行所] 讃岐守胤雪六十五歲、內膳胤信五十歲、監物實行廿八歲、

右願書、松平對馬守殿御役人癸生川平兵衞御請取可申聞㆒由也、正月廿五日監物同道致樣ニ被仰付、則出処、先例御尋、讃岐義、元祿十三辰年六月廿七日御宅御內寄合ニテ職分被仰付、古ハ其父及末期讓狀認、　禁中ヱ差上、御下文被㆓下置㆒候、御役人夫ハ奉行所ヘ達、其上ニテ禁中ヘ可差上也、丹波ヘ爲㆑知候哉、幸中務在府、爲知可㆑然候、差圖テ無シ、鹿

嶋ノ例抔聞合、明日書付差上候樣ニ被ㇾ申、

廿六日、

覺

先年ハ家督之義、其父社職・領分等之義、讓狀ニ相認、禁中ヘ差上ヶ相違無御座、御下文代〻被ㇾ爲下置候、古書數通所持仕候、元祿十三辰年六月廿七日、永井伊賀守（直敬）殿（於）御內寄合、大祢宜職私ヘ被ㇾ爲仰付、只今迄相勤候、以上、

右ノ通書付持參、此禁中ヘ差上ルト云ハ間可ㇾ有之、奉行所ヘ届ヶ御意ヲ以テ成共ト可ㇾ有ㇾ之筈成ト御申候、是ハ先年禁中ニテ万端被㆓仰付㆒節故、讓狀差上、御下文被㆓下置㆒、御奉行所ヘ御届ノ義ハ見ヘ不ㇾ申由申候得ハ、有筈抔被ㇾ申、其樣ナ処、中務抔聞合候樣ニ塙右衛門ト被㆓聞合㆒哉、相尋ル処、留主逢不ㇾ申候、然ラハ明日御寄合ヲ延聞合ル樣ニ被ㇾ申〇塙右衛門（鹿嶋大宮司）聞合ル処、祖父（和泉寛文年中奉願）〇奉ㇾ願致㆓隱居㆒由申、中務ヘモ申談ル、大宮司淸次郎奉願、新之介ヘ家督被仰付由、右ノ通又申上ル、御役人丹波方ヘ書狀ヲ以爲ㇾ知樣ニ可致候、届ト云ナレハ支配ニ成、只如ㇾ此奉ㇾ願、〻書差上首尾能段爲ㇾ知樣ニト被ㇾ申候、依テ以書狀隱居ノ義奉ㇾ願処、願書首尾能相納致㆓大慶㆒候、用事有之、飛脚遣間、乍ㇾ序爲㆓御知㆒申候、中務殿ヘモ於㆓爰許㆒物語㆒――、右ノ趣也、御役人御申候ハ、隱居可ㇾ（ト）願存ルト致遣セハ届ニ成ル、無ㇾ左公儀ヘ願ッテ置也、爲ㇾ知間敷ニモ無之事也、昨日中務ニモ尋候、成程尤ノ由申、淸次郎隱居願承及ト許也、鹿嶋右衛門ニモ尋候ト御役人被咄候、

二月四日、對馬守（松平近禎）殿ヘ讃岐出、當月朔日ニ丹波方ヘ書狀相達、返事遣候者、飛脚歸リ候由申候得ハ、返事ニ及不（ル）ㇾ申由ニテ、返事不ㇾ遣候、扨不埒者ニテ候由被ㇾ申、又讃岐申ハ、昨日中務伺公不仕哉、御役人（癸生川平兵衛）〇成程來候、神宝ノ矛抔有之由ニ候得共、公用ノ義、明日上候樣ニ兼テ申聞候得共、無其義候、讃岐ト一所ニ不ㇾ上由、讃岐上候テ相濟候ト申不（ト）ㇾ受御咄也、不埒者ニテ候、何（アノ）通ニ致候得ハ、此方ニモ致方有ㇾ之候、此方（コナタハ）不ㇾ構被ㇾ居候樣ニト被ㇾ申、其許隱居、監物家督少モ滯事無之、乍去少延候事可ㇾ有ㇾ之被申、

一、亥正月廿九日、松平對馬守ヨリ召、讃岐出ル、神宝ノ義、日記ノ通認（長文也、）、重テ淸書ノ節可ㇾ略之、

寺社寶物之內

先づ奉行所へ届け御意を以てすべし

「*神宝御尋、」届と云へば支配になる

*寺社寶物目錄

香取讃岐覺*

一、大刀・刀、其外武具類
一、禁裡(裏)又ハ従　將軍家出候武家之義付、法式認候
類
一、弓馬之書
一、古戰之書
一、草紙類ニテモ古有ル名者之作リ爲タル物
右之通之書籍、板行ニ無之類、
但出家・社人勤方等之義、認置候書物ハ入用ニ
無之候、

御役人寶物につき尋ぬ　寶物これなし

右書付ノ通ノ物、有之候哉ト御役人吉田十兵衞被申、
讃岐申上ハ無之候、但シサビ(錆)刀ノ類ハ有レ之候、左
樣ノ物ハ用ニ不レ立、先頃中務モ見ヘ候間、此通〇ヲ談
テ有モ無モ、書上ル樣ニト被仰付、
晦日、香取中務方ヘ申遣、申合急ノ事ニ候者、早速
下リ又寛事ニ候者、二・三月中可レ致奉伺由ニテ、二
月朔日讃岐・中務、對馬守(松平近禎)殿ヘ出ル、御役人平兵衞(癸生川)、
其許方覺(通)候、可書上候、依テ二月二日中務旅宿ヘ立(昨)
日ノ書、追付可被致持參候ト被仰下、
合相談之、然処監物ハ中務宿ヘ相談、其跡ヘ二月二
日七ッ半時召、讃岐御奉行所ヘ出ル、讃岐申上ルハ、
今日中務宿ヘ監物差遣候、追付歸可レ申、其間御待

ヲ奉ル願、讃岐差上ル書付、

覺

一、御院宣(小原院)御判　一通
一、禁裏御下文等　數通
一、賴朝(ヨリ)(源)公御自筆御判　二通
一、(足利)尊氏公御寄進狀御判　一通
一、當社御繪圖　一幅
是ハ大サ七尺四方程、年數ノ程相知不申候、右
ノ通物大祢宜宛所ニテ被二成下一、代々所持仕候、
以上、
享保四亥年二月　　大祢宜　香取讃岐
右ノ書付差上候得ハ、是モヨサハヨイ、兎角此度
ハ先武家ノ事ヲ御尋被レ成挨拶、右書付留被レ置罷歸
リ、

香取讃岐覺*

覺

一、此度被爲　仰付候神寶物、於當宮御書付ノ通ノ
物無御座候、以上、
享保四亥年二月　　大祢宜　香取讃岐印
寺社
御奉行所

神寶物書付一判にて持參す

右ノ通ノ書付、六ッ時持參、御役人平兵衞、讃岐申上候ハ、中務相待候得モ遲候故、如レ此相認、一判ニテ持參仕ル由申上ル、御役人其許一人ヱ被仰付候間、一判是ニテ濟候由、御挨拶ニテ、中務ケ様ノ物有之由申モ、私ハ左様ノ物御座候不レ存由申テ能候由、差圖ニテハ無レ之由也、

神寶廣矛鞍類

同日、監物中務旅宿ヘ參処、急ニ呼ニ來ル故歸、兼テ神宝廣矛・鞍類書上筈ニ申合ル処、廣矛御覽ト有之時ハ如何也、彼是相談、未書付不二出來一、中務讃岐宿ヘ來ル、監物申ハ、書付御急也、御立腹ニテ一判ニテモ不レ苦間、早差上候様ニ被二仰付一候間、只今一判ニテ致持參旨、中務ヘ申談ル、中務申ハ、明日參リ様子承リ、公儀ヘ可出旨申歸ル、

酒井修理大夫御内寄合*

同三日四ッ過、中務參尋ル間、昨日御急一判ニテモ不レ苦、早差上致二持參一様ニ被二仰付一差上ル、今日切延候事難レ成候、其許ヘ申附ル事故、一判ニテ差上様ニ被レ申申聞ル、中務申ハ、今朝塙右衞門ヘ參ル、鹿嶋ノハ訳ヲ永ク相認ル、經津魂劔白楯十枚ト書上候、一社ノ爲ニ候間、何ソ上ケ申度事ニ候、宝物帳ニ兩人印形ニテ廣矛ノ事書上候間、如何ノ物御座候、

監物家督仰付く*

如何可レ仕ト御内意承候ト可レ申申、其許存寄次第ト申、無二心許被思、若讃岐モ同道被レ成間敷哉ト申間、此方夫ニ不レ及由申、中務歸、此先四日丹波返事不レ致訳、前ニ記之、

一、二月五日、對馬守殿ヨリ被レ召、讃岐出ル処、御役人平兵衞被申渡ハ、明日ノ御寄合ヘ出候様ニ被仰渡、酒井修理大夫殿(忠音)ヘ參リ、對馬守殿御差圖ニテ、明日御寄合ヘ出様ニ被二仰付一、隱居幷嫡孫ヘ家督願、右ノ通御届御帳ニ付、

又對馬殿御役人平兵衞被レ申、中務ヲ呼、書付取ル由御物語也、是ハ隱居家督ニ付、書付ト聞ヘル、寂前丹波〇(書状ノ)返事不レ致故也、

二月六日、修理殿ヘ着帳手札、(下總國香取神宮大祢宜香取讃岐隱居幷嫡孫家督ノ願)

同日、酒井修理大夫殿十二万石、若狹國主、御内寄合、讃岐一人出ル、對馬守殿御同役様ヘ被レ仰、讃岐隱居願、孫ヲ監物ト申候、監物ヘ讓リ、隱居致度願候、先年モ隱〇(居)願例有レ之哉ト尋、大宮司ヲモ例尋申候、是モ相違無レ之候、讃岐ヘ對馬殿被レ仰、大宮司モ願フ、隱居致セ、家督監物ニ讓テ〇(隱居致様ニ)被二仰渡一、何事モ先規ノ通勤ヨ、何モ先年ノ仕付タ通ニ、諸事致スカ

能イ、從夫對馬殿御役人伊川治右衞門ヘ御奉行所ヘ御廻リ可レ申哉、今日ニ成共、明日ニ成共、監物義召連可申哉、其段ハ屋敷ニテ可レ伺、對馬殿ヘ參御礼申、吉田十兵衞（役人）、監物召連御礼ニ廻可レ申哉、今日監物御列座ヘ出哉、私計左候者、其許計ト被レ申、

同日、中務旅宿ヘ來リ、今日御願ノ通、首尾能相濟目出度由申、私義モ此間對馬守殿ヘ被召呼、讃岐隱居願、先例ノ義御尋、書付・留書等無二御座一候、先年於寺社御奉行所隱居願仕候由承傳候テ罷在候、此度讃岐願之通、私モ同前ニ奉レ願由、書付差上候ト咄ス、偖今日鹿嶋（塙）右衞門モ出、拙者モ出ル、宝物ノ書付被仰渡候、依テ一兩日中在所ヘ下リ申候、御書付ノ文前方ノト少增、

寶物書付覺

覺

一、大刀・刀、其外武具類
一、禁裏、又ハ從將軍家出候武家之義付（書カ）、式目等認候類
一、弓馬之書
一、古戰之書
一、草紙類ニテモ古ヘ名有者之爲ルレ作物

右之通之品、宝物之内ニ有之候者、罷歸遂吟味、大刀・刀ハ銘拵、金物之模樣、武具類ハ其品委細書付可二差出一候、

二月

同日、讃岐・監物對馬殿ヘ出、吉田十兵衞出會、先刻中務方ヘ宝物ノ義被二仰渡一由、成程何方モ無ト申上候モ、又致二吟味一樣ニ被二仰付一、罷歸立合、此書付ノ通有ハレ之可二差上一、讃岐申上ル、今日願ノ通被二仰付一候、御礼十八日ニ御連座ヘ罷出申上度奉願候、監物義モ召連、御礼申上度奉レ願申、十七日ニ伺樣ニ被レ申、宝物書、右ノ通也、寫時ニ癸生川平兵衞被出、依テ又右ノ通段々申、是モ十八日ニ出ル義、尤也、今日ノ御礼ニ御奉行所ヘ監物召連可罷出哉、成程尤ニ候、從ハレ今張ハツテ勤ル樣ニ可レ被レ致候、宝物モ立合、無ハ無ト書上致二印形一サヘハ能候間、人ヲ以遣樣ニテモ能候、然ヒ又十八日目見之事、出府可二被致一被レ申、

九日、神宝ノ義ニ付、監物歸鄕、（大宮司丹波方ヘ書狀、拙者義、去ル六日御内寄合於御列座、願ノ通隱居被レ爲仰付、家督ノ義、監物ニ被爲仰付、難有仕合奉存、致大慶、監物義、若輩者ノ義ニ候間、万事被レ添二御心一被仰合一、讃岐、）

*下谷池端より出火

*「五十九代實行」寶物の武具類吟味

大禰宜方の御下文寫

*香取丹波香取監物連署覺

亥二月十日、監物歸國、丹波方へ使遣、隱居・家督
ノ訳、神宝御尋ノ訳申遣、
十一日、中務今朝歸ル由申來、番頭へ相談ニテ呼ニ
遣ス、
同日、神前へ立合、丹波・中務・番頭出ル、
十二日、內陳〔陣、下同ジ〕吟味可レ致申合、社家へモ申間、潔濟〔齋〕・
鹽垢・供物・御酒・御供〇〔干魚〕調進、
同日、八〔ツ脱〕半時、兩社務中殿、社中ハ拜殿着座、右供
物、大床へ供ル、御酒三獻、祝詞監物勤、其後鍵ノ
封ヲ切ル、丹波・中務ハ大床ニ座、內陳へハ不レ入、
大祢宜幷內八人入リ、宝物ノ內武具類大床へ出、吟
味也、楯板ノ様成物寸法ヲ取ル、長刀ノ寸法取ル、
鍵ノ封御戸閉〔トツ〕〔鎖落ス〕、宝物寸法ヲ取、又入納置、
同日、於參籠〔所脫カ〕新社家共へ、右御書付ノ通尋ル、少ゝ
御下文〔寫〕出ス、大祢宜方ニ有レ之也、
監物亥二月十四日、江府へ發足、十五江着、
一、二月十七日、松平對馬殿へ讃岐・監物出ル、〇〔御役人平兵衛〕被仰
付候、宝物ノ於二在所一吟味仕ル、追付大宮司出府仕
候、相談仕書付差上ケ可レ申候――、
讃岐申上ルハ、明日御連座へ出、隱居家督ノ御礼申

上度奉レ存、然〔ラハ〕從是修理殿〔酒井忠音〕へ參、御帳ニ付候様ニ被レ
申、御役人御差圖書付ル、
讃岐隱居・監物家督仕候ニ付、御連座へ罷出候、
下總國
香取神宮
香取讃岐
香取監物
右ノ通認、修理殿へ致持參、彼方御役人被申ハ、定
テ類火ニ逢可申候、成程本所ニ罷在候宿御尋、本所
法恩寺西ノ裏門通、八百屋治兵衛店、去ル十四日下
谷池ノ端ヨリ出火、神田筋類燒余程也、神田雉子町樋
口梅有方旅宿故也、梅有も類燒也、本所へ店替也、
一、二月十八日、酒井修理殿御內寄合〔江〕讃岐・監物出ル、
對馬殿被〔ハ〕レ仰、讃岐隱居致、監物家督致候礼ニ罷出
候ト被レ仰、對馬殿御意ニ監物大宮司ト申合、無二意
隔一様ニ相勤候様ニ被二仰付一、
同日、對馬殿へ御礼ニ出、御役人へ〃外御奉行処へ御
礼ニ廻可申哉ト伺フ、尤ノ由御申ニ付廻ル、
一、二月廿三日、丹波着ノ由通達有リ、
同廿四日、丹波宿へ參、於二在所一書付幷大戸へ申遣
書付取ル由也、

覺

神楯

大刀刀の類悉く朽損ず*

徳川家康奉納

一、鐵神楯　二枚
右、長サ一尺九寸五分、幅六寸、跡先九寸八分、
是ハ從二往古一傳來仕候、何方ヨリ納申候哉、由緒
知不申候、神楯ト申ナラワシ申候、
一、長刀　一枝
長サ貳尺四寸七分、惣長四尺四寸、清水清右衛門
則定作、
慶長十二年
大權現様(徳川家康)當宮御造營之節、奉納仕候申、銘ニ相印
申候、
一、白木鞍　貳口
右、從二古來一相傳仕候、尤由緒相知不申候、鞍ノ
作法如ニレ常御座候、
一、弓重藤〔籐〕　四張
一、箙　作法如レ常、　四腰
一、矢　　廿八本
　内四本尖矢
　内四本鏑矢
一、衞府大刀　四振　作法如常、拵燒付
　内一振、一尺四寸六分、鞘上貳尺三寸

　内一振、一尺五寸七分、同斷
　内一振、一尺五寸、鞘上、同斷
　内一振、一尺五寸八分、鞘上、同斷
一、白木鞍　貳口
右、五品ハ元祿十三年御修覆之節、被二成下一候、
右之外、大刀・刀之類御座候得共、悉朽損シ申候、
其外禁裏、又ハ從　將軍家出候武家式目・弓馬之
書・古戰之書・草紙類ニテモ、古ヘ名有者之書申
候書無御座候、以上、
　享保四亥年二月　　大祢宜 香取監物
　　　　　　　　　　大宮司 香取丹波
寺社
　御奉行所
右ノ通ノ書付ヲ對馬守殿ヘ持出ル、御役人平兵衛書
付一覽、末ノ大刀・刀ノ類抔ハ書ニ不レ及候、衞府
ノ大刀抔ハ是ハ武具ノ類ニテ申ハ有之間敷候、糸ノ様子
迄、委細ニ書上候様ニ被レ申候、鍔切羽等迄、委細
ニ書上様ニ可レ致候、元祿年中ハ、
常憲院様(徳川綱吉)御代奉願衞府ノ大刀等ハ、出來仕候、慥成
證據有之候哉、成程ト申候、左候者其通ニ書上候様

大戸神主大禰宜連印覺

國分奉納

寳物覺*

鐵神楯*

駿州住盛命の銘

清水清右衞門則定作*

ニ可致候、鞍抔モ作、旁書上候様ニテ被申候、又末社從大戸遣候書付差上ル、其文、

覺

一、鎖大刀　一振

長サ貳尺六寸一分、小身、長サ五寸三分、目針之間貳寸三分、ソリ一寸九分、古來領主國分奉納ノ由申傳候、中身拵等モ悉損シ、銘ノ様子等モ相知レ不レ申候、

一、長刀　一振

長サ一尺三寸三分、ソリ一寸八分、小身一尺貳寸六分、目釘穴三寸貳分、下右ヨリ八分、下ニ一以上目釘穴貳ツ、銘ハ駿州住盛命、柄長サ六尺七寸、

右ハ今度從　御公儀様一被仰出、本宮御宝物ノ内大刀・刀・武具之類、　禁裏又ハ從　將軍家出候目錄・古戰ノ書・弓馬ノ書・草紙之類ニテモ、古ヘ名有ル者書候物御吟味ニ付、大戸社ニモ右ノ通ノ物御座候哉ト御尋被レ成候間、吟味仕候所ニ書上ケ申候、外御尋ノ物無御座候、

享保四年亥二月　大戸社 大祢宜印

同社 神　主印

香取大宮司殿

右ノ通書付御役人御覽、大戸ノ者ハ此方不レ知候、此方(コナタ)方(衍)兩人ノ名所ナレハ請取ル、無レ左不レハ被二請取一、此鎖(クサリ)太刀ト申ハサビ(錆)候、大刀ノ様ニ聞ヘ候、拵等鎖リノ付処等、委細ニ書上候様ニ被レ申、丹波申上ル、此末ニ兩人ノ名所ニテ差上可申哉、御役人兎モ角モト、

廿五日、丹波方ヘ立合、下書及二相談一、

覺

一、鐵神楯　二枚　右長サ一尺九寸五分、幅六寸、

跡先九寸八分、

是ハ從往古傳來仕候、何方ヨリ何時納申候哉、由緒不知申候、神楯ト申ナラワシ申候、

一、長刀　一枝　長サ二尺四寸七分、惣長四尺四寸、當宮之住清水清右衞門則定作、慶長十二年大權現様當宮御造營ノ節、奉納仕候由、銘ニ相印申候、

一、白木鞍　貳口　從古來相傳仕候、尤由緒相知不ニ申候、鞍ノ作法如常御座候、

大禰宜家日記第三　（香取大禰宜系圖略）

一、白木鞍　貳口　新規作ニ御座候、
一、弓　重藤〔籐〕、新規四張
一、箙　作法如常、四腰
一、矢（内四本、尖矢、内四本、鏑矢、）　廿八本
一、衞府大刀　　四振
　内一振、身一尺四寸六分、内一振、一尺五寸、
　内一振、一尺五寸七分、内一振、一尺五寸八分、
　四振共無銘、新身　拵、
一、鞘塗薄梨子地無紋　　一、鮫　功ニテ色申候、
一、鍔木甲　三枚燒付　　一、目貫　菊燒付
一、鎺(ハヽキ)　　燒付　　一、糸　　色萌黃
一、大切羽切廻シ燒付　　一、鞘　巻糸・同色
一、小切羽　　銀目黃　　一、啄(タク)木糸色　花色白組合
一、緣頭(ツカ)胴金　帶取小尻蕨手迄無地燒付
　右四振共拵同樣、右五品者、元祿十三年
　常憲院樣御代、當宮御修覆御遷宮砌、御先例之
　通被二成下一候、
　右ノ外武具類無御座候、以上、
右ノ通相談ニテ認ル、

*監物妹圓婚禮

二月廿七日、監物妹圓(エン)婚礼、於江戸相整、朝比奈加平治方ヘ遣、右用事ニ付、廿八日在処ヘ飛脚遣ス、

大戸ヨリノ神宝書付、大宮司一名ニ取ル、依テ此方ヱモ書付印形致遣樣ニ申越、又元祿年中ノ衞府ノ大刀拵モ、猶念ヲ入委細ニ書付遣樣ニ申越ス、
三月四日、丹波方ヨリ余リ遲クニ付伺候得ハ、下リ委ク書付參樣ニ被仰付由申來、監物返事、從此方モ飛脚遣候、一兩日見合セ、下リ可レ申(ト)申越ス、

*在所より神寶吟味の書狀來る

同日晩、從在所飛脚歸ル、讃岐・中務兩名ニテ丹波・監物ヘ神宝委細吟味致訳等書狀來ル、依之丹波方ヘ五日・六日兩日立合及相談、六日ニ御奉行所ヘ出、

*御奉行所へ出づ

御役人吉田十兵衞(癸生川)ニ差上ル、明後日伺樣ニ被申渡、八日ニ出ル、平兵衞申候ハ、所々取込、未其許ノヲハ吟味不レ致、其内從二此方一可二申遣一候、大戸ノハ無レ埒物ノ樣ニ有レ之、無用可レ然候、
三月廿三日、丹波御伺ニ出ル、神宝書付、段々御差圖有、
廿四日、丹波旅宿ヘ立合、帳面認、同日ニ御奉行所ヘ兩人出ル、又御差圖有リ、
三月廿五日、兩人出、

*香取神宮神寶覺

　下總國香取神宮
　　　　御神寶覺

*清水清右衛門則定の銘神楯

*慶長十二年奉納

香取神宮神寶覺

慶長十二年御奉納

一、鐵楯（テツ）  貳枚
右、長サ一尺九寸五分、幅中ニテ六寸、跡先幅九寸八分、厚サ四分、是ハ往古ヨリ傳來仕候、何方ヨリ何時納申候哉、由緒知レ不レ申、神楯ト申ナラワシ候ニ付、書上申候、

享保四年亥三月　下總國香取神宮
大祢宜　香取監物印
大宮司　香取丹波印

寺社
御奉行所　右ハ一枚ニ致差上、

下總國香取神宮
御神寶覺

慶長十二年當宮御造營
（徳川家康）大權現樣被爲　仰付候、其砌御寶納〔奉〕、
一、白木鞍　貳口
内一口ハ手形之間、指渡八寸、手形ノ下長サ六寸五分、スアマ（州濱）三寸、ユギ（靫）長サ一尺内、一口ハ手形之間、指渡八寸四分、手形ノ下長サ六寸三分、スアマ貳寸、ユギ八寸七分、二口共ニ慶長十二年御奉納被爲　遊候由、旧記ハ無御座候得

大禰宜家日記第三　（香取大禰宜系圖略）

共申傳候、外之御道具モ被爲　仰付候得共、朽損申候間、書上不申候、
一、長刀　一枝　銘當宮ノ住清水清右衛〔門脱〕則定作
中身鎺ヨリ二尺四寸、中心二尺、反（ソリ）二寸、大樋撥四寸三分、漆樋六寸二分、目釘穴一ッ、但シ鎺元ヨリ四寸、下鎺鐵、但シ一重、慶長十二年御造營ノ節、奉納仕候、銘ニ彫付申候、但シ御奉納ニ候哉、鍛冶奉納仕候哉、慥ニ知レ不レ申候、
元祿十三年當宮御修覆
常憲院樣爲　仰付候砌、御寶物、
一、白木鞍　貳口　手形ノ間、指渡八寸六分、手形ノ下長サ六寸七分、スアマ三寸、ユギ長サ一尺、右二口共ニ同斷
一、大刀　四振、各無銘
内一振、中身長サ一尺四寸八分、中心三寸七分、
目釘穴一ッ
但シ鎺元ヨリ一寸五分、下反（ソリ）五分
内一振、中身長サ一尺五寸三分、中心三寸九分
目釘穴一ッ
但鎺元ヨリ一寸、下反四分

内一振、中身長サ一尺四寸三分、中心三寸、目
釘穴二ツ内
一鎺元ヨリ五分、下一鎺元ヨリ一寸、下反五分
内一振、中身長サ一尺五寸三分、中心三寸四分
目釘穴一、鎺元ヨリ一寸、下反六分、　右拵
冑金　焼付、長サ一寸三分
結金　焼付、長サ一寸三分
目貫　焼付、長サ一寸五分、菊笹彫物
縁　焼付、高サ五分、無地
鮫　金入ノ功、但シ赤地
柄　惣長サ七寸四分
大切羽　焼付切廻シ
中切羽　銀鍍金（メッキ）小判
小切羽　切廻シ
鎺　焼付、但シ二重
鞘　薄梨地、但シ万字紋所、表裏三ツ宛
鍔　木甲焼付三枚、但シ指渡二寸七分
渡巻　一寸二分
一ノ鞊　六分
鞊間　三寸、但シ巻節（フシ）六ツ

二ノ鞊　六分、巻節一ツ
韡韄　二寸
帯紐　啄木二筋、長サ三尺一寸宛、但シ糸白赤
萌黄打マシ一
三責　焼付
芝引　四寸三分
石付　一寸四分
柄糸　并鞊間ノ糸萌黄
右拵、四振共ニ同斷
一、弓重藤〔籐〕　四振
一、箙　四腰　形筑紫箙、黒塗箱五寸四方、金物長サ一尺三寸、矢緘ノ緒并腰緒紅、
一、矢　廿八本　内四本尖矢、内四本鏑矢、内廿本鉦〔征〕矢、
右五筆、元祿十三年
常憲院様御代、當宮御修覆被爲　仰付、御遷宮ノ
砌、御先例之通、新規被成下候、此外先達テ以御
書付御尋被成候通ノ物者無御座候、
下總國香取神宮
大祢宜
享保四年亥三月　香取監物印
大宮司
香取丹波印
寺社
御奉行所右三月廿五日

香取監物印判状

先達テ親讃岐へ御尋ノ節、香取神宝無之段、書上申候義ハ、古來之武器之類無御座候故、無之段申上候、此度差上候者、近來ノ御宝〔奉〕納ニテ御座候、以上、

享保四年亥三月　　大祢宜　香取監物印

寺社
　御奉行所

右ノ通御役人被好、同日ニ差上ル、同日歸國ノ御届申上ル、若御用モ右事ニ付有之者、旅宿へ可申遣候、能申含候様ニ被レ申也、

讃岐守胤雪病死

享保十七子年八月廿日朝四ッ時、讃岐守胤雪七十八歳病死也、二・三年以來持病ノ痰折〻發ル、子年五・六月ノ比ヨリ病氣相催也、此時内膳胤信六十三歳・實行四十一歳・喜五郎實香二歳也、胤雪忌中百日妙塔院ニ暮也、讃岐守胤雪石碑建、幷胤雪父母幷室碑一同ニ當所新福寺廟所、各墓上ニ建之訳、委日記ニ有リ、碑銘内膳胤信自筆也、享保十九年甲寅八月建、碑ニ彫付ル、左ノ通、

讃岐守胤雪碑文

前大祢宜讃岐守胤雪墓

君姓大中臣、諱胤雪、考諱秀雪、號平大夫、前大宮司秀房四男、妣田寺氏、前大祢宜實應外孫、以明暦元年乙未生、君于香取宮下邑、元祿十三年庚辰春三月、幕府命修造神祠、六月二十七日有命令、君爲大祢宜、秋九月、修造落成、於是來東武、十月二十八日見幕府于黑書院賜以冠服、十四年辛巳夏上洛、六月八日朝闕敍從五位下・任讃岐守、寶永四年丁亥正月六日始以正歳之賀、見幕府于大廣殿、蓋元和以來此禮廢也、久矣至君而始復、享保四年己亥二月告老致仕、君初娶前大宮司勝房姉、生二男・二女、長日胤信好隱讓家於長子實行故、實行襲職承家、次日致荼後於樋口氏、十七年壬子五月罹病、八月二十日卒于香取宮中宅、時歳七十有八、號盛德院、私謚雪彦神靈、

享保十七年壬子八月

孝孫　大祢宜大中臣實行建

*胤雪父母碑文

秀雪前大宮司秀房四男、前大祢宜胤雪父、元祿六年癸酉十一月十三日卒、時六十五歳、號長久院、

平大夫秀雪　墓

碑一ニ御兩人記、

伊智比咩　墓

夫人伊智、父田寺彦大夫信勝、母前大祢宜實應女、

實*は職の通字

胤雪室碑文

上方伊勢參宮*に發足

胤信室*

内膳胤信

胤の字宮之介相勤むるゆゑ

嫁秀雪而生前大祢宜胤雪、享保六年辛丑正月二十七日卒、時八十七歳、號清宮院、

享保十九年甲寅八月　大祢宜大中臣實行建

久須比咩墓

夫人久須、前大宮司勝房姉、前大祢宜胤雪室、胤信母、元祿九年丙子六月十一日卒、時四十六歳、號操松院、

享保十九年甲寅八月

大祢宜大中臣實行建

一、胤信　寛文十年戌〔戊〕生、始城右衞門、元祿十三辰年改内膳、父ハ讃岐守胤雪嫡子也、大祢宜職相續之義、好隱嫡子以實行相續也、讃岐守大祢宜勤仕中、爲名代胤信神用・公用万端相勤ル、胤雪十六歳ノ子也、隱居ノ節ハ、五十歳也、元祿十三辰年御宮御修覆ト御名付、皆新造也、丹波・讃岐ハ御普請中度〻公用ニテ出府、丹波子藏人後ニ中務、此時十七才、胤信一人ニテ留主中ハ勿論、万端相勤ル、此時胤信三十一歳、胤ノ字ヲ名乘

ル事ハ、右辰年迄宮之介相勤ル故也、實行ハ大祢宜ニ移リ名乘ル故、職ノ通字故實ヲ用ル、寶永年中〇大祢宜御年禮中絶ノ御願ニモ、胤信度〻公儀へ出働相願也、胤雪爲名代寺社御奉行所御内寄合御連座ヘモ出ル、願之通被仰付、委細前ニ記ス、

元祿十六未〔未〕年七月廿二日、上方一見ニ發足、京都・大和廻リ、伊勢參宮、同九月廿日歸鄕、時三十四歳、同道大宮司子中務正雄廿歳・四郎神主子修理也、

胤信室在名加井、二男生三女、享保五子年三月四日、四十五歳ニテ病死也、一兩年不相勝、旧冬ヨリ別テ相煩、号與志比咩神靈、又一漚了波流大姉、父ハ加藤須村飯田長左衞門、千葉浪人ノ由、小見川村・野田村ヨリ移ル、元祿十三辰年十月十四日卒、号常堂、母ハ扇嶋甚左衞門ヨリ出ル、享保八夘年十月六日卒、号妙繁、

長ハ監物實行後ニ上總、元祿五申年四月十九日生、始ノ名喜四郎、十五歳元服メ改監物、

二女麻利　元祿十一寅年七月七日、五歳ニテ病死

胤信草花好む

也、
三 女三尾、享保四亥年二月十四日、實行召連出府、同二月廿八日婚礼相整、實行家督被仰付砌也、元祿十五午年正月元日生、江戸靑木縫殿頭(直宥)五千石、伯父朝比奈加平治嫡子庄藏、後ニ加平治嫁生一子、今ノ加平治也、
四 藤助、寶永七年寅閏八月十五日、五歳病死也、
五 女佐尾、正德三年年二月生、江戸伊奈友之介子吉三郎○後ニ官大夫嫁、生三女キヲ・トミ・キチ・一男友三郎、本高貳百石、御役高共七百俵、二丸御留守居・布衣也、伊奈備前守(忠次)子孫也、佐尾、享保十九寅十二月嫁ス、友之介、御先手ヨリ御鑓奉行二千石高、宝暦十一巳正月十五日、九十齡卒、官大夫御小姓組部屋住ニテ三百石、宝暦八寅年六十四齡、十二月廿七日卒、喜尾十三歳卒、友三郎宝暦十辰八月十六日十九歳卒、友之介養子重三郎ハ加藤七郎右衞門御小姓組三百石次男也、嫡子七太郎妻富吉ハ新御番冨永喜右衞門二百石嫡子鐵五郎ニ嫁、
前ニ可記、胤信、母ハ前大宮司丹波守勝房ノ姉也、在名久須、元祿九子年六月十一日卒、胤信廿七歳ノ時也、
內膳胤信、寬保三亥年八月六日晝七時病死也、七十四歳也、号胤彥神靈、又淸嚴院、實行五十二歳、嫡孫喜五郎實香、次城之介行高十三歳○十一歳也、妙塔院ニテ忌中百日暮也、胤信常ニ好草花、別テ菊・牡丹、碁棊・小細工、又ハ詩歌、

別テ和歌・繪書事ヲ嗜、手跡ハ胤雪石碑ノ銘書之、從若年學文ヲ好也、一兩年以來持病ノ痰氣、當春ヨリ別テ度々起ル、五・六月ノ比ハ快、繪抔弄処、六月十一日廟參歸テ、痰氣ニテ言語不レ分処、早速快也、從レ是少々不勝、手足ニ腫氣見ル也、七月中旬比ハ快、追付全快可レ致相見ユル処、同月廿七・八日ノ比ヨリ、草臥強床ニ付、腫氣モ增シ、外ニハ無痛所病苦、誠老枯ト可レ申、無造作臨終也、雖盡醫療無其詮也、其時ニ手ヲ被レ出、其手ヲ取暫ク持居、實行ト被レ知被二引取一、前日五日實香ニ喜五郎讀書ハ何ヲト被レ尋、古文ノ下卷ト申、能事情可トレ出被レ申、常ニ二孫ヲ被レ致二相手一不便ニ被思也、
去ル戌ノ二月廿五日、實行娘那加十八歳、江戸樋口梅有養女ニ望ニ付、胤信被二召連一、梅有養子梅仙ニ娶ス、亥十月廿三日、安産男子出生仙橘ト名付ル、產後煩快処、十一月十五日ヨリ不快、疱瘡ニ成、段々重大虛ノ症、十一月廿二日晝八時、病死也、時十九歳也、

胤信碑銘

胤信君并佐惠比咩石碑建

香取內膳胤信墓

君姓大中臣、諱胤信、父諱胤雪、母前大宮司勝房姉、家世奉詞於香取神廟、而胤雪爲大祢宜、君娶飯田氏、生男實行及二女、君爲人淳厚恭須、其與人交愈久而、愈所愛性好閑適、不慕榮利、享保四己亥年父胤雪以年老辭職、君不欲承家、使男實行嗣其職、遂退而棲遲一室、杜絕世事、唯以月花爲友善和歌、每逢良辰美景、未嘗不吟詠其性情也、竟以是終身云、君以寛文十庚戌年生、以寛保三年癸亥八月六日卒、享年七十有四、号清巖院、私諡胤彥神靈、

銘曰

簡而方、充而光、鬱其藏、固其昌也、

通家中村明遠撰

寛保三年癸亥八月　　香取實行建

實行室碑文

佐惠比咩墓

婢香取氏、諱加牟、父平左右衞門、婢年甫十八、爲香取實行所畜侍其巾櫛、生二男、長實香、次行高、以享保二十乙卯年正月十二日、因疾而終、享年二十有八、号圓光帶昭、

享保二十乙卯年二月日　　香取實香建

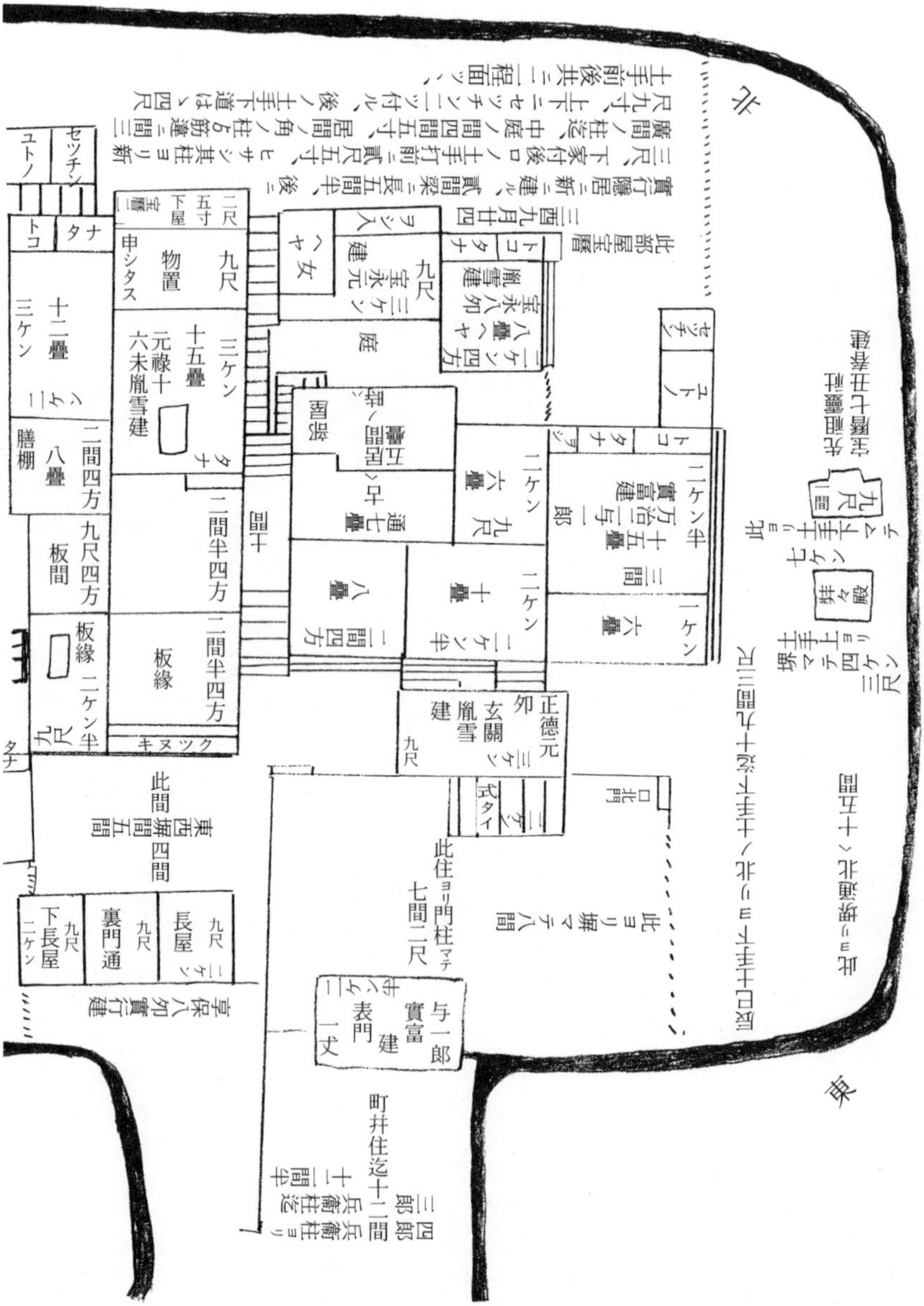
北
東
此部屋宝暦
十二疊
三ケン
膳棚
八疊
二間四方
九尺四方
板間
板縁
十五疊
元祿十六未胤雪建
物置
九尺
庭
六疊
十疊
通七疊
八疊
二間四方
正徳元卯玄闘胤雪建
表門
裏門通
長屋
下長屋
享保八卯實行建
セツチン
ユトノ
キヌツク

延享五戊辰年香取大祢宜家圖、正月實行記之、

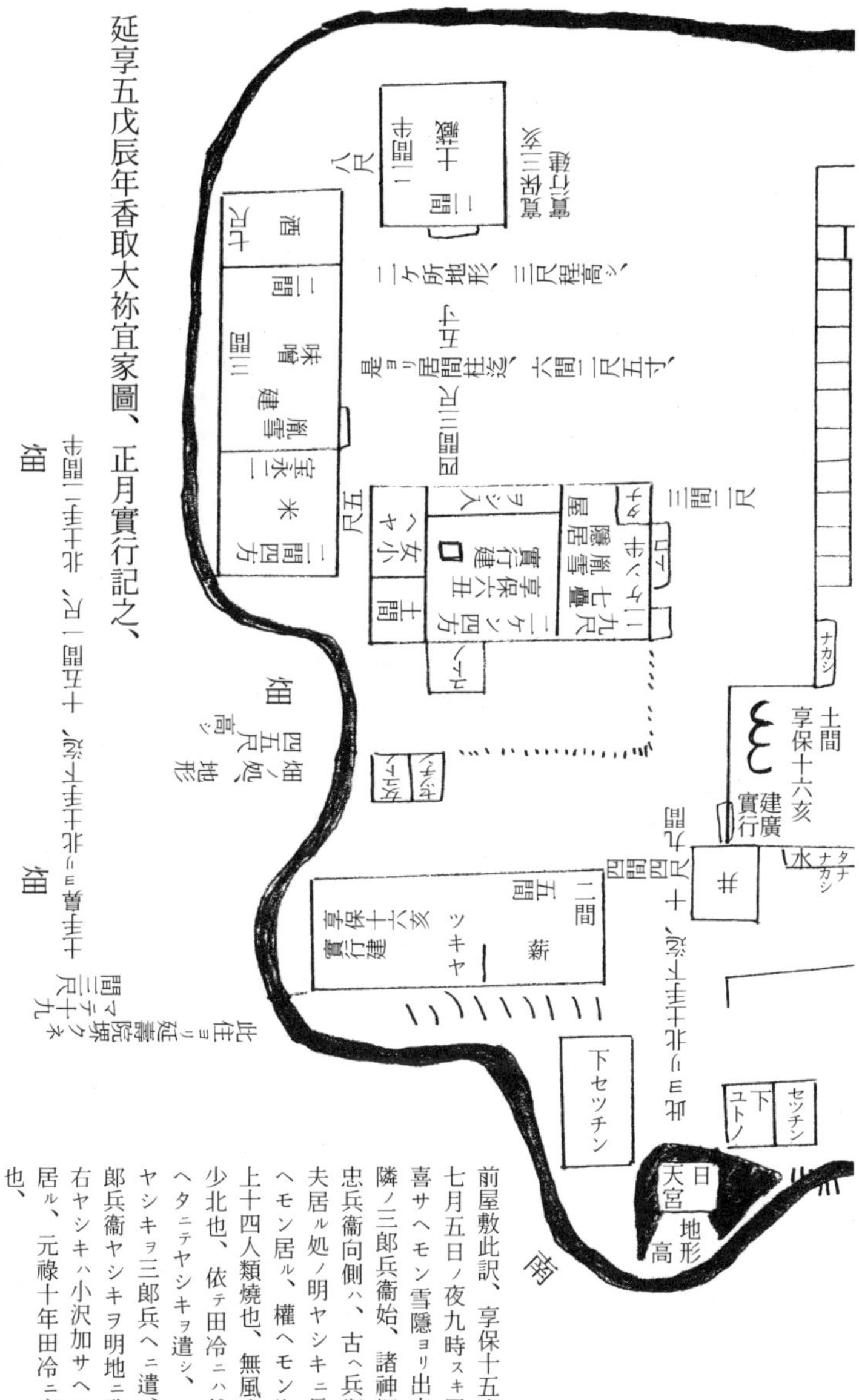

前屋敷此訳、享保十五庚戌七月五日ノ夜九時スキ田冷喜サヘモン雪隠ヨリ出火、隣ノ三郎兵衞始、諸神塚角忠兵衞向側ハ、古ヘ兵衞大夫居ル処ノ明ヤシキニ長サヘモン居ル、權ヘモン迄以上十四人類燒也、無風也、少北也、依テ田冷ニハ釜ノヘタニテヤシキヲ遣シ、田冷ヤシキヲ三郎兵ヘニ遣、三郎兵衞ヤシキヲ明地ニ致也、右ヤシキハ小沢加サヘモン居ル、元祿十年田冷ニ賣渡也、

大祢宜廣間ノ圖

寛延二己巳年三月七日ヨリ
柱建初ル、

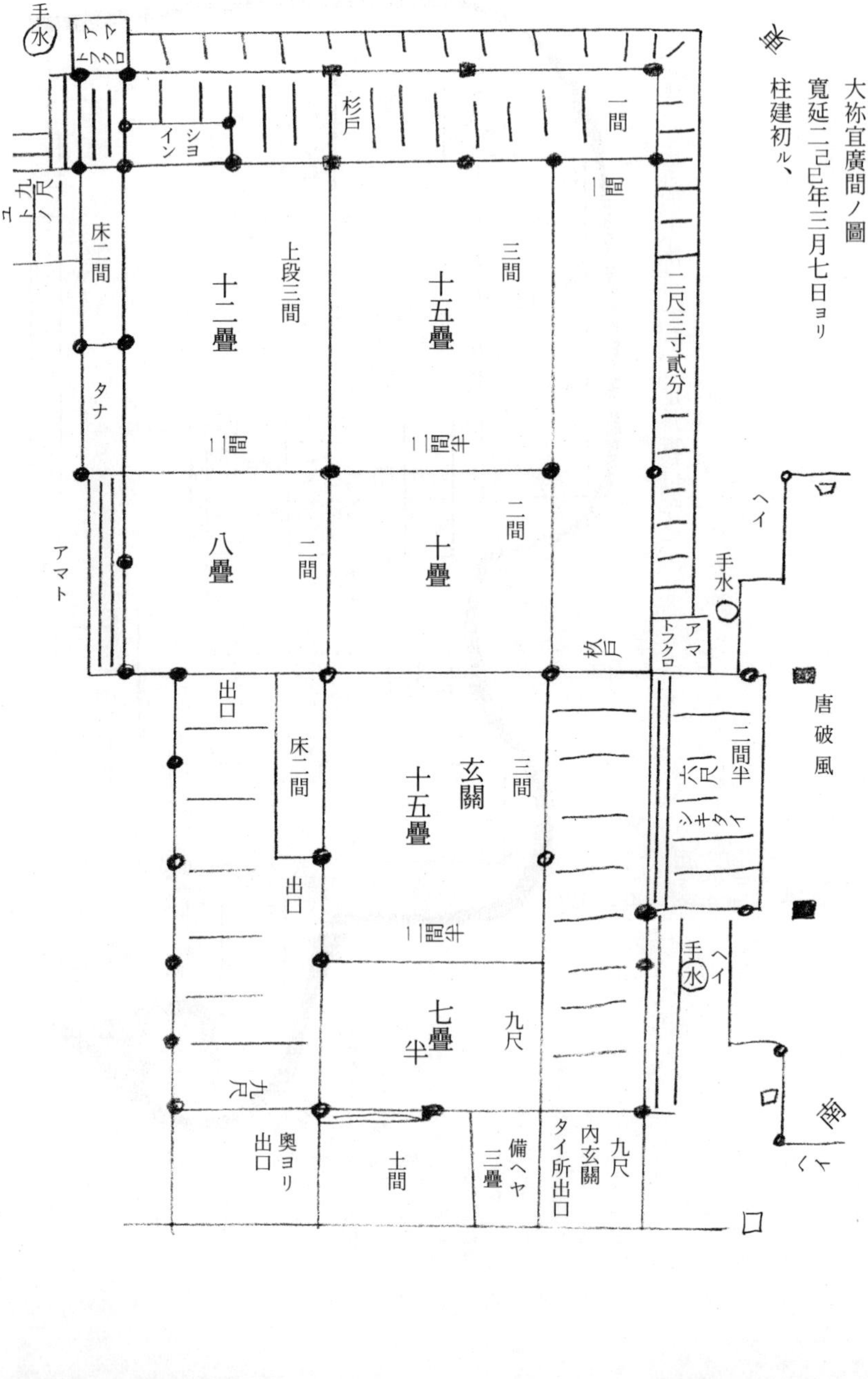

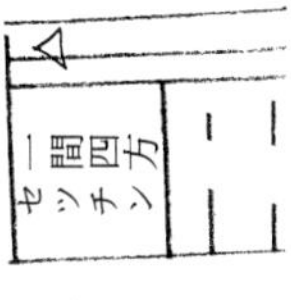

右圖之通、延享五戊辰正月十七日ヨリ大祢宜廣間建
直普請ニ取付、尤木寄ハ旧冬致、然處同年辰十月
廿三日寺社奉行所稲葉丹後守殿(正甫)ゟ被召、
御朱印頂戴ニ出足、廿四日ニ江戸着、従在所飛脚到來、廿四日ノ夜半大工小屋ゟ出火ノ由申來ル、正月ヨリ拵立天上道具幷柱ハ皆上ケツリ濟、唐破風之道具出來之処、五間ニ貳間半ノ小屋江二階ゟヒシト積置、皆燒失ノ由申來ル、依之早〻新ニ木寄致、普請ニ取付候様ニ申遣、右圖之通、寛延二己巳年三月七日建初ル、右出火ニ古ノ式臺、玄關程近ク直隣ニ今一ノ小屋有リ、是ニハ五・六間も天上(井)ノ引物等入置、少〻軒へ火付貫捨、古ルノ廣間三間程間有リ、藏之助土藏ノ屋祢ハ間三尺程有リ、牪〻殿モ程近、南風も少有リ、何も無別条、其節神前愛染堂ノ脇ノ杉枯葉ニ火付候ニ付、人ヲ登セ消候ニ見候ヘハ、愛染堂後ノ屋祢ニ火ノ粉余程有之候、則消之、類火少も無之、誠ニ
神慮之感應着明処、絶言語難有義也、扨出火之儀、常〻隨分申付候処、小屋ニ而大工共煙草ノ吸からゟと申事ニ定ル也、留主居之者共無念故也、

〔参考史料1〕

(題簽)「續羣書類從　百七十九末」

續群書類從卷第百七十九末

總檢校保己一集

男　源　忠寶校

系圖部七十四

香取大宮司系圖

同　大祢宜系圖今无

卜部氏系圖今无

香取大宮司系圖

∴天兒屋尊―天押雲命―天種子命―宇佐津臣命

大御食津臣命

伊香津臣命

梨津臣命

神聞勝命

久志宇賀主命

國摩大鹿島命

巨狹山命

雷大臣命

大小橋命

阿麻毗命卿

阿毗古大連

眞人大連

賀麻大夫公

黑田大連公

常磐大連公

中臣可多能大連公

御食子

鎌足

國子

國足

意美麿 正四位上、中納言、左大弁、神祇伯、祭主、

清麿 正二位、右大臣、
祭主、改中臣賜大中臣姓、延暦七年七月廿八日薨、八十七、平城葬右京二条、

宿奈麿 阿波守、正五位、
先父卒、清麿長子、

諸人 從五位上、
祭主、

管雄

清暢 大宮司、
當家大中臣祖、

社傳云、

經津主尊

苗益命
因神勅、陸奧國爲長、

若經津主命
因神勅、陸奥國降鎮夷賊、

武經津主命
因神勅、鎮陸奥夷、

忌經津主命

伊豆豐益命
鎮奥州、後代國人建社崇、牡鹿郡香取伊豆御子神社是也、後又官幣入、

齊事主命

神武勝命

楫取太山命

國貴太楫取命
神功皇后大祭香取社、

彥太命

伊豆矛足命

眞押立連
仁德帝賜連號、爲神主部、

伊香主連

武加連

久志立連

國登美守連

麻加多連

豐佐登連
敏達天皇賜香取連號、

香取連海上

豊海

伊久麻須

武島

楫島

時圓

太楫

雄足
文武天皇大祭香取社、贈賜本朝鎮守棟梁、

多々島

島尾
聖武天皇天平四年天下大旱、帝勅祈雨、即降雨、故改社號、爲宮號、

伊久島

足島

三島

八百島

五百島（本ノマヽ）
匝嵯郡居住、五百島無子、以大中臣清暢爲子、改香取姓、爲大中臣、改神主爲宮司、大宮司職、撰其器補任、六箇年交替、又因器、尋家系還任、清暢生秋雄、

秋雄　一本作秋男、一本作顯雄、
大宮司、

廣雄　大宮司、
光仁天皇宝龜八年秋七月乙丑奉授神位正〔四〕位上、

宜年　大宮司、
實者宿奈麿五男、東麿孫、

海津　大宮司、

數並 大宮司、
實者宜年弟、始香取造宮使、後大宮司補任、

圓尾 大宮司、

國美 大宮司、

仲澤 大宮司、
實者糖手子、大連五代大中臣六雄子、

良楫 大宮司、
仁明帝承和三年五月丁未神位奉授正二位、同年以鹿島大祢宜例、香取大祢宜迁代相續、把笏、

足種 大宮司、
仁明帝承和三年十月丁丑神位奉授從一位勲一等、

躬庶 大宮司、
文德帝齊衡三年神位奉授正一位、

興名 大宮司、

國守　大宮司、
延喜二年任符賜食馬、

弟守　大宮司、

池守　大宮司、

豐人　大宮司、

清風　大宮司、

今繼　大宮司、

武名　從五位上、左馬頭、大宮司、
長保二年香取神道舊卷虫喰、武名改寫、子〻相承、

諸名　大宮司、

楫名　大宮司、

蔭直　大宮司、

蔭賢　大宮司、

通文　大宮司、

隆文　大宮司、

臣成　大宮司、

成村　大宮司、

道老　大宮司、

清基　大宮司、

眞弘　大宮司、

弘廉　大宮司、
崇德院御宇長承元年補任、

眞平　大宮司、

近衛院御宇康治元年補任、保元二年十月卒、

眞房 大宮司、
保元元年補任、應保年中還任、

惟房 大宮司、
長寬年中補任、壽永年中還補、建久七年卒、

助重 大宮司補任、
嘉祿二年下總國司兼任、中臣姓、實者鹿島大宮司則良弟、久安二年香取大宮司、

惟房 始大祢冝、後大宮司、
眞房子、

知房
眞房二男、

周房

實義

女子

實盛

氏女

實綱
實者實村子、

實幸

女子
長房母、

實材

實雄

實公

母

幹房

直房
國房
吉房
國房
實員 大祢宜、
廣房
實村
女子 龜若女、物忌、
惟實
實綱
實秀

實高

實佳

實持

實通 四郎、

實頼 五郎、

實信 彦六郎、

實勝 十郎、

實澄 大祢宜、

實廣

實宗 木工介、

女子 實廣室、大宮司職勅許、

式部

實清　六郎、

實春

實兼

實久　大祢宜、

實康　大宮司・大祢宜兩職兼任、

女　實康室、兩職兼任、

實政　大祢宜、

實幹　正安二年卒、

實親　大祢宜、永仁四年八月卒、

実國　大祢宜、正安元年七月卒、

實成　大祢宜、元亨三年卒、

實胤　大祢宜、

實秋

實綱

實長　大祢宜、

實連　大行事、御手洗殿始祖、

實常　大行事、

滿常　同、

常滿　大行事、

同妻用珎、享徳四年四月二日金燈爐奉寄御宮、

眞常　大行事、

眞之　大行事、

長房　大祢宜、

幸房　大祢宜、

秀房　大祢宜、

憲房　國行事、寳徳二年比、

眞房　同、

憲胤　同、

胤長　同、後改實長、大祢宜職續、

實房　國行事、

憲隆　同、

某　同、新三郎、

某新三郎　國行事、
〔八脱〕元和年實應御追放之砌、同御追放、血脉家系斷絶、

尙房　久右衞門、國行事、
國行事斷絶、因嗣職、實大宮司庶流源藏弟也、久右衞門跡讓弟五兵衞、五兵衞生▒二子、二男淸三郎立、淸三郎跡弟淸五郎各以松本爲名字、源藏子九藏、大宮司庶子以掃部爲子、從是爲香取氏、久右衞門國行事家、元來香取氏也、故告大宮司、爲香取氏、

尙繁　權之亟、國行事、

繁房　國行事、七兵衞、
實者尙繁甥、

某　權七郎、

先父死、

繁喜　國行事左近、

胤房　大祢宜、

實之　大祢宜、

實長　大祢宜、
始號胤長、自國行事續大祢宜職、改實長、

實推　大祢宜、

實隆　大祢宜、
元龜任、正二位、

實勝　大祢宜、正二位、
号宗休、慶長四年六月廿八日卒、

實應　大祢宜、
元和年中背怠〔台〕聽御追放、号貴宗、

某 傳左衞門、
松崎稲荷神主、

某 隼人、
御手洗居住、

某 新太郎、
江戸住、

某 〔齋〕斉宮、
住御手洗、塙祝・近藤太夫兼職、延宝七年御追放、領知四拾石爲御修理料、無男子、

女子
嫁大宮司勝房、生二女一男、男子早世、

女子
嫁大祢宜与市郎實富、無子、

國房 大宮司、
實者眞房長男、惟房兄、

知房 大宮司、
實者眞房二男、安元〻年十一月五日下總國司兼任、治承四年還補、

助道　大宮司、
實助重子、中臣姓、

助康　大宮司、
實助道弟、文治二年補任、助重・助道・助康者、鹿島自大宮司家出彼家、因爲中臣姓、三代各中臣姓也、

長時　大宮司、
元暦年中補任、建仁元年八月廿二日卒、

重房　大宮司、
建久三年補任、寛喜元年四月卒、

周房　大宮司、
實知房子、建仁三年補任、

女子

廣房　大宮司、
實大祢宜實員弟、建永元年六月補任、

実村　大宮司、

惟實　大宮司、
實惟房曾孫、實村弟、

實廣　大宮司、
實大祢宜實澄弟、

女
實廣妻、

實宗　大宮司、
實廣子、

實義　大宮司、
實周房子、嘉祿二年補任、

實秀　大宮司、
實惟實子、建保年中、正和五年補任、（マヽ）

實康　大宮司、

大宮司・大祢宜兩職兼任、正元年中、

實高　大宮司、
實實秀子、宝治二年補任、

實佳　大宮司、
實高子、文永年中補任、

氏女　龜若女、
實實村女、正應元年爲物忌職、一本實高次出、

實房　大宮司、

實盛　大宮司、
正應元年任補(マヽ)、宣下文云、實房子實盛、

女　龜松女、
實盛女、元亨三年物忌職、

實淸　大宮司、
實實宗曾孫、

實頼　大宮司、
延慶年中補任、

實幹　大宮司、
正和三年補任、

實秋　大宮司、
文保年中補任、實大祢宜實胤弟、

實綱　大宮司、
實實秋弟、

實持　大宮司、
實實秋子、

實材　大宮司、
實實幸弟、元亨三年・文和三年・延元二年任補（マヽ）、

實幸　大宮司、
實實綱長子、貞和元年十一月廿一日補任、

秀廣　大宮司、
觀應元年六月補任、

實顯　大宮司、
貞治二年任補、(マヽ)

實雄　大宮司、
實實材子、貞治五年十一月任補、(マヽ)

祐房　大宮司、
應安五年十一月任補、(マヽ)

公綱　大宮司、
至德三年十一月補任、

實公　大宮司、
貞治元年十一月五日任補、(マヽ)

母
實公母、

長房　大宮司、
大宮司・大祢宜兩職兼任、兩家祖、

範重　大宮司、
應永十一年香取神道書、旧巻虫喰、範重書寫、

幸房　大宮司、
實長房長子、

秀房　大宮司、
從是大宮司代々血脉相續、

幹房　大宮司、
大祢宜胤房兄、

元房　大宮司、
永享二年十一月任補、（マヽ）

眞房　大宮司、
寳德年中補任、

國房　大宮司、

吉房　大宮司、

元房　大宮司、
元龜年中叙任（位欤）正二位、

清房　大宮司、正二位、

盛房　大宮司、
天正十四年三月十二日神幸夘事御釜迠渡御、是後此祭斷絶、天正十八年盛房上京、訴神領沒收、在京百五十日、大祢宜實勝相伴、在京百五十日、（豐臣）秀吉公・北政所（秀吉妻、杉原氏）因御吹擧、關東大御所（德川）家康公、天正十九年神領千石御判物下賜、慶長十一年家康公御宮御造營、同年二月廿六日夜外迁宮、假殿渡御、同十二年八月廿四日正遷宮也、都御普請二年而畢、奉行中野七藏、大工棟梁京都住木工兵衞、

左京　早世、

秀房　大宮司、
大宮司・大祢宜兩職兼帶、寛永六年二月八日卒、

範房 大宮司、
某清次郎、兩職兼帶、母者大須賀四郎苗、大須賀四万石城主權太夫胤資娘、寛文五巳年卒、

實富 与市郎、
範房同母、承應年中爲大祢冝、前大祢冝實應娘爲妻、無子、實富四十有余卒、

基房 傳之亟、
範房同母、承應中前宮之介爲養子、前宮之介喜四郎娘相嫁、爲宮之介職、生三女一男、元祿年中卒、六十九才、

春信 平大夫、
範房同母、爲行事祢冝、

某掃部
妾腹、擬祝源藏子凡藏無子、以掃部爲子、

胤雪
寛文五年基房一子勝房爲大祢冝職、胤雪爲基房養子繼宮之介職、嫁基房女、生二男二女、元祿十三年爲大祢冝職、享保年中卒、

胤信
嫁加藤洲村長左衞門女、一男二女生、

実行
享保四年大祢宜職、胤雪讓實行、

女子
鹿島宮之介妻、

女子

某
梅有、
元祿年中江戸醫師樋口梅有爲養子、

女子
大祢宜胤雪妻、

勝房
寛文五年爲大祢宜、元祿十三年六月廿七日昇大宮司職、享保七年致仕、同十四年六月三日卒、七十五歲、
勝房嫁前大祢宜實應子齋宮女、生二女一男、又嫁若月宗閑女、生四男二女、

女子
前樋口梅有妻、

女子

女子　小見川高橋庄兵衞妻、

女子　銚子芝崎八幡神主正六位上藤原胤光妻、

童形　早世、母大祢宜實應子齋宮女、前二女同腹、

和雄　母多田滿仲三男清和源氏村上・若月兩祖、源頼清末若月宗閑女、

童形　早世、

女子　早世、

女子　母同、雨宮祐庵妻、

因勝　享保十六年死、

胤明　後俊明、

母同、八幡神主爲養子、

女子
妾腹、

定房
新之助、大宮司、從五位下、
寛文八申年卒、廿五歳、母鹿島大宮司女、定房無子、

女子
水戸邦君士雨宮三之介妻、

女子
同久貝太郎兵衞妻、

親房
又改由房、

女子
早世、

守房
元祿十三年爲宮之介、享保年中因病副祝勝秀爲(マヽ)、

親房
大宮司、從五位下、美作守、

母定房同母、寛文五年自大祢宜職進大宮司、元祿十一年御宮御修復検分繪圖之內、除愛染堂・經藏、別當金剛宝寺高照寺社奉行訴永井伊豆守(直敬)、高照者當時五知院大僧正、將軍綱吉(徳川)公皈依僧、無其右出者、高照有法縁、伊豆守甚愛高照問親房、親房性強、彼二ヶ所先寺社奉行井上河内守(大和守ヵ、正岑)有可爲破壞之旨、且背唯一神道之由數答、因社職被召放、

勝房 大宮司、従五位下、丹波守、

元祿十三年爲大宮司職、宝永年中水戸邦君綱條(徳川)卿御參詣、大宮司宅爲御宿、宝永四年松平陸奥大守(伊達忠宗)以使尋香取旧事、依之賜白銀許多、鳥井(居)伊賀守(忠救)令作山﨑古城木形、依白銀許多賜、國中社家因神道衰社業拙、勝房巡行、而國中社家改業、又太〻神樂再興、其外神忠不遑毫、教嗣子和雄以哥曰永家門可爲戒、其哥云、

於毛保惠須吾仁心乃比廂曾奈幾　神仁廂加寸流此乃身奈利志尾

綱吉(徳川)公御宮御修復、元祿十三年九月十五日正迁宮、此年宮所移轉、是皆勝房功也、

和雄 大宮司、

勝房二男、享保七年二月勝房大宮司職讓和雄、元文二丁巳年三月廿一日卒、時五十四歳、

利雄

實武江山王神主樹下氏之弟也、早世、

吉雄 大宮司、

實和雄子也、元文二年八月廿日卒、

「豊房

実勝房ノ三男勝明ノ二男、始和雄爲養子、元文三年壬七月六日大宮司職、

香取大祢宜系圖

∴秋雄 大祢冝、元祖、

豊卿〔鄕〕 大祢冝、廿五代、

助員 大祢冝、卅四代、白河院御宇、

實平 大祢冝、卅五代、

實房 大祢冝、卅六代、

惟房 大祢冝、卅七代、保元・治承之比、

廣房　大宮司、

助康　大宮司、

助道　大宮司、

實員　大祢宜、卅八代、

實澄　大祢宜、卅九代、

實廣　助道濫行ニ付、大宮司闕職、依之實廣大宮司相續、

惟實　大宮司、

實秀　大宮司兩職兼帶、

實高　大宮司、

實持　大宮司、

實公　大宮司、
實ハ實幸子、實公沒後、大宮司闕職ニ付、大祢宜長房・幸房二代兩職兼帶、

實藤　大祢宜、
四十代、

實久　大祢宜、
四十一代、

實政　大祢宜、
四十二代、

實康

實綱

實幸

實公　大宮司相續、

實親　大祢宜、
四十三代、

實胤　大祢宜、
四十四代、

實長　大祢宜、
四十五代、

長房　大祢宜、兩職兼帶、
四十六代、

幸房　大祢宜、兩職兼帶、
四十七代、應永之比、

憲房

直房　元房子ニ成、大宮司相續、

憲胤

實長　實之子ニ成、大祢宜相續、

秀房　四十八代、大祢宜、

胤房　四十九代、大祢宜、

實之　五十代、大祢宜、

實長　五十一代、實憲胤子、大祢宜、

實隆　大祢宜、

五十二代、

實勝 大祢宜、
五十三代

實應 大祢宜、
五十四代、元和八年不屆之儀有之、御改易ニ付、承應元年迄大祢宜闕職、大宮司秀房次男與一郎相續、

元房 大宮司、

直房 大宮司、
實憲房子、

國房 大宮司、

清房 大宮司、

治房 大宮司、

盛房 大宮司、

秀房 大宮司、
元和八年ヨリ大祢宜闕職ニ付、兩職兼帶、

清次郎範房 大宮司、
兩職兼帶、

新之介定房 大宮司、

甚平由房
与一郎養子ニ仕候、

美作守由房
初大祢宜與〔二〕一郎養子、寛文八年兄大宮司新之助死去、一子無之ニ付、大宮司相續被仰付、元祿十一年不屆之儀有之、職分被召上、大宮司闕職、

與一郎實富 大祢宜、
五十二代、承應元年大祢宜相續被仰付、

甚平由房
兄新之助死去ニ付、大宮司相續、美作ト申候、

傳之亟基房 宮之介勤、

丹波守勝房　大祢宜、
元祿十一年大宮司闕職ニ付、大宮司ニ被仰付、

中務和雄　大宮司、

稲　丸

平大夫秀雪
浪人、

讃岐守胤雪　大宮司、
丹波ニ大宮司相續被仰付ニ付、讃岐大祢宜ニ被仰付、

監物實行　大祢宜、後ニ上總、

壹岐實雄　大祢宜、

監物實命　大祢宜、

以香取宮大祢宜香取上總介大中臣實命本寫之、

〔参考史料2〕

江戸幕府寺社奉行申渡書

香取大宮司中務・大祢宜監物就社務
及争論吟味之上申渡條々

一、社家・社僧諸仕置并證文之事
御朱印宛所大宮司・大祢宜爲連名之上者、
諸證文之宛所、皆以可爲連名、惣而社家・社中
諸仕置、立年番大宮司・大祢宜萬事遂相談
可令裁判、不可仕一己之我意、兩人異儀有之、則
奉行所江可伺之事、

附
御朱印・修理料・諸證文等、如先規大宮司預之、尤
大宮司可爲上座事

一、修理料金拜借之事
前大宮司丹波新金百四拾九兩・宮之助新金
百拾五兩・權祢宜新金壹兩貳歩・大祝新金
壹兩拜借候處、今以不致返納候、宮之助百拾
五兩之內百兩者、享保七年奉行所江相願令
拜借、其外者奉行所江不相願候由、不埒之至候、
（黒田直邦）〇（井上正之）□（土岐頼稔）〇（小出英貞）〇　（紙繼裏印）
大宮司丹波拜借金者、中務方より拾年賦・
宮之助拜借金者貳拾年賦可返納之、權祢宜・
大祝、是又配當高相應ニ返納可申付事、
一、修理料金之事
社用有之節者、於大宮司方箱之侭出之、
大宮司・大祢宜・宮之助・物申祝四人立合可爲
開封事、
一、惣檢校・角案主兩職之事
從前大宮司丹波代以來、仕方不埒候、向後隨

舊例十七年一度・貳拾年一度兩職之大祭礼
執行之、以賴母・權八可令務之、十一月三日・同廿日兩日之
祭者、元來大宮司祭日ニ而、惣檢校・角案主之
祭日ニ無之上者、兩職より致執行事相止之、
大宮司可務之事、
　附、右兩職知行、如先〻修理料江入置、祭禮
入用之節者、如前條大宮司以下四人立合取計、
兩職之者江可相渡之、賴母・權八江者、只今迄之通

（直邦）○　（正之）□　（賴稔）○　（英貞）○　（紙繼裏印）

相應之役料可遣之事、

一、幣所祝社職之事
享保二年前幣所祝病死之後、不埒之仕方候、
此度吟味之上、大宮司・大祢宜任申旨、幣所祝
悴召歸本職可申付事、
　附、右質地ニ入置候配當地之儀者、速〻請返候様ニ
可申付事、

一、潰社家兵衛大夫知行之事
前兵衛大夫追放之上者、右知行修理料江入置、
祭礼入用之節者、如先條立合可取計之、右之内
畑方三俵分社家權頭江渡置之、職役爲相勤候事者、
可爲如先規事、
一、元日夜祭之節、鎰役人之事
古來兩人ニ限處、大宮司家來壹人相增候段、
（直邦）○（正之）□（賴稔）○（英貞）○（紙繼裏印）
無謂候、古來之通、鎰役貳人差出、大宮司家來
出候儀可相止事、
一、不時之神納物之事
從來不埒候条、向後金・銀・繫錢者大宮司、諸道具・
魚鳥者大祢宜、每日之散錢者當番之下社家、
可相納之事、
右、今般吟味之上申渡條、急度可相守之、
大宮司・大祢宜致和融、自今以後神事・祭禮等、

不依何事遂相談、社中静謐可令沙汰者也、

享保十三戊申年十月

小信濃（榮貞）㊞
土丹後（頼稔）㊞
井河内（正之）[印]
黒豊前（直邦）㊞

大宮司
大祢宜

大禰宜家日記の概要及び書誌

『大禰宜家日記』について

本書は『大禰宜家日記』全十七冊の原本よりの全文翻刻である。原本は旧大禰宜家（現在の当主は香取一郎氏）の所蔵になる。本書の形態は全冊袋綴じで、概ね縦二十七、五センチメートル、横十八、五センチメートルであるが、各冊の丁数・行数・字数は一様ではない。全十七冊のうち第一冊目は、「年表」であり、二冊目より十六冊目までは「日記」、最後の十七冊目は「香取大禰宜系図略」と題する系譜であり、「日記」本文は十五冊分になる。「表1　大禰宜家日記の概要」に全体の表紙書を表示したが、各冊の丁数も一定してはいない。また「表2　大禰宜家日記の概要・奥書」にまとめたように、各冊の最後には大禰宜家一家の人物の年齢が記されている。

第一冊目の「年表」は元禄十一年（一六九八）から宝暦十年（一七六〇）までの記事が抜き書きのかたちで編年順に記されている。日記本文には欠けている年の部分があるので、わずかではあるが貴重な記事といえよう。「年表」は「巻」で区切られているが、その「巻」と「日記」本文との比較したものが「表3　大禰宜家日記年表と日記本文対照表」である。この表を通覧してみると、その冒頭には「年表　日記二巻」とあり、どこで一巻に区切られていたのかは定かではないが、「元禄五年」より「享保三年」までの出来事を扱っている。次の三巻は「享保四年」より「享保十一年」までの八年間をまとめており、以後各巻一年ごとに続いてゆき「宝暦十年」まで全三十七巻、六十九年間にわたっている。そしてこの「巻」で区切られたものが「日記」の基礎となった「原日記」ともいうべきものではないだろうか。その「原日記」が香取神宮の公用日記であるのか、大禰宜家の公用日記であるのか、残念ながら今の時点では判然とはしない。しかしこの各巻ごとに区切られた「原日記」こそが大禰宜家代々書き継がれてきたものであろう。この「年表」部

表1　大禰宜家日記の概要

冊	原表紙	西暦	丁数
1	年表　一元禄五申年　日記一巻（他文字アリ）		81
2			88
3	日記・享保四亥ヨリ同十一午ニ至ル	一七一九〜一七二六	89
4	享保十二丁未年日記	一七二七	71
5	享保十三戊申年日記	一七二八	104
6	享保十四己酉年	一七二九	127
7	享保二十乙卯年・享保二十一年丙申年・元文改元（五月七日）	一七三五〜一七三六	80
8	元文二丁巳年（抜書アリ）	一七三七	54
9	元文三戊午年（抜書アリ）	一七三八	97
10	元文四己未年・元文五庚午年・寛保元辛酉年（酉三月三日改元）	一七三九〜一七四一	87
11	寛保二壬戌年・同三癸亥年・延享元甲子年　三月改元	一七四二〜一七四四	82
12	延享二乙丑年・同三丙寅・同四丁卯（抜書アリ）	一七四五〜一七四七	81
13	延享戊辰年七月十八日改元寛延・寛延二己巳年（抜書アリ）	一七四八〜一七四九	75
14	寛延三庚午・寛延四辛未十一月改元（抜書アリ）	一七五〇〜一七五一	73
15	宝暦二壬申・三癸酉・四庚戌（抜書アリ）	一七五二〜一七五四	61
16	宝暦五亥年・宝暦六子年・同七丑年（抜書アリ）	一七五五〜一七五七	50
17	香取大禰宜系図略		82

※欠本　元禄十五年（一七〇二）〜享保　三年（一七一八）
享保十五年（一七三〇）〜享保十九年（一七三四）
宝暦　八年（一七五八）〜宝暦　十年（一七六〇）

表2　大禰宜家日記の概要・奥書

冊	奥書年月日	西暦			
1	年表				
2	元禄十四巳年	一七〇一	大禰宜讃岐守胤雪　行年四十七歳	子内膳胤信　行年三十二歳	孫喜四郎実行　十歳
3	享保十一丙午年十二月	一七二六	香取大禰宜監物実行　行歳三十五	讃岐守胤雪　七十二歳	内膳胤信　五十七歳
4	享保十二未年十二月	一七二七	香取大禰宜監物実行　三十六歳	実祖父讃岐守胤雪　七十三歳	実父内膳胤信　五十八歳
5	享保十三戊申年十二月廿九日	一七二八	香取大禰宜監物実行　三十七歳	実父内膳胤信　五十九歳	実祖父讃岐守胤雪　七十四歳
6	享保十四己酉年十二月廿九日	一七二九	大禰宜香取監物実行　行歳三十八	実祖父讃岐守胤雪　同七十五	実父内膳胤信　同六十
7	享保二十乙卯年十二月	一七三五	大禰宜香取監物実行　々歳四十四	父隠居香取内膳胤信　行年六十六	実行嫡子喜五郎実香　五歳 同次男城之助行高　三歳
	元文元年丙辰十二月	一七三六	父内膳胤信　六十七歳 大禰宜実行　四十五歳	香取大禰宜監物実行　々四十五	実行嫡子喜五郎実香　六歳 同次男城之助行高　四歳

冊	奥書年月日	西暦			
8	元文二年丁巳十二月大	一七三七	父隠居内膳胤信　六十八歳	香取大禰宜監物実行　四十六歳	嫡子喜五郎実香　七歳 次男城之介行高　五歳
9	元文三午年十二月	一七三八	父隠居内膳胤信　六十九歳	大禰宜香取監物実行　四十七	嫡子喜五郎実香　八歳 次男城之助行高　六歳
10	元文四己未年十二月	一七三九	父内膳胤信　七十歳	大禰宜香取監物実行　四十八歳	嫡子喜五郎実香　九歳 次男城之介行高　七歳
	元文五庚申年十二月	一七四〇	父内膳胤信　七十一歳	香取大禰宜監物実行　四十九歳	嫡子喜五郎実香　十歳 次男城之助行高　八歳
	寛保元辛酉年十二月	一七四一	父隠居内膳胤信　七十二歳	大禰宜香取監物実行　五十歳	嫡子喜五郎実香十一歳 次男城之助行高　九歳
11	寛保二壬戌年十二月	一七四二	父内膳胤信　七十三歳	香取大禰宜監物実行　五十一歳	嫡子喜五郎実香十二歳 次男城之介行高　十歳
	寛保三癸亥年十二月	一七四三	香取大禰宜監物実行　五十二歳	嫡子喜五郎実香　十三歳	次男城之助行高十一歳
	延享元甲子年十二月	一七四四	大禰宜上総実行　五十三歳	嫡子喜五郎実香　十四歳	次男城之助行高十二歳
12	延享二乙丑年閏十二月	一七四五	大禰宜上総実行　五十四歳	嫡子監物実香　十五歳	次男城之介行高　十三歳
	延享三丙寅年十二月	一七四六	香取大禰宜上総実行　五十五歳	嫡子監物実香　十六歳	次男城之介行高　十四歳
	延享四丁卯年十二月	一七四七	香取大禰宜上総実行　五十六歳	嫡子監物実香　十七歳	次男城之介行高　十五歳
13	寛延元戊辰年十二月	一七四八	大禰宜上総実行　五十七歳	嫡子監物実香　十八歳	次男城之介行高　十六歳
	寛延二己巳年十二月	一七四九	香取大禰宜上総実行　五十八歳	嫡子監物実香　十九歳	次男城之介行高　十七歳
14	寛延三庚午年十二月	一七五〇	香取大禰宜上総実行　五十九歳	嫡子監物実香　二十歳	次男城之介行高　十八歳
	宝暦元辛未十二月	一七五一	香取大禰宜上総実行　六十歳	嫡子監物実香　二十一歳	次男城之介行高　十九歳
15	宝暦二壬申年十二月	一七五二	香取大禰宜上総実行　六十一歳	嫡子監物実香　二十二歳	次男城之介行高　二十歳
	宝暦三癸酉年十二月	一七五三	大禰宜上総実行　六十二歳	嫡子監物実香　二十三歳	次男城之介行高　二十一歳
	宝暦四甲戌年十二月	一七五四	香取大禰宜上総実行　六十三歳	嫡子監物実香　二十四歳	次男式部行高去十一月廿六日松崎神主相続故此処并ニ不記二十二歳也
16	宝暦五乙亥年十二月	一七五五	父上総実行　行歳六十四	香取和泉実香　行歳二十五	
	宝暦六丙子年十二月	一七五六	父上総実行　々歳六十五	香取大禰宜和泉実香　行歳二十六	
	宝暦七丁丑年十二月	一七五七	父上総　六十六歳	香取大禰宜和泉　二十七歳	
17	香取大禰宜系図略				

※欠本　元禄十五年（一七〇二）～享保　三年（一七一八）
享保十五年（一七三〇）～享保十九年（一七三四）
宝暦　八年（一七五八）～宝暦十一年（一七六一）

表3　大禰宜家日記年表と日記本文対照表

巻	年次	西暦	日記本文
1巻	元禄5年	一六九二	
2巻	元禄11年	一六九八	○
	元禄13年	一七〇〇	○
	元禄14年	一七〇一	○
	元禄15年	一七〇二	
	元禄16年	一七〇三	
	宝永元年	一七〇四	
	宝永2年	一七〇五	
	宝永3年	一七〇六	
	宝永4年	一七〇七	
	宝永5年	一七〇八	
	宝永7年	一七一〇	
	宝永8年	一七一一	
	正徳2年	一七一二	
	正徳4年	一七一四	
	正徳5年	一七一五	
	享保2年	一七一七	
	享保3年	一七一八	
3巻	享保4年	一七一九	○
	享保5年	一七二〇	○
	享保6年	一七二一	○
	享保7年	一七二二	○
	享保8年	一七二三	○
	享保9年	一七二四	○
	享保10年	一七二五	○
	享保11年	一七二六	○
4巻	享保12年	一七二七	○
5巻	享保13年	一七二八	○
6巻	享保14年	一七二九	○
7巻	享保15年	一七三〇	
8巻	享保16年	一七三一	
9巻	享保17年	一七三二	
10巻	享保18年	一七三三	
11巻	享保19年	一七三四	
12巻	享保20年	一七三五	○
13巻	享保21年	一七三六	○
14巻	元文2年	一七三七	○
15巻	元文3年	一七三八	○
16巻	元文4年	一七三九	○
17巻	元文5年	一七四〇	○
18巻	元文6年	一七四一	○
19巻	寛保2年	一七四二	○
20巻	寛保3年	一七四三	○
21巻	寛保4年	一七四四	○
22巻	延享2年	一七四五	○
23巻	延享3年	一七四六	○
24巻	延享4年	一七四七	○
25巻	延享5年	一七四八	○
26巻	寛延2年	一七四九	○
27巻	寛延3年	一七五〇	○
28巻	寛延4年	一七五一	○
29巻	宝暦2年	一七五二	○
30巻	宝暦3年	一七五三	○
31巻	宝暦4年	一七五四	○
32巻	宝暦5年	一七五五	○
33巻	宝暦6年	一七五六	○
34巻	宝暦7年	一七五七	○
35巻	宝暦8年	一七五八	
36巻	宝暦9年	一七五九	
37巻	宝暦10年	一七六〇	

分の筆者は定かではないが、手がかりになるものとして表紙に記されている次の記事である。この表紙には「宝暦五亥、監物実香改和泉、同年家督、宝暦十辰八月、和泉実香改壱岐、明和七寅十月、実香実名改実雄」と記されている。ここに記されている「監物実香」は大禰宜実行の長子で大禰宜職を継承した人物であり、その人物の改名などの経歴が記されているのである。この人物が「年表」の作成に何らかの関わりがあったことと想定される。

第二冊目より第十六冊目までは「日記」の本文である。各冊の表紙の体裁は「日記」あるいは「～年日記」などと書かれ、統一されたものではない。またなかには冒頭にその年の記事を簡単に抜き書きした冊もある。「日記」の筆跡を通覧してみると、第二冊目の元禄年間の日記の筆跡はややおおぶりの行書体で丁寧に書かれている。元禄の御造宮に関わる記録であるので丁寧に書かれたのであろう。しかし第三冊目の日記をみると冒頭の「五九代実行」から「享保十一年十月九日条」までの記事は、はっきりとした楷書体で書かれているが、途中「享保六年十一月二日条」のみ書体が変わり、くずれた行書体になる。この条文は後日追記されたものであろうか。そしてそれまで楷書体で書かれていた記事が「享保十一年十月十三日条」を境に突然行書体に変わってしまう。この条より最後までは行書体で書かれていくが、現存の「日記」が統一した書体で書かれていないことだけは確かである。

この「日記」の成立年代については詳かにすることはできないが、「年表」の最終年の宝暦十年十二月の記事のなかに宝暦十一年三月二十六日の記事が混入していることから、宝暦十一年をさほど下らない時期に成立したものと思われる。なお第七冊目の冒頭に差し込まれている紙片に「日誌　寛延二年三月　香取大禰宜」とあり、そのなかに「実香」と書かれた上部に没年である「安永八年十二月四日逝去四十九」と書かれており、それに続けて「安永六年行事禰宜摂馬侍郎　献納」とみえており（『大禰宜家日記』二、一頁）、これらの記載が「日記」の成立と何らかの関わりがあるのか、単なる後世の差し込みなのかは判然とはしない。

本書は『大禰宜家日記』と題するものの、純然たる日次記ではなく、「年表」の基礎となった「原日記」を主たる素材とし、他の文書や備忘録などを参照してまとめられた記録と見倣すべきものであろう。「日記」の内容は、元禄十一年（一六九八）の御造営に向けての幕府との交渉にかかわる記事からはじまり、以後大禰宜が大宮司とともに、香取神宮の祭祀を維持し、一社を運営していくなかで発生したさまざまな問題に、どのようにして取り組んでいったのかが詳細に記述されている。そこには日記の記事のみではなく、当時筆者の周囲に存在していた多くの文書・証文・書付の類が夥しく引用されている。それは下書きに終わったものや覚書きの類にまでおよび、詳細を尽くしているのである。また江戸幕府寺社奉行のもとでの吟味、在地香取での社家や末社・寺院などとの交渉・相談などが、時には会話を忠実に表記し、さらには当時の人々に対する所感なども書き記されており、この「日記」の魅力ともなっている。また他方では、江戸での世相、香取とその周辺での出来事などにも細かな記載がみえ、当時の様子を伺うに貴重な史料ともいえよう。

第十七冊目の「香取大禰宜系図略」は、「香取大禰宜系図略改誌之也、延享五戊辰年正月　大禰宜上総実行」と記されているように、延享五年正月に大禰宜実行が改めて書き記したものである。そこには大禰宜元祖秋雄より五十九代実行までの世代ごとの大禰宜の記事が記されており、最後に大禰宜家の屋敷図が綴じ込められている。記事の内容は江戸時代以前の大禰宜の事績はきわめて簡略に書かれているが、五十六代由房以降の部分になると古文書を引用したり詳細になっている。この記事も「日記」本文の欠落部分を補う意味で貴重である。これを書き記す契機となったと考えられるのが、寛延二年三月七日より計画された「大禰宜家広間」の普請であろう。大禰宜屋敷は万治二年の大禰宜実富の建て増し以来、祖父胤雪・実行自身の普請と続いてきた。そして再びこの大禰宜職に付随したこの屋敷の普請を計画するにあたり、大禰宜職を伝領してきた祖先への思いが湧き起こってきたのであろう。そのような思いが本冊を書き記す動機となったものと思われる。

右に略記してきたように本書は三つの部分により成り立っている。それぞれの性格をもつ本書を読み解くことによって、江戸時代において香取の地に生きた人々、さらには幕府寺社奉行をはじめとした諸役人などの息吹に触れることができる。そしてまた本書のさまざまな記事は、江戸時代の寺社を取りまく人々の研究に多くの情報を提供しているものであることにはまちがいない。

・参考史料1　「香取大宮司系図」「香取大禰宜系図」について

「香取大宮司系図」「香取大禰宜系図」は、独立行政法人国立公文書館内閣文庫所蔵『続群書類従』巻一七九・系図部七十四よりの全文翻刻である。『続群書類従』巻一七九・系図部七十四にはこの他に「卜部氏系図」が収録されているが、ここでは割愛した。本書は袋綴じで、縦二十六センチメートル・横十八、五センチメートルである。「香取大宮司系図」「香取大禰宜系図」については既に刊本『続群書類従』第七輯下に収録されており、また解題についても『群書解題』第一所収「香取大宮司系図」「香取大禰宜系図」において詳細な説明が加えられている。いま煩を厭わず先行文献などを参照しつつ、若干の内容の説明を加えておきたい。

「香取大宮司系図」は二つの系統から書きはじめられている。一つは天児屋尊からはじまり清暢に至り、この清暢に「当家大中臣祖」の注記を記している。他の一つは「社伝云」として経津主尊からはじまり五百島に至り、この五百島には「五百島無子、以大中臣清暢為子、改香取姓、為大中臣」とあり、ここで二つの系統は一つに合流し、五百島の子として「秋雄」へつながっていく。

以後歴代の大宮司が書き続けられていくが、平安末期の真房の子惟房からは、惟房ののち大宮司を継承した人物が書き継がれる系統と、惟房とその弟知房をはじめとするその子孫が書き継がれる系統が差し込まれている。そして鎌倉初期には助重・助道・助康と鹿島大宮司家一族の者が香取大宮司職に入ってきており、この時期の動揺が伺われる。他方の惟房とその弟知房の系統のほうには、大禰宜職・大行事・国行事などの社職についた者もみられる。また両系統のなかには女子を介して大宮司職が継承されている記載もみられ、これは物忌職という女性が大宮司職を仲介しているとの指摘もある(鈴木哲雄氏「香取大宮司職と「女の系図」」〈総合女性史研究会編『日本女性史論集』5女性と宗教〉所収)。

差込部分である惟房とその弟知房をはじめとするその子孫の系統は、江戸時代初期の実応とその子・孫で書き終わっており、他方の大宮司職の系統は江戸時代中期の豊房まで終わっている。この豊房の注記には没年記事はないが、旧分飯司家所蔵(「伊藤蔵書」の捺印)の「香取大宮司家本系」によると「寛政九丁巳年八月廿一日歿」との記載があるから、この「香取大宮司系図」はそれより少し前に成立・書写されたものであろう。

「香取大禰宜系図」は「秋雄」を大禰宜元祖とし、次に二十五代として豊郷を記し、それより大禰宜職の代数と人名が書き継がれていき、最後は江戸時代中期の実命で終わっている。末尾には「以香取大禰宜香取上総介大中臣実命本写之」と記載されており、この実命は寛政期ごろの人物であるから、この「香取大禰宜系図」も寛政年間ごろに成立・書写されたものであろう。

この「香取大宮司系図」「香取大禰宜系図」はともに系図のかたちで記載されているが、親子関係と職の相伝関係が混在したものであるので、親子関係は他の古文書や記録などを参照しながら利用しなければならない。また大宮司家や大禰宜家に関する系図は『大禰宜家日記』のなかの記事をはじめ何種か伝来しているが、異同もかなり見受けられるので注意が必要である。

・参考史料2　「江戸幕府寺社奉行申渡書」について

本文書は、平成十五年に旧大宮司家の香取千昭氏より香取神宮へ献納された「旧大宮司家文書」のなかに含まれているものである（『香取神宮新蔵文書整理記録』整理番号C＝3）。法量は縦三十六、五センチメートル・横一九五センチメートルであり、紙背の紙継の三ヶ所に当時の寺社奉行である黒田直邦・井上正之・土岐頼稔・小出英貞の黒印が一列に捺されている。本文書は「日記」享保十三年十月二十七日条に引用されている文書の原文書であり、享保十一年七月より始まる大宮司中務和雄が「一人支配」を企て起こした訴訟の裁許状である。その間の経緯及び寺社奉行のもとでの吟味の詳細については「日記」本文を参照されたい。

この文書で注意を惹くのが、「大宮司・大禰宜」の宛名の書き方である。文書の奥・下方に、本文よりやや小ぶりの書体で書かれており、「殿」などの敬称もなく寺社奉行の尊大さを如実に表している。差出書きは紙継ぎ裏判と同じように、奥より黒田直邦（享保八年三月二十五日補任）・井上正之（享保十三年七月六日補任）・土岐頼稔（享保十三年七月六日補任・当月の月番）・小出英貞（享保十年六月十一日補任）の順序になっており、略署名と黒印が捺印されている。

本文書での裁許の要点は七点からなっている。第一条は「社家・社僧諸仕置並びに証文の事」と題し、「一人支配」

を訴える大宮司中務和雄に対して、大禰宜実行の天正十九年の徳川家康寄進状の宛名が神主（のち大宮司）・大禰宜と併記されていることを拠り所とした主張が幕府寺社奉行に承認されたものとなっている。この裁許はこののちの神領での大宮司・大禰宜の「両支配」の大きな根拠となる。

第二条は未済となっていた修理料金の返済命令であり、第三条はその修理料金の運用に不正がないように、大宮司・大禰宜・宮之助・物申祝の四者が立ち会うことが定められている。

第四条は闕職になっていた惣検校職・角案主職の主祭する祭礼の斎行者の決定であり、続く第五条は闕職になっていた幣所祝職に倅を帰職させることの裁定である。

第六条は「潰社家の兵衛大夫」の所持する知行は修理料へ組み入れることを命じたものであり、第七条は「不時之神納物」ということで、神前への下り物の配分を規定したものである。

そしてこの文書が、その後の香取神宮神領の大宮司・大禰宜による「両支配」について、「御条目」として大きな根拠となっていくことが、その後の「日記」の記事に散見される。

近世の香取大祢宜家と大宮司家

近世の香取神宮にとって、天正十九年（一五九一）の徳川家康の関東入国は、大きな画期をなすものであった。徳川家康は香取神宮の「神主・大禰宜」両名を宛名とする神領千石の寄進状を交付した。いま「源太祝家文書」天正十九年十一月日徳川家康寄進状写（『香取文書纂』十三）として、次の文書がおさめられている。

寄進　　大明神

下総国香取郡香取郷之内千石之事

右、如先規令寄附之畢、守此旨武運長久之精誠、殊可専祭祀之状如件、

天正十九辛卯十一月日　　正一位源朝臣（マヽ）花押

神主

大禰宜

これによって古代以来下総国一宮として香取神宮の香取郡を中心として形成された神領は否定され、新たに「千石」という枠組みの中で神領を再編成しなければならなくなった。そしてまたこの文書が近世の香取神宮における大宮司と大禰宜による「両支配」とよばれる社務運営の根拠ともなったのである。

近世の香取大禰宜家と大宮司家の系図については、『続群書類従』系図部に収録されている「香取大禰宜系図」「香取大宮司系図」がよく知られているが、これらの系図は純粋に血縁関係をあらわしたものではなく、血縁関係と職の相伝関係とが混在したものであることが指摘されている。そのため系図に記されている関係と、他の古文書や記録の記事とを比較・検討しながら考えていかなければならない。このような点をふまえて、江戸時代における香取大禰宜家と大宮司家の人々の経歴を概観していきたい。なお『日記』本文の記事や諸系図を総合して別掲の「香取大禰宜家・大宮司家

関係図」を作成してみたのであわせて参照してもらいたい。

表4 大宮司・大禰宜補任表

大宮司	在職期間	生没年
秀房		～寛永六・二・八
範房(清次郎)		～寛文五・十・二
定房(新之助)		～寛文八・九・八 二十五歳
由房(甚平・美作守)	寛文八・十二・十八～ 元禄十一・四・九	万治元～
闕職		
勝房(大助・丹波守)	元禄十三・六・二十七～ 享保七・正・二十七	～享保十四・六・三 七十五歳
和雄(中務)	享保七・正・二十七～ 元文二・三・二十一	～元文二・三・二十一 五十四歳
利雄(内匠)	元文二・七・十九～	～元文二・七・十九 四十歳
吉雄(稲丸)	元文二・八・十六	享保十六・八・二十一～ 元文二・八・十六 五歳
豊房(多宮)	元文三・七・六～	

代	大禰宜	在職期間	生没年
53	実勝		
54	実応(蔵人・貴宗)	慶長十二～元和八	天正十四～万治元・八・八 七十三歳
	闕職		
55	実富(与一郎)	承応元～寛文四	～寛文四・正・五 四十四歳
56	由房(甚平・美作守)	寛文四～寛文八	↓大宮司へ
57	勝房(大助・丹波守)	寛文八・十二・二十八～ 元禄十三・六・二十七	↓大宮司へ
58	胤雪(金弥・図書・讃岐)	元禄十三・六・二十七～ 享保四・二・六	明暦元 ～享保十七・八・二十 七十八歳
59	実行(監物・上総)	享保四・二・八～ 宝暦五・二・六	元禄五・四・十九～ 明和元・閏十二・十 七十三歳
60	実香(喜五郎・監物・和泉)	宝暦五・二・六～	享保十六・三・朔 ～安永八・十二・十四 四十九歳
61	実命	安永九・五・六～	

近世の香取大禰宜家

五十四代 実応

香取大禰宜家は「秋雄」を元祖とし、安土・桃山時代の五十四代・実応まで「嫡々神孫ニテ致相続来」たという(『香取大禰宜系図略』、以下『系図略』と略記)。

実応は、五十三代・実勝の子であり、蔵人と称し後に貴宗とも称した。『系図略』によれば、父実勝とともに神木を我が儘に伐採したということで父子ともに御追放になり、浪人として送っていた。しかし慶長十二年(一六〇七)徳川家康の命により御造営がなされると、「遷宮勤者無之、従往古内陣ノ勤ハ大禰宜一人ニ限リ、他ノ者決テ不入付」ということで、勘気を蒙っていた実応に、大禰宜職の帰職が認められ、同年八月二十四日遷宮が斎行された。その後、本社及び末社大戸社宮林の神木伐採の咎で、元和八年（一六二二）再び御追放が命ぜられる。このため元和八年より承応元年（一六五二）までの間は、大禰宜職は闕職という大禰宜家にとっては苦難の時期を送ることになる。

実応は、職分の神学より仏学を好み、常に数珠を手放すことはなかったという。また「大禰宜実応社伝記」という著作があったようであるが、いまには伝わらない（『香取群書集成』第一巻、解題）。万治元年（一六五八）八月八日浪人の身にて七十三歳で死去する。

実応には何人かの子がいたが、そのうちの一人斎之助は浪人の身となり、また斎之助の娘加知は、後に大禰宜となる勝房の妻となっている。

実応の娘の一人は、田寺彦大夫信勝へ嫁ぎ、その娘伊智は大宮司秀房の子秀雪に嫁ぎ、その子がのち大禰宜となる胤雪である。かくして「嫡々神孫ニテ致相続来」たといわれた大禰宜家の男系は実応で途絶え、大禰宜の職は実応の女子を通じて大宮司家一族の家系へと引き継がれていくことになった。

五十五代　実富（与一郎）

元和八年（一六二二）大禰宜実応が御追放になり、大禰宜職は闕職になっていたが、承応元年（一六五二）新将軍徳川家綱の就任にともなう「御朱印御書替」に際し、大禰宜職を立てるよう幕府より仰付けられた。その間実応や斎之助を帰職にと願い出たが、うまくはゆかなかったようである。そこで実富妻は実応娘という女縁をもとに、実富を大禰宜職に立てることとなった。しかし実富には子がなかったため、大禰宜職は大宮司範房の子由房に受け継がれていくことになる。

五十六代　由房（甚平）

由房は大宮司範房の次男として生まれ、寛文四年（一六六四）より五年間実富の跡の大禰宜職を受け継いだ。この時大宮司職は兄定房であり、兄弟で大宮司・大禰宜に立ったことになる。しかし寛文八年（一六六八）九月兄定房は二十五歳で病死すると、大宮司職は親の「遺跡」であるからという理由で由房に幕府は仰付けた。時に由房は十一歳であった。そして大禰宜職には、由房の叔父で宮之介職にあった伝之丞基房の子勝房（当時十四歳）に仰付けられた。大宮司・大禰宜が幼少であるということで、この兄弟の叔父伝之丞基房が後見となり、宮之介職には基房の弟秀雪の子胤雪が相続することになった。

五十七代　勝房（大助・丹波守）

勝房は伝之丞基房の子として生まれ、寛文八年（一六六八）十四歳で大禰宜職に仰付けられ、元禄十三年（一七〇〇）大宮司職に遷るまで三十三年間在職した。元禄四年十一月二十三日丹波守・従五位下の宣旨を拝領する。

勝房の本妻は、前大禰宜実応の子斎之助娘加知であり、妾に甲州出身の佐和というのがいた。勝房と本妻の加知とは不仲であったようで、元禄十三年に勝房が大宮司職に遷る際には、加知は「斎之助娘」をよりどころに「古書」は、「大禰宜家附」として管理していた。後年胤雪は大禰宜職に仰付けられた時、「家附ノ品」とともに、加知を養っていく。加知は正徳四年（一七一四）十一月五日七十歳計で卒した。

「大禰宜家附ノ古書」の伝来については、大禰宜実応の死後、次男の斎之助が引き継いでいく。それは大禰宜となった実富の妻が実応の娘・斎之助の妹であったという関係からであった。元和八年（一六二二）大禰宜実応の御追放によって大禰宜知行の二十石と兼帯の下社家塙祝・近藤大夫の職料の計四十石は内証合力によって実富方へ「古書」とともに移っていったが、実富の死後、妻の世牟が「古書」を持ち去り、兄の斎之助と一緒に住することになった。

寛文八年（一六六八）勝房が大禰宜職を仰付けられると、同十年斎之助方へ「家附ノ古書」の引き渡しを公儀へ訴え出た。幕府は勝房方への引き渡しを斎之助方へ命じるが、斎之助は承引しなかったため、違背につき斎之助は御追放を仰付けられることになった。その際に、斎之助が所持していた四十石は、「御修理料」に入れられることになる。後年大禰宜実行は、この「御修理料四十石」の返還を求めて、享保四年（一七一九）より延享四年（一七四七）の二十九年間に八度も幕府寺社奉行と交渉することとなる。

五十八代　胤雪（図書・讃岐守）

胤雪は明暦元年（一六五五）前大宮司秀房の四男秀雪の子として生まれる。母は田寺彦大夫信勝の娘伊智である。伊智は前大禰宜実応の孫娘であり、胤雪は「前大禰宜実応外孫」（「前大禰宜讃岐守胤雪墓碑銘」）と記されているように、女系を通じて大禰宜家の血統を継承することになった。

元禄十三年（一七〇〇）六月二十七日、それまでの宮之介職より大禰宜職を仰付けられる。時に四十八歳。享保四年（一七一九）六十五歳にて隠居し、同十七年七十八歳で病死した。この間、元禄十四年六月上京し、従五位下・讃岐守の勅許を受けている。

胤雪の妻須久は、前大宮司秀房の五男基房の嫡女であり、また前大禰宜勝房の姉でもある。須久は二男二女をもうけ、元禄九年（一六九六）四十六歳で病死した。

その嫡男が胤信（内膳）である。胤信は寛文十年（一六七〇）に生まれ、元禄十三年の御造営の節は、大宮司・大禰宜を補佐し留守中の万端を宮之介職として勤めたという。「胤」の字を用いたのは宮之介職の通字であり、大禰宜職は「実」を通字とした。宝永三年（一七〇六）胤信は胤雪の名代として、元和八年（一六二二）の大禰宜実応御追放以来中絶していた年始御年礼復活のため幕府寺社奉行と交渉し、幕府の許可獲得を果たした。

胤信は常に草花、特に菊・牡丹を好み、また和歌・絵事を嗜み、若年より学問をよくしたという。父胤雪隠居の際には、大禰宜職を継ぐべきではあったが、当時五十歳に達していた胤信は、二十八歳の嫡子実行にその職を譲った。寛保三年（一七四三）八月六日病死した。

胤信の弟致恭は、養子へ出た江戸神田雉子町に住む樋口梅有であり、甥の大禰宜実行が頼りにしていた人物である。『大禰宜家日記』にも散見する医師であり、宝暦十一年（一七六一）六月十四日病死した。

五十九代　実行（監物・上総）

実行は胤信の嫡子として元禄五年（一六九二）四月十九日に生まれた。母は加藤須村飯田長左衛門娘加井である。初めの名を喜四郎、十五歳で元服し監物と改めた。『大禰宜家日記』の筆者とも思われ、記事の大部分はこの時代である。十三歳より二十六歳まで江戸に詰め、神学を学んだという。実行は回想のなかで、宝永年中に吉川惟足の嫡子従長の門人として神学を学び、深くこの神道説を尊信し、「他ノ道ヲ学令修行者、誠ニ可為神敵者也」とまで言い切っている（『日記』三、延享四年八月十五日条）。

享保四年（一七一九）二月六日祖父胤雪のあとを受け継ぎ、幕府寺社奉行酒井忠音御内寄合にて大禰宜職を仰付けられ、宝暦五年（一七五五）二月隠居するまで職務に励んだ。その間の苦心は本書の随所にみられる。延享元年（一七四四）には、官位取得のため関白一条兼香を頼り交渉するが、吉田家との関係がこじれ、希望した官位を得ることは叶わなかった。しかし一条兼香より上総の名乗りを許可されることとなった。こののち大禰宜家は年始御礼などの遣り取りを通じて一条家との関係を保つようになっていく。

正徳四年（一七一四）二十三歳で鹿嶋惣大行事娘伊具と婚姻を結ぶが、享保四年に離縁する。伊具との間には千世・伊知の二人の女子がいた。千世は早世したが、伊知は徳川家宣妾月光院御用人高井真政嫡子助五郎真展に嫁した。

この他に実行には何人かの子供があった。三女三喜は、妾腹尾形武左衛門娘加津を母とし、江戸医師中村玄春の養女となり、御書院番鈴木長太郎正堅に嫁している。

四女那加は、新庄駿河守直祐家老萩原喜兵衛娘多喜を母としている。多喜は享保八年（一七二三）実行後妻として嫁してきたが、同十四年には離縁している。那加は江戸樋口梅有の養女となり、のち梅有養子梅仙に嫁した。多喜を母として新太郎が生まれているが、出生後まもなく早世している。

喜五郎実香は、孫大夫平左衛門娘加牟を母とし、享保十六年（一七三一）三月朔日に生まれた。実行隠居後、次の大禰宜職を受け継いでいく。

その同腹の弟が権之助行高である。行高は享保十八年（一七三三）九月二十日に生まれ、延享四年（一七四七）十五歳で元服した。のち宝暦四年（一七五四）十一月松崎神主を受け継ぎ、松崎式部と改名する。

六十代　実香（喜五郎・監物・和泉）

実香は実行の子として享保十六年（一七三一）に生まれ、延享二年（一七四五）十五歳で元服し、監物と改名した。宝暦五年（一七五五）正月十五日和泉と改名し、二月六日父実行隠居のあとを承けて二十五歳で大禰宜職を相続し、四月二十八日江戸城にて「継目御礼」の儀を済ませた。この儀は元和八年（一六二二）の大禰宜実応御追放以来断絶していたのであるが、実行の寺社奉行への交渉によって復活を成し遂げたものであった。以後実香は隠居実行の庇護を受けながら大禰宜職の職務を遂行していくことになる。

・大禰宜家関係図

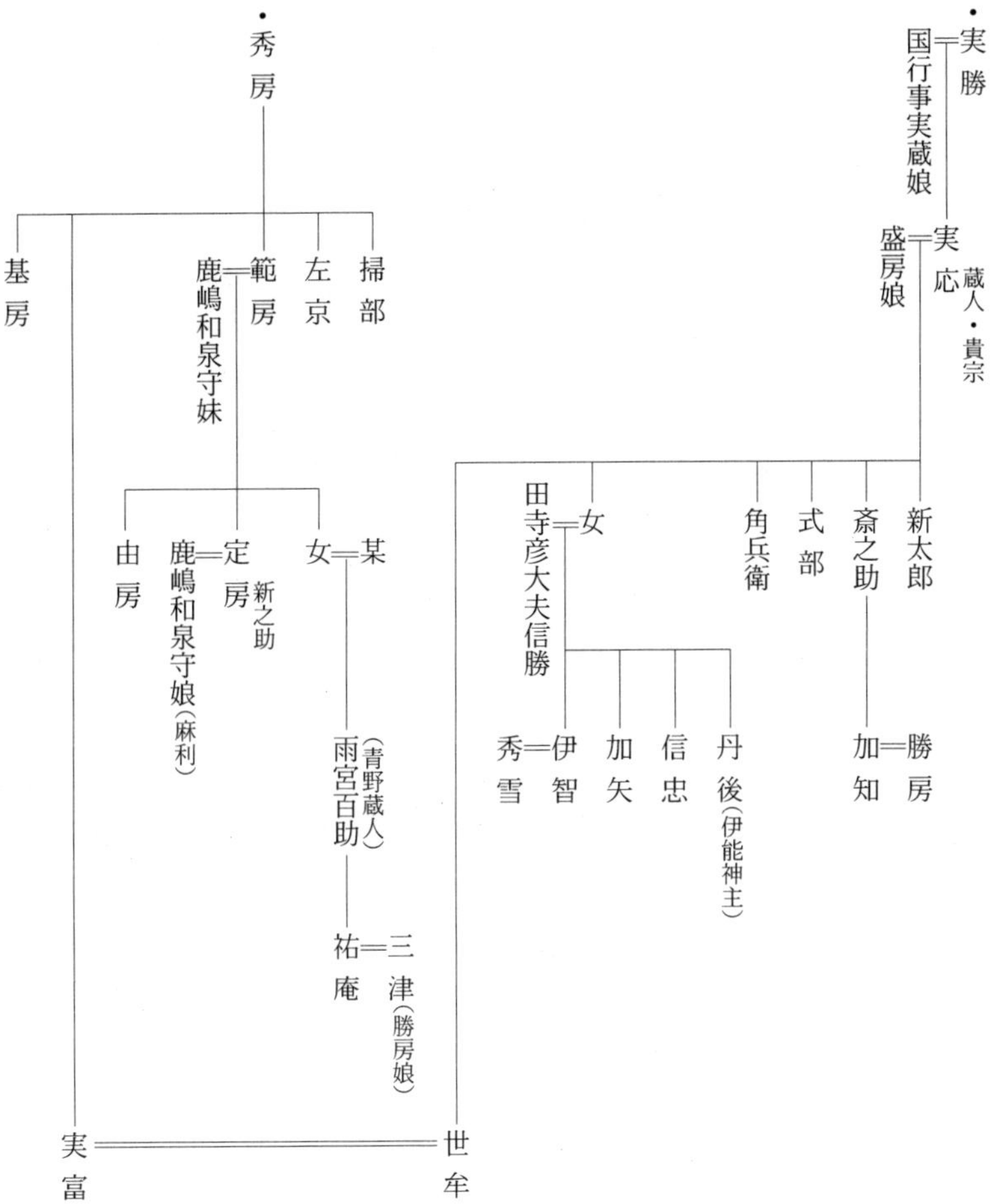

・実勝
国行事実蔵娘
実応
蔵人・貴宗
盛房娘
新太郎
斎之助
式部
角兵衛
女
田寺彦大夫信勝
勝房
加知
丹後（伊能神主）
信忠
加矢
伊智
秀雪
世牟
・秀房
掃部
左京
範房
鹿嶋和泉守妹
基房
某
女
定房
新之助
鹿嶋和泉守娘（麻利）
由房
雨宮百助
（青野蔵人）
三津（勝房娘）
祐庵
実富

近世の香取大宮司家

大宮司・盛房

桃山時代より江戸時代初頭に大宮司の職にあったのは、盛房なる人物であった。続群書類従本「香取大宮司系図」によれば、神領回復のために上洛し、豊臣秀吉・北政所の推挙によって徳川家康より神領千石の判物を拝領したという。そして慶長十一年（一六〇六）徳川家康による御造営に際しては、翌年八月二十四日の正遷宮を主斎した。

大宮司・秀房

秀房は大宮司盛房の子として生まれ、父のあと大宮司職を受け継ぐ。続群書類従本「香取大宮司系図」によれば、「大宮司・大禰宜両職兼帯」と記されているが、この時期の大禰宜実応との関係は明らかではない。秀房には何人かの子供があったが、清次郎範房・伝之丞基房の系統が大宮司職を受け継ぎ、与一郎実富（一子なし）・平大夫秀雪の系統が大禰宜職を継承していく。すなわち江戸時代の大宮司・大禰宜は男系からみれば、この秀房の子孫が相続していくということになる。

大宮司・範房（清次郎）

清次郎範房は、続群書類従本「香取大宮司系図」によれば、秀房を父とし、母は大須賀城主権太夫胤資の娘とあり、注記に「両職兼帯」とあるが、大禰宜との関係は明らかではない。大宮司在職の期間も定かではないが、寛文五年（一六六五）十月二日に卒した。

大宮司・定房（新之助）

新之助定房は続群書類従本「香取大宮司系図」によれば、大宮司範房を父とし、母は鹿島大宮司の娘であるとする。ただし『系図略』には「大宮司範房妻ハ鹿嶋大宮司和泉守妹」とあり、また「定房妻（麻利）ハ右和泉守娘也」とある。大宮司在職の期間は明らかではないが、寛文八年（一六六八）九月八日二十五歳で没した。

大宮司・由房（甚平・美作守）

甚平由房は前大宮司範房の次男として万治元年（一六五八）に生まれ、母は兄定房と同じく鹿島大宮司の娘（あるいは妹）であり、もとは親房と称した。寛文四年（一六六四）七歳で大禰宜実富の養子となり、五年間大禰宜職にあったが、大禰宜宅には移らず、兄定房と一緒に居住していたという。寛文五年兄定房の病死のあとを承けて、公儀より「親ノ依為遺跡」って大宮司に仰付けられた。元禄元年（一六八八）上京し美作守・従五位下の勅許を受ける。由房は大禰宜の専権である内陣への立ち入りを強行し、時の大禰宜勝房と争論を起こしたりしている。『系図略』には「美作人柄不宜、我意已而相立、我一人々々ト計申、諸事取計シ事故ト人口也、神学ハ伊勢流、儒ヲ学、以ノ外頑者也」と評されている。元禄十一年四月九日香取神宮御造営に際し、御見分絵図作成を妨げたということで公儀より大宮司職御追放を命じられ、以後元禄十三年六月まで大宮司職は闕職となる。由房はその後浪人して「棚木彦五郎」と称した（『日記』第一、享保九年七月六日条）。その際、大宮司家所有の文書は由房が持ち去り、後年「棚木家文書」とよばれるものになる。その後については延享五年（一七四八）に作成された『系図略』に「当辰存命九十一歳、水戸ニ浪人ニテ住也」とみえており、長寿を保ったようである。

大宮司・勝房（大助・丹波守）

勝房は伝之丞基房の子として生まれ、寛文八年（一六六八）十四歳で大禰宜職に仰付けられ、由房御追放以後闕職になっていた大宮司職に元禄十三年（一七〇〇）六月二十七日幕府寺社奉行より仰付けられる。これは御造営完成もまぢかになり、御遷宮に際し大宮司職が不在では不都合であるとの思いから、度々寺社奉行へ願い出ていたものである。そして大宮司勝房のもとで同年九月十五日御宮正遷宮が斎行される。享保十四年（一七二九）六月三日七十五歳で没す。

大宮司・和雄（中務）

和雄は正雄とも記され、マサオとの仮名もみえている。大宮司勝房の嫡子（続群書類従本「香取大宮司系図」では二男）として生まれ、享保七年（一七二二）正月（続群書類従本「香取大宮司系図」では二月）大宮司職を仰付けられる。同十一年より和雄は香取神宮の「一人支配」をもくろみ、大禰宜実行と長期間にわたって幕府寺社奉行のもとで相論を繰り広げる。この相論の幕府寺社奉行の裁定が参考資料2に掲げた享保十三年十月付の江戸幕府寺社奉行申渡書である。和雄は当寺の寺社奉行黒田豊前守直邦とは昵懇の間柄であり、かつ黒田直邦とともに大子流の神学を奉じていたという。享保十年（一七二五）夏病臥のなか「香取神名記」（『香取群書集成』第一巻、所収）を著している。元文二年（一七三七）三月二十一日五十四歳で病死した。

大宮司・利雄（内匠）

利雄は大宮司和雄の娘おゐいの夫であり、和雄の婿にあたり、江戸山王神主の樹下氏の従弟（続群書類従本「香取大宮司系図」では弟）であるという。舅の和雄とは不仲であったようで、和雄の不幸を聞き佐原へやってきては、元文二年（一七三七）七月十二日幕府寺社奉行へ大宮司家家督相続を願い出て、同月十九日奉行所より帰宅後、「上下モ不取、柱ニ被持不快ノ由申計ニテ急死」した。

大宮司・吉雄（稲丸）

吉雄は大宮司和雄の子として享保十八年（一七三三）八月二十一日に生まれている。この日は内匠利雄が津宮村に到着した日でもある。元文二年（一七三七）七月内匠利雄が急死したのち、大宮司家の家来共の願いによって同年八月十八日大岡越前守忠相の御掛りとして大宮司職を仰付けられる。しかし香取では同日痢病を煩い、五歳で死す。元文二年三月より大宮司家では三代が相次いで亡くなり、「大宮司家断絶」という事態を招くことになった。

大宮司・豊房（多宮）

豊房は前大宮司勝房の三男修理勝明の次男として生まれる。実父勝明は銚子芝崎神主であるが、元文三年（一七三八）七月六日前大宮司和雄の甥ということで寺社奉行より大宮司跡職を仰付けられる。二十歳の若さで大宮司に就任した豊房に対して、後年当時の大禰宜実行は寺社奉行御役人へ「多宮も年若ニ気強ニ御座候」と回想している（『日記』第三、寛延二年九月九日条）。寛政九年（一七九七）八月二十一日没した。

近世の香取神宮は「両社務」とよばれた大宮司・大禰宜が中心となって社務や祭祀を執り行なってきた。大宮司方は裏町にあるところから「宮下町」と呼ばれ、大禰宜方は表宿にあったところから「宮中町」と称されていた。また祭儀においては内陣で斎行する大禰宜と、庭上での統括を行なう大宮司とをそれぞれ「内院方統梁大禰宜」、「庭上方統梁大宮司」とも称されている。そして大禰宜・大宮司の職の相続関係の経緯はきわめて複雑であり、その詳細は『大禰宜家日記』の本文を参照してもらいたい。『大禰宜家日記』には大宮司・大禰宜はもとより、大禰宜方の社家・大宮司方の社家をはじめとして数多くの社家・寺院の人々の活動や考え方が具体的かつ詳細に語られており、さまざまな人間模様を伺うことのできる希有な史料である。その意味でも本書を味読することによって、江戸時代への理解の深化をもたらすことができるであろう。

・大宮司家関係図

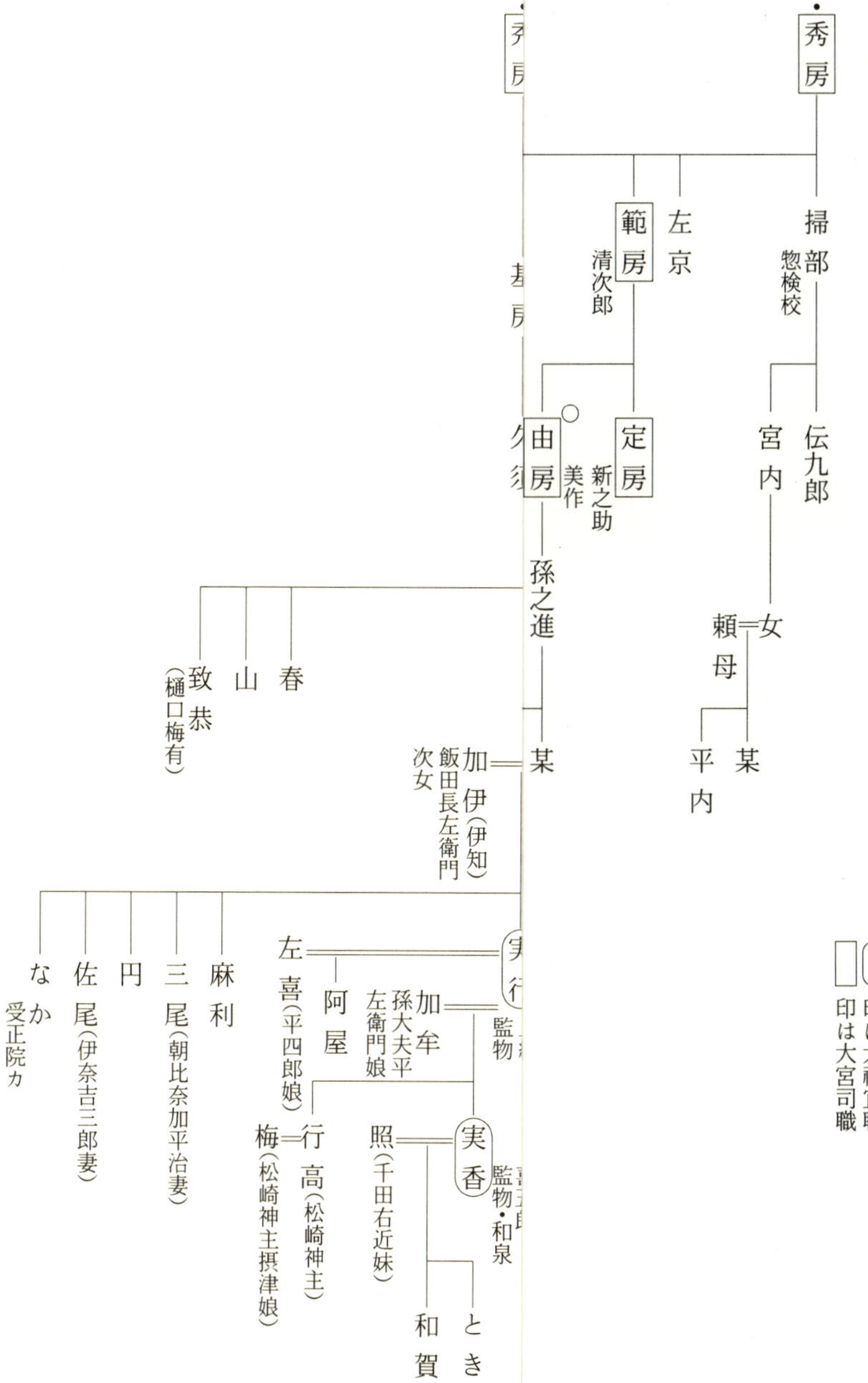

○印は大禰宜職
□印は大宮司職

・大宮司家関係図

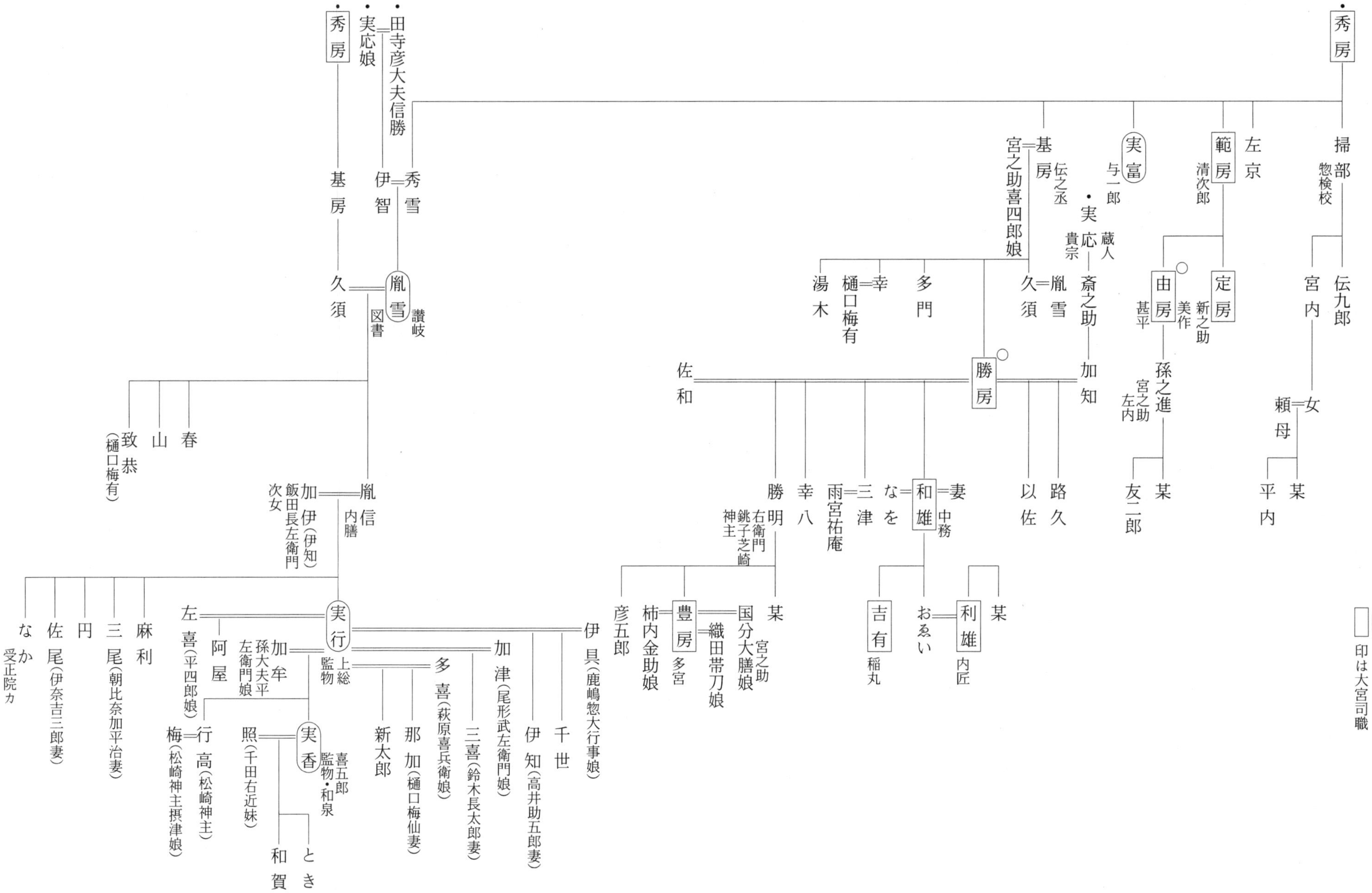

○印は大禰宜職
□印は大宮司職

香取群書集成第八巻

平成二十年四月　六　日　印刷
平成二十年四月十四日　発行

編纂兼発行者　香取神宮社務所
右代表　髙橋昭二
千葉県香取市香取
電話　〇四七八-五七-三二一一

製作兼発売者　八木書店
東京都千代田区神田小川町三-八
電話　〇三-三二九一-二九六一